U0958356

第二版

Taxation System Leadership Competency

税务系统领导胜任力

测试辅导·知识点汇编·习题训练

Test tutorial,compilation of
knowledge points exercise training

领导胜任力研究编委会 编著

立信会计出版社
LIXIN ACCOUNTING PUBLISHING HOUSE

图书在版编目(CIP)数据

税务系统领导胜任力测试辅导·知识点汇编·习题训练 / 领导胜任力研究编委会编著. —2 版. —上海：立信会计出版社，2023.6

ISBN 978-7-5429-6142-6

Ⅰ.①税… Ⅱ.①领… Ⅲ.①税收管理—中国—干部培训—自学参考资料 Ⅳ.①F812.423

中国国家版本馆 CIP 数据核字(2023)第 008820 号

策划编辑　张巧玲
责任编辑　张善涛　张巧玲

税务系统领导胜任力测试辅导·知识点汇编·习题训练
(第二版)
SHUIWU XITONG LINGDAO SHENGRENLI CESHI FUDAO ZHISHIDIAN HUIBIAN XITI XUNLIAN

出版发行	立信会计出版社		
地　　址	上海市中山西路 2230 号	邮政编码	200235
电　　话	(021)64411389	传　　真	(021)64411325
网　　址	www.lixinaph.com	电子邮箱	lixinaph2019@126.com
网上书店	http://lixin.jd.com		http://lxkjcbs.tmall.com
经　　销	各地新华书店		

印　　刷	固安华明印业有限公司	
开　　本	787 毫米×1092 毫米	1/16
印　　张	41.75	
字　　数	866 千字	
版　　次	2023 年 6 月第 2 版	
印　　次	2023 年 6 月第 1 次	
书　　号	ISBN 978-7-5429-6142-6/F	
定　　价	139.00 元	

再版说明

国家税务总局重新修订了《税务系统领导胜任力测试大纲》，因此，作为配套的考试辅导用书，《税务系统领导胜任力测试辅导·知识点汇编·习题训练》也进行了本次修订。

本版在保留了第一版知识点全面、习题练习仿真、答题思路清晰的基础上，主要有以下几个变动：

第一，**增加了“主观题高分策略”内容，并且放在第一章。**因为大纲明确“领导能力提升以主观题为主，主观题包括客观化实务题、案例分析题和论述题”。这三种题型在分值上占整个领导胜任力考试的半壁江山，所以，这一部分内容符合考试出卷求新的原则，分量上也十分重要，是广大考生应把握的重点。本章就围绕这三种题型的答题思路，进行了详细讲解，以便考生领会要义，举一反三。

第二，将第一版第一章的“领导情景行为判断题高分策略”移至第二章，因为考试已经明确，由总局负责的副处级以上领导胜任力考试在近几年不采用此题型，但在由各省负责的副处级以下领导胜任力考试中，很多省份仍然沿用此题型。所以，本版保留了这部分内容，但做了后置处理，供需要的考生学习。

第三，根据最新的考试大纲、时事政治、理论政策，更新了部分相关知识点。比如新大纲中“税务系统领导胜任力测试能力指标”发生了变化，“税务机关日常管理知识点”中信访工作的原则、数字人事考核的负面清单、落实基层减负税务系统的细化举措、公务员遵守纪律负面清单、退休兼职禁止性规定等都有了新的表述，所以，本书相应进行了一一更新。

当然，时事政治总是有新的热点产生，图书的时效性永远是滞后的，请考生自行补充学习最新的热点内容。

本书虽厚，但特色鲜明，主要体现为三方面：

一是主观题高分策略思路清晰，不管主观题的内容怎么变化，考生掌握答题“套路”后，可以成竹在胸，以不变应万变。

二是客观题知识点全面，政治、经济、法律、管理、税收应收尽收全覆盖。**特别要**

强调的是，本书“综合知识部分”整理了“税务机关日常管理知识点”，有公文写作与处理、保密管理工作、应急事件处理、政府信息公开、信访管理工作、新闻宣传规定、财务后勤管理、公务接待、办公用房、会议管理、日常绩效、数字人事管理、违反中央八项规定精神的负面清单、党风廉政责任制、税收违法违纪处理、中华人民共和国公务员法共 19 大项 91 小项内容，可谓是税务系统日常管理各项文件规定之大全。一书在手，应有尽有。更重要的是，市场上出版的各类辅导书中，只此一本做到如此贴心和周全。

三是练习题仿真优质。本书的练习题按照大纲的知识点和题型进行匹配，精心选取考点和组织题干，细致写作参考答案，出题质量高。尤其是“领导情景行为判断题”的练习题，吃透了此题型的出题思路，给考生提供了较权威的答题策略和难得的练习机会。

新增党的二十大最新知识点和习题集，方便广大税务干部学习贯彻党的二十大精神。

即便如此，出书还是遗憾的艺术。囿于水平、资源、经历等，本书错漏在所难免，恳请广大读者批评指正。

编写组

2023 年 6 月

阅读指南（代序）

自 2015 年以来，围绕国家税务总局颁布的《税务系统领导胜任力测试大纲》（以下简称《大纲》），全国税务系统举行了多次领导胜任力测试，形成了一套较为稳定和成熟的测试内容和测试方法。为进一步帮助税务系统参加领导胜任力测试的考生提高学习效率，增强实战能力，2021 年我们编写了本书，获得广大读者的好评。2022 年，随着考试大纲的变化和形势变化，为更好地服务于读者，我们修订了此书。

阅读本书，主要从把握三对关系入手：

一、知识点和练习题

《大纲》明确了测试内容为“领导理论素养”和“领导能力提升”两部分。“领导理论素养”测试题型以客观题为主，即传统的单项选择题、多项选择题、判断题。“领导能力提升”测试题型以主观题为主，包括客观化实务题、案例分析题、论述题。因此，本书主要内容由两部分组成，一部分是根据各学科的基础理论梳理出的知识点，以及根据知识点出的练习题。另一部分是主观题的答题思路。

有考生问，为什么要出知识点？知识点可以代表理论部分的复习吗？答案很简单，当然可以代表，因为单项选择题、多项选择题、判断题和案例分析题的出题惯例，一般都是按知识点出的。也就是说，把握了知识点，就是找到了单项选择题、多项选择题、判断题和案例分析题的答案。《大纲》列出的“基础理论”部分共有六大内容：政治、经济、法律、管理、税收和综合知识，每块内容都足以是一本厚厚的大书。考生面对这么庞杂的理论，如何下手呢？是找上七八本学科相符合的书去啃，还是找一本经过精心梳理、提炼的书去重点阅读。相信大多数考生都会选择后者。正是基于此，我们为大家提供了一个化繁为简、化多为一的知识点汇编。

有人问，你们能确保考点全在提炼的知识点里吗？这个还真不能保证。相信任何一本负责任的考试辅导书，都不会拍着胸脯保证这一点。但我们可以知道的是，领导胜任力测试不是一种竞争性的选拔考试，而是一种过关型的入门考试。所以，政治、经济、法律、管理、税收和综合知识，都不会考难题偏题，而是主要考基础题。因此，我们可以告诉读者的是，根据考试大纲和日常工作经验，我们的知识点立足基础，关照全面，力求突出重点。

至于为什么要设计配套的练习题，这个道理更简单，光看不练“假把式”。只有在熟悉了知识点的基础上，通过做习题，再来检验自己的学习效果，找出薄弱环节，方能达到事半功倍的效果。

有人问，主观题为什么只有答题技巧，没有大量的考试素材或真题练习？这和主观题本身的测试形式有关系。主观题选材是开放的，时事政治、社会新闻、重点工作等，信手拈来都是考试素材。主观题答案也是开放的，不存在标准化、唯一性的答案。因此，对于主观题的学习，重点不是放在内容的熟悉上，而是放在答题思路的掌握上。方法具备了，无论内容怎么变化，万变都不离其宗。

考虑到很多省在领导能力提升部分仍然沿用前几年全国税务系统领导胜任力测试中研发的“领导行为情景判断题”，所以，本书也保留了领导行为情景判断题的答题思路部分。因此，本书可称为市面上关于领导胜任力测试内容、题型最全的辅导书。

二、应试和学习

本书的目的既为考生提供应试辅导，也为考生提供一份作为领导干部应当具备的基本理论素养、政治能力、业务能力的学习资料。当然，应试本身也是一种特殊形式的学习，只是学习目的更具针对性，而后一种学习则相对宽泛和自由。

考生阅读后会发现，作为应试辅导书，本书紧扣大纲和时政，从实战出发，总结提炼出容易记忆的基础理论的知识点和主观题的答题技巧，是不可多得的考试好帮手。例如，考虑到2021年是中国共产党成立100周年，党史应该是近一两年考试的重点，中央也强调要把学党史、用党史作为终身必修课。所以，本书在政治模块里将党史内容专门列出来，单独作为一个重要组成部分进行复习。再例如，《大纲》表明，综合知识部分主要是公文和国情国力两部分组成，复盘这些年考试实践发现，国情国力的内容几乎可以忽略不计，而税务机关日常管理的内容却是高频考点。所以，本书以税务机关日常管理为综合知识部分，这样更有利于提高考生的复习命中率。作为应试用书，本书将重要的知识点以划线形式标识出来以突出重点。作为学习用书，本书在应试的基础上，对知识点的内容适当放宽，是以税务系统领导干部应知应会的角度进行内容安排，是为税务系统领导干部量身定做的。书中很多内容即使不考，作为一名税务系统领导干部，也应该了解和掌握。冲着这点，身为税务系统领导干部，或者有志于成为税务系统的领导干部者，皆值得拥有此书。

三、付出与得到

作为应试者，付出的是时间、精力和购买一本书的金钱，得到的是经过精心加工的知识体系、有独到心得的应试技巧和足可以再出一本习题集的近千道习题，相当于有若干学科的老师帮助开设了专门辅导课。当然,最大的得到应该是通过自己的努力,在通向取得高一层领导岗位晋升的道路上,把握住一次宝贵的机会。

表序-1　知识点和练习题分布情况

		知识点(个)	练习题(道)			
			单选题	多选题	判断题	案例分析题
政治	党史	96	50	30	50	3
	常用理论	99	50	30	50	3
经济		103	50	30	50	3
法律		66	50	30	50	3
管理		93	50	30	50	3
税收		101	50	30	50	3
综合知识(税务机关日常管理)		90	50	30	50	3
合计		648	350	210	350	21

需要说明的是,本书没有收录时事政治中最新发生的大事件,因为这部分内容时效性太强。但是考试前最新发生的大事件容易被作为考点,所以,这部分请考生自行补充学习。

税务系统领导胜任力考试涉及的内容十分广泛,在编写本书的过程中我们发现,编好本书和考好胜任力测试一样,需要多个学科的基础知识和税务工作实践中丰富的经验做支撑,缺少一点都不行。所以,囿于我们本身知识和能力,书中错漏在所难免,欢迎广大考生批评指正。

古人云,“不积跬步,无以至千里;不积小流,无以成江海。”让我们从一个个知识点、一道道练习题出发,“书卷多情似故人,晨昏忧乐每相亲”,以勤奋和自律为桨,终将驶向“活水源流随处满,东风花柳逐时新”的蔚蓝海洋,拥抱自己的理想和明天。

编写组

2023 年 1 月

目　录

第一章

主观题高分策略

《税务系统领导胜任力测试大纲(2021年版)》第一次明确了领导能力提升部分的测试题型为主观题,具体为客观化实务题、案例分析题和论述题等,占整个卷面分数的50%。这三类题型在税务系统以前的各类考试中多多少少出现过,有些税务干部有所涉历了解,但现在以文件的形式确定下来,足以说明其地位之重要。那么从某种程度上也可以说,主观题的答题思路仅仅了解是不够的了,必须要掌握。

主观题一般具有三大特点:一是综合性,即一道题目很可能涉及政治、经济、法律等多学科的知识背景,需要调动丰富的知识积累来完成。二是开放性,主观题无论是出题的材料选取,还是答题的答案组织,都没有十分明确的范围和标准,很大程度上取决于出题者和作答者的主观意愿。三是理论和实践的结合性。客观题只要给出结论,在四个选项中选一个或对答案做出是非判断,不需要作答者对自己的结论给出理由,而主观题不但要给出结论,更需要阐述理由。因此,主观题对考生的理论素养有更高的要求。客观题考生只需要勾勾选选,不需要写字,而主观题需要考生自己组织语言来表达自己的见解或主张,更能体现考生在实际工作中解决问题的思路与能力,因此,更便于多层次对领导能力进行考查和评价。

鉴于主观题的特点,考生在**备考主观题时,理解比记忆重要,思路比知识重要,解题方法比题海战术重要**。

第一部分　客观化实务题答题策略

一、什么是客观化实务题

客观化实务题,就是将主观性比较强的领导实务工作以客观的评判结果呈现。具体说该题型题干为具体案例,素材来自真实工作,每题均包含若干小问题,各个小题间有一定的逻辑关系。各小题均采用客观题(选择题或判断题)形式。

在税务系统命题规范中,客观化实务题可能呈现两种类型,一种是偏知识点考查的政策题,另一种是偏能力考查的行为题。

偏知识点考查的政策题,侧重对领导工作中需灵活运用的知识点(各类政策规定)进行考查,一道题同时考查多个知识点,综合性较高。有时需要经过一定的分析或计算才能得出正确答案。偏政策性知识点考查的客观化实务题其实是客观题的变形,但明显要比单个独立的客观题难度大。独立的客观题一个知识点不会,也就是失去这一个知识点的分,但客观化主观题是围绕着某个知识点进行多角度地考查,如果对这个知识点不熟悉,可能导致一连串地失分。

下面一道示例题,就是偏知识点考查的政策题。

【客观化实务题示例 1】

小王在某市税务局办公室工作,负责新闻宣传和舆情管理。由于表现出色,被借调到省局办公室一年,具体从事涉税舆情管理工作。近日,根据总局涉税舆情管理相关要求,省局准备制定全省税务系统舆情应急管理预案,小王按照领导指示成为方案的主要撰写人之一。

1. 小王等同志撰写的省局涉税舆情应急管理预案,应该针对(　　)媒体上出现的对税务系统造成重大负面影响的涉税舆情?

A. 报刊　　B. 广播　　C. 电视　　D. 互联网

E. 中央内参

【参考答案】 ABCD

【答案解析】 根据《国家税务总局涉税舆情应急预案(试行)》的规定。

2. 省局领导要求设立涉税舆情应急工作组,一些部门负责人为工作组成员。按照总局舆情管理规定,小王应当在预案中将下列(　　)部门作为工作组成员单位。

A. 政策法规处　　B. 纳税服务处

C. 机关党委办公室　　D. 后勤服务中心

E. 电子税务管理中心

【参考答案】 ABE

【答案解析】 根据《国家税务总局涉税舆情应急预案(试行)》的规定。

3. 舆情管理不能无的放矢,那么,涉税舆情预警监控的主要内容(　　)。

A. 重要税收经济问题的批评性舆论

B. 税务系统因决策不科学、政策不落实、执法不规范、法纪不严明、为税不清廉以及对税收政策误读等引发的涉税舆情

C. 国民经济运行情况报告

D. 国外税制改革动态新闻

E. 税收工作中出现的群体性、突发性事件

【参考答案】 ABE

【答案解析】 根据《国家税务总局涉税舆情应急预案(试行)》的规定。

4. 小王等同志撰写的舆情应急预案(初稿)呈省局领导审阅。领导审阅后批示认为其中有些内容不符合总局相关文件精神,需要修改。请问需要修改的内容包括(　　)。

A. 建立健全政府信息公开、新闻发言人、官方网站和官方微博等归口管理制度,严格信息发布审批程序和保密审查,统一对外发布口径

B. 在舆情处置和信息发布中失职、渎职或造成负面影响以及未经授权私自发布未公开税收信息的,依纪依法追究有关责任人的相应责任

C. 税务工作人员个人开设的网站、博客、微博的管理,无需在本级税务机关登记备案,可以直接发布与税收工作有关的信息

D. 选拔一批政治过硬、业务精通、熟练掌握信息网络技术的税务人员,兼任网络宣传员,建立涉税舆情管理人才库

E. 税收舆情工作人员和网络宣传员无需提前介入学习税收政策制定执行、税收征管、行政管理等工作,加强网络监控即可

【参考答案】 CE

【答案解析】 根据《国家税务总局涉税舆情应急预案(试行)》的规定。

5. 一些高校学者作为省局舆情应急管理咨询专家对舆情管理文件提出意见和建议,但是,小王认为其中有些观点不甚准确、值得商榷。这些观点是(　　)。

A. 涉税舆情发生地税务机关要及加强与新闻宣传主管部门、网管网监、新闻媒体等部门的沟通协调,争取指导和支持

B. 舆情就是敌情,救火等于灭火,务必第一时间平息舆论影响

C. 邀请相关领域的专家学者、媒体人士担任特邀税收评论员

D. 强化涉税舆情监控和处置手段,建立涉税舆情保密信息共享平台,及时维护和更新外购软件产品,提高税务机关涉税舆情处置水平

E. 配备专职人员或委托专业机构,进行24小时不间断监控,是做好舆情管理工作的根本方法

【参考答案】 BE

【答案解析】 根据《国家税务总局涉税舆情应急预案(试行)》的规定。

偏能力考查的行为题有点类似于领导情景行为判断题的变形,对处于同一个背景下的若干领导行为进行分析和选择。题目有一定的开放度,可以比较若干领导行为之间的有效性程度,可以就领导行为中的某个知识点进行考查,也可以考查领导者的工作经验和决策能力……总之,相对比较灵活。

举例说明客观化实务题中偏能力考查的行为题。

【客观化实务题示例 2】

某市税务局在“智慧税务”建设工作中有突出业绩，得到省局一个先进个人表彰的名额。但是，原来在该项工作的主要贡献人已调离至省内其他地市税务局，而参与此项工作的人员很多，很多同志对获得荣誉充满期待，但彼此之间贡献度很难区分高低，意见分歧很大。作为该局的领导，你打算如何确定人选？

行为一：列出相关人员名单，党委班子投票决定。

行为二：列出相关人员名单，在市局全系统投票决定。

行为三：和每一位相关人员谈话，听取他们的想法后决定。

行为四：将此指标给到已调离的主要贡献人。

行为五：既然主要贡献人已离开本单位，其他人又名不符实，干脆此次指标作废，一个不报，以免产生不必要的矛盾。

问：

1. 你认为在上述领导行为中最优行为是(　　)。

A. 行为一　　B. 行为二　　C. 行为三　　D. 行为四

E. 行为五

【参考答案】 D

【答案解析】 该选项有三点综合考虑。一是该决策的主要原则是实事求是，既然是奖励贡献者，应该是谁贡献大给谁。二是奖励不但是为了对最大贡献者个人的肯定，还有激励众人的目的，树立榜样，鼓励大家向优秀人物学习。三是考虑本单位的候选人由于没有区分度，给谁不给谁都难以令人信服。给最令人信服者，可以避免矛盾。

2. 你认为在上述领导行为中最差的行为是(　　)。

A. 行为一　　B. 行为二　　C. 行为三　　D. 行为四

E. 行为五

【参考答案】 E

【答案解析】 E 选项为了回避矛盾，放弃了奖励指标，既伤了主要贡献者的心，也会产生错误示范，干得再好也会因为一些非原则性因素而被平衡掉，因此影响整个组织氛围。

3. 你认为这些行为按有效性排列，由高到低，哪种排列最合理？(　　)

A. 行为一、行为二、行为三、行为四、行为五

B. 行为五、行为三、行为二、行为四、行为一

C. 行为三、行为四、行为五、行为一、行为二

D. 行为四、行为一、行为三、行为二、行为五

【参考答案】 D

【答案解析】 根据第1小题的分析，行为四是最佳领导行为，所以，选择D自然最合理。

4. 你认为作为局长，在处理此问题时，最重要的关注点是（ ）。

A. 稳定压倒一切　　B. 程序上的民主集中制原则

C. 实质上的实事求是原则　　D. 协调好多方面关系

【参考答案】 C

【答案解析】 四个原则中，C选项更为关键，是领导决策的重要依据。

5. 你认为处理好此问题，领导者需具备的主要能力有（ ）。

A. 计划能力　　B. 组织能力　　C. 决策能力　　D. 控制能力

【参考答案】 CD

【答案解析】 AB两个能力主要体现在工作的布置上，和此题内容不符。CD选项更合适，既要解决问题，还要掌控局面，不发生新的问题。

客观化实务题能够将主观题和客观题的优缺点加以整合，扬长避短。长期以来，主观题一直存在评分一致性不高的问题，这是一个不可回避但又需要解决的难题。特别是随着考试技术、考试内容都越来越注重标准化，如何通过使主观题评阅、算分尽可能客观化，增强阅卷效率，减少在公平性方面的争议，成为领导能力考查的一个重点。但也应注意，主观题的核心本质是通过应试者结合自身工作实践和工作经验，对案例和材料形成独特的个人见解，充分发挥和展示个人自主解决问题的能力，从作答要求上追求多样化、个性化。实务题客观化后，应试者只能在规定选项中进行选择，无法深入考查应试者的思维过程，比较单一化、模式化。因此，客观化实务题比较适宜于对综合性知识和基础性能力进行考查，而对于那些要求应试者进行价值判断、提出创新性对策等的内容，不宜采用该种形式。

二、客观化实务题的解答技巧

通过示例我们发现，客观化实务题就是由**素材＋问题**两部分构成，在解答此类题型时，注意事项因此也分两部分，素材部分和问题部分。

（一）素材部分

客观化实务题素材也由背景素材和提问素材组成。在阅读客观化实务题的素材部分时，一定要注意，高质量的客观化实务题并非简单地将各类待考查的知识点罗列进材料，转化为相互独立的几个问题用客观题形式提问，而是隐藏一个逻辑，即根据应试者学习和思维的内在规律，将解答主观题的步骤和策略以客观题的形式表达出来。

因此,在阅读素材时：第一,要学会在背景素材中寻找大方向,圈定考题的范围,是公文类、舆情类,还是廉政类。比如上面的例题中,一看背景素材,就圈定是舆情管理类。第二,要注意去发现提问素材之间的关系。如果它们呈现的是并列关系,可能是同一个问题的不同方面;如果是因果关系,分清何为因何为果;如果是递进关系,找到递进的线索……比如上面的例题中,5个小问题基本是并列关系,都是来自《国家税务总局涉税舆情应急预案(试行)》,考查对《国家税务总局涉税舆情应急预案(试行)》的知识点的熟悉程度。第三,在提问素材中圈出关键考点,聚焦解决问题的思路。比如上面的例题中,第一个小问题是聚焦对涉税舆情的媒体构成的判断,而不是问其他。

总之,素材不是随意给的,不会说废话,题目是通过素材要表达一些东西,并埋藏一些考查点在其中。阅读素材的口诀是：**一找方向二找关系三找考点。**

(二)问题部分

客观化实务题的提问是紧跟着问题素材而来的,一定是问什么答什么,需要注意的是认真审阅作答要求,客观化实务题一般采用单项选择题、多项选择题、判断题混合排列的方式,要避免错选、漏选。

(三)一点经验之谈

要节约时间提高作答效率,一些有经验的学习者会第一遍先粗略地看素材,第二遍重点看提问,第三遍是在设问和选项的提示下,逐步地分析、思考并最终判断得出答案。这样先形成一个面的思维,再进行点的突破。

客观化实务题表面上看起来和做选择题、判断题差不多,本质上还是比碎片形式的知识点的选择题、判断题难度大很多,要依靠学习者自我独立分析问题、解决问题的能力,因此,学习者应对此类题型,要形成对所考查知识模块的整体把握,要注意各问题之间的内在联系和层进关系。

在备考客观化实务题的偏知识点的政策题时,要特别关注税务机关工作中日常管理的相关政策,如公文写作与处理、八项规定、舆情管理、会议管理、后勤管理等(详见第八章“税务机关日常管理”)。

考虑到各位领导干部由于分工不同,平时关注的工作重点各有侧重,加之各项规定内容很多,分散于各个文件,增加了一定的学习难度。为节省各位学习者的精力,方便学习,本书特别将“税务机关日常管理”的内容搜集整理,以飨大家。

在备考客观化实务题中的偏能力考查的行为题时,一靠经验储备;二要学会依原则进行判断,符合原则的一定是有效性排前;三要熟悉领导能力指标的理论要点。(详见第二章“领导情景行为判断题答题思路”)

第二部分　案例分析题答题策略

一、什么是案例分析题

案例分析题是主观题中综合性较强的题目类型，即通过案例材料的呈现，予以针对性设问，要求应试者结合材料，依据理论知识进行归纳、分析、评价，或提出建议、策略等。

客观化实务题也是提供一段背景材料，然后提问，让被测者做出相应的判断和评价。客观化实务题和案例分析题都属于偏重能力考查主观题，但仔细比较，它们之间还是有区别的。区别之一是客观化实务题给出了工作思路或领导行为的选项，被测者只需要在选项之间进行选择，而案例分析题没有选项，学习者得完全自己去组织语言，进行回答。区别之二是作答客观化实务题侧重于判断，而案例分析题更倾向于分析。区别之三是客观化实务题是有标准答案的，而案例分析题没有标准答案，答案是开放的。

案例分析题具有以下特点。

（一）材料来源广泛多样，具有真实性

案例分析题所选的材料或案例是现实生活或工作实践中实际发生、客观存在的，不能随意编造、胡乱杜撰。案例材料来源多样，通常都是正式文件、政策解读、现实事件等多种类型材料相结合，从多个侧面为应试者提供充分的分析素材。同时，选取的政策文件、公开报道、现实案例除了必要的脱敏处理，均是对真实材料的主动改造或改编。取材真实才能使应试者在高度现实化、情境化的文本语言中展现出自身真实能力素质。

（二）材料选取与时俱进，具有代表性

税务系统领导胜任力考试中，案例分析题取材具有时效性，一般紧跟党和国家重大方针政策和重要决策部署，紧密围绕税务系统中心工作和重要改革措施，取材于时政热点、工作重点，贴近应试者的工作实践。同时，案例分析题取材具有典型性，体现了该题型以实践为导向的考查要求，常涉及税务系统当前面临的具有代表性的机遇、挑战，工作实践中迫切需要解决的现实问题等，要求应试者不能简单局限于单纯的知识作答、理论分析，要对现实问题做出呼应。

（三）问题设置新颖灵活，具有层次性

案例分析题的问题设置，与所选取材料的性质有直接关联。基本上不会直接

考查知识点识记、政策条文罗列，多以归纳概括式、观点评析式、问题解决式进行设问。同时设问注重层次性，一般包括多个独立性设问。常见的有两种方式，一种是每一设问对应一个材料，要求针对性回答问题，这种形式适合材料相对独立、各设问作答完整性较强的试题；另一种是材料之间本身联系紧密，从不同角度对同一事物进行反映。在问题设置时，环环相扣，要求应试者能够递进式作答，由浅入深，对问题从表象到本质进行综合把握。这种情况下，设问的难度一般也是逐级提升的。

(四) 答案设计注重创新，具有开放性

案例分析题重点考查应试者的综合思维和问题解决能力，与应试者个人的知识储备、理论素养、工作实践经历紧密相关，所以应试者可从不同角度、多个层次进行作答，没有定式，充分体现应试者的自主性、创新性。所以答案设计具有相当的开放性，不宜过分限定。应试者的解答只要贴合作答要求，言之有据，言之成理，即可得分。如果在参考答案之外有所发挥，且见解独到，合情合理，甚至可以加分。

二、案例分析题答题总体策略

案例分析题作答的总体策略如下。

(一) 阅读求“细”

通过阅读，准确把握材料在讲什么，获取提炼材料中的有用信息，是案例分析题作答的基本前提。要逐个对材料进行粗读，注意单个材料的侧重点和材料之间的关系，形成对整体材料的核心考点的初步判断。在粗读的过程中，要形成对重点字词、关键语句的阅读敏感性，如多个材料中反复出现的术语、表述，还有材料的开头、引文的出处等。考生在日常复习备考时要注重观察，善于在大段的文字信息中准确识别、标识出关键信息。

(二) 审题求“准”

审清试题，把握关键，是解答案例分析题的关键。第一步，在把握材料的基础上，要重点审读所设立的问题，明确问题要求。设问对问题解答具有高度的指向性和限定性，可以帮助摒除无效和干扰信息，带着设问再针对性地重点、精细地阅读材料，可以起到事半功倍的效果。要根据设问对在阅读过程中标识的重点字词、关键语句进行重点审读，排除无关干扰，提取出最为符合设问要求的有效信息。第二步，要注意将所有材料进行层次性划分，对每个材料进行概括。在阅读时已形成大致印象，此时要注意用专业词汇进行书写归纳，同时把握各层次之间的联系。特别是针

对多个材料，从上到下具有较为明显的层次性的，更要准确判断出每一个材料的层次，建立起材料和设问之间的联系。

（三）分析求“全”

一般来讲，案例分析题所涉及的知识点、所考查的测评要素都是综合的，多元的。在分析时，要注意全面性和综合性，要找准回答设问所要运用的观点、原理。要将设问、材料中的关键信息和日常工作实践相联系，依托材料，总结实践经验，仔细推敲，明确答题方向。

（四）作答求“深”

案例分析题考查的核心，是察看应试者从所给案例材料中挖掘、精炼核心考点，透过现象把握本质内涵，进而得出结论并指导实践的思维过程，以及这一思维过程背后的知识储备、能力素养。因此，案例分析题材料丰富，信息量大，同时多角度设置问题，对应试者进行综合考查。在解答时，一定要注意找准材料和观点的最佳结合点，使用专业性强的概念、术语，注重分析时的站位，提升解读现象、提炼观点的思维深度。

（五）语言求“式”

最终落笔答题时，一定要注意语言的条理性和规范性。组织语言时不可随意，不能冗繁拖沓，也不要过分简略，导致说理力度不足。要精心构思，追求条理分明，一语中的。特别要注意不能简单照抄材料原文，要善于用自己的语言重新归纳表述，同时有多个设问且相互关联时，要打好基础注意精心答好第一问。

为提升语言组织的条理性，书写时要有意识地采用规范格式，具体来讲，要做到按问列标题、按层分段落、按分答要点、按类标序号。

按问列标题：案例分析的设问一般要求回答“原因”“性质”“意义”“认识”等，在作答时，注意将该类标识列在每一段落的开头，使阅卷人一目了然。

按层分段落：回答有多个小问的问题，或需要分层作答时，每一小问或每一层次作为一个段落。

按分答要点：要注意审读试题所标定的总分值，以及每一设问的小分值，推理出各个设问所考察知识要点的大致数量，作答时简明扼要，罗列要点。

按类标序号：书写要点时，一定注意用序号进行标识，条理清晰，便于审阅。

三、案例分析题常见题型答题技巧

案例分析题具体细分，常见有归纳概括类案例题、分析评价类案例题和对策建议类案例题等，不同题型还必须注意每种题型的答题技巧。

(一)归纳概括类案例题答题思路

归纳概括类案例题,就是要求应试者根据材料,采用一定的方法对所涉及考点的各个方面进行归纳、汇总,形成一定的条理并行诸文字,是一种较为基础的考查题型。这种归纳概括,可以是针对事物的特点、发展趋势、区别与联系等等,设问时经常使用诸如概括、指出、说明等标识字词或语句。

归纳概括的核心要求是全面性和客观性。这种题型是为了考查应试者的理解分析能力、信息整合能力,应试者要紧扣材料,真实、全面地汇总材料要点,根据个人理解,总结表述核心要点。因此,在作答时,要重点关注材料中的关键信息。此外,归纳概括能力最终体现在书面语言的组织和表达上,语言的条理性、逻辑性、简明性能直接反映应试者综合理解及运用的熟练程度。针对这种题型,应试者要形成条理清晰、言简意赅、流畅易读的表达风格。

在归纳概括类案例题解题过程中,应秉持"答案隐于材料"的答题原则。可按一一对应的原则对材料中隐含的答案快速查找。从材料中精炼出一条有效信息,对应找准一个知识、原理,固定化形成一项答题要点。

具体说,归纳概括类案例题答题"三步曲"是"**审题+析点+书写**"。

第一步,审题。先审材料,获取材料相关有效信息,勾画材料的关键要素。再审读设问,明确设问内容和作答要求。概括类案例题常见的设问有"问题""原因""表现"等,也有一些比较新颖的提问,比如要求概括出"工作重点""变化""考虑因素""规范要点""分歧"等。

第二步,析点。即根据设问要求,对材料进行划分,并概括材料要点。析点环节一般分为直接概括和综合概括两种。直接概括就是只需带着作答对象,去材料中寻找与其相关的要点,通过阅读和梳理材料可以直接找到答案要点。此过程可以结合关键词和高频词进行要点寻找。综合概括就是我们无法直接从给定的资料中找到答题的所有要点,通常需要对材料给定的关键信息进行分析,抓住本质,去掉个性找到共性,总结提炼,最终整合得到答案要点。

在组织要点的过程中,有时需要加工。

答案要点找到之后我们往往会发现要点杂乱,且字数不符合标准,这个时候我们就需要对要点进行加工,一般我们可以从三个方面去寻找加工的标准。

首先,可以看题干是否有提示,如果有直接按照题干的信息提示进行分类。其次,可以按照材料的提示进行分类,寻找材料的总括句,为分类提供方向。最后,还可以根据要点的内容进行分类:同义法——将意思相同或语义色彩相近的要点进行合并;同主体法——按照要点的呈现主体进行合并分类,具体主体根据所给材料进行分类;同范围法——强调将相同范围的要点进行合并。例如:要素维度、时间维度、过程维度等。

第三步，书写。组织语言时，注意语言的条理性，按要点与材料的关系，标明次序，规范作答。

书写看起来简单，还是有几个点需要注意：

首先，一般写成总分结构，即先对题目进行一段“是什么”的总述，然后再列方面进行分述。

其次，要点前置，即按照“核心得分词＋要点扩展”的形式展开。

再次，篇幅要合理。重点要突出，字数分布要合理。

最后，卷面要整洁。适当分段、增加序号词、不要随便涂改等。

【例题】

材料 1：征期开始后，甲骨文软件研究开发中心（北京）有限公司的税务经理张帆第一时间就发现申报系统发生了可喜变化。他只需通过登录北京市网上税务局（企业版）的统一办税平台，就可使用多个板块办理所需业务，包括原国税、地税业务客户端，以及税务局官方网站。张帆还记得之前的征期里，公司办税员在线申报国税、地税报表时总是略显“慌乱”。“我们需要首先登录北京市国税办税软件申报增值税、企业所得税及财务报表，而后再登录北京市地税办税软件进行印花税及附加税的申报，申报完成后还需要分别登录国税、地税的办税网页进行申报表及相关资料的下载”。

材料 2：这个征期，利亚德光电公司的税务会计卫永林像往常一样，先在增值税申报界面进行申报，暂时保存后进入原地税申报系统，但找不到城市维护建设税教育附加税申报模块。卫永林想拨打 12366 电话，根据以往经验，担心接通需要等待，但是跑去税务局又太远。

令人惊喜的是，电话居然一打就通了。12366 的工作人员耐心地告诉卫永林，现在城市维护建设税教育附加税申报业务挪到增值税申报界面，“两税一费”现在真正实现了在一个系统里申报。“这个征期，我先后两次拨打了 12366，没想到都是很快就接通了。这比以前改进了很多，以前可能要等一段时间才能接通。”卫永林不无惊喜地说。

同样感受到 12366 更加高效的还有张帆。他表示，现在 12366 纳税服务热线也进行了升级，不再区分国税、地税业务，可以通过语音咨询自助提问得到详细解答，实现涉税业务“一键咨询”。“对我们纳税人来说，国税、地税的合并打破了之前税务部门间的信息壁垒，给企业节省了很多时间。”

材料 3：北京搜狐新媒体信息技术公司的税务主管庞丽觉得更“轻松”了。“税务合并后原国地税实现统一资料归档，同一资料只需要报送一套，同一涉税事项只需申请一次，对企业报送办税资料方面也提供了极大的便利，企业办税实现了‘减负’。”

材料4：在文思海辉技术公司的税务会计谢静看来，国地税对政策的解释更加严谨、统一，避免了纳税人对政策理解的偏差，降低了纳税风险。谢静回忆说，他们企业曾经在咨询办理一次对外付汇的过程中，国地税两个税务所对增值税和附加税费的缴纳时限规定有差异，本来是同时缴纳的税款分属国地税管辖，让公司在办理的过程中无所适从。“现在好了，国地税成了一家人，再遇到类似问题，能够按照统一的指示来执行，再不用担心申报出问题啦！”

——出自《合并后首个征期初体验》，《中国税务报》，2018年07月

问题：给定材料1～4，反映了税务机构改革后迎来首个纳税征期，纳税人感受到的办税体验，请根据材料，予以归纳概括。

要求：准确、具体、简明、条理清晰，不超过200字。

答题演示：

本题是一道难度系数较低的归纳概括性试题。以本题为例，对该类题型解答过程进行简单阐述。

第一步，审题。先审材料。如材料1中反复提及软件系统，材料2中反复提及12366。同时审读引文标题和出处，对材料内容有更直接的把握。

再审设问。本题要求根据材料，对纳税人在税务机构改革后首个纳税征期的办税体验进行归纳概括。应试者要全面把握几项重点要求。一是突出“税务机构改革后首个纳税征期”，在形成书面文字时，注意该限定条件，使作答更贴合实际；二是要根据材料，所概括的要点不能超出材料范围，另行发挥；三是关注纳税人的办税体验，作答时视角要准确。同时也要按照所提出的行文要求和限定字数作答，避免不必要的失分。

第二步，析点。本题各材料相对独立，把握住材料中的重点语句，不难归纳，基本直接概括即可。应注意作答时尽量取材于原文，但要用自己的语言进行适当的变化。同时不要遗漏要点，做到全面归纳。

第三步，书写。

参考答案：

国地税合并之后的首个征期，税务系统推出多方面惠企便民举措，使纳税人获取到了便捷、高效的办税初体验。

一是系统更便捷，可以一个平台申报所有税费种类，且保留系统原貌，降低企业学习成本，减少企业办税工作量。

二是服务更高效，12366电话咨询更便捷高效，实现涉税业务“一键咨询”，节省企业办税时间。

三是程序更简洁，材料更为简明扼要，为企业办税实现“减负”。

四是政策更一致，避免了纳税人政策理解偏差，降低纳税风险。

（二）分析评价类案例题

分析评价类案例题通过使用工作中受到广泛关注的事件、热点问题来创设案例背景，给出某些正确、错误或者片面的观点引发应试者的思考，要求应试者结合所给材料进行评论和分析。

常规题型包括要求应试者对材料所提出的问题或现象进行分析，或者要求应试者根据自身工作实践或立场观点进行价值评判、表明态度，并要求说明理由。该类试题对考查应试者的辩证思维能力和逻辑思维能力具有重要的实践意义。

分析评价类案例题解答“三步曲”是“**判对错＋给理由＋总结**（表态，正确观点，全面观点）”。

具体理解如下：

当材料中观点正确时：肯定观点—说明理由—总结。

当材料中观点错误时：指出错误—说明理由—提出正确观点。特别需要强调的是，当材料中观点错误时，在指出其错误的基础上，一定要进行以正面阐述的方式进行总结，必须提出正确的观点。

当材料中观点含混时：全面判断，肯定合理，指出偏颇——从正反两方面阐述——全面观点。这类题型首先应作出判断，指出材料中合理之处、偏颇之处，其次应针对正反两个方面进行分析阐述，解释认为正确或合理的原因，如果观点是片面的，要展开论述在什么条件下是正确的，什么条件下是错误的。同时应提出正确观点，指出在实际工作中应予以坚持和予以反对的地方，最后进行总结，表明态度。

【例题】

某市税务系统本年度全面推行个人绩效管理，要求各基层单位对干部个人工作任务按季度进行领导审核评鉴确定绩效等级。某分局局长张某与市局人事科副科长李某是老同学，平时聊天比较随意。这天两人在单位餐厅用餐时聊天，谈起了个人绩效管理的推行情况。张某表示，个人绩效每季度都要评定等级，容易造成干部矛盾，不利于团结，自己觉得分局可以采用两种办法：一种是轮流享受优秀等次，就像工会疗养一样，谁都有机会；另一种是听天意安排，靠抽纸团啥的决定谁是当期优秀，大家全凭运气，谁都没话说。这样，个人绩效推行任务完成了，分局内部也是一片和谐。如果你是李某，如何看待张某上述观点？

答题演示：

这是一道典型的分析评价类案例题，题目给出了背景材料，要求你阅读材料后谈“看法”，即你的评价。按照“三步曲”的思路，可以如下分析。

第一步，判对错。张某的观点是对绩效管理工作的错误理解，同时注意答案要落实到具体错在哪里。

第二步，给理由。要指出张某观点为什么错了，对上级部署的工作理解不到位，对自己所负的责任认识不到位，反映了其思想层面、作风层面等存在的问题。

第三步，提出正确观点。

参考答案：

（1）张某的说法是错误的，完全背离了个人绩效管理的理念和目的。用轮流坐庄或抓阄的方式进行评定评级，看起来没有矛盾，但实质是对干多干好者的漠视和打压，对干少干差者的默认和支持。这种做法，念歪了总局部署的绩效管理的“经”，冷了实干者的心，还败坏了团队风气。

（2）分析其原因，张某说的两种方法都是属于“老好人”做法，没有负起抓班子、带队伍的领导责任，存在较大的管理风险，得不偿失。一方面，领导敢于管人、赏罚分明，下级才会尊敬，干部才会具有干事创业的热忱，单位事业才能出成绩；另一方面，在上级看来，领导干部的执行力、责任心是基本素质，执行不到位，怕承担责任，总是难以得到重用。

（3）总之，个人绩效管理是要建立起奖勤罚懒、奖优罚劣的竞争激励机制，充分激发每个人的内在活力，实现“干与不干不一样，干多干少不一样，干好干坏不一样”，从而促进个人绩效与组织绩效的共同提升。在绩效管理中要避免老好人现象，应该更多从机制下着手。评分指标尽量科学，能量化的量化，能自动生动数据的不需要人为赋分，不能量化的要有评议机制。作为一名基层的管理者，应该切实担负起带队伍的责任，用好绩效管理这把尺、这杆秤，带领团队履职尽责，担当作为。

（三）对策建议类案例题

对策建议类案例题设问一般比较清晰，通常为“如何做到……”“作为……应如何处理”“对……提出合理化建议”等。对策建议类案例题重点在于考查应试者对于党和国家重大方针政策、税务系统中心工作部署的理解掌握程度，对于实际工作中难点、重点工作的认识和问题解决能力。一般来讲作答比较开放，注重考查应试者的思维广度、创新意识。

在实际命题中，对策建议类案例题常创设具体的工作场景，并给出特定身份，使应试者能够将自己代入材料所设定的问题之中，有效调用自身经验进行思考、建议。在作答该类试题时，首先要从材料中发现问题，要尽可能全面、准确地找到材料的问题所在。如果材料中本身呈现的就是正确做法，要加以概括总结。如果材料中给出了存在问题的具体表述，一般来讲，问题的反向就是我们需要寻找的对策。同时，税务系统领导胜任力考试中的对策建议类案例题，结合税收实际工作非常紧密，要注意作答时的专业性，以及对实际工作的指导意义。

对策建议类案例题答题“三步曲”是“**是什么——为什么——怎么办**”。

第一步，是什么。先大体了解一下材料讲的是什么，经济问题？生态问题？还是文化问题？然后从宏观角度给它下个定性，积极类？消极类？还是辩证类？

第二步，为什么。找出问题、分析原因，寻找意义。

在“为什么”环节，剖析原因、提出对策常用的分析角度有：

(1) 内因、外因。

(2) 主观、客观。

(3) 治标、治本。

(4) 刚性、柔性。

(5) 主体法则(政府、社会、学校、媒体、个人)。

(6) 经济、政治、文化、社会、生态、党建、法治。

(7) 思想、制度、宣传、监督。

常见的万能原因十条：

(1) 思想意识出现偏差。

(2) 工作方法不够艺术，工作能力尚有欠缺。

(3) 工作作风漂浮。

(4) 体制、机制不健全。

(5) 监督问责乏力。

(6) 组织保障不坚实。

(7) 宣传引领不到位。

(8) 部门协调不畅通。

(9) 科技创新跟不上。

(10) 群众观念薄弱。

常见的万能对策十条：

(1) 思想上绷紧弦。对照新思想，厘清思想迷雾；对照党章党规，取出思想毒瘤。

(2) 工作上加满油。提升工作技能，克服本领恐慌。

(3) 生活上勒紧劲。八小时内看业绩，八小时外看足迹，心不动于微利之诱，目不眩于五色之惑。

(4) 制度上再完善。科学决策制度、选人用人制度、监督考核制度、激励制度、容错纠错制度等。

(5) 问责上出真招。对违法违规者严肃追究其法律责任。

(6) 领导重视，发挥好“头雁效应”。

(7) 宣传上做乘法。充分发挥媒体作用，树典型，表先进，弘扬正能量。

(8) 部门之间打好配合拳。进一步明晰各部门职责，打破各部门、各行业之间信息壁垒，实现工作高效无缝衔接。

(9) 科技支撑,创新突破。加大科研财政投入,推动产学研协调发展。

(10) 增加宣传力度,提高群众的税法意识以及通过法律途径维权的能力。

第三步,怎么办。针对材料中突显的问题,给出相应对策。

【例题】

国务院批准某副省级城市的高新区为国家自主创新示范区的核心区,地方政府部门要求高新区税务部门参与和配合制定示范区的建设方案,特别希望在税收政策方面比其他省市已经建成的示范区体现出更大的优惠扶持力度,以形成政策洼地,促进招商引资和地方经济发展。高新区税务局张局长与有关人员研究后达成一致意见,按照税收法定原则,全国的自主创新示范区适用税收政策都应该是统一的,单独为其中一个示范区出台特殊规定的可能性不大,基层税务部门也无权扩大优惠政策执行范围。

问题:在这种局面下,张局长应如何有效开展工作,支持示范区创新发展。

答题演示:

这是一道典型的对策建议类案例题,按照对策建议类案例题“三步曲”的思路,可以做如下分析。

第一步,是什么。这是一个税务部门支持示范区工作的话题。

第二步,为什么。税务部门支持示范区工作具有的积极意义,同时,关注做好此工作需要的注意事项。

第三步,怎么办。要紧扣题目所交代的背景,给出具体的工作思路,不宜过于空洞地泛泛而谈。

本题的答题重点在于第三步“怎么办”,所以,第一步和第二步不需要多费笔墨,只需两处主要观点即可。

参考答案:

1. 税务部门支持示范区工作,是充分发挥税收职能,主动融入地方经济发展战略的重要举措,也是打造优良营商环境的需要。

2. 通过支持示范区工作,税务部门可以更好地贯彻落实中共中央办公厅、国务院办公厅印发的《关于进一步深化税收征管改革的意见》,更好地抓好党史学习教育,开展“我为群众办实事”实践活动和服务地方经济社会发展。

3. 张局长应根据研究达成的一致意见,与地方政府部门及时对接,做好政策解读和沟通解释工作,争取得到地方政府部门的理解和支持。同时为支持示范区创新发展,可采取以下措施:

措施1:以服务创新、管理创新支持示范区建设,广泛宣传和积极落实现有的加计扣除、小微企业等优惠政策,进一步精简审批、简化流程,大力推行网上办税,优化服务、提高效率,降低征纳成本。

措施2：立足税收现代化的要求，建议地方政府加强信用体系建设，将纳税信用纳入统一的社会信用激励惩戒机制，转变税源管理方式。立足税收社会治理体系，实施税收风险管理。

措施3：推动地方政府将支持示范区创新发展的思路从争取税收政策优惠向深化行政审批制度改革、转变政府职能和运作方式、优化区内营商环境转变，建设制度创新的首善之区，营造现代化、市场化的治理结构。

措施4：实施透明工程，加大税收开放和社会各界参与的力度，提高政策的确定性，推行阳光办税，强化社会监督，推动税务部门队伍建设和廉政建设水平的提高。

措施5：结合本区创新企业的实际，组织税务专家对自主创新示范区适用的企业所得税和个人所得税等方面的税收优惠政策进行研究论证，确保各项优惠政策落地。

措施6：建议地方政府组织有关部门赴北京中关村、武汉东湖、上海张江等已建成的国家级自主创新示范区考察学习财税政策执行情况。

第三部分　论述题答题策略

一、什么是论述题

顾名思义，论述题是对相关问题进行论述，百度百科的定义为：论述题（essay item），亦称“自由反应题”。主观题的一种。应试者根据题目的要求和自己对问题的理解，清晰而全面地阐述自己观点的题目。这类题目重在考查应试者对问题的理解深度、逻辑思维、文字表达等多种高级能力。具体而言，在税务系统领导能力提升的测试中，论述题一般是给出相应的情境、事实和条件，要求应试者运用自己掌握的基本知识、理论和能力，深入思考和充分论证，对试题提出的问题进行合乎逻辑的解释、推理和论证，并最终阐明自己的观点和见解。

论述题涵盖范围较广，宽泛来讲，根据考查内容的深度和试题作答难度，常见论述题大致有简答题、陈述性论述题、材料论述题和写作式论述题等不同类型。

（一）简答题

简答题兼有客观性试题性质，较为简单。在税务系统领导能力提升的测试中，基本不用。

（二）陈述性论述题

这是最常见的论述题，题干不长，提问简单明了，重点在于作答者的陈述。

【陈述性论述题示例】

请你结合实际经验，谈谈作为一名省局处级干部，如何为税务基层减负？

(三)材料论述题

材料论述题主观性较强,在实践中,可通过综合设问等方式,结合客观性试题和主观性试题的各自优点。材料论述题一般通过提供情景材料、图、表或文字资料,要求应试者从提供的种种材料中最大限度地获取有效信息,针对所提出的问题进行分析解答。材料论述题能够有效地考查应试者的文字阅读能力、分析判断能力和分析解决问题能力。

【材料论述题示例】

习近平总书记在2022年中央党校中青班开学典礼讲话中,教诲青年领导干部“不当怕见风雨的泥菩萨”。请谈谈你对这句话的理解。

(四)写作式论述题

这种题型是以论述题的形式进行写作的考查。考生如何区别究竟是当写作题作答还是当论述题作答呢?两个评判依据,先看字数要求,如果这道题字数要求达800字,那显然是写作的要求了,如果没有标明字数要求,大抵就是一般的论述题。再看分值大小,如果在胜任力考试中分值很高,达15～20分,显然是写作的标准,如果分值在5分左右,显然是论述题。

如果出现了写作式论述题,答卷一般要按作文的要求去写,就不是论述题的答题思路了。

总之,论述题题型虽然有变化,但万变不离其宗,主要是“**事由＋提问**”构成,而且一般“事由”比较简单,“问题”比较直接,重点留给应试者去发挥。

二、论述题的解答技巧

论述题是大家比较熟悉的一种测试方式,在中学、大学学历教育阶段,经常接受此种题型的练习。因为这种题型其答案相对开放,所以,大家都觉得会做,但不一定会拿高分。税务系统领导能力提升的测试,论述题其难度要比学历教育大很多,高分就更不容易了。

下面,我们介绍一种论述题答题三步曲(**解释主题词＋列方面＋总结**),供大家参考。虽然论述题的论点五花八门十分开放,但如果掌握了答题方法,就可以以不变应万变了。

(一)解释主题词

第一步是解释要论述的主题词,表达公式是:材料内容(可直接引用原材料关键语句,或将原材料简要概括和总结)＋反映了(或使用“体现了”“说明了”等词)＋观点(或知识、原理等)。

解释主题词做的就是审题工作,拿到题目先仔细审题,审题可使用逆向思维。

先搞清楚题目问什么?有几句?即:

(1) 抓取关键词语。

(2) 材料题要分层理解弄清每层意思。

例如拿到上面的例题,“请你结合实际经验,谈谈作为一名省税务局处级干部,如何为税务基层减负?”找出主题词是“基层减负”,就一问,但题目中含有“结合实际经验”和“作为一名省税务局处级干部”的前提,答题时不能遗漏这个信息。审清楚题目后,用一句完整的句子把这个主题词解释清楚。

【解释主题词】 为基层减负是近年来党中央整治官僚主义、形式主义的一项重要工作,党中央把2019年作为“基层减负年”,目的就是从领导机关特别是从中央和国家机关改起,为基层干部松绑减负。为基层减负也是国家税务总局2021年税收工作会议上提出的工作要求之一,“总局和省局都要像基层服务纳税人缴费人一样,更好地为基层服务”。

(二) 列方面

第二步是列方面,就是在解释完主题词的基础上,从不同的方面展开论述。

列方面时要注意几点:

一是精炼首句,学会“踩考点”,即每一方面展开陈述时开头最好有个精辟概括,就是让阅卷人第一眼就看到你的中心词和主要观点,便于给分。阅卷人一般手里的参考答案都列有一些考点,加之连续作战,工作量很大,如果一眼就能看出考生表达的考点,省了阅卷人很多精力。在开头的精辟概括后,做一定的简单阐述,适当可以加简明的例子,例子可以是题中原话,可以是自己的发挥。

二是列方面一般要列出三点,就是三个方面,可以大于“三”,尽量不少于“三”。因为“无三不成文”,在中国文化中,“三”代表多,少于“三”则不够完整。当然,多于“三”当然更好,说明应试者视野开阔,思维活跃,观点丰富。自己列的方面越多,和参考答案的考点重合的可能性越大,分数自然容易上去。当然,究竟能列几点主要还是依据题目内容和自己的知识储备去判断,不能机械地为多列方面而列,啰嗦、重复甚至错误的表达也会自曝其短,效果适得其反。

一般情况下,列方面只需要单层结构即可,就是以1、2、3等几方面展开论述,不需要在1下面再分层列点。但如果题目的分值较高,所论述的关键词比较宏大,应试者恰好对此问题又有深入的思考和丰富的积累,可以在方面下面再列点。

三是列方面时不同的提问也对应不同的回答。

(1) 但凡问现象问题,一般是分析成因+影响或后果+正确看待或做法。

(2) 但凡要求“分析”“评述”“谈谈看法”的,上分析+上理论+上方法。

(3) 但凡问“怎么办”“怎么做”的,直接给思路,给举措。

还是以上述“基层减负”的题目为例,问的是“如何为税务基层减负”,属于“怎么办”之类的，考生不需要在列方面时进行理论方面的阐述，而是直接写工作思路，理论思考可以留给后面的总结部分。

【列方面】 作为省局的一名处级干部，为税务基层减负可以从以下几方面去入手。

(1) 加强工作的统筹性，防止重复、多头向基层派任务、要表格。例如……

(2) 分清工作任务的性质，不简单以会议落实会议，以文件落实文。如该留在省局的任务不向基层移送，确实需要基层落实的工作要加以指导和辅导，不是一布置了事。

(3) 理清职责，职权对等。基层减负获得感的缺失，深层次原因在于责大权小的基层治理现状。上级政府和职能部门要明确自身权责，对基层干部不能只强调属地管理，忽略了分级负责。例如……

(4) 避免层层加码。改变随意下指令的官僚主义做派，纠正“凡事必留痕”的形式主义作风，无必要不随意增加基层的工作负担。

(5) 学会换位思考。理解基层，关心基层，重视基层。基层干部是行政体系的“神经末梢”，负担过重、动力不足将导致“神经失灵”，影响行政效能。

(三) 总结

总结是在前面论述的基础上，进一步表明自己的观点，并进行适当的升华。总结没有固定的要求，但基本可以有三种总结方式，一种是回到关键词，进行引申性解释，比如引用领导人物对基层减负的论述，显得更加权威。第二种是在第二步多列方面基础上的综合性表达，一般要带有一定的理论思考，列方面是显示思维的广度，总结是显示思维的深度。第三种是展望式发挥，就是表达做好这项工作带来的意义和正面效应。这三种方式应试者可以自行选择一二。

【总结】 总之，“上面千条线，下面一根针”，基层是政策落实的关键环节，为税务基层减负是党的组织建设的需要，是税收现代化建设的需要。“减”不是目的，减的是量，求的是质，要从“面子上”的工作转向“里子上”的深耕。要将省下来的时间用在干事创业上，用在密切联系群众、增进干群感情上，各级基层干部卸下负担、解开束缚，撸起袖子加油干，上下一心，孕育出干事创业的精气神。

三、论述题例题

【例题 1】

请谈谈税制改革如何适应中国特色社会主义制度下共同富裕的要求？

参考答案：

1.【解释主题词】

2021 年 10 月，习近平总书记在《求是》发表文章《扎实推动共同富裕》。文章阐述了中国特色社会主义共同富裕的内涵:“共同富裕是社会主义的本质要求,是中国式现代化的重要特征。我们说的共同富裕是全体人民共同富裕,是人民群众物质生活和精神生活都富裕,不是少数人的富裕,也不是整齐划一的平均主义。”

谈及具体举措,习近平总书记列了六点,和税制改革有关的是“加强对高收入的规范和调节”一段。总书记提出:“在依法保护合法收入的同时,要防止两极分化、消除分配不公。要合理调节过高收入,完善个人所得税制度,规范资本性所得管理。要积极稳妥推进房地产税立法和改革,做好试点工作。要加大消费环节税收调节力度,研究扩大消费税征收范围。要加强公益慈善事业规范管理,完善税收优惠政策,鼓励高收入人群和企业更多回报社会。要清理规范不合理收入,加大对垄断行业和国有企业的收入分配管理,整顿收入分配秩序,清理借改革之名变相增加高管收入等分配乱象。要坚决取缔非法收入,坚决遏制权钱交易,坚决打击内幕交易、操纵股市、财务造假、偷税漏税等获取非法收入行为。”

这段话是税制改革如何适应中国特色社会主义制度下共同富裕的要求的总纲领。

2.【列方面】

在促进共同富裕的背景下,我国的税制改革要怎么走?具体从以下几方面去思考:

(1) 构建初次分配、再分配、三次分配协调配套的基础性制度安排,加大税收、社保、转移支付等调节力度并提高精准性等。三次分配的概念内涵是统筹三次分配关系,促进共同富裕,而不是简单地通过第三次分配解决贫富差距。中央提出的“三次分配”的精神,包括把第一次、第二次、第三次的三次分配都设计好,以完善国家治理体系,促进共同富裕的高质量发展。其中,在第二次分配中,可以通过逐步提高社保水平、利用税收调节和优化税制等三方面实现更为公平的收入分配。第三次分配则是对于用于公益事业的捐献,大力鼓励给予免税,让更多的人把自己的财产用于公益事业和社会发展。

(2) 宽税基低税率。个人所得税改革修法将适时推进。“十四五”时期要健全以所得税和财产税为主体的直接税体系,逐步提高其占税收收入比重。进一步完善综合与分类相结合的个人所得税制度。适时推进个人所得税改革修法,合理扩大纳入综合征税的所得范围,完善专项附加扣除项目,完善吸引境外高端人才政策体系。优化边际税率。目前我国个税法规定的最高边际税率仍为45%。在上次个税法修正中,该项争议颇多。有观点认为,过高的边际税率不利于人才引进和国际竞争,需要进一步优化。

(3) 税制改革从更长远的角度看,要丰富纳税人的收入来源和总量。比如,通过社会的发展、乡村振兴等提高纳税人收入。还比如,高收入者可以通过投资一些企业和项目,带动低收入群体充分就业,改变单一农业生产的局面。要加强对高收入的规范和调节,依法保护合法收入,合理调节过高收入,鼓励高收入人群和企业更多回报社会。

(4) 积极稳妥推进房地产税立法和改革。按照"立法先行、充分授权、分步推进"的原则,积极稳妥推进房地产税立法和改革。建立健全个人收入和财产信息系统。如果希望三次分配能够成为推动社会共同富裕的重要抓手,那么就应该先推出和完善房地产税和遗产税。高收入者的财富如果用于炒房地产等,对这些行为要加大力度征税。但与此同时,富人税不是简单征收即可,而是要看"富人税"征了以后能否更好发挥作用。这些资产被征收后能否投入到生产经营环节,创造更多财富?哪种方式更有利于社会发展?如果通过三次分配等方式可以达成这一目标,不一定非要通过征收"富人税"的方式解决问题。

3.【总结】

总之,共同富裕是马克思主义关于未来社会的基本设想,这一设想被中国特色社会主义赋予了现实底色,成为切实付诸行动的实践目标。税制改革涉及二次分配、三次分配,分配制度是实现共同富裕的重要制度安排,不同于西方以捐赠为主要形式、以维持资本积累为主要目的的分配行为,我国的税制改革要体现以人民为中心思想,正确处理效率和公平,实现全体人民共同富裕。

【例题 2】

习近平总书记曾经讲过,"在问题面前也急不得,用生活的淡定面对问题"。作为一名领导干部,请谈谈你对"淡定"的理解。

参考答案:

1.【解释主题词】

"淡定"在"百度百科"里解释为"指有泰山崩于前而面不改色的镇定程度"。近些年,"淡定"成为很火的网络流行词之一。习近平总书记对领导干部提出的"淡定",是一种人生态度,也是一种党性修养,应该成为我们做人做事的准则。

2.【列方面】

(1) 我们要淡定面对工作的困难。有工作,就有困难,有困难不可怕,可怕的是不能正确面对困难。在工作中,领导干部既不能因轻视困难而急躁冒进,也不能因夸大困难而裹足不前,只有实事求是、客观公正地分析各种不足因素和条件机遇,就"千磨万击还坚劲,任尔东西南北风"的勇气和决心,扎扎实实稳中求进。

(2) 我们要淡定面对生活的诱惑。在市场经济历史条件下,人们尤其是掌握一定权力的领导干部面临的诱惑很多,面对这些诱惑,领导干部要树立正确的世界观、人生观、价值观,提高明辨是非的能力,做到头脑清醒,慎独、慎微、慎初。同时要不断加强自身修养,做到勤政从一言一行做起,廉政从一分一厘拒之,只有这样,才不会犯“千里之堤毁于蚁穴”的错误，才能淡然于滚滚红尘的酒色财气，而专心致志于为人民服务。

(3) 我们要淡定面对个人名利。领导干部应当正确看待名与利、得与失、顺境与逆境，杜绝“三年不动就有失落感”的错误观念，决不能为一己之私去做好大喜功、哗众取宠、沽名钓誉之事，而应当从客观实际出发，踏踏实实、尽心尽力干好本职工作。只有沉下心来，淡泊名利，心无旁骛做工作，才能真正成长为想干事、会干事、干成事、不出事的好干部，真正成为国家的栋梁之才。

3.【总结】

总之，习近平总书记讲的“淡定”，既是人生观，也是方法论，既是我们立身修德的根本，也是我们解决实际困难的积极心态。淡定不是甩手不管，而是从容面对。淡定不是无动于衷，而是谋定而后动。淡定不是缩回自己舒适区求得一己安宁，而是投身壮阔的伟大事业风物宜长放眼量，以坚定的志向、广博的宽怀和过人的胆识，面对困难，面对问题，做一名披坚执锐的勇者和智者。

第二章

领导情景行为判断题高分策略

第一部分　领导情景行为判断题答题思路

领导情景行为判断题是应全国税务系统领导胜任力测试的要求，于 2015 年研发并开始使用的一种新型测试形式，对于领导能力的测试具有独特效果，深受广大考生欢迎。使用 6 年来，发现此题型对基层领导干部尤为适用。因此，自 2021 年开始，此题型主要在若干省税务系统主持的领导胜任力考试中运用。

领导情景行为判断题是通过创设一种领导工作的具体情景，再提供 5 种解决问题的思路——领导行为，让考生对这 5 种领导行为分别做出有效性程度的判断。

这种题目看似容易，因为只要在答案上勾勾圈圈，不像结构化面试题，需要自己去寻找和搭建工作思路。但是，仔细琢磨，发现领导情景行为判断题暗含玄机，想拿高分，并不简单。

领导行为情景判断题由领导情景、领导行为选项和有效性程度 3 个部分组成，其中，领导情景提供的是背景信息，具有一定的情节性。领导行为选项由 5 个选项组成，每个选项代表针对前面的情景所采取的一种对策或措施。有效性程度是“①”到“⑦”七个等级数字，数字越大表示有效性程度越高，“①”表示有效性程度最低，“⑦”表示有效性程度最高。

【例题】 陈某是 A 县税务局政策法规科的副科长，他对待工作热情，经常发现问题后会向局长和副局长提一些建议。最近，他发现局机关部分干部经常上班时间用手机炒股，还常聚集在一起分享交流信息，影响工作，形象也不好。于是他又向局长写了一份建议。但是一周过去了，局长还是没有采取任何行动，也没有找他了解情况。如果你是陈某，这时你会怎么办？

1. 我给局长写的建议石沉大海，既然这样，那算了。反正我做了该做的，管不管是领导的事。

①　②　③　④　⑤　⑥　⑦

有效性程度

低 ———————————————————— 高

2. 干部上班时间用手机炒股，这种情况非常严重，必须得尽快处理，应该主动找局长聊一下。

①　②　③　④　⑤　⑥　⑦

有效性程度

低————————————————高

3. 再给局长写一份建议交上去，让局长对这个问题引起注意。

①　②　③　④　⑤　⑥　⑦

有效性程度

低————————————————高

4. 直接找局长，当面质问他为什么对我的建议置之不理。

①　②　③　④　⑤　⑥　⑦

有效性程度

低————————————————高

5. 局长也太看不起人了！既然这样，那我以后再也不提建议了，从明天开始，我上班也炒股，玩手机。

①　②　③　④　⑤　⑥　⑦

有效性程度

低————————————————高

这样的题目一张试卷有 15 道，每道题有 5 个选项，实质上考生需要做出 75 次判断。如果每个判断花 1 分钟，就需要 75 分钟。再加上阅读和理解领导情景的时间，大致答一道领导行为情景判断题，需要 7～8 分钟，15 道领导行为情景判断题就将近花费 120 分钟。如果考生在个别选项上犹豫再三，拿捏不准，就费时更多。也有考生不假思索拿起笔就迅速圈出答案的，快则快矣，但准确性未必高。如何既快速又有效地找到领导行为情景判断题的答题思路，掌握应试技巧，并能够又快又好地实现高分目标，是很多考生十分关心的问题。基于对前几年税务干部参加领导胜任力测试的经验总结，下面，给大家一些建议，供广大考生参考。

一、对标《大纲》中的能力标准，由领导情景入手进行审题

所有的考试审题都很重要，领导行为情景判断题也不例外。领导行为情景判断题审题时，主要从领导情景入手。

(一) 了解 18 个能力指标

领导情景十分丰富，可谓五花八门，但出题者在选取典型情景时，是有依据的，

依据就是国家税务总局颁发的《大纲》。《大纲》关于能力部分,分自我管理能力、团队管理能力和任务管理能力三个一级能力模块,每个模块下面再细分为二级能力,共 18 个能力指标(见表 2-1)。

表 2-1 税务系统领导胜任力测试能力指标

能力模块	二级能力指标
自我管理能力	1. 政治能力
	2. 依法行政能力
	3. 公共服务能力
	4. 责任担当意识
	5. 廉洁自律意识
	6. 学习实践能力
	7. 心理调适能力
团队管理能力	1. 团队建设能力
	2. 选人用人能力
	3. 群众工作能力
	4. 有效授权能力
	5. 有效激励能力
任务管理能力	1. 战略管理能力
	2. 科学决策能力
	3. 抓落实能力
	4. 改革攻坚能力
	5. 应急处突能力
	6. 调查研究能力

考生认真研读《大纲》,对这 18 个能力指标要熟悉,拿到一道领导行为情景判断题,阅读了领导情景后,大致要判断出这是属于哪一个领导能力指标范畴的,或者是几个相关的能力指标的组合。

(二) 熟悉能力指标的理论要点

《大纲》中的能力指标,后面都有一段说明,即能力应达到的要求。这些要求或是根据中央对领导干部的要求提出的,或是根据管理学、领导学的理论制订的,或是根据税务工作的经验总结的。理论上说,达到这些理论要求的领导行为选项,就应该打高分,达不到的就应该打低分。因此,熟悉能力指标的具体内容,是每个考生应该花时间要做的准备工作(见表 2-2)。

表 2-2　税务系统领导胜任力测试能力指标内容

序号	能力模块	二级能力指标	能力指标内容
1	自我管理能力	政治能力	熟知新时代领导干部提高政治能力，增强“四个意识”，坚定“四个自信”，做到“两个维护”的要求、内涵和路径，坚决贯彻执行党的路线方针政策，在大是大非面前态度明确、立场坚定。测试要求：掌握。
2		依法行政能力	掌握法治思维方法，养成尊法守法依法行政意识，了解、熟悉和掌握涉税相关法律和工作纪律，能够准确依据并运用相关的法律法规、政策和工作纪律开展领导工作，履职尽责。测试要求：掌握。
3		公共服务能力	了解、熟悉和掌握新公共服务理论，密切联系群众，高效行政，优质服务，自觉接受群众监督，虚心听取群众建议，勇于接受群众批评，实现以人民为中心的发展。测试要求：科级为掌握；处级为熟悉；司局级为熟悉。
4		责任担当意识	具有强烈的职责意识，熟知工作职责、工作依据、工作要求和工作纪律，坚守职位职责，求真务实，敢于建言献策，直面急难险重任务，勇于担当，履职尽责。测试要求：掌握。
5		廉洁自律意识	坚守底线思维，遵守党的纪律和规矩，廉洁从政、廉洁用权、廉洁修身、廉洁齐家。测试要求：掌握。
6		学习实践能力	掌握科学的学习方法，坚持终身学习理念，积极主动获取岗位所需的知识和技能，学以致用。测试要求：掌握。
7		心理调适能力	根据形势、环境和职位的变化，调整不当的思维和行为，保持良好的心态和情绪，正确看待得失、从容对待个人进退和工作中的挫折。测试要求：掌握。
8	团队管理能力	团队建设能力	全面落实从严治党要求，明确党建、意识形态责任，以身作则，倾情带队，严管善待，合理分工，团结协作，有效提升团队的凝聚力和战斗力。测试要求：正职为掌握；副职为熟悉。
9		选人用人能力	贯彻新时代组织路线，拓宽用人视野，坚持公正用人，严把德才标准，体现“讲担当、重担当”的用人导向。测试要求：正职为掌握；副职为熟悉。
10		群众工作能力	掌握党对做好群众工作的总体要求，有效建立工作联系网络，积极运用各种沟通方式，尊重他人，倾听各方，营造宽松和谐的工作氛围。测试要求：掌握。
11		有效授权能力	充分信任部属，大胆授权，积极支持，有效监督，容错纠错，敢于承担领导责任。测试要求：正职为掌握；副职为熟悉。
12		有效激励能力	营造公平公正、向上向善的积极氛围，合理运用各种激励资源，适当采取有效激励方法，激发团队成员的工作动力，展现新时代新担当新作为。测试要求：正职为掌握；副职为熟悉。
13	任务管理能力	战略管理能力	站在全局高度和长远角度，思考组织发展的重大问题及关键环节，根据外部环境和内部条件，结合组织愿景、使命和文化，适时制定调整战略。测试要求：科级为了解；处级为熟悉；司局级为掌握。

续表

序号	能力模块	二级能力指标	能力指标内容
14	任务管理能力	科学决策能力	了解、熟悉和掌握科学决策方法，及时准确地分析和判断面对的挑战和机遇，尊重决策规律、遵守决策程序，科学决策，促进科学发展。测试要求：科级为了解；处级为熟悉；司局级为掌握。
15		抓落实能力	了解、熟悉和掌握解决问题的科学方法，能够把握税收现代化建设总体要求，抓住主要矛盾和矛盾的主要方面，研究、提出解决问题的有效对策，合理分解任务目标，科学制定工作方案，注重计划与组织协调，加强督促检查考核，确保解决问题，实现工作目标任务。测试要求：掌握。
16		改革攻坚能力	养成创新思维、提高创新意识，掌握创新方法。善于根据内外部环境的变换，理解税务系统的未来战略，解放思想，与时俱进，找准突破口，在税收现代化工作中开创新局面，谋求新发展。测试要求：科级为了解；处级为掌握；司局级为掌握。
17		应急处突能力	能够对所负责的工作领域风险隐患进行预判并制定相关应急预案。了解熟悉应急处突相关法律法规、规范和工作要求，平时有效掌握相关信息，及时研判倾向性和潜在性问题，面对突发事件，科学分析，敏锐把握事件潜在影响，密切掌握事态发展进程，有序有效妥善处置风险。测试要求：掌握。
18		调查研究能力	坚持群众路线，掌握调研方法，能够在调研中发现问题、分析问题，积极探索事物发展规律、预测事物发展趋势，善于总结经验、发现典型，指导实践、推动工作。测试要求：掌握。

（三）掌握要点，精准发力

18个指标，18段阐述，考生有的时候感觉内容太多，不容易记住，所以，我们概括出能力指标最为关键的要点，分别将18个指标内容提炼精简为几个字，帮助考生建立起一个清晰的能力标准，为下面的行为判断打下理论基础（见表2-3）。

表2-3 税务系统领导胜任力测试能力指标内容要点

序号	能模块力	二级能力指标	能力指标内容	能力指标内容要点
1	自我管理能力	政治能力	熟知新时代领导干部提高政治能力，增强“四个意识”，坚定“四个自信”，做到“两个维护”的要求、内涵和路径，坚决贯彻执行党的路线方针政策，在大是大非面前态度明确、立场坚定。测试要求：掌握。	立场坚定，态度鲜明
2		依法行政能力	掌握法治思维方法，养成尊法守法依法行政意识，了解、熟悉和掌握涉税相关法律和工作纪律，能够准确依据并运用相关的法律法规、政策和工作纪律开展领导工作，履职尽责。测试要求：掌握。	法治思维，法治行为
3		公共服务能力	了解、熟悉和掌握新公共服务理论，密切联系群众，高效行政，优质服务，自觉接受群众监督，虚心听取群众建议，勇于接受群众批评，实现以人民为中心的发展。测试要求：科级为掌握；处级为熟悉；司局级为熟悉。	人民中心，群众路线

续表

序号	能模块力	二级能力指标	能力指标内容	能力指标内容要点
4	自我管理能力	责任担当意识	具有强烈的职责意识，熟知工作职责、工作依据、工作要求和工作纪律，坚守职位职责，求真务实，敢于建言献策，直面急难险重任务，勇于担当，履职尽责。测试要求：掌握。	求真务实，担当负责
5		廉洁自律意识	坚守底线思维，遵守党的纪律和规矩，廉洁从政、廉洁用权、廉洁修身、廉洁齐家。测试要求：掌握。	法律和纪律
6		学习实践能力	掌握科学的学习方法，坚持终身学习理念，积极主动获取岗位所需的知识和技能，学以致用。测试要求：掌握。	学用结合
7		心理调适能力	根据形势、环境和职位的变化，调整不当的思维和行为，保持良好的心态和情绪，正确看待得失、从容对待个人进退和工作中的挫折。测试要求：掌握。	得失和进退
8	团队管理能力	团队建设能力	全面落实从严治党要求，明确党建、意识形态责任，以身作则，倾情带队，严管善待，合理分工，团结协作，有效提升团队的凝聚力和战斗力。测试要求：正职为掌握；副职为熟悉。	一岗双责，严管善待
9		选人用人能力	贯彻新时代组织路线，拓宽用人视野，坚持公正用人，严把德才标准，体现“讲担当、重担当”的用人导向。测试要求：正职为掌握；副职为熟悉。	德才标准，公正原则
10		群众工作能力	掌握党对做好群众工作的总体要求，有效建立工作联系网络，积极运用各种沟通方式，尊重他人，倾听各方，营造宽松和谐的工作氛围。测试要求：掌握。	尊重和双赢，倾听和表达
11		有效授权能力	充分信任部属，大胆授权，积极支持，有效监督，容错纠错，敢于承担领导责任。测试要求：正职为掌握；副职为熟悉。	按能授权，支持监督
12		有效激励能力	营造公平公正、向上向善的积极氛围，合理运用各种激励资源，适当采取有效激励方法，激发团队成员的工作动力，展现新时代新担当新作为。测试要求：正职为掌握；副职为熟悉。	多举并用，激发动力
13	任务管理能力	战略管理能力	站在全局高度和长远角度，思考组织发展的重大问题及关键环节，根据外部环境和内部条件，结合组织愿景、使命和文化，适时制定调整战略。测试要求：科级为了解；处级为熟悉；司局级为掌握。	高远，内外，行动
14		科学决策能力	了解、熟悉和掌握科学决策方法，及时准确地分析和判断面对的挑战和机遇，尊重决策规律、遵守决策程序，科学决策，促进科学发展。测试要求：科级为了解；处级为熟悉；司局级为掌握。	科学化，民主化，法治化
15		抓落实能力	了解、熟悉和掌握解决问题的科学方法，能够把握税收现代化建设总体要求，抓住主要矛盾和矛盾的主要方面，研究、提出解决问题的有效对策，合理分解任务目标，科学制定工作方案，注重计划与组织协调，加强督促检查考核，确保解决问题，实现工作目标任务。测试要求：掌握。	按5W1H制订计划，按PDCA执行

续表

序号	能模块力	二级能力指标	能力指标内容	能力指标内容要点
16	任务管理能力	改革攻坚能力	养成创新思维、提高创新意识，掌握创新方法。善于根据内外部环境的变换，理解税务系统的未来战略，解放思想，与时俱进，找准突破口，在税收现代化工作中开创新局面，谋求新发展。测试要求：科级为了解；处级为掌握；司局级为掌握。	攻坚克难，以新应变
17		应急处突能力	能够对所负责的工作领域风险隐患进行预判并制定相关应急预案。了解熟悉应急处突相关法律法规、规范和工作要求，平时有效掌握相关信息，及时研判倾向性和潜在性问题，面对突发事件，科学分析，敏锐把握事件潜在影响，密切掌握事态发展进程，有序有效妥善处置风险。测试要求：掌握。	反应要快，判断要准，举措要行
18		调查研究能力	坚持群众路线，掌握调研方法，能够在调研中发现问题、分析问题，积极探索事物发展规律、预测事物发展趋势，善于总结经验、发现典型，指导实践、推动工作。测试要求：掌握。	群众和基层，发现和思考

注：5W1H 也叫六何分析法，具体内容为 Why——为什么干这件事？（目的）；What——怎么回事？（对象）；Where——在什么地方执行？（地点）；When——什么时间执行？什么时间完成？（时间）；Who——由谁执行？（人员）；How——怎样执行？采取哪些有效措施？（方法）。

PDCA 是质量管理的基本方法，就是将质量管理分为四个阶段，即计划（Plan）、执行（Do）、检查（Check）、行动（Action）。

例题中的领导情景，讲述的是一位副科长向局长提建议未果的情景。这个考点是一个组合性考点，任务管理、团队管理和自我管理都涉及。任务管理涉及解决问题的能力，团队管理涉及上下级沟通协调，自我管理涉及责任担当意识。锁定了考点，再在脑海中调出相关理论要点，解决问题的要点是要分清主次，并形成解决问题的方案和行动，上下级沟通协调的要点是尊重理解，责任担当的要点是敢于担当负责。审题进行到这里，脑海中已建立起相应的雷达图，为下一步理解领导行为选项打下了良好的基础。

二、把握领导行为选项的判断准则

通过对领导情景的审题，考生可以锁定考点范围。接下来，就要对 5 个领导行为的选项一一进行有效性的判断了。

阅读 5 个领导行为选项，要注意以下几点。

（一）每个选项独立判断，不要对 5 个选项进行排序

经常有考生认为这 5 个选项有效性有高有低，那么就将他们排列出一个由高到低的顺序，再由高分到低分递减。考生的这种理解前半段正确，后半段是误解。题目中所给 5 个选项不可能有效性都一样，自然有高有低，这样才可以有所区分进行

判断。但5个选项的有效性是不是一定要形成等差数列的分布,也是未必。每个题目的选项都是根据具体领导情景编制的,有时会编制出5个不一样的有效性领导行为,有时会编制出其中一两个有效性接近的领导行为,这个没有统一标准。所以,考生在进行领导行为判断时,要针对每个选项独立进行,如果发现出现相同的有效性程度,也很正常。

但会不会很极端地出现5个选项或4个选项有效性程度都一样呢?理论上是可能的。但如果出现这种情况,说明这道题本身在研制时质量不高,这种劣质题一般不会出现在正式的卷子中。所以,大概率是5个选项的有效性程度要么都不一样,要么其中2个或3个可能一样。

(二)先通读5个选项,再分别做出单独评判

虽然不对5个选项进行排序,但建议考生还是先将5个选项通读一遍,建立起一个领导行为的全貌。这样做的好处是将5个选项作为一个整体来处理,更能够把握5个领导行为选项是如何布局的,更容易准确区别出每个选项之间的差异,为接下来的对每个选项的分别判断打下基础。

(三)对每个选项做是非(左中右)评判

在通读了5个选项的基础上,对每个选项分别做评判时,先做是非评判。什么是是非评判?就是该选项的领导行为是正确的,值得鼓励的,还是错误的,必须反对的。还有第三种,说不上好坏,属于中间状态的。是非判断是个大的方向性的判断,在领导行为情景判断题中,①、②、③属于“非”,在题目的左边;④属于中间;⑤、⑥、⑦属于“是”,在题目的右边。做出“左中右”的判断对于广大考生来说不难,可以在很短的时间得出结论。一旦做好是非判断,就为第三步的细分有效性程度奠定了坚实基础。领导行为情景判断题的第二步“把握领导行为选项的判断准则”的任务就完成了。

例题中5个选项,通读下来,发现选项5是极不负责的态度和极消极的行为,明显作为“非”的判断,属于①、②、③的范畴。选项4虽然负责任,但方法不当,违背尊重理解原则,也属于“非”的①、②、③的范畴。而选项2和选项3,则比较正面,属于“是”的判断,⑤、⑥、⑦的范畴。选项1不犯错误,但不够积极主动,可以划分在④的范畴。

三、理解领导行为情景判断题的内在逻辑,精确细分有效性程度

领导情景行为判断题第三个构成部分是由①到⑦的有效性程度组成的,每道题下面都列着相同的7个数字,似乎无甚区别。但是,对应每道题的答案,这些数字的意义是不一样的。这是领导行为情景判断题的迷惑人的地方。破解其中的奥秘,也就理解了领导行为情景判断题的内在逻辑,从而能够进一步准确有效地细分出来行

为的有效性程度。

(一) 明白①到⑦的有效性程度的涵义

有效性程度①到⑦究竟代表什么涵义呢？要能细分它们，首先要明白这一点。下面，我们将①到⑦的数字用文字阐述清楚，让考生准确理解①到⑦的有效性程度代表什么(见图 2-1)。

具体而言：

最差①：违反常识，不合情理，违法乱纪；

① ② ③ ④ ⑤ ⑥ ⑦

最差	很差	较差	一般	较好	很好	最好

图 2-1 有效性程度内涵说明

很差②：问题搁置，方法粗暴，看法片面；

较差③：部分解决，忽略大局，方法简单；

一般④：不好不坏，原地踏步，聊胜于无；

较好⑤：方向正确，略有成效，尚存瑕疵；

很好⑥：把握关键，成效明显，人事两宜；

最好⑦：政治正确，举措完备，高效解决。

(二) 在“左中右”的区域里比较推敲，找准每个选项对应的数字

明白了①到⑦的有效性程度的涵义，接下来考生就可以根据前面是非判断的结果，进行仔细地推敲，对每一个领导行为的选项圈出对应的有效性程度的数字。

属于左边的“非”的区域，判断该领导行为是细分为最差、很差还是较差；属于右边的“是”的区域，判断该领导行为是较好、很好还是最好。前两者都不是的，那就是中间区域的一般。

有的考生可能觉得在同一个区域里，相邻选的两个选项例如左边的选项②和选项③、右边的选项⑤和选项⑥，有时很难拿捏准确，紧一点选②也可以，松一点选③也行，但不知自己松紧的标准和答案是否一致。因此，容易陷入举棋不定、犹豫不决的状态。如何从这种优柔寡断中解脱出来呢？一方面是仔细对照有效性程度内涵的 7 个标准，尽量能对号入座。另一方面是了解领导行为情景判断题的评分原则，实在拿捏不准时，不求就是正确答案，但求接近正确答案。

如何理解这句话？这得从领导行为情景判断题的评分原则说起。领导行为情景判断题的评分原则是“方向＋距离”评分法。就是和标准答案方向一致(是非评

判)、距离近的情况下,分值趋高,反之,分值趋低。

例如,某道题优选答案为⑥。

考生如选⑥,方向一致,距离为0,得满分A0=1分;

选⑦,方向一致(向右),距离为1,得A1=0.73分;

选⑤,方向反,距离为1,得A2=0.505分;

选④,方向反,距离为2,A3=0.325分;

选③,方向反,距离为3,得A4=0.19分;

选②,方向反,距离为4,得A5=0.1分;

选①,方向反,距离为5,得A6=0分。

看懂这个评分原则,就知道领导行为情景判断题评分十分复杂,每一个领导行为选项的答案,就对应一个相应的评分公式。这样去设计评分标准,是鉴于领导行为不存在绝对正确的答案,领导胜任力测试只要测出考生的判断在大致合理范围之内,就可以认为此考生具备相应领导能力。所以,对于广大考生来说,理解到这里足够了。它告诉考生,只要方向正确,距离略有差池,也会得到一定的分数。实在拿捏不准时,没有必要为很细小的分值花费太多时间,只要接近答案,也是接近高分。

(三) 对待有效性程度①和⑦,既要谨慎又要大胆

在7个有效性程度中,①和⑦是两个极端状态,①代表最差,⑦代表最好。在领导活动中,这种很极端的领导行为还是存在的,但出现概率不高。所以,在圈①和⑦时,要特别谨慎。一般说来,一套领导行为情景判断题试题,不可能大量出现①和⑦的情况。很可能很多道题的5个选项,都没有出现①和⑦的判断。这很正常,也符合领导活动的实际。

但是,并不是说一套领导行为情景判断题试题,肯定没有①和⑦的判断。具体有没有,应该就题目本身去分析。如果题目的选项中出现了极其不合情理,甚至违法乱纪的行为,那就大胆选①。如果题目中某个选项已经将问题解决得非常到位,十分完美,那就大胆选⑦。

最后提醒一下考生,当题目出现政治立场、政治觉悟、政治判断的内容时,如果选项和党中央的精神不一致,哪怕方法举措再周全,一定打低分。

第二部分 领导情景行为判断题真题练习

本题型每道试题描述了一个领导工作情境,提出了相关问题,并列出了解决该问题的若干措施或办法。同时,在每个措施或办法下面列出了"①"到"⑦"七个等级数字。这七个等级数字表示措施或办法的有效性程度,数字越大表示有效性程度越

高，比如“①”表示有效性程度最低，“⑦”表示有效性程度最高。

请你针对每道试题中提出的问题，对每个措施或办法的有效性程度逐一作出评价，选择你认为适当的等级数字，在相应的数字上打“√”。在作答时，对每个措施或办法的有效性程度单独作出评价，不须排序。若你认为有些措施或办法的有效性程度相同，也可以选择相同的等级数字。时间为60分钟，每题设计答题时间为3分钟，请合理分配时间。

1. 某市税务系统为庆祝中国共产党诞辰100周年，开展群众性学习党史教育活动，准备举行党史知识竞赛。党委会上，关于市局机关如何组队问题，发生了争议。你对他们各自的意见如何评价？

(1) A副局长建议先在机关搞一轮初赛，每个部门组成一个队，然后从中选出表现优秀的3名选手组成机关队。

① ② ③ ④ ⑤ ⑥ ⑦

有效性程度

低——————————————高

(2) B副局长说最近业务改革工作量大，建议直接在党办选3个人组队，不要牵涉面太大。

① ② ③ ④ ⑤ ⑥ ⑦

有效性程度

低——————————————高

(3) C副局长建议先在机关进行一次党史笔试考试，选出3位高分选手，组成机关队。

① ② ③ ④ ⑤ ⑥ ⑦

有效性程度

低——————————————高

(4) D副局长表示只要不抽到他分管部门的人，其他怎么办都行。

① ② ③ ④ ⑤ ⑥ ⑦

有效性程度

低——————————————高

(5) E副局长说考虑到正式比赛那段时间有部分同志很可能被抽调去省局参加一些专项工作，所以建议从机关选出50名同志，组队进行训练准备，确保最后由3名优秀成员组成的机关队能在比赛中展示出局机关的水平。

①　②　③　④　⑤　⑥　⑦

有效性程度

低——————————————高

【参考答案】 ⑤②⑥②③

2. 某市税务局机关党支部开展学习党史笔记检查评比活动,你是第二支部的书记,听到你们支部个别党员和个别群众在聊天,一致认为这是形式主义。你接下来怎么做?

(1) 立即当面严厉指出这位党员的思想问题,要求他做深刻检讨。

①　②　③　④　⑤　⑥　⑦

有效性程度

低——————————————高

(2) 将这位党员单独叫到一边,指出他思想上存在的问题,叮嘱他以后注意。

①　②　③　④　⑤　⑥　⑦

有效性程度

低——————————————高

(3) 加入他们的聊天,在交流中表达你的观点,扭转他们对此问题的看法。

①　②　③　④　⑤　⑥　⑦

有效性程度

低——————————————高

(4) 加入他们的聊天,在交流中肯定他们的看法,表示会将他们的意见转达给组织,取消笔记检查。

①　②　③　④　⑤　⑥　⑦

有效性程度

低——————————————高

(5) 建议党组织多开展更容易被党员和群众接受的党史教育活动。

①　②　③　④　⑤　⑥　⑦

有效性程度

低——————————————高

【参考答案】 ⑤⑥⑥②⑤

3. 你长期从事行政工作，现在担任某县税务局一把手。现在有一项你不熟悉的税收业务，县局分管副局长和市局相关业务科室科长的意见不一致，急需你拍板，你怎么办？

（1）按分管副局长的意思定。

① ② ③ ④ ⑤ ⑥ ⑦

有效性程度

低——高

（2）按市局相关业务科长的意思定。

① ② ③ ④ ⑤ ⑥ ⑦

有效性程度

低——高

（3）暂不决策，让县局分管副局长和市局相关业务科室科长讨论出一致的意见。

① ② ③ ④ ⑤ ⑥ ⑦

有效性程度

低——高

（4）迅速打听一下类似业务问题其他县局怎么处理的，然后再将自己的打算向市局有关领导请示，征求意见。

① ② ③ ④ ⑤ ⑥ ⑦

有效性程度

低——高

（5）自己上网去查阅相关资料。

① ② ③ ④ ⑤ ⑥ ⑦

有效性程度

低——高

【参考答案】 ③③④⑤③

4. 你在国地税合并前曾任A市地税局局长，现在“正转副”任A市税务局副局长，时常有原地税局的干部到你办公室发牢骚，说地税干部不被重用。你怎么办？

(1) 和大家一起怀念过去的“美好时光”。

①　②　③　④　⑤　⑥　⑦

有效性程度

低——————————————————高

(2) 劝说大家换个角度想问题,也许就想通了。

①　②　③　④　⑤　⑥　⑦

有效性程度

低——————————————————高

(3) 建议大家将这个意见直接反映到省局。

①　②　③　④　⑤　⑥　⑦

有效性程度

低——————————————————高

(4) 建议大家直接给“一把手”写信,让他知道部分原地税同志的看法。

①　②　③　④　⑤　⑥　⑦

有效性程度

低——————————————————高

(5) 要求大家不要没事就往自己办公室跑,注意影响,怕别人误会形成“小圈子”。

①　②　③　④　⑤　⑥　⑦

有效性程度

低——————————————————高

【参考答案】 ③⑤②③④

5. 你是某地市税务局办公室主任,上级部门同时发来3项临时工作,都需要一周内上交成果。你怎么安排?

(1) 转发县区局,请他们1天内上报成果给市局。

①　②　③　④　⑤　⑥　⑦

有效性程度

低——————————————————高

(2) 转发县区局,请他们4天内上报成果给市局。

① ② ③ ④ ⑤ ⑥ ⑦

有效性程度

低————————————————————高

(3) 报告上级,临时任务太多,时间太紧,干不了。

① ② ③ ④ ⑤ ⑥ ⑦

有效性程度

低————————————————————高

(4) 择机向上级部门反映,建议加强对会议及发文数量实施总量控制和计划管理。

① ② ③ ④ ⑤ ⑥ ⑦

有效性程度

低————————————————————高

(5) 分析3项临时工作的性质,能在自己层级解决的不再往县区局转派,实需县区局配合完成的,明晰县区局的具体任务事项,不是简单转发所有文件。

① ② ③ ④ ⑤ ⑥ ⑦

有效性程度

低————————————————————高

【参考答案】 ②③①⑤⑥

6. 你是某地市税务局的纪检组长,在违规收送礼品礼金私车公养专项整治工作中,你个人和你所在单位因为"零发现"而被有关领导批评。和你一起参与此项工作的部分下属很不理解,小张说,没有问题不能编一个问题啊!大家士气有些低落。你怎么办?

(1) 和大家一起吐槽,然后表示要挨批评也是你一个人承担了,大家不必担心。

① ② ③ ④ ⑤ ⑥ ⑦

有效性程度

低————————————————————高

(2) 严厉批评下属乱议论上级,缺乏政治意识、大局意识,责令小张在部门做检讨。

① ② ③ ④ ⑤ ⑥ ⑦

有效性程度

低————————————————————高

(3) 带领下属一起学习国家税务总局有关文件，寻找如何将专项整治工作走深走实的举措。

①　②　③　④　⑤　⑥　⑦

有效性程度

低——高

(4) 制止下属的议论，但心里表示认同，认为这种工作面上过得去就行了，真要查出问题来，反倒是给单位和纪检工作抹黑。

①　②　③　④　⑤　⑥　⑦

有效性程度

低——高

(5) 同意下属的看法，并责问上级"难道没有问题也要编一个问题吗"？坚决不接受批评。

①　②　③　④　⑤　⑥　⑦

有效性程度

低——高

【参考答案】 ③⑤⑥②①

7. 你是某地市税务局副局长，你分管的某项工作和"一把手"出现较大意见分歧，而且你认为你的想法更科学更可操作，但"一把手"在局长办公会上还是按他自己的思路拍板了。你怎么办？

(1) 沉默。会后拖着不去布置相关工作。

①　②　③　④　⑤　⑥　⑦

有效性程度

低——高

(2) 沉默。会后按"一把手"的决策布置科室去执行。

①　②　③　④　⑤　⑥　⑦

有效性程度

低——高

(3) 当场表态，表示坚决反对，再次重申自己的理由。

①　②　③　④　⑤　⑥　⑦

有效性程度

低——————————————高

(4) 当场表态，自己还是有不同意见的，如果“一把手坚持”，自己保留意见。

①　②　③　④　⑤　⑥　⑦

有效性程度

低——————————————高

(5) 沉默。散会后私底下等待合适时机再和“一把手”交换意见，如果还是改变不了“一把手”的看法，再去布置执行。

①　②　③　④　⑤　⑥　⑦

有效性程度

低——————————————高

【参考答案】 ③⑤④⑤⑥

8. 你是省税务局某处室的处长，你处室的小张因为工作能力强，经常被抽调参加一些专项工作。年底评优，小张所在的专项工作的领导要求你给予小张优秀奖励。但今年小张的本职工作基本是小杨一人承担了，而且表现也很出色。处室其他同志都认为小张不应该占处室宝贵的优秀名额。你怎么考虑？

(1) 劝说大家都是税务工作，不要分得那么清楚，这次给小张，别人下次还有机会。

①　②　③　④　⑤　⑥　⑦

有效性程度

低——————————————高

(2) 认可大家工作都不错，名额有限，综合权衡，公务员优秀等次给小张，建议推荐小杨为优秀党员。

①　②　③　④　⑤　⑥　⑦

有效性程度

低——————————————高

(3) 不希望小张总是被抽调，以不给优秀等次为契机，让小张自己失去参加专项工作得积极性，专心本职工作。

①　②　③　④　⑤　⑥　⑦

有效性程度

低 —— 高

(4) 处室同志整体的工作积极性更重要，做小张的思想工作，让他让一让，争取下次机会。

①　②　③　④　⑤　⑥　⑦

有效性程度

低 —— 高

(5) 告诉小张，自己想给他优秀等次，但处室其他同志意见太大，怕给了他优秀今后小张在处室和大家反而难相处，不如放弃算了。

①　②　③　④　⑤　⑥　⑦

有效性程度

低 —— 高

【参考答案】 ⑤⑥③④②

9. 你是省税务局某处处长，你的副处长资历比你老，业务能力也很强，和分管领导关系比你熟，而且在处室群众关系也很有基础。关键是他对你这位处长很不服气，工作上很不配合。你怎么办？

(1) 向省局局长反映，要求将副处长调离本处室。

①　②　③　④　⑤　⑥　⑦

有效性程度

低 —— 高

(2) 向分管领导反映，请分管领导做做副处长工作。

①　②　③　④　⑤　⑥　⑦

有效性程度

低 —— 高

(3) 和副处长开诚布公谈一次，表示自己尊重他的态度，并希望他支持自己工作。

①　②　③　④　⑤　⑥　⑦

有效性程度

低 —— 高

(4) 在群众中建立自己的追随力量,动摇副处长的群众基础。

① ② ③ ④ ⑤ ⑥ ⑦

有效性程度

低——————————————高

(5) 找一个难做的工作给副处长,等他出问题了借题发挥批评他,杀杀他的威风。

① ② ③ ④ ⑤ ⑥ ⑦

有效性程度

低——————————————高

【参考答案】 ⑤⑤⑥③②

10. 你是某县税务局副局长,你原来一直在抓的某项工作刚见起色,眼看快要出成果了,新上任的"一把手"不支持此项工作,希望你停止并集中精力完成另一项任务。你怎么办?

(1) 和"一把手"沟通,强调此项工作的意义,陈述目前取得的阶段成果凝聚了多少干部的心血,停了太可惜,希望领导支持。

① ② ③ ④ ⑤ ⑥ ⑦

有效性程度

低——————————————高

(2) 和"一把手"沟通,强调此项工作的意义,陈述即将取得的成效对整个局带来的好处,希望领导支持。

① ② ③ ④ ⑤ ⑥ ⑦

有效性程度

低——————————————高

(3) 和"一把手"沟通,强调此项工作的意义,暗示支持此项工作是他新官上任表现民主作风和赢得人心的好机会。

① ② ③ ④ ⑤ ⑥ ⑦

有效性程度

低——————————————高

(4) 停止此项工作,但暗地里给新上任的"一把手"开展工作设置阻力。

①　②　③　④　⑤　⑥　⑦

有效性程度

低——————————————————————高

(5) 停止此项工作,但打算对新上任的“一把手”采取消极应付的态度。

①　②　③　④　⑤　⑥　⑦

有效性程度

低——————————————————————高

【参考答案】 ⑤⑥④①②

11. 你是某市税务局的办公室主任,局里要拍摄一个关于本单位如何加强纳税服务改善营商环境的宣传片,由于分管办公室的李副局长去党校学习 3 个月,该项目由你负责。在样片讨论会上,分管纳服的张副局长认为此片成了本单位总体工作的宣传片,没有以突出纳服工作为重点,很不满意。你解释说剧本都是经大家审阅后定稿的,后期按剧本拍摄的。张副局长更加生气,说花了这么多钱,没有达到想要的效果,得有人为此负责。局长虽然没有要追究责任的意思,但明显对样片也不满意。散会后你的项目组成员纷纷叫屈,有人认为因为纳服科不配合提供的资料有限,才造成这种后果。还有人认为是张副局长和李副局长一向不和,借机报复。外请的拍摄公司表示如果改动幅度大可能要追加经费。你怎么办?

(1) 最近正好颈椎病发作,到医院开张病假条,休息,宣传片负责人另请高明。

①　②　③　④　⑤　⑥　⑦

有效性程度

低——————————————————————高

(2) 先请项目组成员去喝顿大酒,犒劳一下连日的辛苦,其他的事以后再说。

①　②　③　④　⑤　⑥　⑦

有效性程度

低——————————————————————高

(3) 散会后直接去找张副局长沟通,力陈拍摄过程纳服部门的配合不到位,希望以后能有所改善。

①　②　③　④　⑤　⑥　⑦

有效性程度

低——————————————————————高

(4) 散会后直接去找局长沟通，摸清局长对改进片子的思路，并适当表达对纳服部门不配合的苦恼。

① ② ③ ④ ⑤ ⑥ ⑦

有效性程度

低————————————————高

(5) 给李副局长打电话，向他诉苦，谋求他的支持。

① ② ③ ④ ⑤ ⑥ ⑦

有效性程度

低————————————————高

【参考答案】 ①④③⑥⑤

12. 你是某市税务局局长，下属某县局张局长是名业务型人才，履职才半年，面对管理团队和内外协调，他感到无所适从并心力交瘁，向你提出要返回市局业务科长的岗位，你会如何处理？

(1) 满足张局长的要求，调回市局业务科长的岗位。

① ② ③ ④ ⑤ ⑥ ⑦

有效性程度

低————————————————高

(2) 满足张局长的要求，调回市局，但只能保留正科待遇，不安排实职。

① ② ③ ④ ⑤ ⑥ ⑦

有效性程度

低————————————————高

(3) 鼓励他继续干，告诉他半年属于磨合期，不适应很正常。

① ② ③ ④ ⑤ ⑥ ⑦

有效性程度

低————————————————高

(4) 要求他继续干，这么快就调回，明显给市局党委当初的决定打脸。

① ② ③ ④ ⑤ ⑥ ⑦

有效性程度

低————————————————高

(5) 鼓励他继续干,教给他一些具体的工作方法,并决定配一名得力副职去辅佐他。

① ② ③ ④ ⑤ ⑥ ⑦

有效性程度

低————————————————高

【参考答案】 ③②④③⑥

13. 你是某市税务局的一名副科长,你的业务能力很强,对工作有一整套成熟的看法。你的科长在很多问题上并不同意你的看法。但几次事实证明,科长过于保守,你的思路是对的。现在你们又为一个工作事项发生了意见分歧,你若坚持自己的意见,可能会造成明显的矛盾。你若按科长的意见执行,不会有明显工作失误,但肯定不是最佳的效果。你怎么处理?

(1) 按科长意思办,反正不能取得最好效果被领导批评也是科长的事。

① ② ③ ④ ⑤ ⑥ ⑦

有效性程度

低————————————————高

(2) 服从科长,他是上级,而且他的意见也不会造成多大失误,不需要因此影响科室团结。

① ② ③ ④ ⑤ ⑥ ⑦

有效性程度

低————————————————高

(3) 服从科长,他是上级,但执行时自己悄悄做一些更有利的变通。

① ② ③ ④ ⑤ ⑥ ⑦

有效性程度

低————————————————高

(4) 和分管局领导沟通,希望局领导出面推行效果更佳的方案。

① ② ③ ④ ⑤ ⑥ ⑦

有效性程度

低————————————————高

(5) 找个理由请假,让别人承担此项工作,回避冲突,但也不想违背自己的心意做事。

①　②　③　④　⑤　⑥　⑦

有效性程度

低——————————————————————高

【参考答案】 ③④⑤④③

14. 你是办税服务大厅的主任，一位纳税人因资料没带全而无法办成事，遂和窗口工作人员发生争执，纳税人态度蛮横，对税务干部破口大骂，甚至要动手打人。大厅的几位年轻税务干部情绪也激动起来，场面几乎要失控。你怎么立即处理？

(1) 自己赶紧打电话向分管领导汇报。

①　②　③　④　⑤　⑥　⑦

有效性程度

低——————————————————————高

(2) 吩咐一位同志赶紧打电话向分管领导汇报，自己冲到人群中先隔开激动的税务干部和纳税人。

①　②　③　④　⑤　⑥　⑦

有效性程度

低——————————————————————高

(3) 自己用手机打 110 报警。

①　②　③　④　⑤　⑥　⑦

有效性程度

低——————————————————————高

(4) 吩咐一位同志打 110 报警，自己冲到人群中先隔开激动的税务干部和纳税人。

①　②　③　④　⑤　⑥　⑦

有效性程度

低——————————————————————高

(5) 吩咐其他同志打 110 报警和打电话向分管领导汇报，自己冲到人群中先隔开激动的税务干部和纳税人。

①　②　③　④　⑤　⑥　⑦

有效性程度

低——————————————————————高

【参考答案】 ②⑤③⑤⑥

15. 你刚到某市税务局任局长不到一个月。今天，一些提前退休的老同志聚集在税务局办公楼前，群情激愤，要求和局长对话。在职务职级套改中，他们因历史遗留问题和单位产生分歧。你接下来怎么处理？

(1) 冲到办公楼前和老同志对话，告诉他们职务职级套改是国家的统一政策，要求他们理解和服从。

① ② ③ ④ ⑤ ⑥ ⑦

有效性程度

低——高

(2) 冲到办公楼前和老同志对话，请他们派代表现在到会议室谈。

① ② ③ ④ ⑤ ⑥ ⑦

有效性程度

低——高

(3) 冲到办公楼前和老同志对话，告诉他们你刚到，需要了解一下情况。给你三天时间，三天后请他们派代表坐下来谈。

① ② ③ ④ ⑤ ⑥ ⑦

有效性程度

低——高

(4) 宣称自己不在局里，让分管副局长出去抵挡一阵，今天反正自己不露面。

① ② ③ ④ ⑤ ⑥ ⑦

有效性程度

低——高

(5) 宣称自己不在局里，让分管副局长出去抵挡一阵，他招架不住自己再露面。

① ② ③ ④ ⑤ ⑥ ⑦

有效性程度

低——高

【参考答案】 ②③⑥④③

第三章

政治理论

第一部分　政治理论知识点

上篇　党　史

【导语】 在全党开展党史学习教育，是党中央立足党的百年历史新起点、统筹中华民族伟大复兴战略全局和世界百年未有之大变局、为动员全党全国满怀信心投身全面建设社会主义现代化国家而作出的重大决策。全党同志要做到学史明理、学史增信、学史崇德、学史力行，学党史、悟思想、办实事、开新局，以昂扬姿态奋力开启全面建设社会主义现代化国家新征程，以优异成绩迎接建党一百周年。

——习近平

要巩固拓展党史学习教育成果，建立常态化长效化制度机制，教育引导广大党员、干部把学党史、用党史作为终身必修课，不断坚定历史自信、增强政治自觉，弘扬伟大建党精神，更加信心满怀地奋进新征程、建功新时代。

——2022 年 3 月 5 日习近平总书记在参加十三届全国人大五次会议内蒙古代表团审议时发表的讲话

1. 近代中国社会性质和革命任务

社会性质是半殖民地半封建社会；两大革命任务是：①求得民族独立和人民解放；②实现国家的富强和人民富裕。

2. 辛亥革命

辛亥革命指的是自 1911 年 10 月 10 日夜武昌起义爆发，至 1912 年元旦孙中山就职中华民国临时大总统前后这一段时间中国所发生的革命事件。辛亥革命是近代中国比较完全意义上的民族民主革命。它在政治上、思想上给中国人民带来了不可低估的解放作用。

辛亥革命开创了完全意义上的近代民族民主革命，推翻了统治中国几千年的君主专制制度，建立起共和政体，结束君主专制制度。传播了民主共和理念，极大地推动了中华民族思想解放，以巨大的震撼力和影响力推动了中国社会变革。

3. 新文化运动

1915年，陈独秀在其主编的《新青年》(原名《青年杂志》)刊载文章，提倡民主与科学，反对封建文化，揭开了新文化运动的序幕。这次运动沉重打击了统治中国2 000多年的传统礼教，启发了人们的民主觉悟，推动了现代科学在中国的发展，为马克思主义在中国的传播和五四爱国运动的爆发奠定了思想基础。

4. 五四运动

1919年5月4日发生在北京的一场以青年学生为主，广大群众、市民、工商人士等阶层共同参与的，通过示威游行、请愿、罢工、暴力对抗政府等多种形式进行的爱国运动。起因是第一次世界大战期间，欧洲列强无暇东顾，日本乘机加强对中国的侵略，严重损害了中国的主权。中国人民的反日情绪日渐增长。1919年巴黎和会上中国外交的失败，引发了伟大的五四运动。

五四运动表现了反帝反封建的彻底性；是一次真正的群众运动；促进了马克思主义在中国的传播及其与中国工人运动的结合；是由学生先发起，由工人扩大的坚决的反帝运动，是无产阶级领导的新民主主义革命；是新民主主义革命阶段的开端。

5. 马克思主义在中国的早期传播

马克思主义的广泛传播是从十月革命后开始的。毛泽东曾指出："十月革命一声炮响，给我们送来了马克思列宁主义"。李大钊就是当时在中国传播马克思主义最早的革命先驱者。李大钊热情地歌颂和宣传俄国十月革命，运用无产阶级的世界观，把握人类社会发展的历史规律，以敏锐独到的眼光发表了《法俄革命之比较观》《庶民的胜利》《布尔什维主义的胜利》和《新纪元》四篇光辉的文献，揭开了我国马克思主义宣传的第一页。

1919年5月，李大钊在《新青年》第六卷第五期"马克思主义专号"上发表了全面系统地介绍马克思主义的专著《我的马克思主义观》。1920年3月，李大钊在北京发起了中国最早的一个学习和研究马克思主义的团体——马克思学说研究会，促进了马克思主义在中国更大范围的传播。

6. 中国共产党的早期组织

1920年5月，陈独秀、俞秀松等人开会商议决定成立党组织，并定名为"共产党"，同年8月共产党早期组织在上海法租界老渔阳里2号《新青年》编辑部成立；1920年10月，李大钊、张国焘等在北京成立共产党早期组织，称"共产党小组"，同年年底决定成立共产党北京支部，李大钊为书记；1920年秋至1921年春，董必武、刘伯承、陈潭秋、包惠僧等人在武汉，毛泽东、何叔衡等人在长沙，王尽美、邓恩铭、王翔千等人在济南，陈独秀、谭平山、陈公博、谭植棠等人在广州，相继成立了当地的共产主义小组。

7. 中国共产党成立

1921年7月23日至31日在上海法租界望志路106号(今兴业路76号)和浙江嘉兴南湖召开。出席大会的各地代表共13人。建立三人组成的中央局,并选举陈独秀任书记,张国焘为组织主任,李达为宣传主任。宣告中国共产党成立。大会的中心议题是正式建立中国共产党,会议通过了《中国共产党党纲》《关于当前实际工作的决议》,选举了党的领导机构。

党纲主要内容。确定党的名称是中国共产党;党的性质是无产阶级政党;党的奋斗目标是以无产阶级革命军队推翻资产阶级的政权,消灭资本家私有制,由劳动阶级重建国家,承认无产阶级专政,直到阶级斗争结束,即直到消灭社会的阶级区分;党的基本任务是从事工人运动的各项活动,加强对工会和工人运动的研究与领导;党的组织方面的规定为,在全党建立统一的组织和严格的纪律,地方组织必须接受中央的监督和指导等。

《关于当前实际工作的决议》确定党成立后的中心任务是组织工会和教育工人,领导工人运动,对党领导工人运动的任务、方针、政策和方法都提出了规定或要求。

8. 党的二大

1922年7月16日至23日,中国共产党第二次全国代表大会在上海南成都路辅德里625号召开。出席会议的代表共12名(有一名代表姓名不详),代表全国195名党员。大会通过《中国共产党第二次全国代表大会宣言》(以下简称《宣言》)。

《宣言》提出在目前的历史条件下,党的奋斗目标是:消除内乱,打倒军阀,建设国内和平;推翻国际帝国主义的压迫,达到中华民族完全独立;统一中国为真正的民主共和国。《宣言》制定出了党在现阶段反帝反封建的民主革命纲领,即党的最低纲领。《宣言》指出:党的目的是要"组织无产阶级,用阶级斗争的手段,建立劳农专政的政治,铲除私有财产制度,渐次达到一个共产主义的社会"。这表明党的二大《宣言》坚持了一大纲领所规定的党的最终奋斗目标,即党的最高纲领。

党的二大通过的《中国共产党章程》,是党成立后的第一个党章。它对党员条件、党的各级组织的建设和党的纪律作了具体规定。与党的一大所通过的党纲相比,它明确地阐释了党的民主集中制的原则。

9. 党的三大

1923年6月12日至20日,中国共产党在广州举行第三次全国代表大会。出席大会的代表30多人,代表全国420名党员。共产国际代表马林参加大会。陈独秀代表第二届中央执行委员会作报告。大会的主要议题是讨论共产党员加入国民党问题。大会接受共产国际关于同国民党合作的指示,通过《关于国民运动及国民党问题的议决案》《中国共产党第三次全国大会宣言》等文件。这些文件指出:党在现阶段"应该以国民革命运动为中心工作",采取党内合作的形式同国民党建立联合战线,“共产党党员应加入国民党”,“努力扩大国民党的组织于全中国,使全中国革命分子集中于国民党”。文件还规定了保持党在政治上的独立性的一些原则。

党的三大决定采取共产党员以个人身份加入国民党的方式实现国共合作,这是当时能够为孙中山和国民党所接受的唯一合作方式。

10. 第一次国共合作

1924年1月20日至30日,中国国民党第一次全国代表大会在广东召开。大会通过了新的党章,改组了国民党组织,选举了有共产党员参加的新一届中国国民党中央领导机构,重新解释了三民主义,形成了“联俄、联共、扶助农工”等重大政策,实现了第一次国共合作。

11. 党的四大

1925年1月11日至22日,中国共产党在上海举行第四次全国代表大会。出席会议的代表20人,代表党员994人。维经斯基参加了大会。陈独秀代表第三届中央执行委员会作工作报告。这次大会对中国革命的一些基本问题进行了比较系统的探讨,在党的历史上第一次明确提出无产阶级在民主革命中的领导权和工农联盟问题。大会总结一年来国共合作的经验教训后指出:无产阶级在民族运动中既要反对“左”的倾向,也要反对右的倾向,而右的倾向是党内主要危险。共产党要做到:在国民党内和党外坚持彻底的民主革命纲领;保持自己的独立性;在思想上、组织上和民众宣传上扩大左派,争取中派,反对右派;既帮助国民党在实际运动和组织上发展,又加紧同国民党内的妥协倾向作斗争。党的四大以后,以工农为主体的革命群众运动进一步发展,从而为即将来临的大革命高潮奠定了广泛的群众基础。

12. 五卅运动

1925年2月起,上海22家日商纱厂近4万名工人为反对日本资本家打人和无理开除工人,要求增加工资而先后举行罢工。1925年5月30日,震惊中外的五卅运动在上海爆发,并很快席卷全国。五卅运动是中国共产党领导下的群众性反帝爱国运动,是中国共产党直接领导的以工人阶级为主力军的中国人民反帝革命运动。五卅运动标志着国民大革命高潮的到来。

13. 北伐战争

1926年7月9日,广东国民政府领导的国民革命军10万人正式出师北伐。先后击溃吴佩孚、孙传芳的主力,福建、浙江等省的军阀也纷纷倒向北伐军。国民革命军控制了南方大部分省区,冯玉祥部也控制了西北地区,响应北伐军,北伐战争的胜利大局已定。

14. 四一二反革命政变

1927年4月12日,以蒋介石为首的国民党新右派在上海发动反对国民党左派和共产党的武装政变,大肆屠杀共产党员、国民党左派及革命群众。这就是历史上著名的四一二反革命政变。使中国大革命受到严重的摧残，标志着大革命的部分失败，是大革命从胜利走向失败的转折点。同时也宣告国共两党第一次合作失败。

15. 党的五大

1927年4月27日至5月9日在武汉举行第五次全国代表大会。出席大会的代表82人，代表党员57967人。以罗易、多里奥、维经斯基组成的共产国际代表团参加大会。会前，共产国际发来指示，要求党的五大的一切政治决议“都完全应以共产国际执委会第七次扩大全会关于中国问题的决议为依据”。陈独秀代表第四届中央执行委员会向大会作了《政治与组织的报告》。报告涉及中国各阶级、土地、无产阶级领导政权、军事、国共两党关系等11个问题，既没有正确总结经验教训，又没有提出挽救时局的方略，反而继续提出一些错误主张。大会通过了《政治形势与党的任务议决案》《土地问题议决案》，大会虽然提出了争取无产阶级对革命的领导权、建立革命民主政权和实行土地革命的一些正确的原则，但对无产阶级如何争取革命领导权，如何领导农民实行土地革命，如何对待武汉国民政府和国民党，特别是如何建立党领导的革命武装等问题，都没有提出有效的具体措施，这样自然难以承担起挽救革命的任务。

16. 八七会议

中共中央政治局于1927年8月7日在汉口召开的紧急会议。会议批判和纠正了陈独秀右倾机会主义错误，撤销了他在党内的职务，选出了新的临时中央政治局，确定了土地革命和武装斗争的总方针。毛泽东出席了这次会议，并提出了著名的“枪杆子里出政权”的论断，八七会议后，毛泽东受中共中央委派，以中共中央特派员的身份前往长沙，领导湘赣边界的秋收起义。会议通过了《中国共产党中央执行委员会告全党党员书》等议案。八七会议在中国革命紧急关头及时地向党和全国人民指明了斗争方向，反对政治上的右倾机会主义，使党在革命中前进了一大步。

八七会议具有重要的历史地位，毛泽东提出了“枪杆子里出政权”的著名思想。给正处于思想混乱和组织涣散的中国共产党指明了新的出路，为挽救党和革命作出了巨大贡献。

17. 八一南昌起义

1927年8月1日中国共产党联合国民党左派在江西省南昌市，打响了武装反抗国民党反动派的第一枪，揭开了中国共产党独立领导武装斗争和创建革命军队的序幕。起义由周恩来、贺龙、李立三、叶挺、朱德、刘伯承、谭平山领导。1933年7月11日，中华苏维埃共和国临时中央政府根据中央革命军事委员会6月30日的建议，决定8月1日为中国工农红军成立纪念日。从此，8月1日成为中国工农红军和后来的中国人民解放军的建军节。

18. 秋收起义

1927年9月9日,湘赣边界秋收起义按预定计划爆发。9月19日,秋收起义部队在文家市会师,毛泽东主持前委会议,及时作出从进攻大城市转向农村进军的决定,初步形成了农村包围城市的战略思想。秋收起义是继南昌起义之后,中国共产党领导的又一次著名的武装起义,是中国共产党党史军史上的三大起义之一(南昌起义、秋收起义、广州起义)。它却开创了一条新的道路,也开辟了第一个在农村的根据地,为后来各地工农红军和农村革命根据地的大规模发展奠定了基础。秋收起义是中国共产党第一次在武装斗争中公开打出了自己的旗号,人民军队历史上第一面军旗(带有镰刀、斧头、五角星的工农革命军军旗)的诞生,在全国人民面前彰显了中国共产党独立领导革命战争的决心。

19. 三湾改编

1927年9月29日至10月3日,毛泽东在江西省永新县三湾村,领导了举世闻名的"三湾改编",他创造性地确立的"党指挥枪""支部建在连上""官兵平等"等一整套崭新的治军方略。是中国共产党建设新型人民军队最早的一次成功探索和实践,标志着毛泽东建设人民军队思想的开始形成。三湾改编初步解决了如何把以农民及旧军人为主要成分的革命军队建设成为一支无产阶级新型人民军队的问题,保证了党对军队的绝对领导,奠定了政治建军的基础。

20. 党的六大

1928年6月18日至7月11日,中国共产党第六次全国代表大会在莫斯科召开。出席大会的代表共142人,其中有选举权的代表84人。会上,瞿秋白代表第五届中央委员会作政治报告,周恩来作组织报告和军事报告,李立三作农民问题报告,向忠发作职工运动报告,布哈林代表共产国际作《中国革命与中国共产党的任务》的政治报告和关于政治报告的结论。大会通过了经过修改的《中国共产党党章》。它认真地总结大革命失败以来的经验教训,对有关中国革命的一系列存在严重争论的根本问题,作出了基本正确的回答。

21. 井冈山革命根据地

1927年10月,毛泽东率领湘赣边秋收起义的工农革命军到达罗霄山脉中段的井冈山地区,开展游击战争,进行土地革命,恢复和建立共产党的组织,建立革命政权和赤卫队。1928年4月底,朱德、陈毅率领南昌起义保存下来的部队和湘南农军到达井冈山,和毛泽东领导的工农革命军会师,成立了中国工农红军第四军。12月,彭德怀、滕代远率领红五军主力到达井冈山,同红四军会师。此后,红军粉碎了敌人的多次"围剿",根据地不断扩大。

22. 农村包围城市,武装夺取政权思想

以毛泽东为代表的中国共产党人在领导中国革命实践中逐步摸索出来的一条

具有中国特色的发展道路和总战略。其基本内容是,中国民主革命首先在敌人统治力量比较薄弱的农村,发动农民武装起义,建立人民军队,建立革命根据地,把武装斗争、土地革命、建立政权结合起来,使之建成支持长期革命战争的战略基地。依托根据地积累发展革命力量,随着革命战争、人民武装和根据地的发展,逐步造成农村包围城市的战略态势,最后夺取全国胜利。

1927 年 9 月 9 日至 19 日秋收起义,毛泽东主持前委会议,及时作出从进攻大城市转向农村进军的决定,初步形成了农村包围城市的战略思想。

1928 年 10 月到 1930 年 1 月,毛泽东在总结井冈山和其他革命根据地实践经验的基础上,先后撰写了《中国的红色政权为什么能够存在?》《井冈山的斗争》《星星之火,可以燎原》等著作,从理论上对中国革命的一些基本问题作了深刻论述,其中核心内容是关于农村革命根据地红色政权存在与发展的原因和条件以及关于工农武装割据的思想,标志着农村包围城市的革命道路理论的基本形成。

1936 年到 1939 年,毛泽东先后发表了《中国革命战争的战略问题》《论新阶段》《战争和战略问题》《〈共产党人〉发刊词》《中国革命和中国共产党》等理论著作,从中国革命的基本规律、特点和主要形式,从农村包围城市、武装夺取政权的必要性和可能性等方面进一步丰富和完善了农村包围城市革命道路理论,标志着农村包围城市的革命道路理论的成熟。

23. 反围剿斗争

1930 年 12 月上旬至 1933 年 7 月,国民党先后 5 次向中国共产党领导的革命根据地发动围剿,前三次反围剿斗争取得胜利,后王明“左倾”错误路线影响,第四、第五次反围剿斗争失利,红军遭到严重削弱、中央苏区大部丧失的情况下,被迫进行长征。

24. 红军长征

1934 年 10 月,第五次反“围剿”失败后,中央主力红军为摆脱国民党军队的包围追击,被迫实行战略性转移,退出中央根据地,进行长征。中央红军行程约二万五千里,红一方面军于 1935 年 10 月到达陕北,与陕北红军胜利会师。1936 年 10 月,红二、四方面军到达甘肃会宁地区,同红一方面军会师。红军三大主力会师,标志着万里长征的胜利结束。长征保存和锻炼了中国共产党和红军的骨干,沿途播下了革命的种子。正如毛泽东同志所宣称的那样,“长征是宣言书,长征是宣传队,长征是播种机”。

25. 遵义会议

1935 年 1 月中共中央政治局在贵州遵义召开的独立自主地解决中国革命问题的一次极其重要的扩大会议。是在红军第五次反“围剿”失败和长征初期严重受挫的情况下,为了纠正博古、王明、李德等人“左”倾领导在军事指挥上的错误而召开的。遵义会议结束了王明“左”倾机会主义路线在党中央的统治，成立了由毛泽东、周恩来、王稼祥组成的三人军事指挥小组，确立了以毛泽东为代表的新的中央正确领导，把党的路线转到了马克思列宁主义的轨道上来。

遵义会议，在中国革命的危急关头，挽救了党，挽救了红军，挽救了中国革命，是我党历史上一个生死攸关的转折点。遵义会议是中国共产党第一次独立自主地运用马列主义基本原理解决自己的路线、方针和政策的会议。遵义会议，是中国共产党从幼年的党走上成熟的党的标志。

26. 九一八事变

1931 年 9 月 18 日夜，在日本关东军安排下，铁道“守备队”炸毁沈阳柳条湖附近的南满铁路路轨（沙俄修建，后被日本所占），并栽赃嫁祸于中国军队。日军以此为借口，炮轰沈阳北大营，是为九一八事变。次日，日军侵占沈阳，又陆续侵占了东北三省。1932 年 2 月，东北全境沦陷。此后，日本在中国东北建立了伪满洲国傀儡政权，开始了对东北人民长达 14 年之久的奴役和殖民统治。

九一八事变是日本帝国主义长期以来推行对华侵略扩张政策的必然的结果，也是企图把中国变为其独占的殖民地而采取的重要步骤。九一八事变标志着世界反法西斯战争的开始，揭开了第二次世界大战东方战场的序幕。

27. 一二·九运动

1935 年 12 月 9 日，北平（北京）大中学生数千人举行了抗日救国示威游行，反对华北自治，反抗日本帝国主义，要求保全中国领土的完整，掀起全国抗日救国新高潮。12 月 12 日，北平学生举行第 5 次示威游行。这是中国共产党领导的一次大规模学生爱国运动。一二·九运动公开揭露了日本帝国主义侵略中国，吞并华北的阴谋，打击了国民党政府的妥协投降政策，大大地促进了中国人民的觉醒。它配合了红军北上抗日，促进了国内和平和对日抗战。

一二·九运动标志着中国人民抗日民主运动新高潮的来到。正如毛泽东同志所指出的，一二·九运动是抗战动员的运动，是准备思想和干部的运动，是动员全民族的运动，有着重大的历史意义。

28. 瓦窑堡会议

1935 年 12 月 17 日，中共中央在陕北子长县瓦窑堡召开的一次重要的政治局扩大会议。会议是在中日民族矛盾日益加深，大规模的抗日民主运动重新高涨的形势下，为制定正确的政治路线和革命策略而召开的。会议分析了华北事变后国内阶级关系的新变化，讨论了抗日民族统一战线、国防政府和抗日联军等问题，批判了党内长期存在着的“左”倾关门主义，制定了抗日民族统一战线的策略方针。会议通过了《中共中央关于目前政治形势与党的任务的决议》。这次会议，是遵义会议后中共中央召开的一次重要会议。它科学地总结了两次国内革命战争的基本经验，解决了遵义会议没有来得及解决的政治策略问题。

瓦窑堡会议确定了建立抗日民族统一战线的政策。

29. 西安事变

1936 年 12 月 12 日，张学良和杨虎城为了达到劝谏蒋介石改变“攘外必先安内”的既定国策，停止内战，一致抗日的目的，在西安发动“兵谏”。同月 25 日，在中共中央和周恩来主导下，以蒋介石接受“停止内战，联共抗日”的主张而和平解决。又称双十二事变。

西安事变的和平解决为抗日民族统一战线的建立准备了必要的前提，成为由国内战争走向抗日民族战争的转折点。

30. 七七事变

又称卢沟桥事变，发生于 1937 年 7 月 7 日。卢沟桥的日本驻军在未通知中国地方当局的情况下，径自在中国驻军阵地附近举行所谓军事演习，并诡称有一名日军士兵失踪，要求进入北平西南的宛平县城(今卢沟桥镇)搜查，被中国驻军严词拒绝，日军随即向宛平城和卢沟桥发动进攻。中国驻军第 29 军 37 师 219 团奋起还击，进行了顽强的抵抗。七七事变揭开了全国抗日战争的序幕。

31. 洛川会议

1937 年 8 月 22 日至 25 日中共中央在陕北洛川召开的政治局扩大会议。会议决定把党的工作重心放在战区和敌后，在敌后放手发动群众，开展独立自主的游击战争，开辟敌后战场，建立敌后抗日根据地。会议通过了《关于目前形势与党的任务的决定》《抗日救国十大纲领》和毛泽东为此起草的宣传鼓动提纲《为动员一切力量争取抗战胜利而斗争》。洛川会议是中国共产党在历史转折关头召开的一次重要会议，它明确了中国共产党在抗日战争时期的主要任务。

洛川会议为实现党对抗日战争的领导权和为争取抗日战争的胜利奠定了政治思想基础，指明了正确道路。确定了中国共产党的基本任务和各项具体政策，为中国共产党的发展和壮大指明了方向。

32. 平型关大捷

1937 年 9 月 25 日，八路军在平型关为了配合第二战区的友军作战，阻挡日军攻势，由 115 师师长林彪、副师长聂荣臻指挥，充分发挥近战和山地战的特长，首次集中较大兵力对日军进行一次成功伏击战。八路军在平型关取得首战大捷，是八路军出师以来打的第一个大胜仗。打破了日军“不可战胜”的神话，粉碎了国内一些人的“恐日病”和抗日“亡国论”，极大地振奋了人心，增强了全国人民和各爱国武装力量坚持抗战的信心和决心。

33. 抗日战争三个阶段

第一阶段：1937 年 7 月 7 日至 1938 年 10 月，是抗日战争的战略防御阶段，标志是卢沟桥事变。在此期间，国民党军队在正面战场上顽强抵抗，与日寇浴血奋战。国民政府先后组织了淞沪会战、太原会战、徐州会战、武汉会战等四次大规模会战，这些大会战极大地消耗了日军的作战实力和精锐部队，中国军队以空间换时间，粉碎了日军迅速灭亡中国的图谋，使抗战进入对中国有利的战略相持阶段。

第二阶段：1938 年到 1943 年年底，是抗日战争中时间最为漫长的战略相持阶段。日本帝国主义占领武汉后，开始改变策略，对国民党采取“政治诱降为主，军事打击为辅”的方针。汪精卫集团投敌叛国，在日本的扶持下建立了伪中央政府。国民党顽固派加剧了反共摩擦活动。中国共产党坚持团结抗战、反对妥协和分裂的方针，敌后战场开始发展为抗日战争的重要战场。

第三阶段：1944 年年初至 1945 年 8 月，是战略反攻阶段。国民党军和共产党领导的武装举行反攻。日本帝国主义于 1945 年 8 月 15 日宣布无条件投降。中国抗日战争取得了伟大胜利。中国人民对世界反法西斯战争的胜利做出了巨大牺牲和贡献，中国跻身世界四大国之列，国际地位大大提高。

34. 百团大战

抗日战争时期，八路军在华北敌后发动的一次大规模进攻和反“扫荡”的战役，由于参战兵力达 105 个团，故称“百团大战”。百团大战是抗日战争相持阶段八路军在华北地区发动的一次规模最大、持续时间最长的战役。百团大战沉重打击了敌华北方面军的“囚笼政策”，以华北的胜利影响全国战局，制止国民党内存在的妥协危机，同时百团大战的发动加强了国民党团结的目的。

35. 皖南事变

1941 年 1 月 4 日，皖南新四军军部直属部队等 9 千余人，在叶挺、项英率领下开始北移。1 月 6 日，当部队到达皖南泾县茂林地区时，遭到国民党 7 个师约 8 万人的突然袭击。新四军英勇抗击，激战 7 昼夜，终因众寡悬殊，弹尽粮绝，除傅秋涛率 2 000 余人分散突围外，少数被俘，大部壮烈牺牲。军长叶挺被俘，副军长项英、参谋长周子昆突围后遇难，政治部主任袁国平牺牲。这就是震惊中外的皖南事变，是国民党第二次反共高潮的高峰。

36. 抗战期间国民党三次反共高潮

第一次反共高潮，指的是 1939 年春至 1940 年春国民党顽固派在全国迅速扩大反共活动的事件。抗日战争进入相持阶段后，国民党统治集团在敌后战场加紧了反共及投降活动。

第二次反共高潮，指的是 1941 年 1 月国民党发动派袭击新四军，制造震惊中外的皖南事变。

第三次反共高潮，指的是 1943 年 5 月 15 日，共产国际执委会主席团发表关于解散第三国际的决定。国民党借机大造反共舆论。西安劳动营训导处长、复兴社特务头子张涤非于6月12日召开座谈会，以群众团体名义电告毛泽东，叫他“解散”中国共产党，“取消边区割据”。

37. 三三制

中共中央在1940年3月6日首次提出了“三三制”原则。规定在政权机关人员配备上，共产党占三分之一，非党的左派进步分子占三分之一，不左不右的中间派占三分之一。这样，中国共产党不仅把小资产阶级，而且把民族资产阶级和开明绅士也争取到抗日政权中间来。同时，“三三制”政权提高了边区各级政权机关的工作效率。“三三制”是中国共产党的抗日民族统一战线政策的具体体现。对于孤立顽固势力，发展进步势力，争取中间势力，打败日本侵略者发挥了重要作用。这一制度对团结抗日、推动全国的民主化，反对蒋介石的一党专政起到了积极作用。

38. 延安整风运动

1941年5月至1945年4月，中国共产党“惩前毖后，治病救人”为宗旨，开展的第一次大规模的整风运动。具体时间是以1941年5月，毛泽东同志在延安高级干部会议上作《改造我们的学习》的报告，标志着整风开始；以1945年4月20日六届七中全会通过《关于若干历史问题的决议》为结束。整风运动号召全党反对主观主义以整顿学风、反对宗派主义以整顿党风、反对党八股以整顿文风。

这是中国共产党历史上一次全党范围的普遍的马克思主义教育运动，也是一次伟大的思想解放运动。通过延安整风，中国共产党不仅初步确立了实事求是的思想路线，破除了将苏共经验和共产国际指示神圣化的教条主义，而且还将马克思主义中国化的第一个理论成果——毛泽东思想确定为党的指导思想，从而极大地推动了马克思主义中国化的进程，对中国革命和建设事业产生了深远的影响。

39. 党的七大

1945年4月23日至6月11日，党的七大在延安杨家岭中央大礼堂隆重举行。出席大会的正式代表共547人，候补代表208人，共755人，代表着全党121万名党员。毛泽东在大会上致开幕词和闭幕词，并作《论联合政府》的书面政治报告、关于形势和思想政治问题的报告、关于讨论政治报告的结论和关于选举问题的讲话。

党的七大将毛泽东思想作为党的指导思想写入党章。提出的党的任务是：放手发动群众，壮大人民力量，领导人民打败日本侵略者，解放全国人民，建立一个独立、自由、民主、统一、富强的新中国。

党的七大深刻地揭示中国新民主主义革命发展的规律，对党领导中国革命的三项基本经验，即武装斗争、统一战线、党的建设问题进行了系统的总结。

党的七大把党在长期奋斗中形成的优良传统和作风概括为三大作风，即理论和实践相结合的作风，和人民群众紧密联系在一起的作风，自我批评的作风。这是共产党区别于其他政党的显著标志，是使党的路线、方针得以顺利贯彻的根本保证。

40. 重庆谈判

抗日战争胜利之际,中国共产党和中国国民党两党就中国未来的发展前途、建设大计在重庆进行的一次历史性会谈。从 1945 年 8 月 29 日至 10 月 10 日,谈判主要围绕共方向国方正式提交了 11 条谈判要点。其中包括拥护三民主义、拥护蒋主席的领导地位、惩治汉奸、停止武装冲突、承认各党派合法地位等等。谈判要点的实质就是军队和解放区政权的问题。经过 43 天谈判,国共双方达成《政府与中共代表会谈纪要》,即《双十协定》。公开提出和论列的三条原则,即政治民主化、军队国家化、党派平等合法化。

41. 一二・一运动

1945 年 12 月 1 日,昆明爆发了"反对内战,争取民主"的一二・一民主运动,是党领导的第一次大规模的学生爱国民主运动,由昆明青年学生发起并得到全国各地响应。运动揭露了国民党反动派发动内战的阴谋,是国民党统治区民主运动的标志,一二・一民主运动是继五四运动和一二・九运动之后树起的第三个民主运动里程碑。

42. 三路大军挺进中原

解放战争进行到 1947 年 6 月,全国形势发生了显著变化。中共中央毅然作出人民解放军由战略防御转入战略进攻的决策。针对敌我双方战略态势,决定将战略进攻的主要方向指向既是国民党军的要害又是其薄弱环节的中原地区,并确定了"三军配合、两翼钳制"的战略部署。

1947 年 6 月 30 日,刘伯承、邓小平率晋冀鲁豫野战军主力千里跃进大别山。8 月下旬,陈赓、谢富治率晋冀鲁豫野战军太岳集团于晋东南强渡黄河,挺进豫西。9 月初,陈毅、粟裕率华东野战军主力挺进豫皖苏边区。到 11 月中旬,刘邓、陈谢、陈粟三路大军以"品"字形阵势在中原地区完成战略展开。

43.《中国土地法大纲》

1947 年 7 月中共中央工作委员会召开全国土地会议,9 月通过了《中国土地法大纲》,10 月 10 日由中共中央正式公布施行。其主要内容:规定彻底废除封建性及半封建性剥削的土地制度;规定实行耕者有其田的土地制度;规定保护民族工商业的发展;规定设立人民法庭。

44. 解放战争三大战役

1948 年 9 月 12 日至 1949 年 1 月 31 日,中国人民解放军同国民党军队进行的战略决战,包括辽沈战役、淮海战役、平津战役三场战略性战役。辽沈、淮海、平津三大战役,历时 142 天,共争取起义、投诚、接受和平改编与歼灭国民党正规军 144 个师,非正规军 29 个师,合计共 154 万余人。国民党赖以维持其反动统治的主要军事力量基本上被消灭。三大战役的胜利,奠定了人民解放战争在全国胜利的基础。其中淮海战役是三大战役中解放军牺牲最重,历时最长,歼敌数量最多,政治影响最大、战争样式最复杂的战役。

45. 党的七届二中全会

1949年3月5日至13日在河北省平山县西柏坡举行,党的七届二中全会是解放战争时期中国共产党召开的唯一的一次中央全会,全会着重讨论了党的工作重心的战略转移,即工作重心由乡村转移到城市的问题。

党的七届二中全会首次提出加强党的建设,提出"两个务必"——务必使同志们保持谦虚谨慎不骄不躁的作风、务必使同志们保持艰苦奋斗的作风。党的建设是一个伟大工程。它在革命的转变关头,为党夺取全国胜利和建设新中国,作了政治上和思想上的准备。

46. 中国人民政治协商会议

1949年9月21日至30日,中国人民政治协商会议第一届全体会议召开。会议通过了具有临时宪法性质的《中国人民政治协商会议共同纲领》和《中国人民政治协商会议组织法》《中华人民共和国中央人民政府组织法》,作出关于中华人民共和国国都、国旗、国歌、纪年等重要决议,选举中国人民政治协商会议全国委员会和中华人民共和国中央人民政府委员会,宣告中华人民共和国的成立。这标志着100多年来中国人民争取民族独立和人民解放运动取得了历史性的伟大胜利,标志着爱国统一战线和全国人民大团结在组织上完全形成,标志着中国共产党领导的多党合作和政治协商制度正式确立,也标志着人民政协制度正式确立。

47. 过渡时期

过渡时期是指1949年至1956年,从新民主主义社会到社会主义社会过渡,实现生产资料私有制转变为社会主义公有制的任务。过渡时期又分为两个阶段:1949年至1952年,是国民经济的恢复和初步发展时期;1953年至1956年,是社会主义工业化和三大改造时期。

48. 社会主义三大改造

新中国成立初期,中国共产党在全国范围内组织的对于农业、手工业和资本主义工商业进行的社会主义改造。中国的社会主义改造实现了把生产资料私有制转变为社会主义公有制的任务,丰富和发展了马克思列宁主义的科学社会主义理论。

49. 第一届全国人民代表大会

1954年9月,第一届全国人民代表大会第一次会议在北京举行。会议通过了《中华人民共和国宪法》(新中国第一部宪法,又被称为1954年宪法),会议的召开,标志着人民代表大会制度作为新中国的根本政治制度正式确立。

50. 党的七届三中全会

1950年6月6日至9日在北京举行,是新中国成立后中国共产党举行的第一次中共中央全会。毛泽东作了《为争取国家财政经济状况的基本好转而斗争》的书面报告：争取国家财政经济状况基本好转是当前阶段中心任务，为此要创造3个条件：土地改革完成、现有工商业调整、国家机构所需经费节俭。党的七届三中全会是新中国初期召开的最重要会议，为三年经济恢复时期党的工作规定了策略路线和行动纲领。

51. 抗美援朝

20世纪50年代初爆发的朝鲜战争的一部分，仅指中国人民志愿军参战的阶段，也包括中国人民支援朝鲜人民抗击美国侵略的群众性运动。1950年7月10日，"中国人民反对美国侵略台湾朝鲜运动委员会"成立，抗美援朝运动自此开始。10月，中国人民志愿军赴朝作战，拉开了抗美援朝战争的序幕。1953年7月，签订《朝鲜停战协定》，抗美援朝胜利结束。1958年，志愿军全部撤回中国。10月25日为抗美援朝纪念日。它打破了美帝国主义不可战胜的神话，为当时国内经济建设和社会改革赢得了相对稳定的和平环境。

抗美援朝精神：祖国和人民的利益高于一切、为了祖国和民族的尊严而奋不顾身的爱国主义精神；英勇顽强、舍生忘死的革命英雄主义精神；不畏艰难困苦、始终保持高昂士气的革命乐观主义精神；为完成祖国和人民赋予的使命、慷慨奉献自己一切的革命忠诚精神；为了人类和平与正义事业而奋斗的国际主义精神。

52.《中华人民共和国土地改革法》(以下简称《土地改革法》)

1950年6月30日生效，1987年11月24日失效。是为了废除地主阶级封建剥削的土地所有制，实行农民的土地所有制，借以解放农村生产力，发展农业生产，为新中国的工业化开辟道路而制定的法规。1950年6月28日中央人民政府委员会第八次会议通过，同月30日中央人民政府公布施行的法令，共6章40条。

《土地改革法》明确指出土地改革的目的是废除地主阶级封建剥削的土地所有制，实行农民的土地所有制，借以解放农村生产力，发展农业生产，为新中国的工业化开辟道路。

53. 镇压反革命运动

1950年12月至1951年10月在全国范围内进行的清查和镇压反革命分子的政治运动，是新中国成立初期同抗美援朝、土地改革并称的三大运动之一。历时一年多的镇压反革命运动，范围涉及全国几乎所有地区，从根本上肃清了国民党残留的反革命势力，并清除了一批帝国主义间谍。曾经猖獗一时的匪祸，也已基本扑灭，使我国的社会秩序获得了前所未有的安定，有力地支持、配合了土改运动和抗美援朝战争。

54. 三反运动

1951年12月1日至1952年10月25日，在中国共产党和国家机关内部开展的

"反贪污、反浪费、反官僚主义"的运动。最典型的例子,就是依法判处大贪污犯、原中共天津地委书记刘青山和原中共天津行署专员张子善死刑。

55. 五反运动

1952年1月26日至1952年10月25日,在资本主义工商业者中开的反行贿、反偷税漏税、反盗骗国家财产、反偷工减料、反盗窃国家经济情报的斗争。

56. 和平共处五项原则

1953年12月,中国政府同印度政府就两国在西藏地方的关系问题进行谈判,周恩来总理在会见印度代表团时第一次提出和平共处五项原则,即互相尊重主权和领土完整、互不侵犯、互不干涉内政、平等互利、和平共处。1954年6月28日、29日周恩来在访问印度、缅甸期间,分别与印度总理尼赫鲁和缅甸总理吴努发表《联合声明》,共同倡导和平共处五项原则。和平共处五项原则是中国奉行独立自主和平外交政策的基础和完整体现,被世界上绝大多数国家接受,成为规范国际关系的重要准则。

57. 党的八大

1956年9月15日至27日,中国共产党第八次全国代表大会在北京举行。大会通过了各项报告和《中国共产党章程》《中国共产党第八次全国代表大会关于政治报告的决议》《中国共产党第八次全国代表大会关于发展国民经济的第二个五年计划(一九五八～一九六二)年的建议》。党的八大正确分析了国内形势和国内主要矛盾的变化,提出了党在今后的根本任务。

《关于政治报告的决议》明确指出:我们国内的主要矛盾,已经是人民对于经济文化迅速发展的需要同当前经济文化不能满足人民需要的状况之间的矛盾。党和人民当前的主要任务,就是要集中力量来解决这个矛盾,把我国尽快地从落后的农业国变为先进的工业国。

党的八大以对新形势下国内主要矛盾的分析为基础,在经济、政治、文化、外交等方面,作出了一系列重要决策。第一,坚持既反对保守又反对冒进,在综合平衡中稳步前进的经济建设方针。第二,探索改进经济管理的方针政策。第三,强调扩大人民民主,建立健全社会主义法制。第四,明确社会主义思想文化建设的方针任务,确认"百花齐放、百家争鸣"为繁荣科学和文化艺术工作的指导方针。第五,坚持以和平共处五项原则为基础的外交政策。

58. "大跃进"运动

1958年5月召开的党的八大二次会议是发动"大跃进"运动的一次重要会议。会议制定了鼓足干劲,力争上游,多快好省地建设社会主义的总路线,通过了第二个五年计划,提出了一系列不切实际的任务和指标。在这之后制定的1958年国民经济计划的第二本账的主要指标过高,造成了经济工作中的急于求成和急躁冒进。

在“大跃进”中，高指标、瞎指挥、虚报风、浮夸风、“共产风”盛行，各地纷纷提出工业大跃进和农业大跃进的不切实际的目标，片面追求工农业生产和建设的高速度，大幅度地提高和修改计划指标。

“大跃进”打乱了国民经济秩序，浪费了大量的人力物力，造成了工农业比例严重失调。从1958年11月开始，中共中央开始纠正“大跃进”运动中的问题。中央多次提出调整经济指标，“压缩空气”，并着手解决经济工作中的问题。到1960年冬，随着党中央开始纠正农村工作中的“左”倾错误，“大跃进”运动也被停止。

59. 八字方针

中国共产党在开始全面建设社会主义时期提出的恢复与发展国民经济的方针，即“调整、巩固、充实、提高”的方针。1961年1月14日至18日，中国共产党八届九中全会讨论批准了这个方针。

60. 七千人大会

1962年1月11日至2月7日中共中央在北京召开的扩大的工作会议，出席会议的共7 118人，习惯地称这次会议为“七千人大会”。这是我们党在执政后召开的一次空前规模的总结经验大会。会上，发扬了民主，开展了批评与自我批评，初步总结了“大跃进”发生的经验教训。这次会议对于统一全党思想，提高认识和纠正工作中发生的“左”的错误，起了积极的作用。

61. 三线建设

自1964年起，在中国中西部地区的13个省、自治区进行的一场以战备为指导思想的大规模国防、科技、工业和交通基本设施建设。三线建设是中国经济史上一次极大规模的工业迁移过程，发生背景是中苏交恶以及美国在中国东南沿海的攻势。三线建设的实施，为增强我国国防实力，改善生产力布局以及中国中西部地区工业化做出了极大贡献。但是也由于三线地区社会经济落后，导致建设起来的企业单位在之后很长一段时期内经营发展都出现困难。

62. 四个现代化

即工业现代化、农业现代化、国防现代化、科学技术现代化。1964年年底到1965年年初召开的第三届全国人民代表大会第一次会议提出“四个现代化”的宏伟目标，并宣布：调整国民经济的任务已经基本完成。今后发展国民经济的主要任务，是要在不太长的历史时期内，把我国建设成为一个具有现代农业、现代工业、现代国防和现代科学技术的社会主义强国。

63. 中苏论战

20世纪60年代的中苏之间展开了国际共运和马克思主义理论的论战，旷日持久，历时十年，又称“十年论战”。中苏论战的实质，既是国家之间控制与反控制的斗争，也是在意识形态方面一场关于马克思列宁主义的“正统”之争。论战对全局指导上日益"左"倾的中国政治，起了推波助澜的作用。以阶级斗争为纲的"左"倾指导思想不仅迅速发展，而且进一步系统化、体系化，最终导致了"文化大革命"的发生。

64. 党的九大

1969年4月1日至24日在北京举行，出席大会的代表1 512人，代表全国2 200万党员。毛泽东主持了开幕式，并致开幕词。林彪代表中共中央作了政治报告。报告以"无产阶级专政下继续革命的理论"为核心，全面肯定了"文化大革命"，称"无产阶级文化大革命"是一场真正的无产阶级革命，是对马列主义理论和实践的一个伟大的新贡献；把党的全部历史说成是两条路线斗争的历史，即所谓"毛主席的马克思列宁主义路线，同党内右的和'左'的机会主义路线斗争的历史"，虚构了以刘少奇为头子的"资产阶级司令部"，肯定了强加给刘少奇的种种罪名；对中国社会的形势以及党的政治状况作了错误的估计，在此基础上提出了所谓"斗、批、改"的新任务。

65. 九一三事件

九一三事件是林彪反革命集团策动武装政变阴谋败露后，于1971年9月13日乘飞机外逃，在蒙古温都尔汗坠机身亡的事件，又称"林彪叛逃事件"。

九一三事件标志着林彪反革命集团的覆灭，客观上宣告了"文化大革命"理论和实践的破产。

66. 党的十大

中国共产党第十次全国代表大会于1973年8月24日至28日在北京召开。参加大会的代表共1249人，代表全国2 800万党员。这次大会是在粉碎林彪反革命集团以后，周恩来主持中央日常工作，全国各方面形势有了好转的情况下召开的。然而十大继续了九大的"左"倾错误。

67. 社会主义建设成就

1964年10月16日，在中国西部的罗布泊试验基地成功爆炸第一颗原子弹，有力地打破了超级大国的核垄断和核讹诈，提高了我国的国际地位；1966年10月第一次成功进行发射导弹核武器试验；1967年6月成功爆炸第一颗氢弹；1971年8月第一艘核潜艇建成并完成系泊试验，1974年4月完成试航任务；1970年4月第一颗人造地球卫星"东方红一号"成功发射；1975年11月第一颗返回式遥感人造地球卫星发射成功；1973年在世界上首次培育成功强优势籼型杂交水稻。

1972年2月尼克松访华，2月28日在上海发表《中美联合公报》，中美关系正常化开始。1971年10月25日第26届联合国大会2758号决议恢复中华人民共和国在联合国的一切合法权利。

68. 真理标准大讨论

真理标准问题大讨论是"文化革命"结束以后反对个人崇拜、纠正"左"的错误而开展的一次全国性思想解放的讨论。1976 年 10 月，10 年的“文化大革命”结束了。但是党内仍有人继续坚持“左”的方针，阻挠对过去的“左”的错误所进行的拨乱反正。1978 年 6 月 2 日邓小平在全军政治工作会议上讲话说：“实事求是，一切从实际出发，理论同实践相结合，这是毛泽东思想的出发点。”再次对“两个凡是”提出了批评。1978 年 5 月 10 日，在胡耀邦主持下，中共中央党校内部刊物《理论动态》第 60 期发表了《实践是检验真理的唯一标准》。1978 年 5 月 11 日，《光明日报》以特约评论员的署名转发了这篇文章。文章说，检验真理的标准只能是社会实践，理论与实践的统一是马克思主义的一个最基本的原则，从而否定了“两个凡是”的观点。文章在全国范围内引起强烈反响，引发了一场关于真理标准的大讨论，在此后半年多的时间里，全国各地主要报刊都刊登了这方面的大量文章。

“实践是检验真理的唯一标准”的思想为人民所接受和肯定。这场大讨论为党的十一届三中全会作了理论准备，对于端正思想路线，纠正长期存在的个人崇拜和教条主义具有重大和深远的意义。

69. 党的十一大

1977 年 8 月 12 日至 18 日，中国共产党第十一次全国代表大会在北京召开。大会审议并通过了华国锋代表中共中央委员会所作的政治报告；听取叶剑英所作的关于修改党章的报告，通过了经过修改的《中国共产党章程》；十一大政治报告宣布，以粉碎“四人帮”为标志，“文化大革命”宣告结束。这次大会的历史责任，是要调动党内外、国内外一切积极因素，团结一切可以团结的力量，为在二十世纪把我国建设成为伟大的社会主义的现代化强国而奋斗。

70. 十一届三中全会

1978 年 12 月 18 日至 22 日，党的十一届三中全会在北京召开。全会决定，适应国内外形势的发展变化，必须及时地、果断地结束全国范围的大规模揭批林彪、“四人帮”的群众运动；从 1979 年起，把全党的工作重点和全国人民的注意力转移到社会主义现代化建设上来，开启了改革开放历史新时期。全会高度评价关于真理标准问题的讨论。全会批评了“两个凡是”的方针，高度评价了关于真理标准问题的讨论。停止使用“以阶级斗争为纲”这个口号，否定了党的十一大沿袭的“文化大革命”中的“无产阶级专政下继续革命”，以及“文化大革命”今后还要进行多次的观点。

71.《关于建国以来党的若干历史问题的决议》(以下简称《决议》)

其起草工作从 1979 年 11 月开始，在中央政治局、书记处领导下，由邓小平、胡耀邦主持进行。经长时间讨论和修改，集中全党智慧形成。在 1981 年 6 月 27 日中国共产党十一届六中全会通过。

《决议》对建国以来党的重大历史问题特别是“文化大革命”、毛泽东的历史地位及功过是非和毛泽东思想基本内容与指导意义作了总结和评价。肯定了十一届三中全会以来逐步确立的适合中国国情的建设社会主义现代化强国的正确道路，进一步指明中国社会主义事业和党的工作继续前进的方向，标志着党在指导思想上的拨乱反正胜利完成。

72.《关于党内政治生活的若干准则》(以下简称《准则》)

1980年2月29日中国共产党十一届五中全会通过的一部比较全面系统的党规党法。《准则》既概括了历史上处理党内关系和整顿党风的经验，又提出了当前体现时代特征的党的建设的任务和要求，对于解决党的建设中各项重要问题具有重要理论意义和实践意义。在党内形成了以《准则》区分是非，按《准则》办事，用《准则》抵制不正之风的良好势头。

73. 党的十二大

1982年9月1日至11日，中国共产党第十二次全国代表大会在北京举行。邓小平在开幕词中明确提出了“建设有中国特色的社会主义”的重大命题，回答了进入改革开放新时期后中国走什么样的道路这一人们最为关心的重大问题，成为指引新时期改革开放和社会主义现代化建设的伟大旗帜。大会提出了“把党建设成为领导社会主义现代化事业的坚强核心”的目标及当前党的建设的任务，制定了新党章。

74. 经济特区发展

1979年4月邓小平首次提出要开办“出口特区”，后于1980年3月，“出口特区”改名为“经济特区”，并在深圳加以实施。中国经济特区诞生于1970年代末，1980年代初，成长于1990年代。经济特区的设置标志中国改革开放进一步发展。1979年7月，中共中央、国务院同意在广东省的深圳、珠海、汕头三市和福建省的厦门市试办出口特区。1980年5月，中共中央和国务院决定将深圳、珠海、汕头和厦门这四个出口特区改称为经济特区。1988年4月，设立海南经济特区。1992年中国加快改革开放后经济特区模式移到国家级新区，上海浦东等国家级新区新的特区扩大改革等发展起来，成为中国新一轮改革重要标志。2010年5月，中央新疆工作会议上中央正式批准霍尔果斯、喀什设立经济特区。

75. “一国两制”

“一国两制”是邓小平同志提出的具有中国特色社会主义理论之一，是为解决台湾问题，恢复对香港、澳门行使主权，实现祖国和平统一而提出的重大战略决策和科学构想。1982年1月11日，邓小平指出：这实际上就是“一个国家、两种制度”，在国家实现统一的大前提下，国家主体实行社会主义制度，台湾实行资本主义制度。

链　接

香港特区政府首任立法会主席范徐丽泰在 2021 年 3 月 7 日记者专访中指出："'一国两制'中的'两制'，我认为说的是经济制度，金融开放的制度，而不是政治制度。因为要改变政治制度，就需要通过全国人大常委会通过或备案才能实施。"

76. 党的十三大

1987 年 10 月 25 日至 11 月 1 日，中国共产党第十三次全国代表大会在北京举行。大会的中心任务是坚持和发展十一届三中全会以来的路线，加快和深化改革，进一步确定经济建设、经济体制改革和政治体制改革的大政方针，确定在改革开放中加强党的建设的基本方针。

党的十三大的突出贡献，是系统阐述了社会主义初级阶段的理论，明确概括了党在社会主义初级阶段的基本路线。大会对社会主义初级阶段的科学内涵作了系统阐述，指出这个论断包括两层含义：第一，我国社会已经是社会主义社会，我们必须坚持而不能离开社会主义；第二，我国的社会主义社会还处在初级阶段。

大会把党在社会主义初级阶段的基本路线概括为：领导和团结全国各族人民，以经济建设为中心，坚持四项基本原则，坚持改革开放，自力更生，艰苦奋斗，为把我国建设成为富强、民主、文明的社会主义现代化国家而奋斗。概括起来说，它的主要内容就是"一个中心，两个基本点"，即以经济建设为中心，坚持四项基本原则，坚持改革开放。

77. 十三届四中全会

中国共产党第十三届中央委员会第四次全体会议，于 1989 年 6 月 23 日至 24 日在北京召开。选举江泽民同志为中央委员会总书记，基本实现了中央领导集体的新老交替。

78. 南方谈话

1992 年 1 月 18 日至 2 月 21 日，当时已正式告别中央领导岗位的党的第二代领导核心、改革开放的总设计师邓小平，以普通党员的身份，凭着对党和人民伟大事业的深切期待，先后赴武昌、深圳、珠海和上海视察，沿途发表了重要谈话。3 月 26 日，《深圳特区报》率先发表了"东方风来满眼春——邓小平同志在深圳纪实"的重大社论报道，并集中阐述了邓小平南方谈话的要点内容。

南方谈话标志着中国改革进入新的阶段。南方谈话最主要是加快改革。邓小平南巡重要讲话，共 6 个部分、18 个方面近万字，贯穿其中的一个核心问题，就是要坚持党的基本路线不动摇，6 个部分的主要内容：坚持党的"一个中心、两个基本点"的基本路线，一百年不动摇；加快改革开放的步伐，大胆地试，大胆地闯；抓住有利时机,集中精力把经济建设搞上去;坚持两手抓,两手都要硬;正确的政治路线要靠正确的组织路线来保证;坚定社会主义信念。

79. 党的十四大

1992年10月12日至18日,中国共产党第十四次全国代表大会在北京举行。大会的任务是:以邓小平同志建设有中国特色社会主义的理论为指导,认真总结党的十一届三中全会以来14年的实践经验,确定今后一个时期的战略部署,动员全党同志和全国各族人民,进一步解放思想,把握有利时机,加快改革开放和现代化建设步伐,夺取有中国特色社会主义事业的更大胜利。

大会作出了三项具有深远意义的重大决策。一是抓住机遇,加快发展,集中精力把经济建设搞上去。二是明确我国经济体制改革的目标是建立社会主义市场经济体制。三是确立邓小平建设有中国特色社会主义理论在全党的指导地位。大会通过的党章修正案,写入了建设有中国特色社会主义的理论和党在社会主义初级阶段的基本路线。这对于统一全党的思想和行动,夺取有中国特色社会主义事业的更大胜利,具有十分重大的意义,也为继续推进党的理论创新奠定了重要基础。

80.《中共中央关于建立社会主义市场经济体制若干问题的决定》(以下简称《决定》)

1993年11月11日至14日,党的十四届三中全会通过了《决定》。《决定》勾画了社会主义市场经济体制的总体规划图。《决定》指出,社会主义市场经济体制是同社会主义基本制度结合在一起的。建立社会主义市场经济体制,就是要使市场在国家宏观调控下对资源配置起基础性作用。

81. 党的十五大

1997年9月12日至18日,中国共产党第十五次全国代表大会在北京举行。大会首次使用"邓小平理论"这个概念,把这一理论作为指引党继续前进的旗帜。通过的党章修正案明确规定:中国共产党以马克思列宁主义、毛泽东思想、邓小平理论作为自己的行动指南。

82. 邓小平理论

详见本书P91页。

83. 中国加入世贸组织

2001年11月10日,世界贸易组织(WTO)第四次部长级会议作出决定,接纳中国加入WTO。

84. 香港、澳门回归

中华人民共和国政府决定在1997年7月1日对香港恢复行使主权,大不列颠及北爱尔兰联合王国政府于1997年7月1日将香港交还给中华人民共和国;1999年12月20日中国政府恢复对澳门行使主权,中华人民共和国澳门特别行政区成立,葡萄牙共和国结束统治澳门。

85. 九二共识

1992年,海协会与台湾海基会受权就在两岸事务性商谈中表述坚持一个中国原则事宜进行协商。经过1992年10月香港会谈及其后一系列函电往来,达成了各自以口头方式表述"海峡两岸均坚持一个中国原则"的共识,后来被概括为"九二共识"。

"九二共识"其核心意涵是大陆和台湾同属一个中国,两岸不是国与国关系,从而明确界定了两岸关系的根本性质。

86. 汪辜会谈

1993年4月27日至29日,在海协会的倡议和积极推动下,经过海峡两岸的共同努力,"汪辜会谈"在新加坡正式举行。"汪辜会谈"是在两岸两会于1992年达成的"九二共识"的基础上举行的。在海峡两岸都坚持一个中国原则的基础上,"汪辜会谈"就加强两岸经济合作和科技、文化、青年、新闻等领域的交流进行了协商,签署了4项协议,受到了海峡两岸和国际社会的普遍好评。

87. 三讲教育活动

1995年11月8日,江泽民同志在北京视察工作时指出:"根据当前干部队伍的状况和存在的问题,在对干部进行教育当中,要强调讲学习、讲政治、讲正气。全国都要这样做,北京市更要起带头作用。"1996年,党的十四届六中全会作出决定,对县处级以上领导干部进行一次以讲学习、讲政治、讲正气为主要内容的党性党风教育。这次为期3年的教育活动,发扬了延安整风运动的精神,采取自上而下,分期分批进行,党内的批评和自我批评相结合的方式,使全党同志,尤其使领导干部受到了一次深刻的党性党风教育,达到了预期的效果。这次活动无疑对改革开放和社会主义现代化建设事业起了巨大的推动作用。

88. "三个代表"重要思想

"三个代表"重要思想是江泽民同志2000年2月25日在广东省考察工作时,从全面总结党的历史经验和如何适应新形势新任务的要求出发,首次对"三个代表"重要思想进行了比较全面的阐述。

"三个代表"具体内容为中国共产党始终代表中国先进生产力的发展要求、中国先进文化的前进方向、中国最广大人民的根本利益,是我们党的立党之本、执政之基、力量之源。

89. 党的十六大

2002年11月8日至14日,中国共产党第十六次全国代表大会在北京举行。大会着眼于党的兴旺发达和国家长治久安,顺利实现了中央领导集体的新老交替。大会通过的《中国共产党章程(修正案)》,把"三个代表"重要思想同马克思列宁主义、毛泽东思想、邓小平理论一道，作为党必须长期坚持的指导思想写入党章。

90. 科学发展观

胡锦涛同志在2003年7月28日的讲话中提出“坚持以人为本，树立全面、协调、可持续的发展观，促进经济社会和人的全面发展”，按照“统筹城乡发展、统筹区域发展、统筹经济社会发展、统筹人与自然和谐发展、统筹国内发展和对外开放”的要求推进各项事业的改革和发展的方法论——科学发展观，也是中国共产党的重大战略思想。

91. 社会主义和谐社会

胡锦涛同志作的十六大报告第一次将“社会更加和谐”作为重要目标提出。2004年9月19日，中国第十六届中央委员会第四次全体会议上正式提出了“构建社会主义和谐社会”的概念。

92. 党的十七大

2007年10月15日至21日，中国共产党第十七次全国代表大会在北京举行。大会报告首次对马克思主义中国化第二次飞跃的理论成果——中国特色社会主义理论体系作了概括。创造性地提出并深刻阐述中国特色社会主义理论体系，将科学发展观写入党章，是党的十七大的重大理论贡献。提出实现全面建设小康社会奋斗目标的新要求。

93. 2008年北京奥运会

第29届夏季奥林匹克运动会，又称2008年北京奥运会，2008年8月8日晚上8时整在北京举办，8月24日闭幕。中国以51枚金牌居金牌榜首名，是奥运历史上首个登上金牌榜首的亚洲国家。

94.《反分裂国家法》

根据《中华人民共和国宪法》，为了反对和遏制“台独”分裂势力分裂国家，促进祖国和平统一，维护台湾海峡地区和平稳定，维护国家主权和领土完整，维护中华民族的根本利益，制定《反分裂国家法》。

《反分裂国家法》由中华人民共和国第十届全国人民代表大会第三次会议2005年3月14日通过，自2005年3月14日起施行。

95. 保持共产党员先进性教育活动

2004年11月7日，中共中央发布《关于在全党开展以实践“三个代表”重要思想为主要内容的保持共产党员先进性教育活动的意见》，决定从2005年1月开始，用一年半左右的时间，在全党开展以实践“三个代表”重要思想为主要内容的保持共产党员先进性教育活动，历时一年半，到2006年6月基本结束。第一批为县以上党政机关和部分企事业单位(2005年1月至6月)。第二批为城市基层和乡镇机关(2005年7月至12月)。第三批为农村和部分党政机关(2006年1月至6月)。

96. 党的十八大

2012 年 11 月 8 日至 14 日，中国共产党第十八次全国代表大会在北京举行。大会确立了科学发展观的历史地位，是党必须长期坚持的指导思想，确定了全面建成小康社会和全面深化改革开放的目标。大会形成了以习近平同志为核心的新一届中央领导集体。

97. 八项规定

中央政治局 2012 年 12 月 4 日召开会议，会议一致同意关于改进工作作风、密切联系群众的八项规定：

要改进调查研究，到基层调研要深入了解真实情况，总结经验、研究问题、解决困难、指导工作，向群众学习、向实践学习，多同群众座谈，多同干部谈心，多商量讨论，多解剖典型，多到困难和矛盾集中、群众意见多的地方去，切忌走过场、搞形式主义；要轻车简从、减少陪同、简化接待，不张贴悬挂标语横幅，不安排群众迎送，不铺设迎宾地毯，不摆放花草，不安排宴请。

要精简会议活动，切实改进会风，严格控制以中央名义召开的各类全国性会议和举行的重大活动，不开泛泛部署工作和提要求的会，未经中央批准一律不出席各类剪彩、奠基活动和庆祝会、纪念会、表彰会、博览会、研讨会及各类论坛；提高会议实效，开短会、讲短话，力戒空话、套话。

要精简文件简报，切实改进文风，没有实质内容、可发可不发的文件、简报一律不发。

要规范出访活动，从外交工作大局需要出发合理安排出访活动，严格控制出访随行人员，严格按照规定乘坐交通工具，一般不安排中资机构、华侨华人、留学生代表等到机场迎送。

要改进警卫工作，坚持有利于联系群众的原则，减少交通管制，一般情况下不得封路、不清场闭馆。

要改进新闻报道，中央政治局同志出席会议和活动应根据工作需要、新闻价值、社会效果决定是否报道，进一步压缩报道的数量、字数、时长。

要严格文稿发表，除中央统一安排外，个人不公开出版著作、讲话单行本，不发贺信、贺电，不题词、题字。

要厉行勤俭节约，严格遵守廉洁从政有关规定，严格执行住房、车辆配备等有关工作和生活待遇的规定。

98. 党的群众路线教育实践活动

2013 年 4 月 19 日，中国共产党中央政治局召开会议，决定从 2013 年下半年开始，用一年左右时间，在全党自上而下分批开展党的群众路线教育实践活动。活动以“为民、务实、清廉”为主题，按照“照镜子、正衣冠、洗洗澡、治治病”的总要求，自上而下在中国共产党全党深入开展。第一批于 2013 年 6 月 18 日启动,教育活动时间一年左右,教育活动重点对象是:县处级以上领导机关、领导班子和领导干部。第二批活动于 2014 年 1 月开始进行,于 2014 年 10 月结束,这次活动更为贴近基层。

99. 党的十九大

2017 年 10 月 18 日至 24 日,中国共产党第十九次全国代表大会在北京开幕。大会的主题是:不忘初心,牢记使命,高举中国特色社会主义伟大旗帜,决胜全面建成小康社会,夺取新时代中国特色社会主义伟大胜利,为实现中华民族伟大复兴的中国梦不懈奋斗。大会强调,中国特色社会主义进入了新时代,这是我国发展新的历史方位。我国社会主要矛盾已经转化为人民日益增长的美好生活需要和不平衡不充分的发展之间的矛盾。大会同意报告关于我国社会主义经济建设、政治建设、文化建设、社会建设、生态文明建设的部署。大会把习近平新时代中国特色社会主义思想写入党章确立为党必须长期坚持的指导思想。

100. 习近平新时代中国特色社会主义思想

详见本书 P94 页。

101. 党的三个历史决议

第一个历史决议:1945 年,党的六届七中全会通过了《关于若干历史问题的决议》,对建党以后特别是党的六届四中全会至遵义会议前这一段党的历史及其经验教训进行了总结,对若干重大历史问题作出了结论,使全党特别是党的高级干部对中国革命基本问题的认识达到了一致,增强了全党团结,为党的七大胜利召开创造了充分条件,有力促进了中国革命事业发展。

第二个历史决议:1981 年,党的十一届六中全会通过了《关于建国以来党的若干历史问题的决议》,回顾了新中国成立以前党的历史,总结了社会主义革命和建设的历史经验,对一些重大事件和重要人物作出了评价,特别是正确评价了毛泽东同志和毛泽东思想,分清了是非,纠正了"左"右两方面的错误观点,统一了全党思想,对推动党团结一致向前看、更好推进改革开放和社会主义现代化建设产生了重大影响。

第三个历史决议:2021 年 11 月 11 日,中国共产党第十九届中央委员会第六次全体会议通过了《中共中央关于党的百年奋斗重大成就和历史经验的决议》,回顾党走过的百年奋斗历程,总结党的百年奋斗重大成就和历史经验,着重阐释党的十八大以来党和国家事业取得的历史性成就、发生的历史性变革,对实现第二个百年奋斗目标提出明确要求,是一篇马克思主义的纲领性文献。《中共中央关于党的百年奋斗重大成就和历史经验的决议》同党作出的前两个历史决议一样,必将对推动全党统一思想、统一意志、统一行动，团结带领全国各族人民以史为鉴、开创未来，埋头苦干、勇毅前行，在新时代更好坚持和发展中国特色社会主义、实现中华民族伟大复兴产生重大而深远的影响。

102. 党的二十大

中国共产党第二十次全国代表大会2022年10月16日至22日在北京召开，大会主题是：高举中国特色社会主义伟大旗帜，全面贯彻新时代中国特色社会主义思想，弘扬伟大建党精神，自信自强、守正创新，踔厉奋发、勇毅前行，为全面建设社会主义现代化国家、全面推进中华民族伟大复兴而团结奋斗。习近平代表第十九届中央委员会向大会作了题为《高举中国特色社会主义伟大旗帜　为全面建设社会主义现代化国家而团结奋斗》的报告。中国共产党第二十次全国代表大会，是在全党全国各族人民迈上全面建设社会主义现代化国家新征程、向第二个百年奋斗目标进军的关键时刻召开的一次十分重要的大会。党的二十大无论是在中国共产党发展史上，还是在中华民族发展史乃至世界文明发展史上，都具有里程碑的重要意义。

下篇　政治理论知识点

一、经典政治理论知识

1. 哲学

哲学是理论化、系统化的世界观，是世界观和方法论的统一，是具体科学的概括和总结。世界观是人们对于生活于其中的世界以及与世界关系的根本观点、根本看法。方法论是人们认识世界、改造世界的一般方法，是人们用什么样的方式、方法来观察事物和处理问题。

链　接

领导干部要学习历史唯物主义基本原理和方法论

——深入学习贯彻习近平同志系列讲话精神

中央党校中国特色社会主义理论体系研究中心

2013年12月3日下午，中共中央政治局就历史唯物主义基本原理和方法论进行第十一次集体学习。习近平同志在主持学习时强调，要推动全党学习历史唯物主义基本原理和方法论。围绕这一论断，习近平同志提出一系列重要观点，体现了党中央对哲学及历史唯物主义的高度重视。

学哲学、用哲学，是我们党的好传统

习近平同志指出："学哲学、用哲学，是我们党的一个好传统。"学习马克思主义哲学对我们党的各级领导干部具有重要意义。我们在工作和生活中经常出现这样或那样的问题，这些问题从主观上可追溯到我们的思维方式。思维方式不对头，工作方法必然不对头。马克思主义哲学就是科学分析和解决问题的方法论。

我们时常处在矛盾包围当中，经常会遇到许多问题，学哲学能够提高驾驭矛盾和分析解决问题的能力。我们党历来重视用马克思主义哲学教育和武装全党。毛泽东同志就善于从哲学高度提升我们党的工作方法，认为我们完成任务是"过河"，完成任务所需要的工作方法是"桥""船"；不解决工作方法问题，完成任务就是一句空话。他的《实践论》《矛盾论》等，都是用马克思主义哲学教育和武装全党的重要著作。邓小平同志认为，我们的干部中很多人不懂哲学，很需要从思想方法、工作方法上提高一步。陈云同志提示我们的领导干部，学习马克思主义哲学，终身受益。

党的理论和路线方针政策是以我国现时代的社会存在为基础的

领导干部的一项经常性工作，就是进行决策。要进行科学决策，制定正确的路线方针政策，就必须自觉掌握历史唯物主义的基本原理和方法论，尤其要运用社会存在决定社会意识的原理，对所面临的社会存在作出科学判断。习近平同志指出："社会存在决定社会意识。我们党现阶段提出和实施的理论和路线方针政策，之所以正确，就是因为它们都是以我国现时代的社会存在为基础的。党的十八届三中全会对我国全面深化改革作出了总体部署，是从我国现在的社会存在出发的，即从我国现在的社会物质条件的总和出发的，也就是从我国基本国情和发展要求出发的"。

对社会存在进行科学判断，就要对我国的基本国情、主要矛盾和国际地位给以准确定位。当前，我国仍处于并将长期处于社会主义初级阶段的基本国情没有变，人民群众日益增长的物质文化需要同落后的社会生产之间的矛盾这一社会主要矛盾没有变，我国是世界最大发展中国家的国际地位没有变。这"三个没有变"，意味着今天我国社会生产力发展水平不是很高。基于"三个没有变"，我们在全面深化改革中仍然要坚持以经济建设为中心，坚持发展是解决我国所有问题的关键这个重大战略判断。

对社会存在进行科学判断，就要对我国社会物质生活条件和社会基本矛盾状况有正确把握。习近平同志指出，只有把生产力和生产关系的矛盾运动同经济基础和上层建筑的矛盾运动结合起来，把社会基本矛盾作为一个整体来观察，才能全面把握整个社会的基本面貌和发展方向。当前，我国社会物质生活条件不是很发达，进行全面深化改革，就是要适应我国社会基本矛盾运动的变化来推进社会发展。社会基本矛盾总是不断发展的，所以调整生产关系、完善上层建筑需要相应地不断进行下去。由此，我们党对全面深化改革作出了总体部署。

对社会存在进行科学判断，就要对我国社会发展状况有准确把握。当前在我国，社会发展动力和创新活力相对不足，社会和谐稳定因素不是很够。这要求我们把促进社会公平正义、增进人民福祉作为全面深化改革的出发点和落脚点，进一步解放思想，解放和发展社会生产力，不断激发社会创新活力。

运用社会基本矛盾分析方法，深入理解全面深化改革

习近平同志强调，要学习和掌握社会基本矛盾分析法。所谓社会基本矛盾分析方法，就是根据生产力发展水平和客观要求，分析生产关系与生产力、上层建筑与经济基础的适应状况及其性质、特点。

1978年以来，我们党运用社会基本矛盾分析方法，明确提出社会主义的根本任务是解放和发展社会生产力。要解放和发展社会生产力，就必须进行改革。今天，要适应我国社会基本矛盾运动的变化来推进社会发展，就必须全面深化改革。目前，我国的生产关系与生产力、上层建筑与经济基础存在部分不适应的状况。全面深化改革，就是要解决生产关系不适应社会生产力发展的部分、上层建筑不适应经济基础发展的部分。

根据我国社会基本矛盾状况，从总体上把握全面深化改革的重大关系。习近平同志指出：生产力是推动社会进步的最活跃、最革命的要素。物质生产是社会历史发展的决定性因素，但上层建筑也可以反作用于经济基础。当前我国社会生产力发展水平还不是很高，生产力与生产关系之间，经济基础与上层建筑之间还存在部分不适应的方面。因而，我们党提出全面深化改革的总体部署，就是要解决我们面临的突出矛盾和问题。这仅仅依靠单个领域、单个层次的改革难以奏效，必须加强顶层设计、整体谋划，增强各项改革的关联性、系统性、协同性。

遵循历史发展规律，依靠人民推进改革。按照历史唯物主义关于尊重历史发展规律和发挥人民主体能动性相统一的方法，以及人民群众是历史创造者的观点，我们既要按照客观规律办事，鼓励地方、基层、群众大胆探索，不断深化对改革规律的认识；又要紧紧依靠人民推进改革，把促进社会公平正义和增进人民福祉作为全面深化改革的出发点和落脚点，让发展成果更多更公平惠及全体人民。唯有如此，改革才有意义、才有动力。

努力把马克思主义哲学作为看家本领

习近平同志指出，我们党在中国这样一个有着13亿人口的大国执政，面对着十分复杂的国内外环境，肩负着繁重的执政使命，如果缺乏理论思维的有力支撑，是难以战胜各种风险和困难的，也是难以不断前进的。党的各级领导干部特别是高级干

部要原原本本学习和研读经典著作，努力把马克思主义哲学作为自己的看家本领。这说明哲学理论思维对领导干部的成长具有至关重要的作用。

学习辩证唯物论，可帮助领导干部客观认识事物。辩证唯物论有两个基本观点：一是客观存在决定主观意识；二是主观愿望必须符合客观实际。这种观点要求我们树立求实思维，从客观实际出发。把求实思维转化为解决问题的工作方法，要求把吃透上情与吃透下情结合起来。毛泽东同志指出，按照实际情况决定工作方针，这是一切共产党员所必须牢牢记住的最基本的工作方法。领导干部进行决策，首先要对客观事物有正确认识，既把握上级的一般号召，克服工作的盲目性，增强工作的方向性；又从具体实际出发，克服工作中的教条主义和形式主义，增强工作的针对性和实效性。吃透下情的基本方法是调查研究。学习辩证唯物论，就要从时间、空间和条件出发进行调查研究，提高调查研究的科学化水平。

学习唯物辩证法，能帮助领导干部正确处理各种复杂的矛盾关系。对立统一是唯物辩证法的实质与核心。这一核心观点要求用全面、联系和发展的观点看待事物，树立辩证思维。辩证思维，就是在注重矛盾双方对立的时候不能忽视二者之间的统一，在注重矛盾双方统一的时候不能忽视二者之间的对立。辩证思维要求在工作中掌握两种基本方法：一是抓重点带一般。这是一切工作方法的核心。二是学会从“两面”看问题，注重矛盾双方的结合式发展。要看到事物具有两面性，看到矛盾双方并注重双方的相互制约和协同发展。

学习实践认识论，有利于领导干部把握事物的本质及其价值。认识论的基本观点是：实践是认识的基础，认识是在实践基础上主体对客体的能动反映；由感性认识到理性认识、再由理性认识回到实践，是认识过程的两大飞跃。这些观点要求我们树立实践思维，既注重实践，又注重实干、注重实效。这一思维要求掌握两种工作方法：一是注重营造一个能干事业、干成事业、干好事业的环境和氛围；二是注重掌握把理论变成实践的具体方法，从利益、制度、政策、结合和问责等环节提高执行力。

学习唯物史观，有助于领导干部把握社会历史发展状况。唯物史观有两个基本理论：一是社会结构理论，坚持生产力对社会历史发展的最终决定作用与合力论的有机统一；二是历史过程理论，认为社会发展是一个有规律可循的历史过程。学习唯物史观要求树立社会结构思维与过程思维。社会结构思维，就是善于从社会结构状况出发来把握社会发展状况。任何事物都是一种结构性存在，事物的结构状况影响事物的发展状况；过程思维，就是既不能完全用过去的眼光来看待今天正在做的事，也不能把今天必须做的事留给未来，还不能把未来才能完成的任务拿到今天来做，也就是不能犯落后于历史阶段或超越于历史阶段的错误。把社会结构思维转化为工作方法，就要把结构思维作为发现问题、分析问题、解决问题的一种思维方式。

（执笔：韩庆祥，《人民日报》，2014 年 2 月 24 日 07 版）

2. 哲学与具体科学

哲学与具体科学的区别：①两者的研究对象与研究领域不同，二者是一般与个别、共性与个性的关系；②哲学以整个世界的普遍本质和世界发展的普遍规律为研究对象，是站在各门科学之上的总结研究；③具体科学以物质世界的特殊领域和特殊规律为研究对象，研究的是物质世界一定领域、一定层次的本质和规律。

哲学与具体科学的联系：①具体科学是哲学的基础；具体科学的发展、新成果是哲学发展的重要条件；②哲学给具体科学活动提供指导。哲学为具体科学提供世界观和方法论的指导；离开了哲学的指导，会给具体科学带来不利的影响。

3. 思维和存在的关系

恩格斯在总结哲学史的基础上明确指出："全部哲学，特别是近代哲学的重大的基本问题，是思维和存在的关系问题。"思维和存在不仅是人和世界关系的两个本质的方面，也是两个哲学上最高的范畴。

(1) 思维和存在何者为第一性的问题，即精神和物质何者是世界的本原，是最重要的方面，属于本体论的范畴。恩格斯把对其的不同回答，作为划分唯物主义与唯心主义的唯一标准。

(2) 思维和存在有无同一性问题，即世界可否为人所认识，人的认识能否正确的反映现实世界的问题，属于认识论范畴。涉及的是认识的本质，认识的实现和可能性问题。

4. 辩证法和形而上学

辩证法，关于普遍联系和发展的哲学学说。源出希腊语 dialego，意为谈话、论战的技艺。后指和形而上学相对立的世界观和方法论。

辩证法经历了三种基本的历史形式：古代朴素的辩证法，以黑格尔为代表的唯心辩证法和马克思主义的唯物辩证法。中国古代著作《周易》《老子》等具有丰富的、朴素的辩证法思想；古希腊的哲学家赫拉克利特、亚里士多德等都是自发的辩证论者。古代辩证法的思想是朴素、直观的，因而是不完备的。在中世纪的欧洲，常将逻辑称为辩证法，经院哲学将辩证法变成繁琐的论证和诡辩。17—18 世纪形而上学占统治地位，但笛卡儿、斯宾诺莎等，对辩证法仍有所贡献，卢梭和狄德罗的著作中有许多辩证法的范例。在德国古典哲学中，康德关于理性矛盾(二律背反)的思想包含着辩证法。黑格尔对辩证法作了重要的贡献。他不只把辩证法看作是思维方法，而且第一个明确地在宇宙观意义上使用辩证法，并且在客观唯心主义的基础上建构了辩证法的体系。马克思、恩格斯创立了崭新的科学的唯物辩证法。唯物辩证法是客观物质世界的发展规律和认识发展规律的正确反映。就其实质来说，它是批判的和革命的，是无产阶级的世界观和方法论。

形而上学，哲学名词。其含义有：

（1）从黑格尔开始，被用作反辩证法的同义词。马克思主义哲学指出，形而上学的特点是用孤立、静止、片面、表面的观点去看世界，否认事物因内部矛盾引起发展变化的学说。形而上学的思想在古代即已产生。在欧洲，流行于15世纪后半期到18世纪。当时科学家们将自然界划分为各个部分，并从外部分门别类地加以考察。这种思想方法，由培根和洛克从自然科学移植到哲学上，就造成了当时哲学的形而上学的局限性。

（2）在哲学史上，指研究超感觉的、经验以外对象的哲学。例如德国雅斯贝斯提出，形而上学是关于自在存在，即超越存在的理论。现代有的唯心主义还常用“形而上学”来指责唯物主义。

5. 唯物主义和唯心主义

唯物主义是指认为世界的本源是物质，物质属于第一性的哲学。唯物主义在其历史发展中形成了三种基本形态，即古代朴素唯物主义、近代形而上学唯物主义、辩证唯物主义和历史唯物主义。

古代朴素唯物主义认为一种或几种具体的物质形态是世界的本原。其坚持了唯物主义的根本方向，本质上是正确的。但其观点主要基于猜测，把物质归结为具体的物质形态，缺乏科学依据。主要特点是直观性、非科学性、猜测性，具有朴素辩证法思想。典型命题包括：五行说——生成万物的基本元素是金、木、水、火、土；阴阳说——天地合而万物生，阴阳接而变化起；形神说——形存则神存，形谢则神灭；气理说——气者，理之依也；水为始基——水是万物的始基；古印度四大元素——地、水、火、风。

近代形而上学唯物主义在总结自然科学成就的基础上认为原子是世界的本原，原子的属性就是物质的属性。它在总结自然科学成就的基础上，丰富和发展了唯物主义，但具有机械性、形而上学性和历史观上的唯心主义等局限性。其特点是机械的、孤立的、静止的、片面的看问题，且具有不彻底性。典型命题包括：自然界由数目无穷、性质不同的异质元素构成——狄德罗；万物的基础是原始物质，是基本元素——培根。

辩证唯物主义和历史唯物主义（马克思主义哲学）正确地揭示了物质世界的基本规律，反映了社会历史发展的客观要求，反映了最广大人民群众的根本利益。它克服了形而上学唯物主义的局限性和不彻底性，实现了唯物主义和辩证法、唯物辩证的自然观和历史观在实践基础上的统一，从而实现了哲学史上的革命变革，是现时代的思想智慧，是无产阶级的科学的世界观和方法论，是我们认识世界和改造世界的伟大思想武器。也是最科学、最彻底的唯物主义，也是唯物主义的最高形态。

唯心主义主张精神第一性、物质第二性。根据是将人的主观精神还是客观精神当作世界本原的不同又分为主观唯心主义和客观唯心主义。

主观唯心主义把人的主观精神看成是世界的本原。表现为以我(我的心、感觉,或以人)为中心。重要代表人物及观点为:万物皆备于我——孟子。天地与我并生,万物与我为一——庄子。宇宙便是吾心,吾心即是宇宙;心即理——陆九渊。万物皆在吾心中;心包万物,心包万理;心外无理,心外无物——王阳明。人的理性为自然界立法——康德。我思故我在——笛卡尔。

客观唯心主义把"客观"精神当成是世界的本原。表现为绝对的道、理,以及绝对观念、理念。重要代表人物及观点为:道生一,一生二,二生三,三生万物;道是天地之根,万物之母——老子。万物皆是一理;有理则有气;天者,理也——程颐。有是理,后生是气;未有物,而已有物之理;理在物先,理在事先——朱熹。

6. 物质和意识

物质是标志客观实在的哲学范畴,这种客观实在是人通过感觉感知的,它不依赖于我们的感觉而存在,为我们的感觉所复写、摄影、反映。物质唯一特性是客观实在性。意识是物质世界发展的产物,是人脑对客观事物的反映,是客观内容和主观形式的统一。

物质和意识的辩证关系。物质决定意识。物质第一性,意识第二性,物质决定意识,意识对物质具有能动作用。意识是物质的产物,但又不是物质本身,意识是特殊的物质——人脑的机能和属性。

7. 意识的能动作用

意识的能动作用首先表现在意识能够正确反映客观事物,还突出地表现在意识能够反作用于客观事物。意识的能动性表现为:①意识具有目的性和计划性;②意识具有创造性;③意识具有指导实践改造客观世界的作用;④意识具有指导、控制人的行为和生理活动的作用。

正确的意识能够指导人们有效地开展实践活动,促进客观事物的发展;错误的意识则会把人的活动引向歧途,阻碍客观事物的发展。我们要正确发挥意识能动作用,做到从实际出发,努力认识和把握事物的发展规律;实践是发挥人的主观能动性的基本途径;依赖于一定的物质条件和物质手段。

8. 物质和运动

世界是物质的,而物质是运动的。运动是物质的存在方式和根本属性,运动是标志一切事物和现象的变化及其过程的哲学范畴。物质和运动不可分割:一方面,物质是运动的物质,没有不运动的物质。设想有不运动的物质,将导致形而上学;另一方面,运动是物质的运动。设想无物质的运动,将导致唯心主义。

9. 运动与静止

物质是运动的,没有不运动的物质,这说明运动是普遍的、永恒的、无条件的,因而是绝对的。物质运动中又包含着暂时的、有条件的、相对的静止。

静止是运动的特殊状态，是物质运动在一定条件下的稳定状态，包括空间的相对位置和事物的根本性质暂时未变这样两种运动的特殊状态。运动和静止相互依赖、相互渗透、相互包含，相对静止中包含着绝对运动，绝对运动中也包含着相对静止的状态，“动中有静、静中有动”。

10. 物质统一性

世界是统一的，即世界的本原是一个。世界的统一性在于它的物质性，即世界统一的基础是物质。物质世界的统一性是多样性的统一。世界的物质统一性原理，决定了一切从实际出发，即从客观出发，按照事物的本来面貌去认识事物，而不能从原则和本本出发，更不能从主观想象出发。

11. 唯物辩证法

唯物辩证法是马克思和恩格斯首先发现的哲学原理，它科学地反映了关于宇宙自然、人类社会和人类思维的最一般、最普遍、最深刻、最基础的规律与本质，是辩证法思想发展的高级形态，马克思主义哲学的重要组成部分。它既是宇宙观，又是认识论和方法论。

唯物辩证法基础是唯物论，主导则是辩证法。唯物论与辩证法互相制约、相辅相成、永远有机结合推动着这个哲学本身与社会实践一同进步着。它不断总结社会实践新的经验验证、完善与丰富自己，同时指导社会实践快速向前发展以至无穷。

唯物辩证法试图回答的问题是“世界的存在状态问题”，其结论是世界存在的基本特征有两个：一个是世界是普遍联系的，另一个是世界是永恒发展的。唯物辩证法的基本规律有三条，即对立统一规律（矛盾的规律）、质量互变规律和否定之否定规律。对立统一规律揭示了事物发展的源泉和动力，质量互变规律揭示了事物发展的状态，否定之否定规律揭示了事物发展的趋势和道路。一般意义上认为对立统一规律是唯物辩证法的实质和核心。

12. 普遍联系的观点

唯物辩证法用普遍联系的观点看待世界和历史，认为世界是一个有机的整体，世界上的一切事物都处于相互影响、相互作用、相互制约之中，反对以片面或孤立的观点看问题。联系具有客观性、普遍性和多样性。

(1) 联系的客观性是指联系是事物本身所固有、不以人的主观意志为转移的，既不能被创造，也不能被消灭。

(2) 联系的普遍性是指联系包括横向的与周围事物的联系，也包括纵向的与历史未来的联系。一切事物、现象和过程，及其内部各要素、部分、环节，都不是孤立存在的，它们相互作用、相互影响、相互制约。但另一方面事物又存在着相对独立性，即任何事物都同其他事物相区别而相对独立地存在。事物的普遍联系和事物的相对独立存在是互为前提的。

(3) 联系的多样性是指联系可分为内部联系和外部联系、本质联系和非本质联系、必然联系和偶然联系、主要联系和次要联系、直接联系和间接联系等。

13. 质量互变规律

质是指一事物成为它自身而区别于其他事物的内在规定性；量是指事物的规模、范围、程度，及其构成成分在空间上的排列组合；度是指一定事物保持自己质的量的限度、范围。

(1) 质变量变区别联系。事物的运动、变化和发展是通过量变和质变表现出来的。量变和质变是事物变化的两种形式或两种状态。量变体现了事物发展的连续性，即事物量的变化；质变体现了事物发展连续性的中断，即事物性质的变化；区分事物发展过程中量变和质变的根本标志——事物的变化是否超过度的范围。

(2) 质量互变辩证关系。量变与质变的关系是辩证的，二者相互联系，并在一定条件下相互转化。①量变是质变的必要准备，质变是量变的必然结果；②质变巩固量变的成果，质变又引起新的量变。质变和量变是相互渗透的，量变中会有局部质变，质变中也伴随新的量变和积累；③事物变化的状态。量变—质变—新的量变—新的质变……如此循环往复，由低到高，由简到繁，永不停息，这也就是量变质变互相转化的规律即质量互变规律。要把握好质量互变的方法论，既要重视量的积累，不失时机促成飞跃，又要坚持适度原则。

14. 对立统一规律(矛盾规律)

对立统一规律是唯物辩证法的实质和核心，它揭示了事物内部对立双方的统一与斗争是事物普遍联系的根本内容，是事物发展的根本规律。

(1) 矛盾及其基本属性。矛盾是反映事物内部或事物之间对立和同一及其关系的哲学范畴。矛盾的对立属性又称斗争性，矛盾的同一属性又称同一性，它们是矛盾所固有的两种相反而又相成的基本关系或基本属性。同一性和斗争性的辩证关系为：①同一性不能脱离斗争性而存在，没有斗争性就没有同一性；②矛盾的斗争性也不能脱离同一性而存在，斗争性也总是和同一性相联结，为同一性所制约的。

(2) 内部矛盾和外部矛盾(内因和外因)。唯物辩证法认为矛盾是事物变化的原因，内部矛盾是内因，外部矛盾是外因。矛盾是事物发展的源泉、动力，是新事物产生和旧事物灭亡的内在依据。内因与外因辩证关系为：①外因是变化的条件；②内因是变化的根据；③外因通过内因而起作用。

15. 矛盾的普遍性和特殊性

矛盾的普遍性是指矛盾存在于一切事物的发展过程中，每一事物的发展过程中存在着自始至终的矛盾运动，即所谓矛盾无处不在、无时不有。矛盾的特殊性是指具体事物在其运动中的矛盾及每一矛盾的各个方面。

从原理上讲任何现实存在的事物都是共性和个性的有机统一,共性寓于个性之中,没有离开个性的共性,也没有离开共性的个性。

从方法论上要具体问题具体分析,任何具体事物都是矛盾的普遍性和特殊性的统一。

16. 矛盾发展的不平衡性

事物存在的矛盾以及矛盾的发展是不平衡的,有主要矛盾和次要矛盾,矛盾的主要方面和次要方面,这称之为矛盾发展的不平衡原理。

(1) 主要矛盾和次要矛盾。在事物发展过程中处于支配地位、对事物发展起决定作用的矛盾就是主要矛盾。其他处于从属地位、对事物发展不起决定作用的矛盾则是次要矛盾。研究问题、分析问题、解决问题要分清主次,着重把握主要矛盾,抓重点、抓中心、抓关键;又不忽视次要矛盾的解决,统筹兼顾。

(2) 矛盾的主要方面和次要方面。在矛盾双方中,处于支配地位,起主导作用的方面叫矛盾的主要方面。而处于被支配地位的方面叫矛盾的次要方面。事物的性质主要是由主要矛盾的主要方面决定的。矛盾的主要方面与次要方面既相互排斥,又相互依赖,并在一定条件下相互转化。

17. 否定之否定原理

肯定是指事物中维持其存在的方面,即肯定这一事物为它自身的方面。否定是指事物中促使它灭亡的方面,即促使它转化为其他事物的方面。两者之间相互对立、相互排斥,相互包含、相互渗透,在一定条件性可以相互转化。

(1) 辩证否定。辩证否定的实质是“扬弃”。即新事物对旧事物既批判又继承,既克服其消极因素,又保留积极因素。

(2) 发展环节。事物发展的总趋势是前进上升的;事物发展的道路是曲折的。事物发展的辩证形式是螺旋式上升或波浪式前进。新事物战胜旧事物是一个反复斗争的过程。由于某些偶然的原因,事物的发展会出现暂时的倒退。

18. 实践和认识

实践是人类有目的地改造客观世界的一切社会性的物质活动。实践分为生产实践、处理人与人社会关系实践、科学实践等3种基本形式。认识是主体在实践基础上对客体的能动反映。认识主体是指具有思维能力、从事社会实践和认识活动的人,认识客体是指实践和认识活动所指向的对象。认识主体对客体的反映是一个能动的创造性的过程。

(1) 实践和认识辩证关系。一是实践对认识起决定作用:实践是认识的来源;实践是认识发展的根本动力;实践是认识发展的最终目的与归宿;实践是检验认识正确与否的唯一标准。二是认识反作用于实践:正确的认识、科学理论对实践有巨大的指导作用;错误的认识和理论对实践起着消极的阻碍作用。

（2）实践和认识方法论。①坚持实践第一的观点，积极投身到社会实践中去；②重视科学理论和真理的指导作用，坚持理论和实践相结合，达到具体的历史的统一；③马克思主义认识论是党的群众路线工作方法的哲学基础，要注重从群众中来，到群众中去。

链　接

《实践论》是毛泽东在20世纪30年代所写的最为重要的哲学篇章，是毛泽东哲学思想最核心的文本。在这本光辉著作中，毛泽东强调了认识与实践的辩证关系，指出通过认识运动，不但要了解客观实践的规律性，更重要的是要用这种认识能动地改造世界。认识来源于实践，我们要用认识来能动地作用于实践。

实践是认识的来源和基础

实践的观点是马克思主义认识论首要的和基本的观点。这一基本观点，对批判主观主义特别是教条主义和媚外思想，端正在思想、政治、军事、经济工作中的态度，有极强的针对性。毛泽东指出："无论何人要认识什么事物，除了同那个事物接触，即生活于（实践于）那个事物的环境中，是没有法子解决的。"同样，工作中要了解与掌握人的思想和正确的理论、观点，都必须深入实践，调查研究，从群众中来，到群众中去，掌握第一手材料。我们党历来高度重视调查研究，将其作为做好工作的传家宝。习近平总书记指出："调查研究是谋事之基、成事之道。没有调查，就没有发言权，更没有决策权。"坚持实践观点，经常开展调查研究，对领导干部正确认识客观世界，改造客观世界和主观世界，转变工作作风，增进同人民群众的感情，深切了解群众的需求、愿望和创造精神、实践经验，具有非常重要的意义。2018年，上海市委在全市开展了为期一年的"不忘初心、牢记使命，勇当新时代排头兵、先行者"大调研，取得了实实在在的良好成效。我们一定要弘扬优良传统，养成重视调查研究的习惯，掌握调查研究的方法，不断提高科学决策、解决问题、推进工作的能力和水平。

理论对实践具有指导作用

理论来自实践，又反作用于实践，对实践具有重要的指导作用。毛泽东严厉地批评了经验主义者，指出"他们尊重经验而看轻理论，因而不能通观客观过程的全体，缺乏明确的方针，没有远大的前途，沾沾自喜于一得之功和一孔之见。这种人如果指导革命，就会引导革命走上碰壁的地步。"毛泽东坚持这样的观点："感觉只解决现象问题，理论才解决本质问题。""理论若不和革命实践联系起来，就会变成无对象的理论，同样，实践若不以革命理论为指导，就会变成盲目的实践。"科学理论的价值就在于回答时代课题、推动实践发展。马克思主义是科学理论，是我们认识世界和改造世界的强大思想武器，我们必须认真学习马克思列宁主义经典理论，认真学习毛泽东思想、邓小平理论、“三个代表”重要思想、科学发展观和习近平新时代中国特色社会主义思想，努力掌握贯穿其中的马克思主义立场、观点、方法，坚持用马克思主义观察时代、解读时代、引领时代，充分发挥理论的指导作用，不断开创各项工作的新局面。

实践是检验真理的唯一标准

“判定认识或理论之是否真理，不是依主观上觉得如何而定，而是依客观上社会实践的结果如何而定。真理的标准只能是社会的实践。”实践是检验真理的唯一标准。党的十八大以来，以习近平同志为核心的党中央提出一系列新理念新思想新战略，出台一系列重大方针政策，推出一系列重大举措，推进一系列重大工作，解决了许多长期想解决而没有解决的难题，办成了许多过去想办而没有办成的大事，推动党和国家事业取得历史性成就、发生历史性变革。这些历史性成就和变革，是在以习近平同志为核心的党中央的坚强领导下和习近平新时代中国特色社会主义思想的科学指导下取得的，充分证明了习近平新时代中国特色社会主义思想的科学性、真理性。在新的时代背景和实践条件下创立并不断发展的习近平新时代中国特色社会主义思想，必将随着社会实践进一步生动展开、不断拓展，引领新时代中国特色社会主义不断向前发展。

实践、认识、再实践、再认识

“实践、认识、再实践、再认识，这种形式，循环往复以至无穷，而实践和认识之每一循环的内容，都比较地进到了高一级的程度。”这是认识的辩证发展过程。根据这一基本原理，在各项工作中必须坚持“实践、认识、再实践、再认识”的认识路线，不断提高工作水平。毛泽东指出：“理性认识依赖于感性认识，感性认识有待于发展到理性认识”，“从感性认识而主观能动地发展到理性认识，又从理性认识而主观能动地指导革命实践，改造主观世界和客观世界。”对事物的正确认识正是在长期、细致的实践中，达到螺旋式上升的良性循环状态。在风云变幻的复杂国内外形势下，中国特色社会主义的伟大实践会不断面临新情况新问题新考验，这将促进我们党不断深化对共产党执政规律、社会主义建设规律、人类社会发展规律的认识，也将促进我们党为实现中华民族伟大复兴、为人类发展和世界前途不断提出崭新的解决思路和解决方案。

实践论开启了马克思主义中国化的伟大理论尝试，在中国革命、建设和改革实践中取得了光辉成就。我们今天生活的世界，正处在大发展大变革大调整时期，既充满希望，也充满挑战。我们一定要深刻领会实践论的精髓，运用马克思主义立场、观点、方法来观察世界、认识世界，在新时代新征程的伟大实践中做出新贡献。

（沈炜，《〈实践论〉：做好工作的传家宝》，《解放日报》，2019 年 4 月 28 日）

19. 感性认识和理性认识

感性认识和理性认识是认识发展过程中不同阶段的对事物发展规律的反映。感性认识是指借助于感观所获得的关于事物现象和外部联系的认识,其形式包括感觉、知觉、表象。理性认识是借助于抽象思维所获得的关于事物的本质和内部联系的认识,其形式包括概念、判断、推理。感性认识和理性认识的辩证关系。

(1) 其区别是:①感性认识是认识的低级阶段,理性认识是认识的高级阶段;②感性认识通过感觉、知觉、表象三种形式反映;③感性认识反映事物的现象,理性认识反映事物的本质。

(2) 其联系是:①理性认识依赖于感性认识,感性认识是认识活动的起点;②感性认识有待于发展到理性认识,这是认识的任务;③感性认识和理性认识是相互包含,相互渗透的;④感性认识和理性认识是辩证统一的,统一的基础是实践。

伟人说过:我们的实践证明,感觉到了的东西,我们不能立刻理解它,只有理解了的东西才能更深刻地感觉它。

20. 辩证认识规律

在认识发展过程中过程中,根据辩证认识规律进行辩证认识可知认识存在两次飞跃。第一次飞跃是从感性认识到理性认识,第二次飞跃是从理性认识到实践的认识。

(1) 第一次飞跃是基于实践基础上从感性认识上升到理性认识,即首先要在实践基础上搜集大量的符合实际的事实材料,其次要运用科学的思维方法,特别是辩证逻辑思维方法对事实材料进行加工整理,揭示出事物的本质和规律。

(2) 第二次飞跃是从理性认识到实践的飞跃,这是更具有伟大意义的飞跃。从以上辩证认识过程中分析说明,基于实践基础上从感性认识上升到理性认识中,辩证逻辑思维方法发挥出强大的认识工具作用。

从两者辩证关系上看,从感性认识上升到理性认识(第一次飞跃)并没有结束认识,理性认识还要再回到实践中去(第二次飞跃)。其原因是:①理性认识本身发展的要求,通过第二次飞跃,可以检验理论的正确性;②实践本身的要求,通过第二次飞跃,可以使理论指导实践,实现认识的目的;③通过第二次飞跃,可以检验理论的正确性,可以使理论指导实践,实现认识的目的。

21. 真理

真理是主客观相符合的哲学范畴,是人们对客观事物及其规律的正确反映。真理的形式是主观的,内容是客观的。客观性是真理的根本属性,其表现为真理内容的客观性和真理检验标准的客观性,即真理作为对客观事物及其规律的正确反映,本身包含着不以人的意志为转移的客观内容;真理是实践检验的结果,而实践本身是一种客观的物质性活动。

真理的绝对性和相对性。真理的绝对性和相对性是真理的两重属性，二者是对立统一关系。

（1）真理的绝对性，即人们对客观事物及其规律的正确认识具有确定性、无条件性。①就真理的客观性而言，任何真理都是客观事物及其规律的正确反映，都包括不以人的意志为转移的客观内容；②人类认识按其本性来说，能够正确认识无限发展的物质世界，真理都是对无限发展的物质世界的接近；③从真理的发展来说，无数相对真理的总和过程构成绝对真理。

（2）真理的相对性，即人们对客观事物及其规律的认识是近似的、有条件的。①从广度上说，它只是对客观世界一定范围、方面的正确的认识，有待于扩展；②从深度上说，它只是对特定事物的一定程度、层次的近似正确的认识，有待于深化；③从进程上说，它只是对事物的一定发展阶段的正确认识，有待发展。

绝对真理和相对真理。绝对真理和相对真理相互包含、相互依存；真理永远处于由相对走向绝对的转化和发展过程中，这是真理的发展规律。

22. 社会存在和社会意识

社会历史观的基本问题是指人们对社会历史的根本观点和总的看法。其实质是社会存在和社会意识的关系问题，即社会存在和社会意识谁是第一性、谁是第二性、谁起决定作用的问题。

（1）社会存在指的是社会生活的物质方面，是人们的物质活动及社会物质生活条件的总和。它包括人类赖以生存的自然地理环境、物质生活的主体（人口因素）、人们的物质生产活动（即物质资料生产方式）。其中地理环境和人口因素是人类社会存在和发展的物质前提，而物质资料的生产方式则是社会存在和发展的决定力量和根本基础。

（2）社会意识指的是社会生活的精神方面，是社会全部精神现象的总和。这包括政治、法律、思想、哲学、道德、艺术、科学、宗教等社会理性意识以及人们的风俗、习惯、情绪等社会心理现象。

（3）社会存在和社会意识的辩证关系。马克思主义的唯物史观认为，社会存在决定社会意识，社会意识反作用于社会存在。与此同时社会意识具有相对独立性，具体表现为：①社会意识与社会存在发展变化不完全同步；②社会意识的发展同社会经济发展水平具有不平衡性；③社会意识的发展具有历史继承性（特定时代具体社会意识来源一般包括两个方面，即当前社会存在和历史精神文化成果）；④社会意识之间具有相互影响和相互作用；⑤社会意识对社会存在具有能动的反作用。

23. 唯物史观和唯心史观

唯物史观与唯心史观根本区别是人民群众创造历史还是英雄人物创造历史。唯物史观主张人民群众创造历史，应当全面、具体、历史地考察和分析人们在社会历史发展中的作用；唯心史观认为英雄人物是社会发展的决定力量，抹杀人民群众的历史作用，宣扬少数英雄人物创造历史。

唯物史观认为在社会历史发展过程中，人民群众起着决定性的作用。人民群众是历史的主体，是历史的创造者。其具体表现为：①人民群众是社会物质财富的创造者；②人民群众是社会精神财富的创造者；③人民群众是社会变革的决定力量。总之，人民群众既是先进生产力和先进文化的创造主体，也是实现自身利益的根本力量。

24. 群众路线和群众观点

群众观点是无产阶级政党的根本观点，其主要内容是：①坚信人民群众自己解放自己的观点；②全心全意为人民服务的观点；③一切向人民群众负责的观点；④虚心向群众学习的观点。

群众路线是群众观点在实际工作中的贯彻运用。其基本内容是：①坚持一切为了群众，一切依靠群众，从群众中来，到群众中去的路线；②群众路线是无产阶级政党的生命线和根本路线；③群众路线是党的根本领导方法和工作方法。

链 接

毛泽东同志指出："共产党就是要奋斗，就是要全心全意为人民服务，不要半心半意或者三分之二的心三分之二的意为人民服务。"邓小平同志指出："群众是我们力量的源泉，群众路线和群众观点是我们的传家宝。"江泽民同志也曾强调："我们共产党人全部工作的出发点和归宿，都是为人民谋利益。这是我们的立党之本、执政之基。"胡锦涛同志强调，要做到"权为民所用，情为民所系，利为民所谋"。习近平总书记多次强调要坚持以人民为中心这一思想，指出要永远把人民对美好生活的向往作为奋斗目标，始终要把人民放在心中最高的位置，始终全心全意为人民服务，始终为人民利益和幸福而努力工作。

习近平总书记在党史学习教育动员大会上的重要讲话中指出，历史充分证明，江山就是人民，人民就是江山，人心向背关系党的生死存亡。一百年来，中国共产党之所以能够不断在苦难中创造辉煌，是因为始终以人民为江山。在创立之始，便以挽救民族危亡、拯救人民为己任。新中国成立后，中国共产党"以自己的辉煌的光焰普照大地"，我国政治、经济、文化、科教等各方面事业，都取得了巨大成就，社会主义中国屹立在世界东方。

（李晓，《"江山就是人民，人民就是江山"的深刻意蕴》，人民论坛网，2021 年 2 月 23 日）

25. 旧民主主义革命与新民主主义革命

1919 年五四运动爆发，标志着中国革命由旧民主主义革命向新民主主义革命的转变，五四运动也成为新旧民主主义革命的分水岭。旧民主主义革命即旧式的一般的资产阶级民主革命阶段（1840 年鸦片战争至 1919 年五四运动）。新民主主义革命即新式的特殊的资产阶级民主革命阶段（1919 年五四运动至 1949 年新中国成立）。

（1）新旧民主主义革命的联系。二者都属于资产阶级民主革命的范畴，旧民主主义革命性质是资产阶级领导的反帝反封建的民主革命，虽然推翻了清政府，但辛亥革命的胜利果实最终被袁世凯窃取，造成革命任务尚未完成。新民主主义革命性质是无产阶级领导的反帝反封建的民主革命，属于世界无产阶级社会主义革命的一部分。新民主主义革命完成了反帝反封建的革命任务，为向社会主义社会过渡奠定了基础，迎来了最终的胜利。

（2）新旧民主主义革命的区别。①领导力量方面：旧民主主义革命的领导者是资产阶级，新民主主义的领导者是无产阶级。区分两种不同范畴的民主主义革命，根本标志在于领导权掌握在资产阶级手中还是无产阶级手中；②指导思想方面：旧民主主义革命是民族资产阶级领导的，所以指导思想是资产阶级的平等、自由思想和民主共和观念。而新民主主义革命由于是无产阶级领导，所以指导思想是马克思主义；③革命前途方面：旧民主主义革命的前途是走向资产阶级民主共和国；而新民主主义革命的前途是在完成民主革命任务后，进入社会主义社会；④在革命发展和发动群众的深度、广度上：旧民主主义革命失败的原因是纲领不彻底，土地问题不能彻底解决，群众发动不充分。新民主主义革命提出了彻底的革命纲领，广泛发动群众，解决了农民最关心的土地问题，紧密团结在人民群众周围。

26. 新民主主义革命理论

新民主主义革命理论是对中国革命实践经验的概括和总结。

（1）新民主主义革命总路线。新民主主义的革命，不是任何别的革命，它只能是和必须是无产阶级领导的，人民大众的，反对帝国主义、封建主义和官僚资本主义的革命。

（2）新民主主义的基本纲领。①新民主主义政治：1940 年，毛泽东在《新民主主义论》中，提出了新民主主义的政治纲领，即是建立一个无产阶级领导的，工农联盟为基础的，一切反帝反封建的人民联合专政的新民主主义共和国；②新民主主义经济：1947 年，毛泽东在《目前形势和我们的任务》中明确提出了新民主主义三大经济纲领，一是没收封建地主阶级的土地归农民所有，二是没收官僚资本归新民主主义国家所有，三是保护民族工商业；③新民主主义文化：以无产阶级社会主义文化思想为领导的人民大众反帝反封建的新民主主义文化，即民族的科学的大众的文化。

（3）新民主主义革命道路和基本经验。1937 年 10 月，毛泽东在《〈共产党人〉发刊词》中系统地阐述了新民主主义革命的三大法宝即：统一战线、武装斗争和党的建设。①统一战线和武装斗争，是战胜敌人的两个基本武器；②统一战线，是实行武装斗争的统一战线；③党的组织是掌握统一战线和武装斗争这两个武器以实行对敌冲锋陷阵的英勇战士。

27. 从新民主主义到社会主义

新民主主义社会是由新民主主义向社会主义转变的过渡性的社会。从1949年中华人民共和国成立到1956年年底社会主义改造基本完成，是我国从新民主主义社会向社会主义过渡的时期。它不是一个独立的社会形态，它属于社会主义体系，是逐步过渡到社会主义的社会。

(1) 党在过渡时期总路线。可以概括为“一化三改”。“一化”即社会主义工业化，“三改”即对个体农业、手工业和对资本主义工商业的社会主义改造。“一化”是“主体”，“三改”是“两翼”，两者相互促进，相辅相成。体现了社会主义工业化和社会主义改造的紧密结合，体现了解放生产力和发展生产力、变革生产关系和发展生产力的有机统一。

(2) 社会主义制度在中国的确立。1956年我国社会主义改造取得了决定性胜利，标志着中国已经从新民主主义社会进入到社会主义社会，我国开始进入社会主义初级阶段。其具体表现为：①以生产资料公有制为基础的社会主义经济制度已经确立起来；②我国的政治领域也发生重大变化，确立了中国共产党领导的人民民主专政的社会主义基本政治制度；③我国社会的阶级关系也发生了根本的变化；④我国社会的主要矛盾也发生了变化。

28. 《论十大关系》与探索社会主义建设道路

1956年4月和5月，毛泽东先后在中央政治局扩大会议和最高国务会议上，作了《论十大关系》的报告，初步总结了我国社会主义建设的经验，明确提出了以苏为鉴，独立自主地探索适合中国情况的社会主义建设道路。明确了建设社会主义必须根据本国情况走自己的道路这一根本思想。

《论十大关系》确定了一个基本方针，就是“努力把党内党外、国内国外的一切积极的因素，直接的、间接的积极因素全部调动起来”，为社会主义建设服务。

《论十大关系》标志着党探索中国社会主义建设道路的良好开端。

链 接

《论十大关系》的基本内容：①在重工业和轻工业、农业的关系问题上，要用多发展一些农业、轻工业的办法来发展重工业；②在沿海工业和内地工业的关系问题上，要充分利用和发展沿海的工业基地，以便更有力量来发展和支持内地工业；③在经济建设和国防建设的关系问题上，在强调加强国防建设的重要性时，提出把军政费用降到一个适当的比例，增加经济建设费用。只有把经济建设发展得更快了，国防建设才能够有更大的进步；④在国家、生产单位和生产者个人的关系问题上，三者的利益必须兼顾，不能只顾一头，既要提倡艰苦奋斗，又要关心群众生活；⑤在中央和地方的关系问题上，要在巩固中央统一领导的前提下，扩大地方的权力（即权力下放给地方），让地方办更多的事情，发挥中央和地方两个积极性；⑥在汉族与少数民族的关系问题上，要着重反对大汉族主义，也要反对地方民族主义，要诚心诚意地积极帮助少数民族发展经济建设和文化建设；⑦在党和非党的关系问题上，共产党和民主党派要长期共存，互相监督；⑧在革命和反革命的关系问题上，必须分清敌我，化消极因素为积极因素；⑨在是非关系问题上，对犯错误的同志要实行“惩前毖后，治病救人”的方针，要允许人家犯错误，允许并帮助他们改正错误；⑩在中国和外国的关系问题上，要学习一切民族、一切国家的长处，包括资本主义国家先进的科学技术和科学管理方法，要反对不加分析地一概排斥或一概照搬。

29. 社会主义矛盾理论

毛泽东主席在1957年2月所作的《关于正确处理人民内部矛盾的问题》的报告，系统论述了社会主义社会矛盾的理论。

报告认为，社会主义社会同样存在着矛盾。

报告认为，在社会主义社会中，基本的矛盾仍然是生产关系和生产力之间的矛盾，上层建筑和经济基础之间的矛盾。

报告认为，社会主义社会存在两类不同性质矛盾，即反映在政治上可以划分为敌我矛盾和人民内部矛盾，解决敌我之间的和人民内部的这两类不同性质的矛盾，采用专政和民主这样两种不同的方法。用民主的方法解决人民内部矛盾，实行“团结—批评—团结”的方针。

链　接

事物矛盾的法则，即对立统一的法则，是自然和社会的根本法则，因而也是思维的根本法则。它是和形而上学的宇宙观相反的。它对于人类的认识史是一个大革命。按照辩证唯物论的观点看来，矛盾存在于一切客观事物和主观思维的过程中，矛盾贯串（穿）于一切过程的始终，这是矛盾的普遍性和绝对性。矛盾着的事物及其每一个侧面各有其特点，这是矛盾的特殊性和相对性。矛盾着的事物依一定的条件有同一性，因此能够共居于一个统一体中，又能够互相转化到相反的方面去，这又是矛盾的特殊性和相对性。然而矛盾的斗争则是不断的，不管在他们共居的时候，或者在他们互相转化的时候，都有斗争的存在，尤其是在他们互相转化的时候，斗争的表现更为显著，这又是矛盾的普遍性和绝对性。当着我们研究矛盾的特殊性和相对性的时候，要注意矛盾和矛盾方面的主要和非主要的区别；当着我们研究矛盾的普遍性和斗争性的时候,要注意矛盾的各种不同的斗争形式的区别。否则就要犯错误。

(毛泽东,《矛盾论》)

30. 毛泽东思想活的灵魂

毛泽东思想的活的灵魂,是贯穿于毛泽东思想形成和发展的全过程,贯穿于毛泽东思想各个组成部分的立场、观点和方法。它们有3个基本方面,即实事求是、群众路线、独立自主。

(1) 实事求是。实事求是是毛泽东思想的根本观点和根本方法,是马克思列宁主义的理论基石和根本点,是辩证唯物主义和历史唯物主义,它的灵魂是“具体问题具体分析”。主要内容包括:①一切从实际出发。一切从实际出发,必须反对和克服本本主义。一切从实际出发还是从本本出发,反映了实事求是和教条主义两条不同思想路线的根本对立;②坚持理论联系实际:即理论和实践相结合,使马克思列宁主义同中国实际结合起来,以指导我们的斗争实践,并在中国革命和建设的具体实践中推进马克思列宁主义的发展。

(2) 群众路线。一切为了群众,一切依靠群众,这是以毛泽东为代表的中国共产党人正确对待人民群众的根本观点和根本立场,是党的群众路线的核心内容。从群众中来,到群众中去,这是我们党把一切为了群众、一切依靠群众的立场和观点,落实到党的全部工作和全部活动中所形成的领导人民群众的基本方法。这是毛泽东把马克思主义认识论运用到党的领导工作中,实现了马克思主义认识路线与党的群众路线的有机统一。

(3) 独立自主。独立自主,自力更生,是我们党的立足点,是我国的基本国策。我们要坚持自力更生为主、争取外援为辅的方针,一方面要毫不动摇地坚持以独立自主、自力更生为立足点;另一方面,也要努力学习和借鉴外国一切对我们有益的先进事物,争取一切可能的外援。

31. 中国特色社会主义理论体系

胡锦涛同志在十七大报告中全面系统地论述了中国特色社会主义理论体系的科学内涵,就是包括邓小平理论、“三个代表”重要思想以及科学发展观等重大战略思想在内的科学理论体系。①邓小平理论初步回答了“什么是社会主义、怎样建设社会主义”的问题;②“三个代表”重要思想创造性地回答了“建设什么样的党、怎样建设党”的问题;③科学发展观着力解决了“实现什么样的发展、怎样发展”的问题。这三大理论成果既然同属于中国特色社会主义理论体系,那就必然具有其一脉相承、与时俱进的内在逻辑联系。

32. 邓小平理论

核心内容:党在社会主义初级阶段的基本路线;精髓:解放思想,实事求是。主题：什么是社会主义，怎样建设社会主义。

(1) 社会主义的本质。解放生产力、发展生产力；消灭剥削、消除两极分化；最终实现共同富裕。其中“最终实现共同富裕”是社会主义的根本目标。

(2) 党在社会主义初级阶段的基本路线。概括为“一个中心，两个基本点”，即党领导和团结全国各族人民，以经济建设为中心，坚持四项基本原则，坚持改革开放、自力更生、艰苦创业，为把我国建设成为富强、民主、文明的社会主义现代化国家而奋斗。四项基本原则是指：①坚持社会主义道路；②坚持无产阶级专政；③坚持共产党领导；④坚持马列主义、毛泽东思想，其核心是坚持党的领导。

(3) 社会主义社会的主要矛盾。我国所要解决的主要矛盾是人民日益增长的物质文化需要同落后的社会生产之间的矛盾。矛盾的主要方面是落后的社会生产。

链 接

党的十九大报告中指出，中国特色社会主义进入新时代，我国社会主要矛盾已经转化为人民日益增长的美好生活需要和不平衡不充分的发展之间的矛盾。

33. 社会主义改革

改革是中国的第二次革命，是社会主义发展的直接动力，是社会主义制度的自我完善和自我发展。改革开放，是新时期中国最鲜明的特征。没有改革开放，就没有中国特色的社会主义。

(1) 改革的性质、作用和特点。改革既是一场革命，又是社会主义制度的自我完善和自我发展；改革是社会主义社会发展的直接动力；改革具有根本性、广泛性和深刻性的特点。

(2) “三个有利于”判断标准。1992 年，为解决社会上对于改革开放性质的争论，邓公提出“三个有利于”的判断标准，即：①是否有利于发展社会主义社会的生产力；②是否有利于增强社会主义国家的综合国力；③是否有利于提高人民的生活水平。“三个有利于”解决了判断姓“社”姓“资”的标准问题，打消了人们的种种担心和顾虑，推动了改革开放的发展，也成为人们衡量一切工作是非得失的判断标准。

(3) 改革、发展和稳定。发展是目的，是硬道理。发展首先是经济，但不仅仅是经济，也包括政治和文化诸方面的全面进步。改革是动力，是进一步解放和发展生产力，是社会主义制度的自我完善和发展。稳定是前提，是发展和改革必备的政治社会条件。正确处理好改革、发展、稳定三者的关系，是邓小平治国思想的重要内容，是保持社会主义现代化建设顺利发展的全局性重大问题。

(4) 三步走发展战略。第一步是从 1981 年到 1990 年国民生产总值翻一番，解决人民的温饱问题；第二步是从 1991 年到 20 世纪末使国民生产总值再增长一倍，人民生活达到小康水平；第三步是到 21 世纪中叶人均国民生产总值达到中等发达国家水平，人民生活比较富裕，基本实现现代化。

(5)“一国两制”理论。“和平统一、一国两制”是一个完整的体系，其基本内容就是在祖国统一的前提下，国家的主体坚持社会主义制度，同时在香港、澳门、台湾保持原有的资本主义制度长期不变。

链 接

我们党作出实行改革开放的历史性决策，是基于对党和国家前途命运的深刻把握，是基于对社会主义革命和建设实践的深刻总结，是基于对时代潮流的深刻洞察，是基于对人民群众期盼和需要的深刻体悟。邓小平同志指出：“贫穷不是社会主义”“我们要赶上时代，这是改革要达到的目的”。

改革开放是我们党的一次伟大觉醒，正是这个伟大觉醒孕育了我们党从理论到实践的伟大创造。改革开放是中国人民和中华民族发展史上一次伟大革命，正是这个伟大革命推动了中国特色社会主义事业的伟大飞跃！

建立中国共产党、成立中华人民共和国、推进改革开放和中国特色社会主义事业，是五四运动以来我国发生的三大历史性事件，是近代以来实现中华民族伟大复兴的三大里程碑。

党的十一届三中全会以后，以邓小平同志为主要代表的中国共产党人，团结带领全党全国各族人民，深刻总结我国社会主义建设正反两方面经验，借鉴世界社会主义历史经验，创立了邓小平理论，作出把党和国家工作中心转移到经济建设上来、实行改革开放的历史性决策，深刻揭示社会主义本质，确立社会主义初级阶段基本路线，明确提出走自己的路、建设中国特色社会主义，科学回答了建设中国特色社会主义的一系列基本问题，制定了到 21 世纪中叶分三步走、基本实现社会主义现代化的发展战略，成功开创了中国特色社会主义。

(《习近平：在庆祝改革开放 40 周年大会上的讲话》，新华网，2018 年 12 月 18 日)

34. “三个代表”重要思想

中国共产党必须始终代表中国先进生产力的发展要求，代表中国先进文化的前进方向，代表中国最广大人民的根本利益。“三个代表”重要思想的精髓是解放思想、实事求是、与时俱进；其核心是坚持党的先进性；其本质是立党为公、执政为民。“三个代表”重要思想创造性地回答了建设一个什么样的党、怎样建设党的问题，始终做到“三个代表”是我们党的立党之本、执政之基、力量之源。

35. 科学发展观

科学发展观第一要义是发展；核心是以人为本；基本要求是全面协调可持续；根本方法是统筹兼顾。中国共产党第十七次全国代表大会把科学发展观写入党章，中国共产党第十八次全国代表大会把科学发展观列入党的指导思想。科学发展观是同马克思列宁主义、毛泽东思想、邓小平理论、“三个代表”重要思想既一脉相承又与时俱进的科学理论，是马克思主义关于发展的世界观和方法论的集中体现，是马克思主义中国化重大成果，是中国共产党集体智慧的结晶，是发展中国特色社会主义必须长期坚持的指导思想。

36. 习近平新时代中国特色社会主义思想

党的十八大以来，以习近平同志为主要代表的中国共产党人，顺应时代发展，从理论和实践结合上系统回答了新时代坚持和发展什么样的中国特色社会主义、怎样坚持和发展中国特色社会主义这个重大时代课题，创立了习近平新时代中国特色社会主义思想。习近平新时代中国特色社会主义思想是对马克思列宁主义、毛泽东思想、邓小平理论、“三个代表”重要思想、科学发展观的继承和发展，是当代中国马克思主义、二十一世纪马克思主义，是中华文化和中国精神的时代精华，是党和人民实践经验和集体智慧的结晶，是中国特色社会主义理论体系的重要组成部分，是全党全国人民为实现中华民族伟大复兴而奋斗的行动指南，必须长期坚持并不断发展。

习近平新时代中国特色社会主义思想内涵十分丰富，涵盖了经济、政治、法治、科技、文化、教育、民生、民族、宗教、社会、生态文明、国家安全、国防和军队、“一国两制”和祖国统一、统一战线、外交、党的建设等各方面，其精神实质和丰富内涵集中体现在党的十九大报告概括的“八个明确”与新时代坚持和发展中国特色社会主义的基本方略之中。

习近平新时代中国特色社会主义思想为新时代坚持和发展中国特色社会主义、推进党和国家事业提供了基本遵循，为发展21世纪马克思主义、当代中国马克思主义作出了历史性贡献：①开辟了马克思主义新境界；②开辟了中国特色社会主义新境界；③开辟了治国理政新境界；④开辟了管党治党新境界。

37. 十个明确

①明确中国特色社会主义最本质的特征是中国共产党领导，中国特色社会主义制度的最大优势是中国共产党领导，中国共产党是最高政治领导力量，全党必须增强“四个意识”、坚定“四个自信”、做到“两个维护”；②明确坚持和发展中国特色社会主义，总任务是实现社会主义现代化和中华民族伟大复兴，在全面建成小康社会的基础上，分两步走在本世纪中叶建成富强民主文明和谐美丽的社会主义现代化强国，以中国式现代化推进中华民族伟大复兴；③明确新时代我国社会主要矛盾是人民日益增长的美好生活需要和不平衡不充分的发展之间的矛盾，必须坚持以人民为中心的发展思想，发展全过程人民民主，推动人的全面发展、全体人民共同富裕取得更为明显的实质性进展；④明确中国特色社会主义事业总体布局是经济建设、政治建设、文化建设、社会建设、生态文明建设五位一体，战略布局是全面建设社会主义

现代化国家、全面深化改革、全面依法治国、全面从严治党四个全面；⑤明确全面深化改革总目标是完善和发展中国特色社会主义制度、推进国家治理体系和治理能力现代化；⑥明确全面推进依法治国总目标是建设中国特色社会主义法治体系、建设社会主义法治国家；⑦明确必须坚持和完善社会主义基本经济制度，使市场在资源配置中起决定性作用，更好发挥政府作用，把握新发展阶段，贯彻创新、协调、绿色、开放、共享的新发展理念，加快构建以国内大循环为主体、国内国际双循环相互促进的新发展格局，推动高质量发展，统筹发展和安全；⑧明确党在新时代的强军目标是建设一支听党指挥、能打胜仗、作风优良的人民军队，把人民军队建设成为世界一流军队；⑨明确中国特色大国外交要服务民族复兴、促进人类进步，推动建设新型国际关系，推动构建人类命运共同体；⑩明确全面从严治党的战略方针，提出新时代党的建设总要求，全面推进党的政治建设、思想建设、组织建设、作风建设、纪律建设，把制度建设贯穿其中，深入推进反腐败斗争，落实管党治党政治责任，以伟大自我革命引领伟大社会革命。

38. 十四个坚持

"十四个坚持"是新时代坚持和发展中国特色社会主义的基本方略：①坚持党对一切工作的领导；②坚持以人民为中心；③坚持全面深化改革；④坚持新发展理念；⑤坚持人民当家作主；⑥坚持全面依法治国；⑦坚持社会主义核心价值体系；⑧坚持在发展中保障和改善民生；⑨坚持人与自然和谐共生；⑩坚持总体国家安全观；⑪坚持党对人民军队的绝对领导；⑫坚持"一国两制"和推进祖国统一；⑬坚持推动构建人类命运共同体；⑭坚持全面从严治党。

39. 实现中华民族伟大复兴的中国梦

2012 年 11 月 29 日，习近平总书记在参观"复兴之路"展览时指出："每个人都有理想和追求，都有自己的梦想。现在，大家都在讨论中国梦，我以为，实现中华民族伟大复兴，就是中华民族近代以来最伟大的梦想。"

中华民族伟大复兴的中国梦，其最核心的内容是国家富强、民族振兴、人民幸福。

40. "五位一体"总体布局

经济建设、政治建设、文化建设、社会建设和生态文明建设五位一体，全面推进。2012 年 11 月 17 日至 11 月 23 日，党的十八大站在历史和全局的战略高度，对推进新时代"五位一体"总体布局作了全面部署。从经济、政治、文化、社会、生态文明五个方面，制定了新时代统筹推进"五位一体"总体布局的战略目标。

41. 四个伟大

习近平总书记于 2017 年 10 月 18 日在十九大报告中提出的治国理政方针理论。伟大斗争、伟大工程、伟大事业、伟大梦想，紧密联系、相互贯通、相互作用，其中起决定性作用的是党的建设新的伟大工程。

42. “四个全面”战略布局

协调推进全面建成小康社会、全面深化改革、全面推进依法治国、全面从严治党，推动改革开放和社会主义现代化建设迈上新台阶。

(1)“四个全面”内在逻辑。“四个全面”战略布局是具有内在逻辑关系的有机统一体，全面建成小康社会是重大战略目标，在“四个全面”战略布局中居于引领地位。全面深化改革、全面依法治国、全面从严治党是三大战略举措，为如期全面建成小康社会提供重要保障。

(2)“四个全面”历史变化。2014 年 12 月，习近平总书记在江苏调研时第一次提出了“四个全面”的要求；2015 年 2 月 2 日，习近平总书记在省部级领导学习贯彻十八届四中全会精神专题研讨班开班式上的讲话中明确指出，“四个全面”是党中央从坚持和发展中国特色社会主义全局出发所形成的“战略布局”；2020 年 10 月 29 日，《中国共产党第十九届中央委员会第五次全体会议公报》“四个全面”表述为“全面建设社会主义现代化国家、全面深化改革、全面依法治国、全面从严治党”。

“十四五”期间，我国将乘势而上开启全面建设社会主义现代化国家新征程，向第二个百年奋斗目标进军。“四个全面”的最新变化体现了我国发展准备迈向一个新的阶段。

43. 脱贫攻坚工程

消除贫困、改善民生、逐步实现共同富裕，是社会主义的本质要求，是我们党的重要使命。党的十八大以来，党中央就拉开了新时代脱贫攻坚的序幕。2013 年，党中央提出精准扶贫理念，创新扶贫工作机制。2015 年，党中央召开扶贫开发工作会议，提出实现脱贫攻坚目标的总体要求，实行扶持对象、项目安排、资金使用、措施到户、因村派人、脱贫成效“六个精准”，实行发展生产、易地搬迁、生态补偿、发展教育、社会保障兜底“五个一批”，发出打赢脱贫攻坚战的总攻令。2017 年，党的十九大把精准脱贫作为三大攻坚战之一进行全面部署，决战决胜脱贫攻坚。2020 年，克服应对新冠肺炎疫情和特大洪涝灾情带来的困难和影响，脱贫攻坚取得了重大历史性成就：

(1) 农村贫困人口全部脱贫，为实现全面建成小康社会目标任务作出了关键性贡献。党的十八大以来，平均每年 1 000 多万人脱贫，贫困人口收入水平显著提高，全部实现“两不愁三保障”，脱贫群众不愁吃、不愁穿，义务教育、基本医疗、住房安全有保障，饮水安全也都有了保障。

(2) 脱贫地区经济社会发展大踏步赶上来，整体面貌发生历史性巨变。新改建农村公路 110 万公里，新增铁路里程 3.5 万公里。贫困地区农网供电可靠率达到 99%。790 万户、2 568 万贫困群众的危房得到改造，累计建成集中安置区 3.5 万个、安置住房266万套，28个人口较少民族全部整族脱贫，所有深度贫困地区的最后堡垒被全部攻克。

（3）脱贫群众精神风貌焕然一新，增添了自立自强的信心勇气。脱贫攻坚，取得了物质上的累累硕果，也取得了精神上的累累硕果。广大脱贫群众激发了奋发向上的精气神，社会主义核心价值观得到广泛传播，文明新风得到广泛弘扬，艰苦奋斗、苦干实干、用自己的双手创造幸福生活的精神在广大贫困地区蔚然成风。

（4）党群干群关系明显改善，党在农村的执政基础更加牢固。各级党组织和广大共产党员坚决响应党中央号召，以热血赴使命、以行动践诺言，在脱贫攻坚这个没有硝烟的战场上呕心沥血、建功立业。

（5）创造了减贫治理的中国样本，为全球减贫事业作出了重大贡献。改革开放以来，按照现行贫困标准计算，我国7.7亿农村贫困人口摆脱贫困；按照世界银行国际贫困标准，我国减贫人口占同期全球减贫人口70%以上，为推动构建人类命运共同体贡献了中国力量！

党中央立足国情，把握减贫规律，出台一系列超常规政策举措，构建了一整套行之有效的政策体系、工作体系、制度体系，走出了一条中国特色减贫道路，形成了中国特色反贫困理论。①坚持党的领导，为脱贫攻坚提供坚强政治和组织保证；②坚持以人民为中心的发展思想，坚定不移走共同富裕道路；③坚持发挥我国社会主义制度能够集中力量办大事的政治优势，形成脱贫攻坚的共同意志、共同行动；④坚持精准扶贫方略，用发展的办法消除贫困根源。脱贫攻坚，贵在精准，重在精准。精准扶贫是打赢脱贫攻坚战的制胜法宝，开发式扶贫方针是中国特色减贫道路的鲜明特征；⑤坚持调动广大贫困群众积极性、主动性、创造性，激发脱贫内生动力；⑥坚持弘扬和衷共济、团结互助美德，营造全社会扶危济困的浓厚氛围；⑦坚持求真务实、较真碰硬，做到真扶贫、扶真贫、脱真贫。中国特色反贫困理论，是我国脱贫攻坚的理论结晶，是马克思主义反贫困理论中国化最新成果，必须长期坚持并不断发展。

44. 建设社会主义生态文明

建设生态文明，是关系人民福祉、关乎民族未来的长远大计，是实现中华民族伟大复兴中国梦的重要内容。

建设社会主义的生态文明就是要实现和谐发展、全面发展、可持续发展和循环发展，就是要建设以资源环境承载力为基础、以自然规律为准则、以可持续发展为目标的资源节约型、环境友好型社会。

习近平总书记强调："我们既要绿水青山，也要金山银山。宁要绿水青山，不要金山银山，而且绿水青山就是金山银山。"要正确处理好经济发展同生态环境保护的关系，牢固树立保护生态环境就是保护生产力、改善生态环境就是发展生产力的理念。

《中共中央关于制定国民经济和社会发展第十四个五年规划和二〇三五年远景

目标的建议》要求推动绿色发展，促进人与自然和谐共生。坚持绿水青山就是金山银山理念，坚持尊重自然、顺应自然、保护自然，坚持节约优先、保护优先、自然恢复为主，守住自然生态安全边界。深入实施可持续发展战略，完善生态文明领域统筹协调机制，构建生态文明体系，促进经济社会发展全面绿色转型，建设人与自然和谐共生的现代化。

45. “一带一路”倡议布局

“一带一路”是“丝绸之路经济带”和“21 世纪海上丝绸之路”的简称。一带一路旨在借用古代丝绸之路的历史符号，高举和平发展的旗帜，充分依靠中国与有关国家既有的双多边机制，借助既有的、行之有效的区域合作平台，积极发展与沿线国家的经济合作伙伴关系，共同打造政治互信、经济融合、文化包容的利益共同体、命运共同体和责任共同体。

“一带一路”建设的核心内涵：①一个核心理念——和平、合作、发展、共赢；②一个合作精神——和平合作、开放包容、互学互鉴、互利共赢；③三项基本原则——共商、共建、共享；④五项合作重点——政策沟通、设施联通、贸易畅通、资金融通、民心相通；⑤三个合作目标——利益共同体、责任共同体、命运共同体。

“一带一路”是和平、繁荣、开放、创新、文明五个之路。一带一路的理论逻辑和思想体系要注重以实践为基础，探索总结发展规律、基本经验和普遍适用性。

“一带一路”建设是一项系统工程，既要加强发展战略对接，推进沿线国家互联互通，提高贸易和投资合作水平，深化国际产能合作，打造开放、包容、均衡、普惠的区域经济合作新架构，又要兼顾各方利益关切，打造政治互信、经济融合、文化包容的利益共同体、命运共同体和责任共同体。

“一带一路”是一个多元开放包容的合作性倡议，是务实合作平台，而非中国的地缘政治工具。通过加强国家间的多层面交流合作，充分发掘各国的发展潜力与比较优势，彼此形成互利共赢的区域利益共同体、命运共同体和责任共同体。

46. 党章修正案

中国共产党第二十次全国代表大会在选举产生新一届中央委员会和中央纪律检查委员会，通过关于《中国共产党章程(修正案)》的决议。《中国共产党章程》包括总纲和党员、党的组织制度、党的中央组织、党的地方组织、党的基层组织、党的干部、党的纪律、党的纪律检查机关、党组、党和共产主义青年团的关系、党徽党旗等 11 章，共 55 条。

47. 党的指导思想

党章规定，中国共产党以马克思列宁主义、毛泽东思想、邓小平理论、“三个代表”重要思想、科学发展观、习近平新时代中国特色社会主义思想作为自己的行动指南。

党章强调,习近平新时代中国特色社会主义思想是对马克思列宁主义、毛泽东思想、邓小平理论、“三个代表”重要思想、科学发展观的继承和发展,是当代中国马克思主义、二十一世纪马克思主义,是中华文化和中国精神的时代精华,是党和人民实践经验和集体智慧的结晶,是中国特色社会主义理论体系的重要组成部分,是全党全国人民为实现中华民族伟大复兴而奋斗的行动指南,必须长期坚持并不断发展。

48. 党章修改重点

党的一大(1921)。通过《中国共产党第一个纲领》,宣告中国共产党的诞生。规定了党的名称、性质和纲领,提出了党的最终奋斗目标。宣布“我党定名为‘中国共产党’”。

党的二大(1922)。通过第一部党章《中国共产党章程》。标志着我们党从此开始有了自己的最高行为规范。党的二大宣言第一次明确提出了彻底地反对帝国主义和反对封建主义的民主革命纲领。

党的三大(1923)。通过《中国共产党第一次修正章程》。严格了党员入党手续,首次规定了候补党员的候补期制度(劳动者三个月,非劳动者六个月)及权利义务。

党的四大(1925)。通过《中国共产党第二次修正章程》,规定,“凡有党员三人以上均得成立一支部”,第一次将党的支部规定为党的基本组织。首次将中央委员会委员长改称为总书记。

党的五大(1927)。第一次明确规定“党部的指导原则为民主集中制”。规定中央委员会除选举总书记外,还要选举“中央正式委员会若干人组织中央政治局指导全国一切政治工作”。

党的六大(1928)。唯一不是在国内修改和通过的党章。第一次明确规定民主集中制是党的组织原则。同时规定,中国共产党为共产国际的一部分,突出强调了共产国际的领导。

党的七大(1945)。确立了毛泽东思想为全党的指导思想。特别强调了党的群众路线。完善了党的民主集中制的原则,对扩大党内民主和实行集中统一领导作了详细的规定,明确了党的性质、领导地位、宗旨和作风。

党的八大(1956)。提出了全面开展社会主义建设的任务。对党的组织机构也作了一些新的规定。首次规定党的代表大会实行常任制,“党的全国代表大会每届任期五年”一直延续至今。

党的九大(1969)。错误肯定了根据“无产阶级专政下的继续革命”的理论发动的“文化大革命”。

党的十大(1973)。继续了党的九大的“左”的错误,肯定了“文化大革命”。

党的十一大(1977)。恢复了八大关于把中国建设成四个现代化的社会主义强国的提法。规定在党的中央委员会,地方县和县以上、军队团和团以上各级党的委员会，都设立纪律检查委员会。

党的十二大(1982)。大会首提“建设有中国特色社会主义”。党章规定“凡属重大问题都要由党的委员会民主讨论，作出决定”。党中央只设总书记，不再设主席和副主席。首次载入入党誓词。

党的十三大(1987)。首次规定完善选举制度，实施差额选举。更加重视发展党内民主，更加重视发挥党的基础组织的作用，调整了党组设置的规定。

党的十四大(1992)。把建设有中国特色社会主义的理论载入党章。十四大起，不再设立党的中央顾问委员会和省、自治区、直辖市顾问委员会。党章删去有关条文。

党的十五大(1997)。把邓小平理论确立为党的指导思想。规定党员和党的干部要认真学习马克思列宁主义、毛泽东思想、邓小平理论。

党的十六大(2002)。把“三个代表”重要思想同马列主义、毛泽东思想、邓小平理论一道确立为党的指导思想。

党的十七大(2007)。把科学发展观写入党章。明确了中国特色社会主义事业“四位一体”的总体布局，即经济建设、政治建设、文化建设、社会建设。把党在社会主义初级阶段的基本路线中的奋斗目标表述为“把我国建设成为富强民主文明和谐的社会主义现代化国家”。

党的十八大(2012)。把科学发展观同马克思列宁主义、毛泽东思想、邓小平理论、“三个代表”重要思想一道确立为党的行动指南。把中国特色社会主义制度同中国特色社会主义道路、中国特色社会主义理论体系一道写入党章。将生态文明建设写入党章，使中国特色社会主义事业总体布局更加完善。充实了坚持改革开放的内容。充实了关于党的建设总体要求。

党的十九大(2017)。习近平新时代中国特色主义思想确立为行动指南。①习近平新时代中国特色社会主义思想写入党章；②中国特色社会主义文化写入党章；③实现中华民族伟大复兴的中国梦写入党章；④党章根据我国社会主要矛盾的转化作出相应修改；⑤推进国家治理体系和治理能力现代化写入党章；⑥供给侧结构性改革、“绿水青山就是金山银山”写入党章；⑦人类命运共同体、“一带一路”写入党章；⑧全面从严治党、四个意识写入党章；⑨“党是领导一切的”写入党章；⑩实现巡视全覆盖、推进“两学一做”写入党章。

党的二十大(2022)。党的二十大对党章所作的修改，概括起来主要是9个方面的内容：①充实完善习近平新时代中国特色社会主义思想的科学内涵和历史定位；②增写党百年奋斗的重大成就和历史经验的内容；③调整完善党的奋斗目标的表述；④调整完善社会主义初级阶段方面的内容；⑤充实“五位一体”总体布局方面的内容；⑥充实国防和军队建设、统一战线、外交方面的内容；⑦调整充实党的建设总体要求的内容;⑧充实完善坚持党的全面领导的内容;⑨对条文部分作了适当修改。

二、时事政治基本知识

49. 两个大局

2020年是全面建成小康社会和“十三五”规划收官之年。习近平总书记强调:“领导干部要胸怀两个大局,一个是中华民族伟大复兴的战略全局,一个是世界百年未有之大变局,这是我们谋划工作的基本出发点。”

50. 四个意识

“四个意识”是指政治意识、大局意识、核心意识、看齐意识。这“四个意识”是2016年1月29日中共中央政治局会议最早提出来的。习近平总书记在庆祝中国共产党成立95周年大会上的讲话强调,全党同志要增强政治意识、大局意识、核心意识、看齐意识,切实做到对党忠诚、为党分忧、为党担责、为党尽责。

党的十八届六中全会通过的《关于新形势下党内政治生活的若干准则》强调,全党必须牢固树立政治意识、大局意识、核心意识、看齐意识,自觉在思想政治上行动上同党中央保持高度一致。

51. 四个自信

“四个自信”是指中国特色社会主义道路自信、理论自信、制度自信、文化自信。道路自信、理论自信、制度自信、文化自信是一个有机整体。中国特色社会主义道路是实现社会主义现代化、创造人民美好生活的必由之路;中国特色社会主义理论体系是指导党和人民实现中华民族伟大复兴的正确理论;中国特色社会主义制度是当代中国发展进步的根本制度保障;中国特色社会主义文化是激励全党全国各族人民奋勇前进的强大精神力量。

52. 两个维护

“两个维护”是指坚决维护习近平总书记在党中央的核心、全党的核心地位,坚决维护党中央权威和集中统一领导。坚持和加强党的全面领导,最重要的是坚决维护党中央权威和集中统一领导;坚决维护党中央权威和集中统一领导,最关键的是坚决维护习近平总书记党中央的核心、全党的核心地位。这是党的政治建设的首要任务,也是根本政治任务,是牢固树立“四个意识”的集中体现。

53. 八项规定

详见本书P71页。

54. “两学一做”

2016年2月,中央办公厅印发了《关于在全体党员中开展“学党章党规、学系列讲话,做合格党员”学习教育方案》。开展“两学一做”学习教育,是面向全体党员深化党内教育的重要实践,是推动党内教育从“关键少数”向广大党员拓展、从集中性教育向经常性教育延伸的重要举措。

55. 不忘初心、牢记使命

2017 年 10 月，习近平总书记在党的十九大报告中提出了“不忘初心、牢记使命”的要求，指出：“不忘初心，方得始终。中国共产党人的初心和使命，就是为中国人民谋幸福，为中华民族谋复兴。这个初心和使命是激励中国共产党人不断前进的根本动力。”2019 年 5 月 13 日，中共中央政治局会议决定，从 2019 年 6 月开始在全党自上而下分两批开展“不忘初心、牢记使命”主题教育。这次主题教育的总要求是守初心、担使命，找差距、抓落实，根本任务是深入学习贯彻习近平新时代中国特色社会主义思想，锤炼忠诚干净担当的政治品格，团结带领全国各族人民为实现伟大梦想共同奋斗，目标是理论学习有收获、思想政治受洗礼、干事创业敢担当、为民服务解难题、清正廉洁作表率。

56. 党内政治生活“四性”

党内政治生活“四性”是指党内政治生活的政治性、时代性、原则性、战斗性。党的十九大报告指出：“全党要坚定执行党的政治路线，严格遵守政治纪律和政治规矩，在政治立场、政治方向、政治原则、政治道路上同党中央保持高度一致。要尊崇党章，严格执行新形势下党内政治生活若干准则，增强党内政治生活的政治性、时代性、原则性、战斗性，自觉抵制商品交换原则对党内生活的侵蚀，营造风清气正的良好政治生态。”

57. “打虎”“拍蝇”“猎狐”

党的十九大报告提出，坚定不移“打虎”“拍蝇”“猎狐”。“打虎”，强调的是惩治领导干部尤其是高级干部的腐败行为；“拍蝇”，突出的是解决群众身边的不正之风和腐败问题；“猎狐”重点对象是在逃境外经济犯罪嫌疑人、在逃境外党员和国家工作人员、涉腐案件在逃境外人员。坚持“打虎”“拍蝇”“猎狐”一起抓，极大地震慑了腐败分子，对形成反腐败斗争压倒性态势并巩固发展发挥了重要作用。

58. 一体推进不敢腐、不能腐、不想腐

党的十九大报告强调，反腐败斗争压倒性态势已经形成并巩固发展。其主要体现在：①反腐倡廉方面腐败存量正在减少；②作风建设方面各种不正之风得到全面压制；③纪律执行方面各种违纪现象大大减少；④管党治党方面各级党委的主体责任和纪委监督责任明显增强；⑤构建制度笼子方面“不敢腐、不能腐、不想腐”的有效机制初步形成。反腐败斗争压倒性态势意味着，管党治党不再失之于宽、失之于松、失之于软，为真正实现干部清正、政府清廉、政治清明打下坚实基础。2019 年 1 月 11 日，习近平总书记在十九届中央纪委三次全会上强调，要巩固发展反腐败斗争压倒性胜利，一体推进不敢腐、不能腐、不想腐，确保党的十九大精神和党中央重大决策部署坚决贯彻落实到位。

59. 监督执纪四种形态

经常开展批评和自我批评、约谈函询，让“红红脸、出出汗”成为常态；党纪轻处分、组织调整成为违纪处理的大多数；党纪重处分、重大职责调整的成为少数；严重违纪涉嫌违法立案审查的成为极少数。

60. 全面从严治党

全面从严治党，核心是加强党的领导，基础在全面，关键在严，要害在治。全面从严治党的6项任务：①深入贯彻落实党的十九大精神，不断强化思想武装；②加强党的政治建设，保证全党集中统一、令行禁止；③弘扬优良作风，同心协力实现小康；④坚决惩治腐败，巩固发展压倒性胜利；⑤强化主体责任，完善监督体系；⑥向群众身边不正之风和腐败问题亮剑，维护群众切身利益。

61. “六位一体”全面从严治党新格局

2021年2月24日，税务系统召开全面从严治党会议，部署构建“政治建设一体深化、两个责任一体发力、综合监督一体集成、党建业务一体融合、约束激励一体抓实、组织体系一体贯通”的“六位一体”全面从严治党新格局。

62.《中国共产党纪律处分条例》

纪律处分适用对象：违犯党纪应当受到党纪责任追究的党组织和党员。重点查处党的十八大以来不收敛、不收手，问题线索反映集中、群众反映强烈，政治问题和经济问题交织的腐败案件，违反中央八项规定精神的问题。

对党员的纪律处分种类：警告、严重警告、撤销党内职务、留党察看、开除党籍。对于违犯党的纪律的党组织：上一级党的委员会在查明核实后，根据情节严重的程度，可以予以：改组、解散。

63. 党的问责规定

问责对象是党组织、党的领导干部，重点是党委（党组）、党的工作机关及其领导成员，纪委、纪委派驻（派出）机构及其领导成员。

对党组织的问责，根据危害程度以及具体情况，可以采取以下方式：①检查。责令作出书面检查并切实整改；②通报。责令整改，并在一定范围内通报；③改组。对失职失责，严重违犯党的纪律、本身又不能纠正的，应当予以改组。

对党的领导干部的问责，根据危害程度以及具体情况，可以采取以下方式：①通报。进行严肃批评，责令作出书面检查、切实整改，并在一定范围内通报；②诫勉。以谈话或者书面方式进行诫勉。

组织调整或者组织处理。对失职失责、危害较重，不适宜担任现职的，应当根据情况采取停职检查、调整职务、责令辞职、免职、降职等措施。

纪律处分。对失职失责、危害严重，应当给予纪律处分的，依照《中国共产党纪律处分条例》追究纪律责任。上述问责方式，可以单独使用，也可以依据规定合并使用。问责方式有影响期的,按照有关规定执行。

64.《中国共产党党内监督条例》

党内监督的重点对象是党的领导机关和领导干部特别是主要领导干部。

党内监督的主要内容是:①遵守党章党规,坚定理想信念,践行党的宗旨,模范遵守宪法法律情况;②维护党中央集中统一领导,牢固树立政治意识、大局意识、核心意识、看齐意识,贯彻落实党的理论和路线方针政策,确保全党令行禁止情况;③坚持民主集中制,严肃党内政治生活,贯彻党员个人服从党的组织,少数服从多数,下级组织服从上级组织,全党各个组织和全体党员服从党的全国代表大会和中央委员会原则情况;④落实全面从严治党责任,严明党的纪律特别是政治纪律和政治规矩,推进党风廉政建设和反腐败工作情况;⑤落实中央八项规定精神,加强作风建设,密切联系群众,巩固党的执政基础情况;⑥坚持党的干部标准,树立正确选人用人导向,执行干部选拔任用工作规定情况;⑦廉洁自律、秉公用权情况;⑧完成党中央和上级党组织部署的任务情况。

65. 中国梦

核心内容是国家富强、民族振兴、人民幸福,最终目标是实现中华民族伟大复兴,其重要目标是“两个一百年”,即到2021年中国共产党成立100周年和2049年中华人民共和国成立100周年时,逐步并最终顺利实现中华民族的伟大复兴,实现中国梦必须走中国道路、弘扬中国精神、凝聚中国力量。

实现中国梦必须走中国道路,即中国特色社会主义道路,我们要增强对中国特色社会主义的道路自信、理论自信、制度自信,坚定不移沿着正确的中国道路奋勇前进。

实现中国梦必须弘扬中国精神,这就是以爱国主义为核心的民族精神和以改革创新为核心的时代精神。爱国主义是中华民族的精神基因,改革创新体现了中华民族最深沉的民族禀赋。

实现中国梦必须凝聚中国力量,这就是全国各族人民大团结的力量。中国梦是人民的梦,中国人民共同享有人生出彩的机会,共同享有梦想成真的机会,共同享有同祖国和时代一起成长与进步的机会。

66. 社会主义核心价值观

倡导富强、民主、文明、和谐,倡导自由、平等、公正、法治,倡导爱国、敬业、诚信、友善,积极培育和践行社会主义核心价值观。富强、民主、文明、和谐是国家层面的价值目标,自由、平等、公正、法治是社会层面的价值取向,爱国、敬业、诚信、友善是公民个人层面的价值准则,社会主义核心价值观是社会主义核心价值体系的内核,体现社会主义核心价值体系的根本性质和基本特征,反映社会主义核心价值体系的丰富内涵和实践要求,是社会主义核心价值体系的高度凝练和集中表达。

67. 孺子牛、拓荒牛、老黄牛精神

即为民服务孺子牛、创新发展拓荒牛、艰苦奋斗老黄牛的精神。习近平总书记在2020年12月31日举行的全国政协新年茶话会提出，要发扬为民服务孺子牛、创新发展拓荒牛、艰苦奋斗老黄牛的精神，永远保持慎终如始、戒骄戒躁的清醒头脑，永远保持不畏艰险、锐意进取的奋斗韧劲，在全面建设社会主义现代化国家新征程上奋勇前进。

68. 五四精神

爱国、进步、民主、科学，爱国主义是五四精神的核心。五四运动推动了中国社会进步，促进了马克思主义在中国的传播，促进了马克思主义同中国工人运动的结合，为中国共产党成立做了思想上干部上的准备，是中国旧民主主义革命走向新民主主义革命的转折点，在近代以来中华民族追求民族独立和发展进步的历史进程中具有里程碑意义。

69. 红船精神

开天辟地、敢为人先的首创精神，坚定理想、百折不挠的奋斗精神，立党为公、忠诚为民的奉献精神，红船精神是中国革命精神之源。

70. 井冈山精神

集中表现为"坚定信念、艰苦奋斗、实事求是、敢闯新路、依靠群众、勇于胜利"，其中坚定的革命信念是这一精神的主题，体现了井冈山精神的最显著特征，与井冈山道路连在一起的井冈山精神是引导中国革命走向胜利的宝贵精神。

71. 长征精神

集中表现为"坚忍不拔，自强不息，勇往直前"。最显著特点是"一不怕苦，二不怕死"的革命英雄主义精神。长征精神是中华民族百折不挠、自强不息的民族精神的最高表现，是保证我们革命和建设事业走向胜利的强大精神力量。

72. 延安精神

主要内容包括实事求是、理论联系实际的精神；全心全意为人民服务的精神；自力更生艰苦奋斗的精神。本质是解放思想、实事求是。延安精神产生于1945年6月到1948年3月在延安开展的大生产运动和延安整风运动。以党的七大确立毛泽东思想在全党的指导地位为主要标志。

73. 西柏坡精神

主要内容包括敢于斗争，敢于胜利的革命精神；善于破坏旧世界，善于建设新世界的科学精神；坚持依靠群众，坚持团结统一的民主精神；务必保持谦虚谨慎的作风，务必保持艰苦奋斗的作风的创业精神。可以概括为两个敢于、两个善于、两个务必，其中"两个务必"是其本质特征和核心内容，与时俱进是其鲜明的理论品格。

74. 抗美援朝精神

祖国和人民利益高于一切、为了祖国和民族的尊严而奋不顾身的爱国主义精神，英勇顽强、舍生忘死的革命英雄主义精神，不畏艰难困苦、始终保持高昂士气的革命乐观主义精神，为完成祖国和人民赋予的使命、慷慨奉献自己一切的革命忠诚精神。

75. 抗战精神

天下兴亡、匹夫有责的爱国情怀，视死如归、宁死不屈的民族气节，不畏强暴、血战到底的英雄气概，百折不挠、坚忍不拔的必胜信念。抗日战争是近代以来中国人民反抗外敌入侵持续时间最长、规模最大、牺牲最多的民族解放斗争，也是第一次取得完全胜利的民族解放斗争。

76. 北大荒精神

艰苦奋斗、勇于开拓、顾全大局、无私奉献。北大荒精神正是在这特定的自然环境和特定的历史条件下形成和发展起来的，集中体现了“北大荒人”这个英雄群体高度的政治觉悟、崇高的思想境界、严谨的工作作风和奋发向上的精神风貌。

77. 红旗渠精神

自力更生，艰苦创业，团结协作，无私奉献。红旗渠动工于1960年，十万林州人民，苦战十个春秋，在太行山悬崖峭壁上修成了全长1 500公里的红旗渠。

78. 大庆精神

爱国、创业、求实、奉献，大庆精神集中体现了我国工人阶级的崇高品质和精神风貌，是激励中国人民不畏艰难、勇往直前的宝贵精神财富。

79. 雷锋精神

憎爱分明的阶级立场，言行一致的革命精神，公而忘私的共产主义风格，奋不顾身的无产阶级斗志。雷锋精神就是共产主义精神，其实质是忠于共产主义和社会主义事业，毫不利己，专门利人，全心全意为人民服务，雷锋精神我国工人阶级和劳动人民高贵品质的生动反映，也是我党我军优良传统的具体体现。

80. “两弹一星”精神

热爱祖国、无私奉献，自力更生、艰苦奋斗，大力协同、勇于登攀。“两弹一星”精神，是爱国主义、集体主义、社会主义精神和科学精神的集中体现，是中国人民在20世纪为中华民族创造的新的宝贵精神财富。

81. 抗洪精神

万众一心、众志成城，不怕困难、顽强拼搏，坚忍不拔、敢于胜利。

82. 抗震救灾精神

万众一心、众志成城，不畏艰险、百折不挠，以人为本、尊重科学。

83. 奥运精神

为国争光的爱国精神、艰苦奋斗的奉献精神、精益求精的敬业精神、勇攀高峰的创新精神、团结协作的团队精神，是 2008 年北京奥运会留给我们的奥运精神。

84. 载人航天精神

特别能吃苦、特别能战斗、特别能攻关、特别能奉献，载人航天精神是我党我军航天领域取得辉煌成就的巨大动力，也是我们党、国家和军队宝贵的精神财富。它是“两弹一星”精神的传承和升华，是伟大民族精神的延伸和扩展。

85. 特区精神

敢闯敢试、敢为人先、埋头苦干。1980 年 8 月，国务院正式批准成立深圳经济特区，这是中国成立的第一个经济特区。2020 年 10 月 14 日习近平总书记在深圳经济特区建立 40 周年庆祝大会上的讲话提倡要“继续发扬敢闯敢试、敢为人先、埋头苦干的特区精神”。

86. 丝路精神

和平合作、开放包容、互学互鉴、互利共赢。

87. 劳模精神

爱岗敬业、争创一流，艰苦奋斗、勇于创新，淡泊名利、甘于奉献。

88. 劳动精神

崇尚劳动、热爱劳动、辛勤劳动、诚实劳动。

89. 工匠精神

执着专注、精益求精、一丝不苟、追求卓越。

90. 脱贫攻坚精神

上下同心、尽锐出战、精准务实、开拓创新、攻坚克难、不负人民。脱贫攻坚精神是中国共产党性质宗旨、中国人民意志品质、中华民族精神的生动写照，是爱国主义、集体主义、社会主义思想的集中体现，是中国精神、中国价值、中国力量的充分彰显，赓续传承了伟大民族精神和时代精神。

91. 建党精神

2021 年 7 月 1 日，在庆祝中国共产党成立 100 周年大会上，习近平总书记概括伟大建党精神的内涵：坚持真理、坚守理想，践行初心、担当使命，不怕牺牲，英勇斗争，对党忠诚，不负人民。

三、税务系统党建知识

92. 中国税务精神

忠诚担当、崇法守纪、兴税强国。

93. 营改增精神

知难而进、坚守使命、追求卓越。

94. 税务改革精神

忠诚担当、攻坚克难、无私奉献、竭诚为民。

95. 用科学理论武装头脑

①坚决把系统掌握马克思主义作为看家本领，把深入学习贯彻习近平新时代中国特色社会主义思想作为首要政治任务，持续在学懂弄通做实上下功夫；②按照党中央统一部署，高质量开展党史学习活动，把教育成果转化为坚定理想信念、砥砺党性心性、忠诚履职尽责的思想自觉和实际行动；③领导干部要带头学理论、强信念。着力推动学用结合，努力形成一批学习成果、实践成果；④通过“三会一课”、集中研讨、干部调训、专家辅导等方式，加强学习交流，促进成果转化；⑤提高党委理论学习中心组学习质量和效果，完善落实督导通报制度，充分发挥领学促学作用，形成系统上下浓厚学习氛围。

96. 坚决做到“两个维护”

①要旗帜鲜明讲政治，增强“四个意识”，坚定“四个自信”，做到“两个维护”，始终在思想上政治上行动上同以习近平同志为核心的党中央保持高度一致；②要紧紧围绕党的政治路线，自觉将税收工作融入党和国家事业发展重大战略、重大任务、重大工作中谋划推进，创造性地确定工作思路、工作部署、政策措施，经常对标对表、及时校准偏差；③严格执行《中共中央政治局关于加强和维护党中央集中统一领导的若干规定》，加强对贯彻落实党中央决策部署特别是习近平总书记重要指示批示精神情况的督促检查，完善督查问责机制。

97. 坚定站稳政治立场

①要自觉淬炼政治能力，不断提高政治敏锐力、政治领悟力、政治判断力，始终站稳政治立场，做到在党言党、在党忧党、在党为党；②把坚定党性和人民立场贯穿于税收改革发展全过程、各方面，自觉维护好、实现好、发展好纳税人和缴费人的切身利益；③聚焦确保减税降费政策落地生根、严格规范公正文明执法、优质高效便捷服务等，出实招、求实效，以税务人的辛苦指数换取纳税人、缴费人的幸福指数；④紧盯纳税人和缴费人反映强烈的痛点、难点、堵点问题，深入开展“便民办税春风行动”，坚决纠正不作为、乱作为、慢作为和任性随意执法等现象；⑤严肃查处群众身边的腐败问题和不正之风，深入开展吃拿卡要、违规收受礼品礼金等“微腐败”问题专项治理，着力打造“亲”“清”税企关系。

98. 切实加强税务系统党的领导

①党委班子要把加强党的全面领导落实到税收改革发展、依法治税、干部队伍建设等各方面各环节，充分发挥把方向、管大局、保落实的重要作用；②严格落实民

主集中制，建立健全议事决策规则、程序和目录清单，凡属“三重一大”事项，都必须按照规定提交党委会议讨论和决定；③深化落实新纵合横通强党建机制体系，统筹抓好上级税务局党委和地方党委政府工作部署落实，深化落实“下抓两级、抓深一层”工作机制，凝聚党建工作合力；④切实改进领导方式，持续整治形式主义、官僚主义突出问题，善于从群众的意见建议中找到改进工作的思路、方法、措施，不断补齐制约税收改革发展的短板弱项；⑤深入贯彻落实习近平总书记全面依法治国新理念新思想新战略，注重运用法治思维和法治方式推动工作、破解难题。

99. 增强党组织政治功能

①扛实抓牢系统党的建设、全面从严治党主体责任，坚决整改党的领导弱化、党的建设缺失、全面从严治党不力问题，确保党中央、国务院及上级税务局党委、地方党委政府工作部署落实见效；②建立强化党建引领税收改革发展的制度化机制，充分发挥基层党组织的战斗堡垒作用和共产党员的先锋模范作用；③党的职能部门要着力提升组织力，突出政治功能，建立持续整顿软弱涣散党支部长效机制；④党支部要认真贯彻《中国共产党支部工作条例(试行)》，扎实推进规范化、标准化建设，切实担负起直接教育管理监督服务党员的职责；⑤纪检机构要聚焦监督执纪问责，做细做实日常监督，坚决维护党章党规党纪的严肃性和权威性；⑥群团组织要不折不扣落实党中央关于群团改革的决策部署，自觉在同级机关党委领导下履行政治职责。

100. 提高党员干部的政治能力

①教育引导党员干部善于从政治上研判形势、分析问题，自觉从党和国家工作大局上想问题、做工作，切实提高辨别政治是非、保持政治定力、防范政治风险的能力；②将提高政治能力、防范政治风险教育纳入教育培训内容，聚焦政治能力建设，强化教育培训引导；③加强税务系统党员干部政治历练，注重在贯彻落实党中央决策部署、应对重大斗争和突发事件、完成急难险重任务中提高政治能力；④坚持守土有责、守土尽责，及时排查、有效防控、果断处置税收工作风险，坚决防止税收工作风险演变为公共风险乃至政治风险。

101. 严肃党内政治生活

①严格执行《关于新形势下党内政治生活若干准则》，着力提高党内政治生活质量。增强党内政治生活的政治性，让党员干部经常接受政治体检，打扫政治灰尘，增强政治免疫力；②增强党内政治生活时代性，深入推进“互联网+税务党建”，积极运用互联网、大数据等新兴技术，探索更加贴近党员实际需求、更富吸引力感染力的党组织活动内容方式；③增强党内政治生活原则性，提高“三会一课”质量，落实谈心谈话、民主评议党员、主题党日等基本制度，坚持和完善重温入党誓词、重温入党志愿书、党员过“政治生日”等政治仪式，使党内政治生活庄重、严肃、规范；④增强党内政

治生活战斗性，大力弘扬整风精神，严肃认真开展批评和自我批评，勇于思想交锋，敢于揭短亮丑，使红红脸、出出汗成为常态。建立健全民主生活会列席指导、及时叫停、责令重开、整改通报等制度。

102. 严明党的政治纪律和政治规矩

①把学习和尊崇党章作为基础性经常性工作来抓，做到深学细照笃行。把坚决做到“两个维护”作为首要政治纪律，在全国税务系统持续深入开展忠诚教育，教育引导广大税务党员干部严防“七个有之”，做到“五个必须”；②严格执行《中国共产党纪律处分条例》，严肃查处违反政治纪律和政治规矩的行为，通过严明政治纪律带动党的其他纪律严起来；③认真贯彻执行《中国共产党重大事项请示报告条例》，明确请示报告主体、事项、程序、方式等；④广大税务干部要强化自我约束，特别要自觉规范八小时以外的政治言行，旗帜鲜明同一切制造传播政治谣言及丑化党和国家形象的言论作斗争。

103. 弘扬积极健康的党内政治文化

①大力弘扬忠诚老实、公道正派、实事求是、清正廉洁等价值观，充分利用各类爱国主义教育基地、党性教育基地和税务系统廉政教育基地对广大税务干部进行教育和熏陶；②积极倡导清清爽爽的党内同志关系、规规矩矩的上下级关系、干干净净的税企关系，坚决抵制庸俗腐朽的政治文化和商品交换原则对党内生活的腐蚀；③深入培育、挖掘、宣传税收改革发展中涌现出的各类先进典型，践行中国税务精神，推进营改增精神、税务改革精神等发扬光大，使忠诚担当、崇法守纪、兴税强国成为广大税务干部的内在基因和价值追求，打造具有税务特色的党内政治文化品牌。

104. 永葆税务系统党员干部清正廉洁的政治本色

①一体推进不敢腐、不能腐、不想腐，持续巩固税务系统党风廉政建设和反腐败成果，打造忠诚、干净、担当的税务铁军；②强化不敢腐的震慑，深化运用监督执纪“四种形态”，持续落实中央八项规定及其实施细则精神，严肃查处发票管理、出口退税、税务稽查等重点领域案件，扎实开展税收违法案件“一案双查”，始终保持反腐败高压态势；③扎紧不能腐的笼子，充分运用内控平台加强对重点领域、关键环节的廉政风险防控，积极构建“1＋3＋N”税务大监督体系，织紧织密权力监督之网；④增强不想腐的自觉，坚持党规党纪教育和廉政警示教育相结合，积极推进以案明纪、以案促改，教育引导广大党员干部知敬畏、存戒惧、守底线；⑤税务系统党员领导干部要持之以恒锤炼政德，带头遵守《中国共产党廉洁自律准则》，注重家庭家风家教，自觉做廉洁自律、廉洁用权、廉洁齐家的模范。

链 接

税务系统干部政治表现负面清单

1. 妄议中央大政方针，推崇西方价值观念和社会制度，传播政治谣言、散布小道消息、转发不良言论，丑化党和国家形象。

2. 在贯彻执行中央决策部署上打折扣、做选择、搞变通，“上有政策、下有对策”，对中央大政方针和重大工作部署口无遮拦、毫无顾忌、评头论足。

3. 不信马列信鬼神，笃信风水、迷信“大师”，搞封建迷信活动，参与非法组织和非法活动，甚至参与邪教组织。

4. 落实意识形态工作责任制不力，在大是大非问题上没有立场、没有态度、无动于衷、置身事外，在重大原则问题上态度暧昧、立场摇摆，甚至包庇纵容，在错误言行面前不抵制、不斗争，明哲保身、当老好人。

5. 贯彻落实八项规定精神不到位、不严格，依然存在超标准配备办公用房、大吃大喝、违规接受宴请、大办婚丧喜庆事宜，以及隐形变异奢靡享乐歪风、滥发津补贴等问题。

6. 落实党中央和上级党委决策部署表态多调门高，行动少落实差，在工作中空喊口号，热衷于作秀造势，做表面文章，面对困难避重就轻，推诿扯皮，缺乏实际行动和具体措施。

7. 漠视群众利益和疾苦，对群众反映强烈的问题无动于衷、消极应付，对群众合理诉求推诿扯皮、冷硬横推，对群众态度简单粗暴、颐指气使。

8. 违反民主集中制原则，不能充分发扬民主，不按程序决策，不按规矩办事，违反集体领导制度，搞一言堂、家长制，或者搞无原则的一团和气。

9. 不按规定参加党的组织生活，瞒报重大问题和个人事项，不履行党员义务，不按期交纳党费，不完成党组织分配的任务，不按党的组织原则办事。

10. 向党组织伸手要职务、要名誉、要待遇，利用职权或者影响力为家属亲友、子女配偶以及身边工作人员谋求特殊照顾，纵容默许其以本人名义谋取私利，纵容放任其插手职权范围内的工作。

11. 信奉码头文化、圈子文化，违规组织、参加老乡会、同学会、战友会，拉帮结派，团团伙伙，搞个人“小圈子”“潜规则”，利用职权或者工作之便搞党内人身依附关系，排斥异己、封官许愿，刻意经营个人势力范围。

12. 思想作风不正派，不通过党内正常渠道反映问题，传播流言蜚语，散发匿名信，恶意举报、造谣诽谤、诬告陷害，破坏党内团结。

13. 为基层减负流于形式，依然搞劳民伤财的“形象工程”和沽名钓誉的“政绩工程”。

14. 纪律和作风松弛，不遵守学习和工作纪律，工作消极懈怠、精神不振。

15. 不注重自身公众形象，生活作风不够检点，道德行为不端，追求低级趣味，违反社会公德、职业道德、家庭美德，参与“黄赌毒”等败坏社会风气、违背社会公序良俗行为。

第二部分　政治理论练习题

上篇　党　史

一、单项选择题（下列各题只有一个答案正确，请将正确答案序号填入括号中。）

1. 中国共产党的成立时间是（　　）。

A. 1921年7月1日　　B. 1921年7月23日

C. 1921年7月31日　　D. 1921年8月1日

【参考答案】 B

【答案解析】 1921年7月23日，中国共产党第一次全国代表大会在上海法租界望志路106号（今兴业路76号）正式开幕。由于法国密探的干扰，会议最后一天也就是7月31日，会场移至浙江嘉兴南湖的游船上继续进行。一大召开标志着中国共产党的正式成立。所以，中国共产党正式成立的时间应该是1921年7月23日。

把7月1日作为党的诞生纪念日，是毛泽东于1938年5月提出来的。到20世纪70年代末才由党史工作者考证清楚，根据新发现的史料和考证成果，确定一大的召开日期是1921年7月23日。

2. 中国共产党成立后的第一个党章，是由党的全国代表大会通过的，这次会议是（　　）。

A. 党的一大　　B. 党的二大

C. 党的三大　　D. 党的四大

【参考答案】 B

【答案解析】 1922年7月16日至23日，中国共产党第二次全国代表大会在上海南成都路辅德里625号召开。党的二大通过的《中国共产党章程》，是党成立后的第一个党章。它对党员条件、党的各级组织的建设和党的纪律作了具体规定。与党的一大所通过的党纲相比，它明确地阐释了党的民主集中制的原则。

3. 国民大革命高潮到来的标志性事件是（　　）。

A. 五四运动　B. 五卅运动　C. 第一次国共合作　D. 新文化运动

【参考答案】 B

【答案解析】 1925 年 5 月 30 日，震惊中外的五卅运动在上海爆发，并很快席卷全国。五卅运动是中国共产党领导下的群众性反帝爱国运动，是中国共产党直接领导的以工人阶级为主力军的中国人民反帝革命运动。五卅运动标志着国民大革命高潮的到来。

4. 标志着大革命的部分失败、大革命从胜利走向失败的转折点；同时也宣告国共两党第一次合作失败的事件是(　　)。

A. 中山舰事件　　B. 皖南事变

C. 四一二反革命政变　　D. 中国国民党清党

【参考答案】 C

【答案解析】 1927 年 4 月 12 日，以蒋介石为首的国民党新右派在上海发动反对国民党左派和共产党的武装政变，大肆屠杀共产党员、国民党左派及革命群众。这就是历史上著名的四一二反革命政变。使中国大革命受到严重的摧残，标志着大革命的部分失败，是大革命从胜利走向失败的转折点。同时也宣告国共两党第一次合作失败。

5. 著名的“枪杆子里出政权”的论断，是毛泽东同志在一次重要会议提出来的，这次会议史称(　　)。

A. 遵义会议　　B. 八七会议　　C. 党的一大　　D. 党的二大

【参考答案】 B

【答案解析】 中共中央政治局于 1927 年 8 月 7 日在汉口召开紧急会议。会议批判和纠正了陈独秀右倾机会主义错误，毛泽东出席了这次会议并提出了著名的“枪杆子里出政权”的论断，给正处于思想混乱和组织涣散的中国共产党指明了新的出路，为挽救党和革命作出了巨大贡献。

6. 1927 年，中国共产党联合国民党左派打响了武装反抗国民党反动派的第一枪，揭开了中国共产党独立领导武装斗争和创建革命军队的序幕，它就是著名的(　　)。

A. 南昌起义　　B. 秋收起义　　C. 广州起义　　D. 百色起义

【参考答案】 A

【答案解析】 1927 年 8 月 1 日中国共产党联合国民党左派在江西省南昌市，打响了武装反抗国民党反动派的第一枪，揭开了中国共产党独立领导武装斗争和创建革命军队的序幕。从此，8 月 1 日成为中国工农红军和后来的中国人民解放军的建军节。

7. 以毛泽东同志为代表的中国共产党人在领导中国革命实践中逐步摸索出来

的一条具有中国特色的发展道路和总战略，形成了革命道路理论，这就是(　　)。

A. 广泛开展各民族的统一战线

B. 坚持走社会主义道路

C. 农村包围城市，武装夺取政权思想

D. 马克思主义与中国革命具体实践相结合

【参考答案】 C

【答案解析】 毛泽东主持秋收起义前委会议，及时作出从进攻大城市转向农村进军的决定，初步形成了农村包围城市的战略思想。后来又写了一系列理论著作，标志着农村包围城市的革命道路理论的成熟。

8. 确立以毛泽东为代表的新的中央正确领导，把党的路线转到了马克思列宁主义的轨道上来的重要会议是(　　)。

A. 三湾改编　　B. 遵义会议　　C. 党的七大　　D. 瓦窑堡会议

【参考答案】 B

【答案解析】 1935 年 1 月中共中央政治局在贵州遵义召开的独立自主地解决中国革命问题的一次极其重要的扩大会议。确立了以毛泽东为代表的新的中央正确领导，把党的路线转到了马克思列宁主义的轨道上来。在中国革命的危急关头，挽救了党，挽救了红军，挽救了中国革命，是我党历史上一个生死攸关的转折点。

9. 标志着中国人民抗日民主运动新高潮来到的事件是(　　)。

A. 一二·九运动　　B. 第二次国共合作　　C. 西安事变　　D. 整风运动

【参考答案】 A

【答案解析】 1935 年 12 月 9 日，北平(北京)大中学生数千人举行了抗日救国示威游行，这是中国共产党领导的一次大规模学生爱国运动。一二·九运动公开揭露了日本帝国主义侵略中国，吞并华北的阴谋，打击了国民党政府的妥协投降政策，大大地促进了中国人民的觉醒。它配合了红军北上抗日，促进了国内和平和对日抗战。

一二·九运动标志着中国人民抗日民主运动新高潮的来到。

10. 确定了建立抗日民族统一战线政策的会议是(　　)。

A. 党的五大　　B. 瓦窑堡会议　　C. 洛川会议　　D. 古田会议

【参考答案】 B

【答案解析】 1935 年 12 月 17 日，中共中央在陕北子长县瓦窑堡召开的一次重要的政治局扩大会议。它科学地总结了两次国内革命战争的基本经验，解决了遵义会议没有来得及解决的政治策略问题。

瓦窑堡会议确定了建立抗日民族统一战线的政策。

11. 抗日战争中,八路军的出师以来打的第一个大胜仗是(　　)。

A. 雁门关大捷　　B. 阳明堡机场大捷　C. 百团大战　　D. 平型关大捷

【参考答案】 D

【答案解析】 1937年9月25日,八路军在平型关为了配合第二战区的友军作战,阻挡日军攻势,由115师师长林彪、副师长聂荣臻指挥,充分发挥近战和山地战的特长,首次集中较大兵力对日军进行的一次成功伏击战,八路军在平型关取得首战大捷,是八路军出师以来打的第一个大胜仗。打破了日军"不可战胜"的神话,粉碎了国内一些人的"恐日病"和抗日"亡国论",极大地振奋了人心,增强了全国人民和各爱国武装力量坚持抗战的信心和决心。

12. 将毛泽东思想作为党的指导思想写入党章的是党的(　　)。

A. 党的四大　　B. 党的五大　　C. 党的六大　　D. 党的七大

【参考答案】 D

【答案解析】 1945年4月23日至6月11日,党的七大在延安杨家岭中央大礼堂隆重举行。党的七大将毛泽东思想作为党的指导思想写入党章。提出的党的任务是:放手发动群众,壮大人民力量,领导人民打败日本侵略者,解放全国人民,建立一个独立、自由、民主、统一、富强的新中国。

13. 抗日战争胜利之际,中国共产党和中国国民党两党就中国未来的发展前途、建设大计在重庆进行的一次历史性会谈。国共双方达成会谈纪要,它叫作(　　)。

A.《政府与中共代表会谈纪要》　　B.《重庆协定》

C.《双十二协定》　　D.《国共会谈纪要》

【参考答案】 A

【答案解析】 重庆谈判是抗日战争胜利之际,中国共产党和中国国民党两党就中国未来的发展前途、建设大计在重庆进行的一次历史性会谈。经过43天谈判,国共双方达成《政府与中共代表会谈纪要》,即《双十协定》。公开提出和论列的三条原则,即政治民主化、军队国家化、党派平等合法化。

14. 中国人民解放军同国民党军队进行的战略决战中,解放军牺牲最重、历时最长、歼敌数量最多、政治影响最大、战争样式最复杂的战役是(　　)。

A. 辽沈战役　　B. 淮海战役　　C. 平津战役　　D. 西南战役

【参考答案】 B

【答案解析】 1948年9月12日至1949年1月31日,中国人民解放军同国民党军队进行的战略决战,三大战役的胜利,奠定了人民解放战争在全国胜利的基础。其中淮海战役是三大战役中解放军牺牲最重、历时最长、歼敌数量最多、政治影响最大、战争样式最复杂的战役。

15. 一二·一民主运动爆发的地点是(　　)。

A. 北京　　B. 上海　　C. 昆明　　D. 南京

【参考答案】 C

【答案解析】 1945年12月1日,昆明爆发了"反对内战,争取民主"的一二·一民主运动,他是党领导的第一次大规模的学生爱国民主运动,是继五四运动和一二·九运动之后树起的第三个民主运动里程碑。

16. 确定党的工作重心实施战略转移,即工作重心由乡村转移到城市的会议是(　　)。

A. 中国共产党六届一中全会　　B. 中国共产党七届一中全会

C. 中国共产党七届二中全会　　D. 中国共产党七届三中全会

【参考答案】 D

【答案解析】 1949年3月5日至13日在河北省平山县西柏坡举行,中国共产党七届二中全会是解放战争时期中国共产党召开的唯一的一次中央全会,全会着重讨论与确定了党的工作重心的战略转移,即工作重心由乡村转移到城市的问题。

17. 标志着中国共产党领导的多党合作制度正式确立的会议是(　　)。

A. 中国共产党七大

B. 中国共产党七届二中全会

C. 中国共产党七届三中全会

D. 中国人民政治协商会议第一届全体会议

【参考答案】 D

【答案解析】 1949年9月21日至30日,中国人民政治协商会议第一届全体会议召开,这标志着100多年来中国人民争取民族独立和人民解放运动取得了历史性的伟大胜利,标志着爱国统一战线和全国人民大团结在组织上完全形成,标志着中国共产党领导的多党合作和政治协商制度正式确立,也标志着人民政协制度正式确立。

18. 从新民主主义社会到社会主义社会过渡时期是指(　　)。

A. 1949年至1953年　　B. 1949年至1954年

C. 1949年至1955年　　D. 1949年至1956年

【参考答案】 D

【答案解析】 过渡时期是指1949年至1956年,从新民主主义社会到社会主义社会过渡,实现生产资料私有制转变为社会主义公有制的任务。过渡时期又分为两个阶段;1949年至1952年,是国民经济的恢复和初步发展时期;1953年至1956年,是社会主义工业化和三大改造时期。

19. 抗美援朝纪念日是(　　)。

A. 10月23日　　B. 10月24日　　C. 10月25日　　D. 10月26日

【参考答案】 C

【答案解析】 抗美援朝是20世纪50年代初爆发的朝鲜战争的一部分,仅指中国人民志愿军参战的阶段,也包括中国人民支援朝鲜人民抗击美国侵略的群众性运动。10月,中国人民志愿军赴朝作战,拉开了抗美援朝战争的序幕。1953年7月,签订《朝鲜停战协定》,抗美援朝胜利结束。1958年,志愿军全部撤回中国。10月25日为抗美援朝纪念日。它打破了美帝国主义不可战胜的神话,为当时国内经济建设和社会改革赢得了相对稳定的和平环境。

20. 中国共产党的最高理想和最终目标是(　　)。

A. 实现中华民族伟大复兴　　B. 实现共产主义

C. 实现民族大团结　　D. 解放生产力

【参考答案】 B

【答案解析】 中国共产党一经成立,就把实现共产主义作为党的最高理想和最终目标,义无反顾肩负起实现中华民族伟大复兴的历史使命,团结带领人民进行了艰苦卓绝的斗争,谱写了气吞山河的壮丽史诗。

21. 中国共产党执政兴国的第一要务是(　　)。

A. 改革　　B. 创新　　C. 反腐　　D. 发展

【参考答案】 D

【答案解析】 实现"两个一百年"奋斗目标、实现中华民族伟大复兴的中国梦,不断提高人民生活水平,必须坚定不移把发展作为党执政兴国的第一要务,坚持解放和发展社会生产力,坚持社会主义市场经济改革方向,推动经济持续健康发展。

22. 中国共产党的名称最初提出者是(　　)。

A. 李大钊　　B. 陈独秀　　C. 毛泽东　　D. 蔡和森

【参考答案】 D

【答案解析】 蔡和森是第一个提出"正式成立一个中国共产党"的人。蔡和森系统阐述了有关建党的理论、路线、方针和组织原则。他还与向警予、周恩来、赵世炎、邓小平、李富春等一起筹建中国共产党旅欧的早期组织,是党的创始人之一。蔡和森明确指出,要发展中国革命,必须成立共产党。

23. 首次提出"毛泽东思想"的人是(　　)。

A. 刘少奇　　B. 周恩来　　C. 王稼祥　　D. 朱德

【参考答案】 C

【答案解析】 1943年7月5日，王稼祥为纪念中国共产党成立22周年而作的《中国共产党与中国民族解放的道路》，是一篇有代表性的重要论文，在党的历史上第一次明确提出毛泽东思想这个概念，逐步为党内许多同志所接受。在党的一些文件和许多负责同志的讲话里，使用和论述了毛泽东思想的情况，逐渐多起来了。中共第七次全国代表大会，把毛泽东思想确定为党的指导思想。

24. 将《义勇军进行曲》作为国歌正式写入《宪法》的年份是(　　)。

A. 1949年　　B. 1982年　　C. 1999年　　D. 2004年

【参考答案】 D

【答案解析】 1949年9月27日，中国人民政治协商会议第一届全体会议通过《关于中华人民共和国国都、纪年、国歌、国旗的决议》，决定“在中华人民共和国的国歌未正式制定前，以《义勇军进行曲》为代国歌”。2004年将“中华人民共和国国歌是《义勇军进行曲》”作为《宪法》第一百三十六条第二款，正式写入《宪法》。

25. 2001年11月10日，WTO第四次部长级会议作出决定，接纳中国加入该组织。WTO是指(　　)。

A. 国际贸易组织　　B. 国际经贸组织

C. 世界贸易组织　　D. 世界经贸组织

【参考答案】 C

【答案解析】 WTO是世界贸易组织的英文缩写，其前身是1947年10月30日签订的关税与贸易总协定，是一个独立于联合国的永久性国际组织。世贸总部位于瑞士日内瓦。它是贸易体制的组织基础和法律基础，还是众多贸易协定的管理者、各成员贸易立法的监督者，以及为贸易提供解决争端和进行谈判的场所。该机构是当代最重要的国际经济组织之一，其成员之间的贸易额占世界的绝大多数，因此被称为“经济联合国”。

26. 马克思主义的三个来源是19世纪德国古典哲学、英国古典政治经济学和(　　)。

A. 印度哲学　　B. 希腊哲学

C. 英国空想社会主义　　D. 法国空想社会主义

【参考答案】 D

【答案解析】 列宁指出，马克思主义回答了人类先进思想已经提出的种种问题，直接继承了19世纪德国的古典哲学、英国的古典政治经济学和法国的空想社会主义的优秀成果。

27. 中国共产党的宗旨是(　　)。

A. 满足人民群众日益增长的物质和文化生活的需求

B. 为广大人民群众谋福祉

C. 全心全意为人民服务

D. 实现强国梦

【参考答案】 C

【答案解析】 中国共产党区别于其他任何政党的又一个显著的标志，就是和最广大的人民群众取得最密切的联系。全心全意地为人民服务，一刻也不脱离群众；一切从人民的利益出发，而不是从个人或小集团的利益出发；向人民负责和向党的领导机关负责的一致性；这些就是我们的出发点。

28. 对党员纪律处分种类，除了警告、严重警告、留党察看、开除党籍外，还有(　　)。

A. 记过　　B. 记大过　　C. 撤销党内职务　　D. 降级

【参考答案】 C

【答案解析】 党纪处分是对违反纪律的党员采取的必要的教育手段和处分手段。党章规定的党纪处分有 5 种，也可以说是 5 个不同的层次：警告、严重警告、撤销党内职务、留党察看、开除党籍。

29. 中国特色社会主义理论体系，是对马克思列宁主义、毛泽东思想的坚持和发展，其科学理论体系包括邓小平理论、“三个代表”重要思想和(　　)。

A. 社会主义初级阶段理念　　B. 科学发展观

C. 协调发展观　　D. 综合发展观

【参考答案】 B

【答案解析】 中国共产党第十七次全国代表大会提出了中国特色社会主义理论体系的科学命题，明确指出：“中国特色社会主义理论体系，就是包括邓小平理论、‘三个代表’重要思想以及科学发展观等重大战略思想在内的科学理论体系。”

30. 社会主义核心价值观在国家层面的价值目标是富强、民主、文明、(　　)。

A. 自由　　B. 公正　　C. 和谐　　D. 平等

【参考答案】 C

【答案解析】 党的十八大提出，倡导富强、民主、文明、和谐，倡导自由、平等、公正、法治，倡导爱国、敬业、诚信、友善，积极培育和践行社会主义核心价值观。“富强、民主、文明、和谐”，是我国社会主义现代化国家的建设目标，也是从价值目标层面对社会主义核心价值观基本理念的凝练，在社会主义核心价值观中居于最高层次，对其他层次的价值理念具有统领作用。

31. 建设生态文明，是长远大计，它关系人民福祉、关乎(　　)。

A. 产业结构　　B. 可持续发展　　C. 人民健康　　D. 民族未来

【参考答案】 D

【答案解析】 党的十八大报告指出：建设生态文明，是关系人民福祉、关乎民族未来的长远大计。要把生态文明建设放在突出地位，融入经济建设、政治建设、文化建设、社会建设各方面和全过程。

32. 习近平生态文明思想科学严密理论体系的基本原则是坚持人与自然和谐共生、坚持绿水青山就是金山银山、坚持良好生态环境是最普惠的民生福祉、坚持山水林田湖草是生命共同体、坚持用最严格制度最严密法治保护生态环境和(　　)。

A. 坚持控制资源开发　　B. 坚决减少环境污染

C. 坚持共谋全球生态文明建设　　D. 坚持强化生态治理

【参考答案】 C

【答案解析】 习近平总书记在2019年年第3期《求是》杂志发表的《推动我国生态文明建设迈上新台阶》这篇重要讲话，科学概括了新时代推进生态文明建设必须坚持的“六项原则”：一是坚持人与自然和谐共生。二是绿水青山就是金山银山。三是良好生态环境是最普惠的民生福祉。四是山水林田湖草是生命共同体。五是用最严格制度最严密法治保护生态环境。六是共谋全球生态文明建设。深刻体现了习近平生态文明思想的核心要义，是认识和把握习近平生态文明思想科学严密理论体系的基本原则。

33. 第二次国共合作首先实现的是(　　)。

A. 军事上的合作　　B. 组织上的合作

C. 经济上的合作　　D. 政治上的合作

【参考答案】 A

【答案解析】 1935年，华北事变使中日民族矛盾上升为中国社会的主要矛盾，引起国内阶级关系和国际关系的重大变化和各种政治力量的重新组合。1937年2月9日至9月下旬，国共两党代表先后在西安、杭州、庐山和南京等地举行了6次谈判。经过7个多月的反复商谈，国民党终于同意将中国工农红军改编为国民革命军第八路军，并承认陕甘宁边区政府。

34. “惩前毖后，治病救人”是党的历史上一次著名运动的方针与宗旨，这次运动的名称是(　　)。

A. 三反五反运动　　B. 延安整风运动

C. 真理标准大讨论　　D. 大生产运动

【参考答案】 B

【答案解析】 延安整风运动是中国共产党历史上第一次大规模的整风运动。1941年5月，毛泽东同志在延安高级干部会议上作《改造我们的学习》的报告，标志着整风开始，其方针与宗旨是“惩前毖后，治病救人”。延安整风运动在中国共产党历史上具有深远的历史意义，它是党的建设史上的一个伟大创举。通过延安整风，全党确立了一条实事求是的辩证唯物主义的思想路线，使干部在思想上大大地提高一步，使党达到了空前的团结。

35. 中国进入新民主主义社会的标志是(　　)。

A. 三大战役全面胜利

B. 公私合营

C. 第一届中国人民政治协商会议在北平(北京)隆重举行

D. 中华人民共和国成立

【参考答案】 D

【答案解析】 新中国的成立，标志着我国新民主主义革命阶段的基本结束，标志着中国进入新民主主义社会。

36. 1951年至1952年，我国在党政机关工作人员中开展了一场三反运动，既反对贪污、反对浪费以及(　　)。

A. 反对腐败　　B. 反对形式主义

C. 反对官僚主义　　D. 反对脱离群众

【参考答案】 C

【答案解析】 三反运动是指解放初期，在中国共产党和国家机关内部开展的“反贪污、反浪费、反官僚主义”的运动。最典型的例子，就是依法判处大贪污犯、原中共天津地委书记刘青山和原中共天津行署专员张子善死刑。

37. 从1960年开始用了，我们用了3年时间基本建成了我国最大的石油基地，即(　　)。

A. 长庆油田　　B. 大庆油田

C. 胜利油田　　D. 克拉玛依油田

【参考答案】 B

【答案解析】 大庆油田于1959年发现，1960年投入开发，是我国最大的油田，也是世界上为数不多的特大型陆相砂岩油田之一。油田位于黑龙江省大庆市，松嫩平原北部。

38. 1961年，党中央作出以研制“两弹”为中心，加速国防科研和工业发展的重大决策。我国国防尖端科学技术在1960年代取得了突破性进展。“两弹”一弹指原子弹和氢弹的合称，另一弹是（　　）。

A. 导弹　　B. 洲际导弹　　C. 氢弹　　D. 常规导弹

【参考答案】 A

【答案解析】 “两弹”最初是指原子弹、导弹。“两弹”中的一弹是原子弹，后来演变为原子弹和氢弹的合称，合称核弹；另一弹是导弹。1960 年 11 月 5 日，中国仿制的第一枚近程导弹发射成功；1964 年 10 月 16 日 15 时我国第一颗原子弹爆炸成功，使中国成为第五个有原子弹的国家；1967 年 6 月 17 日上午 8 时我国第一颗氢弹空爆试验成功。中国的“两弹一星”是 20 世纪下半叶中华民族创建的辉煌伟业。

39. 中华人民共和国成立后第一次访问美国的中国领导人是（　　）。

A. 华国锋　　B. 邓小平　　C. 李先念　　D. 胡耀邦

【参考答案】 B

【答案解析】 1979 年，时任国务院副总理的邓小平应时任美国总统卡特的邀请，到美国进行了正式访问，这也是中华人民共和国成立后中国领导人第一次访美。74 岁高龄的邓小平参加了 80 多场活动。当时，美国多家媒体将邓小平访美形容为“刮起了邓旋风”。邓小平以超凡的外交才能，向世界展示了中国改革开放的坚定决心、努力学习西方先进技术和文化的成熟心态以及中国必将实现现代化的充分信心。

40. 中英两国政府在关于香港问题的联合声明中宣布的中国政府决定对香港恢复行使主权的时间是（　　）。

A. 1997 年 7 月 1 日　　B. 1997 年 8 月 1 日

C. 1998 年 7 月 1 日　　D. 1998 年 8 月 1 日

【参考答案】 A

【答案解析】 1997 年 7 月 1 日零点，中华人民共和国国旗和香港特别行政区区旗在香港升起，经历了百年沧桑的香港回到祖国的怀抱，中国政府开始对香港恢复行使主权。

41. 民主集中制是党的（　　）。

A. 组织原则　　B. 领导制度

C. 根本组织原则与领导制度　　D. 执政基础

【参考答案】 C

【答案解析】 2018 年 12 月 25 日，习近平总书记在中央政治局民主生活会上强调，民主集中制是我们党的根本组织原则与领导制度，是马克思主义政党区别于其他政党的重要标志。这项制度把充分发扬党内民主与正确实行集中有机结合起来，既可以最大限度激发全党创造活力，又可以统一全党思想和行动，有效防止议而不决、决而不行的分散主义，是科学合理而有效率的制度。

42. 标志马克思主义公开问世的著作是（　　）。

A.《资本论》　　B.《共产党宣言》

C.《政治经济学批判》　　D.《剩余价值理论》

【参考答案】 B

【答案解析】《共产党宣言》是马克思和恩格斯为共产主义者同盟起草的纲领，全文贯穿马克思主义的历史观，马克思主义诞生的重要标志。由马克思执笔写成。宣言第一次全面系统地阐述了科学社会主义理论，指出共产主义运动将成为不可抗拒的历史潮流。

43. 党的十一届六中全会通过的《关于建国以来党的若干历史问题的决议》，标志着党胜利地完成了拨乱反正。“拨乱反正”扭转的是（　　）。

A. 党的组织体系　　B. 党的执政理念

C. 党的指导思想　　D. 党的工作重心

【参考答案】 C

【答案解析】《关于建国以来党的若干历史问题的决议》是中国共产党历史上具有深远意义和重大影响的重要文件，对建国以来党的重大历史问题特别是“文化大革命”、毛泽东的历史地位及功过是非和毛泽东思想基本内容与指导意义作了总结和评价。肯定了十一届三中全会以来逐步确立的适合中国国情的建设社会主义现代化强国的正确道路，进一步指明中国社会主义事业和党的工作继续前进的方向，标志着在党的指导思想上胜利地完成了拨乱反正的历史任务。

44. 孙中山在苏联共产国际和中国共产党帮助下，1923 年年底召开中国国民党改组会议，确定了三大政策，即联俄、联共、（　　）。

A. 扶助工人　　B. 扶助农民　　C. 扶助工农　　D. 扶助农工

【参考答案】 D

【答案解析】 孙中山在苏联共产国际和中国共产党帮助下，1923 年年底召开中国国民党改组会议，确定联俄、联共、扶助农工的三大政策。1924 年 1 月，又在国民党第一次全国代表大会上重新解释了三民主义，把民族主义解释为对外反对帝国主义，对内求得各民族平等；民权主义是建立一般平民所共有、非少数人所得而私的民主政治；民生主义是以耕者有其田和节制资本为中心。这种三大政策的三民主义同中国共产党在民主革命阶段的政治纲领基本相同，因而成为第一次国内革命战争时期中国共产党与国民党合作的政治基础。

45. 新中国税收制度建立的年份是(　　)。

A. 1949年　　B. 1950年　　C. 1951年　　D. 1952年

【参考答案】 B

【答案解析】 新中国成立后，需要建立统一的政治和社会经济制度，这客观上要求统一全国税制，建立新税制，以保证巩固新政权和国家机器正常运转。为此，中央人民政府于1949年11月在北京召开了首届全国税务会议，制定了《全国税政实施要则》《关于统一全国税政的决议》和《全国各级税务机关暂行组织规程》，并于1950年1月颁布施行。自此，建立了全国统一的税收制度，为中国税制的进一步发展和建设奠定了良好的基础。所以，新中国税收制度的确立是在1950年。

46. 党领导人民治理国家的基本方略是(　　)。

A. 依法治国　　B. 科技强国　　C. 忠诚爱国　　D. 科教兴国

【参考答案】 A

【答案解析】 党的十八大以来，以习近平同志为核心的党中央站在治国理政的战略高度，立足"五位一体"总体布局和"四个全面"战略布局，着眼"两个一百年"奋斗目标，围绕为什么要全面依法治国、怎样全面依法治国、如何建设社会主义法治国家等法治建设的重大问题，从思想理论上作出深刻回答，从顶层设计上作出战略部署，从改革实践上着力全面推进，开启了党领导人民依照宪法和法律治理国家的新征程。

47. 2021年2月25日，在京召开的全国脱贫攻坚总结表彰大会上，习近平总书记庄严宣告：我国脱贫攻坚战取得了全面胜利！脱贫攻坚目标任务完成后，"三农"工作重心将转向(　　)。

A. 加快推进城市化进程　　B. 完善解决"三农"问题的顶层设计

C. 深化农村土地改革　　D. 全面推进乡村振兴

【参考答案】 D

【答案解析】 习近平总书记在全国脱贫攻坚总结表彰大会上发表重要讲话，庄严宣告，经过全党全国各族人民共同努力，在迎来中国共产党成立一百周年的重要时刻，我国脱贫攻坚战取得了全面胜利！这是中国人民的伟大光荣，是中国共产党的伟大光荣，是中华民族的伟大光荣！脱贫攻坚任务目标完成后，"三农"工作重心的历史性转移：全面推进乡村振兴。

48. 标志着林彪反革命集团的覆灭，客观上宣告了"文化大革命"理论和实践的破产的事件是(　　)。

A.《"五七一"工程纪要》　　B. 七二〇事件

C. 九一三事件　　D. 广州"屠城"事件

【参考答案】 C

【答案解析】 九一三事件是林彪反革命集团策动武装政变阴谋败露后，于1971年9月13日乘飞机外逃，在蒙古温都尔汗坠机身亡的事件，又称“林彪叛逃事件”。九一三事件标志着林彪反革命集团的覆灭，客观上宣告了“文化大革命”理论和实践的破产。

49. 近代中国社会性质是半殖民地半封建社会；两大革命任务一是求得民族独立和人民解放；二是（　　）。

A. 实现国家的富强和人民富裕　　B. 实现民族振兴和人民幸福

C. 实现民族融合和人民富裕　　D. 建立多民族统一的民主国家

【参考答案】 A

【答案解析】 1840年的鸦片战争，打破了中国的国门，也使中国的社会性质发生了深刻变化：中国由封建社会逐步沦落为半殖民地半封建社会。中国社会矛盾也发生了深刻变化：封建主义和人民大众的矛盾及帝国主义和中华民族的矛盾，因而中国近代革命的主要任务也发生了重大变化，使近代中国面临的两大历史任务：一是求得民族独立和民族解放，二是实现国家富强、人民富裕。

50. 新文化运动是由陈独秀、李大钊、鲁迅等一些受过西方教育（当时称为新式教育）的人发起的一次“反孔教、反文言、抵制儒家学派”的思想文化革新、文学革命运动，其口号是“德先生”和“赛先生”。“德先生”是指民主，“赛先生”是指（　　）。

A. 民生　　B. 民权　　C. 民意　　D. 科学

【参考答案】 D

【答案解析】 新文化运动的口号是“德先生”和“赛先生”。“德先生”指的是“Democracy”（民主），民主思想和民主政治；“赛先生”指的是“Science”（科学），主要是指近代自然科学法则和科学精神。

二、多项选择题（下列各题给出的备选答案中有两个或两个以上是正确的，请将你认为正确的答案符号A、B、C、D中选两个或两个以上填入括号中。）

1. 1919年巴黎和会上中国外交的失败，引发了伟大的五四运动。五四运动的性质与意义是（　　）。

A. 五四运动表现了反帝反封建的彻底性；是一次真正的群众运动

B. 促进了马克思主义在中国的传播及其与中国工人运动的结合

C. 是由学生先发起，由工人扩大的坚决的反帝运动，是无产阶级领导的新民主主义革命

D. 是新民主主义革命阶段的开端

E. 是由工人发起的伟大的爱国运动

【参考答案】 ABCD

【答案解析】 1919年5月4日发生在北京的一场以青年学生为主,广大群众、市民、工商人士等阶层共同参与的,通过示威游行、请愿、罢工、暴力对抗政府等多种形式进行的爱国运动。起因是第一次世界大战期间,欧洲列强无暇东顾,日本乘机加强对中国的侵略,严重损害了中国的主权。中国人民的反日情绪日渐增长。1919年巴黎和会上中国外交的失败,引发了伟大的五四运动。

五四运动表现了反帝反封建的彻底性;是一次真正的群众运动;促进了马克思主义在中国的传播及其与中国工人运动的结合;是由学生先发起,由工人扩大的坚决的反帝运动,是无产阶级领导的新民主主义革命;是新民主主义革命阶段的开端。

2. 马克思主义在中国传播的早期,影响较大的进步刊物有(　　)。

A.《新青年》　　B.《每周评论》

C.《大公报》　　D.《少年中国》

E.《晨报》

【参考答案】 ABE

【答案解析】 俄国十月革命的胜利极大地鼓舞和启发了李大钊,他以《新青年》和《每周评论》等为阵地,相继发表了《法俄革命之比较观》《庶民的胜利》《布尔什维主义的胜利》《我的马克思主义观》《再论问题与主义》等大量宣传十月革命和马克思列宁主义的著名文章和演说。陈独秀、李大钊等创办的《每周评论》还刊载了摘译的《共产党宣言》。《晨报》于1919年5月开辟了《马克思研究》专栏,陆续译介了马克思的《雇佣劳动与资本》、考茨基的《马克思的经济学说》、河上肇的《马克思的唯物史观》等著作。

3. 1925年5月30日,震惊中外的五卅运动在上海爆发,并很快席卷全国。下列选项关于五卅运动表述正确的有(　　)。

A. 五卅运动是中国共产党领导下的群众性反帝爱国运动

B. 五卅运动是中国共产党直接领导的以工人阶级为主力军的中国人民反帝革命运动

C. 五卅运动打响了近代反对帝国主义第一枪

D. 五卅运动标志着国民大革命高潮的到来

【参考答案】 ABD

【答案解析】 1925年2月起,上海22家日商纱厂近4万名工人为反对日本资本家打人和无理开除工人,要求增加工资而先后举行罢工。1925年5月30日,震惊中外的五卅运动在上海爆发,并很快席卷全国。五卅运动是中国共产党领导下的群众性反帝爱国运动,是中国共产党直接领导的以工人阶级为主力军的中国人民反帝革命运动。五卅运动标志着国民大革命高潮的到来。

4. 1927年4月12日,以蒋介石为首的国民党新右派在上海发动反对国民党左派和共产党的武装政变,大肆屠杀共产党员、国民党左派及革命群众。这就是历史上著名的四一二反革命政变。下列选项关于四一二反革命政变表述正确的有(　　)。

A. 使中国大革命受到严重的摧残　　B. 标志着大革命完全失败

C. 是大革命从胜利走向失败的转折点　　D. 宣告国共两党第一次合作失败

【参考答案】 ACD

【答案解析】 1927年4月12日,以蒋介石为首的国民党新右派在上海发动反对国民党左派和共产党的武装政变,大肆屠杀共产党员、国民党左派及革命群众。这就是历史上著名的四一二反革命政变。使中国大革命受到严重的摧残,标志着大革命的部分失败,是大革命从胜利走向失败的转折点。同时也宣告国共两党第一次合作失败。

5. 中共中央政治局于1927年8月7日在汉口召开的紧急会议,史称"八七会议"。其具有重要的历史地位有(　　)。

A. 选出了新的临时中央政治局,确定了土地革命和武装斗争的总方针

B. 毛泽东出席了会议,并提出了著名的"枪杆子里出政权"的论断

C. 给正处于思想混乱和组织涣散的中国共产党指明了新的出路,为挽救党和革命作出了巨大贡献

D. 会议批判和纠正了陈独秀"左倾"教条主义错误,撤销了他在党内的职务

【参考答案】 ABC

【答案解析】 中共中央政治局于1927年8月7日在汉口召开的紧急会议。会议批判和纠正了陈独秀右倾机会主义错误,撤销了他在党内的职务,选出了新的临时中央政治局,确定了土地革命和武装斗争的总方针。毛泽东出席了这次会议,并提出了著名的"枪杆子里出政权"的论断。八七会议在中国革命紧急关头及时地向党和全国人民指明了斗争方向,反对政治上的右倾机会主义,使党在革命中前进了一大步,给正处于思想混乱和组织涣散的中国共产党指明了新的出路,为挽救党和革命作出了巨大贡献。

6. 中国共产党党史军史上的三大起义是(　　)。

A. 秋收起义　　B. 平江起义　　C. 南昌起义　　D. 湘南起义

E. 广州起义

【参考答案】 ACE

【答案解析】 1927年的南昌起义、秋收起义、广州起义是我党史军史上著名的

“三大起义”，在全国人民面前彰显了中国共产党独立领导革命战争的决心。

7. 1927年9月29日至10月3日，毛泽东同志在江西省永新县三湾村，领导了举世闻名的“三湾改编”，创造性地确立了一整套崭新的治军方略，包括（　　）。

A. “工农联盟”　　B. “党指挥枪”

C. “支部建在连上”　　D. “官兵平等”

E. “取消旧式军衔”

【参考答案】 BCD

【答案解析】 1927年9月29日至10月3日，毛泽东在江西省永新县三湾村，领导了举世闻名的“三湾改编”，他创造性地确立的“党指挥枪”“支部建在连上”“官兵平等”等一整套崭新的治军方略。保证了党对军队的绝对领导，奠定了政治建军的基础。标志着毛泽东建设人民军队思想的开始形成。

8. 1928年至1939年，毛泽东同志先后撰写了一系列文章和理论著作，标志着农村包围城市的革命道路理论的基本形成和成熟。它们是（　　）。

A.《中国的红色政权为什么能够存在?》　B.《星星之火，可以燎原》

C.《井冈山的斗争》　D.《中国革命战争的战略问题》

E.《战争和战略问题》

【参考答案】 ABCDE

【答案解析】 1927年9月9日至19日秋收起义，毛泽东主持前委会议，及时作出从进攻大城市转向农村进军的决定，初步形成了农村包围城市的战略思想。

1928年10月到1930年1月，毛泽东在总结井冈山和其他革命根据地实践经验的基础上，先后撰写了《中国的红色政权为什么能够存在?》《井冈山的斗争》《星星之火，可以燎原》等著作，从理论上对中国革命的一些基本问题作了深刻论述，标志着农村包围城市的革命道路理论的基本形成。

1936年到1939年，毛泽东先后发表了《中国革命战争的战略问题》《论新阶段》《战争和战略问题》《〈共产党人〉发刊词》《中国革命和中国共产党》等理论著作，从中国革命的基本规律、特点和主要形式，从农村包围城市、武装夺取政权的必要性和可能性等方面进一步丰富和完善了农村包围城市革命道路理论，标志着农村包围城市的革命道路理论的成熟。

9. 1935年1月中共中央政治局在贵州遵义召开的独立自主地解决中国革命问题的一次极其重要的扩大会议，在中国革命的危急关头，挽救了党，挽救了红军，挽救了中国革命。遵义会议是（　　）。

A. 正式开启长征的一次会议

B. 我党历史上一个生死攸关的转折点

C. 中国共产党第一次独立自主地运用马列主义基本原理解决自己的路线、方针和政策的会议

D. 中国共产党从幼年的党走上成熟的党的标志。

【参考答案】 BCD

【答案解析】 1935年1月中共中央政治局在贵州遵义召开的独立自主地解决中国革命问题的一次极其重要的扩大会议。是在红军第五次反"围剿"失败和长征初期严重受挫的情况下,为了纠正博古、王明、李德等人"左"倾领导在军事指挥上的错误而召开的。遵义会议结束了王明"左"倾机会主义路线在党中央的统治,成立了由毛泽东、周恩来、王稼祥组成的三人军事指挥小组,确立了以毛泽东为代表的新的中央正确领导,把党的路线转到了马克思列宁主义的轨道上来。

遵义会议,在中国革命的危急关头,挽救了党,挽救了红军,挽救了中国革命,是我党历史上一个生死攸关的转折点。遵义会议是中国共产党第一次独立自主地运用马列主义基本原理解决自己的路线、方针和政策的会议。遵义会议,是中国共产党从幼年的党走上成熟的党的标志。

10. 九一八事变,又称奉天事变、柳条湖事件,是1931年9月18日日本驻中国东北地区的关东军突然袭击沈阳,以武力侵占东北的事件。九一八事变(　　)。

A. 标志着世界反法西斯战争的开始

B. 揭开了第二次世界大战东方战场的序幕

C. 是日本帝国主义侵华的开端

D. 开始了对东北人民长达8年之久的奴役和殖民统治

【参考答案】 ABC

【答案解析】 1931年9月18日夜,在日本关东军安排下,铁道"守备队"炸毁沈阳柳条湖附近的南满铁路路轨(沙俄修建,后被日本所占),并栽赃嫁祸于中国军队。日军以此为借口,炮轰沈阳北大营,是为九一八事变。次日,日军侵占沈阳,又陆续侵占了东北三省。1932年2月,东北全境沦陷。此后,日本在中国东北建立了伪满洲国傀儡政权,开始了对东北人民长达14年之久的奴役和殖民统治。

九一八事变是日本帝国主义长期以来推行对华侵略扩张政策的必然的结果,也是企图把中国变为其独占的殖民地而采取的重要步骤。九一八事变标志着世界反法西斯战争的开始,揭开了第二次世界大战东方战场的序幕。

11. 1935年12月9日,北平(北京)大中学生数千人举行了抗日救国示威游行,反对华北自治,反抗日本帝国主义,要求保全中国领土的完整。一二·九运动的意义是(　　)。

A. 标志着中国人民抗日民主运动新高潮的来到

B. 打击了汪精卫汉奸政府的投降政策

C. 是中国共产党领导的一次大规模学生爱国运动

D. 是抗战动员的运动，是准备思想和干部的运动，是动员全民族的运动

【参考答案】 ACD

【答案解析】 1935年12月9日，北平（北京）大中学生数千人举行了抗日救国示威游行，反对华北自治，反抗日本帝国主义，要求保全中国领土的完整，掀起全国抗日救国新高潮。12月12日，北平学生举行第5次示威游行。这是中国共产党领导的一次大规模学生爱国运动。一二·九运动公开揭露了日本帝国主义侵略中国，吞并华北的阴谋，打击了国民党政府的妥协投降政策，大大地促进了中国人民的觉醒。它配合了红军北上抗日，促进了国内和平和对日抗战。

一二·九运动标志着中国人民抗日民主运动新高潮的来到。正如毛泽东同志所指出的，一二·九运动是抗战动员的运动，是准备思想和干部的运动，是动员全民族的运动，有着重大的历史意义。

12. 抗日战争分为以下3个阶段（　　）。

A. 战略防守阶段　　B. 战略防御阶段

C. 战略相持阶段　　D. 战略对峙阶段

E. 战略进攻阶段　　F. 战略反攻阶段

【参考答案】 BCF

【答案解析】 抗日战争分为以下3个阶段，战略防御阶段、战略相持阶段、战略反攻阶段。1937年7月7日至1938年10月，是抗日战争的战略防御阶段，标志是卢沟桥事变。1938年到1943年年底，是抗日战争中时间最为漫长的战略相持阶段。1944年年初至1945年8月，是战略反攻和抗日战争胜利结束的时期。

13. 皖南事变是抗战期间，国民党顽固派对华中的新四军军部所发动的一次突然袭击，是国民党第二次反共高潮的顶点。周恩来得知这一消息后，满含悲愤地亲笔写下了题词和一首挽诗（　　）。

A. 人神共愤，江南一叶！

B. 千古奇冤，江南惨案；同室操戈，相煎何急！

C. 千古奇冤，江南一叶；同室操戈，相煎何急！

D. 煮豆燃豆萁，豆在釜中泣；本自同根生，相煎何太急？

E. 为江南死国难者志哀

【参考答案】 CE

【答案解析】 周恩来得悉《新华日报》关于揭露皖南事变真相的报道和社论被新闻检察官扣压后，他立即满含悲愤地写下“为江南死国难者志哀！”和“千古奇冤，

江南一叶，同室操戈，相煎何急!?”并采取“移花接木”的方式使其在《新华日报》见报，在对皖南新四军将士表达无限哀悼的同时，用巧妙方式将皖南事变的真相大白于天下，有力地揭发和抗议了国民党暴行。

14. 中共中央在1940年3月6日首次提出了“三三制”原则。这是中国共产党的抗日民族统一战线政策的具体体现。对于孤立顽固势力，发展进步势力，争取中间势力，打败日本侵略者发挥了重要作用。其主要内容是规定在政权机关人员配备上(　　)。

A. 无党派人士占三分之一
B. 共产党占三分之一
C. 非党的左派进步分子占三分之一
D. 不左不右的中间派占三分之一
E. 知识分子占三分之一

【参考答案】 BCD

【答案解析】 中共中央在1940年3月6日首次提出了“三三制”原则。规定在政权机关人员配备上，共产党占三分之一，非党的左派进步分子占三分之一，不左不右的中间派占三分之一。这样，中国共产党不仅把小资产阶级，而且把民族资产阶级和开明绅士也争取到抗日政权中间来。同时，“三三制”政权提高了边区各级政权机关的工作效率。“三三制”是中国共产党的抗日民族统一战线政策的具体体现。对于孤立顽固势力，发展进步势力，争取中间势力，打败日本侵略者发挥了重要作用。这一制度对团结抗日、推动全国的民主化，反对蒋介石的一党专政起到了积极作用。

15. 1941年5月至1945年4月，中国共产党以“惩前毖后，治病救人”为宗旨，在历史上开展了第一次大规模的整风运动。下列关于延安整风运动的正确表述是(　　)。

A. 是中国共产党历史上一次全党范围的普遍的马克思主义教育运动，也是一次伟大的思想解放运动
B. 将马克思主义中国化的第一个理论成果——毛泽东思想确定为党的指导思想
C. 初步确立了实事求是的思想路线
D. 破除了将苏共经验和共产国际指示神圣化的教条主义

【参考答案】 ABCD

【答案解析】 1941年5月，毛泽东同志在延安高级干部会议上作《改造我们的学习》的报告，标志着整风开始；以1945年4月20日六届七中全会通过《关于若干历史问题的决议》为结束。整风运动号召全党反对主观主义以整顿学风、反对宗派主义以整顿党风、反对党八股以整顿文风。

这是中国共产党历史上一次全党范围的普遍的马克思主义教育运动，也是一次伟大的思想解放运动。通过延安整风，中国共产党不仅初步确立了实事求是的思想

路线，破除了将苏共经验和共产国际指示神圣化的教条主义，而且还将马克思主义中国化的第一个理论成果——毛泽东思想确定为党的指导思想，从而极大地推动了马克思主义中国化的进程，对中国革命和建设事业产生了深远的影响。

16. 党的七大把党在长期奋斗中形成的优良传统和作风概括为三大作风，即（　　）。

A. 反对教条主义和本本主义的作风

B. 全心全意为人民服务的作风

C. 自我批评的作风

D. 和人民群众紧密联系在一起的作风

E. 理论和实践相结合的作风

【参考答案】 CDE

【答案解析】 党的七大把党在长期奋斗中形成的优良传统和作风概括为三大作风，即理论和实践相结合的作风，和人民群众紧密联系在一起的作风，自我批评的作风。这是共产党区别于其他政党的显著标志，是使党的路线、方针得以顺利贯彻的根本保证。

17. 抗日战争胜利之际，中国共产党和中国国民党两党就中国未来的发展前途、建设大计在重庆进行的一次历史性会谈，双方达成《双十协定》，公开提出和论列了下列原则，即（　　）。

A. 党派平等合法化

B. 国共两党协商制度化

C. 军队国家化

D. 政治民主化

【参考答案】 ACD

【答案解析】 抗日战争胜利之际，中国共产党和中国国民党两党就中国未来的发展前途、建设大计在重庆进行的一次历史性会谈。重庆谈判要点的实质就是军队和解放区政权的问题。经过 43 天谈判，国共双方达成《政府与中共代表会谈纪要》，即《双十协定》。公开提出和论列的三条原则，即政治民主化、军队国家化、党派平等合法化。

18. 2022 年是中国人民志愿军抗美援朝出国作战 72 周年。下列关于抗美援朝精神的正确选项是（　　）。

A. 祖国和人民的利益高于一切、为了祖国和民族的尊严而奋不顾身的爱国主义精神

B. 不畏帝国主义强暴的大无畏精神

C. 为了人类和平与正义事业而奋斗的国际主义精神

D. 为完成祖国和人民赋予的使命、慷慨奉献自己一切的革命忠诚精神

E. 不畏艰难困苦、始终保持高昂士气的革命乐观主义精神

F. 英勇顽强、舍生忘死的革命英雄主义精神

【参考答案】 ACDEF

【答案解析】 抗美援朝，又称抗美援朝运动或抗美援朝战争，是20世纪50年代初爆发的朝鲜战争的一部分，仅指中国人民志愿军参战的阶段，也包括中国人民支援朝鲜人民抗击美国侵略的群众性运动。抗美援朝精神：祖国和人民的利益高于一切、为了祖国和民族的尊严而奋不顾身的爱国主义精神；英勇顽强、舍生忘死的革命英雄主义精神；不畏艰难困苦、始终保持高昂士气的革命乐观主义精神；为完成祖国和人民赋予的使命、慷慨奉献自己一切的革命忠诚精神；为了人类和平与正义事业而奋斗的国际主义精神。

19. 1952年1月26日至1952年10月25日在资本主义工商业者中开展了五反运动，即（ ）。

A. 反受贿　　B. 反行贿

C. 反偷税漏税　　D. 反盗骗国家财产

E. 反偷工减料　　F. 反盗窃国家经济情报

【参考答案】 BCDEF

【答案解析】 五反运动是指1952年1月26日至1952年10月25日在资本主义工商业者中开的反行贿、反偷税漏税、反盗骗国家财产、反偷工减料、反盗窃国家经济情报的斗争。

20. 和平共处五项原则现已被世界上绝大多数国家接受，成为规范国际关系的重要准则。下列关于和平共处五项原则的正确表述的选项是（ ）。

A. 和平共处五项原则是中国奉行独立自主和平外交政策的基础和完整体现

B. 和平共处五项原则是周恩来于1953年会见缅甸代表团时第一次提出

C. 万隆会议发表了《关于促进世界和平与合作的宣言》，其中包括了这五项原则的全部内容

D. 在国际政治和外交中发挥了重要作用，并将继续对新形势下的国际关系产生深远影响。

【参考答案】 ACD

【答案解析】 1953年12月，中国政府同印度政府就两国在西藏地方的关系问题进行谈判，周恩来总理在会见印度代表团时第一次提出和平共处五项原则，即互相尊重主权和领土完整、互不侵犯、互不干涉内政、平等互利、和平共处。1954年6月28日、29日周恩来在访问印度、缅甸期间，分别与印度总理尼赫鲁和缅甸总理吴努发表《联合声明》，共同倡导和平共处五项原则。1955年，印度尼西亚万隆会议发表了《关于促进世界和平与合作的宣言》，其中包括了这五项原则的全部内容。和

平共处五项原则是中国奉行独立自主和平外交政策的基础和完整体现，被世界上绝大多数国家接受，成为规范国际关系的重要准则，并将继续对新形势下的国际关系产生深远影响。

21. 1964年年底到1965年年初召开的第三届全国人民代表大会第一次会议提出“四个现代化”的宏伟目标，这一目标包括：（　　）。

A. 产业现代化　B. 工业现代化　C. 农业现代化　D. 军事现代化
E. 国防现代化　F. 科学技术现代化

【参考答案】 BCEF

【答案解析】 1964年年底到1965年年初召开的第三届全国人民代表大会第一次会议提出“四个现代化”的宏伟目标，即工业现代化、农业现代化、国防现代化、科学技术现代化，并宣布：调整国民经济的任务已经基本完成。今后发展国民经济的主要任务，是要在不太长的历史时期内，把我国建设成为一个具有现代农业、现代工业、现代国防和现代科学技术的社会主义强国。

22. 习近平总书记在党的十九大报告中，开宗明义地昭告了这次大会的主题是（　　）。

A. 不忘初心，牢记使命
B. 高举中国特色社会主义伟大旗帜，决胜全面建成小康社会
C. 坚持改革开放
D. 夺取新时代中国特色社会主义伟大胜利，为实现中华民族伟大复兴的中国梦不懈奋斗
E. 实现“两个一百年”奋斗目标

【参考答案】 ABD

【答案解析】 习近平总书记在党的十九大报告中，开宗明义地昭告了这次大会的主题：“不忘初心，牢记使命，高举中国特色社会主义伟大旗帜，决胜全面建成小康社会，夺取新时代中国特色社会主义伟大胜利，为实现中华民族伟大复兴的中国梦不懈奋斗。”这一主题，鲜明地向世人宣示了我们党在新时代举什么旗、走什么路、以什么样的精神状态、担负什么样的历史使命、实现什么样的奋斗目标的重大问题，是对当前和今后一个时期党和国家工作提出的总要求，是向全党全国各族人民吹响的前进号角。学习贯彻党的十九大精神，必须深刻理解、牢牢把握这个主题。

23. 党的十八大报告中提出新时代社会主义法治的建设16字方针，表明我国社会主义法治建设进入了新阶段。16字方针是（　　）。

A. 科学立法　B. 严格执法　C. 公正司法　D. 透明执法
E. 全面立法　F. 全民守法

【参考答案】 ABCF

【答案解析】 党的十八大报告中提出“科学立法、严格执法、公正司法、全民守法”新的16字方针，表明我国社会主义法治建设进入了新阶段。新16字方针确立了我国依法治国新阶段的四大目标。目前，中国特色社会主义法律体系已经形成，但是依法治国的目标并未全部达成，实现政治文明的征程仍在路上，需要我们继续推进依法治国基本方略，克服法治发展过程中的障碍。

24.《关于新形势下党内政治生活的若干准则》指出：全党必须坚决反对“四风”。这是贯彻党的群众路线、密切党同人民群众血肉联系的必然要求，也是全面从严治党、严格党内政治生活的必然要求。“四风”是指(　　)。

A. 个人主义　　B. 形式主义　　C. 官僚主义　　D. 享乐主义
E. 奢靡之风　　F. 好大喜功

【参考答案】 BCDE

【答案解析】 2012年12月4日，中共中央政治局召开会议，审议通过了中央政治局关于改进工作作风、密切联系群众的八项规定。习近平总书记强调，各级领导干部要带头发扬劳模精神，出实策、鼓实劲、办实事，不图虚名，不务虚功，坚决反对干部群众反映强烈的“四风”，即反对形式主义、官僚主义、享乐主义和奢靡之风，以身作则带领群众把各项工作落到实处。

25. 在中国共产党第十九次全国代表大会上习近平总书记首次提出“新时代中国特色社会主义思想”，它是全党全国人民为实现中华民族伟大复兴而奋斗的行动指南。其重大意义(　　)。

A. 是对马克思列宁主义、毛泽东思想、邓小平理论、“三个代表”重要思想、科学发展观的继承和发展
B. 是当代中国马克思主义、二十一世纪马克思主义，是中华文化和中国精神的时代精华
C. 是党和人民实践经验和集体智慧的结晶
D. 是中国特色社会主义理论体系的重要组成部分
E. 是全党全国人民为实现中华民族伟大复兴而奋斗的行动指南

【参考答案】 ABCDE

【答案解析】 2017年10月18日，在中国共产党第十九次全国代表大会上习近平总书记首次提出“新时代中国特色社会主义思想”。2017年10月24日，中国共产党第十九次全国代表大会通过了关于《中国共产党章程(修正案)》的决议，习近平新时代中国特色社会主义思想写入党章。2018年3月11日，第十三届全国人民代表大会第一次会议通过《中华人民共和国宪法修正案》，习近平新时代中国特色社会主

义思想写入《中华人民共和国宪法》。习近平新时代中国特色社会主义思想，是对马克思列宁主义、毛泽东思想、邓小平理论、“三个代表”重要思想、科学发展观的继承和发展，是当代中国马克思主义、二十一世纪马克思主义，是中华文化和中国精神的时代精华，是党和人民实践经验和集体智慧的结晶，是中国特色社会主义理论体系的重要组成部分，是全党全国人民为实现中华民族伟大复兴而奋斗的行动指南，必须长期坚持并不断发展。

26. 乡村振兴战略是习近平总书记在党的十九大报告中提出的战略。十九大报告指出，“三农”问题是关系国计民生的根本性问题，必须始终把解决好“三农”问题作为全党工作的重中之重。“三农”是指（　　）。

A. 农林　　B. 农业　　C. 农村　　D. 农田

E. 农民

【参考答案】 BCE

【答案解析】 三农，指农业、农村和农民。所谓“三农”问题，就是指农业、农村、农民这三个问题。研究“三农”问题目的是要解决农民增收、农业发展、农村稳定。实际上，这是一个居住地域、从事行业和主体身份三位一体的问题，但三者侧重点不一，必须一体化地考虑以上三个问题。中国作为一个农业大国，“三农”问题关系到国民素质、经济发展，关系到社会稳定、国家富强、民族复兴。

27. 1979 年 3 月 30 日，邓小平代表中共中央在北京召开的理论工作务虚会上作了题为《坚持四项基本原则》的讲话。“四项基本原则”是指（　　）。

A. 坚持无产阶级专政　　B. 坚持社会主义道路

C. 坚持人民民主专政　　D. 坚持改革开放

E. 坚持共产党的领导　　F. 坚持马列主义、毛泽东思想

【参考答案】 BCEF

【答案解析】 粉碎“四人帮”后，社会上和党内出现一些思想动向，造成了一部分人思想混乱。针对这种情况，1979 年 3 月 30 日，邓小平代表中共中央在北京召开的理论工作务虚会上作了题为《坚持四项基本原则》的讲话。邓小平在讲话中提出必须坚持的“四项基本原则”。即：第一，必须坚持社会主义道路；第二，必须坚持无产阶级专政（1981 年邓小平同志通过人大将《中华人民共和国宪法》中的“无产阶级专政”改为“人民民主专政”）；第三，必须坚持共产党的领导；第四，必须坚持马列主义、毛泽东思想。

28. 经济特区的设置标志中国改革开放进一步发展。1979 年 7 月，中共中央、国务院同意试办“出口特区”（后“出口特区”改名为“经济特区”），它们是（　　）。

A. 深圳　　B. 海南　　C. 珠海　　D. 汕头

E. 霍尔果斯　　F. 厦门

【参考答案】 ACDF

【答案解析】 1979年4月邓小平首次提出要开办“出口特区”，后于1980年3月，“出口特区”改名为“经济特区”，并在深圳加以实施。中国经济特区诞生于1970年代末，1980年代初，成长于1990年代。经济特区的设置标志中国改革开放进一步发展。1979年7月，中共中央、国务院同意在广东省的深圳、珠海、汕头三市和福建省的厦门市试办出口特区。1980年5月，中共中央和国务院决定将深圳、珠海、汕头和厦门这四个出口特区改称为经济特区。

29. 2017年10月18日，习近平总书记在十九大报告中指出，在全党开展“不忘初心、牢记使命”主题教育。主题教育总要求是(　　)。

A. 查问题　　B. 守初心　　C. 担使命　　D. 讲责任

E. 找差距　　F. 抓落实

【参考答案】 BCEF

【答案解析】 2017年10月18日，习近平总书记在十九大报告中指出，在全党开展“不忘初心、牢记使命”主题教育，用党的创新理论武装头脑，推动全党更加自觉地为实现新时代党的历史使命不懈奋斗。主题教育总要求是“守初心、担使命，找差距、抓落实”。

30. 2021年7月1日，习近平总书记在庆祝中国共产党诞生100周年纪念大会上，提出了伟大的建党精神。其内容为“坚持真理、坚守理想，践行初心、担当使命，不怕牺牲、英勇斗争，(　　)”。

A. 实事求是　　B. 武装斗争　　C. 对党忠诚　　D. 不负人民

【参考答案】 CD

【答案解析】 2021年7月1日，习近平总书记在庆祝中国共产党诞生100周年纪念大会上，提出了伟大的建党精神。“一百年前，中国共产党的先驱们创建了中国共产党，形成了坚持真理、坚守理想，践行初心、担当使命，不怕牺牲、英勇斗争，对党忠诚、不负人民的伟大建党精神，这是中国共产党的精神之源。”

三、判断题(判断下列各题正确与错误，如果正确打上√，如果错误打上×，请将正确答案序号填入括号中。)

1. 1920年3月，李大钊在北京发起了中国最早的一个学习和研究马克思主义的团体——马克思学说研究会，促进了马克思主义在中国更大范围的传播。(　　)

【参考答案】 √

【答案解析】 李大钊是当时在中国传播马克思主义最早的革命先驱者。1919年5月，李大钊在《新青年》第六卷第五期“马克思主义专号”上发表了全面系统地介绍马克思主义的专著《我的马克思主义观》。1920年3月，李大钊在北京发起了中国最早的一个学习和研究马克思主义的团体——马克思学说研究会,促进了马克思主义在中国更大范围的传播。

2. 1920年5月陈独秀、蔡和森等人开会商议决定成立党组织,并定名为"共产党"。 ( )

【参考答案】 ×

【答案解析】 1920年6月组织起来的陈独秀、俞秀松等人开会商议决定成立党组织,并定名为"共产党",同年8月共产党早期组织在上海法租界老渔阳里2号《新青年》编辑部成立。

3. 中国共产党领导是中国特色社会主义最本质的特征。 ( )

【参考答案】 √

【答案解析】 中国共产党领导是中国特色社会主义最本质的特征。

我们说的依法治国,党的十五大早就明确了,就是广大人民群众在党的领导下,依照宪法和法律规定,通过各种途径和形式管理国家事务,管理经济文化事业,管理社会事务,保证国家各项工作都依法进行,逐步实现社会主义民主的制度化、法律化,使这种制度和法律不因领导人的改变而改变,不因领导人看法和注意力的改变而改变。我们讲依宪治国、依宪执政,不是要否定和放弃党的领导,而是强调党领导人民制定宪法和法律,党领导人民执行宪法和法律,党自身必须在宪法和法律范围内活动。我国宪法是以根本法的形式反映了党带领人民进行革命、建设、改革取得的成果,反映了在历史和人民选择中形成的党的领导地位。(2014年2月17日,习近平在省部级主要领导干部学习贯彻党的十八届三中全会精神全面深化改革专题研讨班上的讲话)。

4. 过渡时期总路线是中国共产党在从中华人民共和国的成立到生产资料公有制的社会主义改造前这一阶段中的总路线。 ( )

【参考答案】 ×

【答案解析】 过渡时期总路线是中国共产党在从中华人民共和国的成立到生产资料公有制的社会主义改造基本完成这一阶段中的总路线。早在全国解放前夕,中国共产党七届二中全会就提出了由新民主主义向社会主义过渡的问题,到1952年年底,国民经济恢复任务已基本完成,根据毛泽东的建议,党中央从中国的实际情况出发,提出了党在过渡时期总路线,作为过渡时期各项工作的指南。1953年9月25日,《人民日报》发表的庆祝国庆四周年的口号中,正式公布了这条总路线,即"从中华人民共和国的成立,到社会主义改造基本完成,这是一个过渡时期"。

5. 毛泽东在《〈共产党人〉发刊词》一文中总结的中国革命的三大法宝是:统一

战线、武装斗争、党的建设。　　（　　）

【参考答案】 √

【答案解析】 1939年10月，毛泽东在撰写《〈共产党人〉发刊词》，论述新民主主义理论时，指出：统一战线、武装斗争、党的建设，是我们党在中国革命中的三个基本问题。正确地理解了这三个问题及其相互关系，就等于正确地领导了全部中国革命。“统一战线、武装斗争、党的建设，是中国共产党在中国革命中战胜敌人的三个法宝，三个主要的法宝。这是中国共产党的伟大成绩，也是中国革命的伟大成绩。”

6. 2021年3月9日，联合国秘书长古特雷斯致函习近平总书记祝贺中国脱贫攻坚取得重大历史性成就。　　（　　）

【参考答案】 √

【答案解析】 2015年11月23日，中共中央政治局审议通过《关于打赢脱贫攻坚战的决定》。11月27日至28日，中央扶贫开发工作会议在北京召开。中共中央总书记、国家主席、中央军委主席习近平强调，消除贫困、改善民生、逐步实现共同富裕，是社会主义的本质要求，是中国共产党的重要使命。11月29日，《中共中央　国务院关于打赢脱贫攻坚战的决定》发布。2021年2月21日，中央一号文件正式出炉，主题是“全面推进乡村振兴加快农业农村现代化”。2月25日，全国脱贫攻坚总结表彰大会在京隆重举行，习近平总书记庄严宣告：我国脱贫攻坚战取得了全面胜利。3月9日，联合国秘书长古特雷斯致函习近平总书记祝贺中国脱贫攻坚取得重大历史性成就。

7. “人民对美好生活的向往，就是我们的奋斗目标”。习近平总书记把“更好的教育”列为人民的期盼之一。　　（　　）

【参考答案】 √

【答案解析】 我们的人民热爱生活，期盼有更好的教育、更稳定的工作、更满意的收入、更可靠的社会保障、更高水平的医疗卫生服务、更舒适的居住条件、更优美的环境，期盼着孩子们能成长得更好、工作得更好、生活得更好。人民对美好生活的向往，就是我们的奋斗目标。（习近平总书记在十八届一中全会后中央政治局常委与中外记者见面会上的讲话，2012年11月15日。）

8. “两会”是“全国人民代表大会”和“中国人民政治协商会议”的简称。（　　）

【参考答案】 √

【答案解析】 “两会”是“全国人民代表大会”和“中国人民政治协商会议”的简称。每年3月份“两会”先后召开全体会议一次，每5年称为一届，每年会议称X届X次会议。“两会”召开的意义在于：将“两会”代表从人民中得来的信息和要求进行收集及整理，传达给党中央，“两会”代表是代表着广大选民的一种利益的，代表着选民在召开两会期间，向政府有关部门提出选民们自己的意见和要求。地方每年召开的人大和政协也称为两会，通常召开的时间比全国“两会”时间要早。

9. 第一次国内革命战争是中国人民在中国共产党和中国国民党合作领导下进行的反对帝国主义、北洋军阀的战争。亦称“民主革命”或“大革命”。（ ）

【参考答案】 ×

【答案解析】 1924年1月至1927年7月是第一次国内革命战争时期。第一次国内革命战争是中国人民在中国共产党和中国国民党合作领导下进行的反对帝国主义、北洋军阀的战争。亦称“国民革命”或“大革命”。1924年1月，中国国民党第一次全国代表大会在广州召开，以国共合作为基础的国民革命兴起。在中国共产党的积极参与和努力下，大革命风暴迅速席卷全国。1927年蒋介石和汪精卫先后“清共”，第一次国共合作破裂。

10. 土地革命战争又称“第二次国内革命战争”，是中国共产党领导人民反对蒋介石反动统治的革命战争。（ ）

【参考答案】 √

【答案解析】 土地革命战争又称“第二次国内革命战争”，是中国共产党领导人民反对蒋介石反动统治的革命战争，从1927年蒋介石、汪精卫发动反革命政变开始，到1937年抗日战争爆发后结束。

11. 党的十一届三中全会开启了社会主义现代化建设的历史新时期。我们党在新中国成立以来历史上具有深远意义的伟大转折是以这次全会为开端的。（ ）

【参考答案】 √

【答案解析】 党的十一届三中全会开启了改革开放历史新时期。我们党在新中国成立以来历史上具有深远意义的伟大转折是以这次全会为开端的。我们党在思想、政治、组织等领域的全面拨乱反正，是从这次全会开始的。伟大的社会主义改革开放，是由这次全会揭开序幕和开始起步的。建设中国特色社会主义的新道路，是以这次全会为起点开辟的。指导改革开放和社会主义现代化建设的强大理论武器——建设中国特色社会主义理论，是在这次全会前后开始逐步形成和发展起来的。一句话，党的十一届三中全会标志着：中国从此进入了改革开放和社会主义现代化建设的历史新时期，中国共产党从此开始了建设中国特色社会主义的新探索。中国共产党面貌的历史性变化，最根本的，就是以党的十一届三中全会为标志。端正了党的指导思想，重新确立了马克思主义的思想路线、政治路线和组织路线。并以此为起点，坚定地依靠广大干部和群众的集体智慧，从各个方面深入总结了历史经验。通过拨乱反正和全面改革，勇敢地走自己的路。在探索建设中国特色社会主义道路的实践中开创了党的事业新局面，开拓了马克思主义中国化新境界，并在这个过程中加强和改善了党的领导和党的建设，使党赢得人民群众衷心拥护，成为中国特色社会主义事业的坚强领导核心。

12.《关于建国以来党的若干历史问题的决议》是中国共产党历史上具有深远意义和重大影响的重要文件。其起草工作由胡耀邦主持进行的。（　）

【参考答案】 ×

【答案解析】 《关于建国以来党的若干历史问题的决议》(以下简称《决议》)是中国共产党历史上具有深远意义和重大影响的重要文件。其起草工作从1979年11月开始，在中央政治局、书记处领导下，由邓小平、胡耀邦主持进行的。经长时间讨论和修改，集中全党智慧形成。在1981年6月27日中国共产党十一届六中全会通过。

《决议》对建国以来党的重大历史问题特别是"文化大革命"、毛泽东的历史地位及功过是非和毛泽东思想基本内容与指导意义作了总结和评价。肯定了党的十一届三中全会以来逐步确立的适合中国国情的建设社会主义现代化强国的正确道路，进一步指明中国社会主义事业和党的工作继续前进的方向。

13. 习近平总书记提出的"中国梦"战略目标，实现中国梦必须走中国道路，必须弘扬中国精神，必须凝聚中国力量。（　）

【参考答案】 √

【答案解析】 习近平总书记提出的"中国梦"战略目标，对党的建设具有重要的指导意义，是党的建设的提神之笔。习近平总书记上任后不久强调，到中国共产党成立100年时全面建成小康社会的目标一定能实现，到新中国成立100年时中华民族伟大复兴的梦想一定能实现，并且用"三个必须"来指明实现"中国梦"的路径，实现中国梦必须走中国道路，必须弘扬中国精神，必须凝聚中国力量。而引领中国道路、中国精神、中国力量很重要的就是坚持和完善党的领导和党的建设。治党成效关系到"中国梦"的实现，"中国梦"战略构想为党的建设提出了宏阔的战略目标，彰显了中国共产党人的充分自觉与责任担当。

14. 党内法规制度体系是以党章为根本，以民主集中制为核心，以准则、条例等中央党内法规为主干，由各领域各层级党内法规制度组成的有机统一整体。（　）

【参考答案】 √

【答案解析】 党内法规制度体系，是以党章为根本，以民主集中制为核心，以准则、条例等中央党内法规为主干，由各领域各层级党内法规制度组成的有机统一整体。2017年，中共中央印发的《关于加强党内法规制度建设的意见》提出，到建党100周年时，形成比较完善的党内法规制度体系、高效的党内法规制度实施体系、有力的党内法规制度建设保障体系，党依据党内法规管党治党的能力和水平显著提高。实现这一目标，就要以党章为统领，统筹推进各位阶党内法规制度建设。

15. 中国共产党组织处理工作坚持以下原则：全面从严治党、从严管理监督干部；党委（党组）领导、分级负责；实事求是、依规依纪依法。（　　）

【参考答案】 ×

【答案解析】 中国共产党组织处理工作坚持以下原则：全面从严治党、从严管理监督干部；党委（党组）领导、分级负责；实事求是、依规依纪依法；惩前毖后、治病救人。

16. 统一战线工作对象为党外人士，重点是其中的代表人士。（　　）

【参考答案】 √

【答案解析】 《中国共产党统一战线工作条例》（以下简称《条例》）第五条规定，统一战线工作范围是：民主党派成员；无党派人士；党外知识分子；少数民族人士；宗教界人士；非公有制经济人士；新的社会阶层人士；出国和归国留学人员；香港同胞、澳门同胞；台湾同胞及其在大陆的亲属；华侨、归侨及侨眷；其他需要联系和团结的人员。

统一战线工作对象为党外人士，重点是其中的代表人士。

17. 中国共产党在党的三大上第一次明确提出反帝反封建的民主革命纲领。（　　）

【参考答案】 ×

【答案解析】 是在党的二大上提出的。党的二大正确地分析了中国的社会性质，中国革命的性质、对象、动力和前途，指出了中国革命要分两步走，在中国近代史上第一次明确地提出了彻底的反帝反封建的民主革命纲领，为中国各民族人民的革命斗争指明了方向，对中国革命具有重大的深远的意义。

18. 1935年中国共产党发表了著名的《八一宣言》，提出了“国共合作，共同抗日”的口号。（　　）

【参考答案】 ×

【答案解析】 这个口号是“停止内战，一致抗日”。

1935年8月1日，中国共产党驻共产国际代表团草拟了《中国苏维埃政府、中国共产党中央为抗日救国告全体同胞书》，又称《八一宣言》。提出“停止内战，一致抗日”口号。《八一宣言》分析了由于日本的侵略和蒋介石的不抵抗政策所造成的紧迫形势，揭露了日本加紧侵吞华北和国民党政府对日妥协的面目，指出中华民族已处在生死存亡的关头，抗日救国是全体中国人民面临的首要任务。宣言强调建立包括上层在内的统一战线，扩大抗日民族统一战线的范围。为此，宣言呼吁全国各党派和军队、各界同胞，不论过去和现在有任何政见和利益的不同，有任何敌对行动，都应停止内战，集中一切国力去为抗日而奋斗。《八一宣言》发表以后，很快在国内和全世界40多个国家的华侨中广泛传播开来，产生很大的影响。

19. 抗日战争时期在国统区公开出版的中共中央机关报是《新华日报》。（　　）

【参考答案】 √

【答案解析】 《新华日报》1938年1月11日在汉口创刊，是中国共产党在国统区公开出版的第一张机关报，也是新民主主义革命时期出版时间最长的一份中共中央机关报。在创刊词中它庄严宣告将“为巩固扩大抗日民族统一战线而效力”。报纸一出版就受到读者热烈欢迎，很快行销到国统区各地。《新华日报》在宣传抗日、开展群众运动、传播马列主义方面取得了显著成就。1947年2月在重庆被查封。

20. 党的第十九大确立了习近平新时代特色社会主义思想为党的指导思想。（　　）

【参考答案】 √

【答案解析】 党的十九大党章载明：中国共产党以马克思列宁主义、毛泽东思想、邓小平理论、“三个代表”重要思想、科学发展观、习近平新时代中国特色社会主义思想作为自己的行动指南，这是新时期党的指导思想。

21. 党的十八届六中全会强调，新形势下加强和规范党内政治生活，根本遵循为党章。（　　）

【参考答案】 √

【答案解析】 党的十八届六中全会通过的《关于新形势下党内政治生活的若干准则》（以下简称《准则》）强调：“新形势下加强和规范党内政治生活，必须以党章为根本遵循”。党章是我们党立党兴党管党治党的总章程，也是加强和规范党内政治生活的总依据和总规矩。《准则》高度尊崇党章、严格贯彻党章，把党内政治生活的基本要求进一步具体化，既是党章各项规定的具体展开，也是坚持依规管党治党、思想建党与制度建党紧密结合的生动体现。深入学习贯彻《准则》，就要深刻把握《准则》与党章的内在联系，领会其精神实质，切实做到内化于心、外化于行，不断增强党内政治生活的政治性、时代性、原则性、战斗性。

22. 毛泽东思想活的灵魂是求真务实、群众路线、独立自主。（　　）

【参考答案】 ×

【答案解析】 毛泽东思想活的灵魂是贯穿其中的立场、观点、方法，它们有三个基本方面，这就是实事求是、群众路线、独立自主。新形势下，我们要坚持和运用好毛泽东思想活的灵魂，把我们党建设好，把中国特色社会主义伟大事业继续推向前进。

23. 中国最早的学习和研究马克思主义的团体是马克思学说研究会。（　　）

【参考答案】 √

【答案解析】 1920年3月，在五四运动的主阵地北京大学，成立了中国第一个学习和研究马克思主义的团体——马克思学说研究会。研究会的成立，对于学习和研究马克思主义、推动建立中国共产党的早期组织乃至成立中国共产党都产生了重大而深远的影响。

24. 延安精神的丰富内涵是“坚定正确的政治方向，解放思想、实事求是的思想路线，全心全意为人民服务的根本宗旨，自力更生、艰苦奋斗的创业精神”。（ ）

【参考答案】 √

【答案解析】 2020年4月，习近平总书记在陕西考察时指出：“延安精神培育了一代代中国共产党人，是我们党的宝贵精神财富。”延安——这座坐落在西北黄土高原的古老城市，因为在中国革命史上的神圣地位被永远载入中国革命史册，老一辈革命家和老一代共产党人在延安留下的优良传统和作风，培育形成的延安精神，是我们党的宝贵精神财富。以“坚定正确的政治方向，解放思想、实事求是的思想路线，全心全意为人民服务的根本宗旨，自力更生、艰苦奋斗的创业精神”为核心内容的延安精神是贯穿中国共产党领导中国人民进行革命、建设和改革近百年历史的精神谱系的重要组成部分，是中国共产党人在未来奋斗中取之不竭、用之不尽的强大精神动力。

25. 党员如果没有正当理由，连续3个月不参加党的组织生活，或不交纳党费，或不做党所分配的工作，就被认为是自行脱党。（ ）

【参考答案】 ×

【答案解析】 党章第九条规定，党员如果没有正当理由，连续6个月不参加党的组织生活，或不交纳党费，或不做党所分配的工作，就被认为是自行脱党。支部大会应当决定把这样的党员除名，并报上级党组织批准。

26. 中国共产党的最高领导机关是中央委员会。（ ）

【参考答案】 ×

【答案解析】 中国共产党全国代表大会和它所产生的中央委员会为中国共产党最高领导机关。每五年举行一次，由中央委员会召集。中央委员会认为有必要，或者有三分之一以上的省一级组织提出要求，全国代表大会可以提前举行；如无非常情况，不得延期举行。

27. 中国共产党创建的井冈山革命根据地，是第一块农村革命根据地是，也是中国共产党建立最早的革命根据地。（ ）

【参考答案】 √

【答案解析】 土地革命战争时期，中国共产党在湖南、江西两省边界罗霄山脉中段创建的第一个农村革命根据地。1927 年 10 月，毛泽东率领经“三湾改编”后的秋收起义部队到达宁冈，先后在宁冈、永新、茶陵、遂川等县恢复和建立了党组织，发展武装力量，开展游击战争，领导农民打土豪分田地，建立红色政权，实行工农武装割据，创立了党领导下的第一个农村革命根据地。

井冈山是中国共产党建立最早的革命根据地。1927 年 10 月 27 日，毛泽东率领工农革命军第一师第一团 1 000 余人，到达井冈山地区的茨坪，开始了创建井冈山革命根据地的斗争。1928 年 2 月，井冈山革命根据地初步形成，中国革命从此走上农村包围城市、最后夺取全国胜利的正确道路。井冈山时期，中国共产党把马克思主义与中国革命实际相结合，开辟了农村包围城市、武装夺取政权的革命道路，制定了党领导军队的一系列组织制度和纪律。井冈山革命根据地的创建，为中国共产党领导的各地武装斗争树立了榜样，成为中国革命立农村根据地，以农村包围城市，最后夺取全国胜利的道路的开端。

28. 党的思想路线也叫认识路线，是中国共产党认识问题、分析问题、处理问题所遵循的最根本的指导原则和思想基础。其核心就是执政为民。　（　　）

【参考答案】 ×

【答案解析】 党的思想路线也叫认识路线，是中国共产党认识问题、分析问题、处理问题所遵循的最根本的指导原则和思想基础。中国共产党在长期的革命实践中，确立了一条辩证唯物主义的思想路线，即一切从实际出发，理论联系实际，实事求是，在实践中检验真理和发展真理。实事求是是中国共产党思想路线的核心，党的思想路线是党制定政治路线、组织路线和各项方针政策的基础，也是我们正确理解和执行党的路线、方针、政策的保证。

29. 中国共产党一切工作的出发点和归宿是实现人民的根本利益。　（　　）

【参考答案】 √

【答案解析】 我们党必须坚持把人民的根本利益作为一切工作的出发点和归宿。最广大人民的根本利益是指在人民群众利益矛盾系统中，涉及最大多数群众的整体利益，它包括经济利益、政治利益和文化利益。经济利益是人民群众经济生活中的根本需求，政治利益是人民群众政治生活中的根本需求，文化利益是人民群众文化生活中的根本需求。

人民群众的整体利益，总是由各方面的具体利益构成的。人民群众的具体利益相互交织，构成一个利益的矛盾系统。在这个矛盾系统中，各种利益矛盾总是处于不同的层面，这就要求党善于抓住人民群众利益矛盾的主要方面，处理急需处理的问题。

30. 我们党最大的政治优势就是密切联系群众。　（　　）

【参考答案】 √

【答案解析】 密切联系群众是我们党的最大政治优势,脱离群众是我们党执政后的最大危险。经过100年特别是执政70多年的发展实践,我们党对这一"最大政治优势"和"最大危险"的认识更加清醒而深刻。

密切联系群众是马克思主义政党的本质要求。一方面,马克思主义政党来自人民、植根人民、服务人民,始终代表广大人民群众的根本利益。另一方面,马克思主义政党是工人阶级的先锋队,只有马克思主义政党才能统一群众的意志和行动,实现好、维护好、发展好最广大人民的根本利益。这两个方面,都要求马克思主义政党必须密切联系群众。

密切联系群众还是马克思主义政党的执政根基。毛泽东同志曾经把掌握全国政权比作"进京赶考"。主考题是什么?就是能否始终保持党同人民群众的血肉联系,能否代表人民群众执好政。主考官是谁?就是人民群众。20世纪80年代以来,世界上一些连续执政长达几十年的大党、老党先后失去执政地位。尽管原因错综复杂,但归根结底,是失去了群众的拥护和支持,执政的根基动摇了。"得人心者得天下,失人心者失天下",这是历史发展的必然规律。

31. 党的十八大报告首次提出"两个一百年"奋斗目标:到建党一百年时,使国民经济更加发展,各项制度更加完善;到世纪中叶建国一百年时,基本实现现代化,建成富强民主文明的社会主义国家。 （ ）

【参考答案】 ×

【答案解析】 党的十五大报告首次提出"两个一百年"奋斗目标:到建党一百年时,使国民经济更加发展,各项制度更加完善;到世纪中叶建国一百年时,基本实现现代化,建成富强民主文明的社会主义国家。

此后,党的十六大、十七大均对两个一百年奋斗目标作了强调和安排。2012年,党的十八大描绘了全面建成小康社会、加快推进社会主义现代化的宏伟蓝图,向中国人民发出了向实现"两个一百年"奋斗目标进军的时代号召。"两个一百年"自此成为一个固定关键词,成为全国各族人民共同的奋斗目标。

党的十九大报告清晰擘画全面建成社会主义现代化强国的时间表、路线图。在2020年全面建成小康社会、实现第一个百年奋斗目标的基础上,再奋斗15年,在2035年基本实现社会主义现代化。从2035年到本世纪中叶,在基本实现现代化的基础上,再奋斗15年,把我国建成富强民主文明和谐美丽的社会主义现代化强国。

32. 党的十八届六中全会强调,新形势下加强和规范党内政治生活,关键是高级干部特别是中央委员会、中央政治局、中央政治局常务委员会的组成人员。 （ ）

【参考答案】 √

【答案解析】 加强和规范党内政治生活,是对全党提出的要求,也是全党的共同任务。同时,《关于新形势下党内政治生活的若干准则》强调以高级干部为重点,主要考虑加强党的建设必须抓好领导干部这个“关键少数”,而中央委员会、中央政治局、中央政治局常委会组成人员是“关键少数”中的“关键少数”。把这部分人抓好了,能够在全党作出表率,很多问题就好办了。因此,加强和规范党内政治生活,必须首先从这部分人抓起。这是由领导干部特别是高级干部执掌重要权力的特殊地位所决定的,也是由领导干部特别是高级干部发挥示范作用的特殊职责所要求的。

33. 党最根本、最重要的纪律是组织纪律。（　　）

【参考答案】 ×

【答案解析】 在党的纪律中,政治纪律最重要、最根本、最关键。

政治纪律和政治规矩是党最根本、最重要的纪律,遵守政治纪律和政治规矩是遵守党的全部纪律的基础。(2016 年 12 月 27 日,习近平总书记在党的十八届六中全会第二次全体会议上的讲话)

34. 中国特色社会主义是科学社会主义理论逻辑和中国社会发展历史逻辑的辩证统一,是历史的结论、人民的选择。（　　）

【参考答案】 √

【答案解析】 习近平总书记指出:中国特色社会主义,是科学社会主义理论逻辑和中国社会发展历史逻辑的辩证统一,是根植于中国大地、反映中国人民意愿、适应中国和时代发展进步要求的科学社会主义。科学社会主义的理论逻辑,是指这一理论体系中各个基本观点的内部联系,揭示了社会主义必然代替资本主义的内在规律;中国社会发展的历史逻辑,是指中国社会发展的必然进程,揭示了“只有社会主义才能救中国、只有中国特色社会主义才能发展中国”的历史必然。深刻领会习近平总书记关于中国特色社会主义是“两个逻辑”辩证统一的重要论述,对于坚持和发展中国特色社会主义具有重要的理论意义和实践意义。

35. 中国特色社会主义是由实践、理论体系、制度三位一体构成的。（　　）

【参考答案】 ×

【答案解析】 习近平总书记指出:“中国特色社会主义特就特在其道路、理论体系、制度上,特就特在其实现途径、行动指南、根本保障的内在联系上,特就特在这三者统一于中国特色社会主义伟大实践上。”在当代中国,坚持和发展中国特色社会主义,就是真正坚持社会主义。

36. 黄爱、庞人铨是全国最早为无产阶级事业牺牲的工运领袖。（　　）

【参考答案】 √

【答案解析】 黄爱、庞人铨,这两个年龄相仿、出身相似、求学经历重合的湖南伢子,因领导工人运动,于25岁的青春年华双双壮烈牺牲,成为全国最早为无产阶级事业牺牲的工运领袖。黄爱、庞人铨殉难的消息迅速传遍全国,引起工人阶级和全国人民的无比愤怒。毛泽东在长沙举行两次追悼会,发行纪念特刊,迅速把湖南工人运动和群众斗争推向高潮。1922年5月1日召开的第一次全国劳动大会特作出决议,将每年1月17日定为黄爱、庞人铨殉难纪念日。中国劳动组合书记部称两人为“中国第一次为无产阶级而死的先烈”。

37. 中国共产党直接领导下的第一支正规武装是中国工农红军第四军。(　　)

【参考答案】 ×

【答案解析】 北伐战争中国革命军第四军叶挺独立团是中国共产党直接领导下的第一支正规武装,该团骨干由黄埔军校的共产党员、共青团员组成。中国共产党领导下成立的第一支新型人民军队是中国工农红军第四军。

38. 党的六大是在莫斯科召开的,这也是唯一一次没有在国内召开的党的全国代表大会。(　　)

【参考答案】 √

【答案解析】 党的六大,1928年6月18日至7月11日在共产国际的帮助下于莫斯科召开,142人出席大会。对中国革命根本问题做了基本正确的回答,大体上统一了全党的思想。

39. 在全党开展党史学习教育,是牢记初心使命、推进中华民族伟大复兴历史伟业的必然要求。(　　)

【参考答案】 √

【答案解析】 在中国共产党建党百年的重大时刻、“两个一百年”奋斗目标历史交汇的关键节点,全党集中开展党史学习教育,意义重大而深远。习近平总书记用“三个必然要求”深刻阐明了这次党史学习教育的重大意义,“是牢记初心使命、推进中华民族伟大复兴历史伟业的必然要求,是坚定信仰信念、在新时代坚持和发展中国特色社会主义的必然要求,是推进党的自我革命、永葆党的生机活力的必然要求”。为我们开展好党史学习教育指明了方向,提供了根本遵循。

40. 习近平总书记在党的十九大报告中强调全面依法治国,一是坚持和发展中国特色社会主义制度的本质要求;二是解决各种风险和挑战的迫切需要;三是脱贫攻坚、夺取新时代中国特色社会主义伟大胜利的必然要求。(　　)

【参考答案】 ×

【答案解析】 习近平总书记在党的十九大报告中强调:“全面依法治国是中国特色社会主义的本质要求和重要保障。”“法者,天下之程式也,万事之仪表也。”法律是治国之重器，法治是国家治理体系和治理能力的重要依托。

全面依法治国，一是坚持和发展中国特色社会主义制度的本质要求。二是解决党和国家事业发展面临的各种突出矛盾和问题的紧迫需要。三是决胜全面建成小康社会、夺取新时代中国特色社会主义伟大胜利的必然要求。

41. 党的三大第一次明确提出无产阶级在民主革命中的领导权和工农联盟问题。（ ）

【参考答案】 ×

【答案解析】 党的四大对中国革命的一些基本问题进行了比较系统的探讨，在党的历史上第一次明确提出无产阶级在民主革命中的领导权和工农联盟问题。大会总结一年来国共合作的经验教训后指出：无产阶级在民族运动中既要反对“左”的倾向，也要反对右的倾向，而右的倾向是党内主要危险。共产党要做到：在国民党内和党外坚持彻底的民主革命纲领；保持自己的独立性；在思想上、组织上和民众宣传上扩大左派，争取中派，反对右派；既帮助国民党在实际运动和组织上发展，又加紧同国民党内的妥协倾向作斗争。党的四大以后，以工农为主体的革命群众运动进一步发展，从而为即将来临的大革命高潮奠定了广泛的群众基础。

42. 第一部党史是蔡和森写的《中国共产党史的发展(提纲)》。（ ）

【参考答案】 √

【答案解析】 蔡和森是中国共产党的创始人之一，是中国共产党建党理论和新民主主义革命理论的奠基人之一，建党初期杰出的马克思主义理论家和宣传家，开创了中国共产党党史学的研究领域。1926 年年初，蔡和森在莫斯科担任中国共产党驻共产国际代表期间，向中国共产党旅俄支部作了长达 5 万字的《中国共产党史的发展(提纲)——中国共产党的发展和使命》的报告，系统地回顾和总结了从党的一大到四大的历史及经验教训，这是中共党史研究的第一部著作。

43. 中共中央最早的机关报是《新华日报》。（ ）

【参考答案】 ×

【答案解析】 1922 年 8 月，中共中央执行委员会在杭州西湖举行会议，专门讨论共产党员加入国民党的问题。陈独秀、李大钊、蔡和森、张国焘、高君宇、马林、张太雷出席会议，会议还专门研究了中央的宣传工作。中央决定在北京创办《远东日报》，专门宣传国民革命。但马林认为，中国共产党能力不足，不应该办这样大的机关报，因为很容易引起敌人的注意，只应办一个周报。中央接受了马林的建议，决定创办《向导》周报，作为中共中央的政治机关报。中央还决定，由蔡和森担任主编，负责筹办工作。

1922 年 9 月，《向导》周报在上海创立，这是中国共产党报刊史上第一份中共中央机关报。《向导》周报历时5年，经历了第一次国共合作的建立和破裂、大革命的兴起和失败的整个过程，成为大革命时期国内最有影响的刊物之一。1923年12月，在北京大学成立25周年纪念日举办的民意测验中，《向导》周报获得各界读者爱读票220票，名列全国周刊第一名。

44. 陈望道是中国第一个全文翻译《共产党宣言》的人。（　　）

【参考答案】 √

【答案解析】 在上海中国共产党一大会址纪念馆里，有一镇馆之宝，就是1920年翻译的《共产党宣言》第一本中文全文译本。这本《共产党宣言》也是馆藏国家一级文物。1920年早春二月，陈独秀离开北京时，与李大钊商量"相约建党"，李大钊从北京大学图书馆借给陈独秀一本英译本《共产党宣言》，带到了上海。当时，《共产党宣言》片段和部分章节的翻译，已经无法满足人们的阅读需求与理论渴望。他俩认为，应该尽快把《共产党宣言》全文翻译出版。陈独秀到上海后得知，担任上海《星期评论》主编的戴季陶也计划找人翻译《共产党宣言》，在此刊上连载。《民国日报》主笔邵力子，准备向戴季陶推荐一个人。他们一致认为，要精准地翻译《共产党宣言》，必须具体三个能力：第一，英文、日文、德文，最起码要精通其二；第二，要对马克思主义有所学习和了解，具备一定的研究水准；第三，汉语语言水平要高，特别是当时的白话文水平要高。基于这三点要求，邵力子向戴季陶推荐了陈望道。陈独秀了解到，陈望道精通英文和日文，同时具备马克思主义常识，并且还是新文化的倡导者之一，表示赞同。于是，戴季陶向陈望道提供了《共产党宣言》日译本，陈独秀把英译本《共产党宣言》，提供给了陈望道。1920年4月下旬，陈望道以花费平常译书五倍的功夫，翻译出了《共产党宣言》。陈独秀和李汉俊进行了校阅。

45. 从1983年起，为了配合对外开放政策和经济体制改革，国家公布了一系列涉外税法。（　　）

【参考答案】 ×

【答案解析】 从1980年起，实行对外开放政策，公布了一系列涉外税法。为了配合经济体制改革，从1983年开始，有步骤地实行了国有企业利改税，并改革了工商税制。这次改革，是比过去历次税制改革的范围都要广泛得多、经历的时间也长得多的一次全面的工商税制改革。

46. 新时代中国共产党的历史使命是实现中华民族伟大复兴。（　　）

【参考答案】 √

【答案解析】 习近平总书记代表第十八届中央委员会向党的十九大作的报告中指出，实现中华民族伟大复兴是近代以来中华民族最伟大的梦想。

47. 中国特色社会主义进入新时代，我国社会主要矛盾已经转化为人民日益增长的美好生活需要和不平衡不充分的发展之间的矛盾。 （ ）

【参考答案】 √

【答案解析】 习近平总书记在党的十九大报告中指出，中国特色社会主义进入新时代，我国社会主要矛盾已经转化为人民日益增长的美好生活需要和不平衡不充分的发展之间的矛盾。这是一个非常重要的判断。因为社会主要矛盾的转化意味着党和国家工作重心的变化，意味着政府政策方针和发展理念的变化。这一重大政治论断，反映了我国社会发展的客观实际，指明了解决当代中国发展主要问题的根本着力点，丰富发展了马克思主义关于社会矛盾的学说。

48. 在新时代坚持和发展中国特色社会主义的十四条基本方略中，摆在第一条的是坚持走中国特色的社会主义道路。 （ ）

【参考答案】 ×

【答案解析】 在新时代坚持和发展中国特色社会主义的十四条基本方略中，摆在第一条的是坚持党对一切工作的领导。党的十九大报告重申，“党政军民学，东西南北中，党是领导一切的”。

49. 党的十九大报告提出“为把我国建设成为富强民主文明和谐的社会主义现代化强国而奋斗”。 （ ）

【参考答案】 ×

【答案解析】 党的十九大报告提出“为把我国建设成为富强民主文明和谐美丽的社会主义现代化强国而奋斗”。社会主义现代化奋斗目标从“富强民主文明和谐”进一步拓展为“富强民主文明和谐美丽”。增加了“美丽”，经济、政治、文明、社会、生态文明建设“五位一体”总体布局与现代化建设目标有了更好的对接。

50. 按照党的十九大提出的决胜全面建成小康社会、分两个阶段实现第二个百年奋斗目标的战略安排，中央农村工作会议明确了实施乡村振兴战略的目标任务“三步走”时间表。 （ ）

【参考答案】 √

【答案解析】 按照党的十九大提出的决胜全面建成小康社会、分两个阶段实现第二个百年奋斗目标的战略安排，中央农村工作会议明确了实施乡村振兴战略的目标任务：

——到 2020 年，乡村振兴取得重要进展，制度框架和政策体系基本形成；

——到 2035 年，乡村振兴取得决定性进展，农业农村现代化基本实现；

——到 2050 年，乡村全面振兴，农业强、农村美、农民富全面实现。

2018 年 9 月 21 日，中共中央政治局就实施乡村振兴战略进行第八次集体学习。

中共中央总书记习近平在主持学习时强调，乡村振兴战略是党的十九大提出的一项重大战略，是关系全面建设社会主义现代化国家的全局性、历史性任务，是新时代“三农”工作总抓手。

51. 科教是一个国家、一个民族的灵魂，科教兴国运兴，科教强民族强。（　　）

【参考答案】 ×

【答案解析】 党的十九大报告强调，“文化是一个国家、一个民族的灵魂”，“文化兴国运兴，文化强民族强”，“没有高度的文化自信，没有文化的繁荣兴盛，就没有中华民族伟大复兴”。

四、案例分析题（请阅读所给材料，根据要求，将正确答案填入括号中。）

（一）中国共产党的成立

【背景资料】

1921年7月，中国共产党第一次全国代表大会在上海法租界望志路106号（今兴业路76号）开幕。党的一大确定党的名称为“中国共产党”。大会通过了中国共产党第一个纲领，明确“革命军队必须与无产阶级一起推翻资本家阶级的政权”，“承认无产阶级专政，直到阶级斗争结束”，“消灭资本家私有制”，以及联合第三国际。中国共产党一经成立，就旗帜鲜明地把社会主义和共产主义规定为自己的奋斗目标，坚持用革命的手段实现这个目标。

【提问】

1. 中国共产党第一次代表大会是在（　　）开幕的。（单选题）

A. 1921年7月1日；上海　　B. 1921年7月13日；嘉兴

C. 1921年7月23日；上海　　D. 1921年7月31日；嘉兴

【参考答案】 C

【答案解析】 中国共产党第一次全国代表大会，于1921年7月23日在上海法租界召开。

2. 中国共产党第一次代表大会的代表有（　　）人。（单选题）

A. 11　　B. 13　　C. 53　　D. 58

【参考答案】 B

【答案解析】 党的一大代表有13人。

3. 由于会场受到暗探注意和法租界巡捕搜查，党的一大开了一天后会议就转移到浙江嘉兴南湖的游船上举行。（　　）

A. 正确　　B. 错误

【参考答案】 B

【答案解析】 由于会场受到暗探注意和法租界巡捕搜查,党的一大最后一天的会议转移到浙江嘉兴南湖的游船上举行。

4. 党的一大决定设立中央局作为中央的临时领导机构,选举产生了以(　　)为书记的中央局。(单选题)

A. 陈独秀　　B. 李大钊　　C. 毛泽东　　D. 张闻天

【参考答案】 A

【答案解析】 党的一大选举产生了以陈独秀为书记的中央局。

5. 中国共产党作为中国最先进的阶级——工人阶级的政党,不仅代表着工人阶级的利益,而且代表着整个中国人民和中华民族的利益。(　　)

A. 正确　　B. 错误

【参考答案】 A

【答案解析】 中国共产党作为中国最先进的阶级——工人阶级的政党,不仅代表着工人阶级的利益,而且代表着整个中国人民和中华民族的利益。

(二)遵义会议

【背景资料】

遵义会议是指1935年1月中共中央政治局在贵州遵义召开的独立自主地解决中国革命问题的一次极其重要的扩大会议,这次会议是中国共产党第一次独立自主地运用马克思列宁主义基本原理解决自己的路线、方针和政策方面问题的会议。这次会议,在极端危急的历史关头,挽救了党,挽救了红军,挽救了中国革命,在中国共产党和红军的历史上,是一个生死攸关的转折点。

【提问】

1. 遵义会议在红军第五次反"围剿"失败和长征初期严重受挫的历史关头召开。(　　)

A. 正确　　B. 错误

【参考答案】 A

【答案解析】 红军第五次反"围剿"失败后,长征初征严重受挫,湘江战役遭受重大损失,遵义会议,就是在这样的危急关头召开的。

2. 出席遵义会议的政治局委员有毛泽东、洛甫(张闻天)、周恩来、朱德、陈云等,博古和李德没有参加会议。(　　)

A. 正确　　B. 错误

【参考答案】 B

【答案解析】 博古作为政治局委员参加并主持了会议,李德列席了会议。

3. 遵义会议着重总结了第五次反“围剿”失败的经验教训，全面批判了“右”倾教条主义军事错误。（　　）

A. 正确　　　　B. 错误

【参考答案】 B

【答案解析】 遵义会议着重总结了第五次反“围剿”失败的经验教训，全面批判了“左”倾教条主义军事错误。

4. 遵义会议作出重大决定：毛泽东同志选为常委。取消三人团，而朱德同志是党内委托的对于指挥军事上下最后决心的负责者。（　　）

A. 正确　　　　B. 错误

【参考答案】 B

【答案解析】 遵义会议做出重大决定：毛泽东同志选为常委。取消三人团，而周恩来同志是党内委托的对于指挥军事上下最后决心的负责者。

5. 遵义会议之所以成为伟大的转折，是因为遵义会议后，中国共产党开始逐渐确立独立自主的原则，坚持把马克思主义基本原理同中国革命实际相结合，坚持一切从中国实际出发。（　　）

A. 正确　　　　B. 错误

【参考答案】 A

【答案解析】 以遵义会议为转折点，中国共产党开始更加自主地认识中国革命的规律，把握中国革命的主动权和领导权，这标志着党在经历了曲折的道路后，在政治上逐步走向成熟。

（三）新中国反腐第一案

【背景资料】

原天津地委书记刘青山、专员张子善案件是在建国初期查出的第一起党的领导干部严重贪污盗窃国家资财案件。他们两人都是经历过土地革命、抗日战争、解放战争严峻考验的干部，对革命是有贡献的。可让人痛心的是，在革命胜利面前、在和平的环境里，他们却经不起资产阶级的腐朽思想和生活方式的侵蚀。

刘青山整日不去机关，对奢靡作风毫不遮掩。他在吃上极其讲究，大冬天里非要吃韭菜馅饺子，厨师不得不到北京郊区四季青暖房里买韭菜。张子善每个月光高档香烟就要吸八九条，衣着由粗布到细布再到皮毛，饮食先是非细粮不可，再到酒肉必备，行则非轿车不坐，两年时间里竟然换了五辆小轿车。

刘青山、张子善这种违法乱纪的非法罪恶行为，自然会遭到一切忠诚的共产党员和正直的政府工作人员的指责和反对的，刘、张二人就采取了各种卑鄙手段来对待党的组织和人民干部，为遂行其贪污挥霍的企图。首先，他们在政治上极力造成一个“唯我独尊”和“挥霍有道”的空气。刘青山说:“老子们拼命打了天下,享受些又怎么样?”其次,他们在组织上除极力压抑民主、取消批评与自我批评、施行其家长制的统治。再次,刘、张为了掩盖其罪恶勾当,则在上下左右之间公行贿赂,到处拉人下水,以达其腐蚀党的组织和人民干部的目的。

1951年11月29日,华北局向中央报告,刘青山、张子善总计贪污挪用公款171万元,且性质恶劣,盗窃救济粮,侵吞河工粮款,擅自挪用机场建设专款。1951年12月1日,中共中央做出开展反对贪污、反对浪费和反对官僚主义的决定。刘青山、张子善的贪污事实发生后,有上级领导因顾念他们在战争年代曾出生入死,有过功劳,向毛泽东呈请是否可以不要枪毙。毛泽东态度鲜明地说:“正因为他们两人的地位高、功劳大、影响大,所以才要下决心处决他们。只有处决他们,才可能挽救二十个、二百个、二千个、二万个犯有各种不同程度错误的干部。”经最高人民法院核准,刘青山、张子善被执行死刑。

张子善无后,刘青山则有三个孩子。在刘青山被处决后,中共中央、华北局、河北省委三级领导研究后作出决定:刘青山长子和次子由国家供给,每人每月15元生活费,老三由刘青山的妻子抚养。

【提问】

1. 刘青山和张子善发生蜕变的主要原因是(　　)。(多选题)

A. 资产阶级的腐朽思想和生活方式的侵蚀

B. 居功自傲的、贪图安逸的心理

C. 没有出台“八项规定”加强纪律约束

D. 财务制度不健全

【参考答案】 AB

【答案解析】 刘青山和张子善发生蜕变的主要原因是放松了对自我世界观的改造,居功自傲的、贪图安逸,受资产阶级的腐朽思想和生活方式的侵蚀,背离了干革命的出发点和初衷。

2. “老子们拼命打了天下,享受些又怎么样?”你如何分析刘青山的这句话的错误本质?(　　)(单选题)

A. 草莽英雄　　　　B. 小农思想

C. 违背为人民服务的宗旨　　　　D. 享乐主义

【参考答案】 C

【答案解析】 刘青山的这句话,反映了他思想上已违背为人民服务的宗旨,将自己视为新的特权阶层。

3. 刘、张二人为遂行其贪污挥霍的企图,采取各种卑鄙手段来对待党的组织和

人民干部，这说明了一个什么道理？（　　）（单选题）

A. 贪污者做贼心虚

B. 贪腐现象往往和不正确的权力观相伴随

C. 腐败分子善于伪装

D. 贪污者会给自己的违反行为“合理化”

【参考答案】 B

【答案解析】 B选项揭示贪腐现象发生的机制原因。

4. 新中国成立之初，还没有建立完善的法律体系，对刘、张怎样处理，既无明确的法律条文可以依据，又无现成的案例可以参照。你如何看待枪毙二人的决定？（　　）（单选题）

A. 量刑过重

B. 成文法总是滞后社会实践的，可以形成判例法

C. 刘、张是普通的贪污犯，不够判死刑

D. 从严治党的决心

【参考答案】 D

【答案解析】 刘青山、张子善已不仅仅是两个普通的贪污罪犯，刘、张公然责令干部，要动员党的组织，“保证完成”他们剥削民工30亿元的“任务”。他们要把天津地区的党变成贪污罪犯们的驯服工具。刘、张实际上成为反动分子在党内的代理人，肆无忌惮地从内部来腐蚀党和瓦解党。这就是刘清山、张子善贪污事件的特别严重的地方，背叛党和背叛人民。枪毙二人，体现了党从严治党的决心。

5. 对刘青山后代的抚恤，说明我党宽严相济的处事原则。（　　）

A. 正确　　　　B. 错误

【参考答案】 A

【答案解析】 刘青山的犯罪行为和他的家人没有关系，对刘青山孩子的抚恤，说明我党宽严相济的处事原则。

下篇　政治理论练习题

一、单项选择题（下列各题只有一个答案正确，请将正确答案序号填入括号中。）

1. 物质的唯一特性是（　　）。

A. 运动的绝对性　B. 客观实在性　C. 物质第一性　D. 矛盾性

【参考答案】 B

【答案解析】 物质的唯一特性，即物质与意识的本质区别，指的是物质不依赖

于意识而独立存在，也就是客观实在性。

2. “推动哲学家前进的，决不像他们所想象的那样，只是纯粹思想的力量。恰恰相反，真正推动他们前进的，主要是自然科学和工业的强大而日益迅猛的进步”，这段话说明(　　)。

A. 自然科学是哲学的基础，自然科学的发展推动哲学的发展

B. 哲学是科学之科学

C. 哲学和具体科学是整体与部分的关系

D. 哲学为具体科学提供世界观和方法论的指导

【参考答案】 A

【答案解析】 本题考核哲学与具体科学的联系。材料中的话表明哲学家的发展并不仅仅依靠哲学思想，自然科学和工业也推动着哲学的发展，说明自然科学是哲学的基础，自然科学的发展推动哲学的发展；B是不对的，因为哲学可以对科学进行反思，这种反思并不是以科学的方式和方向来进行，也不是用来说明科学的方向和本质的，即哲学不能以脱离实际的可重复和可验证的方式来说明科学，所以，它不是科学的科学。C项也是不对的，哲学与具体科学是一般与个别、共性与个性的关系。D项材料未涉及。

3. “三农”问题作为全党工作的重中之重，我国不断调整推动乡村振兴的举措，以促进农村的经济发展，这体现的哲学道理是(　　)。

A. 思维和存在的统一性

B. 规律在一定条件下可以被人们认识和改变

C. 坚持用一分为二的观点看问题

D. 运动和静止是事物的根本属性和存在方式

【参考答案】 A

【答案解析】 “三农”问题是我国客观存在的问题，而我国不断调整推动乡村振兴的举措，以促进农村的经济发展是针对“三农”问题作出的反映，体现了思维和存在的统一性。

4. 下列关于“我在故我思”和“我思故我在”这两个观点描述不正确的是(　　)。

A. 两者反映了唯物主义与唯心主义的对立

B. 前一个观点是辩证法的，后一个观点是形而上学的

C. 前一个观点是唯物主义的，后一个观点是唯心主义的

D. 两者的根本分歧在于物质与意识谁决定谁的问题

【参考答案】 B

【答案解析】 前一个观点是唯物主义的，后一个观点是唯心主义的。

5. “有是理，后生是气”，这是属于(　　)。

A. 机械唯物主义观点　　B. 客观唯心主义观点

C. 主观唯心主义观点　　D. 朴素唯物主义观点

【参考答案】 B

【答案解析】 这是朱熹的客观唯心主义观点，把“客观”精神当成是世界的本原。表现为绝对的道、理，以及绝对观念、理念。

6. 唯物辩证法的实质和核心是(　　)。

A. 否定之否定规律　　B. 质量互变规律

C. 对立统一规律　　D. 辩证认识规律

【参考答案】 C

【答案解析】 对立统一规律是唯物辩证法的实质和核心。对立统一规律揭示了普遍联系的根本内容和永恒发展的内在动力，从根本上回答了事物为什么会发展的问题；同时，贯穿质量互变规律、否定之否定规律以及唯物辩证法基本范畴的中心线索，是理解这些规律和范畴的钥匙。

7. 下列句子中不蕴含辩证法量变质量思想的是(　　)。

A. 冰冻三尺非一日之寒　　B. 千里之行始于足下

C. 九层之台起于垒土　　D. 物极必反相辅相成

【参考答案】 D

【答案解析】 物极必反相辅相成体现的是矛盾的对立统一。

8. 我国走建设有中国特色社会主义道路，体现的哲学原理是(　　)。

A. 主要矛盾和次要矛盾相互关系的原理

B. 矛盾的主要方面和次要方面相互关系的原理

C. 矛盾的普遍性和特殊性相互关系原理

D. 矛盾的同一性和斗争性相互关系原理

【参考答案】 C

【答案解析】 唯物辩证法矛盾观认为，矛盾普遍性与矛盾特殊性是辩证统一的，也即是共性与个性的统一。矛盾普遍性寓于矛盾特殊性之中，并通过矛盾特殊性表现出来。这是建设有中国特色社会主义的哲学根据。中国特色的社会主义，是根据马克思主义普遍原理与中国具体实际相结合的理论、实践和制度。

9. 下列体现矛盾的普遍性的是(　　)。

A. 金无足赤人无完人　　B. 尽信书则不如无书

C. 水清无鱼　　D. 美术学的“留白效应”

【参考答案】 A

【答案解析】 A选项,讲的是人没有十全十美的,有优点和缺陷,这体现的是矛盾无处不在无时不有,讲的是矛盾的普遍性。BCD选项都体现的是矛盾基本属性的同一性:B选项完全相信书不如没有书,在一定条件下,事物会向自己相反的方向转化;C选项水浑浊时还有鱼,完全清澈就没有鱼了,意思就是有无相生,也有相互依存的意思;D选项美术学的"留白效应",是书法绘画的一种艺术手法,在整幅的作品中留有一定的空白,给人以想象的空间,从而达到以无胜有、此处无声胜有声的独特艺术效果。

10. 赫拉克利特说,世界是一团永恒的活火,在一定的分寸上燃烧,在一定的分寸上熄灭。它蕴含的哲学道理不包括(　　)。

A. 世界是物质的　　B. 物质是运动的

C. 物质运动是有规律的　　D. 规律是可以认识和利用的

【参考答案】 D

【答案解析】 "世界是一团永恒的活火",体现了世界是物质的,物质是运动的;"在一定的分寸上燃烧,在一定的分寸上熄灭"。体现了物质运动是有规律的。

11. "两弹一星"精神,凝聚着科技工作者报效祖国的满腔热血和赤胆忠心,反映出他们坚定的理想信念和崇高的精神境界,是新时期推动我国社会主义建设事业不断发展的强大精神动力。这体现的哲学道理是(　　)。

A. 意识是随着社会的发展而发展的

B. 正确意识是对客观事物的正确反映

C. 正确的意识促进客观事物的发展

D. 理论对社会实践有巨大的推动作用

【参考答案】 C

【答案解析】 "两弹一星"精神是新时期推动我国社会主义建设事业不断发展的强大精神动力,体现了正确的意识促进客观事物的发展。

12. 我国作为最大的新车消费国,二手车交易量却处于较低水平,畅通二手车交易环境政策是促进换购需求,提升二手车交易量的重要举措。这体现的唯物论道理是(　　)。

A. 物质和意识的关系　　B. 主要矛盾和次要矛盾的关系

C. 辩证否定观　　D. 实践和认识的关系

【参考答案】 A

【答案解析】 物质是标志客观实在的哲学范畴,我国二手车交易量低是客观实在,畅通二手车交易环境政策是意识,材料体现了物质和意识的关系。

13. 下列各项,不涉及哲学的基本问题的是(　　)。

A. 学习计划与学习实际之间的关系　　B. 卫生环境与经济建设之间的关系

C. 设计蓝图与建筑实践之间的关系　　D. 医生处方与病人病情之间关系

【参考答案】 B

【答案解析】 该题首先要明确哲学的基本问题是思维和存在的关系问题。A选项制定学习计划要符合学习实际才能对实际有指导意义;C选项设计蓝图要从建筑实践出发才能指导建筑实践;D选项医生开具处方要从病人的病情出发才能治病。这三项都涉及了思维和存在的关系问题,B选项卫生环境和经济建设是两个不同方面的存在,没有涉及哲学的基本问题。

14. 社会历史观的基本问题是(　　)。

A. 经济基础和上层建筑的关系问题

B. 生产力和生产关系之间的关系问题

C. 社会存在和社会意识的关系问题

D. 思维和存在的关系问题

【参考答案】 C

【答案解析】 社会存在与社会意识的关系问题是社会历史观的基本问题。唯物主义历史观认为社会存在决定社会意识,社会意识是社会存在的反映,社会存在的性质和变化决定社会意识的性质和变化。社会意识对社会存在具有能动作用。

15. 唯物史观和唯心史观在谁是历史创造者问题上的根本对立在于是否承认(　　)。

A. 英雄人物对社会发展的决定力量　　B. 个别人物在历史上的突出作用

C. 人民群众是历史的创造者　　D. 知识分子在历史上起决定作用

【参考答案】 C

【答案解析】 唯物史观认为在社会历史发展过程中,人民群众起着决定性的作用。人民群众是历史的主体,是历史的创造者。

16. 运动是物质的运动,无物质的运动,将导致(　　)。

A. 形而上学　　B. 唯心主义

C. 古代朴素唯物主义　　D. 诡辩论

【参考答案】 B

【答案解析】 物质和运动不可分割。一方面,物质是运动的物质,没有不运动的物质。设想有不运动的物质,将导致形而上学。另一方面,运动是物质的运动。设想无物质的运动,将导致唯心主义。

17. 党的十九大报告概括的"八个明确"中提出要突出(　　)在党的建设中的重要地位。

A. 思想建设　　B. 政治建设　　C. 党性建设　　D. 党内监督

【参考答案】 B

【答案解析】 党的十九大报告概括的"八个明确"中提出要突出政治建设在党的建设中的重要地位。

18. 五四运动标志着中国(　　)的开端。

A. 旧民主主义革命　　B. 新民主主义革命

C. 社会主义革命　　D. 新文化运动

【参考答案】 B

【答案解析】 五四运动标志着中国新民主主义革命的伟大开端,中国无产阶级登上政治舞台并起领导作用。

19. 标志着党探索中国社会主义建设道路的良好开端的报告是(　　)。

A.《论十大关系》

B.《关于正确处理人民内部矛盾的问题》

C.《论人民民主专政》

D.《目前形势和我们的任务》

【参考答案】 A

【答案解析】《论十大关系》的发表标志着毛泽东对中国社会主义建设道路的探索开始形成一个初步的然而又是比较系统的思路。

20. 四项基本原则的核心是(　　)。

A. 坚持社会主义道路　　B. 坚持无产阶级专政

C. 坚持共产党领导　　D. 坚持马列主义、毛泽东思想

【参考答案】 C

【答案解析】 1980年1月,邓小平在《目前的形势和任务》中指出:"我们坚持四项基本原则,就是坚持社会主义,坚持无产阶级专政,坚持马列主义、毛泽东思想,坚持党的领导,这四个坚持的核心,是坚持党的领导。"

21. 科学发展观的第一要义和核心是(　　)。

A. 发展;以人为本　　B. 发展;人本主义

C. 以人为本;全面协调可持续　　D. 以人为本;以人的发展为中心

【参考答案】 A

【答案解析】 科学发展观的第一要义是发展,核心是以人为本。

22. 习近平总书记提出伟大斗争、伟大工程、伟大事业、伟大梦想，紧密联系、相互贯通、相互作用，其中起决定性作用的是(　　)。

A. 伟大斗争　　B. 伟大工程　　C. 伟大事业　　D. 伟大梦想

【参考答案】 B

【答案解析】 根据党的十九大报告，起决定性作用的是伟大工程。

23. 我国现阶段的主要矛盾是(　　)。

A. 工人阶级和资产阶级的矛盾

B. 人民日益增长的美好生活需要与不平衡不充分的发展之间的矛盾

C. 社会主义道路和资本主义道路之间的矛盾

D. 人民日益增长的物质文化需要同落后的生产力之间的矛盾

【参考答案】 B

【答案解析】 党的十九大报告中指出，中国特色社会主义进入新时代，我国社会主要矛盾已经转化为人民日益增长的美好生活需要和不平衡不充分的发展之间的矛盾。

24. 中国共产党十二次全国代表大会上第一次提出(　　)。

A. 改革开放　　B. 建设有中国特色的社会主义理论

C. 初级阶段基本路线　　D. 全面开展社会主义建设的任务

【参考答案】 B

【答案解析】 中国共产党十二次全国代表大会上第一次提出建设有中国特色的社会主义理论。

25. 第一次明确规定“党部的指导原则为民主集中制”是在(　　)。

A. 党的三大　　B. 党的四大　　C. 党的五大　　D. 党的六大

【参考答案】 C

【答案解析】 党的五大第一次明确规定“党部的指导原则为民主集中制”。

26. 首次规定完善选举制度，实施差额选举是在(　　)。

A. 党的十二大　　B. 党的十三大　　C. 党的十四大　　D. 党的十五大

【参考答案】 B

【答案解析】 党的十三大首次规定完善选举制度，实施差额选举。

27. 中国共产党历史上唯一一次在国外召开的全国代表大会是(　　)。

A. 党的三大　　B. 党的四大　　C. 党的五大　　D. 党的六大

【参考答案】 D

【答案解析】 中国共产党第六次全国代表大会于1928年6月18日至1928年

7月11日在苏联莫斯科近郊兹维尼果罗德镇的塞列布若耶乡间别墅召开。

28. 中国共产党第(　　)次全国代表大会把科学发展观列入党的指导思想。

A. 七　　B. 八　　C. 十七　　D. 十八

【参考答案】 D

【答案解析】 中国共产党第十八次全国代表大会把科学发展观列入党的指导思想。

29. 2020年10月29日,《中国共产党第十九届中央委员会第五次全体会议公报》将"四个全面"表述为(　　)。

A. 全面建设社会主义现代化国家、全面深化改革、全面依法治国、全面从严治党

B. 全面建成小康社会、全面深化改革、全面依法治国、全面从严治党

C. 全面建设社会主义现代化国家、全面改革开放、全面依法治国、全面从严治党

D. 全面建成小康社会、全面改革开放、全面依法治国、全面从严治党

【参考答案】 A

【答案解析】 《中国共产党第十九届中央委员会第五次全体会议公报》将"四个全面"表述为全面建设社会主义现代化国家、全面深化改革、全面依法治国、全面从严治党。

30. 习近平新时代中国特色社会主义思想为新时代坚持和发展中国特色社会主义、推进党和国家事业提供了基本遵循,明确了中国特色社会主义事业总体布局是(　　),战略布局是(　　)。

A. "五位一体";"四个全面"　　B. "五位一体";"四个伟大"

C. "两个大局";"四个全面"　　D. "两个大局";"四个自信"

【参考答案】 A

【答案解析】 党的十九大修改党章明确把统筹推进"五位一体"总体布局和协调推进"四个全面"战略布局写了进去。

31. 党的最高政治原则和根本政治规矩是(　　)。

A. 用科学理论武装头脑　　B. 坚持"两个维护"

C. 坚持"四个自信"　　D. 立足"两个大局"

【参考答案】 B

【答案解析】 2018年1月15日,习近平总书记在中共中央政治局常务委员会上强调把维护党中央权威和集中统一领导作为最高政治原则和根本政治规矩来执行。

32. 党员受到警告处分的,(　　)内不得在党内提升职务和向党外组织推荐担

任高于其原任职务的党外职务。

A. 3个月　　B. 6个月　　C. 1年　　D. 2年

【参考答案】 C

【答案解析】 根据《中国共产党纪律处分条例》规定。

33. 习近平总书记在庆祝中国共产党成立95周年大会上的讲话强调,全党同志要增强(　　),切实做到对党忠诚、为党分忧、为党担责、为党尽责。

A. 政治意识、全局意识、核心意识、看齐意识

B. 政治意识、大局意识、权威意识、看齐意识

C. 政治意识、全局意识、权威意识、看齐意识

D. 政治意识、大局意识、核心意识、看齐意识

【参考答案】 D

【答案解析】 本题考查"四个意识"。

34.《关于新形势下党内政治生活的若干准则》明确规定,必须把(　　)作为开展党内政治生活的首要任务。

A. 改革　　B. 坚定理想信念　　C. 增强"四性"　　D. 党性教育

【参考答案】 B

【答案解析】《关于新形势下党内政治生活的若干准则》明确规定,必须把坚定理想信念作为开展党内政治生活的首要任务。

35. 反腐败斗争压倒性态势已经形成并巩固发展。不坚决惩治腐败,党同人民群众的血肉联系就会受到严重损害,就有丧失(　　)的危险,就有可能走向自我毁灭。

A. 党的领导地位　　B. 党的执政基础

C. 党的执政地位　　D. 党的执政根基

【参考答案】 C

【答案解析】 根据党的十九大报告内容。

36. 党员要切实开展(　　),勇于揭露和纠正工作中的缺点、错误,坚决同消极腐败现象作斗争。

A. 批评与自我批评　　B. 约谈函询

C. 党性建设　　D. 反腐倡廉建设

【参考答案】 A

【答案解析】 根据《中国共产党章程》规定。

37. 全面从严治党,核心是(　　),基础在全面,关键在严,要害在治。

A. 加强党的领导　　　　B. 加强政治建设
C. 人民利益为根本出发点　　　　D. 从严管党治党

【参考答案】 A

【答案解析】 全面从严治党，核心是加强党的领导，基础在全面，关键在严，要害在治。

38. 在监督执纪四种形态中，要让(　　)成为少数。

A. 党纪轻处分、组织调整　　　　B. “红红脸、出出汗”
C. 党纪重处分、重大职责调整　　　　D. 违法立案审查

【参考答案】 C

【答案解析】 监督执纪四种形态：经常开展批评和自我批评、约谈函询，让“红红脸、出出汗”成为常态；党纪轻处分、组织调整成为违纪处理的大多数；党纪重处分、重大职责调整的成为少数；严重违纪涉嫌违法立案审查的成为极少数。

39. 对党员的纪律处分中，留党察看期限最长不得超过(　　)年。

A. 1　　　　B. 2　　　　C. 3　　　　D. 5

【参考答案】 B

【答案解析】 根据《中国共产党纪律处分条例》规定。

40. 五四精神的核心是(　　)。

A. 爱国　　　　B. 进步　　　　C. 民主　　　　D. 科学

【参考答案】 A

【答案解析】 五四精神的核心是爱国主义。

41. 中国共产党与其他政党区别的最根本标志是(　　)。

A. 自力更生精神　　　　B. 批评与自我批评精神
C. 实事求是精神　　　　D. 艰苦奋斗精神

【参考答案】 B

【答案解析】 中国共产党与其他政党区别的最根本标志是批评与自我批评精神。

42. 延安精神的核心是(　　)。

A. 实事求是、理论联系实际的精神　　　　B. 全心全意为人民服务的精神
C. 自力更生、艰苦奋斗的精神　　　　D. 解放思想、实事求是

【参考答案】 C

【答案解析】 延安精神核心是自力更生、艰苦奋斗的创业精神。

43. 工匠精神的理念是(　　)。

A. 执着专注　B. 精益求精　C. 一丝不苟　D. 追求卓越

【参考答案】 B

【答案解析】 工匠精神的理念是精益求精。

44. 集中体现了我国工人阶级的崇高品质和精神风貌的是(　　)。

A. 北大荒精神　B. 红旗渠精神　C. 工匠精神　D. 大庆精神

【参考答案】 D

【答案解析】 大庆精神集中体现了我国工人阶级的崇高品质和精神风貌,是激励中国人民不畏艰难、勇往直前的宝贵精神财富。

45. 下列不属于中国税务精神的是(　　)。

A. 忠诚担当　B. 崇法守纪　C. 兴税强国　D. 攻坚克难

【参考答案】 D

【答案解析】 中国税务精神:忠诚担当、崇法守纪、兴税强国。

46. 下列不属于营改增精神的是(　　)。

A. 知难而进　B. 竭诚为民　C. 坚守使命　D. 追求卓越

【参考答案】 B

【答案解析】 营改增精神:知难而进、坚守使命、追求卓越。

47. 党的问责对象不包括(　　)。

A. 各级党委(党组)

B. 各级党的工作部门及其领导成员

C. 各级纪委及其领导成员

D. 普通党员

【参考答案】 D

【答案解析】 问责对象是党组织、党的领导干部,重点是党委(党组)、党的工作机关及其领导成员,纪委、纪委派驻(派出)机构及其领导成员,不包括普通党员。

48. 采取(　　)方式问责的,一般不需要向社会公开。

A. 组织调整　B. 诫勉谈话　C. 纪律处分　D. 组织处理

【参考答案】 B

【答案解析】 根据《中国共产党纪律处分条例》规定。

49. 西柏坡精神的本质特征和核心内容是(　　)。

A. 两个敢于　B. 两个善于　C. 两个务必　D. 与时俱进

【参考答案】 C

【答案解析】 西柏坡精神的本质特征和核心内容是“两个务必”,务必保持谦虚谨慎的作风,务必保持艰苦奋斗的作风的创业精神。

50. 井冈山精神的最显著特征是(   )。

A. 坚定信念　　B. 艰苦奋斗　　C. 实事求是　　D. 敢闯新路

【参考答案】 A

【答案解析】 井冈山精神的最显著特征是坚定信念。

二、多项选择题(下列各题给出的备选答案中有两个或两个以上是正确的,请将你认为正确的答案符号A、B、C、D中选两个或两个以上填入括号中。)

1. 研究人员最近在宇宙内发现了“一堵墙”,它像是宇宙内的“长城”,总长度竟然达到了14亿光年,其中包含大量的星系,它甚至被称为宇宙最大结构之一,“南极墙”的出现引发人类的猜测,人类是不是被外星人“圈养”,顺利穿过这个边界后,才能看到真正的宇宙。“南极墙”的发现表明(   )。

A. 未知世界与已知世界是客观存在的

B. 整个物质世界的时间和空间是有限的

C. 物质这一客观存在是可以认识的对象

D. 世界上只有尚未认知之物,没有不可认识之物

【参考答案】 ACD

【答案解析】 本题考查的知识点是哲学基本问题、物质范畴及时空观。哲学基本问题是思维和存在的关系问题,分为两个方面,一是物质和意识何者为第一性的问题,即何者为本原的问题,这是划分唯物主义和唯心主义的标准;二是物质和意识有无同一性的问题,划分出可知论和不可知论。唯物主义坚持物质第一性,世界的本原是物质。可知论坚持物质和意识具有同一性,即意识能够认识且完全正确认识物质。马克思主义的物质范畴从客观存在着的物质世界中抽象出了万事万物的共同特性——客观实在性。物质世界的统一性是多样性的统一,且都统一于物质。时空既是有限的又是无限的,具体物质形态的时空是有限的,整个物质世界的时空是无限的。

2. 中央全面依法治国工作会议确立了习近平法治思想在全面依法治国工作中的指导地位,习近平法治思想是顺应实现中华民族伟大复兴时代要求应运而生的重大理论创新成果,是马克思主义法治理论中国化最新成果,是习近平新时代中国特色社会主义思想的重要组成部分,是全面依法治国的根本遵循和行动指南。下列对习近平法治思想描述正确的是(   )。

A. 是历史唯物论的重要理论基础

B. 是习近平新时代中国特色社会主义思想组成部分

C. 作为上层建筑能够对经济基础具有能动的反作用

D. 作为科学理论能够对生产力发展起直接促进作用

【参考答案】 BC

【答案解析】 A 历史唯物论是习近平法治思想的重要理论基础;D 项习近平法治思想作为科学理论能够对生产力发展起间接促进作用。

3. 下列关于运动和静止的关系表现描述正确的是(　　)。

A. 静止是一种不显著的运动,是运动的一种特殊的状态

B. 任何事物都是绝对运动和相对静止的统一

C. 运动和静止不同时存在于一个物体中

D. 静止是运动的特殊状态

【参考答案】 ABD

【答案解析】 运动和静止同时存在于一个物体中。

4. 关于否定之否定规律说法正确的是(　　)。

A. 揭示了事物发展的趋势和道路

B. 是指事物的发展经过两次辩证的否定

C. 辩证否定的实质是“扬弃”

D. 揭示了事物发展的前进性与曲折性的统一

【参考答案】 ABCD

【答案解析】 根据否定之否定规律概念、内涵,上述说法均正确。

5. 下列属于古代朴素唯物主义观点的是(　　)。

A. 气者,理之依也　　B. 有理则有气

C. 形存则神存,形谢则神灭　　D. 心外无理,心外无物

【参考答案】 AC

【答案解析】 有理则有气是客观唯心主义观点;心外无理,心外无物是主观唯心主义观点。

6. 意识的能动性表现在(　　)。

A. 意识活动本身是一个主动的创造性的过程

B. 意识对改造世界的实践活动的指导作用

C. 意识在产生过程中使物质的形态发生改变

D. 有指导实践改造客观世界的作用

【参考答案】 ABD

【答案解析】 意识的能动性表现为:①意识具有目的性和计划性;②意识具有创造性;③意识具有指导实践改造客观世界的作用;④意识具有指导、控制人的行为

和生理活动的作用。

7. 下列关于真理与谬误的关系的观点正确的是(　　)。

A. 真理和谬误往往是相伴而行的

B. 真理的获得必须以谬误的纠正为基础

C. 真理战胜谬误的过程是发展自己的过程

D. 人的真理性认识不包含谬误的成分

【参考答案】 ACD

【答案解析】 谬误的纠正并不是获得真理的基础,真理与谬误有明确的界限,人的真理性认识并不包含谬误的成分。

8. 旧民主主义革命和新民主主义革命的不同之处是(　　)。

A. 领导力量不同

B. 在革命发展和发动群众的深度、广度上

C. 革命的基本纲领不同

D. 革命前途方面

【参考答案】 AD

【答案解析】 新旧民主主义革命的区别。①领导力量方面:旧民主主义革命的领导者是资产阶级,新民主主义的领导者是无产阶级。区分两种不同范畴的民主主义革命,根本标志在于领导权掌握在资产阶级手中还是无产阶级手中;②指导思想方面:旧民主主义革命是民族资产阶级领导的,所以指导思想是资产阶级的平等、自由思想和民主共和观念。而新民主主义革命由于是无产阶级领导,所以指导思想是马克思主义;③革命前途方面:旧民主主义革命的前途是走向资产阶级民主共和国;而新民主主义革命的前途是在完成民主革命任务后,进入社会主义社会;④在革命发展和发动群众的深度、广度上:旧民主主义革命失败的原因是纲领不彻底,土地问题不能彻底解决,群众发动不充分。新民主主义革命提出了彻底的革命纲领,广泛发动群众,解决了农民最关心的土地问题,紧密团结在人民群众周围。

9. 毛泽东思想活的灵魂包括哪几个基本方面(　　)。

A. 实事求是　　B. 群众路线　　C. 独立自主　　D. 改革创新

【参考答案】 ABC

【答案解析】 毛泽东思想活的灵魂有三个基本方面,即实事求是、群众路线、独立自主。

10. 中国特色社会主义理论体系包括(　　)。

A. 邓小平理论　　B. “三个代表”重要思想

C. 科学发展观　　D. 科学社会主义

【参考答案】 ABC

【答案解析】 中国特色社会主义理论体系包括邓小平理论、“三个代表”重要思想以及科学发展观在内的科学理论体系，是对马克思列宁主义、毛泽东思想的坚持和发展。

11. “三个代表”重要思想的精髓是(　　)。

A. 实事求是　　B. 与时俱进

C. 解放思想　　D. 改革创新

【参考答案】 ABC

【答案解析】 “三个代表”重要思想的精髓是解放思想、实事求是、与时俱进。

12. 新时代坚持和发展中国特色社会主义的基本方略包括(　　)。

A. 坚持党对一切工作的领导　　B. 坚持社会主义核心价值体系

C. 坚持在发展中保障和改善民生　　D. 坚持总体国家安全观

【参考答案】 ABCD

【答案解析】 根据党的十九大报告内容。

13. 中华民族伟大复兴的中国梦，其最核心的内容包括(　　)。

A. 国家富强　　B. 社会和谐　　C. 民族振兴　　D. 人民幸福

【参考答案】 ACD

【答案解析】 中华民族伟大复兴的中国梦，其最核心的内容是国家富强、民族振兴、人民幸福。

14. 下列关于脱贫工作“两不愁”的表述正确的有(　　)。

A. 农户有能力通过自产或自购，满足主食的需求

B. 农户有能力通过自产或自购，补充一定的肉、蛋、奶、豆制品等必要营养食物

C. 农户每年有新衣服穿

D. 安全饮水有保障

【参考答案】 AB

【答案解析】 “两不愁”指脱贫群众不愁吃、不愁穿，穿不是指新衣服，D 选项是“三保障”内容。

15. 党的十九大党章的内容包括(　　)。

A. 中国特色社会主义文化

B. 明确了中国特色社会主义事业“四位一体”的总体布局

C. 供给侧结构性改革

D. 生态文明建设

【参考答案】 AC

【答案解析】 明确了中国特色社会主义事业“四位一体”的总体布局是党的十七大党章内容;生态文明建设是党的十八大党章内容。

16. 领导干部提高讲政治能力需要做到(　　)。

A. 坚定站稳政治立场　　B. 强化政治担当

C. 正确把握政治方向　　D. 严格遵守政治纪律

【参考答案】 ABCD

【答案解析】 政治能力的关键:正确把握政治方向;政治能力的根本:坚定站稳政治立场;政治能力的保证:严守政治纪律;政治能力的实践诠释:强化政治担当。

17. 下列(　　)行为属于违反中央八项规定精神的行为。

A. 使用公务用车办理私人事务

B. 不按照规定在节假日封存公务用车

C. 长期占用下属单位或管理服务对象车辆

D. 因工作需要,节假日期间可留值班车辆

【参考答案】 ABC

【答案解析】 八项规定主要内容是:一要改进调查研究;二要精简会议活动,切实改进会风;三要精简文件简报,切实改进文风;四要规范出访活动;五要改进警卫工作;六要改进新闻报道;七要严格文稿发表;八要厉行勤俭节约。

18. 党的各级代表大会的代表受到(　　)处分的,党组织应当终止其代表资格。

A. 严重警告　　B. 撤销党内职务　　C. 留党察看　　D. 开除党籍

【参考答案】 CD

【答案解析】 根据《中国共产党纪律处分条例》规定,党的各级代表大会的代表受到留党察看以上(含留党察看)处分的,党组织应当终止其代表资格。

19. 对抗组织审查,有下列行为(　　)之一的,给予警告或者严重警告处分;情节较重的,给予撤销党内职务或者留党察看处分;情节严重的,给予开除党籍处分。

A. 串供或者伪造、销毁、转移、隐匿证据的

B. 阻止他人揭发检举、提供证据材料的

C. 包庇同案人员的

D. 向组织提供虚假情况,掩盖事实的

【参考答案】 ABCD

【答案解析】 根据《中国共产党纪律处分条例》规定。

20. 下列属于"六位一体"全面从严治党新格局内容的有（　　）。

A. 两个责任一体发力　　B. 综合监督一体集成

C. 党建业务一体融合　　D. 约束激励一体抓实

【参考答案】 ABCD

【答案解析】 "六位一体"全面从严治党新格局内容是政治建设一体深化、两个责任一体发力、综合监督一体集成、党建业务一体融合、约束激励一体抓实、组织体系一体贯通。

21. 抗洪精神是万众一心、众志成城，（　　）。

A. 不怕困难　　B. 顽强拼搏

C. 坚忍不拔　　D. 敢于胜利

【参考答案】 ABCD

【答案解析】 抗洪精神：万众一心、众志成城，不怕困难、顽强拼搏，坚忍不拔、敢于胜利。

22. 下列对应正确的有（　　）。

A. 敢闯敢试、敢为人先、埋头苦干——大庆精神

B. 爱国、创业、求实、奉献——特区精神

C. 自力更生，艰苦创业，团结协作，无私奉献——红旗渠精神

D. 艰苦奋斗、勇于开拓、顾全大局、无私奉献——北大荒精神

【参考答案】 CD

【答案解析】 敢闯敢试、敢为人先、埋头苦干——特区精神；爱国、创业、求实、奉献——大庆精神。

23. 对于违犯党的纪律的党组织，上一级党的委员会在查明核实后，根据情节严重的程度，可以予以（　　）。

A. 改组　　B. 解散　　C. 重组　　D. 遣散

【参考答案】 AB

【答案解析】 根据《中国共产党纪律处分条例》的规定。

24. 对党组织的问责，根据危害程度以及具体情况，可以采取以下方式（　　）。

A. 改组　　B. 检查　　C. 通报　　D. 诫勉

【参考答案】 ABC

【答案解析】 对党组织的问责，根据危害程度以及具体情况，可以采取以下方式：①检查。责令作出书面检查并切实整改。②通报。责令整改，并在一定范围内通报。

③改组。对失职失责，严重违犯党的纪律、本身又不能纠正的，应当予以改组。

25.《中国共产党党内监督条例》中规定党的委员会集体讨论重要事项的原则是（ ）。

A. 集体领导　　B. 民主集中　　C. 个别酝酿　　D. 会议决定

【参考答案】 ABCD

【答案解析】《中国共产党党内监督条例》中规定党的委员会集体讨论重要事项的原则是集体领导、民主集中、个别酝酿、会议决定。

26. 全党要坚定执行党的政治路线，在（ ）上同党中央保持高度一致。

A. 政治立场　　B. 政治方向　　C. 政治原则　　D. 政治道路

【参考答案】 ABCD

【答案解析】 根据党的十九大报告要求。

27. 党的纪律涉及党内生活的各个方面，主要包括（ ）。

A. 政治纪律　　B. 组织纪律　　C. 群众纪律　　D. 保密纪律

【参考答案】 ABC

【答案解析】 党的纪律包括：政治纪律、经济纪律、组织纪律、廉洁纪律、群众纪律、工作纪律和生活纪律。

28. 下列属于税务系统干部政治表现负面清单的是（ ）。

A. 传播政治谣言

B. 搞封建迷信活动

C. 贯彻落实八项规定精神不到位、不严格

D. 向党组织伸手要职务、要名誉、要待遇

【参考答案】 ABCD

【答案解析】 根据税务系统干部政治表现负面清单，以上选项均是。

29. 挥霍浪费公共财产，有下列行为（ ）之一情节较轻的，给予警告或者严重警告处分；情节较重的，给予撤销党内职务或者留党察看处分；情节严重的，给予开除党籍处分。

A. 用公款旅游

B. 违反规定参与用公款支付的高消费娱乐、健身活动的

C. 购买、更换超过规定标准的小轿车或者对所乘坐的小轿车进行豪华装修的

D. 以考察、学习、培训、研讨、招商、参展等名义用公款出国（境）旅游的

【参考答案】 ABCD

【答案解析】 根据《中国共产党纪律处分条例》规定。

30. 公开发表违背四项基本原则、违背改革开放或者其他有严重政治问题的文章、演说、宣言、声明等的，给予批评教育；情节严重的，可以给予(　　)。

A. 严重警告　　B. 撤销党内职务

C. 留党察看　　D. 开除党籍处分

【参考答案】 BCD

【答案解析】 根据《中国共产党纪律处分条例》规定。

三、判断题(判断下列各题正确与错误，如果正确打上√，如果错误打上×，请将正确答案序号填入括号中。)

1. 毛泽东思想紧紧围绕中国革命和建设的主题，提出了一系列相互关联的重要的理论观点，构成了一个完整的科学思想体系。　　(　　)

【参考答案】 √

【答案解析】 毛泽东思想紧紧围绕中国革命和建设的主题，提出了一系列相互关联的重要的理论观点，构成了一个完整的科学思想体系。

2. 唯物辩证法认为世界不是既成事物的集合体，而是过程的集合体。　　(　　)

【参考答案】 √

【答案解析】 根据唯物辩证法内涵。

3. 对思维和存在关系问题的解答是划分唯物主义和唯心主义的标准。　　(　　)

【参考答案】 ×

【答案解析】 对思维和存在何者为第一性的不同回答是划分唯物主义和唯心主义的标准。

4. 物是观念的集合是一种主观唯心主义。　　(　　)

【参考答案】 √

【答案解析】 把人的观念看成是世界的本原属于主观唯心主义。

5. 意识的作用在于它能够能动地创造世界。　　(　　)

【参考答案】 ×

【答案解析】 意识不能创造世界，只能改造世界。

6. 看问题“只见树木，不见森林”是客观唯心主义。　　(　　)

【参考答案】 ×

【答案解析】 看问题“只见树木，不见森林”属于近代形而上学唯物主义的观点，形而上学唯物主义强调用孤立、静止、片面的观点看待事物。

7. 实践是发挥人的主观能动性的基本途径。　　(　　)

【参考答案】 √

【答案解析】 实践是发挥人的主观能动性的基本途径。

8. 物质的根本属性是运动。 （　　）

【参考答案】 √

【答案解析】 物质的根本属性是运动。

9. 事物的普遍联系和事物的相对独立存在是互为前提的。 （　　）

【参考答案】 √

【答案解析】 一切事物、现象和过程，及其内部各要素、部分、环节，都不是孤立存在的，它们相互作用、相互影响、相互制约。但另一方面事物又存在着相对独立性，即任何事物都同其他事物相区别而相对独立地存在。事物的普遍联系和事物的相对独立存在是互为前提的。

10. 对立统一规律揭示了普遍联系的基本内容和事物发展的内在动力。（　　）

【参考答案】 ×

【答案解析】 对立统一规律揭示了事物内部对立双方的统一与斗争是事物普遍联系的根本内容，是事物发展的根本规律。

11. 唯物辩证法基础是辩证法，主导则是唯物论。 （　　）

【参考答案】 ×

【答案解析】 唯物辩证法基础是唯物论，主导则是辩证法。

12. 认识主体对客体的反映是一个能动的创造性的过程。 （　　）

【参考答案】 √

【答案解析】 认识主体对客体的反映是一个能动的创造性的过程。

13. 事物发展的源泉在于事物内部的矛盾。 （　　）

【参考答案】 ×

【答案解析】 事物的内部矛盾是事物发展的源泉。

14. 社会经济形态的发展是一种自然历史过程是一种形而上学唯物主义的错误观点。 （　　）

【参考答案】 ×

【答案解析】 社会经济形态的发展是一种自然历史过程是历史唯物主义的正确观点。

15. 居安思危体现的是矛盾同一性原理。 （　　）

【参考答案】 √

【答案解析】 矛盾同一性有两层意思。一是矛盾双方相互依存，互为存在的前提。二是在一定条件下向对方转化。居安思危，就是要避免安转化为危。

16. 感性认识通过感觉、知觉、表象三种形式反映。（　）

【参考答案】 √

【答案解析】 感性认识通过感觉、知觉、表象三种形式反映。

17. 否定方面是指促使事物走向死亡的方面。（　）

【参考答案】 √

【答案解析】 事物的否定方面是指事物中促使其灭亡的方面。肯定方面是事物中维持其存在的方面；否定方面是事物中促使其灭亡的方面。

18. 动物和人的主要区别就是意识活动是否有目的、有计划。（　）

【参考答案】 √

【答案解析】 人的意识与动物的意识的本质区别是能否进行有意识的生产活动。人是有着无穷的智慧和巨大的创造力的动物，人能够生产制造工具，并能有意识、有目的地进行生产劳动，而动物则是生理的本能，这也是人和动物的本质区别。

19. "不出户，知天下；不窥牖，见天道。其出弥远，其知弥少。是以圣人不行而知，不见而明，不为而成"这一观点否认了实践对认识的决定作用。（　）

【参考答案】 √

【答案解析】 "不出门户，就能够推知天下的事理；不望窗外，就可以认识日月星辰运行的自然规律。他向外奔逐得越远，他所知道的道理就越少"这一观点否认了实践对认识的决定作用。

20. 世界的统一性在于它的多样性。（　）

【参考答案】 ×

【答案解析】 世界的统一性在于它的物质性，即世界统一的基础是物质。

21. "以行而求知"这一观点体现了实践是认识的来源。（　）

【参考答案】 √

【答案解析】 "以行而求知"体现的是因实践而求得认识，强调实践是认识的来源。

22. 独立自主、自力更生，是我们党的立足点，是我国的基本国策。（　）

【参考答案】 √

【答案解析】 独立自主、自力更生，是我们党的立足点，是我国的基本国策。

23. "三个代表"重要思想创造性地回答了"实现什么样的发展、怎样发展"的

问题。（　　）

【参考答案】×

【答案解析】“三个代表”重要思想创造性地回答了“建设什么样的党、怎样建设党”的问题。

24. 2017年，党的十九大把精准脱贫作为三大攻坚战之一进行全面部署，决战决胜脱贫攻坚。（　　）

【参考答案】√

【答案解析】根据党的十九大内容。

25. 党的思想路线正确与否，关系到党的生死存亡与革命事业的兴衰成败。（　　）

【参考答案】×

【答案解析】党的政治路线正确与否，关系到党的生死存亡与革命事业的兴衰成败。

26. 物质资料的生产方式是人类社会存在和发展的物质前提。（　　）

【参考答案】×

【答案解析】物质资料的生产方式是社会存在和发展的决定力量和根本基础。

27. 始终做到“三个代表”，是我们党的立足之本、立信之源、立身之基。（　　）

【参考答案】×

【答案解析】始终做到“三个代表”，是我们党的立党之本、执政之基、力量之源。

28. 中国革命中无产阶级领导权的中心问题是无产阶级对农民的领导。（　　）

【参考答案】√

【答案解析】本题考查的是中国革命中无产阶级的领导权问题。新民主主义革命总路线和纲领指出无产阶级无论反对帝国主义还是反对封建主义，都必须依靠广大农民。中国资产阶级革命实质上就是农民革命，农民问题是中国革命的中心问题。无产阶级对农民的领导，是中国革命中无产阶级领导权的中心问题。如果把农民的力量动员起来、组织起来，无产阶级领导权就落到了实处，否则无产阶级领导权就成了一句空话。

29. 党章总纲强调，以改革创新精神全面推进党的建设新的伟大工程，整体推进党的思想建设、组织建设、作风建设、纯洁性建设、制度建设。（　　）

【参考答案】×

【答案解析】党章总纲强调，以改革创新精神全面推进党的建设新的伟大工程，以党的政治建设为统领，全面推进党的政治建设、思想建设、组织建设、作风建设、纪律建设，把制度建设贯穿其中，深入推进反腐败斗争，全面提高党的建设科学化水平。

30. 正确处理好改革、发展、开放三者的关系，是邓小平治国思想的重要内容，是保持社会主义现代化建设顺利发展的全局性重大问题。（ ）

【参考答案】 ×

【答案解析】 正确处理好改革、发展、稳定三者的关系，是邓小平治国思想的重要内容，是保持社会主义现代化建设顺利发展的全局性重大问题。

31. 党的职能部门要着力提升组织力，突出政治功能，建立持续整顿软弱涣散党支部长效机制。（ ）

【参考答案】 √

【答案解析】 党的职能部门要着力提升组织力，突出政治功能，建立持续整顿软弱涣散党支部长效机制。

32. 强化不敢腐的震慑，深化运用监督执纪“四种形态”，持续落实中央八项规定及其实施细则精神，严肃查处发票管理、出口退税、税务稽查等重点领域案件，扎实开展税收违法案件“一案双查”，始终保持反腐败高压态势。（ ）

【参考答案】 √

【答案解析】 根据《中共中央关于加强党的政治建设的意见》内容。

33. 事物矛盾的法则，即对立统一的法则，是自然和社会的根本法则，因而也是思维的根本法则。（ ）

【参考答案】 √

【答案解析】 毛泽东在《矛盾论》一文中指出：“事物矛盾的法则，即对立统一的法则，是自然和社会的根本法则，因而也是思维的根本法则。”

34. 解放思想是马克思主义政党的基本政治观点和根本工作路线。（ ）

【参考答案】 ×

【答案解析】 群众路线是马克思主义政党的基本政治观点和根本工作路线。

35. 改革是社会主义社会发展的直接动力。（ ）

【参考答案】 √

【答案解析】 改革是社会主义制度的自我完善和发展，是我国社会发展的直接动力。

36. 中国共产党第二次代表全国大会上通过第一部党章，标志着我们党从此开始有了自己的最高行为规范。（ ）

【参考答案】 √

【答案解析】 中国共产党第二次全国代表大会通过了党的第一个章程《中国共产党章程》，对党员条件、党的各级组织和党的纪律作了具体规定，并明确阐释了党的民主集中制原则。

37. 四项基本原则是社会主义的生命。（ ）

【参考答案】 ×

【答案解析】 人民民主是社会主义的生命。

38. 党员领导干部不重视家风建设，对配偶、子女及其配偶失管失教，造成不良影响或者严重后果的，给予警告或者严重警告处分；情节严重的，给予撤销党内职务处分。（ ）

【参考答案】 √

【答案解析】 根据《中国共产党纪律处分条例》的规定。

39. 习近平新时代中国特色社会主义思想明确了全面推进依法治国总目标是建设中国特色社会主义法治体系、推进国家治理体系和治理能力现代化。（ ）

【参考答案】 ×

【答案解析】 习近平新时代中国特色社会主义思想明确了全面推进依法治国总目标是建设中国特色社会主义法治体系、建设社会主义法治国家。

40. 精准扶贫是打赢脱贫攻坚战的制胜法宝，开发式扶贫方针是中国特色减贫道路的鲜明特征。（ ）

【参考答案】 √

【答案解析】 习近平总书记说，精准扶贫是打赢脱贫攻坚战的制胜法宝，开发式扶贫方针是中国特色减贫道路的鲜明特征。

41. 特殊情况下，“三重一大”事项可以不按照规定提交党委会议讨论和决定。（ ）

【参考答案】 ×

【答案解析】 凡属“三重一大”事项，都必须按照规定提交党委会议讨论和决定。

42. 积极倡导清清爽爽的党内同志关系、规规矩矩的税企关系、干干净净的上下级关系，坚决抵制庸俗腐朽的政治文化和商品交换原则对党内生活的腐蚀。（ ）

【参考答案】 ×

【答案解析】 积极倡导清清爽爽的党内同志关系、规规矩矩的上下级关系、干干净净的税企关系，坚决抵制庸俗腐朽的政治文化和商品交换原则对党内生活的腐蚀。

43. 党在社会主义初级阶段的基本路线是党和国家的生命线、人民的幸福线，也是党内政治生活正常开展的根本保证。（　　）

【参考答案】 √

【答案解析】 党的十八届六中全会提出，党在社会主义初级阶段的基本路线是党和国家的生命线、人民的幸福线，也是党内政治生活正常开展的根本保证。

44. 要严格党内学习生活，健全党员党性定期分析、民主评议等制度。（　　）

【参考答案】 ×

【答案解析】 要严格党内组织生活，健全党员党性定期分析、民主评议等制度。

45. 党的十九大报告指出，要尊崇党章，严格执行新形势下党内政治生活若干准则，增强党内政治生活的政治性、时代性、原则性、战斗性。（　　）

【参考答案】 √

【答案解析】 党的十九大报告指出，要尊崇党章，严格执行新形势下党内政治生活若干准则，增强党内政治生活的政治性、时代性、原则性、战斗性。

46. 党组织对党员作出处分决定，应当实事求是地查清事实。处分决定所依据的事实材料和处分必须经过大家公议，听取本人说明情况和申辩。（　　）

【参考答案】 ×

【答案解析】 党组织对党员作出处分决定依据是《中国共产党章程》具体规定如下：党组织对党员作出处分决定，应当实事求是地查清事实。处分决定所依据的事实材料和处分决定必须同本人见面，听取本人说明情况和申辩。如果本人对处分决定不服，可以提出申诉，有关党组织必须负责处理或迅速转递，不得扣压。对于确属坚持错误意见和无理要求的人，要以批评教育。

47. 红船精神集中体现了中国共产党的建党精神，是中国共产党革命精神之源，昭示着中国共产党人的初心和使命。（　　）

【参考答案】 √

【答案解析】 红船精神集中体现了中国共产党的建党精神，是中国共产党革命精神之源，昭示着中国共产党人的初心和使命。

48. 道路自信是"四个自信"中最基本、最持久、最根本的自信。（　　）

【参考答案】 ×

【答案解析】 制度自信是"四个自信"中最基本、最持久、最根本的自信。

49. 西北坡精神是延安精神的直接来源。（　　）

【参考答案】 ×

【答案解析】 延安精神是西柏坡精神的直接来源。

50. 社会主义核心价值观是社会主义核心价值体系的内核。 （ ）

【参考答案】 √

【答案解析】 社会主义核心价值观是社会主义核心价值体系的内核。

四、案例分析题(请阅读所给材料,根据要求,将正确答案填入括号中。)

(一) 哲学原理案例

【背景资料】

材料1:韩愈:不塞不流,不止不行。

梅峰语录:玉不遇砥砺,不可以成器;人不遇穷困挫辱,不可以成德。

材料2:列宁指出,对立统一规律"提供理解一切现存事物的'自己运动'的钥匙"。在谈到黑格尔关于每一事物都是"和它自己的他物有差别"时认为"非常正确和重要;'他物'是自己的他物,是向自己的对立面的发展。"

"有两种基本的(或两种可能的,或两种在历史上常见的)发展(进化)观点:认为发展是减少和增加,是重复;以及认为发展是对立面的统一(统一物之分为两个互相排斥的对立面以及它们之间的互相关系)。"

材料3:杜林说:"矛盾的东西是一个范畴。这个范畴只能归属于思想组合,而不能归属于现实。"

材料4:荀子说:"凡性者,天之就也,不可学,不可事。礼仪者,圣人之所生也,人之所学而能,所事而成者也。不可学,不可事,而在人者,谓之性;可学而能,可事而成之在人者,谓之伪('人为'之意),是性伪之分也。"

材料5:孙中山先生指出:世界人类之进化,当分三时期:第一由愚昧进文明,为不知而行的时期;第二由文明再进文明,为行而后知时期;第三自科学发明而后,为知而后行时期。以行而求知,因知而知行。

【提问】

1. 材料1把事物的发展看作是对立面互相斗争,互相作用的结果。( )

A. 正确 B. 错误

【参考答案】 A

【答案解析】 材料1把事物的发展看作是对立面互相斗争、互相作用的结果。韩愈的观点认为(对佛教、道教)如不加以禁止,(儒教)就不能得到流传和推行。《梅峰语录》中关于人的发展的观点认为,人不遭受困难屈辱的锻炼,就不能成为品德高尚的人。这种观点是朴素的、辩证的,是正确的发展观。

2. 下列对材料 2 的理解正确的是(　　)。(多选题)

A. 是辩证唯物主义的发展观

B. 揭示了对立统一规律是事物发展的实质内容

C. 同一性和斗争性是矛盾的两种相反的基本属性

D. 矛盾的同一性是相对的,矛盾的斗争性是绝对的

【参考答案】 ABCD

【答案解析】 材料 2 的观点是辩证唯物主义的发展观。它揭示了对立统一规律是事物发展的实质内容。矛盾的同一性使矛盾双方联结起来,使事物处于相对稳定状态,提供矛盾双方得以存在和发展的条件,从而也就孕育着扬弃旧的矛盾的条件。矛盾斗争在事物量变过程中的作用,就在于它推动着矛盾双方力量的变化,矛盾的斗争性在事物质变过程中的作用在于它能突破特定事物存在的限度。同一性和斗争性是矛盾的两种相反的基本属性,它们在矛盾中的地位是不同的,矛盾的同一性是相对的,矛盾的斗争性是绝对的。

3. 材料 3 的根本错误在于否认矛盾的客观存在性。(　　)

A. 正确　　B. 错误

【参考答案】 A

【答案解析】 材料 3 把矛盾归结为一个范畴,当作纯粹是主观的思想的东西:认为它不是现实的,只能是思想的任意组合。其根本错误在于否认矛盾的客观存在性.把矛盾当作是由思想臆造的。

4. 材料 4 的观点属于(　　)。(单选题)

A. 主观唯心主义　　B. 客观唯心主义

C. 朴素唯物主义　　D. 形而上学

【参考答案】 C

【答案解析】 材料 4 中荀子的观点承认了人是认识是后天学习所得,是朴素唯物主义观点。

5. 材料 5 中孙中山的知行学说说明(　　)。(单选题)

A. 实践—认识　　B. 认识—实践

C. 认识—实践—认识　　D. 实践—认识—实践

【参考答案】 D

【答案解析】 孙中山借人类文明说明知识的来源和认识的发展,指出这是一个由低级到高级的不断发展的过程,人的认识不是先天就有,也不可能一次完成。孙中山的知行学说包含了在实践中需要理论的指导(以行求知)和在理论指导下的行动(知先行后)这样的实践—认识—实践的意义,具有朴素的唯物主义和辩证法

思想。

(二)关于《中国共产党纪律处分条例》案例

【背景资料】

材料1:为了维护党章和其他党内法规,严肃党的纪律,纯洁党的组织,保障党员民主权利,教育党员遵纪守法,维护党的团结统一,保证党的路线、方针、政策、决议和国家法律法规的贯彻执行,根据《中国共产党章程》,制定了《中国共产党纪律处分条例》。

材料2:吴某,某市税务局副局长,中共党员,周六在家休息时打开微信,看到一篇关于批评"一国两制"的文章,觉得"甚好",便轻点手机屏幕进行分享,并罔顾"一国两制"政策出台的背景与实际,发表评论大肆抨击、公然否定。吴某社会关系广、朋友杂,其观点被广泛转发,造成恶劣影响。

【提问】

1. 党章是最根本的党内法规,是管党治党的总规矩。(　　)

A. 正确　　B. 错误

【参考答案】 A

【答案解析】 《中国共产党纪律处分条例》第一章第三条。

2. 党的纪律处分工作应当坚持以下原则(　　)。(多选题)

A. 坚持党要管党、全面从严治党　　B. 实事求是

C. 民主集中制　　D. 惩前毖后、治病救人

【参考答案】 ABCD

【答案解析】 《中国共产党纪律处分条例》第一章第四条。

3. 党员受到撤销党内职务处分,或者受到严重警告处分的,(　　)年内不得在党内担任和向党外组织推荐担任与其原任职务相当或者高于其原任职务的职务。(单选题)

A. 1　　B. 2　　C. 3　　D. 5

【参考答案】 B

【答案解析】 《中国共产党纪律处分条例》第二章第十一条。

4.《中国共产党纪律处分条例》中对失职、渎职行为有关责任人员区分所述的"在自己的职责范围内,对直接主管的工作不履行或者不正确履行职责,对造成的损失或者后果负直接领导责任的党员领导干部"称为(　　)。(单选题)

A. 直接责任者　　B. 主要领导责任者

C. 重要领导责任者　　D. 直接领导责任

【参考答案】 B

【答案解析】《中国共产党纪律处分条例》第三十七条违纪行为有关责任人员的区分：①直接责任者，是指在其职责范围内，不履行或者不正确履行自己的职责，对造成的损失或者后果起决定性作用的党员或者党员领导干部；②主要领导责任者，是指在其职责范围内，对直接主管的工作不履行或者不正确履行职责，对造成的损失或者后果负直接领导责任的党员领导干部；③重要领导责任者，是指在其职责范围内，对应管的工作或者参与决定的工作不履行或者不正确履行职责，对造成的损失或者后果负次要领导责任的党员领导干部。

5. 根据《中国共产党纪律处分条例》，应对材料2中吴某进行（　　）纪律处罚。（单选题）

A. 严重警告　　B. 记过　　C. 记大过　　D. 降级

【参考答案】 A

【答案解析】《中国共产党纪律处分条例》第六章第五十二条：制造、散布、传播政治谣言，破坏党的团结统一的，给予警告或者严重警告处分；情节较重的，给予撤销党内职务或者留党察看处分；情节严重的，给予开除党籍处分。

（三）党纪党规案例

【背景资料】

2021年5月7日至9日，A县税务局副局长刘某，在镇上某酒店为儿子结婚办酒席。刘某10天前向组织报告8日婚礼这天按规定共办20桌。但他7日以"试菜"名义宴请宾客，9日以答谢名义再宴请宾客，一连3天前后共摆酒席80桌，刘某人缘好，很多乡镇干部以及辖区内的企业负责人主动要求参加宴请并赠送礼金，刘某儿子收受礼金40多万元。

【提问】

1. 刘某按规定提前10天向组织作出报告，8日婚礼当天的20桌标准也符合规定。因此，刘某不存在违纪违规行为。（　　）

A. 正确　　B. 错误

【参考答案】 B

【答案解析】《中国共产党员纪律处分条例》第八十五条是对党员操办婚丧喜庆事宜违纪的规定，在此基础上，各地各部门都出台了"关于规范党员干部办理婚丧嫁娶等事宜的暂行规定"，严禁领导干部利用婚丧喜庆事宜邀请管理和服务对象及其他与本人行使职权有关的单位和个人，严禁同一婚事多处设席或多次操办等。刘某明显违反了相关规定，属于违纪行为。

2. 很多乡镇干部以及辖区内的企业负责人是自己主动要求参加宴请并赠送礼金的，而且礼金是刘某的儿子收的，因此，刘某不存在婚丧事宜中利用职权的行为。（ ）

A. 正确　　B. 错误

【参考答案】 B

【答案解析】 《中国共产党员纪律处分条例》第八十五条规定，严禁领导干部“利用职权和职务上的影响”操办婚丧事宜。此规定重在强调连利用“职务上的影响”也是禁止的，也是一种变相利用职权。

3. 刘某应该受到党纪处分。（ ）

A. 正确　　B. 错误

【参考答案】 A

【答案解析】 刘某违反党纪，应该受到党纪处分。

4. 造成类似婚庆腐败案件的主要原因是社会习俗所致。（ ）

A. 正确　　B. 错误

【参考答案】 B

【答案解析】 造成类似婚庆腐败案件的主要原因是党员领导干部自身放松对自我的要求，党性不强表现。

5. 非党员在操办婚丧事宜也得遵守各地各部门的“关于规范党员干部办理婚丧嫁娶等事宜的暂行规定”的具体内容。（ ）

A. 正确　　B. 错误

【参考答案】 B

【答案解析】 禁止党员领导干部“利用职权和职务上的影响”操办婚丧事宜，并不是禁止传统民俗，“关于规范党员干部办理婚丧嫁娶等事宜的暂行规定”并不针对非党员。

第四章

经 济 理 论

第一部分　经济理论知识点

【导语】恩格斯说，无产阶级政党的“全部理论来自对政治经济学的研究”。列宁把政治经济学视为马克思主义理论“最深刻、最全面、最详尽的证明和运用”。我们要运用马克思主义政治经济学的方法论，深化对我国经济发展规律的认识，提高领导我国经济发展能力和水平。

——习近平

一、中国古代改革家及其经济思想

1. 重农抑商，奖励耕织

商鞅（约前395～前338），战国时期政治家，思想家，著名法家代表人物。掌权十九年，秦国大治，史称商鞅变法。商鞅推行过两次变法。第一次是在孝公六年：奖励耕织，生产多的可免徭役；制定按军功大小给予爵位等级的制度；采用李悝《法经》作为法律，推行连坐法。第二次是在孝公十二年：合并乡邑；废除井田制，准许土地买卖；创立按丁男征服办法；颁布法定的度量衡器，统一度量衡制。商鞅先后两次变法，奠定了秦国富强的基础，为后来秦始皇消灭六国，统一中国奠定了基础。

2. 盐铁官营，平准均输

汉武帝刘彻（前157～前87），是汉朝的第五代皇帝。桑弘羊，西汉政治家、财政大臣，盐铁官营的先驱。汉武帝的改革范围广泛，囊括了整个社会政治、军事、经济、文化等各个方面。在经济方面，整顿财政，支持桑弘羊施行“算缗”“告缗”令，征收商人资产税，打击富商大贾；推行盐铁官营、均输、平准、币制改革、酒榷等政策，将冶铁、煮盐收归官营，禁止郡国铸钱；设置平准官、均输官，由官府经营运输和贸易，大大增强了国家经济实力。同时兴修水利，移民西北屯田，实行“代田法”，有利于农业生产的发展。

3. 养民为先，善为德政

刘晏（715～780），字士安，唐曹州南华人，刘晏在唐德宗等四朝总领全国财赋，被誉为“广军国之用，未尝有搜求苛敛于民”的著名理财家。其经济改革措施是：①改革漕运。组织人力逐段疏浚河道，打造了坚固漕船，改直法为段运法，提高了运粮效率；②改革盐政。调整食盐专卖制度，改官收、官运、官销为官收、商运、商销、统一征收盐税；③改革粮价。设立平仓，在荒年、青黄不接开平仓以平粮价；④推行常平法。调剂有无，平抑物价，扶持生产，积极救灾。“丰则贵取，饥则贱与”。刘晏改革贯穿了“以养民为先”的财政方针，安定了社会，发展了生产，对后世也产生了深远影响。

4. 青苗免役，市易均输

王安石(1021～1086)，北宋杰出的政治家、思想家、文学家、改革家。宋神宗熙宁二年(1069)，王安石出任参知政事，次年开始大力推行改革。制订和实施了诸如农田水利、青苗、免役、均输、市易、免行钱、矿税抽分制等一系列的新法，从农业到手工业、商业，从乡村到城市，展开了广泛的社会改革。王安石变法触犯了保守派的利益，遭到保守派的反对，王安石曾先后两次罢相。加之用人不当，朝臣党争加剧。最终宋哲宗元祐元年(1086)新法都被废除。史评曰：文公之文学，哲学成就，要高于政治成就。

5. 疏浚黄河，改革税制

张居正(1525～1582)，明代政治家，改革家。明中叶，贵族大地主兼并土地的情况相当严重。在朝廷支持下，张居正推行改革措施，在经济方面，张居正的成绩最为突出。他任用潘季驯督修黄河，使黄河不再南流入淮，于是“数十年弃地转为耕桑”，而漕河也可直达北京。万历九年在全国范围内实行一条鞭法。张居正在军事上也采取了一些改革措施。任用戚继光、李成梁等，加强了边防；与鞑靼俺达汗之间进行茶马市贸易，采取和平政策。张居正改革对巩固明朝的封建统治发挥了一定作用。梁启超：“明代唯一的大政治家”。

二、西方经济学理论及其代表人物

6. 古典政治经济学理论

代表人物威廉·配第(1623～1687，英国)，资产阶级古典政治经济学和统计学的创始人，其代表作《赋税论》《政治算术》。其经济学重要观点是：①劳动是财富的源泉，从生产过程来考察资本主义经济发展的过程，认为“土地为财富之母，而劳动则为财富之父和能动的要素”；②劳动时间是衡量价值的尺度和基础，首先明确地用生产中所耗费的劳动时间来决定价值，价值量的大小和所耗费的劳动时间成正比，和劳动生产率成反比；③地租是从农产品中扣除生产费用(工资加种子)以后的余额。他广泛运用经验归纳和数学方法研究经济实践，使经济学开始有了自己的研究方法。

7. 重农主义经济理论

代表人物弗兰斯瓦·魁奈(1694～1774,法国)是十八世纪法国最著名的经济学家,重农主义者将国民分为三个阶级,即生产阶级、土地所有者阶级和不生产阶级,最早运用社会阶级体系来说明社会经济结构。魁奈的代表作是《经济表》。其代表经济学观点是:“自然秩序”。他以商品资本的循环为基础,把一年土地上生产出来的总产品作为分析的起点,围绕社会产品在物质上如何得到替换和在价值上如何得到补偿的问题,第一次分析了社会总资本再生产和流通过程,概括了重农主义的经济理论和政策。

8. 经济自由主义理论

亚当·斯密(1723～1790,英国)是英国古典政治经济学的主要代表人物之一。《国富论》是他的代表作。其主要经济学观点是:①国民财富的源泉是劳动,国民财富的增长取决于劳动生产力的增进,而后者又取决于分工;②交换是分工产生的原因,分工的程度取决于交换的能力或市场范围,货币只是一种流通工具;③商品具有交换价值和使用价值,劳动才是价值的普遍尺度和正确尺度;④商品的真实价格由工资、利润、地租三部分构成;⑤社会分为无产阶级、资产阶级和地主阶级;⑥资本积累是发展生产的另一必备条件。他从“经济人”观念出发,系统论述了经济自由主义的理论和政策,他认为,人们受“一只看不见的手”的支配,在追求个人利益时却使整个社会获得最大利益。国家的职能是保护国家和个人的安全,起“守夜人”的作用。

亚当·斯密对资产阶级经济学影响最大的主要是他的经济自由主义思想。他将科学抽象法和经验归纳法系统运用于其著作中,其科学抽象法最终成为马克思分析资本主义生产方式和剥削本质的工具。

9. 劳动价值理论

大卫·李嘉图(1772～1823,英国),英国古典经济学的伟大代表。其代表作是《政治经济学及赋税原理》(简称《赋税原理》,1817 年出版)。其经济学主要贡献是劳动价值论和对外贸易学说。李嘉图在劳动价值论中指出:①价值由劳动时间决定,但并不是个别生产者在生产商品时实际所耗费的劳动,而是必要劳动;②商品的交换价值取决于他们的绝对价值;③货币是一种特殊的商品,是表现其他商品价值的媒介。在劳动价值论的基础上,他提出了分配理论。

李嘉图在对外贸易学说中认为:①对外贸易的扩张不会直接增加一国的价值总量,因为价值总量由本国商品所包含的劳动决定;②如果存在比较成本差别,则国际分工可以带来劳动节省和效率提高,主张贸易完全自由。

10. 马尔萨斯与人口论

托马斯·罗伯特·马尔萨斯(1766～1834,英国),马尔萨斯以“人口论”驰名于世。他的代表作有《人口原理》(1798)、《政治经济学原理》(1820)等。马尔萨斯在他的"人口论"中从两个前提出发,一是事物为人类生存所必需;二是两性间的性欲是必然的,且几乎会保持现状。经过推论认为,人口以几何比率增加,而生活资料只能以算术比率增加,人口的增长必然超过生活资料的增长,因此,人口的增加会受到生产资料的限制。由于马尔萨斯试图证明劳动人民贫困和失业是因为人口增长过快,而与资本主义私有制无关。因此,他被马克思称为资产阶级庸俗经济学家的代表。

11. 效用价值理论

让·巴蒂斯特·萨伊(1767～1832,法国),19 世纪初期法国古典经济学的主要代表,亚当·斯密学说的系统化者,他的主要作品是《政治经济学概论》《政治经济学问答》和《政治经济学教程》等。他认为政治经济学的研究对象是财富的生产、分配和消费,从而将经济学划分为生产、分配、消费三部分。他提出效用价值论,指出物品的效用是物品价值的基础,价值来源于物品的效用。物品效用由劳动、资本和土地(自然)共同创造出来,物品价值也由这三者共同作用的结果。于是,劳动、资本和土地的所有者工人、资本家、地主相应地得到各自的报酬:工资、利息和地租。萨伊认为,供给创造需求,从全社会来看,总供给一定等于总需求,产品过剩的经济危机不可能出现。

12. 折衷主义理论

J. S. 穆勒(1806～1873,英国),古典经济学的集大成者,其代表作是《政治经济学原理及其在社会哲学上的应用》。其经济学理论成就主要是:①政治经济学的研究对象是财富的生产和分配,生产规律与分配规律是其折衷主义理论体系的分析基础;②生产仅是人和自然的关系,不依社会制度改变;而财富分配则取决于社会的法律和习惯,会依社会的变化而改变;③劳动生产力是唯一的生产力,资本是劳动产品的积蓄;④认识并规定了使用价值、价格、价值(交换价值)的定义。他将价值分为市场价值和自然价值。市场价值决定于需求和供给;⑤提出了信用与物价的关系。穆勒批判了奴隶制和封建制,对资本主义进行了肯定,但认为需要进行改良,提出了适度干涉主义。

13. 剩余价值学说

卡尔·马克思(1818～1883,德国),马克思诞生于固定经济学昌盛的时代。他是社会主义国家的精神领袖,国际无产阶级的导师。一般认为马克思对经济学的贡献主要是发展了剩余价值学说,并分析了资本家剥削的本质。马克思是第一个充分利用历史唯物观和辩证法研究经济问题的学者,建立了一个全新的经济研究领域。他还在穆勒的基础上,解释了资本主义所固有的基本矛盾,分析了资本主义经济危机的必然性和周期性。

14. 均衡价格理论

阿尔弗雷德·马歇尔(1842～1924,英国),现代西方微观经济学的奠基者,新古典主义的杰出和完整代表。其代表作《经济学原理》被看作是与的《国富论》《赋税原理》齐名的划时代著作。其经济学理论成就主要是对个别市场或商品分别从需求和供给进行研究,阐述了供给和需求决定均衡价格的理论体系。①把经济学的研究对象扩展到财富和人,利用连续原理、边际方法和局部均衡分析的方法,讨论了需求理论、供给理论以及二者的作用下的均衡价格理论;②讨论了分配理论,指出存在四种生产要素:劳动、资本、土地和企业家才能对生产有贡献,并说明了这四种要素的价格决定。马歇尔充分重视数学方法在经济学中的运用,大量使用几何图示表述经济学原理,注重时间因素对经济分析的重要意义,充分运用局部均衡的原理,这些研究方法至今仍然被经济学沿用。

15. 社会主义经济理论

当资本主义社会进入它的成熟时期后,经济学也从古典经济学一分为二。马克思和恩格斯在对李嘉图理论的继承和批判基础上,提出了劳动价值论、剩余价值学说、资本积累以及社会总资本的再生产学说。他们分析了资本主义生产关系发生、发展和灭亡的规律,指出资本主义一定灭亡,并提出了有关社会主义的经济理论。他们的思想主要反映在《共产党宣言》《资本论》等著作中。其后,列宁根据自己的实践,发展了关于帝国主义的理论和社会主义革命的理论。经过几十年的实践之后,人们发现计划体制的弱点和缺陷,开始引入市场机制。东欧和苏联走的是激进的私有化道路。中国则走了一条渐进的改革之路,实践并发展有中国特色的社会主义市场经济。

16. 凯恩斯经济学

约翰·梅纳德·凯恩斯(1883～1946,英国),英国经济学家,其代表作有《印度的通货和财政》《货币改革论》《货币论》《如何筹措战费》《就业、利息和货币通论》等。其中《就业、利息和货币通论》是凯恩斯经济学产生的标志。提出了总量分析、短期分析和比较静态分析的方法,建立了宏观经济学体系。凯恩斯认为失业和危机不是资本主义制度的必然产物,它只是"有效需求"不足的结果。"有效需求"包括消费需求和投资需求两部分。凯恩斯研究了收入、需求、投资、储蓄、消费、货币、价格水平的总量及其相互关系,在理论上采用了宏观分析的方法,并据此提出了一整套政策,这些政策的核心就是国家干预经济生活,借此刺激有效需求,即刺激消费和投资。在财政政策方面,在总需求小于总供给时,主张减税、增加财政支出,以扩大投资和消费;在总需求大于总供给时,主张增税、减少财政支出,以减少投资和消费。在货币政策方面,在萧条时期主张增加货币供应量,降低利息率以刺激投资;在高涨时期主张减少货币供应量,提高利息率以限制投资。

凯恩斯被认为是现代经济学最有影响的经济学家。在其生活的时代经历了的经济大危机(1923～1933),大危机对资本主义经济发展造成极大破坏。资本主义经济实践与传统的经济理论产生严重矛盾。在这种情况下,凯恩斯提出有效需求理论体系和政府干预政策,对西方经济学界和西方国家政府的经济政策都产生了重大影响。一些西方经济学家认为凯恩斯在西方经济学中进行了一次思想革命,把凯恩斯《就业,利息和货币通论》的出版称为"凯恩斯革命"。凯恩斯理论在某种意义上是对新政的实践所作的理论说明,这种理论又反过来为新政提供了依据,推动了新政的发展。实际上凯恩斯是对西方国家已经并且正在奉行的政府干预经济政策的理论论证,这一理论论证反过来又成为西方国家实行政府干预的依据。战后 20 多年来,各主要资本主义国家都大力推行凯恩斯主义,它对缓和资本主义的矛盾、实现经济增长起了一定的积极作用。但是后来发达资本主义国家出现的经济停滞与通货膨胀并发的现象,使凯恩斯理论出现了危机。

17. 新古典综合理论

新古典是指他们接受凯恩斯以前的新古典主义对于市场和一般均衡的分析,但同时应当"综合"凯恩斯主义中他们认为正确的部分,主要代表人物有保罗·萨缪尔森、托宾、索洛等。其主要观点是:①经济中的基本问题,即生产什么、如何生产和为谁生产的问题仍然由市场机制,即"看不见的手"来解决;②政府在经济生产中的作用越来越重要,政府要运用各种经济政策来纠正市场调节不可避免的缺陷,对经济进行宏观调控,以保证经济长期稳定地发展,并实现社会公正。他们用 IS-LM 模型完善了总需求分析,并用总供给分析来补充总需求分析,建立了总需求总供给模型。发展了凯恩斯的消费理论、投资理论和货币理论,并且将经济增长理论进行了长期化和动态化。

18. 其他经济学流派

(1) 新自由主义学派,以哈耶克为主要代表。认为自由的基础是经济自由,其核心是私有制,在这一基础上生产者有经营自由,消费者有消费自由。

(2) 货币主义学派,其代表人物是弗里德曼。其基本观点是坚持经济中最重要的因素是货币,即货币量是说明产量、就业和价格变化的最重要因素;在政策上基本主张坚持市场调节的完善,反对国家直接干预。

(3) 理性预期学派。代表人物是卢卡斯和萨金特。它认为市场机制本身是完善的,由于理性预期的作用,宏观经济政策无论在短期长期都无效,且会破坏市场机制。

(4) 新剑桥学派,其代表人物有罗宾逊、卡尔多。他们认为核心问题应是收入分配问题,分配应以价值理论作为基础;经济增长是以加剧收入分配的不平等为前提的,主张国家干预经济,实现收入分配平等化。

三、重要经济学名词

19. GDP

即国内生产总值，是指在一定时期内(一个季度或一年)，一个国家或地区的经济中所生产出的全部最终产品和劳务的价值，常被公认为衡量国家经济状况的最佳指标。它不但可反映一个国家的经济表现，更可以反映一国的国力与财富。一般来说，国内生产总值共有三个不同的组成部分，其中包括消费、投资和净出口额。用公式表示为：GDP＝C＋I＋X。其中C为消费、I为投资、X为净出口额。

20. GNP

即国民生产总值，又称为国民总产值，是指一个国家在一定时期内所生产的最终产品(包括产品和劳务)的市场价值的总和。国民生产总值(GNP)和国内生产总值(GDP)不同，前者是按“国民原则”计算，后者则是按“国土原则”计算的。也即，GNP是一国居民所拥有的劳动和资本所生产的总产出量，而GDP则是一国境内的劳动和资本所生产的总产出量。GDP＝GNP－本国公民在国外生产的终产品的价值总和＋外国公民在本国生产的最终产品的价值总和。

21. NNP

即国民生产净值，又称国民净收入，是指一个国家在一定时期内，国民经济各部门生产的最终产品和劳务价值的净值。一般以市场价格计算，它等于国民生产总值(GNP)减去固定资产折旧后的余额。

22. NI

即国民收入，是指一个国家在一定时期(通常为一年)内物质资料生产部门的劳动者新创造的价值的总和，社会总产品的价值扣除用于补偿消耗掉的生产资料价值的余额。国民收入在物质形态上表现为体现新创造价值的生产资料和消费资料两部分。

23. CPI

即消费者物价指数，是反映与居民生活有关的商品及劳务价格统计出来的物价变动指标，通常作为观察通货膨胀水平的重要指标。CPI的计算公式是CPI＝(一组固定商品按当期价格计算的价值/一组固定商品按基期价格计算的价值)×100％。

链　接

核心PCE物价指数。PCE是个人消费支出平减指数(CTPIPCE)的缩写。该数据出自美国，是衡量美国民间消费通胀的关键指标。不像消费者物价指数(CPI)基于一篮子固定商品，个人消费支出(PCE)平减指数用于发现所有国内个人消费品价格的平均增长，能够反映由于价格变动使消费者购买替代产品的价格。PCE平减被认为能更全面、稳定地衡量美国通胀,受到美联储的关注。

24. PPI

即生产价格指数,是衡量工业企业产品出厂价格变动趋势和变动程度的指数,是反映某一时期生产领域价格变动情况的重要经济指标,也是制定有关经济政策和国民经济核算的重要依据。

链 接

商品零售价格指数(WPI),用来反映商品零售价格的变动情况;农业生产资料价格指数,用来反映农民购买农业生产资料的价格变动情况;进出口价格指数(MPI、XPI),用来反映各种进出口产品的价格变动情况。

25. 居民可支配收入

居民可支配收入就是指在家庭总收入中,除去一切必要花费之外,居民可随意支配的部分。它是家庭总收入扣除交纳的所得税、个人交纳的社会保障费以及调查户的记账补贴后的收入。居民人均可支配收入是按年算的,被认为是消费开支的最重要的决定性因素,因而常被用来衡量一个国家生活水平的变化情况。2021 年国家确定居民人均可支配收入增长与国内生产总值增长基本同步的目标。

$$\text{居民人均可支配收入}=\left(\text{家庭总收入}-\text{交纳的所得税}-\text{个人交纳的社会保障支出}-\text{记账补贴}\right)\Big/\text{家庭人口}$$

26. 恩格尔系数

恩格尔系数是食品支出总额占个人消费支出总额的比重,是衡量一个国家贫富的指标。一个国家越穷,每个国民的平均收入中(或平均支出中)用于购买食物的支出所占比例就越大,即恩格尔系数越大,随着国家的富裕,这个比例呈下降趋势。联合国根据恩格尔系数的大小,对世界各国的生活水平有一个划分标准,即一个国家平均家庭恩格尔系数大于 60%为贫穷;50%~60%为温饱;40%~50%为小康;30%~40%属于相对富裕;20%~30%为富裕;20%以下为极其富裕。

链 接

按联合国划分标准,20 世纪 90 年代,恩格尔系数在 20%以下的只有美国,达到 16%;欧洲、日本、加拿大,一般在 20%~30%之间,是富裕状态。东欧国家,一般在 30%~40%之间,相对富裕,剩下的发展中国家,基本上分布在小康。

恩格尔系数是衡量人民生活水平的一把刻度尺,"十三五"期间,我国居民收入不断增加,直接推动恩格尔系数的降低。按照"十三五"规划纲要确定的目标,以 2015 年的价格计算,2020 年我国居民人均可支配收入要增加到 3 万元。事实上,这一目标已在 2019 年达成。国家统计局局长宁吉喆介绍,2019 年全国居民人均可支配收入突破3万元,中国人民生活质量进一步提高,居民收入水平上升,中等收入群体规模进一步扩大。2020年尽管有疫情影响,但前三季度全国居民人均可支配收入达23781元,仍比上年同期名义增长3.9%。统计数据证明,中国恩格尔系数持续下降,从2016年的30.1%降至2019年的28.2%。

27. 基尼系数

20世纪初意大利经济学家基尼,根据劳伦茨曲线所定义的判断收入分配公平程度的指标。基尼系数是比例数值,在0和1之间,是国际上用来综合考察居民内部收入分配差异状况的一个重要分析指标。1表示居民之间的收入分配绝对不平均,即100%的收入被一个单位的人全部占有了;而0则表示居民之间的收入分配绝对平均,即人与人之间收入完全平等,没有任何差异。但这两种情况只是在理论上的绝对化形式,在实际生活中一般不会出现。因此,基尼系数的实际数值只能介于0~1之间。

28. 人类命运共同体

人类命运共同体旨在追求本国利益时兼顾他国合理关切,在谋求本国发展中促进各国共同发展。人类命运共同体这一全球价值观包含相互依存的国际权力观、共同利益观、可持续发展观和全球治理观。习近平总书记出席博鳌亚洲论坛2015年年会时提出了"通过迈向亚洲命运共同体,推动建设人类命运共同体"的倡议。提出了迈向命运共同体的"四个坚持":坚持各国相互尊重、平等相待,坚持合作共赢、共同发展,坚持实现共同、综合、合作、可持续的安全,坚持不同文明兼容并蓄、交流互鉴。党的十九届四中全会提出,坚持和完善独立自主的和平外交政策,推动构建人类命运共同体。

29. "一带一路"

即"丝绸之路经济带"和"21世纪海上丝绸之路"的简称。2013年9月和10月,习近平总书记分别提出建设"新丝绸之路经济带"和"21世纪海上丝绸之路"的合作倡议。依靠中国与有关国家既有的双多边机制,借助既有的、行之有效的区域合作平台,一带一路旨在借用古代丝绸之路的历史符号,高举和平发展的旗帜,积极发展与沿线国家的经济合作伙伴关系,共同打造政治互信、经济融合、文化包容的利益共同体、命运共同体和责任共同体。截至2020年11月,中国已经与138个国家、31个国际组织签署201份共建"一带一路"合作文件。

30. AIIB

即亚洲基础设施投资银行,2014年10月24日,首批21个意向创始成员国的财长和授权代表在北京签约,共同决定成立。2015年12月25日,亚洲基础设施投资银行正式成立,截至2019年成员总数达到100个。它是首个由中国倡议设立的多边金融机构，宗旨是为了促进亚洲区域的建设互联互通化和经济一体化的进程，加强中国及其他亚洲国家和地区的合作，总部设在北京。

31. RCEP

即区域全面经济伙伴关系，由东盟十国发起，邀请中国、日本、韩国、澳大利亚、新西兰共同参加，通过削减关税及非关税壁垒，建立 15 国统一市场的自由贸易协定。2020 年 11 月 15 日，东盟十国以及中日韩澳新等 15 个国家，正式签署区域全面经济伙伴关系协定，成员国涵盖全球约 23 亿人口，占全球人口的 30%；GDP 总和超过 25 万亿美元，世界上人口数量最多、成员结构最多元、发展潜力最大的自贸区就此诞生。这是东亚区域经济一体化进程的重大里程碑，为推动区域乃至世界经济复苏注入了新的动力。

32. BIT

即中欧投资协定，也称为中欧双边投资协定。2020 年 12 月 30 日晚，国家主席习近平在北京同德国总理默克尔、法国总统马克龙、欧洲理事会主席米歇尔、欧盟委员会主席冯德莱恩举行视频会晤。中欧领导人共同宣布如期完成中欧投资协定谈判。2021 年《政府工作报告》确定要完成中欧投资协定的签署。

33. 布雷顿森林货币体系

二战后以美元为中心的国际货币体系。1944 年 7 月，西方主要国家的代表在联合国国际货币金融会议上确立了该体系，因为此次会议是在美国新罕布什尔州布雷顿森林举行的，所以称之为“布雷顿森林体系”。关贸总协定作为 1944 年布雷顿森林会议的补充，连同布雷顿森林会议通过的各项协定，统称为“布雷顿森林体系”，即以外汇自由化、资本自由化和贸易自由化为主要内容的多边经济制度，构成资本主义集团的核心内容。

34. SWIFT

即环球银行电信协会，国际上最重要的金融通信网络之一。通过该系统，可在全球范围内把原本互不往来的金融机构全部串联起来，进行信息交换。SWIFT 组织的总部设在比利时。其创始会员为欧洲和北美洲 15 个国家的 239 个大银行。之后，其成员银行数逐年迅速增加。从 1987 年开始，非银行的金融机构，包括经纪人、投资公司、证券公司和证券交易所等，开始使用 SWIFT。到 2001 年年底时，全球已有 196 个国家和地区的 7457 个金融机构联接使用 SWIFT。

35. 世界经济论坛

因在瑞士达沃斯首次举办，又被称为“达沃斯论坛”。是以研究和探讨世界经济领域存在的问题、促进国际经济合作与交流为宗旨的非官方国际性机构，总部设在瑞士日内瓦。世界经济论坛前身是 1971 年由克劳斯・施瓦布创建的“欧洲管理论坛”。2021 年 1 月 25 日，习近平总书记在世界经济论坛“达沃斯议程”对话会上发表特别致辞，提出时代面临的四大课题：①加强宏观经济政策协调，共同推动世界经济强劲、可持续、平衡、包容增长；②摒弃意识形态偏见，共同走和平共处、互利共赢之路；③克服发达国家和发展中国家发展鸿沟，共同推动各国发展繁荣；④携手应对全球性挑战，共同缔造人类美好未来。倡议让多边主义火炬照亮人类前行之路，向着构建人类命运共同体不断迈进。

36. G7

即七国集团，是主要工业国家会晤和讨论政策的论坛，成员国包括加拿大、法国、德国、意大利、日本、英国和美国。1975 年 11 月，为共同研究世界经济形势、协调各国政策及重振西方经济，法、美、德、日、英、意六国领导人法国巴黎郊外的朗布依埃举行了首次最高级经济会议。1976 年 6 月加拿大应邀与会，形成七国集团。每年一次轮流在各成员国召开，也被称为“西方七国首脑会议”。

37. G20

即二十国集团，是一个国际经济合作论坛，于 1999 年 9 月 25 日由八国集团（G8）的财长在德国柏林成立，于华盛顿举办了第一届 G20 峰会，属于非正式对话的一种机制，由原八国集团以及其余 12 个重要经济体组成。二十国集团成员涵盖面广，代表性强，已取代 G8 成为全球经济合作的主要论坛。G20 的成立推动全球治理开始从“西方治理”向“西方和非西方共同治理”转变。2020 年 11 月 22 日，国家主席习近平在二十国集团领导人利雅得峰会“守护地球”主题边会上致辞，提出加大应对气候变化力度，深入推进清洁能源转型，构筑尊重自然的生态系统的意见。

38.《巴黎协定》

《巴黎协定》是 2015 年 12 月 12 日在巴黎气候变化大会上通过，2016 年 4 月 22 日在纽约签署的气候变化协定，该协定长期目标是将全球平均气温较前工业化时期上升幅度控制在 2 摄氏度以内，并努力将温度上升幅度限制在 1.5 摄氏度以内。《巴黎协定》是继 1992 年《联合国气候变化框架公约》、1997 年《京都议定书》之后，人类历史上应对气候变化的第三个里程碑式的国际法律文本，形成 2020 年后的全球气候治理格局。

链 接

中国的气候治理行动。截至 2019 年年底，中国单位国内生产总值二氧化碳排放比 2005 年降低 48.1%，已超额完成 2030 年森林碳汇目标。中国通过切实行动为全球气候环境治理持续作出积极贡献。

2020 年 9 月 22 日，中国国家主席习近平在第七十五届联合国大会一般性辩论上宣布：中国将提高“国家自主贡献”力度，采取更加有力的政策和措施，二氧化碳排放力争于 2030 年前达到峰值，努力争取于 2060 年前实现碳中和。这样一个具有雄心的目标对于达成气候变化《巴黎协定》所确定的目标具有极其重要的宣示和引领意义，体现了中国在环境保护和应对气候变化问题上的负责任大国作用和大国担当。

39. BEPS

税基侵蚀与利润转移行动计划即BEPS行动计划，包括五大类共十五项行动。BEPS十五项行动计划的实质——税收要与实质经济活动和价值创造相匹配。税基侵蚀和利润转移是指利用不同税收管辖区的税制差异和规则错配进行税收筹划的策略，其目的是人为造成应税利润"消失"或将利润转移到没有或几乎没有实质经营活动的低税负国家(地区)，从而达到不交或少交企业所得税的目的。

40. 多边税收征管互助公约

中国政府2013年8月27日正式签署的《多边税收征管互助公约》(又被称为《多边税收行政互助公约》)是一项旨在通过开展国际税收征管协作，打击跨境逃、避税行为，维护公平税收秩序的多边条约。近年来，这一公约的影响力快速上升，正日益成为开展国际税收征管协作的新标准。

41. "一带一路"税收征管合作论坛

2019年4月份，首届"一带一路"税收征管合作论坛在浙江乌镇举行，签署了《"一带一路"税收征管合作谅解备忘录》，国家税务总局局长王军主持开幕式并加强税收征管协调对接，制定务实合作行动计划，搭建互学互鉴实用平台等三点倡议。2020年，《"一带一路"税收》(英文版)创刊号出版，"一带一路"税收征管合作机制官方网站正式上线。2021年还将继续深化国际税收交流合作，协助有关国家办好第二届"一带一路"税收征管合作论坛。

42. 销售税

国际上亦称商品及服务税(GST)。因为有关税款最终由消费者承担，商品及服务税并非生意经营的成本，但税额是经营者负责代政府征收及缴交。商品及服务税(GST)将适用于大部分商品及服务销售活动，是一种多重阶段的税项。根据《海南自由贸易港建设总体方案》规定，在全岛封关运作的同时，依法将现行增值税、消费税、车辆购置税、城市维护建设税及教育费附加等税费进行简并，启动在货物和服务零售环节征收销售税相关工作。

43. 数字服务税

国家对一国境内的跨国企业，通过海外子公司所销售的数字服务进行征收的一种税，也叫数字税，征收对象为大型互联网公司。但是数字服务税和目前企业缴纳的所得税也是不一样的，它主要是对境内因销售互联网业务而产生了有效利润进行征税。数字服务税是欧洲联盟对大型互联网企业的征税规则。2019年8月26日，

2019年七国集团峰会在法国的比亚里茨落幕,法国就数字服务税征收问题与美国达成协议。

链 接

2015年11月23日,习近平总书记在十八届中央政治局第二十八次集体学习时指出:要立足我国国情和我们的发展实践,深入研究世界经济和我国经济面临的新情况新问题,揭示新特点新规律,提炼和总结我国经济发展实践的规律性成果,把实践经验上升为系统化的经济学说,不断开拓当代中国马克思主义政治经济学新境界,为马克思主义政治经济学创新发展贡献中国智慧。

四、经济学基础概念

44. 生产力与生产关系

生产力是指物质资料生产过程中人和自然之间发生一定的关系,这一关系称为生产力。生产关系是指物质资料生产过程中人们相互之间发生一定的关系,这一关系称为生产关系。

生产力与生产关系是对立统一的关系,统一于生产方式。生产力是生产的自然物质方式,而生产关系是生产的社会方式,表示人类社会在一定社会阶级的社会性质。

生产力是社会生产中最活跃、最革命的因素,经常处于变化之中,与其相比,生产关系则相对稳定。

生产力与生产关系的矛盾中,生产力起决定性的作用,生产力的状况决定着生产关系的性质和变化,生产关系的变革要以生产力的发展为物质基础。

生产关系对生产力具有反作用,相适应时会促进生产力的发展,反之则阻碍生产力的发展。他们的矛盾运动推动了人类社会的发展。生产关系一定要适应生产力的性质,是人类共同的规律,有什么样的生产力就该什么样的生产关系与之对应。当一种生产关系不适应生产发展时,它就会成为阻力,这时候就要进行适宜的改革。

45. 生产资料所有制

生产资料所有制是整个社会生产关系的基础,它决定并支配人们在生产关系中的地位,决定着产品的分配和交换关系。在一个社会中可以有多种所有制存在,其中占主导地位的所有制决定该社会的性质。①生产资料所有制作为经济范畴,其内部结构由人们对生产资料的所有、占有、支配、使用等经济关系组成;②所有,是一个归属问题。作为所有者,可以按自己的意志处置归自己所有的生产资料。占有,是一种有条件的归属关系,即占有者不能任意处置占有的生产资料(如不能售卖)。支配是指对生产资料的处置和管理,它由所有和占有决定。使用是指人的劳动对生产资料的直接作用，是人们运用生产资料进行的生产活动；③所有是所有制关系的基础。

46. 产权和产权制度

(1) 产权是以财产所有权为主体的一系列财产权利的整合。产权包括所有权及其衍生的"四权"：所有权、占有权、使用权和支配权。产权的基本特征有：其实质是人与人之间的经济关系；是权利约束而不是某项权利；具有排他性、可转让性和收益性。

(2) 产权制度是关于产权界定、保护、运营等的体制安排和法律规定的总称。反映的是在财产使用过程中，所有者、使用者、经营者之间的财产利益和责任的法律及其经济的约束关系。

47. 生产方式

获得物质资料的方式，它总是在生产力与生产关系的矛盾运动中产生、发展和变化的。人类社会历史上相继出现了原始社会、奴隶社会、封建社会、资本主义社会和社会主义社会这五种生产方式。生产力包含三个要素，即人的劳动、劳动资料和劳动对象。生产关系和生产力的矛盾，是人类社会的基本矛盾。

48. 商品和商品经济

商品是用来交换的劳动产品，具有价值和使用价值，是二者的对立统一；商品体现了一种生产关系。商品经济是以交换为目的的，包含商品生产和商品交换的经济形式。商品经济是在自然经济的基础上产生的，与自然经济相对应的经济形式。

49. 使用价值和交换价值

价值是人类抽象劳动的凝结，体现了商品生产者之间相互交换劳动的经济关系，是商品的社会属性，是一个历史范畴。

使用价值指物品和服务能够满足人们某种需要的属性，即物品和服务的有用性。商品的使用价值是由它的自然属性决定的；商品的使用价值不等于一般物品的使用价值，是交换价值的物质承担者。反映的是人与自然之间的物质关系，而不是社会生产关系。

交换价值指商品能够通过买卖同其他商品相交换的属性。交换价值表现为一种使用价值同另一种使用价值相交换的量的比例关系。交换价值是价值的表现形式。

50. 具体劳动和抽象劳动

劳动的二重性是指生产商品的劳动具有具体劳动和抽象劳动二重性质。

具体劳动是在一定的具体形式下进行的劳动；具体劳动创造商品的使用价值；是劳动的自然属性，反映人与自然的关系，是一个永恒性的范畴。

抽象劳动是撇开劳动的具体形式的无差别的一般人类劳动。抽象劳动形成商品的价值实体。抽象劳动是一个历史范畴,体现了商品经济条件下人与人之间的社会经济关系。

劳动二重性阐明了具体劳动和抽象劳动在商品价值形成中的不同作用,为劳动价值论奠定了基础;揭示了剩余价值的真正来源,为剩余价值理论的创立奠定了基础,是理解政治经济学的枢纽。

51. 个别劳动时间和社会必要劳动时间

个别劳动时间是各个商品生产者实际耗费的劳动时间。由个别劳动时间形成的价值是商品的个别价值。

社会必要劳动时间是在现有的正常的生产条件下,在社会平均的劳动熟练程度和劳动强度下,制造某种使用价值所需要的劳动时间。

价值量则是在劳动时间理论的基础上形成的。价值量指生产商品所耗费的劳动量,即凝结在商品中的一般人类劳动量。价值量与社会必要劳动时间成正比。价值量只能由生产商品的社会必要劳动时间决定。

52. 劳动生产率

劳动生产率是指劳动者在一定时间内生产某种使用价值的效率。劳动生产率可以用单位劳动时间内生产的产品数量来表示,也可以用生产单位产品所耗费的劳动时间来表示。劳动生产率同商品的使用价值成正比,同商品的价值量成反比。劳动生产率公式表达为:

劳动生产率=产品量/劳动时间

【结论 1】劳动生产率越高,单位时间内生产的使用价值量就越多,但所形成的价值总量却不变,这样单位商品的价值量就越少。

【结论 2】单位商品的价值量,与体现在该商品中的社会必要劳动量成正比,与生产该商品的社会劳动生产率成反比。

53. 资源配置与市场经济

资源配置是指在经济运行过程中,各种现实的生产性资源在不同部门之间的分配和不同方向上的使用。在任何社会中,都存在着生产资源的相对稀缺性与需要的无限性之间的矛盾。

市场机制是通过市场机制对资源配置起基础性作用的经济。市场经济是在商品经济的基础上发展起来的,市场经济是商品经济发展的高级阶段。

党的十九届四中全会明确:必须坚持社会主义基本经济制度,充分发挥市场在资源配置中的决定性作用,更好发挥政府作用,全面贯彻新发展理念,坚持以供给侧结构性改革为主线,加快建设现代化经济体系。

54. 价值规律

价值规律指商品的价值量由生产商品的社会必要劳动时间决定，商品交换依据商品的价值来进行，实行等价交换。价值规律既支配商品生产，又支配商品流通，因此是商品经济的基本规律。价值规律具有三大作用：①调节作用指价值规律自发地调节生产资料和劳动力在社会生产各部门之间的分配；②刺激作用指刺激商品生产者不断进行技术创新，加强经营管理，提高劳动生产率，在竞争中努力降低商品价格；③分化作用指价值规律作用导致优胜劣汰，商品生产者两极分化。

价值规律的作用形式是：价格围绕价值上下波动。

55. 货币

货币是固定的充当一般等价物的特殊商品。货币不是从来就有的，而是随商品交换过程的发展而发展的。货币具有5种职能：其中基本职能是价值尺度、流通手段；其他职能是贮藏手段、支付手段、世界货币。

(1) 价值尺度是指以一定量的货币来衡量和表示商品的价值。货币具有价值尺度职能是因为货币本身也是商品，也有价值。货币执行价值尺度职能可以是观念中的货币。

(2) 流通手段是指货币充当商品交换媒介的职能。货币执行流通手段职能时必须是现实的货币。纸币一类的价值符号可以代替货币执行流通手段。

(3) 贮藏手段是指货币退出流通领域当作独立的价值形式和社会财富贮藏起来的职能。

(4) 支付手段是指货币用来清偿债务或支付赋税、租金、利息、工资等的职能。

(5) 世界货币是指货币在世界市场充当一般等价物的职能。

56. 通货膨胀与通货紧缩

价格是价值的货币表现形式。价格的变动主要有两个原因：商品价值的变动和货币价值的变动。

(1) 通货膨胀是指由于货币符号发行失去控制而引起的货币贬值、物价上涨的货币现象。通货膨胀是与纸币流通有密切联系的经济现象，只有在纸币流通条件下才有可能出现。

(2) 通货紧缩是一种与通货膨胀相反的经济现象，表现为社会需求不足，物价水平疲软或下跌。从本质上说，通货紧缩是流通中货币相对不足而引发的一种货币现象。

57. 货币层次与货币流通量

M_0 称为现钞，指的是流通于银行体系以外的现钞，M_0 具有最强购买力。

M_1 称为狭义货币，由流通于银行体系以外的现钞(M_0)和银行的活期存款构成。许多国家都把 M_1 作为调控货币供应量的主要对象。

M_2 称为广义货币，包括了一切可能成为现实购买力的货币形式，通常被称为一种潜在的购买能力或支付能力，需要经过一定时期才会对经济运行产生影响。

中国人民银行公布的货币划分口径：M_0＝流通中现金；M_1＝M_0＋企业活期存款；M_2＝M_1＋准货币(定期存款＋居民储蓄存款＋其他存款)。

货币流通量是由货币流通规律决定的。其基本规律是：流通中的货币量必须满足商品流通的需要。在不考虑支付手段职能的条件下，可以用公式表示为：

$$\text{流通中的商品价格总额}=\text{待售商品总额}\ P\times\text{商品价格水平}\ Q$$

$$\text{流通所需货币量}\ M=\frac{\text{待售商品总额}\ P\times\text{商品价格水平}\ Q}{\text{同一单一单位货币流通}\ V}$$

纸币流通量也是由货币流通规律决定的，一般情况下纸币流通条件下，必须以货币流通规律为基础，发行并调节纸币的流通量，以保证宏观经济的顺利运转。

链　接

2020 年，面对经济衰退风险与金融市场剧烈震荡，美联储出其不意祭出了“零利率＋量化宽松”的政策组合拳。然而，这种“危机模式”般的政策反应却加剧了市场投资者的焦虑。

3 月 16 日，全球市场动荡有增无减，各类资产遭遇无差别抛售，避险资产不再保险。亚洲股市全线重挫，欧洲多国股指狂跌逾 10%，美股期指暴跌触发交易限制，黄金、原油纷纷跳水。恐慌指数 VIX 期货狂飙近 30%，创下 2008 年金融危机以来最高。

在特朗普政府的纾困举措刺激下，美股 3 月 13 日报复性反弹逾 9%，但被证明只是昙花一现。3 月 16 日，华尔街无视美联储超常规降息 100 个基点，启动 7 000 亿美元量化宽松计划的“救市”努力，掀起新一轮抛售潮。道琼斯工业指数暴跌近 10%，纳斯达克指数与标普 500 指数跌幅均超过 9%。

2021 年 3 月 11 日，拜登政府 1.9 万亿美元经济纾困法案在参众两院获得通过，加上前两轮美国用于经济救助的法案，财政支出总额超过 5 万亿美元(相当于美国 GDP 的 25%)，史诗级的无限量化宽松。导致疯狂的货币洪水涌出闸门，金融市场流动性泛滥，全球资产价格飙升，给我国带来较大的输入性通胀压力。

58. 资本特点和主要形态

资本是能带来剩余价值的价值。资本是一种运动，不是物体，它体现了人与人之间的相互关系。资本是一个历史的范畴。

(1) 资本特点：①增殖性，不断地和无限地追求自身的价值增殖，是资本区别于一般货币的根本特征；②运动性，资本只有在生产过程和流通过程相统一的运动过程中才可能增殖；③返还性，投资者在开始投入资本目的要回收它；④风险性，资本具有收益和风险并存的特点。

(2) 资本的主要形态：①货币资本形态，即以货币形态表现的资本，它是资本最一般和初始的形态；②实物资本形态，是以物质形态表现的资本，包括投入商品生产过程和流通过程的一切物的要素和待售的产出品，也称物质资本。

59. 利润和利润率

利润是商品价值扣除生产成本后的余额。利润是剩余价值的一种转化形式，如果把价值增殖额与全部预付资本比较，即看作是大于预付资本的增殖额，则是利润。利润是全部预付资本的产物。利润概念掩盖了剩余价值的真正来源，掩盖了资本主义的剥削关系。

利润率是指利润与全部预付资本的比率，又称资本利润率。决定和影响利润率高低的因素有：劳动的因素、资本的因素、市场的因素。利润率客观反映资本的增殖程度。

$$利润率=\frac{利润额}{全部预付资本}\times 100\%$$

60. 社会总产品两大部类

社会总产品在物质形态上，根据其最终用途，区分为生产资料和消费资料。相应地，马克思把社会生产划分为两大部类：第一部类(Ⅰ)是由生产生产资料的部门所构成，其产品进入生产领域；第二部类(Ⅱ)是由生产消费资料的部门所构成，其产品进入生活消费领域。

61. 社会生产三次产业

按人类社会生产活动的历史发展序列和社会分工的发展过程来划分，同时也反映了社会生产的历史阶段和产业结构的演变规律。按照三次产业的分类，第一产业主要指农业，包括直接以自然物为劳动对象的农、林、牧、渔等行业；第二产业主要指工业，包括制造业、建筑业等在内的对初级产品进行加工的行业；第三产业即服务业，如商贸、旅游、金融保险、科技教育、医疗卫生等。三次产业分类法的优点是具有较强的实用性。

62. 实体经济与虚拟经济

实体经济指农业、工业交通运输、商贸物流、建筑业、服务业等提供方式在商品和服务的经济活动。

虚拟经济是市场经济中信用制度与资本证券化的产物，是源于实体经济又相对独立于实体经济的虚拟资本的活动。①虚拟资本是信用制度和资本证券化的产物，但各种信用工具和证券化的资本形式并不必然是虚拟经济；②虚拟经济和实体经济是现代市场经济运行同一过程的两个方面，二者是对立统一的关系。

我国十四五规划明确，要坚持把发展经济着力点放在实体经济上，坚定不移建设制造强国、质量强国、网络强国、数字中国，推进产业基础高级化、产业链现代化，提高经济质量效益和核心竞争力。

63. 泡沫经济

泡沫经济是指虚拟资本及其衍生出的虚拟经济的过度发展导致的投资过度的经济现象。泡沫经济表现为一种或一系列资产在经历了连续涨价之后市场价格远远高于实际价值的一种经济现象，主要是在房地产、股票等领域。在利息率偏低的刺激下，企业有高负债投资的冲动。但高负债的投资若没有回报，不能回流，就会产生泡沫经济。股市、房地产市场和外汇市场上的过度投机(1997 年东南亚金融危机)。2000 年年初，纳斯达克市场上高科技股价格猛跌所表现的 IT 产业的泡沫经济。

泡沫经济的危害是其发展和破灭会对经济产生灾难性影响，使国民经济总量虚假增长、结构扭曲。

链 接

美国股市与实体经济背离，反映其经济结构严重失衡

在经历这场史无前例的大流行之后，在美国疫情尚未好转且复工进程尚未真正启动的时候，美联储以无底线的方式向市场注入流动性，并通过大规模购买公司债券稳定市场，这种救助方式导致了投资者一系列的决策变化。大规模流出的资金流入了股市。可以看出，从价格和数量上同时实施的救市政策，支撑了股市的 V 型反弹。反弹过程中又吸引了大量散户涌入，共同推升了股市脱离基本面的上涨。在过去 20 多年里，美联储每一次救市政策都会成为贫富分化的放大器。让越来越多的中产阶级压力重重，阶层固化越来越严重，年轻人越来越失去梦想。

美国经济失衡状态长期固化，因此必然会出现周期性的结构性泡沫破裂，而随后美国采取的极度宽松货币政策，又会继续强化这种有缺陷的结构，同时成为贫富分化的放大器，最终产生贫富鸿沟，导致社会阶层固化，普通年轻人丧失向上流动的通道，也就失去希望。经济矛盾与社会矛盾长期积累后，会变成政治矛盾；政治矛盾又会阻碍任何改革的可能性，进入恶性循环。

这给我们强烈的警示，必须坚持以人民为中心，既要通过创新和公平竞争提高市场效率，又要通过协调和共享保障社会公平，避免过度依赖货币刺激，坚持以实体经济发展为核心，防止通过资产价格上涨放大贫富差距，尤其是要减轻楼市给予年轻人的压力，同时警惕互联网平台垄断效应对中小企业与制造业的侵蚀。

(《21 世纪经济报道》，2020 年 6 月 9 日，财富动力网)

64. 完全竞争与其他竞争

(1) 完全竞争又称为纯粹竞争,是指一种竞争不受任何阻碍和干扰的市场结构。其前提条件:①市场上有许多的竞争者和消费者,他们都是市场上既定价格的服从者,而不是决定者;②不存在产品差别;③各种生产资源都可以完全自由流动而不受任何限制;④市场信息是畅通的;⑤不存在外部性,其他竞争包括垄断竞争、过度竞争、有效竞争。

(2) 垄断竞争是一种介于垄断和竞争的之间、既具有某种竞争的特点、又具有某些垄断特征的市场结构。特征:①产业内的企业数量多;②存在产品差别;③企业可以不受任何限制进入或退出一个产业;④在垄断竞争条件下,如何扩大产品差别,维护产品差别,是企业竞争的重要手段。

(3) 过度竞争是企业数量多、非集中的竞争性产业中常见的现象。过度竞争会对资源配置产生一系列消极的影响:①难以实现资源优化配置;②阻碍价格机制正常作用;③加大竞争成本、损害创新能力。

(4) 有效竞争就是既有利于维护竞争,又有利于发挥规模经济作用的竞争格局,其含义可概括为:①从短期看,如果现实的市场背离了完全竞争的某个条件,那么最好在其他条件下也有所背离,这样的竞争才是有效的;②从长期来看,存在潜在竞争和替代品竞争的产业或市场,就是有效竞争的产业或市场。

65. 垄断及其分类

垄断指少数企业凭借其控制的巨额资本、足够的生产经营规模和市场份额,通过协定、同盟、联合参股等方法,操纵或控制一个或几个部门的商品生产和流通,以获取高额利润。它分为自然垄断、完全垄断、寡头垄断等。

(1) 自然垄断一般指城市供水、煤气、电力等产业部门中,由一家企业提供产品和服务比由两家以上企业共同提供产品、服务成本更低的情形。它决定着某些行业由一家企业垄断经营的合理性,并由政府的市场准入管制加以保障。

(2) 完全垄断是指某个产业上,卖方只有一家企业,其产品没有替代品,新企业进入为不可能的市场结构。完全垄断形成的原因是进入障碍。①关键性资源为一家企业所拥有;②政府给与一个人或一个企业排他性生产某种产品的权利;③自然垄断。

(3) 寡头垄断是指由提供相似或相同产品的少数几家企业组成的市场结构。寡头垄断的形成是竞争的必然结果。也是某些产业部门的技术经济特点使然,是客观的经济现象。①长期竞争导致某些产业部门只有少数企业存续而绝大多数企业退出的结果,必然形成寡头垄断的格局;②产业技术特点决定了某些产业部门的企业生产经营活动具有规模经济与范围经济的效果,导致该产业部门由少数大企业进行大规模生产经营的合理性。

链 接

2021年3月12日，市场监管总局根据《中华人民共和国反垄断法》第四十八条、第四十九条作出行政处罚决定，对12家企业分别处以50万元人民币罚款。

根据《中华人民共和国反垄断法》规定，市场监管总局对银泰商业(集团)有限公司收购开元商业有限公司股权案、腾讯控股有限公司收购猿辅导股权案、成都美更美信息技术有限公司收购望家欢农产品集团有限公司股权案、宿迁涵邦投资管理有限公司收购江苏五星电器有限公司股权案、百度控股有限公司收购小鱼集团股权案、苏宁润东股权投资管理有限公司收购上海博泰悦臻电子设备制造有限公司股权案、滴滴移动私人有限公司与软银股份有限公司设立合营企业案、好未来教育集团收购哒哒教育集团股权案、上海东方报业有限公司与北京量子跃动科技有限公司设立合营企业案、北京牛卡福网络科技有限公司收购河北宝兑通电子商务有限公司股权案等十起违法实施经营者集中案件立案调查。

上述十起案件均违反了《中华人民共和国反垄断法》第二十一条，构成违法实施经营者集中，不过评估认为不具有排除、限制竞争效果。

(第一财经，https://www.yicai.com/news)

66. 剩余价值与剩余价值率

雇佣工人的劳动分为两部分：一部分是必要劳动时间，用于再生产劳动力的价值；另一部分是剩余劳动时间，用于无偿为资本家生产剩余价值。剩余价值就是雇佣工人创造的并被资本家无偿占有的超过劳动力价值的那部分价值，它是雇佣工人在剩余劳动时间内支出的剩余劳动的凝结。剩余价值产生的唯一源泉就是雇佣工人的剩余劳动。

剩余价值率为表明资本家对工人的剥削程度，剩余价值率 m' 即剩余价值 m 和可变资本 v 的比率，有两种表示方式：

(1) 物化劳动表示法，剩余价值率等于剩余价值比可变资本，它表示雇佣工人劳动创造的价值中，资本家和工人各占多少份额。

$$\text{剩余价值率 } m' = \text{剩余价值} / \text{可变资本} = m/v$$

(2) 活劳动表示法，剩余价值率等于剩余劳动时间比必要劳动时间，它表明在工人的一个工作日的全部劳动时间中，有多大部分用于补偿劳动力的价值，多大部分用来无偿的给资本家生产剩余价值。

$$\text{剩余价值率 } m' = \text{剩余劳动时间} / \text{必要劳动时间}$$

链 接

利润率是剩余价值与全部预付资本的比率，是剩余价值率的转化形式，是同一剩余价值量用不同方法计算出来的另一种比率。剩余价值率揭示的是资本家对工人的剥削程度，而利润率表示的是全部预付资本的增殖程度。利润率在量上总是小于剩余价值率 ($m'=m/v$)，它掩盖了资本家对雇佣工人的剥削程度。

利润率的公式为： 利润率 $=m/c+v$

67. 不变资本与可变资本

根据在剩余价值生产或价值增殖过程中所起的作用不同，可以把全部预付资本区分为不变资本和可变资本。

(1) 不变资本以生产资料的形式存在，它在生产过程中被消耗，生产出新产品，以生产资料形式存在的资本在生产过程中不改变自己的价值量，所以叫不变资本。通常以C表示。

(2) 可变资本是指用来购买劳动力的那部分资本，以劳动力形式存在的这部分资本价值，在生产过程中发生了量的变化，即价值增殖，所以叫可变资本。通常以V表示。可变资本是剩余价值的源泉。

68. 剩余价值规律

资本主义的基本经济规律，即资本主义的生产目的和动机是追求尽可能多的剩余价值，达到这一目的的手段是不断扩大和加强对雇佣劳动的剥削。

(1) 剩余价值规律决定着资本主义生产的实质。资本主义生产的实质就是实现资本的价值增殖或者说生产剩余价值，资本家从事一切生产经营活动的决定性动机，就是为了获取尽可能多的剩余价值，对剩余价值的追求是资本主义生产发展的动力。

(2) 剩余价值规律决定着资本主义生产发展的一切主要方面和主要过程，资本主义的生产、流通、分配和消费等主要方面和主要过程，都是以获取剩余价值为出发点和归宿点的。表现在：①资本主义的生产过程是剩余价值的创造过程；②资本主义的流通过程是剩余价值生产的准备过程和剩余价值的实现过程；③资本主义的分配过程实质上是分割剩余价值的过程；④资本家的个人消费是消费无偿占有的剩余价值，雇佣工人的个人消费是劳动力再生产过程，它是资本家剥削工人剩余劳动的必要条件。

(3) 剩余价值规律还决定着资本主义生产方式的发展及其历史趋势，表现在：①资产阶级为了追求更多的剩余价值，总是设法进行技术创新，不断扩大生产规模和销售市场，从而推动了资本主义经济的发展；②正是由于资产阶级为了追求剩余价值，不断扩大和加强对工人阶级和其他劳动群众的剥削，从而不断激化和深化资本主义社会的生产力和生产关系的矛盾，而这种矛盾的发展决定了资本主义生产方式最终必然为更适应生产力发展要求的新的生产方式代替。

69. 级差地租与绝对地租

级差地租是与土地等级相联系的地租形式,它是农产品的个别生产价格低于农产品的社会生产价格的差额。级差地租由于形成条件的不同而分为两种形态,即级差地租Ⅰ和级差地租Ⅱ,级差地租Ⅰ是级差地租Ⅱ的基础。原因是土地经营权的资本主义垄断。源泉是农业工人创造的剩余价值。客观条件是土地好坏的差别。实质是体现了农业资本家和大土地所有者共同对雇佣工人的剥削关系。

绝对地租是由于土地私有权的存在,农业资本家租用任何土地都必须交纳的地租,就是绝对地租;由农产品价格高于社会生产价格的差额所形成的超额利润所构成。绝对地租形成的条件是农业资本有机构成低于社会平均资本有机构成。原因是土地所有权的垄断。实质上是由农业雇佣工人创造的剩余价值的一部分转化而来的,体现的是农业资本家和土地所有者对雇用工人的剥削关系。

70. 宏观调控主要手段

(1) 财政政策指通过财政收入政策(主要是税收政策)和财政支出政策(主要是政府购买支出和转移支付)来影响社会消费总量和投资总量,以求得社会经济的稳定增长。包括扩张性财政政策和紧缩性财政政策。

(2) 货币政策指由国家银行或中央银行增加或减少货币供应量,扩大或紧缩信贷,以影响利息率,进而通过利息率的升降来增加或减少投资,促进社会经济的稳定发展。在市场经济条件下,实施货币政策的工具主要有:利率、法定存款准备金比率、再贴现率、公开市场业务等。

(3) 产业政策指国家通过确定扶持、鼓励哪些产业,限制哪些产业,以促进经济结构合理化和组织结构合理化的政策。一般包括两方面内容:①政策目标,国家根据经济社会发展的要求,趋势及某些特定的目的而不确定的发展目标。②政策手段,为了实现政策目标,从实际出发所采取的各种措施。

(4) 收入政策指通过控制工资水平来控制通货膨胀,进而抑制失业上升和经济衰退。收入政策的主要形式有:①工资——价格指导线,即由政府根据长期劳动生产率增长趋势来确定工资和物价的增长标准,要求把工资——物价增长率限制在全社会劳动生产率平均增长幅度以内;②实现工资——物价管制,即由政府颁布法令对工资和物价实行管制,甚至暂时加以冻结;③以税收为基础的政策,即政府以税收作为惩罚或奖励手段来限制工资增长。

71. 经济全球化

经济全球化是以资本、技术、信息等生产要素在全球范围内进行流动和配置,各国经济相互联系、相互依赖的一体化过程。

(1) 引起经济全球化的原因:①科技的进步特别是信息技术的出现,为经济全球化提供了坚实的物质基础;②跨国公司的发展,为经济全球化提供了适宜的企业组织形式；③市场经济体制成为各国的选择，为经济全球化提供了赖以存在的资源配置机制。

(2) 经济全球化的表现：①生产的全球化，包括国际分工从传统的垂直型向水平型的过渡，水平型国际分工在一部门之内、它的形成为生产全球化奠定了基础；②贸易的全球化，其标志是国际贸易增长率大大高于世界经济增长率；③金融的全球化；④企业经营的全球化。其标志是跨国公司成为世界经济的主体。跨国公司的迅速发展，使资本、生产和商品的国际化进一步深化，极大地推动了经济全球化的进程。

链 接

习近平全球化论述

当前，经济全球化遭遇逆流，单边主义、保护主义抬头，我们决不能被逆风和回头浪所阻，要站在历史正确的一边，坚定不移扩大对外开放，增强国内国际经济联动效应，统筹发展和安全，全面防范风险挑战。推进对外贸易创新发展，要落实新发展理念，紧紧围绕构建新发展格局，以供给侧结构性改革为主线，深化科技创新、制度创新、业态和模式创新，加快提升贸易质量，稳定产业链供应链，培育外贸新动能，深入推进贸易便利化，优化外贸发展环境。

(《中共中央总书记、国家主席、中央军委主席、中央全面深化改革委员会主任习近平中央全面深化改革委员会第十五次会议上的讲话》，人民网-中国共产党新闻网，2020 年 9 月 1 日)

72. 资本主义经济危机

资本主义再生产过程中周期性爆发的生产相对过剩危机，由资本主义经济制度因素引起。它是资本主义再生产周期的决定阶段，既是前一个周期的结束点，又是新周期的起点。主要特征：商品生产过剩、价格猛跌，利息率上升，信用关系遭到破坏，生产急剧缩小，失业急剧增长，工资下降。资本主义基本矛盾(即生产社会化和资本主义私人占有的矛盾)是使经济危机爆发成为不可避免。实质是生产相对过剩的危机。

73. 资本有机构成

(1) 资本的技术构成：从物质形态上看，资本是由一定数量的生产资料和劳动力构成。由生产技术水平决定的生产资料和劳动力之间的比例——技术构成。

(2) 资本的价值构成：从价值形式上看，资本由一定数量的不变资本和可变资本的比例构成。不变资本和可变资本的比例——价值构成。

(3) 资本的有机构成：由资本技术构成决定，并且反映资本技术构成变化的资本价值构成——有机构成。

技术构成变化时，价值构成可以不变；有机构成变化可以与技术、价值资构成不一致。

74. 资本主义制度的基本矛盾

资本主义制度的基本矛盾是生产的社会化与生产资料资本主义私人占有的矛盾。这一基本矛盾是商品经济毛发展到一定阶段的必然产物。这个基本矛盾在资本的积累过程中通过平均利润率下降，资本和人口的相对过剩以及生产过剩的经济危机表现出来。

集中体现：①社会总产品的实现条件和实现方式之间的矛盾，即社会生产的无政府状态和按比例发展的客观规律之间的矛盾；②社会再生产中生产和消费的矛盾，即生产的无限扩大同有效需求相对落后之间的矛盾；③资本主义生产与分配的矛盾，工资与利润的对立，决定了资本家必然竭力压低工资水平。

总之，资本主义基本矛盾的不断激化使社会再生产的实现条件遭到严重破坏，从而使经济危机的爆发成为不可避免，这也体现了资本主义生产方式的历史局限性，它必将被社会主义制度取代。

75. 微观经济学名词释义

(1) 绝对优势。如果一个国家用一单位资源生产的某种产品比另一个国家多，那么，这个国家在这种产品的生产上与另一国相比就具有绝对优势。

(2) 逆向选择。在此状况下，保险公司发现它们的客户中有太大的一部分来自高风险群体。

(3) 机会成本。如果以最好的另一种方式使用的某种资源，它所能生产的价值就是选择成本，也可以称之为选择成本。

(4) 卡特尔。卡特尔是指厂商之间为了合谋而签订公开和正式协议这样一种市场结构形态。

(5) 比较优势。如果与生产其他商品的成本相比，一个国家生产的某种产品的成本比另一个国家低，那么，该国就在这种商品的生产上与另一个国家相比具有比较优势。

(6) 互补品。如果 X 和 Y 是互补品，X 的需求量就与 Y 的价格成反向变化。

(7) 消费者剩余。消费者剩余是指消费者愿意为某种商品或服务所支付的最大数量与他实际支付的数量之差。

(8) 可竞争市场。可竞争市场是指那种进入完全自由以及退出没有成本的市场。可竞争市场的本质在于它们很容易受到打了就跑的进入者的伤害。

(9) 需求的交叉弹性。需求的交叉弹性是指商品 Y 的价格发生 1%的变化时所引起的商品 X 的需求量变化的百分比。

(10) 垄断的无谓损失。如果一个完全竞争的市场转变为一个垄断的市场,这种转变所带来的总剩余的减少就是无谓损失。

(11) 买方垄断的无谓损失。如果一个完全竞争的市场转变成一个买方垄断的市场,这种转变所带来的总剩余的减少即为无谓损失。

(12) 规模收益递减。如果所有投入品的数量都以相同的百分数增加,并导致产量增加的百分数小于该百分数,就是规模收益递减的。

(13) 贴现率。当利率用于计算投资的净现值时,它被称为贴现率。

(14) 优势策略。不论其他局中人采取什么策略,优势策略对一个局中人而言都是最好的策略。

(15) 经济效率。经济效率是指这样一种状况,所进行的任何改变都不会给任何人带来损失而能增加一些人的福利。这样一种状态就是经济的有效率状况(或者帕累托效率或帕累托最优)。

(16) 有效市场假说。根据这一假设,投资者在买卖股票时会迅速有效地利用可能的信息.所有已知的影响一种股票价格的因素都已经反映在股票的价格中,因此根据这一理论,股票的技术分析是无效的。(这个假设有三种形式)

(17) 均衡。均衡是指没有任何变化趋势的状态。例如,均衡价格就是一种能够维持的。

(18) 一般均衡分析。一般均衡分析是指(与局部均衡分析相反)把各种市场和价格的相互作用都考虑进去的分析。

(19) 扩张路径。扩张路径是指与各种产量相对应的等产量线与等成本线相切的点的轨迹(所有投入品都是可变的)。

(20) 外部不经济。外部不经济是指由于消费或者其他人和厂商的产出所引起的一个人或厂商无法补偿的成本。

(21) 外部经济。外部经济是指由于消费或者其他人和厂商的产出所引起的一个人或厂商无法索取的收益。

(22) 吉芬反论。吉芬反论是指商品的需求量与价格成正向关系这样一种状况。当劣质商品价格的替代效应并不足以抵消收入效应时就会发生这样的情况。

(23) 收入效应。收入效应是指所有价格不变时完全由于消费者满足水平的变化所引起的商品 X 的需求量的改变。

(24) 需求的收入弹性。需求的收入弹性是指当价格保持不变时消费者收入发生 1%的变化时,所引起的需求数量变化的百分比。

(25) 无差异曲线。无差异曲线表示对消费者没有区别的市场篮子的点的轨迹。

(26) 内部收益率。内部收益率是使一项投资项目的净现金流的现值等于项目投资支出的利率。

(27) 投资需求曲线。投资需求曲线表示投资的总数量与额外投资的收益率之间的关系。

(28) 边际收益递减律。根据这一法则,如果不断添加相同增量的一种投入品(且若其他投入品保持不变),这样所导致的产品增量在超过某一点后将会下降,也就是说,边际产品将会减少。

(29) 边际效用递减律。根据这一法则,当一个人消费越来越多的某种商品时(其他商品的消费保持不变),商品的边际效用最终会趋于下降。

(30) 勒纳指数。勒纳指数度量一个厂商所拥有的垄断势力的大小,它等于$(P-MC)/P$,此处P是厂商的价格,MC是边际成本。

(31) 限制性定价。限制性定价是指为了阻止其他厂商进入而采取的一种定价。限制性价格是一种使得进入者失望或阻止它们进入的价格。

(32) 边际成本。边际成本是指由于增加最后一单位产量导致的总成本的增加。

(33) 边际成本定价。边际成本定价是指这样一种定价规则,厂商或国有企业使得价格等于边际成本。

(34) 边际支出曲线。边际支出曲线表示厂商增加1单位投入品X所引起的成本的增加。

(35) 边际产品。边际产品是指由于增加最后一单位某种投入品(其他投入品的数量保持不变)所带来的总产量的增加。

(36) 边际产品转换率。边际产品转换率是指生产可能性曲线斜率的负数。

五、社会主义经济部分

76. 科学社会主义

1848年马克思、恩格斯发表《共产党宣言》,标志着科学社会主义理论的诞生。马克思、恩格斯创立的唯物史观和剩余价值学说,摒弃了空想社会主义的空想色彩,从而使关于社会主义是社会进步合乎规律的结果的学说,代替了乌托邦的幻想,把社会主义思想发展的进程推进了一个崭新的历史时期,实现了人类思想史上的一次巨大的飞跃。

唯物史观揭示了人类历史上发展的客观规律,即生产关系一定要适应生产力状况,上层建筑一定要适应经济基础规律,剩余价值规律是资本主义生产关系的基本规律。

资本主义必将被社会主义所代替不再仅仅是个猜想,而是现实生产力与生产关系、无产阶级和资产阶级矛盾运动的必然结果。

77. 社会主义本质要求和经济制度

根据马克思、恩格斯关于未来的展望和社会主义实践的发展,社会主义本质为:

①解放生产力和发展生产力，大力发展生产力，是社会主义本质的要求，也是社会主义事业取得成功的最重要基础；②消灭剥削、消除两极分化，最终达到共同富裕，社会主义的根本目的，也是社会主义与资本主义的本质区别之一。

社会主义经济制度。基本内容：①生产力的提高和经济的不断发展；②建立与生产力发展要求相适应的公有制形式和所有制结构，生产资料所有制是生产关系和经济制度的基础，也是社会主义与资本主义的根本区别之一；③实行与生产力发展要求和所有制关系相适应的分配形式；④建立与经济基础相适应的上层建筑。

现阶段涵义。当前阶段要坚持公有制为主体、多种所有制经济共同发展，按劳分配为主体、多种分配方式并存，社会主义市场经济体制等社会主义基本经济制度，既体现了社会主义制度优越性，又同我国社会主义初级阶段社会生产力发展水平相适应，是党和人民的伟大创造。必须坚持社会主义基本经济制度，充分发挥市场在资源配置中的决定性作用，更好发挥政府作用，全面贯彻新发展理念，坚持以供给侧结构性改革为主线，加快建设现代化经济体系。

78. 社会主义初级阶段

我国提出的社会主义初级阶段，不是泛指任何国家进入社会主义都要经历的起始阶段，而是特指我国这样一个脱胎于半殖民地半封建社会的国家，在生产力落后、商品经济不发达条件下建立社会主义必然要经历的那个阶段。由我国生产力的发展状况所决定的，由我国的生产关系和上层建筑性质决定的。

主要矛盾。人民不断增长的物质文化需要同落后的社会生产之间的矛盾是社会主义初级阶段的主要矛盾，这是由我国社会主义初级阶段的国情决定的。

根本任务。由社会主义的本质特征和社会主义初级阶段的主要矛盾决定，我国社会主义初级阶段的根本任务是集中力量发展生产力。①只有大力发展生产力，才能不断巩固和完善社会主义制度，最终实现共产主义制度；②只有大力发展生产力，才能不断满足人民群众日益增长的物质文化需要，实现社会主义生产的根本目的；③只有大力发展生产力，才能建设高度的社会主义精神文明；④只有大力发展生产力，才能维护国家主权独立。

总之，中国解决问题的关键是靠生产力的发展，是否有利于发展社会主义社会的生产力，是否有利于增强社会主义国家的综合国力，是否有利于提高人民生活水平，应是我国现阶段的考虑一切问题的出发点和落脚点。

79. 社会主义市场经济及其特点

社会主义市场经济，即社会主义条件下的市场经济，它强调的是在社会主义条件下发展市场经济，而不是说市场经济本身还有资本主义与社会主义性质的区分。

社会主义市场经济既具有市场经济的一般性，又具有社会主义条件下的特殊性。

（1）我国的社会主义市场经济具有市场经济的共性：资源配置以市场为基础，企业是独立的市场主体，充分发挥市场机制的调节作用，宏观调控间接化，市场管理法制化等。

（2）由社会主义初级阶段生产力发展状况和基本经济制度所决定，我国的社会主义市场经济具有自己的特点：我国社会主义市场经济建立在以公有制为主体、多种所有制经济共同发展的基本经济制度的基础上；我国社会主义市场经济与以按劳分配为主体、多种分配形式并存的分配制度结合在一起，实现共同富裕的社会主义目标；我国社会主义市场经济发展的方向服从社会主义发展的大目标。

80. 市场经济中的交易主体

在市场活动中，交易关系是最基本的经济关系。市场作为交易关系的总和，将各个由社会分工所形成的处于分离状态的利益主体有机的联系在一起，形成在社会分工基础上的交易关系和协作关系。这些参与市场交易的利益主体，就是市场交易主体。经济学中一般将市场交易主体概括为三类：个人、企业和政府。总之，在市场经济中，所有参与交易活动的买方、卖方，都是市场交易的主体。

81. 现代企业制度

适应市场经济和社会化大生产的需要，反映市场经济的要求，企业真正成为面向国际、国内市场的法人实体和市场竞争主体的一种企业制度，又称为“现代公司制度”，其基本形式是股份制。特征是产权清晰、权责明确、政企分开、管理科学，是现代市场经济的基础。现代企业制度的具体形式一般表现为公司制，法人治理结构是现代企业制度的核心。以公有制为主体的现代企业制度是我国社会主义市场经济体制的基础。

82. 社会总产出

社会主义国家在一定时期内，根据社会需要和生产资源的供应状况，将全社会的生产要素有效的结合起来，进行供社会消费和使用的各种物质产品和服务的生产，即社会总生产，社会生产的总成果称为社会总产出或社会总产品。

社会总产出的实物构成按社会生产成果存在的形态，可分为物质产品和服务两部分。分析社会总产出可以从总量和结构两方面来考察，社会总产出的总量及其价值构成可用系列总量指标来衡量，如GDP、GNP、NI等。社会总产出的结构即其生产门类划分和它们之间的内在联系，亦即产业结构和社会总产出的地区分布。

83. 社会消费水平

消费需求的总量即社会消费水平，是指在一定时期内人们实际消费的消费资料和服务的数量和质量的总和，它表明消费需求得到满足的程度。决定消费需求规模的因素，从根本上说，是受社会生产力发展水平进而受到国内生产总值水平制约的，此外，还受到一系列社会、历史和文化因素的制约。

84. 经济增长

经济增长指一个国家或地区在一定时期内因就业人数增加、资本积累和技术进步等原因，经济规模（包括物质产品和劳务）在数量上的扩大和增加，它反映了一国国民经济总量的变化状况。

决定经济增长的因素分为生产要素的投入增加和要素生产率的提高。生产要素投入特别是劳动就业量对经济增长的决定作用。社会劳动生产率的增长率对经济增长的决定作用。

衡量经济增长，通常采用GNP增长率、GDP增长率、NI增长率等总量增长率和人均增长率等指标。

85. 经济发展

经济发展不仅包括经济总量和人均占有量的增长，而且强调经济结构的基本变化，特别是本国人民作为经济结构变化的主体参与发展过程、分享经济发展的成果，文化教育卫生事业的发展，人民生活水平的提高，生态平衡的保持，环境污染的治理，整个社会经济生活质的变化等。

衡量经济发展的指标有多个，公布了“人类发展指数”，按预期寿命、成年人识字率、实际人均国内生产总值三个变量计算。

经济增长与经济发展的关系：两者是密不可分的，经济增长是推动经济发展的必要物质条件，没有经济增长就没有经济发展。但是，经济增长又不同于经济发展，单纯的经济增长可能会出现“只增长不发展”的现象，即只有经济增长但没有经济结构的优化，经济质量和效益的提高。

86. 产业结构

产业结构指社会在生产过程中形成的各产业之间、各部门之间以及产业部门内部各企业之间的相互联系、相互制约的结喉关系和比例关系，是国民经济结构的一个基本方面。

一般说来，产业结构的变动可以从两个方面衡量：①产值的部门构成；②劳动力的部门构成。

产业结构的变动呈现两个重要趋势：①产值部门结构的高度化趋势；②劳动力部门构成二、三次产业倾斜的变动趋势。

87. 区域结构

区域结构指一国范围内各个地区之间的经济发展状况与相互关系，它涉及经济增长要素的空间分布。主要包括：区域产业结构、区域空间结构、区域基础结构。区域结构的优化对促进国民经济持续、稳定、协调发展具有重要作用。

我国和其他发展中国家一样，在区域间存在二元结构，即经济发达地区和不发达地区并存，总体上看，呈现出东、中、西三大地区总体分布，东部地区发展主要依靠市场拉动，中部发展“承东继西”，西部地区有丰富资源，我国正大力推进西部大开发。

“十四五”规划明确要求推动区域协调发展。推动西部大开发形成新格局，推动东北振兴取得新突破，促进中部地区加快崛起，鼓励东部地区加快推进现代化。支持革命老区、民族地区加快发展，加强边疆地区建设，推进兴边富民、稳边固边。推进京津冀协同发展、长江经济带发展、粤港澳大湾区建设、长三角一体化发展，打造创新平台和新增长极。推动黄河流域生态保护和高质量发展。高标准、高质量建设雄安新区。坚持陆海统筹，发展海洋经济，建设海洋强国。健全区域战略统筹、市场一体化发展、区域合作互助、区际利益补偿等机制，更好促进发达地区和欠发达地区、东中西部和东北地区共同发展。完善转移支付制度，加大对欠发达地区财力支持，逐步实现基本公共服务均等化。

88. 二元经济

二元经济指的是采用现代技术的现代部门同采用传统技术的传统部门并存的一种经济结构。

二元经济是发展中国家传统经济向现代经济演进过程中普遍存在的现象。发展中国家的工业化是在资本积累不足、劳动力素质普遍不高、科学技术极为落后、具有创新精神的企业家严重缺乏等基础上进行的。因此，国民经济各产业部门的现代化需要经过一个相当长的过程。

89. 国际竞争与合作

在世界经济日益全球化的大背景下，世界各国为了加强自己的经济实力及在与他国的经济往来和市场竞争中取得有利地位，积极参与全球化，国家间进行合作的同时又参与竞争的过渡。竞争与合作是国际经济关系的本质特征。国家间竞争与合作同时并存，如何处理其中的关系就成为一个两难的问题。

90. 国家经济安全

一国根本的经济利益免遭侵害的一种经济状态。其主要内容包括：①一国经济主权独立、基础稳固、运行健康、增长稳定、发展持续；②在国际经济生活中具有自主性、抗风险和竞争力；③不为局部问题的演变而使整个经济受到冲击和遭受过多损失；④能够避免或化解可能发生的局部性或全面性的危机。

在经济全球化条件下，危害国家经济安全的主要因素有：①国家支付危机；②金融风险；③产业安全和贸易被控；④资源被侵害；⑤信息和技术损失。

改革开放以来，我国已经实行了全方位的对外开放，尤其是加入世贸组织后，对外开放进一步扩大。为保证国民经济全面协调持续发展，在对外开放中，要注意维护国家经济安全。

91. 宏观调控

政府以满足人民需要和国民经济持续、协调健康发展为目标，综合运用经济的、计划的、法律的和必要的行政手段，对整个国民经济运行和发展进行调节和控制。宏观调控的基本要求是，使宏观经济活动通过市场中介和微观经济活动有机的结合起来，保持总供求的基本平衡，顺利实现经济发展的战略目标。

92. 财政政策

政府在一定时期内，为了实现社会经济持续稳定发展，通过变动财政收入和支出，以影响宏观经济活动水平的政策。它由财政收入政策和财政支出政策组成。

根据财政政策对总供给和总需求调节的作用和方向可将其划分为：扩张性的财政政策、紧缩性的财政政策和平衡性财政政策。

财政政策手段主要有：国家预算、国家税收、国家信用、财政补贴等。

93. 货币政策

中央银行为实现一定的宏观经济目标所制定的通过综合运用各种货币手段，来调节货币供给和利率，进而影响宏观经济的方针和措施的总和。

货币政策可以分为 3 种类型：扩张的货币政策、紧缩的货币政策和平衡的货币政策。

货币政策的具体手段有：公开市场业务、再贴现率、存款准备金率、利率手段等。

94. 收入分配政策

对国民收入初次分配和再分配进行调节的政策，是政府根据既定的目标而制定的个人收入总量及结构的变动方向，以及政府调节个人收入分配的基本方针和原则，它包括国民收入分配总量政策、国民收入分配结构政策和个人收入分配政策等。

社会主义经济中实施收入分配政策的目的是：①促进国民经济的总量平衡，避免通货膨胀或通货紧缩；②促进分配的公平和效率，避免收入分配差距过大；③调动劳动者积极性，促进经济发展，提高人民生活水平。

收入分配政策是通过工资、财政预算、税收等手段实施的。

95. 新发展理念

党的十八届五中全会坚持以人民为中心的发展思想，鲜明地提出了创新、协调、绿色、开放、共享的新发展理念。新发展理念的科学内涵：

(1) 创新是引领发展的第一动力。创新发展注重的是解决发展动力问题。习近平总书记指出，抓住了发展，就抓住了牵动经济社会发展全局的“牛鼻子”。树立创新发展理念，就是要把创新摆在国家发展全局的核心位置，不断推进理论创新、制度创新、科技创新、文化创新等各方面创新，让创新贯穿党和国家一切工作，让创新在全社会蔚然成风。

(2) 协调是持续健康发展的内在要求。协调发展注重的是解决发展不平衡问题。

(3) 绿色是永续发展的必要条件，以及人民对美好生活追求的重要体现。绿色发展注重的是解决人与自然的和谐问题。

(4) 开放是国家繁荣发展的必由之路。开放发展注重的是解决发展的内外联动问题。

(5) 共享是中国特色社会主义的本质要求。共享发展注重的是解决社会公平正义问题。树立共享发展理念,就必须坚持发展为了人民、发展依靠人民、发展成果由人民共享。

96. 经济新常态及其特点

2014 年 11 月 9 日,习近平总书记在亚太经合组织工商领导人峰会开幕式上所作的题为《谋求持久发展共筑亚太梦想》的演讲中指出,认识新常态、适应新常态、引领新常态,是当前和今后一个时期我国经济发展的大逻辑。

(1) 中国经济新常态主要特点:①从高速增长转为中高速增长;②经济结构不断优化升级,第三产业、消费需求逐步成为主体,城乡区域差距逐步缩小,居民收入占比上升,发展成果惠及更广大民众;③从要素驱动、投资驱动转向创新驱动。

(2) 准确认识经济新常态。全面认识和把握新常态,需要从时间和空间大角度审视我国发展。从时间上看,我国发展经历了由盛到衰再到盛的几个大时期,今天的新常态是这种大时期更替变化的结果。从空间上看,我国出口优势和参与国际产业分工模式面临新挑战,经济发展新常态是这种变化的体现。

一是新常态不是一个事件,不要用好或坏来判断。新常态是一个客观状态,是我国经济发展到今天这个阶段必然会出现的一种状态,是一种内在必然性,并没有好坏之分,我们要因势而谋、因势而动、因势而进。

二是新常态不是一个筐子,不要什么都往里面装。新常态主要表现在经济领域,不要滥用新常态概念,搞出一大堆“新常态”,什么文化新常态、旅游新常态、城市管理新常态等,甚至把一些不好的现象都归入新常态。

三是新常态不是一个避风港,不要把不好做或难做好的工作都归结于新常态,似乎推给新常态就有不去解决的理由了。新常态不是不干事,不是不要发展,不是不要国内生产总值增长,而是要更好发挥主观能动性、更有创造精神地推动发展。

(3) 认识新常态适应新常态引领新常态。面对中国经济发展进入新常态、世界经济发展进入转型期、世界科技发展酝酿新突破的发展格局,我们要坚持以提高经济发展质量和效益为中心,坚持稳中求进工作总基调,坚定不移深化改革开放,加快实施创新驱动发展战略,以新发展理念引领经济发展新常态,加快转变经济发展方式、调整经济发展结构、提高发展质量和效益,着力推进供给侧结构性改革,推动经济更有效率、更有质量、更加公平、更可持续地发展,加快形成崇尚创新、注重协调、倡导绿色、厚植开放、推进共享的机制和环境,不断壮大我国经济实力和综合国力。

97. 供给侧结构性改革

2015年11月10日,中央财经领导小组第十一次会议提出要推进“供给侧结构性改革”;2015年12月22日召开的2016年中央经济工作会议强调要“更加注重供给侧结构性改革”。

供给侧结构性改革重点任务是抓好去产能、去库存、去杠杆、降成本、补短板“五大重点任务”;改革根本目的是提高社会生产力水平,落实好以人民为中心的发展思想。推进供给侧结构性改革必须坚持的支柱性政策和重大原则。宏观政策要稳、产业政策要准、微观政策要活、改革政策要实、社会政策要托底的政策组合,是当前推动经济社会发展的五大支柱性政策。

(1) 供给学派与供给侧改革。从联系的观点看,西方供给学派的不少主张可以为我国供给侧结构性改革提供借鉴,如我们推进的减税降费、简政放权、审批制度改革、垄断行业改革、创新驱动等;但是供给侧改革是在党的领导下对现有经济体制进行的有中国特色的供给改革,其目的是提高社会生产力水平,落实好以人民为中心的发展思想。而供给学派是对以蒙代尔、拉弗、吉尔德等为主要代表对经济产生“滞胀”的供给方面原因进行分析并提出有关改革政策,贯穿着经济自由化的理念,其私有化等主张,则与我国改革的根本目的相悖。

(2) 计划经济与供给侧改革。供给侧改革是为解决经济结构不合理、供给产品与社会需求不匹配、政府过度干预或过度宏观调控等问题而提出的改革思路,不是通过政府计划或政府主导来确定供给结构,提供供给要素,增加产品供给,提高供给速度。否则容易造成以计划经济思维实施供给,政府主导选择产业、产品、项目和技术路线,带来了与过度需求管理政策同样甚至更严重的问题。

(3) 供给侧与需求侧的矛盾。供给侧与需求侧是一个硬币的两面,或一只手的手心和手背,缺一不可,而且二者要尽可能对称和平衡,经济才能健康可持续发展。过去多年来我们过于强调从需求侧进行政府宏观调控以实现经济高速增长,现在强调供给侧改革只是对其进行“纠偏”,而不是过于偏向供给侧而忽视了需求侧,从一个极端走向另一个极端。

(4) 供给侧改革与增加商品或劳务供给。政策中供给侧是指广义的供给,不仅包括商品或劳务供给,而且包括供给主体培育、要素投入、全要素生产率提升、存量调整、增量形成等。通过依靠企业和市场的作用,采取淘汰落后产能、产业转型升级等改革举措,有针对性地解决结构性问题:如果单纯强调增加商品或劳务供给,在产能过剩形势下,则只会带来进一步的产能过剩。

98. 创新驱动战略

2016年,国家发布《国家创新驱动发展战略纲要》,要求按照“四个全面”战略布局的要求,坚持走中国特色自主创新道路,解放思想、开放包容,把创新驱动发展作为国家的优先战略,以科技创新为核心带动全面创新,以体制机制改革激发创新活力,按照“坚持双轮驱动、构建一个体系、推动六大转变”进行布局,以高效率的创新体系支撑高水平的创新型国家建设,推动经济社会发展动力根本转换,为实现中华民族伟大复兴的中国梦提供强大动力。

第一步,到2020年进入创新型国家行列,基本建成中国特色国家创新体系,有力支撑全面建成小康社会目标的实现。

第二步,到2030年跻身创新型国家前列,发展驱动力实现根本转换,经济社会发展水平和国际竞争力大幅提升,为建成经济强国和共同富裕社会奠定坚实基础。

第三步,到2050年建成世界科技创新强国,成为世界主要科学中心和创新高地,为我国建成富强民主文明和谐的社会主义现代化国家、实现中华民族伟大复兴的中国梦提供强大支撑。

2020年国家创新驱动战略第一步已经实现,《中共中央关于制定国民经济和社会发展第十四个五年规划和二〇三五年远景目标的建议》明确,要坚持创新在我国现代化建设全局中的核心地位,把科技自立自强作为国家发展的战略支撑,面向世界科技前沿、面向经济主战场、面向国家重大需求、面向人民生命健康,深入实施科教兴国战略、人才强国战略、创新驱动发展战略,完善国家创新体系,加快建设科技强国。

99. 城乡发展一体化体制

解决好农业农村农民问题是全党工作重中之重,城乡发展一体化是解决“三农”问题的根本途径。

消除城乡二元结构,形成新型工农、城乡关系。城乡二元结构是制约城乡一体化的主要障碍。形成以工促农、以城带乡、工农互惠、城乡一体的新型工农、城乡关系。

深化农村集体产权制度改革。国务院2014年11月20日发布的《关于引导农村土地经营权有序流转发展农业适度规模经营的意见》指出,要坚持农村土地集体所有,实现所有权、承包权、经营权三权分置。

《中共中央关于制定国民经济和社会发展第十四个五年规划和二〇三五年远景目标的建议》要求优先发展农业农村,全面推进乡村振兴。坚持把解决好“三农”问题作为全党工作重中之重,走中国特色社会主义乡村振兴道路,全面实施乡村振兴战略,强化以工补农、以城带乡,推动形成工农互促、城乡互补、协调发展、共同繁荣的新型工农城乡关系,加快农业农村现代化。健全城乡融合发展机制,推动城乡要素平等交换、双向流动,增强农业农村发展活力。探索宅基地所有权、资格权、使用权分置实现形式。

100. 新发展格局

新发展格局不是封闭的国内循环，而是开放的国内国际双循环。要优化升级生产、分配、流通、消费体系，深化对内经济联系、增加经济纵深，增强畅通国内大循环和联通国内国际双循环的功能，加快推进规则标准等制度型开放，率先建设更高水平开放型经济新体制。要在内外贸、投融资、财政税务、金融创新、出入境等方面，探索更加灵活的政策体系、更加科学的管理体制，加强同"一带一路"沿线国家和地区开展多层次、多领域的务实合作。越是开放越要重视安全，统筹好发展和安全两件大事，增强自身竞争能力、开放监管能力、风险防控能力。（习近平，《在深圳经济特区建立40周年庆祝大会上的讲话》，2020年10月14日）

构建新发展格局，关键在于实现经济循环流转和产业关联畅通。根本要求是提升供给体系的创新力和关联性，解决各类"卡脖子"和瓶颈问题，畅通国民经济循环。而做到这一点，必须深化改革、扩大开放、推动科技创新和产业结构升级。

必须运用改革思维和改革办法，形成充满活力的市场主体，建立有效的激励机制，营造鼓励创新的制度环境，扫除阻碍国内大循环和国内国际双循环畅通的制度、观念和利益羁绊，破除妨碍生产要素市场化配置和商品服务流通的体制机制障碍，形成高效规范、公平竞争、充分开放的国内统一大市场。

101. 双循环发展战略

立足国内大循环，发挥比较优势，协同推进强大国内市场和贸易强国建设，以国内大循环吸引全球资源要素，充分利用国内国际两个市场两种资源，积极促进内需和外需、进口和出口、引进外资和对外投资协调发展，促进国际收支基本平衡。完善内外贸一体化调控体系，促进内外贸法律法规、监管体制、经营资质、质量标准、检验检疫、认证认可等相衔接，推进同线同标同质。优化国内国际市场布局、商品结构、贸易方式，提升出口质量，增加优质产品进口，实施贸易投资融合工程，构建现代物流体系。

从国内大循环与国内国际双循环的关系看，国内循环是基础，两者是统一体，国际市场是国内市场的延伸。国内大循环绝不是自我封闭、自给自足，也不是各地区的小循环，更不可能什么都自己做，放弃国际分工与合作。要坚持开放合作的双循环，通过强化开放合作，更加紧密地同世界经济联系互动，提升国内大循环的效率和水平。

链　接

习近平：不断开拓当代中国马克思主义政治经济学新境界

今天，中央政治局进行第二十八次集体学习，学习内容是马克思主义政治经济学基本原理和方法论。安排这次学习，目的是加强对马克思主义基本原理的学习和理解。之前,我们已经安排学习了历史唯物主义、辩证唯物主义方面的题目。这次,我们要通过重温马克思主义政治经济学,深化对经济发展规律的认识和把握,提高领导我国经济发展能力和水平。

下面,我讲几点体会。

马克思主义政治经济学是马克思主义的重要组成部分,也是我们坚持和发展马克思主义的必修课。马克思、恩格斯根据辩证唯物主义和历史唯物主义的世界观和方法论,批判继承历史上经济学特别是英国古典政治经济学的思想成果,通过对人类经济活动的深入研究,创立了马克思主义政治经济学,揭示了人类社会特别是资本主义社会经济运动规律。恩格斯说,无产阶级政党的"全部理论来自对政治经济学的研究"。列宁把政治经济学视为马克思主义理论"最深刻、最全面、最详尽的证明和运用"。现在,各种经济学理论五花八门,但我们政治经济学的根本只能是马克思主义政治经济学,而不能是别的什么经济理论。

有些人认为,马克思主义政治经济学过时了,《资本论》过时了。这个论断是武断的,也是错误的。远的不说,就从国际金融危机来看,许多资本主义国家经济持续低迷、失业问题严重、两极分化加剧、社会矛盾加深。事实说明,资本主义固有的生产社会化和生产资料私人占有之间的矛盾依然存在,但表现形式、存在特点有所不同。国际金融危机发生后,不少西方学者也在重新研究马克思主义政治经济学、研究《资本论》,借以反思资本主义的弊端。去年,法国学者托马斯·皮凯蒂撰写的《21世纪资本论》,在国际学术界引发了广泛讨论。他用翔实的数据证明,美国等西方国家的不平等程度已经达到或超过了历史最高水平,认为不加制约的资本主义加剧了财富不平等现象,而且将继续恶化下去。他的分析主要是从分配领域进行的,没有过多涉及更根本的所有制问题,但得出的结论值得我们深思。

我们党历来重视对马克思主义政治经济学的学习、研究、运用。毛泽东同志先后4次集中研读《资本论》,多次主持专题研讨苏联《政治经济学教科书》,强调"研究政治经济学问题,有很大的理论意义和现实意义"。毛泽东同志在新民主主义时期创造性地提出了新民主主义经济纲领,在探索社会主义建设道路过程中对发展我国经济提出了独创性的观点,如提出社会主义社会的基本矛盾理论,提出统筹兼顾、注意综合平衡,以农业为基础、工业为主导、农轻重协调发展等重要观点。这些都是我们党对马克思主义政治经济学的创造性发展。

党的十一届三中全会以来,我们党把马克思主义政治经济学基本原理同改革开放新的实践结合起来,不断丰富和发展马克思主义政治经济学。1984年10月《中共中央关于经济体制改革的决定》通过后,邓小平同志评价说:"写出了一个政治经济学的初稿,是马克思主义基本原理和中国社会主义实践相结合的政治经济学"。30多年来,随着改革开放不断深入,我们形成了当代中国马克思主义政治经济学的许多重要理论成果，比如，关于社会主义本质的理论，关于社会主义初级阶段基本经济制度的理论，关于树立和落实创新、协调、绿色、开放、共享的发展理念的理论，关于发展社会主义市场经济、使市场在资源配置中起决定性作用和更好发挥政府作用的理论，关于我国经济发展进入新常态的理论，关于推动新型工业化、信息化、城镇化、农业现代化相互协调的理论，关于农民承包的土地具有所有权、承包权、经营权属性的理论，关于用好国际国内两个市场、两种资源的理论，关于促进社会公平正义、逐步实现全体人民共同富裕的理论，等等。这些理论成果，马克思主义经典作家没有讲过，改革开放前我们也没有这方面的实践和认识，是适应当代中国国情和时代特点的政治经济学，不仅有力指导了我国经济发展实践，而且开拓了马克思主义政治经济学新境界。

现在，在风云变幻的世界经济大潮中，能不能驾驭好我国经济这艘大船，是对我们党的重大考验。面对极其复杂的国内外经济形势，面对纷繁多样的经济现象，学习马克思主义政治经济学基本原理和方法论，有利于我们掌握科学的经济分析方法，认识经济运动过程，把握社会经济发展规律，提高驾驭社会主义市场经济能力，更好回答我国经济发展的理论和实践问题。

学习马克思主义政治经济学，是为了更好指导我国经济发展实践，既要坚持其基本原理和方法论，更要同我国经济发展实际相结合，不断形成新的理论成果。

第一，坚持以人民为中心的发展思想。发展为了人民，这是马克思主义政治经济学的根本立场。马克思、恩格斯指出："无产阶级的运动是绝大多数人的、为绝大多数人谋利益的独立的运动"，在未来社会"生产将以所有的人富裕为目的"。邓小平同志指出，社会主义的本质，是解放生产力，发展生产力，消灭剥削，消除两极分化，最终达到共同富裕。党的十八届五中全会鲜明提出要坚持以人民为中心的发展思想，把增进人民福祉、促进人的全面发展、朝着共同富裕方向稳步前进作为经济发展的出发点和落脚点。这一点，我们任何时候都不能忘记，部署经济工作、制定经济政策、推动经济发展都要牢牢坚持这个根本立场。

第二，坚持新的发展理念。针对我国经济发展环境、条件、任务、要求等方面发生的新变化，党的十八届五中全会提出要树立和坚持创新、协调、绿色、开放、共享的发展理念。这五大发展理念，是在深刻总结国内外发展经验教训、深入分析国内外发展大势的基础上提出来的，集中反映了我们党对我国经济发展规律的新认识，同马克思主义政治经济学的许多观点是相通的。比如，马克思、恩格斯设想在未来社会"所有人共同享受大家创造出来的福利"，"人直接地是自然存在物"，"自然史和人类史就彼此相互制约"。同时，这五大发展理念也是对我们在推动经济发展中获得的感性认识的升华，是对我们推动经济发展实践的理论总结。我们要坚持用新的发展理念来引领和推动我国经济发展，不断破解经济发展难题，开创经济发展新局面。

第三，坚持和完善社会主义基本经济制度。马克思主义政治经济学认为，生产资料所有制是生产关系的核心，决定着社会的基本性质和发展方向。改革开放以来，我们党总结正反两方面经验，确立了社会主义初级阶段的基本经济制度，强调坚持公有制为主体、多种所有制经济共同发展，明确公有制经济和非公有制经济都是社会主义市场经济的重要组成部分，都是我国经济社会发展的重要基础。我们要毫不动摇巩固和发展公有制经济，毫不动摇鼓励、支持、引导非公有制经济发展，推动各种所有制取长补短、相互促进、共同发展。同时，我们也要十分明确，我国基本经济制度是中国特色社会主义制度的重要支柱，也是社会主义市场经济体制的根基，公有制主体地位不能动摇，国有经济主导作用不能动摇。这是保证我国各族人民共享发展成果的制度性保证，也是巩固党的执政地位、坚持我国社会主义制度的重要保证。

第四，坚持和完善社会主义基本分配制度。马克思主义政治经济学认为，分配决定于生产，又反作用于生产，“而最能促进生产的是能使一切社会成员尽可能全面地发展、保持和施展自己能力的那种分配方式”。从我国实际出发，我们确立了按劳分配为主体、多种分配方式并存的分配制度。实践证明，这一制度安排有利于调动各方面积极性，有利于实现效率和公平有机统一。由于种种原因，目前我国收入分配中还存在一些突出的问题，主要是收入差距拉大、劳动报酬在初次分配中的比重较低、居民收入在国民收入分配中的比重偏低。对此，我们要高度重视，努力推动居民收入增长和经济增长同步、劳动报酬提高和劳动生产率提高同步，不断健全体制机制和具体政策，调整国民收入分配格局，持续增加城乡居民收入，不断缩小收入差距。

第五，坚持社会主义市场经济改革方向。在社会主义条件下发展市场经济，是我们党的一个伟大创举。我国经济发展获得巨大成功的一个关键因素，就是我们既发挥了市场经济的长处，又发挥了社会主义制度的优越性。我们是在中国共产党领导和社会主义制度的大前提下发展市场经济，什么时候都不能忘了“社会主义”这个定语。之所以说是社会主义市场经济，就是要坚持我们的制度优越性，有效防范资本主义市场经济的弊端。我们要坚持辩证法、两点论，继续在社会主义基本制度与市场经济的结合上下功夫，把两方面优势都发挥好，既要“有效的市场”，也要“有为的政府”，努力在实践中破解这道经济学上的世界性难题。

第六，坚持对外开放基本国策。马克思主义政治经济学认为，人类社会最终将从各民族的历史走向世界历史。现在，我国同世界的联系空前紧密，我国经济对世界经济的影响、世界经济对我国经济的影响都是前所未有的。在经济全球化深入发展的条件下，我们不可能关起门来搞建设，而是要善于统筹国内国际两个大局，利用好国际国内两个市场、两种资源。要顺应我国经济深度融入世界经济的趋势，发展更高层次的开放型经济，积极参与全球经济治理，促进国际经济秩序朝着平等公正、合作共赢的方向发展。同时，我们要坚决维护我国发展利益，积极防范各种风险，确保国家经济安全。这其中有很多理论和实践问题需要深入研究。

总之，我们坚持马克思主义政治经济学基本原理和方法论，并不排斥国外经济理论的合理成分。西方经济学关于金融、价格、货币、市场、竞争、贸易、汇率、产业、企业、增长、管理等方面的知识，有反映社会化大生产和市场经济一般规律的一面，要注意借鉴。同时，对国外特别是西方经济学，我们要坚持去粗取精、去伪存真，坚持以我为主、为我所用，对其中反映资本主义制度属性、价值观念的内容，对其中具有西方意识形态色彩的内容，不能照抄照搬。经济学虽然是研究经济问题，但不可能脱离社会政治，纯而又纯。在我们的经济学教学中，不能食洋不化，还是要讲马克思主义政治经济学，当代中国社会主义政治经济学要大讲特讲，不能被边缘化。

马克思主义政治经济学要有生命力，就必须与时俱进。实践是理论的源泉。我们用几十年的时间走完了发达国家几百年走过的发展历程，我国经济发展进程波澜壮阔、成就举世瞩目，蕴藏着理论创造的巨大动力、活力、潜力。当前，世界经济和我国经济都面临许多新的重大课题，需要作出科学的理论回答。我们要立足我国国情和我们的发展实践，深入研究世界经济和我国经济面临的新情况新问题，揭示新特点新规律，提炼和总结我国经济发展实践的规律性成果，把实践经验上升为系统化的经济学说，不断开拓当代中国马克思主义政治经济学新境界，为马克思主义政治经济学创新发展贡献中国智慧。

（《习近平总书记2015年11月23日在十八届中央政治局第二十八次集体学习时的讲话》，《求是》，2020年8月15日）

第二部分　经济理论练习题

一、单项选择题（下列各题只有一个答案正确，请将正确答案序号填入括号中。）

1. 井田制是中国古代社会的土地国有制度，出现于商朝，到西周时已发展很成熟。春秋时期，由于铁制农具的出现和牛耕的普及等诸多原因井田制逐渐瓦解。战国时期，在秦国推行变法，废除了井田制的是（　　）。

A. 李悝　　B. 王安石　　C. 商鞅　　D. 秦孝公

【参考答案】 C

【答案解析】 商鞅推行过两次变法。第一次是在孝公六年，第二次是在孝公十二年。在第二次变法中提出：合并乡邑；废除井田制，准许土地买卖；创立按丁男征服办法;颁布法定的度量衡器,统一度量衡制。

2. “一条鞭法”上承唐代的两税法下启清代的摊丁入亩,是中国历史上具有深远历史影响的一次社会变革。既是明代社会矛盾激化的被动之举,也是中国古代商品经济发展到一定程度的主动选择。万历九年在全国范围内实施“一条鞭法”的是(　　)。

A. 梁材　　B. 傅汉臣　　C. 王安石　　D. 张居正

【参考答案】 D

【答案解析】 张居正在万历六年(1578)下令清丈全国土地,清查溢额脱漏,并限三年完成。结果国家掌握的田亩数达七百零一万三千九百七十六顷,比弘治时征税田额增三百万顷。在这个基础上,于万历九年(1581)采用一条鞭法,作为全国通行的制度。

3. 被梁启超称赞的“明代唯一的大政治家”是(　　)。

A. 王守仁　　B. 傅汉臣　　C. 刘伯温　　D. 张居正

【参考答案】 D

【答案解析】 张居正改革对巩固明朝的封建统治发挥了一定作用。梁启超:“明代唯一的大政治家”。

4.《国富论》认为人的本性是利己的,追求个人利益是从事经济活动的唯一动力。同时人又是理性的,作为理性的经济人,人们能在个人的经济活动中获得最大的个人利益。如果这种经济活动不会受到干预,那么,经由价格机制这只“看不见的手”引导,人们不仅会实现个人利益的最大化,还会推进公共利益。《国富论》的作者是(　　)。

A. 亚当·斯密　　B. 大卫·李嘉图

C. 托马斯·罗伯特·马尔萨斯　　D. 约翰·梅纳德·凯恩斯

【参考答案】 A

【答案解析】《国富论》全称为《国民财富的性质和原因的研究》,是英国古典经济学家亚当·斯密用了近十年时间创作的经济学著作,首次出版于1776年。

5. 马克思是社会主义国家的精神领袖,国际无产阶级的导师。虽然他的影响力并不只限于经济领域,他对经济学的贡献是不可磨灭的。一般认为马克思对经济学的贡献主要是发展了(　　)学说,并分析了资本家剥削的本质。

A. 折衷主义　　B. 效用价值　　C. 经济自由主义　　D. 剩余价值

【参考答案】 D

【答案解析】 一般认为马克思对经济学的贡献主要是发展了剩余价值学说,并分析了资本家剥削的本质。

6. 凯恩斯经济学产生的标志是(　　)。

A.《就业、利息和货币通论》　　B.《货币改革论》

C.《如何筹措战费》　　D.《印度的通货和财政》

【参考答案】 A

【答案解析】《就业、利息和货币通论》是凯恩斯经济学产生的标志。

7. 恩格尔系数是衡量人民生活水平的一把刻度尺,根据国家统计局发布的我国2020年国民经济和社会发展统计公报显示,2020年全国居民恩格尔系数为30.2%,其中城镇为29.2%,农村为32.7%。根据联合国对恩格尔系数划分标准,2020年农村的贫富水平为(　　)。

A. 温饱　　B. 小康　　C. 相对富裕　　D. 富裕

【参考答案】 C

【答案解析】 联合国根据恩格尔系数的大小,对世界各国的生活水平有一个划分标准,即一个国家平均家庭恩格尔系数大于60%为贫穷;50%～60%为温饱;40%～50%为小康;30%～40%属于相对富裕;20%～30%为富裕;20%以下为极其富裕。故此题选C。

8. 2015年12月25日,亚洲基础设施投资银行正式成立。它是首个由中国倡议设立的多边金融机构,宗旨是为了促进亚洲区域的建设互联互通化和经济一体化的进程,加强中国及其他亚洲国家和地区的合作,总部设在(　　)。

A. 上海　　B. 广州　　C. 北京　　D. 深圳

【参考答案】 C

【答案解析】 亚洲基础设施投资银行总部设在北京。

9. 关于生产力和生产关系,下列选项错误的是(　　)。

A. 生产力与生产关系是对立统一的关系,统一于生产方式。

B. 生产关系是社会生产中最活跃,最革命的因素,经常处于变化之中,与其相比,生产力则相对稳定。

C. 生产力起决定性的作用,生产力的状况决定着生产关系的性质和变化,生产关系的变革要以生产力的发展为物质基础。

D. 生产关系一定要适应生产力的性质,是人类共同的规律。

【参考答案】 B

【答案解析】 生产力是社会生产中最活跃,最革命的因素,经常处于变化之中,与其相比,生产关系则相对稳定。故选B。

10. 劳动二重性是指(　　)。

A. 死劳动和活劳动　　B. 脑力劳动和体力劳动

C. 简单劳动和复杂劳动　　D. 以上各项都不正确

【参考答案】 D

【答案解析】 劳动二重性是指具体劳动和抽象劳动,故D选项符合题意。

11. 党的十九届四中全会明确:必须坚持社会主义基本经济制度,充分发挥市场在资源配置中的(　　)作用,更好发挥政府作用,全面贯彻新发展理念,坚持以供给侧结构性改革为主线,加快建设现代化经济体系。

A. 决定性　　B. 基础性　　C. 主导性　　D. 统领性

【参考答案】 A

【答案解析】 党的十九届四中全会明确:必须坚持社会主义基本经济制度,充分发挥市场在资源配置中的决定性作用,更好发挥政府作用,全面贯彻新发展理念,坚持以供给侧结构性改革为主线,加快建设现代化经济体系。

12. 下列不属于价值规律具有三大作用的是(　　)。

A. 调节作用　　B. 刺激作用　　C. 分化作用　　D. 抑制作用

【参考答案】 D

【答案解析】 价值规律具有三大作用:调节作用、刺激作用、分化作用。

13. 以下属于国民生产总值的简称的是(　　)。

A. GDP　　B. GNP　　C. NDP　　D. NI

【参考答案】 B

【答案解析】 GDP是指国内生产总值,GNP是指国民生产总值,NDP是指国内生产净值,NI是指国民收入。

14. 下列不属于实体经济的是(　　)。

A. 建筑业　　B. 商贸物流业　　C. 房地产业　　D. 农业

【参考答案】 C

【答案解析】 实体经济指一个国家生产的商品的价值总量。包括农业、工业、交通通信业、建筑业等物质生产和服务部门。

15. 下列不属于完全竞争前提条件的是(　　)。

A. 市场上有许多的竞争者和消费者

B. 存在产品差别

C. 各种生产资源都可以完全自由流动而不受任何限制

D. 市场信息是畅通的

【参考答案】 B

【答案解析】 完全竞争的前提条件：①市场上有许多的竞争者和消费者；②不存在产品差别；③各种生产资源都可以完全自由流动而不受任何限制；④市场信息是畅通的；⑤不存在外部性。

16. 城市供水、煤气、电力等产业部门中，由一家企业提供产品和服务比由两家以上企业共同提供产品、服务成本更低的情形属于（　　）。

A. 完全垄断　　B. 策略性垄断　　C. 寡头垄断　　D. 自然垄断

【参考答案】 D

【答案解析】 自然垄断一般指城市供水、煤气、电力等产业部门中，由一家企业提供产品和服务比由两家以上企业共同提供产品、服务成本更低的情形。它决定着某些行业由一家企业垄断经营的合理性，并由政府的市场准入管制加以保障。

17. 剩余价值考察的是劳动过程当中的"价值增殖"。剩余价值率，是在资本主义条件下，是工人受资本家剥削程度的表现。具体是指（　　）。

A. 剩余价值同不变资本的比率　　B. 剩余价值同流动资本的比率

C. 剩余价值同预付资本的比率　　D. 剩余价值同可变资本的比率

【参考答案】 D

【答案解析】 剩余价值率表示资本家对工人的剥削程度，是剩余价值量和可变资本的比率。用公式表示为：$m'=m/v$。在该公式中，m' 为剩余价值率，m 为剩余价值，v 为可变资本。故选 D。

18. 剩余价值转化为利润，是因为剩余价值被看成是生产商品中（　　）。

A. 所耗费的全部资本的增加额　　B. 所耗费的可变资本的增加额

C. 所预付的不变资本的增加额　　D. 所预付的全部资本的增加额

【参考答案】 D

【答案解析】 在资本主义生产中，不仅耗费的资本（生产成本）发挥作用，而且预付资本中没有被消耗的不变资本也参加到商品的生产过程中来。这样，剩余价值就表现为全部预付资本的增加额。当剩余价值被看作是全部预付资本的增加额时，便取得了利润的转化形式。故选 D。

19. 级差地租由于形成条件不同而分为不同的形态，其中由于土地肥沃程度和距离市场远近不同而形成的级差地租称为（　　）。

A. 级差地租Ⅰ　　B. 级差地租Ⅱ　　C. 级差地租Ⅲ　　D. 级差地租Ⅳ

【参考答案】 A

【答案解析】 级差地租由于形成条件不同而分为两种形态：级差地租Ⅰ和级差

地租Ⅱ。前者是由于土地肥沃程度和距离市场远近不同而形成的级差地租，后者是由于在同一块土地上连续追加投资的劳动生产率不同而形成的级差地租。

20. 下列不属于国家宏观调控的主要手段是(　　)。

A. 财政政策　　B. 货币政策　　C. 产业政策　　D. 教育政策

【参考答案】 D

【答案解析】 国家宏观调控的主要手段有：财政政策、货币政策、产业政策、收入政策。

21. 资本主义经济危机是生产过剩的经济危机。其主要特征不包含(　　)。

A. 信用关系崩溃　　B. 利息率上升　　C. 价格猛涨　　D. 生产过剩

【参考答案】 C

【答案解析】 资本主义经济危机的主要特征：商品生产过剩、价格猛跌，利息率上升，信用关系遭到破坏，生产急剧缩小，失业急剧增长，工资下降。

22. 资本有机构成的含义是(　　)。

A. 由生产技术水平决定的生产资料和劳动力之间的比例

B. 不变资本和可变资本的比例关系

C. 可变资本和不变资本的比例关系

D. 由资本技术构成决定并且反映技术构成变化的资本价值构成

【参考答案】 D

【答案解析】 资本的有机构成是由资本的技术构成决定的并且反映资本的技术构成变化的资本的价值构成。

23. 利用某种资源生产某种商品时所放弃的可以利用同一资源在其他生产用途中所能得到的最高收入称为(　　)。

A. 固定成本　　B. 机会成本　　C. 沉淀成本　　D. 隐形成本

【参考答案】 B

【答案解析】 机会成本是指利用某种资源生产某种商品时所放弃的可以利用同一资源在其他生产用途中所能得到的最高收入。机会成本又叫选择成本，如果以最好的另一种方式使用的某种资源，它所能生产的价值就是选择成本。

24. 下列符合比较优势理论的是(　　)。

A. 贸易导致不完全专业化

B. 与不具备绝对成本优势的国家相比，具有绝对成本优势的国家可以从贸易中获利更多

C. 只有具备比较优势的国家才能获得贸易余额

D. 如果与生产其他商品的成本相比，一个国家生产的某种产品的成本比另一个国家低，那么，该国就在这种商品的生产上与另一个国家相比具有比较优势

【参考答案】 D

【答案解析】 比较优势，是指如果与生产其他商品的成本相比，一个国家生产的某种产品的成本比另一个国家低，那么，该国就在这种商品的生产上与另一个国家相比具有比较优势。

25. 消费者愿意为某种商品或劳务支付的价格与其实际支付的价格的差额称之为（　　）。

A. 消费者剩余　　B. 生产者剩余　　C. 剩余价值　　D. 剩余价值率

【参考答案】 A

【答案解析】 消费者剩余是指消费者愿意为某种商品或服务所支付的最大数量与他实际支付的数量之差。

26. 某种既定的资源配置状态中，帕累托最优状态是指（　　）。

A. 经济的无效率状况

B. 社会全体成员的福利同时得到改善

C. 所进行的任何改变都不会给任何人带来损失而能增加一些人的福利

D. 存在帕累托改进

【参考答案】 C

【答案解析】 经济效率，又称帕累托效率或帕累托最优，是指这样一种状况，所进行的任何改变都不会给任何人带来损失而能增加一些人的福利。

27. 如果消费者消费 5 个面包获得的总效用是 50 个效用单位，消费 6 个面包获得的总效用是 53 个效用单位。则第 6 个面包的边际效用是（　　）个效用单位。

A. 2　　B. 3　　C. 4　　D. 5

【参考答案】 B

【答案解析】 第 6 个面包的边际效用$=\dfrac{53-50}{6-5}=3$。

28. 1848 年马克思、恩格斯发表（　　），标志着科学社会主义理论的诞生。

A.《中国革命和欧洲革命》　　B.《罢工和工人同盟》

C.《共产党宣言》　　D.《哲学的贫困》

【参考答案】 C

【答案解析】 1848 年马克思、恩格斯发表《共产党宣言》，标志着科学社会主义理论的诞生。

29. 现阶段，我国社会主要矛盾是(　　)。

A. 人民对于建立先进的工业国的要求同落后的农业国的现实之间的矛盾

B. 人民日益增长的美好生活需要和不平衡不协调的发展之间的矛盾

C. 人民不断增长的物质文化需要同落后的社会生产之间的矛盾

D. 人民日益增长的美好生活需要和不平衡不充分的发展之间的矛盾

【参考答案】 D

【答案解析】 习近平总书记在十九大报告中强调，中国特色社会主义进入新时代，我国社会主要矛盾已经转化为人民日益增长的美好生活需要和不平衡不充分的发展之间的矛盾。

30. 现代企业制度是指适应市场经济和社会化大生产的需要，反映市场经济的要求，企业真正成为面向国际、国内市场的法人实体和市场竞争主体的一种企业制度。下列不属于现代企业制度特征的是(　　)。

A. 产权清晰　　B. 权责明确　　C. 政企合并　　D. 管理科学

【参考答案】 C

【答案解析】 现代企业制度特征是产权清晰、权责明确、政企分开、管理科学。

31. 在经济全球化条件下，危害国家经济安全的主要因素不包含(　　)。

A. 国家支付危机　　B. 信息技术先进

C. 产业安全和贸易被控　　D. 金融风险

【参考答案】 B

【答案解析】 在经济全球化条件下，危害国家经济安全的主要因素有：①国家支付危机；②金融风险；③产业安全和贸易被控；④资源被侵害；⑤信息和技术损失。

32. 紧缩性的财政政策会对经济产生的影响是(　　)。

A. 加剧了经济萧条但减轻了政府债务

B. 加剧了经济萧条也加重了政府债务

C. 缓解了通货膨胀但加重了政府债务

D. 缓解了通货膨胀但减轻了政府债务

【参考答案】 A

【答案解析】 首先，紧缩性财政政策是指减少政府支出或增加税收。无论是减少政府支出还是增加税收，都将减少政府债务，所以选项B和C错误。另外，紧缩性财政政策降低了总需求，从而均衡国民收入减少了，因而控制了物价上涨，因此，选项D错误。故选A。

33. 下列货币政策会更有效的情形是(　　)。

A. 货币需求对收入富有弹性　　B. 投资对利率变得更富有弹性

C. 收入所有税提高　　D. 以上都不是

【参考答案】 B

【答案解析】 当 IS 曲线较平坦或 LM 曲线较陡峭时,货币政策的效果好。根据货币政策乘数 $k_m=\frac{\mathrm{d}y}{\mathrm{d}m}=\frac{1}{[1-\beta(1-t)]\frac{h}{d}+k}$ 可知,货币需求对收入富有弹性,则货币政策乘数越小。投资对利率富有弹性,说明 d 值较大,IS 曲线较平坦,货币政策更有效。故选 B。

34. 党的十八届五中全会坚持以人民为中心的发展思想,提出的新发展理念是(　　)。

A. 创新、协调、绿色、开放、共享　　B. 富强、民主、文明、和谐

C. 绿水青山就是金山银山　　D. 尊重自然、顺应自然、保护自然

【参考答案】 A

【答案解析】 党的十八届五中全会坚持以人民为中心的发展思想,鲜明地提出了创新、协调、绿色、开放、共享的新发展理念。

35. 下列关于中国经济新常态主要特点表述错误的是(　　)。

A. 从高速增长转为中高速增长

B. 第三产业、消费需求逐步成为主体

C. 从要素驱动、投资驱动转向创新驱动

D. 城乡差距逐步扩大

【参考答案】 D

【答案解析】 中国经济新常态主要特点:①从高速增长转为中高速增长;②经济结构不断优化升级,第三产业、消费需求逐步成为主体,城乡区域差距逐步缩小,居民收入占比上升,发展成果惠及更广大民众;③从要素驱动、投资驱动转向创新驱动。

36. 下列不属于"供给侧结构性改革"重点任务是(　　)。

A. 提产能　　B. 去库存　　C. 去杠杆　　D. 降成本

【参考答案】 A

【答案解析】 供给侧结构性改革重点任务是抓好去产能、去库存、去杠杆、降成本、补短板"五大重点任务"。

37. 下列关于社会主义经济中实施收入分配政策目的的表述错误的是(　　)。

A. 促进国民经济的总量平衡

B. 促进按劳分配,最大限度激发效率,可以先无视公平

C. 调动劳动者积极性,促进经济发展,提高人民生活水平

D. 避免通货膨胀或通货紧缩

【参考答案】 B

【答案解析】 社会主义经济中实施收入分配政策的目的是:促进国民经济的总量平衡,避免通货膨胀或通货紧缩;促进分配的公平和效率,避免收入分配差距过大;调动劳动者积极性,促进经济发展,提高人民生活水平。

38. 不属于货币政策具体手段的是(　　)。

A. 公开市场业务　B. 再贴现率政策　C. 法定准备金率　D. 自动稳定器

【参考答案】 D

【答案解析】 货币政策的具体手段有:公开市场业务、再贴现率、存款准备金率、利率手段等。

39. 2020年中央经济工作会议指出,2021年宏观政策要保持连续性、稳定性、可持续性。要继续实施积极的财政政策和稳健的货币政策,保持对经济恢复的必要支持力度,政策操作上要更加精准有效,不急转弯,把握好政策时度效。下列属于积极的财政政策的是(　　)。

A. 增加税收、增加社会保障支出　B. 扩大政府投资规模、减少税收

C. 减少政府投资规模、增加税收　D. 减少税收、减少国债发行

【参考答案】 B

【答案解析】 积极的财政政策的是政府减少财政收入同时扩大财政支出。扩大政府投资规模属于政府扩大支出的手段,而减少国债发行则属于遏制政府投资的方式。故选B。

40.《国家创新驱动发展战略纲要》提出了三步走的战略目标。第一步,到2020年进入创新型国家行列;第二步,到2030年跻身创新型国家前列;第三步,到(　　)年建成世界科技创新强国。

A. 2040　B. 2050　C. 2100　D. 本世纪末

【参考答案】 B

【答案解析】《国家创新驱动发展战略纲要》提出了三步走的战略目标。第一步,到2020年进入创新型国家行列;第二步,到2030年跻身创新型国家前列;第三步,到2050年建成世界科技创新强国。

41. 解决好农业农村农民问题是全党工作重中之重,(　　)是解决“三农”问题的根本途径。

A. 农村集体土地三权分置　　B. 城镇化
C. 打赢脱贫攻坚战　　D. 城乡发展一体化

【参考答案】 D

【答案解析】 党的十八大报告指出,解决好农业农村农民问题是全党工作重中之重,城乡发展一体化是解决"三农"问题的根本途径。城乡二元结构是城乡发展一体化的主要障碍。故选 D。

42. 十九届五中全会作出"加快构建以国内大循环为主体、国内国际双循环相互促进的新发展格局"的重大部署,从国内大循环与国内国际双循环的关系看,(　　)是基础,两者是统一体。

A. 国内市场　　B. 国际市场　　C. 商品市场　　D. 技术市场

【参考答案】 A

【答案解析】 从国内大循环与国内国际双循环的关系看,国内循环是基础,两者是统一体,国际市场是国内市场的延伸。

43. 2013 年 9 月和 10 月由中国国家主席习近平分别提出建设"新丝绸之路经济带"和"21 世纪海上丝绸之路"的合作倡议。依靠中国与有关国家既有的双多边机制,借助既有的、行之有效的区域合作平台,一带一路旨在借用古代丝绸之路的历史符号,高举和平发展的旗帜,积极发展与沿线国家的经济合作伙伴关系,共同打造政治互信、经济融合、文化包容的利益共同体、命运共同体和责任共同体。截至 2020 年 11 月,中国已经与(　　)签署 201 份共建"一带一路"合作文件。

A. 138 个国家、31 个国际组织　　B. 31 个国家、138 个国际组织
C. 128 个国家、31 个国际组织　　D. 31 个国家、128 个国际组织

【参考答案】 A

【答案解析】 截至 2020 年 11 月,中国已经与 138 个国家、31 个国际组织签署 201 份共建"一带一路"合作文件。

44. 2020 年 9 月 22 日,中国国家主席习近平在第七十五届联合国大会一般性辩论上宣布:中国将提高"国家自主贡献"力度,采取更加有力的政策和措施,二氧化碳排放力争于(　　)年前达到峰值,努力争取于 2060 年前实现碳中和。

A. 2045　　B. 2040　　C. 2035　　D. 2030

【参考答案】 D

【答案解析】 2020 年 9 月 22 日,中国国家主席习近平在第七十五届联合国大会一般性辩论上宣布:中国将提高"国家自主贡献"力度,采取更加有力的政策和措施,二氧化碳排放力争于 2030 年前达到峰值,努力争取于 2060 年前实现碳中和。

45. 供给侧改革是从供给、生产端入手，通过解放生产力，提升竞争力促进经济发展。“互联网＋”在扩大有效供给，提升供给能力，促进供给侧与需求侧的高效结合和精准对接等方面可以发挥重要作用。下列能够体现这一作用的新趋势是(　　)。

A. 建设能源物联网，方便居民监控管理能源的使用

B. 线上互联网企业无需和线下传统企业加强战略合作

C. 企业利用大数据技术，为未来产品研发精准定位

D. 使用机器人，升级企业技术设备提高劳动生产率

【参考答案】 C

【答案解析】 题干中的现象需要从提高产品质量，满足市场需求；提高自主创新能力形成竞争优势等方面加以解决。

46. 以下不属于竞争市场的优点的是(　　)。

A. 产生规模经济效应　　B. 获得超额利润

C. 促进垄断厂商或行业的进一步发展　　D. 市场价格相对稳定

【参考答案】 D

【答案解析】 厂商的竞争手段多种多样，市场价格相对稳定属于寡头市场的特点。

47. 以下不属于垄断竞争市场特征的是(　　)。

A. 生产集团中有大量的企业生产有差别的同种产品，这些产品彼此之间都是非常接近的替代品

B. 每个厂商都认为自己的行为影响很小，不会引起竞争对手的注意和反应，因而自己也不会受到竞争对手的报复措施的影响

C. 进入和退出生产集团比较容易

D. 少数几家厂商控制整个市场的产品的生产和销售

【参考答案】 D

【答案解析】 少数几家厂商控制整个市场的产品的生产和销售属于寡头市场的特征。

48. 货币需求主要包括(　　)。

A. 交易性货币需求　　B. 预防性货币需求

C. 投机性货币需求　　D. 以上都正确

【参考答案】 D

【答案解析】 现代经济理论认为，居民、企业等持有货币是出于不同的动机，它主要包括三种：交易性动机、预防性动机和投机性动机等。与此相对应，货币需求也

可以分为交易性货币需求、预防性货币需求和投机性货币需求。

49. 2013年9月和10月由中国国家主席习近平分别提出建设“新丝绸之路经济带”和“21世纪海上丝绸之路”的合作倡议。这一构想的提出将使曾经繁荣几个世纪的丝绸之路迎来新的生机，对世界经济将产生重要影响。关于建设“丝绸之路经济带”的说法错误的是（　　）。

A. 是经济全球化趋势的客观要求

B. 是我国在社会主义初级阶段的基本路线

C. 有利于把“引进来”和“走出去”更好地结合起来

D. 将为沿途各国经济提供更加广阔的发展空间

【参考答案】 B

【答案解析】 建设“丝绸之路经济带”是我国在社会主义初级阶段的基本路线，说法不正确。

50. 按照马克思的剩余价值理论，绝对剩余价值和相对剩余价值都是依靠（　　）而获得的。

A. 延长工人工作时间　　B. 降低工人工资

C. 增加剩余劳动时间　　D. 降低剩余劳动时间

【参考答案】 C

【答案解析】 绝对剩余价值和相对剩余价值在本质上是一致的。不论是延长工作日，还是提高劳动生产率，结果都延长了工人的剩余劳动时间，增加了资本家无偿占有的剩余价值量。也可以说，获取更多的剩余价值，根本还是要增加剩余劳动时间，这是绝对剩余价值生产与相对剩余价值生产的共同点。

二、多项选择题（下列各题给出的备选答案中有两个或两个以上是正确的，请将你认为正确的答案符号A、B、C、D中选两个或两个以上填入括号中。）

1. “商鞅之法，良法也。今试一披吾国四千余年之记载，而求其利国福民伟大之政治家，商鞅不首屈一指乎？”下列属于商鞅变法内容的有（　　）。

A. 奖励耕织，生产多的可免徭役

B. 制定按军功大小给予爵位等级的制度

C. 统一度量衡

D. 废除井田制

E. 推行连坐法

【参考答案】 ABCDE

【答案解析】 商鞅推行过两次变法。第一次是在孝公六年：奖励耕织，生产多的可免徭役；制定按军功大小给予爵位等级的制度；采用李悝《法经》作为法律，推行连坐法。第二次是在孝公十二年：合并乡邑；废除井田制，准许土地买卖；创立按丁男征服办法；颁布法定的度量衡器，统一度量衡制。

2. 王安石变法的主要内容有(　　)。

A. 青苗法　　B. 募役法

C. 方田均税法　　D. 农田水利法

E. 一条鞭法

【参考答案】 ABCD

【答案解析】 王安石出任参知政事，次年开始大力推行改革。制订和实施了诸如农田水利、青苗、免役、均输、市易、免行钱、矿税抽分制等一系列的新法，从农业到手工业、商业，从乡村到城市，展开了广泛的社会改革。一条鞭法为明朝张居正改革的主要举措。

3. 威廉·配第是英国资产阶级古典政治经济学和统计学的创始人，其经济学主要观点有(　　)。

A. 劳动是财富的源泉

B. 劳动时间是衡量价值的尺度和基础

C. 自然秩序

D. 将国民分为三个阶级，即生产阶级、土地所有者阶级和不生产阶级

E. 地租是从农产品中扣除生产费用(工资加种子)以后的余额。

【参考答案】 ABE

【答案解析】 威廉·配第的主要经济学观点有：①劳动是财富的源泉；②劳动时间是衡量价值的尺度和基础；③地租是从农产品中扣除生产费用(工资加种子)以后的余额。C和D选项属于重农主义经济理论。

4.《国富论》奠定了资本主义自由经济的理论基础，该书的出版标志着古典政治经济学理论体系的建立，堪称西方经济学界的“圣经”。其作者为“经济学之父”亚当·斯密，其主要经济学观点有(　　)。

A. 国民财富的源泉是劳动

B. 商品的真实价格由工资、利润、地租三部分构成

C. 交换是分工产生的原因

D. 商品具有交换价值和使用价

E. 社会分为无产阶级、资产阶级和地主阶级

【参考答案】 ABCDE

【答案解析】 亚当·斯密主要经济学观点是：国民财富的源泉是劳动；交换是分工产生的原因；商品具有交换价值和使用价值；商品的真实价格由工资、利润、地

租三部分构成;社会分为无产阶级、资产阶级和地主阶级;资本积累是发展生产的另一必备条件。

5. 大卫·李嘉图劳动价值论和对外贸易学说的观点有(　　)。

A. 主张贸易完全自由

B. 商品的交换价值取决于他们的绝对价值

C. 货币是一种特殊的商品,是表现其他商品价值的媒介

D. 价值由劳动时间决定

E. 对外贸易的扩张不会直接增加一国的价值总量

【参考答案】 ABCDE

【答案解析】 李嘉图在劳动价值论中指出:价值由劳动时间决定;商品的交换价值取决于他们的绝对价值;货币是一种特殊的商品,是表现其他商品价值的媒介;在劳动价值论的基础上,他提出了分配理论。在对外贸易学说中认为:对外贸易的扩张不会直接增加一国的价值总量;主张贸易完全自由。

6. GDP,即国内生产总值,是指在一定时期内一个国家或地区的经济中所生产出的全部最终产品和劳务的价值,常被公认为衡量国家经济状况的最佳指标。目前,核算国内生产总值的方法有(　　)。

A. 生产法　　B. 消费法

C. 支出法　　D. 收入法

E. 均衡法

【参考答案】 ACD

【答案解析】 核算国内生产总值的方法有生产法、收入法、支出法。

7. 马克思是社会主义国家的精神领袖,国际无产阶级的导师。虽然他的影响力并不只限于经济领域,他对经济学的贡献是不可磨灭的。一般认为马克思对经济学的贡献主要有(　　)。

A. 发展了剩余价值学说

B. 利用历史唯物观和辩证法研究经济问题

C. 分析了资本主义经济危机的必然性和周期性

D. 解释了资本主义所固有的基本矛盾

E. 分析了资本家剥削的本质

【参考答案】 ABCDE

【答案解析】 一般认为马克思对经济学的贡献主要是发展了剩余价值学说,并分析了资本家剥削的本质。马克思是第一个充分利用历史唯物观和辩证法研究经济问题的学者,建立了一个全新的经济研究领域。他还在穆勒的基础上,解释了资

本主义所固有的基本矛盾，分析了资本主义经济危机的必然性和周期性。

8. 20世纪初意大利经济学家基尼，根据洛伦茨曲线所定义的判断收入分配公平程度。下列关于洛伦茨曲线说法正确的有(　　)。

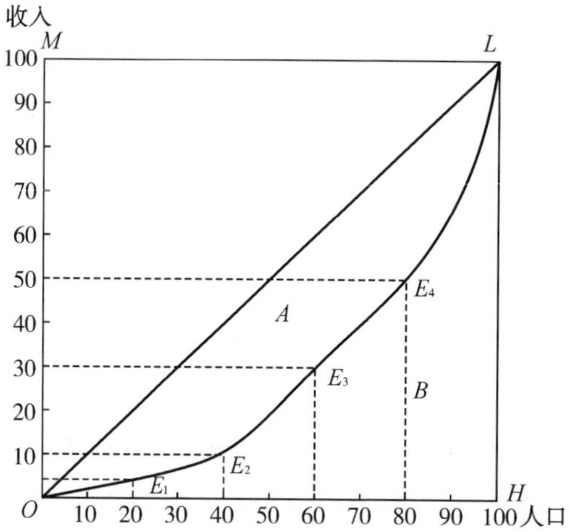

A. 图中的对角线 OL 是 45°线，又被叫作绝对平均线

B. A 的面积越小，洛伦兹曲线与绝对平均线越接近，说明收入分配越不平等

C. A 的面积越大，洛伦兹曲线弯曲的弧度越大，它与绝对不平均线越接近，它所代表的收入分配就越平等

D. 以 A 除以 $A+B$ 的商表示不平等程度，这个数值被称为基尼系数或称洛伦兹系数，这个值在 0～10 之间

E. 目前国际上收入分配不平等的警戒线，是基尼系数等于 0.4

【参考答案】 AE

【答案解析】 A 的面积越小，洛伦兹曲线与绝对平均线越接近，说明收入分配越平等；A 的面积越大，即洛伦兹曲线弯曲的弧度越大，它与绝对不平均线越接近，它所代表的收入分配就越不平等。故 BC 均不正确。D 项中基尼系数值应在 0～1 之间。

9. 凯恩斯认为失业和危机不是资本主义制度的必然产物，只是"有效需求"不足的结果。"有效需求"包括消费需求和投资需求两部分，并据此提出了一整套政策，这些政策的核心就是国家干预经济生活，借此刺激有效需求，即刺激消费和投资，其具体政策涵义有(　　)。

A. 在财政政策方面，在总需求小于总供给时，主张减税、增加财政支出，以扩大投资和消费

B. 在财政政策方面，在总需求大于总供给时，主张增税、减少财政支出，以减少

投资和消费

C. 在货币政策方面，在萧条时期主张增加货币供应量，降低利息率以刺激投资

D. 在货币政策方面，在高涨时期主张减少货币供应量，提高利息率以限制投资

E. 在货币政策方面，在高涨时期主张增加货币供应量，降低利息率以刺激投资

【参考答案】 ABCD

【答案解析】 在财政政策方面，在总需求小于总供给时，主张减税、增加财政支出，以扩大投资和消费；在总需求大于总供给时，主张增税、减少财政支出，以减少投资和消费。在货币政策方面，在萧条时期主张增加货币供应量，降低利息率以刺激投资；在高涨时期主张减少货币供应量，提高利息率以限制投资。

10. 通常可以用于表示通货膨胀水平的指标包括(　　)。

A. 国内生产总值 GDP

B. 生产者价格指数 PPI

C. 消费者价格指数 CPI

D. 市场零售物价指数 RPI

E. 国民生产总值 GNP

【参考答案】 BCD

【答案解析】 衡量通货膨胀率主要有三种指标：生产者价格指数(PPI)、消费者价格指数(CPI)、零售物价指数(RPI)。

11. 某种既定的资源配置状态中，帕累托最优状态是指(　　)。

A. 不存在帕累托改进

B. 一国的国民收入实现了公平分配

C. 社会全体成员的福利同时得到改善

D. 具有经济效率的

E. 实现外部影响内部化

【参考答案】 AD

【答案解析】 帕累托最优状态是指不存在帕累托改进，是具有经济效率的。

12. 党的十九届四中全会强调，坚持和完善独立自主的和平外交政策，推动构建人类命运共同体。习近平总书记曾在出席博鳌亚洲论坛年会时提出了“通过迈向亚洲命运共同体，推动建设人类命运共同体”的倡议，并提出了迈向命运共同体的“四个坚持”。“四个坚持”具体指(　　)。

A. 坚持各国相互尊重、平等相待

B. 坚持合作共赢、共同发展

C. 坚持实现共同、综合、合作、可持续的安全

D. 坚持改革开放

E. 坚持不同文明兼容并蓄、交流互鉴

【参考答案】 ABCE

【答案解析】 迈向命运共同体的“四个坚持”：坚持各国相互尊重、平等相待，坚持合作共赢、共同发展，坚持实现共同、综合、合作、可持续的安全，坚持不同文明兼容并蓄、交流互鉴。

13. “达沃斯论坛”是以研究和探讨世界经济领域存在的问题、促进国际经济合作与交流为宗旨的非官方国际性机构。2021 年 1 月 25 日，习近平总书记在世界经济论坛“达沃斯议程”对话会上发表特别致辞，提出时代面临课题是(　　)。

A. 加强宏观经济政策协调

B. 共同推动世界经济强劲、可持续、平衡、包容增长

C. 克服发达国家和发展中国家发展鸿沟，共同推动各国发展繁荣

D. 携手应对全球性挑战，共同缔造人类美好未来

E. 摒弃意识形态偏见，共同走和平共处、互利共赢之路

【参考答案】 ABCDE

【答案解析】 2021 年 1 月 25 日，习近平总书记在世界经济论坛“达沃斯议程”对话会上发表特别致辞，提出时代面临的四大课题：①加强宏观经济政策协调，共同推动世界经济强劲、可持续、平衡、包容增长；②摒弃意识形态偏见，共同走和平共处、互利共赢之路；③克服发达国家和发展中国家发展鸿沟，共同推动各国发展繁荣；④携手应对全球性挑战，共同缔造人类美好未来。

14. 关于具体劳动和抽象劳动，下列说法正确的是(　　)。

A. 具体劳动是在一定的具体形式下进行的劳动

B. 具体劳动创造商品的使用价值

C. 抽象劳动形成商品的价值实体

D. 抽象劳动是一个历史范畴，体现了商品经济条件下人与人之间的社会经济关系

E. 劳动二重性阐明了具体劳动和抽象劳动在商品价值形成中的不同作用

【参考答案】 ABCDE

【答案解析】 ABCDE 选项说法正确。

15. 关于个别劳动时间和社会必要劳动时间的说法正确的是(　　)。

A. 由个别劳动时间形成的价值是商品的个别价值

B. 价值量与社会必要劳动时间成反比

C. 个别劳动时间是指各个商品生产者实际耗费的劳动时间

D. 社会必要劳动时间是在现有的正常的生产条件下，在社会平均的劳动熟练程度和劳动强度下，制造某种使用价值所需要的劳动时间

E. 价值量由生产商品的个别必要劳动时间决定

【参考答案】 ACD

【答案解析】 价值量与社会必要劳动时间成正比，故B选项错误；价值量由生产商品的社会必要劳动时间决定，故E选项错误。

16. 2021年4月6日国务院新闻办公室发布的《人类减贫的中国实践》白皮书显示，改革开放以来，按照现行贫困标准计算，中国7.7亿农村贫困人口摆脱贫困，按照世界银行国际贫困标准，中国减贫人口占同期全球减贫人口70%以上，提前10年实现《联合国2030年可持续发展议程》减贫目标。我国政府采取多种措施解决民生问题，稳步推进扶贫开发工作。这说明社会主义市场经济以实现共同富裕为根本目标。要实现这一目标，需要(　　)。

A. 消除收入差距，克服两极分化

B. 允许一部分人通过诚实劳动和合法经营先富起来

C. 反对分配中的平均主义

D. 坚持效率优先、兼顾公平的原则

E. 推动解决“两不愁三保障”问题

【参考答案】 BCDE

【答案解析】 “消除收入差距，克服两极分化”的说法错误，其余选项均正确。

17. 在市场经济条件下，对资源配置起基础性作用的手段有(　　)。

A. 供求关系　　B. 价格竞争

C. 竞争机制　　D. 宏观调控

E. 货币政策

【参考答案】 ABC

【答案解析】 宏观调控、货币政策不是资源配置的基础；供求、价格和市场是市场配置资源的方式。故选ABC。

18. 资本是能带来剩余价值的价值，其主要特点有(　　)。

A. 增殖性　　B. 运动性

C. 返还性　　D. 风险性

E. 无形性

【参考答案】 ABCD

【答案解析】 资本特点：①增殖性，不断地和无限地追求自身的价值增殖，是资本区别于一般货币的根本特征；②运动性，资本只有在生产过程和流通过程相统一的运动过程中才可能增殖；③返还性，投资者在开始投入资本目的要回收它；④风险性，资本具有收益和风险并存的特点。

19. 垄断价格的形成并没有否定价值规律,因为(　　)。

A. 垄断价格不能完全脱离商品的价值

B. 垄断价格围绕价值波动

C. 全社会的商品价格总额和商品价值总额仍然一致

D. 垄断价格改变的只是价值规律作用的表现形式

E. 垄断价格围绕生产价格波动

【参考答案】 ACD

【答案解析】 垄断价格改变了价值规律的表现形式,它并不是围绕价值或生产价格上下波动,而是在垄断资本家控制下形成的垄断价或垄断低价。价格围绕价值或生产价格波动只是价值规律在早期商品经济或资本主义自由竞争阶段的表现形式,而垄断价格的出现是价值规律在垄断资本主义条件下的进一步发展。故 BE 错误。

20. 剩余价值是资本积累的源泉,资本积累则是企业扩大再生产的前提条件。在资本积累过程中,实现个别资本增大的形式是(　　)。

A. 资本循环　　B. 资本积聚

C. 资本周转　　D. 资本积累

E. 资本集中

【参考答案】 BE

【答案解析】 个别资本增大两种形式:一是资本集聚,二是资本集中。资本集聚是资本积累,即剩余价值的资本化增大自身的资本总额。资本集中是指大资本吞并小资本,或由许多小资本合并成大资本的过程,其结果是越来越多的资本为少数大资本所支配。故 BE 正确,AC 不符合题意,他们是个别资本运动的两种形式。

21. 在资本主义社会里,银行垄断资本和工业垄断资本密切地融合在一起,产生了一种新型的垄断资本,即金融资本。在金融资本形成的基础上,产生了金融寡头。金融寡头操纵,控制社会的主要方式有(　　)。

A. 通过"参与制"实现其在经济领域中的统治

B. 通过同政府的"个人联合"实现其对国家机器的控制

C. 政府主动帮助操纵

D. 通过新闻媒体实现国民思想意识的统一性

E. 通过政策咨询机构影响和左右内外政策

【参考答案】 ABE

【答案解析】 C 项明显错误;由于资本主义是建立在阶级对立基础上的社会,它不可能实现体国民思想意识的一元化,故 D 错误;金融寡头操纵、控制社会的主要方式有：一是“参与制”来实现在经济领域的统治；二是同政府的“个人联合”实现对国家机器的控制；三是建立政策咨询机构，掌握新闻科教文化等来左右和影响内政外交与社会生活。

22. 经济全球化是世界经济活动超越国界，通过对外贸易、资本流动、技术转移、提供服务、相互依存、相互联系而形成的全球范围的有机经济整体的过程。20世纪80年代以来，随着冷战的结束，分割的世界经济体系也随之被打破，技术、资本、商品等真正实现了全球范围的流动，各国之间的经济联系日益密切，相互合作、相互依存大大加强，世界进入到经济全球化迅猛发展的新时代。促使经济全球化迅猛发展的因素有(　　)。

A. 科学技术的进步和生产力的快速发展

B. 出现了适宜于全球化的企业组织形式

C. 各国经济体制变革供给出的有利制度条件

D. 企业不断进行的技术创新与管理创新

E. 世界各国推行改革开放

【参考答案】 ABC

【答案解析】 导致经济全球化迅猛发展的因素主要有：首先，科学技术的进步和生产力的发展。这为经济全球化提供了坚实的基础。其次，跨国公司的发展为经济全球化提供了适宜的企业组织形式，促进了国际分工，推动了经济全球化的进程。再次，各国经济体制的变革，为国际资本的流动、国际贸易的扩大、国际生产的大规模进行了适宜的体制环境和政策条件，促进了经济全球化的发展。故本题选择ABC。

23. 资本主义的生产、流通、分配和消费等主要方面和主要过程，都是以获取剩余价值为出发点和归宿点的，主要表现在(　　)。

A. 资本主义的生产过程是剩余价值的创造过程

B. 资本主义的流通过程是剩余价值生产的准备过程和剩余价值的实现过程

C. 资本主义的分配过程实质上是分割剩余价值的过程

D. 资本家的个人消费是消费无偿占有的剩余价值

E. 雇佣工人的个人消费是劳动力再生产过程

【参考答案】 ABCDE

【答案解析】 表现在：①资本主义的生产过程是剩余价值的创造过程；②资本主义的流通过程是剩余价值生产的准备过程和剩余价值的实现过程；③资本主义的分配过程实质上是分割剩余价值的过程；④资本家的个人消费是消费无偿占有的剩余价值，雇佣工人的个人消费是劳动力再生产过程，它是资本家剥削工人剩余劳动的必要条件。

24. 2021年政府工作报告指出，放开市场这只“看不见的手”，用好政府这只“看得见的手”，促进经济稳定增长。创新宏观调控思路和方式，确保经济运行处于合理区间。宏观调控主要手段有（　　）。

A. 财政政策　　B. 货币政策

C. 产业政策　　D. 收入政策

E. 价值规律

【参考答案】 ABCD

【答案解析】 价值规律是商品经济的基本规律，不属于宏观调控手段。

25. 下列属于经济全球化表现的有（　　）。

A. 生产的全球化

B. 科技的进步特别是信息技术的出现

C. 贸易的全球化

D. 金融的全球化

E. 企业经营的全球化

【参考答案】 ACDE

【答案解析】 经济全球化的表现：①生产的全球化；②贸易的全球化；③金融的全球化；④企业经营的全球化等。B选项属于经济全球化的原因。

26. 某服装厂为了实现更高的盈利，将原本依靠人工进行生产的流水线改造成了完全依靠机器进行生产的流水线。与此同时，由于受经济危机的影响，该服装厂从市场上采购的布料等生产原料价格也出现了大幅度的下降。在这种情况下，该服装厂资本构成会发生变化的是（　　）。

A. 资本有机构成　　B. 资本积累构成

C. 资本技术构成　　D. 资本价值构成

E. 资本原始构成

【参考答案】 ACD

【答案解析】 在生产资料和劳动力之间，存在着一定比例，这个比例取决于生产技术的发展水平。生产技术水平越高，每个劳动力所推动的生产资料的数量就越多；生产技术水平越低，每个劳动力所推动的生产资料的数量就越少。这种由生产的技术水平所决定的生产资料和劳动力之间的比例，叫作资本的技术构成。“为了实现更高的盈利，将原本依靠人工进行生产的流水线改造成了完全依靠机器进行生产的流水线”反映了资本技术构成的变化。C正确。从价值形式上看，资本可分为不变资本和可变资本，这两部分资本价值之间的比例，叫作资本的价值构成。“从市场上采购的布料等生产原料价格也出现了大幅度的下降”反映了资本价值构成的变化。D正确。在资本的技术构成和资本的价值构成之间，存在密切的联系。一般来说，资本的技术构成决定资本的价值构成，技术构成的变化往往会引起价值构成的相应变化，而价值构成的变化通常反映着技术构成的变化。这种由资本的技术构成决定并反映技术构成变化的资本价值构成，叫作资本的有机构成。“完全依靠机器进行生产”表明资本技术构成的变化必然引起了资本价值构成的变化。A正确。“资本积累构成”是无中生有的选项。B错误。

27. 货币政策是中央银行为实现既定的目标，运用各种工具调节货币供应量来调节市场利率，通过市场利率的变化来影响民间的资本投资，影响总需求来影响宏观经济运行的各种方针措施。调节总需求的货币政策的工具有(　　)。

A. 发行债券　　B. 法定准备金率

C. 公开市场业务　　D. 贴现政策

E. 税收

【参考答案】 BCD

【答案解析】 调节总需求的货币政策的三大工具为法定准备金率、公开市场业务和贴现政策。

28. 下列属于社会主义经济制度基本内容的有(　　)。

A. 生产力的提高和经济的不断发展

B. 建立与生产力发展要求相适应的公有制形式和所有制结构。

C. 实行与生产力发展要求和所有制关系相适应的分配形式

D. 建立与经济基础相适应的上层建筑

E. 生产资料私有制

【参考答案】 ABCD

【答案解析】 社会主义经济制度基本内容：①生产力的提高和经济的不断发展；②建立与生产力发展要求相适应的公有制形式和所有制结构；③实行与生产力发展要求和所有制关系相适应的分配形式；④建立与经济基础相适应的上层建筑。

29. 经济增长是一个国家或地区在一定时期内因就业人数增加、资本积累和技术进步等原因，经济规模(包括物质产品和劳务)在数量上的扩大和增加，它反映了一国国民经济总量的变化状况。衡量经济增长，通常采用的指标有(　　)。

A. GNP增长率　　B. GDP增长率

C. NI增长率　　D. 失业率

E. 通货膨胀率

【参考答案】 ABC

【答案解析】 衡量经济增长，通常采用GNP增长率、GDP增长率、NI增长率等总量增长率和人均增长率等指标。

30. 供给侧结构性改革旨在调整经济结构，使要素实现最优配置，提升经济增长的质量和数量，推进供给侧改革的主要任务有（　　）。

A. 降成本　　B. 去产能

C. 去库存　　D. 去杠杆

E. 补短板

【参考答案】 ABCDE

【答案解析】 供给侧结构性改革重点任务是抓好去产能、去库存、去杠杆、降成本、补短板“五大重点任务”。

三、判断题（判断下列各题正确与错误，如果正确打上√，如果错误打上×，请将正确答案序号填入括号中。）

1. 由于实际GDP等于名义GDP除以GDP平减指数，因而一国的名义GDP肯定小于同期的实际GDP。（　　）

【参考答案】 ×

【答案解析】 实际GDP＝名义GDP÷GDP平减指数，二者的大小关系取决于经济是处于通货膨胀还是通货紧缩状态。如果经济存在通货膨胀，则GDP平减指数大于1，那么名义GDP大于实际GDP；如果经济存在通货紧缩，则GDP平减指数小于1，那么名义GDP小于实际GDP。

2. 有时候会出现GDP平减指数增加而实际GDP下降的现象。在这种情况下，名义GDP不一定上升。（　　）

【参考答案】 √

【答案解析】 GDP平减指数＝名义GDP÷实际GDP，当实际GDP下降时，若名义GDP保持不变或者增加，都会导致GDP平减指数的增加；当名义GDP下降，但是下降的速率小于实际GDP下降的速率时，仍会导致GDP平减指数的增加。因此，根据题中条件不足以判断名义GDP的变化方向。

3. 刘晏在唐德宗等四朝总领全国财赋，被誉为“广军国之用，未尝有搜求苛敛于民”的著名理财家。（　　）

【参考答案】 √

【答案解析】 说法正确。

4. 古典政治经济学和统计学的创始人威廉·配第认为“土地为财富之母，而劳

动则为财富之父和能动的要素”。（　　）

【参考答案】 √

【答案解析】 说法正确。

5. 重农主义经济理论代表人物弗兰斯瓦·魁奈认为，国民分为四个阶级，即生产阶级、土地所有者阶级、地主阶级和不生产阶级。（　　）

【参考答案】 ×

【答案解析】 重农主义者将国民分为三个阶级，即生产阶级、土地所有者阶级和不生产阶级。

6. 亚当·斯密从“经济人”观念出发，系统论述了经济自由主义的理论和政策，认为人们受“一只看不见的手”的支配，这只“看不见的手”即国家宏观调控政策。（　　）

【参考答案】 ×

【答案解析】 看不见的手是指市场调节，而不是宏观调控，宏观调控被称为看得见的手。

7. 流动性偏好，也就是对货币的需求，指由于货币具有使用上的灵活性，人们宁肯牺牲利息收入而存储不生息的货币来保持财富的心理倾向。（　　）

【参考答案】 √

【答案解析】 凯恩斯认为货币的需求动机分为以下三种：交易动机、谨慎动机、投机动机。其中流动性偏好，也就是对货币的需求，指由于货币具有使用上的灵活性，人们宁肯牺牲利息收入而存储不生息的货币来保持财富的心理倾向。

8. 完全竞争的市场机制有时会达不到资源配置的最优状态，就称存在着市场失灵，造成市场失灵的原因主要有4个：垄断、外部性、公共物品和公共资源、信息不对称。（　　）

【参考答案】 √

【答案解析】 说法正确。

9. 商品经济是一定社会历史条件的产物。商品经济得以产生的社会历史条件有：生产资料和劳动产品属于不同的所有者、社会分工的出现及其存在。（　　）

【参考答案】 √

【答案解析】 商品经济是以交换为目的而进行生产的经济形式，它是一定社会历史条件的产物。商品经济得以产生的社会历史条件有两个：一是存在社会分工，二是生产资料和劳动产品属于不同的所有者。

10.《就业、利息和货币通论》是凯恩斯经济学产生的标志。（　　）

【参考答案】 √

【答案解析】 说法正确。

11. 影响 *IS* 曲线斜率大小的最主要因素是边际消费倾向。（　　）

【参考答案】 ×

【答案解析】 影响 *IS* 曲线斜率大小的因素包括投资对利率的敏感度、边际消费倾向;税率,但其中最主要的是投资对利率的敏感度,原因是边际消费倾向比较稳定,税率也不会轻易改变。

12. 货币需求主要包括交易性货币需求、预防性货币需求、投机性货币需求、储蓄性货币需求。（　　）

【参考答案】 ×

【答案解析】 货币需求指经济主体(如居民、企业和单位等)能够并愿意持有货币的行为。现代经济理论认为,居民、企业等持有货币是出于不同的动机,它主要包括三种:交易性动机、预防性动机和投机性动机等。与此相对应,货币需求也可以分为交易性货币需求、预防性货币需求和投机性货币需求。

13. 假定某国经济存在以下关系:$C=40+0.8Y$,$I=55-200r$,则 *IS* 方程为$Y=475+1\,000r$。（　　）

【参考答案】 ×

【答案解析】 根据已知条件建立 *IS* 方程,$Y=C+I$,$C=40+0.8Y$,$I=55-200r$,则有 *IS* 方程:$Y=475-1\,000r$。

14. *LM* 曲线不变,*IS* 曲线向右上方移动会增加收入和降低利率。（　　）

【参考答案】 ×

【答案解析】 *LM* 曲线是向右上方倾斜的,*IS* 曲线右移会增加收入,同时提高利率。

15. 在 *LM* 曲线不变的情况下,*IS* 曲线越平坦,则财政政策的效果越好。（　　）

【参考答案】 ×

【答案解析】 在 *LM* 曲线不变的情况下,*IS* 曲线越平坦,挤出效应就越大,则财政政策的效果越差。

16. NI 是国民生产净值的简称,又称国民净收入,是指一个国家在一定时期内,国民经济各部门生产的最终产品和劳务价值的净值。一般以市场价格计算,它等于国民生产总值(GNP)减去固定资产折旧后的余额。（　　）

【参考答案】 ×

【答案解析】 NI 是国民收入的简称,是指一个国家在一定时期(通常为一年)内物质资料生产部门的劳动者新创造的价值的总和，社会总产品的价值扣除用于补偿消耗掉的生产资料价值的余额。国民收入在物质形态上表现为体现新创造价值的生产资料和消费资料两部分。

17. 居民人均可支配收入=(家庭总收入-交纳的所得税-个人交纳的社会保障支出-记账补贴)/家庭人口。 ( )

【参考答案】 √

【答案解析】 居民可支配收入是家庭总收入扣除交纳的所得税、个人交纳的社会保障费以及调查户的记账补贴后的收入。

18. 恩格尔系数是食品支出总额占个人消费支出总额的比重，是衡量一个国家贫富的指标。 ( )

【参考答案】 √

【答案解析】 说法正确。

19. 人类命运共同体这一全球价值观包含相互依存的国际权力观、共同利益观、可持续发展观和全球治理观。 ( )

【参考答案】 √

【答案解析】 说法正确。

20. 七国集团，是主要工业国家会晤和讨论政策的论坛，成员国包括加拿大、法国、德国、意大利、日本、英国和中国。 ( )

【参考答案】 ×

【答案解析】 七国集团成员国包括加拿大、法国、德国、意大利、日本、英国和美国。

21. 2020年9月22日，中国国家主席习近平在第七十五届联合国大会一般性辩论上宣布：中国将提高“国家自主贡献”力度，采取更加有力的政策和措施，二氧化碳排放力争于2030年前达到峰值，努力争取于2060年前实现碳中和。 ( )

【参考答案】 √

【答案解析】 说法正确。

22. 根据《海南自由贸易港建设总体方案》规定，在全岛封关运作的同时，依法将现行增值税、消费税、车辆购置税、城市维护建设税及教育费附加等税费进行简并，启动在货物和服务零售环节征收销售税相关工作。 ( )

【参考答案】 √

【答案解析】 说法正确。

23. 宏观经济政策的第一目标是经济持续均衡增长。 （　　）

【参考答案】 ×

【答案解析】 充分就业是宏观经济政策的第一目标。它在广泛的意义上是指凡是有能力并自愿参加工作者，都能在较合理的条件下随时找到适当的工作。

24. 价值规律的作用形式是：价格围绕价值上下波动。 （　　）

【参考答案】 √

【答案解析】 价值规律的作用形式是：价格围绕价值上下波动，说法正确。

25. 货币有且仅有价值尺度、流通手段两种职能。 （　　）

【参考答案】 ×

【答案解析】 货币具有5种职能：其中基本职能是价值尺度、流通手段。其他职能是贮藏手段、支付手段、世界货币。

26. 假设2019年某国一单位M商品其价值用该国货币表现为45元。如果2020年生产M商品的社会劳动生产率提高50%，且该国的通货膨胀率（物价上涨率）50%，在其他条件不变的情况下，2020年一单位M商品的价值用货币表现为67.5元。 （　　）

【参考答案】 ×

【答案解析】 当社会劳动生产率提高50%时，M商品的价格是45元/(1+50%)=30(元)；当该国的通货膨胀率（物价上涨率）50%时，假设现在M商品的价格为X，那么M商品的30元价格就变为，$50\%=(X-30)/30$，$30\times50\%=X-30$，$X=45$元，故此题错误。

27. 如果政府把经济增长作为宏观调控的正常目标，通常要实行扩张性的财政政策和货币政策，以刺激总需求，一般情况下会导致通货紧缩。 （　　）

【参考答案】 ×

【答案解析】 扩张性财政政策是指通过财政分配活动来增加和刺激社会总需求。扩张性财政政策主要通过减税、增加政府支出进而扩大赤字的方式实现，这一般会导致物价上升。扩张性的货币政策就是增加货币的供给量，使得货币供给大于需求，货币贬值，导致通货膨胀。

28. M2称为广义货币，包括了一切可能成为现实购买力的货币形式，通常被称为一种潜在的购买能力或支付能力，需要经过一定时期才会对经济运行产生影响。 （　　）

【参考答案】 √

【答案解析】 说法正确。

29. 奥肯定律意味着失业率降低 1.5 个百分点，将会导致通货膨胀上升 3 个百分点。（　　）

【参考答案】 ×

【答案解析】 奥肯定律反映的是失业与实际 GDP 之间的负相关关系，即失业率高于自然失业率 1 个百分点，实际 GDP 的增长便低于潜在的 GDP 的 2～3 个百分点。

30. 资本是能带来剩余价值的价值。（　　）

【参考答案】 √

【答案解析】 资本是能带来剩余价值的价值。资本是一种运动，不是物体，它体现了人与人之间的相互关系。资本是一个历史的范畴。

31. 利润率是指利润与全部预付资本的比率。（　　）

【参考答案】 √

【答案解析】 利润率客观反映资本的增殖程度，是指利润与全部预付资本的比率。

32. 社会生产划分为两大部类：第一部类（Ⅰ）是由生产生产资料的部门所构成，其产品进入生产领域；第二部类（Ⅱ）是由生产消费资料的部门所构成，其产品进入生活消费领域。（　　）

【参考答案】 √

【答案解析】 说法正确。

33. 我国"十四五"规划明确，要坚持把发展经济着力点放在虚拟经济上，坚定不移建设制造强国、质量强国、网络强国、数字中国，推进产业基础高级化、产业链现代化，提高经济质量效益和核心竞争力。（　　）

【参考答案】 ×

【答案解析】 我国"十四五"规划明确，要坚持把发展经济着力点放在实体经济上，坚定不移建设制造强国、质量强国、网络强国、数字中国，推进产业基础高级化、产业链现代化，提高经济质量效益和核心竞争力。

34. 寡头垄断是指由提供相似或相同产品的众多企业组成的市场结构。（　　）

【参考答案】 ×

【答案解析】 寡头垄断是指由提供相似或相同产品的少数几家企业组成的市场结构。寡头垄断的形成是竞争的必然结果。

35. 不变资本是剩余价值的源泉。（　　）

【参考答案】 ×

【答案解析】 可变资本是剩余价值的源泉。

36. 卡特尔是指厂商之间为了合谋而签订公开和正式协议的一种市场结构形态。（　　）

【参考答案】 √

【答案解析】 说法正确。

37. 如果与生产其他商品的成本相比，一个国家生产的某种产品的成本比另一个国家低，那么，该国就在这种商品的生产上与另一个国家相比具有比较优势。（　　）

【参考答案】 √

【答案解析】 说法正确。

38. 消费者剩余是在需求曲线之下，均衡价格之下部分。（　　）

【参考答案】 ×

【答案解析】 消费者剩余是在需求曲线之下，均衡价格之上部分。

39. 采取三级差别价格时，消费者剩余最小。（　　）

【参考答案】 ×

【答案解析】 采取一级差别价格时，消费者剩余最小。

40. 一般来说，生活必需品的需求的价格弹性较小，非必需品的需求的价格弹性也比较小。（　　）

【参考答案】 ×

【答案解析】 一般来说，生活必需品的需求的价格弹性较小，非必需品的需求的价格弹性较大。

41. 若X和Y两产品的交叉弹性为－2.6，则X和Y是互补品。（　　）

【参考答案】 √

【答案解析】 交叉弹性为负值，则X和Y为互补品。

42. 帕累托最优状态是指不存在帕累托改进，也是不具有经济效率的。（　　）

【参考答案】 ×

【答案解析】 帕累托最优状态是指不存在帕累托改进，是具有经济效率的。

43. 二元经济是发展中国家传统经济向现代经济演进过程中普遍存在的现象。（　　）

【参考答案】 √

【答案解析】 二元经济指的是采用现代技术的现代部门同采用传统技术的传

统部门并存的一种经济结构。二元经济是发展中国家传统经济向现代经济演进过程中普遍存在的现象。

44. 竞争与合作是国际经济关系的本质特征。（ ）

【参考答案】 √

【答案解析】 竞争与合作是国际经济关系的本质特征。

45. 财政政策手段主要有：国家预算、公开市场业务、国家税收、国家信用、财政补贴等。（ ）

【参考答案】 ×

【答案解析】 公开市场业务属于货币政策。

46. 收入分配政策是通过工资、财政预算、税收等手段实施的。（ ）

【参考答案】 √

【答案解析】 收入分配政策是通过工资、财政预算、税收等手段实施的。

47. “有形手，无形手，手拉手，向前走”，说的是发展市场经济要坚持市场调节同宏观调控相结合。（ ）

【参考答案】 √

【答案解析】 说法正确。

48. “合乎理性的人”的假设条件是宏观经济分析的基本前提。（ ）

【参考答案】 ×

【答案解析】 “合乎理性的人”的假设条件是微观经济分析的基本前提，它存在于微观经济学的所有不同的理论之中。

49. 某厂商生产5件衣服的总成本为1 500元，其中厂房和机器折旧为500元，工人工资及原材料费用为1 000元，那么平均可变成本为300元。（ ）

【参考答案】 ×

【答案解析】 平均可变成本为200元。可变成本是指随着产出（产量）水平变化而变动的开支。它包括原材料、工资和燃料，也包括不属于固定成本的所有成本。

50. 2020年中央经济工作会议指出，2021年宏观政策要保持连续性、稳定性、可持续性，继续实施积极的财政政策和稳健的货币政策。（ ）

【参考答案】 √

【答案解析】 2020年中央经济工作会议指出，明年宏观政策要保持连续性、稳定性、可持续性。要继续实施积极的财政政策和稳健的货币政策，保持对经济恢复的必要支持力度，政策操作上要更加精准有效，不急转弯，把握好政策时度效。要用好宝贵时间窗口，集中精力推进改革创新，以高质量发展为“十四五”开好局。

四、案例分析题（请阅读所给材料，根据要求，将正确答案填入括号中。）

（一）国家宏观调控政策

【背景资料】

2020年12月16日至18日，中央经济工作会议在北京举行。会议指出，2021年宏观政策要保持连续性、稳定性、可持续性。要继续实施积极的财政政策和稳健的货币政策，保持对经济恢复的必要支持力度，政策操作上要更加精准有效，不急转弯，把握好政策时度效。要用好宝贵时间窗口，集中精力推进改革创新，以高质量发展为“十四五”开好局。积极的财政政策要提质增效、更可持续，保持适度支出强度，增强国家重大战略任务财力保障，在促进科技创新、加快经济结构调整、调节收入分配上主动作为，抓实化解地方政府隐性债务风险工作，党政机关要坚持过紧日子。稳健的货币政策要灵活精准、合理适度，保持货币供应量和社会融资规模增速同名义经济增速基本匹配，保持宏观杠杆率基本稳定，处理好恢复经济和防范风险关系，多渠道补充银行资本金，完善债券市场法制，加大对科技创新、小微企业、绿色发展的金融支持，深化利率汇率市场化改革，保持人民币汇率在合理均衡水平上的基本稳定。会议要求，构建新发展格局2021年要迈好第一步，见到新气象。加快构建以国内大循环为主体、国内国际双循环相互促进的新发展格局，要紧紧扭住供给侧结构性改革这条主线，注重需求侧管理，打通堵点，补齐短板，贯通生产、分配、流通、消费各环节，形成需求牵引供给、供给创造需求的更高水平动态平衡，提升国民经济体系整体效能。要更加注重以深化改革开放增强发展内生动力，在一些关键点上发力见效，起到牵一发而动全身的效果。

【提问】

1. 首次提出“宏观经济学”概念是（　　）。（单选题）

A. 魁奈　　B. 马尔萨斯

C. 弗瑞希　　D. 凯恩斯

【参考答案】 C

【答案解析】 宏观经济学来源于法国魁奈的《经济表》和英国马尔萨斯的“马尔萨斯人口论”。1933年，挪威经济学家弗瑞希首次提出“宏观经济学”的概念。而现代宏观经济学在凯恩斯的《就业、利息和货币通论》出版后才迅速发展起来。

2. 国家宏观调控的目标是（　　）。（多选题）

A. 促进经济增长　　B. 增加就业

C. 稳定物价　　D. 保持国际收支平衡

【参考答案】 ABCD

【答案解析】 我国宏观调控的目标是：保持社会总供给与总需求的基本平衡，弥补市场调节的不足，从而促进经济增长，增加就业，稳定物价，保持国际收支平衡。

3. 财政政策与货币政策都有挤出效应。（　　）

A. 正确　　B. 错误

【参考答案】 B

【答案解析】 挤出效应是指政府支出增加引起的私人消费或投资降低的经济效应。由挤出效应的定义可知，货币政策不存在挤出效应。

4. 根据凯恩斯理论，利率水平主要取决于（　　）。（单选题）

A. 货币需求　　B. 货币需求与货币供给

C. 储蓄　　D. 储蓄与投资

【参考答案】 A

【答案解析】 凯恩斯认为利率水平取决于货币需求和货币供给，由于货币供给由政府货币当局决定，是外生变量，所以利率水平主要取决于货币需求。

5. 下列哪一种说法是正确的？（　　）（单选题）

A. 如果没有投机货币需求，则 LM 曲线是水平的

B. 如果没有投机货币需求，则 LM 曲线是垂直的

C. 如果 LM 曲线斜率为正的话，增加实际货币供给对 LM 曲线没有影响

D. 如果 LM 曲线垂直的话，增加实际货币供给对 LM 曲线没有影响

【参考答案】 B

【答案解析】 如果没有投机需求，则货币需求只有交易需求，$m=L=ky$，货币供给不变，则交易需求不变，收入不变。LM 曲线即为垂直。

（二）货币与货币流量

【背景资料】

2020 年，面对经济衰退风险与金融市场剧烈震荡，美联储出其不意祭出了“零利率＋量化宽松”的政策组合拳。然而，这种“危机模式”般的政策反应却加剧了市场投资者的焦虑。

3 月 16 日，全球市场动荡有增无减，各类资产遭遇无差别抛售，避险资产不再保险。亚洲股市全线重挫，欧洲多国股指狂跌逾 10%，美股期指暴跌触发交易限制，黄金、原油纷纷跳水。恐慌指数 XIV 期货狂飙近 30%，创下 2008 年金融危机以来最高。

在特朗普政府的纾困举措刺激下，美股 3 月 13 日报复性反弹逾 9%，但被证明

只是昙花一现。3月16日，华尔街无视美联储超常规降息100个基点，启动7 000亿美元量化宽松计划的“救市”努力，掀起新一轮抛售潮。道琼斯工业指数暴跌近10%，纳斯达克指数与标普500指数跌幅均超过9%。

2021年3月11日，拜登政府1.9万亿美元经济纾困法案在参众两院获得通过，加上前两轮美国用于经济救助的法案，财政支出总额超过5万亿美元(相当于美国GDP的25%)，史诗级的无限量化宽松。导致疯狂的货币洪水涌出闸门，金融市场流动性泛滥，全球资产价格飙升，给我国带来较大的输入性通胀压力。

【提问】

1. 根据中国人民银行公布的货币划分口径，M_0：流通中现金；M_1：M_0＋企业活期存款；M_2：M_1＋准货币(定期存款＋居民储蓄存款＋其他存款)。(　　)

A. 正确　　　　B. 错误

【参考答案】 A

【答案解析】 各国中央银行在确定货币供给的统计口径时，以金融资产流动性的大小作为标准，并根据自身政策目的的特点和需要，划分了货币层次。中国人民银行公布的货币划分口径，M_0：流通中现金；M_1：M_0＋企业活期存款；M_2：M_1＋准货币(定期存款＋居民储蓄存款＋其他存款)。

2. 关于货币“价值尺度”职能说法正确的是(　　)。(多选题)

A. 价值尺度是货币的基本职能

B. 货币具有价值尺度职能是因为货币本身也是商品，也有价值

C. 货币执行价值尺度职能可以是观念中的货币

D. 货币价值尺度职能是货币用来清偿债务或支付赋税、租金、利息、工资等的职能

【参考答案】 ABC

【答案解析】 货币用来清偿债务或支付赋税、租金、利息、工资等的职能是货币的支付职能。

3. 20世纪30年代，美国等西方国家出现了严重的滞胀，滞胀是指(　　)。(单选题)

A. 实际总产出和价格水平的同时提高

B. 实际总产出和价格水平的同时降低

C. 通货膨胀率的上升伴随着实际总产出和就业率的降低

D. 通货膨胀率的下降伴随着实际总产出和就业率的增加

【参考答案】 B

【答案解析】 按照传统的菲利普斯曲线，通货膨胀率和失业率之间存在此消彼

长的关系，而在20世纪30年代大萧条时期，西方国家出现的通货膨胀和失业率同时上升的情况，称之为滞胀。

4. 假定货币供给量不变，货币的交易需求和预防需求的减少将导致货币的投机需求（ ）。（单选题）

A. 增加　　B. 不变　　C. 减少　　D. 不确定

【参考答案】 A

【答案解析】 货币市场的均衡意味着货币供给等于货币需求，当货币供给量不变时，均衡的货币量也不变。货币的需求量包括两个方面，交易和预防需求，以及投机需求，在总量一定时，一方的减少必然导致另一方的增加。

5. 如果一国在相当长时期内保持每年货币供应量增加3%不变，则以下哪种说法是正确的？（ ）（单选题）

A. 可以预期该国的长期通货膨胀率是年率3%

B. 可以预期该国的长期通货膨胀率小于年率3%

C. 可以预期该国的长期通货膨胀率大于年率3%

D. 如果不考虑实际货币需求的变化，可以预期该国的长期通货膨胀率是年率3%

【参考答案】 D

【答案解析】 只有当实际货币需求不变时，才能推导出产出不变，也就能推出货币供应量与通货膨胀之间的关系，从而得到答案。

（三）国民收入核算

【背景资料】

2021年3月1日，国家统计局发布2020年国民经济和社会发展统计公报。初步核算，全年国内生产总值1 015 986亿元，比上年增长2.3%。

其中，第一产业增加值77 754亿元，增长3.0%；第二产业增加值384 255亿元，增长2.6%；第三产业增加值553 977亿元，增长2.1%。第一产业增加值占国内生产总值比重为7.7%，第二产业增加值比重为37.8%，第三产业增加值比重为54.5%。

全年最终消费支出拉动国内生产总值下降0.5个百分点，资本形成总额拉动国内生产总值增长2.2个百分点，货物和服务净出口拉动国内生产总值增长0.7个百分点。

分季度看，一季度国内生产总值同比下降6.8%，二季度增长3.2%，三季度增长4.9%，四季度增长6.5%。预计全年人均国内生产总值72 447元，比上年增长2.0%。

国民总收入 1 009 151 亿元，比上年增长 1.9%。全国万元国内生产总值能耗比上年下降 0.1%。预计全员劳动生产率为 117 746 元/人，比上年提高 2.5%。

【提问】

1. 在国民收入核算体系中，计入 GDP 的政府支出是指（　　）。（单选题）

A. 政府购买物品的支出

B. 政府购买物品和劳务的支出

C. 政府购买物品和劳务的支出加上政府转移支付之和

D. 政府工作人员的薪金和政府转移支付

【参考答案】 B

【答案解析】 在宏观经济中，政府支出分为对物品和劳务的购买与转移支付两部分。政府购买是指政府为了满足政府活动的需要而进行的对物品与劳务的购买，转移支付是政府不以换取物品与劳务为目的的支出。需要注意的是，政府支出并不等同于政府购买，政府支出除了政府购买外还包括转移支付。其中政府购买计入 GDP，而政府转移支付表示的是收入的转移，不计 GDP。

2. 在国民生产总值和国民生产净值统计数字中，投资包括（　　）。（单选题）

A. 通过政府部门生产的任何耐用产品，如一条新公路

B. 购买任何一种新发行的普通股

C. 年终与年初相比增加的存货量

D. 消费者购买的但到年终并没完全消费掉的任何商品

【参考答案】 C

【答案解析】 投资是一定时期内增加到资本存量中的资本流量，包括房屋建筑、机器制造，以及企业存货的增加。本题中 A 属于政府购买；B 对于个人来说是投资，但企业则对应着相应的负投资，因此经济体中的净投资为 0，不计入投资部分；C 属于经济学意义上的投资；D 是否属于投资取决于消费者购买的商品的性质。像房子等耐用品，则应计入投资；像食品等快速消费品，则不计入投资。

3. 一辆二手汽车按其价值销售的价格应该计入当年的 GDP。（　　）

A. 正确　　　　B. 错误

【参考答案】 B

【答案解析】 在计算 GDP 时，需要注意的是，二手货的价值不包括在内。

4. 下面不属于国民收入部分的是（　　）。（单选题）

A. 租金收入　　　　B. 福利支付

C. 工资　　　　D. 利息净额

【参考答案】 B

【答案解析】 按收入法核算的国内生产总值就是要素报酬(租金、工资、利息、利润之和)加上间接税、企业转移支付和折旧。而国民收入是国内生产总值扣除折旧和间接税后加企业转移支付,加政府补助金。因此,国民收入应该是要素报酬的总和。福利不是要素收入。

5. 已知某国的资本品存量在年初为500亿元,它在本年度生产了125亿元的资本品,资本消耗折旧是100亿元,则该国在本年度的总投资和净投资分别是( )。(单选题)

A. 125亿元和25亿元
B. 625亿元和525亿元
C. 125亿元和100亿元
D. 35亿元和400亿元

【参考答案】 A

【答案解析】 总投资是没有将折旧去除的投资总额,而净投资则是剔除折旧部分的投资。因此根据题中给出的条件,总投资为本年度生产的125亿元,净投资则需要减去折旧部分100亿元,即25亿元。

第五章

法 律 理 论

第一部分　法律理论知识点

1. 人民代表大会制度

国体指政权的性质，即社会各阶级在国家中的地位；政体指政权组织形式，即统治阶级以何种形式组织政权机关，国体决定政体。我国国体是人民民主专政，政体是人民代表大会制度。人民代表大会制度是坚持党的领导、人民当家作主、依法治国有机统一的根本政治制度安排，要支持和保证人民通过人民代表大会行使国家权力，发挥人大及其常委会在立法工作中的主导作用，健全人大组织制度和工作制度，支持和保证人大依法行使立法权、监督权、决定权、任免权，更好发挥人大代表作用，使各级人大及其常委会成为全面担负起宪法法律赋予的各项职责的工作机关，成为同人民群众保持密切联系的代表机关。

2. 习近平法治思想

推进全面依法治国，要全面贯彻落实党的十九大和十九届二中、三中、四中、五中全会精神，围绕建设中国特色社会主义法治体系、建设社会主义法治国家的总目标，坚持党的领导、人民当家作主、依法治国有机统一，以解决法治领域突出问题为着力点，坚定不移走中国特色社会主义法治道路，在法治轨道上推进国家治理体系和治理能力现代化，为全面建设社会主义现代化国家、实现中华民族伟大复兴的中国梦提供有力法治保障。为此，要做到十一个坚持。①坚持党对全面依法治国的领导；②坚持以人民为中心；③坚持中国特色社会主义法治道路；④坚持依宪治国、依宪执政，宪法是国家的根本法，具有最高的法律效力；⑤坚持在法治轨道上推进国家治理体系和治理能力现代化；⑥坚持建设中国特色社会主义法治体系；⑦坚持依法治国、依法执政、依法行政共同推进，法治国家、法治政府、法治社会一体建设；⑧坚持全面推进科学立法、严格执法、公正司法、全民守法；⑨坚持统筹推进国内法治和涉外法治；⑩坚持建设德才兼备的高素质法治工作队伍；⑪坚持抓住领导干部这个"关键少数"。

3. 依法治国和以德治国

法律和道德都具有规范社会行为、调节社会关系、维护社会秩序的作用，在国家治理中都有其地位和功能。法律的有效实施有赖于道德支持，道德的践行也离不开法律约束。法治和德治不可分离、不可偏废，国家治理需要法律和道德协同发力。

坚持依法治国和以德治国相结合，要强化道德对法治的支撑作用，要把道德要求贯彻到法治建设中，要运用法治手段解决道德领域的突出问题，要提高全民法治意识和道德自觉，要发挥领导干部在依法治国和以德治国中的关键作用。

坚持依法治国和以德治国相结合，强调法治和德治两手抓、两手都要硬，这既是历史经验的总结，也是对治国理政规律的深刻把握。

4. 中华人民共和国宪法

宪法是治国安邦的总章程，是党和人民意志的集中体现，是中国特色社会主义法律体系的核心，在依法治国中具有突出地位和重要作用。要切实增强宪法自信，健全宪法实施和监督制度，坚定不移走中国特色社会主义法治道路，坚决维护宪法法律的权威和尊严。党的十八届四中全会通过的《中共中央关于全面推进依法治国若干重大问题的决定》对加强宪法实施和监督作出了具体部署。

5. “五四宪法”

1954 年 9 月 20 日，中华人民共和国第一届全国人民代表大会第一次会议进行了最重要的议程：以无记名投票的方式通过了新中国的根本大法——《中华人民共和国宪法》。它确立了新中国的根本政治制度，首次规定“中华人民共和国的一切权力属于人民”。

6. “八二宪法”

1982 年 12 月 4 日，在第五届全国人民代表大会第五次会议上，3 000 多名全国人大代表通过无记名投票，表决通过了《中华人民共和国宪法》。这是迄今为止宪法最后一次大规模修改，也是一部具有里程碑意义的宪法，我国现行宪法也是在“八二宪法”的基础上不断修订，以适应社会和经济发展的需要。1982 年宪法以 1954 年宪法为基础，把四项基本原则写入序言；重申所有公民“在法律面前一律平等”，在宪法中确立了法治原则；同时在结构上把“公民的基本权利和义务”一章提到了“国家机构”之前，更好地体现了国家尊重和保障人权的宪法精神。

7. 宪法历次修订

(1) 1988 年宪法修正案。在立法上确立了私营经济的法律地位和政策，私营经济和民营经济也自此获得了进一步的发展，对社会做出了巨大的贡献。土地使用权商品化首次获得法律承认。

(2) 1993 年宪法修正案。中国正处于社会主义初级阶段被明确写入宪法，同时增加“国家实行社会主义市场经济”，计划经济体制也自此退出了历史舞台。

(3) 1999 年宪法修正案。正式将“依法治国”写入了宪法；“发展社会主义市场经济”被定为国家的根本任务；同时，私营经济、个体经济等非公有制经济也成为“社会主义市场经济的重要组成部分”。

(4) 2004 年宪法修正案。为适应我国加入世贸组织的发展形势,2004 年修宪明确“国家鼓励、支持和引导非公有制经济的发展”;增加“国家尊重和保障人权”;征地补偿入宪、私有财产入宪,体现了“以人为本”的思想。

(5) 2018 年宪法修正案。宪法修正案将科学发展观、习近平新时代中国特色社会主义思想写入宪法,充实坚持和加强中国共产党全面领导的内容;修改国家主席任职方面有关规定,增加有关监察委员会的各项规定,把我国建设成为富强民主文明和谐美丽的社会主义现代化强国,实现中华民族伟大复兴的奋斗目标写进宪法,使得宪法具有鲜明的时代特征。修正案对我国现行宪法作出 21 条修改,充分体现了人民当家作主这一社会主义民主政治的本质属性,反映了全党和全国各族人民的共同意愿,为党和国家兴旺发达、长治久安提供了更加坚实的基础和保障。

8. 宪法宣誓制度

宪法宣誓,是指国家公职人员就职时依法公开承诺忠于和遵守国家宪法。这是世界上大多数有成文宪法的国家所采取的一种制度。党的十八届四中全会通过的《中共中央关于全面推进依法治国若干重大问题的决定》明确提出建立宪法宣誓制度,强调凡经人大及其常委会选举或者决定任命的国家工作人员正式就职时公开向宪法宣誓。

9. 国家宪法日与宪法宣传周

2014 年 11 月 1 日,十二届全国人大常委会第十一次会议表决通过决定,将 12 月 4 日设立为“国家宪法日”。2018 年 11 月 26 日,中央宣传部、司法部、全国普法办公室联合发出通知,部署开展 2018 年“宪法宣传周”活动。同年 12 月 4 日的“宪法宣传周”活动是中国第一个“宪法宣传周”。2020 年 12 月 4 日是第七个国家宪法日,也是第三个“宪法宣传周”。宣传周活动的主题是“深入学习宣传习近平法治思想,大力弘扬宪法精神”。

链 接

2001 年 12 月 4 日是我国历史上第一个法制宣传日,将宪法实施日定为法制宣传日,无疑具有重要的意义。

10. 法制和法治

法治以民主为前提,以严格依法办事为核心,以确保权力正当运行为重点,重在确保社会形成由规则治理的管理方式、活动方式和法治秩序;法制只是法律和制度的简称。

十三届全国人大一次会议通过的《中华人民共和国宪法修正案》,将宪法序言中“健全社会主义法制”修改为“健全社会主义法治”,在宪法层面体现了依法治国理念的新内涵。由“健全社会主义法制”到“健全社会主义法治”，是党依法治国理念和方式的新飞跃，将有利于推进全面依法治国，建设中国特色社会主义法治体系，加快实现国家治理体系和治理能力现代化，为党和国家事业发展提供根本性、全局性、稳定性、长期性的制度保障。

11. 改革与法治

(1) 辩证认识两者关系。改革与法治是一个硬币的两面，应辩证看待两者的关系。首先改革与法治具有本质统一性。我国改革开放的实践证明，改革和法治如鸟之双翼、车之两轮，都是推动我国经济社会快速发展的基本力量，这既是1978年以来我国改革开放和法治建设的鲜明特征，更是党的十八大以来以习近平同志为核心的党中央执政兴国和治国理政的基本方式。其次改革与法治具有形式差异性。改革是破、法治是立，改革是变、法治是定，改革更多强调冲破现有不合理的体制机制制度的束缚，法治则更加重视维护现行法律权威和经济社会秩序的稳定。

(2) 辩证处理两者关系。“在法治下推进改革，在改革中完善法治”，这是习近平总书记对如何辩证认识和处理当前我国改革与法治的关系作出的深刻论断，也是新形势下互动推进改革和法治的正确路径。全面深化改革应当是在法治之下有序、渐进、稳步推进的改革，以最大限度用法治凝聚改革共识、完善改革决策、规范改革行为、推动改革进程、固定改革成果，保证改革始终在法治的轨道上全面推进和不断深化，新形势下的法治应当是以改革为动力快速推进、日渐完善的法治。要使法治如一江春水，伴随着改革和发展的脚步而浩荡前行。

(3) 辩证实施立法与改革。“实现立法和改革决策相衔接，做到重大改革于法有据、立法主动适应改革和经济社会发展需要。”这既是党的十八届四中全会决定的明确要求，也是当前推动改革与法治更好结合的着力点。因此，这就要求立法必须坚持从中国国情和客观实际出发，坚持鲜明的改革方向和问题导向，做到立法引领改革，立法授权改革，立法确认改革成果，立法预留改革空间，立法消除改革障碍，积极适应改革发展的新实践新需要，努力完善和创新推进改革与法治紧密结合的有效立法方式，充分发挥法治对改革的引导、推动、规范和保障作用。(袁曙宏，《正确认识和处理新形势下改革与法治的关系》，《国家行政学院报》，2015年11月23日)

12. 全面依法治国

党的十五大报告明确，依法治国，就是广大人民群众在党的领导下，依照宪法和法律规定，通过各种途径和形式管理国家事务，管理经济文化事业，管理社会事务，保证国家各项工作都依法进行，逐步实现社会主义民主的制度化、法律化，使这种制度和法律不因领导人的改变而改变，不因领导人看法和注意力的改变而改变。依法治国是坚持和发展中国特色社会主义的本质要求和重要保障。

全面依法治国是党的十八大作出的战略部署，与全面建成小康社会、全面深化改革、全面从严治党一起成为“四个全面”战略部署的重要组成部分，协调推进“四个全面”重要制度的基础和法治保障。全面依法治国的总目标是建设中国特色社会主义法治体系，建设社会主义法治国家。基本原则是坚持中国共产党的领导、坚持人民主体地位、坚持法律面前人人平等、坚持依法治国和以德治国相结合、坚持从中国实际出发，基本方略是坚持党的领导、人民当家作主、依法治国有机统一，坚持中国特色社会主义制度，贯彻中国特色社会主义法治理论，健全中国特色社会主义法治体系，坚持依法治国、依法执政、依法行政共同推进，坚持法治国家、法治政府、法治社会一体建设，实现科学立法、严格执法、公正司法、全民守法，促进国家治理体系和治理能力现代化。

党的十九大召开后，党中央组建中央全面依法治国委员会，从全局和战略高度对全面依法治国又作出一系列重大决策部署，推动我国社会主义法治建设发生历史性变革、取得历史性成就。

13. 全面依法治国总目标

建设中国特色社会主义法治体系、建设社会主义法治国家。党的十八大以来，以习近平同志为核心的党中央在深刻总结成功经验和历史性成就的基础上，作出了科学概括和理论升华，提出了全面推进依法治国总目标，明确了全面依法治国的根本性质、整体架构、工作布局、重大任务等，为统一全党全国各族人民的思想、意志和行动奠定了坚实的基础。

14. 中国特色社会主义法治体系

中国特色社会主义法治体系是一个内容丰富的有机整体，包括完备的法律规范体系、高效的法治实施体系、严密的法治监督体系、有力的法治保障体系，形成完善的党内法规体系。中国特色社会主义法治体系的提出，是以习近平同志为核心的党中央对中国特色社会主义法治理论和法治实践的重大创新和重大贡献，充分说明党对我国法治建设的理论认识和实践推动都更有科学性、更富规律性、更具创造性。

15. 依法治国、依法执政、依法行政

依法治国、依法执政、依法行政是有机联系的整体，三者本质一致、目标一体、成效相关，必须相互统一、共同推进、形成合力。依法执政是党治国理政的基本方式，要求必须坚持党领导立法、保证执法、支持司法、带头守法；依法行政是各级政府活动的基本准则，要求各级政府必须依法全面履行职能，依法处理国家各种事务。能否做到依法治国，关键在于党能否坚持依法执政，各级政府能否依法行政。

16. 法治国家、法治政府、法治社会

法治国家、法治政府、法治社会三者相互联系、相互支撑、相辅相成。其中，法治国家是法治建设的目标，法治政府是法治国家的主体，法治社会是法治国家的基础，三者共同构成建设法治中国的三根支柱，缺少任何一个方面，全面依法治国总目标都无法实现。党的十九大报告强调，坚持法治国家、法治政府、法治社会一体建设，到2035年法治国家、法治政府、法治社会基本建成，各方面制度更加完善，国家治理体系和治理能力现代化基本实现。

17. 依法治国和依规治党

依规治党是依法治国的重要保障，通过依规治党，可以为依法治国提供价值引领、良好示范和有利氛围。依法治国是依规治党的重要依托，通过全面依法治国，可以为依规治党提供思想上的基础和制度上的保障。依法治国是党领导人民治理国家的基本方式，依规治党是法治理念在党内政治生活中的体现，二者统一于中国特色社会主义法治体系，共同支撑和保障着党和国家的法治建设。

坚持依法治国和依规治党有机统一，是履行好执政兴国重大历史使命的必然选择，也是赢得具有许多新的历史特点的伟大斗争的客观需要，更是新时代实现党和国家长治久安的内在要求。

18. 关键少数

习近平总书记指出，各级领导干部在推进依法治国方面肩负着重要责任，全面依法治国，必须抓住领导干部这个“关键少数”。在整个社会群体中，领导干部作为执政兴国的骨干部分和中坚力量，毫无疑问是“关键少数”，发挥着十分重要的作用。要坚持法治、反对人治，对宪法法律始终保持敬畏之心，带头在宪法法律范围内活动，严格依照法定权限、规则、程序行使权力、履行职责，做到心中高悬法纪明镜、手中紧握法纪戒尺，知晓为官做事尺度。抓住“关键少数”，形成“头雁效应”，必将会为推动全面依法治国产生示范作用。

19. 党的领导、人民当家作主、依法治国

党的领导是人民当家作主和依法治国的根本保证，人民当家作主是社会主义民主政治的本质特征，依法治国是党领导人民治理国家的基本方式，三者统一于我国社会主义民主政治伟大实践，人民代表大会制度是坚持党的领导、人民当家作主、依法治国有机统一的根本政治制度安排。坚持党的领导、人民当家作主、依法治国有机统一论断，阐明了党的领导、人民当家作主、依法治国的地位作用及相互关系，是对我国社会主义民主政治经验的科学总结，揭示了中国特色社会主义民主政治和法治文明的本质和特征。

20. 法治中国建设规划

法治是人类文明进步的重要标志，是治国理政的基本方式，是中国共产党和中国人民的不懈追求。《法治中国建设规划（2020～2025年）》要求全面贯彻习近平法治思想，增强“四个意识”、坚定“四个自信”、做到“两个维护”，坚持党的领导、人民当家作主、依法治国有机统一，坚定不移走中国特色社会主义法治道路，培育和践行社会主义核心价值观，以解决法治领域突出问题为着力点，建设中国特色社会主义法治体系，建设社会主义法治国家，在法治轨道上推进国家治理体系和治理能力现代化，提高党依法治国、依法执政能力，为全面建设社会主义现代化国家、实现中华民族伟大复兴的中国梦提供有力法治保障。

主要原则：①坚持党的集中统一领导；②坚持贯彻中国特色社会主义法治理论；③坚持以人民为中心；④坚持统筹推进；⑤坚持问题导向和目标导向；⑥坚持从中国实际出发。

总体目标：建设法治中国，应当实现法律规范科学完备统一，执法司法公正高效权威，权力运行受到有效制约监督，人民合法权益得到充分尊重保障，法治信仰普遍确立，法治国家、法治政府、法治社会全面建成。

到2025年，党领导全面依法治国体制机制更加健全，以宪法为核心的中国特色社会主义法律体系更加完备，职责明确、依法行政的政府治理体系日益健全，相互配合、相互制约的司法权运行机制更加科学有效，法治社会建设取得重大进展，党内法规体系更加完善，中国特色社会主义法治体系初步形成。

到2035年，法治国家、法治政府、法治社会基本建成，中国特色社会主义法治体系基本形成，人民平等参与、平等发展权利得到充分保障，国家治理体系和治理能力现代化基本实现。

21. 扫黑除恶专项斗争

2018年1月，中共中央、国务院发出《关于开展扫黑除恶专项斗争的通知》，决定在全国开展扫黑除恶专项斗争。对于黑（黑社会性质的组织）恶（恶势力、恶势力犯罪集团）势力组织全国扫黑除恶专项斗争，时间自2018年1月开始，至2020年年底结束，为期3年。其中2018年围绕“治标”，打掉一批涉黑涉恶组织，惩处一批黑恶势力“保护伞”，使黑恶势力违法犯罪突出问题得到有效遏制。2019年围绕“治根”。对已侦破的案件循线深挖、逐一见底，使人民群众安全感、满意度明显提升。2020年围绕“治本”。建立健全长效机制，取得扫黑除恶专项斗争压倒性胜利。

扫黑除恶专项斗争遵循坚持党的领导、发挥政治优势；坚持人民主体地位、紧紧依靠群众；坚持综合治理、齐抓共管；坚持依法严惩、打早打小；坚持标本兼治、源头治理的原则，做到扫黑除恶要与反腐、基层“拍蝇”结合起来，要与加强基层组织建设结合起来。既要查办黑恶势力，又要追查黑恶势力背后的“关系网”和“保护伞”，还要倒查党委、政府的主体责任和有关部门的监管责任。采取摸线索、打犯罪、挖“保护伞”、治源头、强组织等措施，对于涉黑涉恶案件：一律深挖其背后腐败问题；对黑恶势力“保护伞”：一律一查到底、绝不姑息。

2020年11月，中央全面依法治国工作会议提出，要推动扫黑除恶常态化。

链　接

坚定不移走中国特色社会主义法治道路
为全面建设社会主义现代化国家提供有力法治保障

习近平

2020年11月16日至17日，中央全面依法治国工作会议在北京召开。中共中央总书记、国家主席、中央军委主席习近平出席会议并发表重要讲话。

这次中央全面依法治国工作会议的主要任务是，总结经验，分析形势，明确任务，对当前和今后一个时期全面依法治国工作作出部署，动员全党全国全社会齐心协力，为深入推进全面依法治国、加快建设中国特色社会主义法治体系、建设社会主义法治国家而奋斗。

我们党历来重视法治建设。在新民主主义革命时期，我们党就制定了《中华苏维埃共和国宪法大纲》以及大量法律法令，创造了“马锡五审判方式”。新中国成立后，在社会主义革命、社会主义建设时期，我们党领导人民制定了“五四宪法”和国家机构组织法、选举法、婚姻法等一系列重要法律法规，建立起社会主义法制框架体系，确立了社会主义司法制度。进入改革开放历史新时期，我们党提出“有法可依、有法必依、执法必严、违法必究”的方针，强调依法治国是党领导人民治理国家的基本方略、依法执政是党治国理政的基本方式，不断推进社会主义法治建设。

党的十八大以来，党中央明确提出全面依法治国，并将其纳入“四个全面”战略布局予以有力推进。党的十八届四中全会专门进行研究，作出关于全面推进依法治国若干重大问题的决定。党的十九大召开后，党中央组建中央全面依法治国委员会，从全局和战略高度对全面依法治国又作出一系列重大决策部署，推动我国社会主义法治建设发生历史性变革、取得历史性成就。我们把“中国共产党领导是中国特色社会主义最本质的特征”写入宪法，完善党领导立法、保证执法、支持司法、带头守法制度，党对全面依法治国的领导更加坚强有力。我们完善顶层设计，统筹推进法律规范、法治实施、法治监督、法治保障和党内法规体系建设，全面依法治国总体格局基本形成。我们推进重要领域立法，深化法治领域改革，推进法治政府建设，建立国家监察机构，改革完善司法体制，加强全民普法，深化依法治军，推进法治专门队伍建设，坚决维护社会公平正义，依法纠正一批冤错案件，全面依法治国实践取得重大进展。

当前和今后一个时期，推进全面依法治国，要全面贯彻落实党的十九大和十九届二中、三中、四中、五中全会精神，围绕建设中国特色社会主义法治体系、建设社会主义法治国家的总目标，坚持党的领导、人民当家作主、依法治国有机统一，以解决法治领域突出问题为着力点，坚定不移走中国特色社会主义法治道路，在法治轨道上推进国家治理体系和治理能力现代化，为全面建设社会主义现代化国家、实现中华民族伟大复兴的中国梦提供有力法治保障。要重点抓好以下工作。

第一，坚持党对全面依法治国的领导。党的领导是推进全面依法治国的根本保证。我们党是世界最大的执政党，领导着世界上人口最多的国家，如何掌好权、执好政，如何更好把14亿人民组织起来、动员起来全面建设社会主义现代化国家，是一个始终需要高度重视的重大课题。历史是最好的教科书，也是最好的清醒剂。我们党领导社会主义法治建设，既有成功经验，也有失误教训。特别是十年内乱期间，法制遭到严重破坏，党和人民付出了沉重代价。“文化大革命”结束后，邓小平同志把这个问题提到关系党和国家前途命运的高度，强调“必须加强法制。必须使民主制度化、法律化”。正反两方面的经验告诉我们，国际国内环境越是复杂，改革开放和社会主义现代化建设任务越是繁重，越要运用法治思维和法治手段巩固执政地位、改善执政方式、提高执政能力，保证党和国家长治久安。

全党同志都必须清醒认识到，全面依法治国绝不是要削弱党的领导，而是要加强和改善党的领导。要健全党领导全面依法治国的制度和工作机制，推进党的领导制度化、法治化，通过法治保障党的路线方针政策有效实施。要坚持依法治国和依规治党有机统一，确保党既依据宪法法律治国理政，又依据党内法规管党治党、从严治党。

2015年，我在中央政治局常委会听取最高人民法院和最高人民检察院党组工作汇报、在省部级主要领导干部学习贯彻党的十八届四中全会精神全面推进依法治国专题研讨班开班式等场合都明确指出，“党大还是法大”是一个政治陷阱，是一个伪命题；对这个问题，我们不能含糊其辞、语焉不详，要明确予以回答。党的领导和依法治国不是对立的，而是统一的。我国法律充分体现了党和人民意志，我们党依法办事，这个关系是相互统一的关系。全党同志必须牢记，党的领导是我国社会主义法治之魂，是我国法治同西方资本主义国家法治最大的区别。离开了党的领导，全面依法治国就难以有效推进，社会主义法治国家就建不起来。

当然，我们说不存在“党大还是法大”的问题，是把党作为一个执政整体、就党的执政地位和领导地位而言的，具体到每个党政组织、每个领导干部，就必须服从和遵守宪法法律。有些事情要提交党委把握，但这种把握不是私情插手，不是包庇性的干预，而是一种政治性、程序性、职责性的把握。这个界线一定要划分清楚。

第二，坚持以人民为中心。全面依法治国最广泛、最深厚的基础是人民，必须坚持为了人民、依靠人民。要把体现人民利益、反映人民愿望、维护人民权益、增进人民福祉落实到全面依法治国各领域全过程，保证人民在党的领导下通过各种途径和形式管理国家事务、管理经济文化事业、管理社会事务，保证人民依法享有广泛的权利和自由、承担应尽的义务。

推进全面依法治国，根本目的是依法保障人民权益。随着我国经济社会持续发展和人民生活水平不断提高，人民群众对民主、法治、公平、正义、安全、环境等方面的要求日益增长，要积极回应人民群众新要求新期待，坚持问题导向、目标导向，树立辩证思维和全局观念，系统研究谋划和解决法治领域人民群众反映强烈的突出问题，不断增强人民群众获得感、幸福感、安全感，用法治保障人民安居乐业。

第三，坚持中国特色社会主义法治道路。我说过，我们要坚持的中国特色社会主义法治道路，本质上是中国特色社会主义道路在法治领域的具体体现；我们要发展的中国特色社会主义法治理论，本质上是中国特色社会主义理论体系在法治问题上的理论成果；我们要建设的中国特色社会主义法治体系，本质上是中国特色社会主义制度的法律表现形式。我们既要立足当前，运用法治思维和法治方式解决经济社会发展面临的深层次问题；又要着眼长远，筑法治之基、行法治之力、积法治之势，促进各方面制度更加成熟更加定型，为党和国家事业发展提供长期性的制度保障。

自古以来，我国形成了世界法制史上独树一帜的中华法系，积淀了深厚的法律文化。中华法系形成于秦朝，到隋唐时期逐步成熟，《唐律疏议》是代表性的法典，清末以后中华法系影响日渐衰微。与大陆法系、英美法系、伊斯兰法系等不同，中华法系是在我国特定历史条件下形成的，显示了中华民族的伟大创造力和中华法制文明的深厚底蕴。中华法系凝聚了中华民族的精神和智慧，有很多优秀的思想和理念值得我们传承。出礼入刑、隆礼重法的治国策略，民惟邦本、本固邦宁的民本理念，天下无讼、以和为贵的价值追求，德主刑辅、明德慎罚的慎刑思想，援法断罪、罚当其罪的平等观念，保护鳏寡孤独、老幼妇残的恤刑原则，等等，都彰显了中华优秀传统法律文化的智慧。近代以后，不少人试图在中国照搬西方法治模式，但最终都归于失败。历史和现实告诉我们，只有传承中华优秀传统法律文化，从我国革命、建设、改革的实践中探索适合自己的法治道路，同时借鉴国外法治有益成果，才能为全面建设社会主义现代化国家、实现中华民族伟大复兴夯实法治基础。

有一点要明确，我们推进全面依法治国，决不照搬别国模式和做法，决不走西方所谓"宪政""三权鼎立""司法独立"的路子。实践证明，我国政治制度和法治体系是适合我国国情和实际的制度，具有显著优越性。在这个问题上，我们要有自信、有底气、有定力。事实教育了我们的人民群众，人民群众越来越自信。

面对突如其来的疫情，我们始终坚持坚定信心、同舟共济、科学防治、精准施策的总要求。2 月 5 日，我就主持召开中央全面依法治国委员会第三次会议，在疫情防控关键时刻专门部署依法防控疫情工作，我特别强调，疫情防控越是到了最吃劲的时候，越要坚持依法防控，在法治轨道上统筹推进各项防控工作。各地区各部门从立法、执法、司法、普法、守法各环节全面发力，严格按照法定权限和程序实施区域封锁、病人隔离、交通管控、遗体处置等措施，严厉打击妨害疫情防控的违法犯罪行为，依法化解涉疫矛盾纠纷，为疫情防控取得重大战略成果提供了有力法治保障。

第四，坚持依宪治国、依宪执政。宪法是国家的根本法，具有最高的法律效力。党领导人民制定宪法法律，领导人民实施宪法法律，党自身要在宪法法律范围内活动。全国各族人民、一切国家机关和武装力量、各政党和各社会团体、各企业事业组织，都必须以宪法为根本的活动准则，都负有维护宪法尊严、保证宪法实施的职责。任何组织和个人都不得有超越宪法法律的特权，一切违反宪法法律的行为都必须予以追究。

党的十八届四中全会明确提出，坚持依法治国首先要坚持依宪治国，坚持依法执政首先要坚持依宪执政。我们讲依宪治国、依宪执政，同西方所谓"宪政"有着本质区别，不能把二者混为一谈。坚持依宪治国、依宪执政，就包括坚持宪法确定的中国共产党领导地位不动摇，坚持宪法确定的人民民主专政的国体和人民代表大会制度的政体不动摇。

维护国家法治统一，是一个严肃的政治问题。我国是单一制国家，维护国家法治统一至关重要。2015 年立法法修改，赋予设区的市地方立法权，地方立法工作有了积极进展，总体情况是好的，但有的地方也存在违背上位法规定、立法"放水"等问题，影响很不好。要加强宪法实施和监督，推进合宪性审查工作，对一切违反宪法法律的法规、规范性文件必须坚决予以纠正和撤销。同时，地方立法要有地方特色，需要几条就定几条，能用三五条解决问题就不要搞"鸿篇巨制"，关键是吃透党中央精神，从地方实际出发，解决突出问题。

第五，坚持在法治轨道上推进国家治理体系和治理能力现代化。法治是国家治理体系和治理能力的重要依托。只有全面依法治国才能有效保障国家治理体系的系统性、规范性、协调性，才能最大限度凝聚社会共识。

新中国成立 70 多年来，我国之所以创造出经济快速发展、社会长期稳定"两大奇迹"，同我们不断推进社会主义法治建设有着十分紧密的关系。这次应对新冠肺炎疫情，我们坚持在法治轨道上统筹推进疫情防控和经济社会发展工作，依法维护社会大局稳定，有序推进复工复产，我国疫情防控取得重大战略成果，我国将成为今年全球唯一恢复经济正增长的主要经济体。在统筹推进伟大斗争、伟大工程、伟大事业、伟大梦想的实践中，在全面建设社会主义现代化国家新征程上，我们要更加重视法治、厉行法治，更好发挥法治固根本、稳预期、利长远的保障作用，坚持依法应对重大挑战、抵御重大风险、克服重大阻力、解决重大矛盾。

第六，坚持建设中国特色社会主义法治体系。中国特色社会主义法治体系是推进全面依法治国的总抓手。要加快形成完备的法律规范体系、高效的法治实施体系、严密的法治监督体系、有力的法治保障体系，形成完善的党内法规体系。要坚持依法治国和以德治国相结合，实现法治和德治相辅相成、相得益彰。

“治国无其法则乱，守法而不变则衰。”要加快完善中国特色社会主义法律体系，使之更加科学完备、统一权威。党的十八大以来，全国人大及其常委会通过宪法修正案，制定法律48件，修改法律203件次，作出法律解释9件，通过有关法律问题和重大问题的决定79件次。截至目前，现行有效法律282件、行政法规608件，地方性法规12 000余件。民法典为其他领域立法法典化提供了很好的范例，要总结编纂民法典的经验，适时推动条件成熟的立法领域法典编纂工作。要研究丰富立法形式，可以搞一些“大块头”，也要搞一些“小快灵”，增强立法的针对性、适用性、可操作性。

要积极推进国家安全、科技创新、公共卫生、生物安全、生态文明、防范风险、涉外法治等重要领域立法，健全国家治理急需的法律制度、满足人民日益增长的美好生活需要必备的法律制度，填补空白点、补强薄弱点。数字经济、互联网金融、人工智能、大数据、云计算等新技术新应用快速发展，催生一系列新业态新模式，但相关法律制度还存在时间差、空白区。网络犯罪已成为危害我国国家政治安全、网络安全、社会安全、经济安全等的重要风险之一。

第七，坚持依法治国、依法执政、依法行政共同推进，法治国家、法治政府、法治社会一体建设。全面依法治国是一个系统工程，要整体谋划，更加注重系统性、整体性、协同性。依法治国、依法执政、依法行政是一个有机整体，关键在于党要坚持依法执政、各级政府要坚持依法行政。法治国家、法治政府、法治社会相辅相成，法治国家是法治建设的目标，法治政府是建设法治国家的重点，法治社会是构筑法治国家的基础。

我多次强调，推进全面依法治国，法治政府建设是重点任务和主体工程，对法治国家、法治社会建设具有示范带动作用，要率先突破。现在，法治政府建设还有一些难啃的硬骨头，依法行政观念不牢固、行政决策合法性审查走形式等问题还没有根本解决。要用法治给行政权力定规矩、划界限，规范行政决策程序，健全政府守信践诺机制，提高依法行政水平。要根据新发展阶段的特点，围绕推动高质量发展、构建新发展格局，加快转变政府职能，加快打造市场化、法治化、国际化营商环境，打破行业垄断和地方保护，打通经济循环堵点，推动形成全国统一、公平竞争、规范有序的市场体系。

行政执法工作面广量大，一头连着政府，一头连着群众，直接关系群众对党和政府的信任、对法治的信心。要推进严格规范公正文明执法，提高司法公信力。近年来，我们整治执法不规范、乱作为等问题，取得很大成效。同时，一些地方运动式、“一刀切”执法问题仍时有发生，执法不作为问题突出。强调严格执法，让违法者敬法畏法，但绝不是暴力执法、过激执法，要让执法既有力度又有温度。要加强省市县乡四级全覆盖的行政执法协调监督工作体系建设，强化全方位、全流程监督，提高执法质量。

全民守法是法治社会的基础工程。普法工作要紧跟时代，在针对性和实效性上下功夫，落实“谁执法谁普法”普法责任制，特别是要加强青少年法治教育，不断提升全体公民法治意识和法治素养，使法治成为社会共识和基本准则。要强化依法治理，培育全社会办事依法、遇事找法、解决问题用法、化解矛盾靠法的法治环境。

古人说：“消未起之患、治未病之疾，医之于无事之前。”法治建设既要抓末端、治已病，更要抓前端、治未病。我国国情决定了我们不能成为“诉讼大国”。我国有14亿人口，大大小小的事都要打官司，那必然不堪重负！要推动更多法治力量向引导和疏导端用力，完善预防性法律制度，坚持和发展新时代“枫桥经验”，完善社会矛盾纠纷多元预防调处化解综合机制，更加重视基层基础工作，充分发挥共建共治共享在基层的作用，推进市域社会治理现代化，促进社会和谐稳定。

第八，坚持全面推进科学立法、严格执法、公正司法、全民守法。要继续推进法治领域改革，解决好立法、执法、司法、守法等领域的突出矛盾和问题。

公平正义是司法的灵魂和生命。要深化司法责任制综合配套改革，加强司法制约监督，完善人员分类管理，健全司法职业保障，规范司法权力运行，提高司法办案质量和效率。要健全社会公平正义法治保障制度，努力让人民群众在每一个司法案件中感受到公平正义。要继续完善公益诉讼制度，有效维护社会公共利益。党的十八大以来，党中央确定的一些重大改革事项，健全纪检监察机关、公安机关、检察机关、审判机关、司法行政机关各司其职，侦查权、检察权、审判权、执行权相互配合的体制机制等，要紧盯不放，真正一抓到底，抓出实效。

近年来，司法腐败案件集中暴露出权力制约监督不到位问题。一些人通过金钱开路，几乎成了法外之人，背后有政法系统几十名干部为其“打招呼”“开路条”，监督形同虚设。要加快构建规范高效的制约监督体系，坚决破除“关系网”、斩断“利益链”，让“猫腻”“暗门”无处遁形。

2018年1月起，为期3年的扫黑除恶专项斗争在全国展开。扫黑除恶专项斗争把打击黑恶势力和“打伞破网”一体推进，清除了一批害群之马。近3年来打掉的涉黑组织相当于前10年的总和，对黑恶势力形成了强大震慑。要继续依法打击破坏社会秩序的违法犯罪行为，特别是要推动扫黑除恶常态化，持之以恒、坚定不移打击黑恶势力及其保护伞，让城乡更安宁、群众更安乐。

第九，坚持统筹推进国内法治和涉外法治。法治是国家核心竞争力的重要内容。当前，世界百年未有之大变局加速演变，和平与发展仍然是时代主题，但国际环境不稳定性不确定性明显上升，新冠肺炎疫情大流行影响广泛深远。我国不断发展壮大，日益走近世界舞台中央。要加快涉外法治工作战略布局，协调推进国内治理和国际治理，更好维护国家主权、安全、发展利益。要加快形成系统完备的涉外法律法规体系,提升涉外执法司法效能。要引导企业、公民在走出去过程中更加自觉地遵守当地法律法规和风俗习惯,运用法治和规则维护自身合法权益。要注重培育一批国际一流的仲裁机构、律师事务所,把涉外法治保障和服务工作做得更有成效。

我们要坚定维护以联合国为核心的国际体系,坚定维护以国际法为基础的国际秩序,坚定维护以联合国宪章宗旨和原则为基础的国际法基本原则和国际关系基本准则。对不公正不合理、不符合国际格局演变大势的国际规则、国际机制,要提出改革方案,推动全球治理变革,推动构建人类命运共同体。

第十,坚持建设德才兼备的高素质法治工作队伍。全面推进依法治国,首先要把专门队伍建设好。要加强理想信念教育,深入开展社会主义核心价值观和社会主义法治理念教育,推进法治专门队伍革命化、正规化、专业化、职业化,确保做到忠于党、忠于国家、忠于人民、忠于法律。

对法治专门队伍的管理必须坚持更严标准、更高要求。一些执法司法人员手握重器而不自重,贪赃枉法、徇私枉法,办"金钱案""权力案""人情案",严重损害法治权威。要制定完善铁规禁令、纪律规定,用制度管好关键人、管到关键处、管住关键事。要坚决清查贪赃枉法、对党不忠诚不老实的人,深查执法司法腐败。最近,政法系统开展队伍教育整顿试点工作,查处了一批害群之马,得到广大群众好评。要巩固和扩大试点工作成果,坚持零容忍,敢于刀刃向内、刮骨疗毒。

法律服务队伍是全面依法治国的重要力量。总体而言,这支队伍是好的,但也存在不少问题,有的热衷于"扬名逐利",行为不端、诚信缺失、形象不佳;极个别法律从业人员政治意识淡薄,甚至恶意攻击我国政治制度和法治制度。要把拥护中国共产党领导、拥护我国社会主义法治作为法律服务人员从业的基本要求,加强教育、管理、引导,引导法律服务工作者坚持正确政治方向,依法依规诚信执业,认真履行社会责任,满腔热忱投入社会主义法治国家建设。要推进法学院校改革发展,提高人才培养质量。要加大涉外法学教育力度,重点做好涉外执法司法和法律服务人才培养、国际组织法律人才培养推送工作,更好服务对外工作大局。

第十一,坚持抓住领导干部这个"关键少数"。领导干部具体行使党的执政权和国家立法权、行政权、监察权、司法权,是全面依法治国的关键。各级领导干部要坚决贯彻落实党中央关于全面依法治国的重大决策部署,带头尊崇法治、敬畏法律,了解法律、掌握法律,不断提高运用法治思维和法治方式深化改革、推动发展、化解矛盾、维护稳定、应对风险的能力,做尊法学法守法用法的模范。要把法治素养和依法履职情况纳入考核评价干部的重要内容,让尊法学法守法用法成为领导干部自觉行为和必备素质。

同志们!深入推进全面依法治国,必须坚持党的集中统一领导。各级党委和政府要加强对法治建设的组织领导,重大部署、重要任务、重点工作要抓在手上,确保落到实处。要深入贯彻党的十九届五中全会精神,将"十四五"时期经济社会发展和法治建设同步谋划、同步部署、同步推进。党中央即将印发法治中国建设规划和法治社会建设实施纲要,新的法治政府建设实施纲要也将很快出台,各级党委和政府要抓紧抓实抓好。各条战线各个部门要强化法治观念,严格依法办事,不断提高各领域工作法治化水平。法治工作部门要全面履职尽责。中央依法治国办要履行统筹协调、督促检查、推动落实的职责,及时发现问题,推动研究解决。要力戒形式主义、官僚主义,确保全面依法治国各项任务真正落到实处。

推进全面依法治国是国家治理的一场深刻变革,必须以科学理论为指导,加强理论思维,从理论上回答为什么要全面依法治国、怎样全面依法治国这个重大时代课题,不断从理论和实践的结合上取得新成果,总结好、运用好党关于新时代加强法治建设的思想理论成果,更好指导全面依法治国各项工作。

22. "出礼入刑"

西周时期"刑"多指刑法和刑罚。"礼"正面积极规范人们的言行,而"刑"则对一切违背礼的行为进行处罚。其关系正如《汉书·陈宠传》所说"礼之所去,刑之所取,失礼则入刑,相为表里",二者共同构成西周法律的完整体系。

23. "隆礼重法"

出自荀子治国理念"隆礼尊贤而王,重法爱民而霸"。在国家治理上,荀子首先非常看重"礼",其次荀子认为人的天然本性是追求利欲的,而礼的作用则在对人的利欲的无限追求作出限制,二者之间不免有冲突。为了确保公共秩序的正常运转,礼的遵循不免要诉诸于一种强制性。由此,礼转为法。因此,荀子常有"礼法之枢要""礼法之大分"的提法,而以礼法并称。

24. "民惟邦本,本固邦宁"

这句话出自《尚书·夏书·五子之歌》,原文:皇祖有训,民可近不可下,民惟邦本,本固邦宁。意思是:祖先早就传下训诫,人民是用来亲近的,不能轻视与低看;人民才是国家的根基,根基牢固,国家才能安定。"民惟邦本,本固邦宁""水能载舟,亦能覆舟""民为贵,社稷(国家)次之,君为轻"都是民本意思的表现。习近平总书记曾经在《干在实处走在前列》引用过这句话。

25.《唐律疏议》

《唐律疏议》又称《永徽律疏》,是唐高宗永徽年间完成的一部极为重要的法典,是中华法系代表性的法典,共 30 卷。唐高宗令长孙无忌等人修撰法律典籍,《唐律疏议》是唐朝刑律及其疏注的合编。《唐律疏议》在《贞观律》基础上修订而成,为大唐盛世奠定了法律基石,在中国法制史上居于承前启后的重要地位,以"得古今之平"著称于世,其充分体现了中国古代法律制度的水平、风格和基本特征,成为中华法系的代表性法典之一。

26. 枫桥经验

20世纪60年代初，浙江省绍兴市诸暨县（现诸暨市）枫桥干部群众创造的“依靠群众就地化解矛盾”的“枫桥经验”，根据形势变化不断赋予其新的内涵，成为全国政法综治战线的一面旗帜。1963年，毛泽东同志批示：“要各地仿效，经过试点，推广去做”。党的十八大以来，习近平总书记多次就坚持和发展“枫桥经验”作出重要指示。

27. 洛克的法治思想

洛克（英国）的法治主张包括个别要求和一般原则两个方面。就个别要求而言，洛克在《政府论》中强烈主张国家立法机关“应该以正式公布的既定的法律进行统治。”一般原则是指：“无论国家采取什么形式，统治者应该以正式的和被接受的法律，而不是以临时的命令和未定的决议来进行统治。”洛克的伟大贡献在于，他把这种混乱的、多种权力并存的政治现实概括为权力分立，从而使它获得了理论上的合理性。

28. 孟德斯鸠的法治思想

孟德斯鸠（法国）提出了最广泛的法律定义：法是由事物的性质产生出来的必然关系，而且还提出了自己的理解法律的方式。孟德斯鸠在分权制衡理论方面论述较为系统，且影响较大。孟德斯鸠认为自由是法律的重要精神之一，法律应可能地体现自由和保障自由。他在《论法的精神》中着重阐述了自由与法律的关系，并说明它已在英国的法律中建立起来了。他也意识到“要防止滥用权力，就必须以权力约束权力”。他认为要保障政治自由，就必须实行三权分立，各司其职，任何一个机关都不能绝对凌驾于其他机关之上，独断专行，从而达致政府权力的动态平衡。

29. 卢梭的法治思想

卢梭（法国）明确主张法治，并且把是否实行法治作为共和政体的唯一标志。他在《社会契约论》中就表示：“凡是实行法治的国家无论它的行政形式如何我都称之为共和国。”卢梭的法治思想大致包括立法和守法两个方面的内容，就立法而言，卢梭强调法律是“人民意志的记录”，它以“自由和平等”为自己的两大主要目标。就守法而言，他主张任何人都不能摆脱法律的光荣束缚，而且这种束缚有益于人们追求善业。卢梭极力反对分权主张，认为主权是不可分割的，分权则是对主权生命有机体的肢解。

30. 戴雪的法治思想

法学家戴雪（英国）结合本国的宪政和法治实践，提出了法治三原则。即：①除非明确违反国家一般法院以惯常合法方式所确立的法律，任何人不受惩罚，其人身或财产不受侵害；②任何人不得凌驾于法律之上；③个人的权利以一般法院中提起的特定案件决定之。戴雪把法治看作事实，并视其为英格兰政治制度的特点。他的法治观念主要包括个人与法律的关系。认定英国宪法的原则来自具体案件的司法判决,从而突出英国法律的特点是法官造法。戴雪的法治观念是从观念向制度转移的一个里程碑。

31. 康德的法治思想

德国最著名的哲学家康德的政治思想中有3个要点:①国家与法律是密切联系有一起的;②国家与法律密切联系的关键在于它们都是人类理性的产物;③国家与法律关系的核心是国家必须依法管理,国家的统治者依照法律的规定行使权力。

32. 法的概念

法是由国家制定和认可,并由国家强制力保证实施的行为规范及其体系,它通过规定人们的权利和义务,来规范人们的行为,从而确认、保护和发展一定的社会关系和社会秩序。法具有:①法是调整人们行为的一种规范;②法由国家制定或认可,具有国家意志性;③法以国家强制力保障实施;④法规定了人们的权利和义务。

33. 法的本质

法是国家意志的体现,但并不是全体国民意志的体现,法在本质上是掌握国家的统治阶级意志的体现。

34. 法的作用

法具有规范和社会作用。

(1) 法的规范作用:①指引,人们了解法的规定,遵循其规定行事,发挥指引人们行为的作用;②评价,法是一种标准,能起到对他人行为进行评价的作用;③预测,法能够发挥让人们预知自己行为的法律后果,并合理期望他人如何行为的功能;④教育,指法对人们意识的影响、同化作用和对人们行为习惯的形成作用;⑤强制,指法所具有的通过国家强制力来纠正违法行为和制裁违法者的功能。

(2) 法的社会作用:①维护统治阶级统治;②执行社会公共事务。

35. 法律关系

它是由一定的法律事实和法的调整作用而在人们之间形成的特定的权利和义务关系。它有3个基本要素:①主体,指法律关系的参加者,即在法律关系中享有权利和承担义务的人;②客体,指法律关系主体的权利义务所指向的对象;③内容,指法律关系主体之间的权利和义务关系。

36. 法的体系

(1) 按照法的体系的基本单位,即法律规范的结构(法律规范通常认为是由假定、处理、制裁三个要素构成)来划分。根据不同标准,可以进行不同分类:①授权性规范、命令性规范与禁止性规范;②强制性规范和任意性规范。

(2) 按照法的部门体系划分:①宪法,国家的根本大法,它规定国家的政治、经济和社会根本制度，规定公民的基本权利和义务，是其他法的母法；②行政法，是调整国家行政管理活动的法律规范的总称；③民商法，民法是调整平等主体的公民之间、法人之间、公民与法人之间的财产关系和人身关系的法律规范的总称。商法是调整市场经济中平等商事主体之间财产关系和人身关系的法律规范的总称；④经济法，是国家对经济实行宏观调控和市场监管的各种法律规范的总称；⑤社会法，通常把调整社会公共事业活动的法成为社会法，主要包括劳动和社会保障、资源和环境保护、科教文卫等方面的法；⑥刑法，是规定有关犯罪和刑罚的法律规范的总称；⑦诉讼法，是有关司法程序即诉讼活动过程中发生的各种社会关系的法律规范的总称；⑧军事法，是有关军事管理和国防建设的法律规范的总称。

链 接

2020年5月28日，十三届全国人大三次会议审议通过《中华人民共和国民法典》(以下简称《民法典》)，《民法典》共7编(包括总则编、物权编、合同编、人格权编、婚姻家庭编、继承编、侵权责任编及附则)、84章、1260条，是迄今为止我国条文数最多的一部法律，也是新中国成立以来第一部以法典命名的法律，标志着我国的民事权利保障迎来了一个全新时代。

根据规定，《民法典》于2021年1月1日起施行，《中华人民共和国婚姻法》《中华人民共和国继承法》《中华人民共和国合同法》等9部民事法律全部废止，统一适用《民法典》。

《民法典》与原9部民事法律相比，其重大修改包括：①将“弘扬社会主义核心价值观”作为一项重要立法目的；②将绿色原则(有利于节约资源、保护生态环境)确立为民法的基本原则；③规定胎儿有权利继承遗产、接受赠与等；④八周岁以上的未成年人为限制民事行为能力人；⑤对数据、网络虚拟财产的民事权利保护作了原则性规定；⑥受害人的停止侵害、排除妨碍、消除危险、消除影响、恢复名誉、赔礼道歉请求权不适用诉讼时效规定；⑦征用组织、个人的不动产或者动产的事由中增加“疫情防控”；⑧住宅建设用地使用权期限届满的，自动续期；⑨增加规定居住权；⑩完善电子合同订立规则；⑪明确规定禁止高利放贷，借款的利率不得违反国家有关规定；⑫增加规定房屋承租人具有优先承租权；⑬客运合同对“旅客霸座”“抢方向盘”等问题作出回应；⑭完善了格式条款制度等合同订立制度。

《民法典》在中国特色社会主义法律体系中具有重要地位，是一部固根本、稳预期、利长远的基础性法律，是一部体现我国社会主义性质、符合人民利益和愿望、顺应时代发展要求的《民法典》；是一部体现对生命健康、财产安全、交易便利、生活幸福、人格尊严等各方面权利平等保护的《民法典》；是一部具有鲜明中国特色、实践特色、时代特色的《民法典》。《民法典》实施水平和效果，是衡量各级党政机关履行为人民服务宗旨的重要尺度；各级党和国家机关要带头宣传、推进、保障《民法典》实施，加强检查和监督，确保《民法典》得到全面有效执行；各级领导干部要做学习、遵守、维护《民法典》的表率，提高运用《民法典》维护人民权益、化解矛盾纠纷、促进社会和谐稳定能力和水平。

37. 法的效力体系

(1) 宪法。由全国人大按特定的严格程序制定，由全国人大常委会负责解释，具有最高的法律效力。

(2) 法律。包括基本法律与其他法律，由全国人大及其常委会制定，效力仅次于宪法，高于其他国家机关制定的法规、规章等。

(3) 行政法规。由国务院制定颁布，法律效力仅次于宪法和法律。

(4) 地方性法规。效力不及于本区域以外。

(5) 部门规章。效力低于宪法、法律、行政法规，在全国范围内发生效力。

(6) 政府规章。在本区域内有效。

(7) 有关国际条例。它不属于国内法，但国家作为签约主体，国家自身和国内的个人和单位都有遵守的义务。

链 接

2015 年新修订《立法法》的重大变化。一是放宽了地方立法权。修订前的《立法法》仅有 49 个“较大的市”享有地方立法权，现在全国所有“设区的市”获得地方立法权。二是部门规章不得设定限制公民权利的规范。没有法律、行政法规、地方性法规的依据，地方政府规章不得设定减损公民、法人和其他组织权利或者增加其义务的规范。类似号牌限购、房产限购等政策会面临地方国家权力机关的合法性审查。三是税收基本制度只能由法律规定。税收应当是全国人大专有立法权，在实践中全国人大长期授权国务院来制定相关立法。《立法法》确立“税收法定”原则，规范税收立法授权，今后国家征税除特殊情况外要通过立法机关、通过明确的法律规定来征收。四是为授权立法设“时限”。授权决定应当明确授权的目的、事项、范围、期限以及被授权机关实施授权决定应当遵循的原则等。授权的期限不得超过 5 年，但是授权决定另有规定的除外。

38. 其他分类形式

(1) 实体法和程序法：实体法规定法律关系主体的权利、义务或职权、职责；程序法规定保证法律关系主体权利义务得以实现或职权和职责得以履行所需程序或手续。

(2) 公法和私法：凡调整运用国家权力管理国家和公共事务，从而形成管理者与被管理者之间不平等关系的法律制度称为公法；凡调整当事人之间各自以其独立的地位，自主、自愿所发生的平等社会关系的法律制度为私法。

39. 法的创制

法的创制即立法，是国家机关在其法定职权范围内，依法定程序，制定、修改和废止规范性法律文件以及认可法律规范的活动。

(1) 区分立法权限：①全国人大及其常委会，制定和修改国家基本法律；②国家最高行政机关的立法权，国务院是我国最高行政机关，根据宪法和法律制定行政法规；③地方人大及其常委会的立法权限；④国务院职能部门的立法权限；⑤地方人民政府的立法权限。

(2) 立法程序。指享有立法权的国家机关在制定、修改、补充和废止各种规范性文件以及认可法律规范过程中的工作方法、步骤和秩序。

链 接

下列事项只能制定法律：①国家主权的事项；②各级人民代表大会、人民政府、人民法院和人民检察院的产生、组织和职权；③民族区域自治制度、特别行政区制度、基层群众自治制度；④犯罪和刑罚；⑤对公民政治权利的剥夺、限制人身自由的强制措施和处罚；⑥税种的设立、税率的确定和税收征收管理等税收基本制度；⑦对非国有财产的征收、征用；⑧民事基本制度；⑨基本经济制度以及财政、海关、金融和外贸的基本制度；⑩诉讼和仲裁制度；⑪必须由全国人民代表大会及其常务委员会制定法律的其他事项。

40. 税务规范性文件

税务规范性文件指县以上税务机关依照法定职权和规定程序制定并发布的，影响纳税人、缴费人、扣缴义务人等税务行政相对人权利、义务，在本辖区内具有普遍约束力并在一定期限内反复适用的文件。

(1) 文件制定。制定主体是县级以上各级税务机关，各级税务机关的内设机构、派出机构和临时性机构，不得以自己的名义制定税务规范性文件；制定程序为起草—合法性审查—合规性评估—(集体审议，非必经程序)决定并签署—公告—生效。

(2) 文件管理。备案审查要求有件必备、有备必审、有错必纠。文件清理分为日常清理和集中清理，其中调整对象灭失或不需要继续执行的宣布失效；违反上位法规定的、已被新的规定替代的或明显不适应现实需要的宣布废止；与本机关税务规范性文件相矛盾的或者相重复的，以及存在漏洞或者难以执行的予以修改。施行税务行政相对人异议处理制度。

链 接

根据《国家税务总局关于修改〈税收规范性文件制定管理办法〉的决定》(国家税务总局令第50号)规定,原《税收规范性文件制定管理办法》更名为《税务规范性文件制定管理办法》;增加起草税务规范性文件"听取意见"环节;修改文件审查通过后有关"集体审议"规定;增加"发挥公职律师的作用"的要求。

41. 法的适用规则

(1) 上位法优于下位法。根据《中华人民共和国立法法》(以下简称《立法法》)规定,宪法具有最高的法律效力,一切法律、行政法规、地方性法规、自治条例和单行条例、规章都不得同宪法相抵触;法律的效力高于行政法规、地方性法规、规章;行政法规的效力高于地方性法规、规章;地方性法规的效力高于本级和下级地方政府规章。

(2) 新法优于旧法。根据《立法法》规定,同一机关制定的法律、行政法规、地方性法规、自治条例和单行条例、规章,特别规定与一般规定不一致的,适用特别规定;新的规定与旧的规定不一致的,适用新的规定。同一法律先后规定不一致的,以新制定的法律为准。

(3) 特别法优于普通法。根据《立法法》规定,自治条例和单行条例依法对法律、行政法规、地方性法规作变通规定的,在本自治地方适用自治条例和单行条例的规定。经济特区法规根据授权对法律、行政法规、地方性法规作变通规定的,在本经济特区适用经济特区法规的规定。

(4) 法不溯及以往。根据《立法法》规定,法律、行政法规、地方性法规、自治条例和单行条例、规章不溯及既往,但为了更好地保护公民、法人和其他组织的权利和利益而作的特别规定除外。

42. 合法行政与合理行政

(1) 合法行政。根据《中共中央关于全面推进依法治国若干重大问题的决定》,要完善行政组织和行政程序法律制度,推进机构、职能、权限、程序、责任法定化。行政机关要坚持法定职责必须为、法无授权不可为,勇于负责、敢于担当,坚决纠正不作为、乱作为,坚决克服懒政、怠政,坚决惩处失职、渎职。行政机关不得法外设定权力,没有法律法规依据不得作出减损公民、法人和其他组织合法权益或者增加其义务的决定。推行政府权力清单制度,坚决消除权力设租寻租空间。

(2) 合理行政。习近平总书记强调,要让执法既有力度又有温度。《法治中国建设规划(2020～2025年)》强调要全面推行行政裁量权基准制度,规范执法自由裁量权。依照《国家税务总局关于规范税务行政裁量权工作的指导意见》(国税发〔2012〕65号),税务机关行使行政裁量权应当符合立法目的和法律原则。要全面考虑相关事实因素和法律因素,排除不相关因素的干扰,维护纳税人合法权益,努力实现法律效果与社会效果的统一。可以采取多种方式实现行政目的的,应当选择对纳税人权益损害最小的方式,对纳税人造成的损害不得与所保护的法定利益显失均衡。

43. 优化税务执法方式

中央审议通过《关于进一步优化税务执法方式的意见》要求税务部门要优化税务执法方式,推动税务执法、服务、监管的理念方式手段变革,深入推进精确执法、精细服务、精准监管、精诚共治,大幅提高税法遵从度和社会满意度,明显降低征纳成本,发挥税收在国家治理中的基础性、支柱性、保障性作用(两提高、两降低)。2021 年全国税务工作会议作出部署,强调:①切实强化精确执法,增强税务执法的规范性统一性,把准执法尺度,创新执法方式,坚决防止和纠正粗放式、选择性、一刀切的随意执法;②大力推行精细服务,提升便利化、智能化、个性化水平,深化办税缴费便利化改革,推进税费服务智能化升级;③科学实施精准监管,提高针对性和有效性,进一步做好对市场主体干扰最小化、监管效能最大化、为基层减负最实化等工作;④深入推进精诚共治,在更高层次、更广范围推动形成多方协同治税格局。

44. 税务行政法律关系

由税务机关设立并受法律规范和调整的税务机关与其行政相对人之间权利与义务关系。

(1) 税务行政法律关系的主体简称税务行政主体,即各级税务机关,它是指依法享有国家征税权,能够以自己的名义进行税务行政管理活动,并独立承担由此产生的法律责任的税务行政组织。

(2) 税务行政相对人,指在税务行政法律关系中被税务行政主体管理的一方当事人。其处于被管理地位,身份具有相对性,范围广泛。

(3) 税务行政法律关系的内容,指税务行政法律关系主体在税务行政法律关系中所享有的权利和所承担的义务。

(4) 税务行政法律关系的客体,指税务行政法律关系主体的权利和义务所指向的标的、目标或对象,也是权利和义务的媒介或者载体。

45. 税务行政行为

税务行政主体为实现国家税务行政管理的目的所实施的具有法律意义并产生法律效果的活动。其特征是具有法律的执行性、单方意志性、效力公定性、一定的自由裁量性、强制性。

(1) 抽象行政行为和具体行政行为:抽象行政行为是指行政机关的立法行为和制定规范性文件的行为。行为对象具有不确定性,一般对以后事项具有约束力,不可以提起行政诉讼;具体行政行为是针对某一具体行政相对人的,一般对已发生事项具有约束力,可以提出行政诉讼。包括行政许可、行政确认、行政处罚、行政裁决、行政奖励、行政复议和行政征收等。

（2）内部行政行为和外部行政行为：内部性行政行为是指行政主体对其自身内部的管理行为；外部行政行为是行政主体依法对公共事务的管理活动，包括具体行政行为，也包括抽象行政行为。

（3）羁束行政行为与自由裁量的行政行为：羁束行政行为是严格受到限制的行为；可以由税务机关自己选择的行为是自由裁量的行政行为。

（4）依职权的行政行为和依申请的行政行为：前者是指行政主体依照法律授予的职权，无须相对人申请就可以主动作出的行政行为，如对违法违章进行税务行政处罚等；后者是指必须有行政相对人的申请，行政主体才能作出的行政行为，如申请发售发票等。

（5）要式行政行为与非要式行政行为：要式行政行为是指必须具备某种法定形式才被认为合法的行政行为，非要式行政行为则是指法律对行政行为的形式不作要求。大多数行政行为都属于要式行政行为。

46. 税务行政行为要件

（1）成立要件：①资格要件：实施主体必须是依法或依授权享有行政职权的税务机关；②权力要件：该行政行为是行使税收行政权的行为；③形式要件：即该行政行为以一定的形式表现出来，如税收执法文书等；④功能要件：该行政行为能够直接或间接地影响到了相对人的权益，即能够产生法律效果。

（2）生效要件：包括即时生效、受领生效、附条件生效。

（3）合法要件：包括主体合法、权限合法、内容合法、程序合法、形式合法。

47. 推行“三项制度”

根据《国家税务总局关于印发〈优化税务执法方式全面推行“三项制度”实施方案〉的通知》（税总发〔2019〕31 号）（以下简称《通知》）要求，自 2019 年 7 月起，坚持科学规范、优化创新、统筹协调、便利高效的原则，全面推行税务行政执法公示制度、执法全过程记录制度、重大执法决定法制审核制度。

（1）按照“谁执法、谁公示、谁负责”的原则，在行政执法的事前、事中、事后三个环节，全面推行行政执法公示制度，确保税务执法透明。

（2）采取以文字记录为主、音像记录为辅的形式，在税务执法的启动、调查取证、审核决定、送达执行等全部过程进行记录，全面推行执法全过程记录制度，做到执法全过程留痕和可回溯管理，确保税务执法规范。

（3）全面推行重大执法决定法制审核制度，税务机关作出重大执法决定之前，要严格进行法制审核，未经法制审核或审核未通过的，不得作出决定，确保税务执法公正。

《通知》要求推动公示信息自动化采集、执法记录数字化管理、法制审核信息化控制，逐步构建操作信息化、文书数据化、过程痕迹化、责任明晰化、监督严密化、分析可量化的税务执法信息化体系。

48. 行政许可和税务行政许可

行政许可是指行政机关根据公民、法人或者其他组织的申请，经依法审查，准予其从事特定活动的行为。行政许可是依申请的行政行为、要式行政行为、授益性行政行为，有特定的审查批准程序。行政许可的基本原则包括便民原则、信赖保护原则、公开公正公平原则。

税务行政许可种类。根据《国家税务总局关于进一步简化税务行政许可事项办理程序的公告》(国家税务总局公告 2019 年第 34 号)，现有税务行政许可项目共有 6 项，即企业印制发票审批、对纳税人延期缴纳税款的核准、对纳税人延期申报的核准、对纳税人变更纳税定额的核准、增值税专用发票(增值税税控系统)最高开票限额审批、对采取实际利润额预缴以外的其他企业所得税预缴方式的核定。

国家税务总局公告 2019 年第 34 号实施 4 项便民办税措施，①对延期申报核准、专票开票限额审批、特定企业所得税预缴方式核定等自受理申请之日起 10 个工作日内作出行政许可决定(变更纳税定额核准为 15 个工作日)；②延期缴纳税款、延期申报核准不再要求填写相应申请文书；③不再报送支出预算材料、缴纳税款情况和资产负债表、确有困难不能正常申报情况说明等资料；④通过办税服务窗口直接送达税务行政许可文书且无异议的，申请人等签收后不再另行填写《税务文书送达回证》。

49. 行政处罚

2021 年 1 月 22 日第十三届全国人民代表大会常务委员会第二十五次会议对《中华人民共和国行政处罚法》进行了修订，自 2021 年 7 月 15 日起施行。

行政处罚概念：行政机关依法对违反行政管理秩序的公民、法人或者其他组织，以减损权益或者增加义务的方式予以惩戒的行为(首次明确概念)。

行政处罚种类(由 7 种增加到 14 种)：警告、通报批评；罚款、没收违法所得、没收非法财物；暂扣许可证件、降低资质等级、吊销许可证件；限制开展生产经营活动、责令停产停业、责令关闭、限制从业；行政拘留；法律、行政法规规定的其他行政处罚。

行政处罚重要内容：

(1) 简易程序和一般程序。简易程序是指违法事实确凿并有法定依据，对公民处以二百元以下、对法人或者其他组织处以三千元以下罚款或者警告的行政处罚的，可以当场作出行政处罚决定。普通程序(原为一般程序)是指除可以当场作出的行政处罚外，行政机关发现公民、法人或者其他组织有依法应当给予行政处罚的行为的，其实施必须经法定程序，即立案、调查(检查)、审查(必要时合法性审核)、做出处罚决定(立案之日起九十日)、送达处罚决定等。无论是简易程序还是一般程序，执法机关均应履行告知义务、听取陈述申辩。

(2) 对于符合条件的下列行政处罚事项的还应当实施听证。①较大数额罚款;②没收较大数额违法所得、没收较大价值非法财物;③降低资质等级、吊销许可证件;④责令停产停业、责令关闭、限制从业;⑤其他较重的行政处罚;⑥法律、法规、规章规定的其他情形。

(3) 一事不二罚原则。对当事人的同一个违法行为,不得给予两次以上罚款的行政处罚。同一个违法行为违反多个法律规范应当给予罚款处罚的,按照罚款数额高的规定处罚。

(4) 处罚追责时效。违法行为在二年内未被发现的,不再给予行政处罚;涉及公民生命健康安全、金融安全且有危害后果的,上述期限延长至五年。法律另有规定的除外。前款规定的期限,从违法行为发生之日起计算;违法行为有连续或者继续状态的,从行为终了之日起计算。

(5) 逾期不缴加处罚款。到期不缴纳罚款的,每日按罚款数额的百分之三加处罚款,加处罚款的数额不得超出罚款的数额。

(6) 暂缓或分期缴纳。行政机关批准延期、分期缴纳罚款的,申请人民法院强制执行的期限,自暂缓或者分期缴纳罚款期限结束之日起计算。

50. 税务行政处罚

税务行政处罚种类包括:①罚款;②没收违法所得、没收非法财物;③停止出口退税权;④法律、法规和规章规定的其他行政处罚。

简易程序规定。使用修订后的《税务行政处罚决定书(简易)》,不再另行填写《陈述申辩笔录》和《税务文书送达回证》。一是增加"陈述申辩情况"栏。二是增加"签收情况"栏。其他修改,包括:明确加处罚款不超过罚款本数;删除税务机关"负责人"签字部分即只由税务执法人员签字,不再要求所在单位负责人签字。

税务行政处罚追责时效。税务行政处罚追责时效一般为5年。根据《中华人民共和国税收征收管理法》(中华人民共和国主席令第49号,以下简称《税收征管法》)第八十六条规定,违反税收法律、行政法规应当给予行政处罚的行为,在5年内未被发现的,不再给予行政处罚。特殊情形可以是2年。由于税收征管法第八十六条规定规的是"违反税收法律、行政法规应当给予行政处罚的行为",对于违反税务规章应当给予行政出处罚的行为则不属于"法律另有规定",该类税务行政处罚应当按照《中华人民共和国行政处罚法》规定执行,除特殊情况外,该类税收违法行为追责时效为2年。

51. 税务行政处罚裁量权行使规则

根据《国家税务总局关于发布〈税务行政处罚裁量权行使规则〉的公告》(国家税务总局公告2016年第78号发布,国家税务总局公告2018年第31号修改)规定,有关规则如下：

（1）遵循原则。合法原则、合理原则、公平公正原则、公开原则、程序正当原则、信赖保护原则(非因法定事由并经法定程序，不得随意改变已经生效的行政行为)、处罚与教育相结合原则。预防和纠正涉税违法行为，引导当事人自觉守法。

（2）规则适用。①首违不罚，法律、法规、规章规定可以给予行政处罚，当事人首次违反且情节轻微，并在税务机关发现前主动改正的或者在税务机关责令限期改正的期限内改正的，不予行政处罚；②限改限期，除法律、法规、规章另有规定外，责令限期改正的期限一般不超过三十日；③一事不二罚，对当事人的同一个税收违法行为不得给予两次以上罚款的行政处罚；④就高原则，当事人同一个税收违法行为违反不同行政处罚规定且均应处以罚款的，应当选择适用处罚较重的条款。

（3）不予行政处罚情形。①违法行为轻微并及时纠正，没有造成危害后果的；②不满 14 周岁的人有违法行为的；③精神病人在不能辨认或者不能控制自己行为时有违法行为的；④其他法律规定不予行政处罚的。

（4）依法从轻或减轻处罚。①主动消除或者减轻违法行为危害后果的；②受他人胁迫有违法行为的；③配合税务机关查处违法行为有立功表现的；④其他依法应当从轻或者减轻行政处罚的。

52. 轻微违法行为“首违不罚”

自 2020 年 8 月 1 日起，长江三角洲区域三省两市(上海市、江苏省、浙江省、安徽省、宁波市)将 18 种税务轻微违法行为列入“首违不罚”清单，当事人在一年内首次违反且情节轻微，能够及时纠正，未造成危害后果的，依法不予行政处罚。

53. 税收违法行为及其法律责任

税收违法行为指各种违反税法规定的行为，包括违反税法应受行政处罚的行为，也包括违反税法，但情节轻微不予行政处罚的行为，还包括构成危害税收征管犯罪的行为。

从狭义上讲，税收违法行为特指税务行政相对人违反税务，依据税法应受到行政处罚，尚不构成犯罪的行为。对于此类行为《中华人民共和国税收征收管理法》等税收法律、行政法规、规章规定了其法律责任和罚则，可参见相关规定。

54. 行政强制和税务行政强制

行政强制包括行政强制措施和行政强制执行。行政强制的原则包括先行告诫原则、最小损失原则、救济原则。

（1）行政强制措施。包括：①限制公民人身自由；②查封场所、设施或者财物；③扣押财物；④冻结存款、汇款；⑤其他行政强制措施等 5 项，行政强制措施由法律设定。(一般情况下行政法规可以设定第 2、3、5 项。地方性法规可以设定第 2、3 项。)

(2) 行政强制执行。包括：①加处罚款或者滞纳金；②划拨存款、汇款；③拍卖或者依法处理查封、扣押的场所、设施或者财物；④排除妨碍、恢复原状；⑤代履行；⑥其他强制执行方式。行政强制执行由法律设定。法律没有规定行政机关强制执行的，作出行政决定的行政机关应当申请人民法院强制执行。

(3) 行政强制措施实施。行政强制措施由法律、法规规定的行政机关在法定职权范围内实施。行政强制措施权不得委托。其程序包括事前报告并经批准；双人上岗；出示证件；通知当事人；当场告知理由、依据以及权利、救济途径；听取陈述和申辩；制作现场笔录；现场笔录确认；证人见证；其他程序。

行政强制需履行催告程序，符合条件可中止执行，特殊情况下应终止执行，行政机关不得在夜间或者法定节假日实施行政强制执行。但是，情况紧急的除外。行政机关不得对居民生活采取停止供水、供电、供热、供燃气等方式迫使当事人履行相关行政决定。

税收保全包括查封、扣押、冻结；税收强制执行包括扣缴，拍卖、变卖抵缴。其他税收保障措施包括向人民法院申请强制执行，通知出境管理机关阻止出境，税收优先权，纳税担保，代位权和撤销权。以上详见税收征管法相关内容，应掌握有关规定。关于行政处罚，行政许可、行政强制可见表 5-1、表 5-2、表 5-3、表 5-4 和表 5-5。

55. 税务行政执法证据

证据要求具有真实性、关联性、合法性的特征。其种类包括书证；物证；视听资料；电子数据；证人证言；当事人的陈述；鉴定意见；勘验笔录、现场笔录等 8 种(见新修订的行政处罚法)。证据必须经查证属实，方可作为认定案件事实的根据。以非法手段取得的证据，不得作为认定案件事实的根据。

不同证据种类的证明效力：①国家机关以及其他职能部门依职权只做的公文文书优于其他书证；②鉴定结论、现场笔录、勘验笔录、档案材料以及经过公证或者登记的书证优于其他书证、视听资料和证人证言；③原件、原物优于复制件、复制品；④法定鉴定部门的鉴定结论优于其他鉴定部门的鉴定结论；⑤法庭主持勘验所制作的勘验笔录优于其他部门主持勘验所制作的勘验笔录；⑥原始证据优于传来证据；⑦其他证人证言优于与当事人有亲属关系或者其他密切关系的证人提供的对该当事人有利的证言；⑧出庭作证的证人证言优于未出庭作证的证人证言；⑨数个种类不同、内容一致的证据优于一个孤立的证据。

56. 刑法及刑法修正案

1979 年第一部刑法。1979 年 7 月 1 日，全国人大第二次会议通过了新中国第一部刑法，该法自 1980 年 1 月 1 日起施行。1997 年第二部刑法。1997 年 3 月 14 日第八届全国人大五次会议对刑法进行修订后形成了新的刑法。

刑法修正案(1～10)。我国自 1999 年 12 月起，对 1997 年刑法典进行了 11 次修订，贯彻宽严相济的原则，逐步健全中国特色社会主义刑事法律体系，截至目前我国刑法总计规定了 483 个罪名。

(1)《中华人民共和国刑法修正案》(1999 年 12 月 25 日第九届全国人大常务委员会第十三次会议通过)，对涉及破坏社会主义市场经济秩序的条款进行了修改。

(2)《中华人民共和国刑法修正案(二)》(2001 年 8 月 31 日第九届全国人大常务委员会第二十三次会议通过)，对涉及毁林开垦和乱占滥用林地的条款进行了修改。

(3)《中华人民共和国刑法修正案(三)》(2001 年 12 月 29 日第九届全国人大常务委员会第二十五次会议通过)，围绕惩治恐怖活动犯罪，保障国家和人民生命、财产安全等补充修改部分条款。

(4)《中华人民共和国刑法修正案(四)》(2002 年 12 月 28 日第九届全国人大常务委员会第三十一次会议通过)，对涉及破坏社会主义市场经济秩序、妨害社会管理秩序和国家机关工作人员渎职的条款进行修改。

(5)《中华人民共和国刑法修正案(五)》(2005 年 2 月 28 日第十届全国人大常务委员会第十四次会议通过)，对涉及信用卡诈骗，破坏武器装备、军事设施、军事通信的条款进行修改和补充。

(6)《中华人民共和国刑法修正案(六)》(2006 年 6 月 29 日第十届全国人大常务委员会第二十二次会议通过)，对涉及安全生产、上市公司、证券市场的部分条款进行了修改和补充。

(7)《中华人民共和国刑法修正案(七)》(2009 年 2 月 28 日第十一届全国人大常务委员会第七次会议通过)，其中将偷税罪修改为逃税罪并增设了一个出罪条款。

(8)《中华人民共和国刑法修正案(八)》(2011 年 2 月 25 日第十一届全国人大常务委员会第十九次会议通过，2011 年 5 月 1 日施行)将死刑罪名减至 55 个，其中虚开增值税专用发票、用于骗取出口退税、抵扣税款发票罪，伪造、出售伪造的增值税专用发票罪等涉税犯罪取消死刑。

(9)《中华人民共和国刑法修正案(九)》(2015 年 8 月 29 日第十二届全国人大常务委员会第十六次会议通过，自 2015 年 11 月 1 日起施行)，将微信微博发布虚假消息、找人替考、医闹，校车客车超员超速、私藏恐怖主义书籍、虐待老幼病残等 9 种行为入刑。

(10)《中华人民共和国刑法修正案(十)》(2017 年 11 月 4 日第十二届全国人大会常务委员会第三十次会议通过)，在公共场合故意侮辱国旗、国徽，以及侮辱国歌情节严重的入刑。

(11)《中华人民共和国刑法修正案(十一)》(2020 年 12 月 26 日,第十三届全国人大常务委员会第二十四次会议通过)自 2021 年 3 月 1 日起施行。修正案新增 17 个罪名,另对原 10 个罪名作了调整或者取消。①下调刑事责任年龄,在特定情形、特别程序下,12 至 14 周岁未成年人实施严重暴力犯罪也将承担刑事责任;②加大对未成年人保护力度。增加监护、收养、看护、教育、医疗特殊职责人员性侵犯罪,修改奸淫幼女罪、修改猥亵儿童罪;③加强疫情防控刑事法律保障,修改妨害传染病防治罪,明确新冠肺炎等属于本罪调整范围;④加大力度打击制售劣药犯罪;⑤严惩金融乱象,将非法吸收公众存款罪的法定最高刑由 10 年有期徒刑提高到 15 年,将采取暴力、"软暴力"等手段催收非法债务行为入刑;⑥增加高空抛物、抢夺公交车方向盘犯罪,两者行为情节严重的,处一年以下有期徒刑、拘役或者管制,并处或者单处罚金;⑦增加"冒名顶替"犯罪;⑧增加侮辱、诽谤英烈行为犯罪;⑨增加非法基因编辑等犯罪;⑩修改完善知识产权犯罪规定;⑪增加规定了"商业间谍"犯罪;⑫增加袭警罪。

57. 逃税罪法律责任

纳税人采取欺骗、隐瞒手段进行虚假纳税申报或者不申报,逃避缴纳税款数额较大并且占应纳税额百分之十以上的,处 3 年以下有期徒刑或者拘役,并处罚金;数额巨大并且占应纳税额百分之三十以上的,处 3 年以上 7 年以下有期徒刑,并处罚金。扣缴义务人采取前款所列手段,不缴或者少缴已扣、已收税款,数额较大的,依照前款的规定处罚。对多次实施前两款行为,未经处理的,按照累计数额计算。

特殊情形。有第一款行为,经税务机关依法下达追缴通知后,补缴应纳税款,缴纳滞纳金,已受行政处罚的,不予追究刑事责任;但是,5 年内因逃避缴纳税款受过刑事处罚或者被税务机关给予二次以上行政处罚的除外。

追诉标准。纳税人采取欺骗、隐瞒手段进行虚假纳税申报或者不申报,逃避缴纳税款,数额在 5 万元以上并且占各税种应纳税总额百分之十以上,经税务机关依法下达追缴通知后,不补缴应纳税款、不缴纳滞纳金或者不接受行政处罚的,应予立案追诉。

58. 抗税罪法律责任

以暴力、威胁方法拒不缴纳税款的,处 3 年以下有期徒刑或者拘役,并处拒缴税款 1 倍以上 5 倍以下罚金;情节严重的,处 3 年以上 7 年以下有期徒刑,并处拒缴税款 1 倍以上 5 倍以下罚金。

59. 逃避追缴欠税罪法律责任

纳税人欠缴应纳税款,采取转移或者隐匿财产的手段,致使税务机关无法追缴欠缴的税款,数额在 1 万元以上不满 10 万元的,处 3 年以下有期徒刑或者拘役,并处或者单处欠缴税款1倍以上5倍以下罚金；数额在10万元以上的，处3年以上7年以下有期徒刑，并处欠缴税款1倍以上5倍以下罚金。

60. 骗取出口退罪法律责任

以假报出口或者其他欺骗手段，骗取国家出口退税款，数额较大的，处5年以下有期徒刑或者拘役，并处骗取税款1倍以上5倍以下罚金；数额巨大或者有其他严重情节的，处5年以上10年以下有期徒刑，并处骗取税款1倍以上5倍以下罚金；数额特别巨大或者有其他特别严重情节的，处10年以上有期徒刑或者无期徒刑，并处骗取税款1倍以上5倍以下罚金或者没收财产。

假报出口或其他欺骗手段骗取出口退税，其中骗取国家出口退税款5万元以上的，为“数额较大”；骗取国家出口退税款50万元以上的，为“数额巨大”；骗取国家出口退税款250万元以上的，为“数额特别巨大”。

具有下列情形之一的，属于“其他严重情节”：造成国家税款损失30万元以上，并且在第一审判决宣告前无法追回的。因骗取国家出口退税行为受过行政处罚，两年内又骗取国家出口退税款数额在30万元以上的。情节严重的其他情形。

其他特别严重情节：①造成国家税款损失150万元以上并且在第一审判决宣告前无法追回的；②因骗取国家出口退税行为受过行政处罚，两年内又骗取国家出口退税款数额在150万元以上的。

61. 虚开增值税专用发票刑事法律责任

根据最高人民法院《关于虚开增值税专用发票定罪量刑标准有关问题的通知》(法〔2018〕226号)规定，为正确适用刑法第二百零五条关于虚开增值税专用发票罪的有关规定，确保罪责刑相适应，现就有关问题通知如下：

(1) 自本通知下发之日起，人民法院在审判工作中不再参照执行《最高人民法院关于适用〈全国人民代表大会常务委员会关于惩治虚开、伪造和非法出售增值税专用发票犯罪的决定〉的若干问题的解释》(法发〔1996〕30号)第一条规定的虚开增值税专用发票罪的定罪量刑标准。

(2) 在新的司法解释颁行前，对虚开增值税专用发票刑事案件定罪量刑的数额标准，可以参照《最高人民法院关于审理骗取出口退税刑事案件具体应用法律若干问题的解释》(法释〔2002〕30号)第三条的规定执行，即虚开的税款数额在5万元以上的，以虚开增值税专用发票罪处3年以下有期徒刑或者拘役，并处2万元以上20万元以下罚金；虚开的税款数额在50万元以上的，认定为刑法第二百零五条规定的“数额较大”；虚开的税款数额在250万元以上的，认定为刑法第二百零五条规定的“数额巨大”。

62. 税务行政复议

根据《税务行政复议规则》(国家税务总局令第21号，根据2018年6月15日

《国家税务总局关于修改部分税务部门规章的决定》修正）规定，行政复议应当遵循合法、公正、公开、及时和便民的原则；复议期间具体行政行为不停止执行的原则；一级复议制原则；书面复议原则。税务行政复议遵循前置复议、双重管辖的规则。

税务行政复议范围。根据《税收征管法》《行政复议法》和《税务行政复议规则（试行）》的规定，税务行政复议的受案范围仅限于税务机关作出的税务具体行政行为。主要包括：①税务机关作出的征税行为；②税务机关作出的责令纳税人提供纳税担保行为；③税务机关作出的税收保全措施；④税务机关未及时解除税收保全措施，使纳税人等合法权益遭受损失的行为；⑤税务机关作出的税收强制执行措施；⑥税务机关作出的税务行政处罚行为；⑦税务机关不予依法办理或答复的行为；⑧税务机关作出的取消增值税一般纳税人资格的行为；⑨税务机关作出的通知出境管理机关阻止出境行为；⑩税务机关作出的其他税务具体行政行为。根据此项内容，不管现行税法有无规定，只要是税务机关作出的具体行政行为，今后纳税人均可以申请税务行政复议，这也是行政复议法实施后，有关税务行政复议的一个新的规定。

行政复议机关应当自受理申请之日起 60 日内作出行政复议决定。情况复杂，不能在规定期限内作出行政复议决定的，经行政复议机关负责人批准，可以适当延期，并告知申请人和被申请人；但是延期不得超过 30 日。

税务行政复议决定。①具体行政行为主要事实不清、证据不足的；适用依据错误的；违反法定程序的；超越职权或者滥用职权的；具体行政行为明显不当的，应当决定撤销、变更或者确认该具体行政行为违法；②认定事实清楚，证据确凿，程序合法，但是明显不当或者适用依据错误的；认定事实不清，证据不足，但是经行政复议机关审理查明事实清楚，证据确凿的，行政复议机关可以决定变更。符合条件可以中止行政复议，特定情形可终止行政复议（参见法条）。

税务行政复议和解与调解。对行使自由裁量权作出的具体行政行为，如行政处罚、核定税额、确定应税所得率等，以及行政赔偿；行政奖励；存在其他合理性问题的具体行政行为，按照自愿、合法的原则，申请人和被申请人在行政复议机关作出行政复议决定以前可以达成和解，行政复议机关也可以调解。

63. 行政诉讼

（1）审查内容。人民法院审理行政案件，对具体行政行为是否合法进行审查（一般不审查合理性）。

（2）被告确认。经复议的案件，复议机关决定维持原具体行政行为的，作出原具体行政行为的行政机关和复议机关是共同被告；复议机关改变原具体行政行为的，复议机关是被告。复议机关在法定期限内未作出复议决定，公民、法人或者其他组织起诉原具体行政行为的，作出原具体行政行为的行政机关是被告；起诉复议机关不作为的，复议机关是被告。

(3) 被告举证。被告对作出的具体行政行为负有举证责任，应当提供作出该具体行政行为的证据和所依据的规范性文件。被告不提供或者无正当理由逾期提供证据，视为没有相应证据。原告可以提供证明具体行政行为违法的证据。原告提供的证据不成立的，不免除被告的举证责任。在起诉被告尚未履行法定职责的案件中，原告应当提供其向被告提出申请的证据。但被告应当依职权主动履行法定职责或者原告因正当理由不能提供证据的除外。

(4) 诉讼时效。公民、法人或者其他组织直接向人民法院提起诉讼的，应当在知道或者应当知道作出具体行政行为之日起 6 个月内提出。因不动产提起诉讼的案件从行政行为作出之日起超过 20 年，其他案件从行政行为作出之日起超过 5 年提起诉讼的，人民法院不予受理。

(5) 受理审查。人民法院应当在接到起诉状或者口头起诉之日起 7 日内立案，并通知当事人；除特定情况外，诉讼期间，不停止具体行政行为的执行。人民法院审理行政案件(除行政赔偿、和行政机关依法给予补偿以及行政机关行使法律、法规规定的自由裁量权的案件)，不适用调解。

人民法院应当在立案之日起 5 日内，将起诉状副本发送被告。被告应当在收到起诉状副本之日起 15 日内向人民法院提交作出具体行政行为的证据和所依据的规范性文件，并提出答辩状。人民法院应当在收到答辩状之日起 5 日内，将答辩状副本发送原告。人民法院应当在立案之日起 6 个月内作出第一审判决。

当事人不服人民法院第一审判决的，有权在判决书送达之日起 15 日内向上一级人民法院提起上诉。人民法院审理上诉案件，应当在收到上诉状之日起 3 个月内作出终审判决。

64. 税务部门应诉规程

税务机关应由其法定代表人或者由法定代表人委托的一至二名代理人进行诉讼。诉讼代理人可以是税务人员，也可以是律师或其他人员。税务机关对作出的具体行政行为负有举证责任，并应按照人民法院的要求提供或补充证据。税务机关必须按照人民法院通知的开庭时间出庭应诉，无正当理由不得拒不到庭。应诉人员应当注重仪表，讲究言辞，尊重审判人员，尊重原告，遵守法庭纪律，未经法庭准许，不得中途退庭。税务机关在行政诉讼过程中发现原告有未被处理的违法行为，应另案查处，不得与正处在行政诉讼中的原处理决定并案处理。税务机关不服人民法院的第一审判决或者裁定的，应于接到行政判决书之日起 15 日内或接到行政裁定书之日起 10 日内向原审人民法院或其上一级人民法院提起上诉。

65. 税务行政赔偿

税务机关赔偿范围包括：税务行政机关及其工作人员在行使行政职权时违法实施罚款等行政处罚的；违法对财产采取查封、扣押、冻结等行政强制措施的；造成财产损害的其他违法行为的，受害人有取得赔偿的权利。

不予赔偿情形。因税务行政工作人员与行使职权无关的个人行为，因公民、法人和其他组织自己的行为致使损害发生的或者法律规定的其他情形，国家不承担赔偿责任。

赔偿处理程序。赔偿义务机关应当自收到申请之日起 2 个月内，作出是否赔偿的决定。赔偿义务机关决定赔偿的，应当制作赔偿决定书，并自作出决定之日起 10 日内送达赔偿请求人。赔偿义务机关在规定期限内未作出是否赔偿的决定，赔偿请求人可以自期限届满之日起 30 日内向赔偿义务机关的上一级机关申请复议。复议机关应当自收到申请之日起两个月内作出决定。赔偿请求人不服复议决定的，可以在收到复议决定之日起 30 日内向复议机关所在地的同级人民法院赔偿委员会申请作出赔偿决定，人民法院赔偿委员会应当自收到赔偿申请之日起 3 个月内作出决定；属于疑难、复杂、重大案件的，经本院院长批准，可以延长 3 个月。

国家赔偿以支付赔偿金为主要方式。能够返还财产或者恢复原状的，予以返还财产或者恢复原状。

66. 危害税收征管罪修订 3 个“2”

（1）取消了 2 个发票犯罪死刑规定。对于虚开增值税专用发票、用于骗取出口退税、抵扣税款发票，伪造、出售伪造的增值税专用发票罪修正后最高刑为无期徒刑。

（2）增加 2 个补充条款。《刑法》第二百零五条后增加了一款：虚开本法第二百零五条规定以外的其他发票情节严重处罚规定；《刑法》第二百一十条后增加一款：明知是伪造的发票而持有且数量较大的处罚规定。

（3）新增 2 个罪名，即虚开发票罪、非法持有伪造的发票罪（危害税收征管犯罪有关构成分析详见表 5-6）。

67. 税务人员职务犯罪

参见表 5-7:《中华人民共和国刑法》关于税务人员职务犯罪法律构成分析比对一览表。

表 5-1 各层级法律规范关于行政处罚、行政许可、行政强制的设定权限比较表

项目	法律	行政法规	地方性法规	国务院部、委员会规章	地方政府规章	规范性文件
行政强制执行	(1) 行政强制执行：①加处罚款或者滞纳金；②划拨存款、汇款；③拍卖或者依法处理查封、扣押的场所、设施或者财物；④排除妨碍、恢复原状；⑤代履行；⑥其他强制执行方式 (2) 行政法规和法律、法规以外的其他规范性文件不得设定行政强制措施					

续表

项目	法律	行政法规	地方性法规	国务院部、委员会规章	地方政府规章	规范性文件
行政强制措施	①限制公民人身自由；②查封场所设施或者财物；③扣押财物；④冻结存款汇款；⑤其他	尚未制定法律且属于国务院行政管理职权事项：①查封场所设施或者财物；②扣押财物；③其他（法律规定外）	尚未制定法律、行政法规，且属于地方性事务的：①查封场所、设施或者财物；②扣押财物	法律、法规以外的其他规范性文件不得设定行政强制措施	法律、法规以外的其他规范性文件不得设定行政强制措施	
行政许可	法律可以设定行政许可	尚未制定法律的，行政法规可以设定行政许可	尚未制定法律、行政法规的，地方性法规可以设定行政许可	必要时国务院可以发布决定方式设定许可。实施后①临时性行政许可事项到期终止；②需继续实施应当及时提请制定法律，或者制定行政法规	尚未制定法律、法规，因行政管理需要确需立即实施许可，省、自治区、直辖市人民政府规章可以设定临时性行政许可。满一年需要继续实施的，应当提请制定地方性法规	一律不得设定行政许可
行政处罚	【解释1】具有专属设定权：限制人身自由 【解释2】可以设定各种行政处罚，限制人身自由的行政处罚，只能由法律设定	【解释1】行政法规可以设定除限制人身自由以外的行政处罚 【解释2】法律对违法行为已经作出行政处罚规定，行政法规需要作出具体规定的，必须在法律规定的给予行政处罚的行为、种类和幅度的范围内规定	【解释1】地方性法规可以设定除限制人身自由、吊销企业营业执照以外的行政处罚 【解释2】法律、行政法规对违法行为已经作出行政处罚规定，地方性法规需要作出具体规定的，须在法律、行政法规规定的给予行政处罚的行为、种类和幅度范围内规定	【解释1】（2类权限）警告；罚款；可在法律、行政法规规定的行为、种类和幅度的范围内作出具体规定 【解释2】尚未制定法律、行政法规的，对违反行政管理秩序的行为，可以设定警告或者一定数量罚款的行政处罚。罚款的限额由国务院规定。国务院可以授权有权直属机构依照规定行政处罚	【解释1】（2类）警告；罚款；可在法律、法规规定的行为、种类和幅度的范围内作出具体规定 【解释2】尚未制定法律、法规的，前款规定的人民政府制定的规章对违反行政管理秩序的行为，可以设定警告或者一定数量罚款的行政处罚。包括省、自治区人民政府所在地的市人民政府以及设区的市人民政府	不得设定行政处罚

表 5-2　行政处罚、行政许可、行政复议、行政诉讼有关程序时限比较表

项目	申请提出	决定受理	发送被申请人	被申请人书面答复	作出决定(经批准延长)	起诉或再诉期限送达(颁发证件)	听证程序规定			
							告知后申请人提出时限	同意时限	通知听证时限	举行听证时限
行政许可		自收到申请材料之日起即为受理;			20 日内(10 日内)	10 日内送达	告知后5 日内		举行听证前 7 日	20 日内
行政处罚						15 日内复议 15 日内起诉	送达后5 日内		举行听证的 7 日前	15 日内
行政诉讼	6 个月	7 日内	5 日内	10 日内	6 个月 再审 2 个月	决定 15 日内; 裁定 10 日内				
行政复议	60 日内	5 日内	7 日内	10 日内	60 日内(30 日内)					

表 5-3　行政复议、行政诉讼有关决定结果比较表

决定类型	行政诉讼法	税务行政复议规则
决定维持	具体行政行为证据确凿,适用法律、法规正确,符合法定程序的,判决维持	具体行政行为认定事实清楚,证据确凿,适用依据正确,程序合法,内容适当的,决定维持
撤销变更确认违法	【解释】判决撤销或者部分撤销,并可以判决被告重新作出具体行政行为:主要证据不足的;适用法律、法规错误的;违反法定程序的;超越职权的;滥用职权的	【解释】决定撤销、变更或者确认该具体行政行为违法,决定撤销或者确认该具体行政行为违法的,可以责令被申请人在一定期限内重新作出具体行政行为:①主要事实不清、证据不足的;②适用依据错误的;③违反法定程序的;④超越职权或者滥用职权的;⑤具体行政行为明显不当的
决定撤销		被申请人不按照本规则第六十二条的规定提出书面答复,提交当初作出具体行政行为的证据、依据和其他有关材料的,视为该具体行政行为没有证据、依据,决定撤销该具体行政行为
判决履行	被告不履行或者拖延履行法定职责的	
决定变更	行政处罚显失公正	①认定事实清楚,证据确凿,程序合法,但是明显不当或者适用依据错误的;②认定事实不清,证据不足,但是经行政复议机关审理查明事实清楚,证据确凿的

续表

决定类型	行政诉讼法	税务行政复议规则
禁止性规定	人民法院判决被告重新作出具体行政行为的，被告不得以同一的事实和理由作出与原具体行政行为基本相同的具体行政行为	【解释1】行政复议机关责令被申请人重新作出具体行政行为的，被申请人不得以同一事实和理由作出与原具体行政行为相同或者基本相同的具体行政行为；但是行政复议机关以原具体行政行为违反法定程序决定撤销的，被申请人重新作出具体行政行为的除外 【解释2】行政复议机关责令被申请人重新作出具体行政行为的，被申请人不得作出对申请人更为不利的决定；但是行政复议机关以原具体行政行为主要事实不清、证据不足或适用依据错误决定撤销的，被申请人重新作出具体行政行为的除外

表5-4　行政复议、税务稽查、行政强制决定中止、终止情形比较表

决定类型	行政强制法（强制执行）	税务行政复议规则	税务稽查工作规程
决定中止	【解释1】符合以下情形可中止：①行当事人履行行政决定确有困难或者暂无履行能力的；②第三人对执行标的主张权利，确有理由的；③执行可能造成难以弥补的损失，且中止执行不损害公共利益的；④行政机关认为需要中止执行的其他情形 【解释2】中止执行的情形消失后，行政机关应当恢复执行。对没有明显社会危害，当事人确无能力履行，中止执行满3年未恢复执行的，行政机关不再执行	【解释1】符合以下情形可中止：①作为申请人的公民死亡，其近亲属尚未确定是否参加行政复议的；②作为申请人的公民丧失参加行政复议的能力，尚未确定法定代理人参加行政复议的；③作为申请人的法人或者其他组织终止，尚未确定权利义务承受人的；④作为申请人的公民下落不明或者被宣告失踪的；⑤申请人、被申请人因不可抗力，不能参加行政复议的；⑥行政复议机关因不可抗力原因暂时不能履行工作职责的；⑦案件涉及法律适用问题，需要有权机关作出解释或者确认的；⑧案件审理需要以其他案件的审理结果为依据，而其他案件尚未审结的；⑨其他需要中止行政复议的情形 【解释2】行政复议中止的原因消除以后，应当及时恢复行政复议案件的审理 【解释3】行政复议机构中止、恢复行政复议案件的审理，应当告知申请人、被申请人、第三人	【解释1】符合以下情形可中止：①当事人被有关机关依法限制人身自由的；②账簿、记账凭证及有关资料被其他国家机关依法调取且尚未归还的；③法律、行政法规或者国家税务总局规定的其他可以中止检查的 【解释2】中止检查的情形消失后，应当及时填制《税收违法案件解除中止检查审批表》，经稽查局局长批准后，恢复检查

续表

决定类型	行政强制法（强制执行）	税务行政复议规则	税务稽查工作规程
决定终止	【解释】符合以下情形可终止：①公民死亡，无遗产可供执行，又无义务承受人的；②法人或者其他组织终止，无财产可供执行，又无义务承受人的；③执行标的灭失的；④据以执行的行政决定被撤销的；⑤行政机关认为需要终结执行的其他情形	【解释 1】符合以下情形可终止：①申请人要求撤回行政复议申请，行政复议机构准予撤回的；②作为申请人的公民死亡，没有近亲属，或者其近亲属放弃行政复议权利的；③作为申请人的法人或者其他组织终止，其权利义务的承受人放弃行政复议权利的；④申请人与被申请人依照本规则第八十七条的规定，经行政复议机构准许达成和解的；⑤行政复议申请受理以后，发现其他行政复议机关已经先于本机关受理，或者人民法院已经受理的 【解释 2】依照本规则第七十九条第一款第(一)项、第(二)项、第(三)项规定中止行政复议，满 60 日行政复议中止的原因未消除，行政复议终止	【程序】填制《税收违法案件终结检查审批表》，附相关证据材料，移交审理部门审核，经稽查局局长批准后，终结检查 【情形】①被查对象死亡或者被依法宣告死亡或者依法注销，且无财产可抵缴税款或者无法定税收义务承担主体的；②被查对象税收违法行为均已超过法定追究期限的；③法律、行政法规或者国家税务总局规定的其他可以终结检查的

表 5-5　行政处罚、过错追究、自由裁量规则、刑事处罚减轻责任情形比较表

决定类型	行政处罚	执法过错追究	自由裁量规则	公务员行政处分
不予追究责任	不满十四周岁的人有违法行为的，不予行政处罚	①因执行上级机关的答复、决定、命令、文件，导致执法过错的；②有其他不予追究的情节或者行为的	税务行政相对人有下列情形之一的，不予行政处：①违法行为轻微并及时纠正，没有造成危害后果的；②违反税收法律、行政法规应当给予行政处罚的行为，在五年内未被发现的；③其他依照法律、法规、规章规定不予行政处罚的	
行为人不承担责任	精神病人在不能辨认或者不能控制自己行为时有违法行为的，不予行政处罚，但应当责令其监护人严加看管治疗	①因所适用的法律、行政法规、规章的规定不明确，导致执法过错的；②在集体研究中申明保留不同意见的；③因不可抗力导致执法过错的；④其他不承担责任的情节或行为的		

续表

决定类型	行政处罚	执法过错追究	自由裁量规则	公务员行政处分
从轻减轻责任	已满14周岁不满18周岁的人有违法行为：①主动消除或者减轻违法行为危害后果的；②受他人胁迫有违法行为的；③配合行政机关查处违法行为有立功表现的；④其他	①主动承认过错并及时纠正错误、有效阻止危害结果发生、挽回影响的；②经领导批准同意后实施，导致执法过错的；③有其他从轻或者减轻的情节或者行为的	①主动消除或者减轻违法行为危害后果的；②受他人胁迫有违法行为的；③配合国税机关查处违法行为有立功表现的；④其他依法应当从轻或者减轻行政处罚的	【从轻】①主动交代违法违纪行为的；②主动采取措施，有效避免或者挽回损失的；③检举他人重大违法违纪行为，情况属实的 【减轻】主动交代违法违纪行为，并主动采取措施有效避免或者挽回损失，应当减轻处分
免予追究	违法行为轻微并及时纠正，没有造成危害后果不予处罚	过错行为情节显著轻微，没有造成危害后果的，可以免予追究		违纪行为情节轻微，经过批评教育后改正的，可以免予处分
从重或者加重		①同时具有本办法规定的两种以上过错行为；②同一年度内发生多起相同根据本办法应当追究执法过错行为的；③转移、销毁有关证据，弄虚作假或者以其他方法阻碍、干扰执法过错责任调查、追究的；④被责令限期改正而无正当理由逾期不改正；⑤导致国家税款流失数额较大的；⑥导致较大社会负面影响的；⑦导致税务行政诉讼案件终审败诉的；⑧导致税务机关承担国家赔偿责任的	①违法行为情节恶劣，造成严重后果或不良社会影响的；②五年内多次实施税收违法行为的；③伪造、变造、隐匿或销毁税收违法证据的；④在共同实施税收违法行为中起主要作用的；⑤对举报人、证人打击报复的；⑥拒不接受检查，阻碍国税机关依法查处违法行为的；⑦经国税机关责令限期改正，无正当理由逾期仍未改正的；⑧其他依法应当从重行政处罚的	①在2人以上的共同违法违纪行为中起主要作用的；②隐匿、伪造、销毁证据的；③串供或者阻止他人揭发检举、提供证据材料的；④包庇同案人员的；⑤法律、法规、规章规定的其他从重情节

表 5-6 《中华人民共和国刑法》关于危害税收征管犯罪法律构成分析比对一览表

种类	构成				处罚	补充解释或说明
	侵犯的客体	客观方面	主体	主观方面		
逃税罪(取代了原偷税罪)	国家税收征管秩序	具有下列情形之一的行为：①纳税人采取欺骗、隐瞒手段进行虚假纳税申报或者不申报，逃避缴纳税款，数额在5万元以上且占各税种应纳税额10%以上，经税务机关依法下达追缴通知后，不补缴应纳税款、不缴纳滞纳金或者不接受行政处罚的；②纳税人5年内因逃避缴纳税款受过刑事处罚或者被税务机关给予2次以上行政处罚，又逃避缴纳税款，数额在5万元以上并且占各税种应纳税总额10%以上的；③扣缴义务人采取欺骗、隐瞒手段，不缴或者少缴已扣、已收税款，数额在5万元以上的(注意无比例限制)	纳税人和扣缴义务人。逃税罪的主体既可以是自然人，也可以是单位。不负有纳税义务和扣缴义务的单位和个人，不能独立构成本罪主体，但可成为本罪的共犯	必须出于故意，即行为人通过采取欺骗、隐瞒手段，达到逃避缴纳税款的目的	①数额较大且占应纳税额10%以上，构成逃税罪的，处3年以下有期徒刑或者拘役，并处罚金；②数额巨大并且占应纳税额30%以上的，处3年以上7年以下有期徒刑，并处罚金；③对扣缴义务人的处罚与上同；④对多次实施前两款行为，未经处理的，按照累计数额计算；⑤经税务机关依法下达追缴通知后，补缴应纳税款，缴纳滞纳金，已受行政处罚，不予追究刑事责任。但是，纳税人在公安机关立案后在补缴应纳税款、缴纳滞纳金，或接受行政处罚的，不影响刑事责任追究	【解释1】这里“纳税人采取欺骗、隐瞒手段进行虚假纳税申报”，主要表现：①设立虚假的账簿、记账凭证；②对账簿、记账凭证进行涂改；③未经税务主管机关批准而擅自将正在使用中或尚未过期的账簿、记账凭证销毁处理；④在账簿上多列支出或者不列、少列收入 【解释2】这里“不申报”，是指不向税务机关进行纳税申报的行为。主要表现为已经领取工商营业执照的法人实体不到税务机关办理纳税登记，或者已经办理纳税登记的法人实体有经营活动，不向税务机关申报或者经税务机关通知申报而拒不申报行为等

续表

种类	构成				处罚	补充解释或说明
	侵犯的客体	客观方面	主体	主观方面		
骗取出口退税罪	复杂客体，即国家出口退税管理制度和公共财产所有权	表现为利用国家出口退税制度，以虚报出口或者其他欺骗手段，骗取国家出口退税款，数额5万以上的行为	本罪的主体是一般主体。主体既可以是纳税人，也可以是非纳税人；既可以是个人，也可以是单位，且单位不限于具有进出口经营权的单位，包括其他单位。	出于故意，并且具有骗取国家出口退税款的目的	①数额较大(5万以上)，处5年以下徒刑或拘役，并处骗取税款1倍以上5倍以下罚金；②数额巨大(50万以上)或有其他严重情节的，处5年以上10年以下徒刑，并处上述罚金；③数额特别巨大(250万以上)或有其他特别严重情节的，处10年上徒刑或无期，并处上述罚金或者没收财产	①应当分别情况定罪处罚；②纳税人缴纳税款后，采取上述欺骗方法，骗取的，按偷税罪定罪处罚；对超过部分以骗取出口退税罪论处；③实施骗取出口退税罪犯罪，同时构成虚开增值税专用发票等其他犯罪的，根据牵连犯处断原则，按处罚较重的罪名定罪处罚
抗税罪	复杂客体，侵犯了国家税收征管秩序，妨害了税务机关依法征税活动，而且侵犯了依法执行征税的税务人员人身权利	以暴力、威胁方法拒不缴纳税款的行为。包括：①造成税务工作人员轻微伤以上的；②以给税务工作人员及其亲友的生命、健康、财产等造成损害为威胁，抗拒缴纳税款的；③聚众抗拒缴纳税款的；④以其他暴力、威胁方法拒不缴纳税款的	纳税人或者扣缴义务人。①本罪只能由自然人实施，单位不能成为主体；②其他人不能独立成为本罪的主体，但可以成为共犯；③单独实施以暴力威胁方法阻碍税务人员依法执行公务的行为，应当按妨碍公务罪定罪处罚	故意；目的是将应缴税款非法占为己有	①犯抗税罪的，处3年以下有期徒刑或者拘役，并处拒缴税款1倍以上5倍以下罚金；情节严重的，处3年以上7年以下有期徒刑，并处拒缴税款1倍以上5倍以下罚金；②如果实施抗税行为致人重伤死亡的，则符合想象竞合犯的行为特征，应按照刑罚较重的罪名定罪处罚，即故意伤害罪或故意杀人罪 【解释】情节严重：聚众抗税的首要分子；抗税数额在10万元以上的；多次抗税的；故意伤害致人轻伤的；具有其他严重情节	提示：①行为人没有采取暴力、威胁方法而是寻找借口，软磨硬泡，拖欠税款的，不能以抗税罪论处；②构成抗税罪的关键，在于对税务人员实施了暴力、威胁的抗拒手段拒缴税款，而没有数额和比例的规定；③在判罚金前，应当先由税务机关追缴所逃避的税款

续表

种类	构成				处罚	补充解释或说明
	侵犯的客体	客观方面	主体	主观方面		
逃避追缴欠税罪	国家税收征管秩序	必须具备以下四个条件：①有欠税事实的存在；②行为人为了不缴纳欠缴的税款实施了转移或隐藏财产的行为；③因这个行为导致税务机关无法追缴到其欠缴的税款；④无法追缴的欠缴税款的数额必须在1万元以上	主体是欠缴应纳税款的纳税人，不包括扣缴义务人。	出自故意，并且具有逃避缴纳应纳税款的目的	犯逃避追缴欠税罪，数额在1万元以上不满10万元的，处3年以下有期徒刑或者拘役，并处或者单处欠缴税款1倍以上5倍以下罚金；数额在10万元以上的，处3年以上7年以下有期徒刑，并处欠缴税款1倍以上5倍以下罚金	【特别提示】本罪在量刑上同抗税罪
虚开增值税专用发票或虚开用于骗取出口退税抵扣税款发票罪	复杂客体，既侵犯了国家对增值税专用发票和其他发票的监督管理制度，又破坏了国家对税收的征管制度	表现为实施了虚开增值税专用发票或者虚开用于骗取出口退税、抵扣税款的其他发票，虚开的税款数额在1万元以上或者致使国家税款被骗数额在5 000元以上的行为。虚开的含义有二：①根本不存在商品交易，虚构商品交易内容和税额开具发票；②虽然存在真实的商品，但随意改变货名、虚增数量、价款和销项税额开具发票。包括：为他人虚开；为自己虚开；让他人为自己虚开；介绍他人虚开	主体为一般主体，个人和单位均可构成	必须是故意，且具有牟利目的	（1）最低的，处3年以下有期徒刑或者拘役，并处2万元以上20万元以下罚金；虚开的税款数额较大或者有其他严重情节的，处3年以上10年以下有期徒刑，并处5万元以上50万元以下罚金；虚开的税款数额巨大或者有其他特别严重情节的，处10年以上有期徒刑或者无期徒刑，并处5万元以上50万元以下罚金或者没收财产 （2）有前款行为骗取国家税款，数额特别巨大，情节特别严重，给国家利益造成特别重大损失的，处无期徒刑或者死刑，并处没收财产	【解释1】本罪的最高刑为无期徒刑 【解释2】单位犯本罪的，采用双罚制。对单位判处罚金，并对其直接负责的主管人员和其他直接责任人员依照法律规定处罚 【解释3】犯本罪被判处罚金、没收财产的，在执行前，应当先由税务机关追缴税款和所骗取的出口退税款

续表

种类	构成				处罚	补充解释或说明
	侵犯的客体	客观方面	主体	主观方面		
伪造、出售伪造的增值税专用发票罪	复杂客体：国家对专用发票的管理规定和国家税收征管秩序。犯罪对象是伪造的增值税专用发票	(1) 行为人违反增值税专用发票管理规定，伪造增值税专用发票，或者明知自己所持有的是伪造的，而仍然出售，数量在25份以上或者票面额累计在10万元以上的行为 (2) 仿照增值税专用发票的基本内容、专用纸、形状等样式，使用印刷、复印、描绘、拓印等制作方法，非法制造假增值税专用发票，冒充真增值税专用发票的行为	一般主体。任何单位和个人均可构成	直接故意，且具有营利目的	处罚规定与虚开增值税发票相同，只是多一个管制。①最低3年以下或拘役、管制，并处2～20万罚金；②数额较大或者其他严重情节的，3～10年，并处5～50万罚金；③数额巨大或有其他特别严重情节的，10年以上或无期，并处5～50万罚金或没收财产；④特别巨大或情节特别严重，造成特别重大损失的，处无期或死刑，并处没收财产	【解释1】按照规定，本罪的最高刑为无期刑 【解释2】单位犯本罪的，采用双罚制
非法出售增值税专用发票罪	同上。犯罪对象必须是增值税专用发票。（这个是真的发票）	(1) 行为人违反增值税专用发票管理规定，无权出售增值税专用发票而非法出售，或者有权出售增值税专用发票的税务人员，违法出售增值税专用发票，数量在25份以上或者票面额累计在10万元以上的行为。 (2) 行为人将增值税专用发票提供给他人，并收取一定价款的行为	本罪的主体是持有增值税专用发票的单位或个人 【解释】所谓持有，是指通过合法方式、拾得方式或者通过盗窃、诈骗等非法手段取得增值税专用发票 【特别提示】出售增值税专用发票的税务机关或其工作人员，也可以成为本罪主体	是直接故意，且以营利为目的，间接故意和过失不构成本罪	非法出售增值税专用发票罪，处3年以下有期徒刑、拘役或者管制，并处2万元以上20万元以下罚金。数量较大的，处3年以上10年以下有期徒刑，并处5万元以上50万元以下罚金。数量巨大的，处10年以上有期徒刑或者无期徒刑，并处5万元以上50万元以下罚金或者没收财产 【解释】按照规定，本罪无死刑。处罚规定与上同	【解释1】纳税人从税务机关领购的增值税专用发票只能自己使用。没有使用或者有剩余的，应如数交回或者以旧换新，不能出售 【解释2】出售的专用发票，须是真发票，否则构成出售伪造的增值税专用发票罪；出售的专用发票，须是空白发票，如出售的是填好了的，则应按虚开增值税专用发票论处 【解释3】发票的来源可以是合法取得，也可以是非法取得，还可以是其他方式取得

续表

种类	构成				处罚	补充解释或说明
	侵犯的客体	客观方面	主体	主观方面		
						无论哪种来源，无论取得是否合法，不影响本罪成立
非法购买增值税专用发票或购买伪造的增值税专用发票罪	同上。犯罪对象必须是增值税专用发票	(1) 行为人违反增值税专用发票管理规定，从合法或者非法拥有真增值税专用发票的单位或者个人手中购买增值税专用发票；或者购买明知是伪造的增值税专用发票，数量在25份以上或者票面额累计在10万元以上的行为 (2) 只有达到规定的数量或者数额标准时，才构成本罪，追究刑事责任	任何单位或个人	故意，且以营利为目的	犯本罪的，处5年以下有期徒刑或者拘役，并处或者单处2万元以上20万元以下罚金。单位犯非法购买增值税专用发票或者购买伪造的增值税专用发票罪的，对单位判处罚金，并对其直接负责的主管人员和其他直接责任人员，依照上述规定处罚	依刑法规定，如果行为人非法购买增值税专用发票或者购买伪造的增值税专用发票又虚开或者出售的，则不再定前罪，而应当分别按照虚开增值税专用发票、出售伪造的增值税专用发票罪、非法出售增值税专用发票罪定罪处罚
非法制造、出售非法制造的用于骗取出口退税、抵扣税款发票罪	国家发票管理制度和国家税收征管秩序	(1) 行为人伪造、擅自制造或者出售伪造、擅自制造的可以用于骗取出口退税、抵扣税款的除增值税专用发票外的其他发票50份以上或者票面额累计在20万元以上的行为 (2) 这类发票包括：海关代征的增值税专用缴款书、运输发票、废旧物资收购发票（应该已经废除了）和农产品收购发票	本罪的主体为一般主体。凡达到刑事责任年龄、具备刑事责任能力的自然人均能构成；单位也可以构成本罪	直接故意构成，即明知违反发票管理法规，会造成危害社会的结果，而希望和追求这种结果的发生。且以营利为目的	(1) 犯本罪的，处3年以下有期徒刑、拘役或者管制，并处2万元以上20万元以下罚金；数量巨大的，处3年以上7年以下有期徒刑，并处5万元以上50万元以下罚金；数量特别巨大的，处7年以上有期徒刑，并处5万元以上50万元以下罚金或者没收财产 (2) 单位犯本罪的，对单位判处罚金，并对其直接负责的主管人员和其他直接责任人员，依照第1项的规定处罚	【解释1】伪造，是指没有印制权的单位或个人印制足以使一般人误认为是可以用于出口退税、抵扣税款的发票 【解释2】擅自制造，是指发票印制的指定企业，超出税务机关批准的范围私自印制上述发票

续表

种类	构成				处罚	补充解释或说明
	侵犯的客体	客观方面	主体	主观方面		
非法制造、出售非法制造的发票罪	侵犯的客体是普通发票。即除增值税发票和具有出口退税、抵扣税款功能的非增值税发票外的一般普通发票等	行为人为达到营利目的，非法制造或者出售非法制造的不具有骗取出口退税、抵扣税款功能的普通发票100份以上或者票面额累计在40万元以上的行为	一般主体。任何单位和个人均可构成	直接故意，一般以营利为目的	(1)自然人犯本罪的，处2年以下有期徒刑、拘役或者管制，并处或者单处1万元以上5万元以下罚金；情节严重的，处2年以上7年以下有期徒刑，并处5万元以上50万元以下罚金 (2)单位犯本罪的，对单位判处罚金，并对其直接负责的主管人员和其他直接责任人员，依照本条的规定处罚	【解释1】非法制造，包括伪造、擅自制造两方面。伪造普通发票，是指无权印制普通发票的单位或个人仿照真实的普通发票，印制用以冒充真发票的假发票 【解释2】擅自制造普通发票是指印制发票的企业未经有关主管税务机关批准，私自印制普通发票，或虽经批准，但私自超量加印普通发票。出售非法制造发票罪是行为罪，只要有该行为就构成此罪
非法出售用于骗取出口退税、抵扣税款发票罪	国家发票管理制度和国家税收征管秩序	行为人为达到营利目的，非法出售用于骗取出口退税、抵扣税款的非增值税专用发票50份以上或者票面额累计在20万元以上的行为。跟第9项非法制造、出售非法制造的用于骗取出口退税、抵扣税款发票罪相同的	一般主体。任何单位和个人均可构成	直接故意，一般以营利为目的	(1)犯本罪的，处3年以下有期徒刑、拘役或者管制，并处2万元以上20万元以下罚金；数量巨大的，处3年以上7年以下有期徒刑，并处5万以上50万元以下罚金；数量特别巨大的，处7年以上有期徒刑，并处5万元以上50万元以下罚金或者没收财产 (2)单位犯本罪的，对单位判处罚金，并对其直接负责的主管人员和其他直接责任人员，依照上述规定处罚。跟第9项处罚规定一样的	【解释】根据发票管理规定，出售和管理发票是税务机关的职能。纳税人根据经营需要，可以向税务机关申请购买所需发票，并按规定自己使用。除税务机关外，任何单位或者个人出售自己使用的真发票的行为都是非法

续表

种类	构成				处罚	补充解释或说明
	侵犯的客体	客观方面	主体	主观方面		
非法出售发票罪	国家发票管理制度和国家税收征管秩序。犯罪对象是普通发票	行为人为达到营利目的，非法出售普通发票100份以上或者票面额累计在40万元以上的行为	任何单位或者个人	直接故意，一般以营利为目的	与第10项处罚规定一样。犯非法出售发票罪的，处2年以下有期徒刑、拘役或者管制，并处或者单处1～5万罚金；情节严重的，处2～7年有期徒刑，并处5～50万罚金 单位犯本罪的，两罚制	除税务机关外，任何单位或个人出售自己使用的真发票的行为都是非法的

表5-7 《中华人民共和国刑法》关于税务人员职务犯罪法律构成分析比对一览表

渎职罪的种类	构成				处罚	补充解释或说明
	侵犯的客体	客观方面	主体	主观方面		
徇私舞弊不移交刑事案件罪	行政机关的行政执法活动秩序和司法机关正常的刑事司法活动秩序	表现为行政执法人员利用职务之便，徇私情私利、伪造材料、隐瞒情况、弄虚作假，对依法应当移交司法机关追究刑事责任的案件不移交，情节严重的行为 【解释】不移交，是指行政执法人员在履行职责的过程中，明知违法行为已经构成犯罪，应当移送司法机关追究刑事责任而不移送	必须是执法人员，具体是指在工商、税务、监察等依法具有行政执法权的行政执法机关中承担执法工作的公务人员	必须是出于故意	根据《刑法》规定，犯徇私舞弊不移交刑事案件罪的，情节严重的处3年以下有期徒刑，造成严重后果的处3年以上7年以下有期徒刑	(1) 构成徇私舞弊不移交刑事案件罪，要求行为人主观上具有不移交刑事案件的故意。如果没有徇私情、私利，不是出于故意，而是对案件性质认识错误，或者因工作失误不移交的，不构成本罪 (2) 情节严重的以犯罪论处，否则属于一般的违法行为

续表

渎职罪的种类	构成				处罚	补充解释或说明
	侵犯的客体	客观方面	主体	主观方面		
徇私舞弊不征、少征税款罪	国家税务机关正常的税收征管秩序	表现为行为人违反税收法规徇私舞弊，不征或者少征税款，致使国家税收遭受重大损失的行为 【解释】构成本罪，必须以行为人的上述行为致使国家税收遭受重大损失为条件。“重大损失”是指涉嫌下列情形之一：损失累计达10万元以上的；上级主管部门工作人员指使，损失累计达10万元以上的；不满10万元，但具有索取或者收受贿赂或者其他恶劣情节的；其他	税务机关的工作人员指在各级税务局、税务分局和税务所从事税收征管工作的人员	主观上是故意。如果是税务机关的工作人员在工作中由于疏忽大意，严重不负责，致使国家利益遭受损失的，应按照玩忽职守罪追究刑事责任	处5年以下有期徒刑或者拘役；造成特别重大损失的，处5年以上有期徒刑	注意：①本罪的主观方面一定是故意，即行为人明知纳税人应当缴纳税款，却为徇私情私利而故意不征或者少征税款；②非税务人员超越职权，擅自作出减免税决定，造成不征或者少征的，为滥用职权罪；③如果违法办理发售发票、抵扣税款或者出口退税的，则应为第3项罪；④税务人员与纳税人勾结，不征或者少征的，应按逃税罪或者逃避追缴欠税罪的共犯论处；⑤如果税务人员利用职务上的便利，索取、收受纳税人财物，不征或者少征，重大损失的，应当以本罪与受贿罪数罪并罚
徇私舞弊发售发票、抵扣税款、出口退税罪	税务机关的税收征管秩序	表现为违反法律、行政法规的规定，在办理发售发票、抵扣税款、出口退税工作中徇私舞弊，致使国家利益遭受重大损失的行为。“致使国家利益遭受重大损失”立案标准是指涉嫌下列情形之一：累计达10万元以上的；损失累计不满10万元，但发售增值税专用发票25份以上或者其他发票50份以上或者增值税专用发票与其他发票合计50份以上，或者具有索取、收受贿赂或者其他恶劣情节的；其他	税务机关的工作人员，其他自然人或者单位均不能成为本罪的主体	故意，过失不构成本罪。如果是过失的，应按照玩忽职守罪追究刑事责任。如果与其他犯罪分子有欺骗的共同故意，可构成诈骗罪或者骗取出口退税罪的共犯，按照共同犯罪定罪处罚	处5年以下有期徒刑或者拘役；致使国家利益遭受特别重大损失的，处5年以上有期徒刑	【解释1】发售发票，是指主管税务机关根据已经依法办理税务登记的单位或者个人提出的领购发票申请向其出售发票的活动 【解释2】抵扣税款，是指凭发票抵扣税款制度，发票上所注明的税款是唯一可以抵扣的税款 【解释3】出口退税，是指税务机关依法向出口商品的生产或者经营单位退还该商品在生产、流通环节已征收的增值税和消费税

续表

渎职罪的种类	构成				处罚	补充解释或说明
	侵犯的客体	客观方面	主体	主观方面		
违法提供出口退税凭证罪	税务机关的税收征管秩序	表现为违反国家规定，在提供出口货物报关单、出口收汇核销单等出口退税凭证的工作中徇私舞弊，致使国家利益遭受重大损失的行为。“致使国家利益遭受重大损失”是指涉嫌下列情形之一：徇私舞弊，致使国家税收损失累计达10万元以上的；累计不满10万元，但具有索取、收受贿赂或者其他恶劣情节的；其他	本罪的主体是海关、外汇管理等国家机关工作人员，其他自然人或者单位均不能成为本罪的主体	表现为故意，过失不构成本罪	犯违法提供出口退税凭证罪的，处5年以下有期徒刑或者拘役；致使国家利益遭受特别重大损失的，处5年以上有期徒刑	

第二部分　法律理论练习题

一、单项选择题（下列各题只有一个答案正确，请将正确答案序号填入括号中。）

1. 人民代表大会制度不是我国的（　　）。

A. 政体　　B. 国体

C. 政权组织形式　　D. 根本政治制度

【参考答案】 B

【答案解析】 我国国体是人民民主专政，政体是人民代表大会制度。

2. 下列文献中提出要把法制建设与道德建设、依法治国与以德治国紧密结合起来的是（　　）。

A.《关于加强社会主义精神文明建设若干重要问题的决议》

B.《关于社会主义精神文明建设指导方针的决议》

C.《公民道德建设实施纲要》

D.《法治中国建设规划(2020～2025年)》

【参考答案】 C

【答案解析】 《公民道德建设实施纲要》中将法制建设与道德建设、依法治国与以德治国紧密结合起来了。

3. 新增“公民的人格尊严不受侵犯”的条文，承认国营、集体、个体三种经济都不可缺少，申明国家保护个体经济的合法权益等是(　　)通过的宪法修正案规定的。

A. 1988 年　　B. 1990 年　　C. 1993 年　　D. 1999 年

【参考答案】 A

【答案解析】 1988 年宪法修正案规定。

4. 我国宪法经过了历次修订，(　　)宪法修正案正式将“依法治国”写入了宪法。

A. 1988 年　　B. 1993 年　　C. 1999 年　　D. 2004 年

【参考答案】 C

【答案解析】 1999 年宪法修正案，正式将“依法治国”写入了宪法。

5. 我国正式确立宪法宣誓制度是在(　　)。

A. 2015 年　　B. 2016 年　　C. 2017 年　　D. 2018 年

【参考答案】 D

【答案解析】 2018 年，我国正式确立宪法宣誓制度。宪法宣誓，是指国家公职人员就职时依法公开承诺忠于和遵守国家宪法。

6. 下列选项中属于荀子的思想是(　　)。

A. 出礼入刑　　B. 礼法之大分　　C. 改法为律　　D. 一准乎礼

【参考答案】 B

【答案解析】 A 项是西周时期的思想；C 项是商鞅的思想；D 项是唐律的精神。

7. 一切法律之中最重要的法律，既不是刻在大理石上，也不是刻在铜表上，而是铭刻在公民的内心里。这一法治观点是(　　)的主张。

A. 孟德斯鸠　　B. 卢梭　　C. 戴雪　　D. 康德

【参考答案】 B

【答案解析】 这一法治观点出自卢梭的《社会契约论》。

8. “法律就是那些使任何人有意识的行为按照普遍自由原则确实能与别人有意识的行为相协调的全部条件的综合”，这一观点是(　　)提出的。

A. 孟德斯鸠　　B. 卢梭　　C. 戴雪　　D. 康德

【参考答案】 D

【答案解析】 这一观点是康德对法下的定义。

9. 能够调整平等主体的公民之间、法人之间、公民与法人之间的财产关系和人身关系的法律规范的总和的是(　　)。

A. 宪法　　B. 经济法　　C. 民商法　　D. 社会法

【参考答案】 C

【答案解析】 上述是民商法中的民法。

10. 下列国家机关中可以行使国家立法权的是(　　)。

A. 全国人民代表大会　　B. 全国人大常务委员会

C. 全国人大及其常委会　　D. 全国人大法律委员会

【参考答案】 C

【答案解析】 立法权属于国家最重要的权利之一,也与老百姓的日常生活息息相关。全国人民代表大会是我国的最高国家权力机关。因此,对于立法权这一最重要的权利只能由最高国家权力机关及其常设机关来行使。

11. 法的创制是(　　)。

A. 规定法律主体的权利、义务或职权、职责的活动

B. 规定法律职权和职责得以履行所需程序或手续的活动

C. 制定新的法律规范的活动

D. 制定、修改和废止法律规范的活动

【参考答案】 D

【答案解析】 法的创制是一定的国家机关依照法定的职权和程序制定、认可、修改和废止法律规范的活动。

12. 法的适用规则中新法优于旧法原则,以(　　)为标志。

A. 新法生效实施　　B. 旧法失效　　C. 新法宣布　　D. 新法制定

【参考答案】 A

【答案解析】 根据《立法法》规定,新法优于旧法,以新法生效实施为标志。

13. 政府做出的行政行为要客观、适度,遵循公平、公正原则,体现的是(　　)。

A. 程度正当　　B. 合法行政　　C. 合理行政　　D. 权责统一

【参考答案】 C

【答案解析】 合理行政要求行政主体所实施的行政行为必须客观、适度、公正,符合法律规定的精神或意图。

14. 关于税务行政规范,下列表述不正确的是(　　)。

A. 税务行政规范属于非立法行为的行为规范

B. 相对于税务具体行政行为而言,税务行政规范不具有效力普遍性的特征

C. 它不仅约束税务行政相对人,而且约束税务机关本身

D. 税务行政规范属于税务抽象行政行为，不是以特定的人或事为规范对象

【参考答案】 B

【答案解析】 税务行政规范是规范税务行政行为的重要表现方式，它仅仅约束税务行政相对人，不约束税务机关本身。

15. 根据国家税务总局印发的《优化税务执法方式全面推行"三项制度"实施方案》，各级税务机关的法制审核人员原则上不少于本单位从事行政处罚、行政强制、行政检查、行政征收、行政许可等执法活动的人员总数的（　　）。

A. 5%　　B. 10%　　C. 15%　　D. 20%

【参考答案】 A

【答案解析】 根据国家税务总局印发的《优化税务执法方式全面推行"三项制度"实施方案》（税总发〔2019〕31 号印发）是 5%。

16. 下面对税务行政许可特征描述不正确的是（　　）。

A. 税务行政许可是依申请的行政行为

B. 税务行政许可是一种依法审查的行为

C. 税务行政许可是一种内部行政法律关系

D. 税务行政许可是一种要式行政行为

【参考答案】 C

【答案解析】 税务行政许可是一种外部行政法律关系，区别于税务机关内部的人事、财务等审批行为。

17. 违法行为在（　　）年内未被发现的，不再给予行政处罚。

A. 1　　B. 2　　C. 3　　D. 4

【参考答案】 B

【答案解析】 根据《中华人民共和国行政处罚法》，违法行为在 2 年内未被发现的，不再给予行政处罚。

18. 当事人到期不缴纳罚款的，每日按罚款数额的（　　）加处罚款，加处罚款的数额不得超出罚款的数额。

A. 1%　　B. 3%　　C. 5%　　D. 10%

【参考答案】 B

【答案解析】《中华人民共和国行政处罚法》第五十一条规定：当事人逾期不履行行政处罚决定的，作出行政处罚决定的行政机关可以采取下列措施，到期不缴纳罚款的，每日按罚款数额的百分之三加处罚款。

19. 行政机关对违法当事人给予行政处罚，要"过罚相当"。举行听证会，除法律

有特别规定的外，应当公开举行，要对群众公开、对社会公开，允许群众旁听，允许记者采访报导。这体现了行政处罚原则的（　　）内容。

A. 权利保障　　B. 处罚与教育相结合

C. 公开公正　　D. 监督制约，职能分离

【参考答案】 C

【答案解析】 根据《中华人民共和国行政处罚法》，行政处罚必须遵循公正的原则。也就是说，设定和实施行政处罚，必须以事实为根据，以法律为准绳，要“过罚相当”。行政处罚必须遵循公开原则。依法举行听证会的，除法律有特别规定的外，应当公开举行，要对群众公开、对社会公开，允许群众旁听，允许记者采访报导。

20. 下列法律规范中效力最高的是（　　）。

A. 宪法　　B. 国务院部、委员会规章

C. 行政法规　　D. 地方性法规

【参考答案】 A

【答案解析】 宪法的效力最高，宪法是国家的根本大法，是母法，其他的法律都是以宪法为基础制定的，其他任何法律都不能和宪法相抵触。

21. 以行政机关是否具有自由裁量权为标准，税务行政行为可分为自由裁量行政行为和（　　）。

A. 抽象行政行为　　B. 内部行政行为

C. 要式行政行为　　D. 羁束行政行为

【参考答案】 D

【答案解析】 行政行为的作出以行政机关具有相应的行政职权为前提，行政职权依其在依法行政过程中自由裁量度大小的不同，可分为羁束裁量权和自由裁量权两处。

22.《立法法》中规定授权决定应当明确授权的目的、事项、范围、期限以及被授权机关实施授权决定应当遵循的原则等。授权的期限不得超过（　　）年。

A. 2年　　B. 3年　　C. 5年　　D. 10年

【参考答案】 C

【答案解析】 根据《立法法》，授权的期限不得超过5年。

23. 某市A公司在已经取得在所在区范围内“气球灌充施放资格”的情况下，于2020年10月10日以工商营业执照核定经营活动范围在该市辖区范围内，申请某市气象局变更“气球灌充施放资格”在某市辖区内。某市气象局以工商经营活动范围不能作为A公司气球灌充施放经营活动范围核定标准为由，依据相关规定作出不予

行政许可决定书，不予行政许可。A公司不服市气象局的行政行为，向所在区法院提起行政诉讼。法院审理认为，被告适用法律、法规错误。以下表述不正确的是（ ）。

A. 某市气象局作出不予行政许可决定书是一种具体行政行为

B. 法院可以直接许可原告变更其经营活动范围，因为司法是解决纠纷的最后途径

C. 法院应判决某市气象局对原告的变更申请重新作出具体行政行为

D. 法院应判决撤销某市气象局作出的不予行政许可决定书

【参考答案】 B

【答案解析】 违反司法变更权有限原则。

24. 根据《立法法》第二十二条的规定，法律委员会提出法律草案表决稿后，由主席团提请大会全体会议表决，由（ ）表决通过方可公布。

A. 全体代表的2/3以上　　B. 过半数的常务委员会组成人员

C. 全体代表过半数　　D. 全体代表的3/4以上

【参考答案】 C

【答案解析】 根据《立法法》第二十二条的规定，法律委员会提出法律草案表决稿后，由主席团提请大会全体会议表决，由全体代表过半数表决通过方可公布。

25. 行政机关作出（ ）行政处罚决定之前，应当告知当事人有要求听证的权利。

A. 限制人身自由　　B. 没收非法财物

C. 罚款　　D. 责令停产停业

【参考答案】 D

【答案解析】 根据最新《中华人民共和国行政处罚法》第六十三条的规定，行政机关拟作下列行政处罚决定，应当告知当事人有要求听证的权利，当事人要求听证的，行政机关应当组织听证：较大数额罚款；没收较大数额违法所得、没收较大价值非法财物；降低资质等级、吊销许可证件；责令停产停业、责令关闭、限制从业；其他较重的行政处罚；法律、法规、规章规定的其他情形。当事人不承担行政机关组织听证的费用。

26. 下列选项不属于税收强制执行的是（ ）。

A. 扣缴　　B. 扣押　　C. 拍卖　　D. 变卖抵缴

【参考答案】 B

【答案解析】 税收强制执行包括扣缴、拍卖、变卖抵缴。

27. 行政许可直接涉及申请人与他人之间的重大利益关系，行政机关应当告知申请人、利害关系人享有要求听证的权利，申请人、利害关系人要求听证的，应当在被告知听证权利之日起（　　）日内提出听证申请，在举行听证的前（　　）日通知听证。

A. 5;7　　B. 7;20　　C. 5;10　　D. 7;15

【参考答案】 A

【答案解析】 本题考核行政许可的实施程序。行政许可直接涉及申请人与他人之间重大利益关系的，行政机关在作出行政许可决定前，应当告知申请人、利害关系人享有要求听证的权利；申请人、利害关系人在被告知听证权利之日起 5 日内提出听证申请的，在举行听证的前 7 日通知听证。

28. 行政诉讼决定在什么情况下可以变更（　　）。

A. 认定事实不清楚　　B. 适用依据错误

C. 行政处罚显失公正　　D. 证据不足

【参考答案】 C

【答案解析】 根据《中华人民共和国行政诉讼法》第七十七条的规定，行政处罚明显不当，或者其他行政行为涉及对款额的确定、认定确有错误的，人民法院可以判决变更。

29. 行政强制中止执行的情形消失后，行政机关应当恢复执行。对没有明显社会危害，当事人确无能力履行，中止执行满（　　）年未恢复执行的，行政机关不再执行。

A. 1　　B. 2　　C. 3　　D. 5

【参考答案】 C

【答案解析】 本题考核行政强制的中止情形。行政强制中止执行的情形消失后，行政机关应当恢复执行。对没有明显社会危害，当事人确无能力履行，中止执行满 3 年未恢复执行的，行政机关不再执行。

30. 下列符合税务行政复议可终止的情形是（　　）。

A. 行政复议机关因不可抗力原因暂时不能履行工作职责的

B. 作为申请人的公民丧失参加行政复议的能力，尚未确定法定代理人参加行政复议的

C. 作为申请人的法人或者其他组织终止，尚未确定权利义务承受人的

D. 行政复议申请受理以后，发现其他行政复议机关已经先于本机关受理，或者人民法院已经受理的

【参考答案】 D

【答案解析】 本题考核行政复议的终止情形，D选项符合。A、B、C选项是行政复议中止的情形。

31. 个体工商户王某因不服当地工商机关对其作出的行政处罚，于2021年3月8日向当地工商行政管理机关申请复议，工商行政管理机关最迟应在何时对该复议申请进行审查？（　）

A. 2021年3月15日前　　B. 2021年3月23日前

C. 2021年4月8日前　　D. 2021年4月18日前

【参考答案】 A

【答案解析】 对行政复议申请要在提出申请后5日内进行审查。

32. 关于行政许可听证程序，下列说法不正确的是（　）。

A. 相对人可申请举行听证

B. 行政机关可主动举行听证

C. 作出许可决定必须以听证笔录为依据

D. 行政机关举行听证的期限是在25日内组织听证

【参考答案】 D

【答案解析】 行政机关举行听证的期限是在20日内组织听证。

33. 当发生税务行政赔偿时，赔偿义务机关应当自收到申请之日起（　）个月内，作出是否赔偿的决定。赔偿义务机关决定赔偿的，应当制作赔偿决定书，并自作出决定之日起（　）日内送达赔偿请求人。

A. 1;5　　B. 1;10　　C. 2;5　　D. 2;10

【参考答案】 D

【答案解析】 本题考核行政赔偿的实施程序。当发生税务行政赔偿时，赔偿义务机关应当自收到申请之日起2个月内，作出是否赔偿的决定。赔偿义务机关决定赔偿的，应当制作赔偿决定书，并自作出决定之日起10日内送达赔偿请求人。

34.《中华人民共和国刑法修正案（七）》是在2009年2月28日第十一届全国人大常务委员会第（　）次会议通过，其中将偷税罪修改为逃税罪并增设了一个出罪条款。

A. 四　　B. 五　　C. 六　　D. 七

【参考答案】 D

【答案解析】《中华人民共和国刑法修正案（七）》是在2009年2月28日第十一届全国人大常务委员会第七次会议通过，其中将偷税罪修改为逃税罪并增设了一个出罪条款。

35. 纳税人采取欺骗、隐瞒手段进行虚假纳税申报或者不申报，逃避缴纳税款数额较大并且占应纳税额（　　）以上的，处3年以下有期徒刑或者拘役，并处罚金。

A. 5%　　B. 10%　　C. 15%　　D. 30%

【参考答案】 B

【答案解析】 根据《中华人民共和国刑法》，纳税人采取欺骗、隐瞒手段进行虚假纳税申报或者不申报，逃避缴纳税款数额较大并且占应纳税额10%以上的，处3年以下有期徒刑或者拘役，并处罚金。

36. 纳税人5年内因逃避缴纳税款受过刑事处罚或者被税务机关给予二次以上行政处罚，又逃避缴纳税款，数额在（　　）万元以上并且占各税种应纳税总额百分之十以上的，应予立案追诉。

A. 5　　B. 10　　C. 20　　D. 30

【参考答案】 A

【答案解析】 根据《中华人民共和国刑法》，纳税人5年内因逃避缴纳税款受过刑事处罚或者被税务机关给予二次以上行政处罚，又逃避缴纳税款，数额在5万元以上并且占各税种应纳税总额百分之十以上的，应予立案追诉。

37. 假报出口或其他欺骗手段骗取出口退税，其中骗取国家出口退税款（　　）万元以上的，为“数额较大”；骗取国家出口退税款（　　）万元以上的，为“数额巨大”；骗取国家出口退税款（　　）万元以上的，为“数额特别巨大”。

A. 5;10;50　　B. 10;50;150　　C. 5;50;250　　D. 10;50;200

【参考答案】 C

【答案解析】 根据《中华人民共和国刑法》，假报出口或其他欺骗手段骗取出口退税，其中骗取国家出口退税款5万元以上的，为“数额较大”；骗取国家出口退税款50万元以上的，为“数额巨大”；骗取国家出口退税款250万元以上的，为“数额特别巨大”。

38. 某公司财务主管人员王某在向税务机关缴纳5万元税款后，采取伪造报关单等手段，骗取国家出口退税10万元，按照我国刑法规定，王某构成（　　）。

A. 骗取出口退税罪　　B. 逃税罪

C. 骗取出口退税罪和逃税罪　　D. 逃避追缴欠税罪

【参考答案】 C

【答案解析】 根据《中华人民共和国刑法》，王某采取欺骗、隐瞒手段，达到逃避缴纳税款的目的，骗取国家出口退税款，数额5万元以上，构成了骗取出口退税罪和逃税罪。

39. 行政复议机关应当自受理申请之日起(　　)日内作出行政复议决定。情况复杂,不能在规定期限内作出行政复议决定的,经行政复议机关负责人批准,可以适当延期,并告知申请人和被申请人;但是延期不得超过(　　)日。

A. 20;10　　B. 60;30　　C. 90;60　　D. 90;30

【参考答案】 B

【答案解析】 本题考核的是行政复议的实施程序。行政复议机关应当自受理申请之日起60日内作出行政复议决定。情况复杂,不能在规定期限内作出行政复议决定的,经行政复议机关负责人批准,可以适当延期,并告知申请人和被申请人;但是延期不得超过30日。

40. 以下关于抗税罪的说法中,表述正确的有(　　)。

A. 单位可以单独构成抗税罪的主体

B. 抗税罪的犯罪主体是特殊主体

C. 抗税数额在5万元以上的属于情节严重

D. 抗税罪是一种行为犯罪

【参考答案】 B

【答案解析】 根据《中华人民共和国刑法》,单位不可以单独构成抗税罪的主体;抗税数额在10万元以上的属于情节严重;抗税罪不是一种行为犯罪。

41. 税务人员徇私舞弊不征、少征税款罪不会受到(　　)处罚。

A. 5年以下有期徒刑　　B. 5年以上有期徒刑

C 拘役　　D. 2万元以上20万元以下罚金

【参考答案】 D

【答案解析】 根据《中华人民共和国刑法》,税务人员徇私舞弊不征、少征税款罪处5年以下有期徒刑或者拘役;造成特别重大损失的,处5年以上有期徒刑。

42. 某海关工作人员在提供出口收汇核销单时徇私舞弊,使国家税收损失5万元,并收受贿赂,造成了恶劣影响。其行为(　　)。

A. 构成滥用职权罪

B. 构成违法提供出口退税凭证罪

C. 构成妨害公务罪

D. 构成徇私舞弊发售发票、抵扣税款、出口退税罪

【参考答案】 B

【答案解析】 根据《中华人民共和国刑法》,违法提供出口退税凭证罪表现为违反国家规定,在提供出口货物报关单、出口收汇核销单等出口退税凭证的工作中徇私舞弊,致使国家利益遭受重大损失的行为。

43. 根据《中华人民共和国刑法修正案(八)》规定,生产、销售假药的,处(　　)年以下有期徒刑或拘役,并处罚金。

A. 1　　B. 2　　C. 3　　D. 5

【参考答案】 C

【答案解析】 根据《中华人民共和国刑法修正案(八)》规定,生产、销售假药的,处 3 年以下有期徒刑或拘役,并处罚金。

44. 非法制造、出售非法制造的发票罪客观方面是行为人为达到营利目的,非法制造或者出售非法制造的不具有骗取出口退税、抵扣税款功能的普通发票(　　)份以上或者票面额累计在(　　)万元以上的行为。

A. 50;20　　B. 50;40　　C. 100;20　　D. 100;40

【参考答案】 D

【答案解析】 根据《中华人民共和国刑法》,非法制造、出售非法制造的发票罪客观方面是行为人为达到营利目的,非法制造或者出售非法制造的不具有骗取出口退税、抵扣税款功能的普通发票 100 份以上或者票面额累计在 40 万元以上的行为。

45. 犯非法制造、出售非法制造的发票罪的自然人处(　　)年以下有期徒刑、拘役或者管制,并处或者单处 1 万元以上 5 万元以下罚金。

A. 1　　B. 2　　C. 3　　D. 5

【参考答案】 B

【答案解析】 根据《中华人民共和国刑法》,犯非法制造、出售非法制造的发票罪的自然人处两年以下有期徒刑、拘役或者管制,并处或者单处 1 万元以上 5 万元以下罚金。

46. 非税务人员超越职权,擅自作出减免税决定,造成不征或者少征的,其行为(　　)。

A. 构成滥用职权罪　　B. 徇私舞弊不征、少征税款罪

C. 构成妨害公务罪　　D. 不构成犯罪

【参考答案】 A

【答案解析】 非税务人员超越职权,擅自作出减免税决定,造成不征或者少征的,为滥用职权罪。

47. 根据《刑法》规定,犯徇私舞弊不移交刑事案件罪的,情节严重的处(　　)年以下有期徒刑。

A. 1　　B. 2　　C. 3　　D. 5

【参考答案】 C

【答案解析】　根据《中华人民共和国刑法》，犯徇私舞弊不移交刑事案件罪的，情节严重的处3年以下有期徒刑。

48. 当事人不服人民法院第一审判决的，有权在判决书送达之日起（　　）日内向上一级人民法院提起上诉。人民法院审理上诉案件，应当在收到上诉状之日起（　　）个月内作出终审判决。

A. 7;2　　B. 15;2　　C. 7;3　　D. 15;3

【参考答案】　D

【答案解析】　本题考核行政诉讼的实施程序。当事人不服人民法院第一审判决的，有权在判决书送达之日起15日内向上一级人民法院提起上诉。人民法院审理上诉案件，应当在收到上诉状之日起3个月内作出终审判决。

49.《中华人民共和国刑法》关于危害税收征管犯罪采用双罚制的是（　　）。

A. 非法制造、出售非法制造的发票罪

B. 伪造、出售伪造的增值税专用发票罪

C. 非法出售发票罪

D. 非法出售增值税专用发票罪

【参考答案】　B

【答案解析】　伪造、出售伪造的增值税专用发票罪采用双罚制。

50. 犯虚开增值税专用发票或虚开用于骗取出口退税抵扣税款发票罪时，虚开的税款数额巨大的，处（　　）年以上有期徒刑或者无期徒刑，并处5万元以上50万元以下罚金或者没收财产。

A. 3　　B. 5　　C. 7　　D. 10

【参考答案】　D

【答案解析】　根据《中华人民共和国刑法》，犯虚开增值税专用发票或虚开用于骗取出口退税抵扣税款发票罪时，虚开的税款数额巨大的，处10年以上有期徒刑或者无期徒刑，并处5万元以上50万元以下罚金或者没收财产。

二、多项选择题（下列各题给出的备选答案中有两个或两个以上是正确的，请将你认为正确的答案符号A、B、C、D中选两个或两个以上填入括号中。）

1. 习近平总书记在中央全面依法治国工作会议上精辟概括的“十一个坚持”，既是重大工作部署，又是重大战略思想。下列选项属于“十一个坚持”的有（　　）。

A. 坚持党对全面依法治国的领导

B. 持建设中国特色社会主义法治体系

C. 坚持建设德才兼备的高素质法治工作队伍

D. 坚持抓住领导干部这个“关键少数”

【参考答案】 ABCD

【答案解析】 十一个坚持是：①坚持党对全面依法治国的领导；②坚持以人民为中心；③坚持中国特色社会主义法治道路；④坚持依宪治国、依宪执政，宪法是国家的根本法，具有最高的法律效力；⑤坚持在法治轨道上推进国家治理体系和治理能力现代化；⑥坚持建设中国特色社会主义法治体系；⑦坚持依法治国、依法执政、依法行政共同推进，法治国家、法治政府、法治社会一体建设；⑧坚持全面推进科学立法、严格执法、公正司法、全民守法；⑨坚持统筹推进国内法治和涉外法治；⑩坚持建设德才兼备的高素质法治工作队伍；⑪坚持抓住领导干部这个“关键少数”。

2. 2018 年宪法修正案中将下列哪几项写入了宪法(　　)。

A. 征地补偿

B. 科学发展观

C. 习近平新时代中国特色社会主义思想

D. 生态文明建设

【参考答案】 BCD

【答案解析】 2018 年宪法修正案将科学发展观、习近平新时代中国特色社会主义思想、生态文明建设写入宪法，充实坚持和加强中国共产党全面领导的内容。征地补偿是在 2004 年入宪的。

3. 习近平总书记指出：“领导干部具体行使党的执政权和国家立法权、行政权、监察权、司法权，是全面依法治国的关键。”我国 14 亿人口，而处级以上领导干部仅有几十万人，全面依法治国必须抓住领导干部这个“关键少数”。这是因为，抓好“关键少数”(　　)。

A. 有利于用局部的发展推动整体的发展

B. 就是抓住了主流

C. 重视了少数人对历史发展的决定作用

D. 就是抓住了重点

【参考答案】 AD

【答案解析】 办好中国的事情要抓好这些“关键少数”，这是因为，抓好“关键少数”就是抓住了重点，抓住了问题的关键，有利于用局部的发展推动整体的发展，AD 项符合题意；材料体现了抓主要矛盾和抓关键部分的道理，不体现抓主流问题；人民群众对社会历史发展起决定作用。

4. 2021 年 1 月中共中央印发的《法治中国建设规划(2020～2025 年)》中指出必须把全面依法治国摆在(　　)位置。

A. 全局性　　B. 战略性　　C. 基础性　　D. 前瞻性

【参考答案】 ABC

【答案解析】 2021年1月中共中央印发的《法治中国建设规划(2020～2025年)》中指出在统揽伟大斗争、伟大工程、伟大事业、伟大梦想,全面建设社会主义现代化国家新征程上,必须把全面依法治国摆在全局性、战略性、基础性、保障性位置,向着全面建成法治中国不断前进。

5. 从隋朝暴政,隋朝在农民战争风暴中迅速崩溃这一历史事件中,我们可以得出(　　)的思想认识。

A. 水能载舟,亦能覆舟　　B. 民惟邦本,本固邦宁

C. 政在得民　　D. 民为贵,社稷(国家)次之,君为轻

【参考答案】 ABCD

【答案解析】 从隋朝因暴政灭亡中吸取教训,得出民本的思想,ABCD四个选项均体现了以民为本的思想。

6. 关于《唐律疏议》,下列(　　)选项是正确的。

A. 是唐太宗在位时制定的

B.《唐律疏议》在《贞观律》基础上修订而成

C.《唐律疏议》对主要的法律原则和制度做了精确的解释,而且尽可能以儒家经典为根据

D.《唐律疏议》是我国现存最早的一部完备的法典

【参考答案】 BCD

【答案解析】 《唐律疏议》又称《永徽律疏》,是唐高宗永徽年间完成的一部极为重要的法典,是中华法系代表性的法典,共30卷。

7. 枫桥干部群众创造的"枫桥经验",坚持"小事不出村,大事不出镇,矛盾不上交""依靠群众就地化解矛盾",根据形势变化不断赋予其新的内涵,成为创新基层社会治理、促进社会平安和谐的重要法宝。由此可知(　　)。

A. 基层民主自治是社会平安和谐的根本保障

B. 实现社会治理现代化应创新基层民主自治

C. 发展社会主义民主政治应顺应时代的变化

D. 参与民主管理是我国民主政治的基础工程

【参考答案】 BC

【答案解析】 在新时代,"枫桥经验"已拓展到防范化解经济、政治、文化、社会、生态等各领域安全风险,成为创新基层社会治理、促进社会平安和谐的重要法宝。由此可知,发展社会主义民主政治应顺应时代的需要,实现社会治理现代化应创新

基层民主自治；实行基层民主自治有助于社会平安和谐，但不是社会平安和谐的根本保障；材料中未体现参与民主管理是我国民主政治的基础工程。

8. 约翰·洛克是17世纪著名的政治思想家，他的法治主张包括（　　）两个方面。

A. 个别要求　　B. 个别原则　　C. 一般要求　　D. 一般原则

【参考答案】 AD

【答案解析】 洛克的法治主张包括个别要求和一般原则两个方面。

9. 下列著作与西方思想家及其国家对应不正确的有（　　）。

A.《论法的精神》——卢梭（法国）　　B.《政府论》——约翰·洛克（法国）

C.《社会契约论》——孟德斯鸠（英国）　　D.《宪法研究导论》——戴雪（英国）

【参考答案】 ABC

【答案解析】 《社会契约论》——卢梭（法国）；约翰·洛克是英国人；孟德斯鸠（法国）——《论法的精神》。

10. 法律关系的基本要素有（　　）。

A. 原则　　B. 主体　　C. 客体　　D. 内容

【参考答案】 BCD

【答案解析】 法律关系是由主体、客体和内容三个要素构成。

11.《中华人民共和国刑法》第八条规定："外国人在中华人民共和国领域外对中华人民共和国国家或者公民犯罪，而按本法规定的最低刑为三年以上有期徒刑的，可以适用本法，但是按照犯罪地的法律不受处罚的除外。"关于该条，下列判断错误的是（　　）。

A. 规定的是法的溯及力　　B. 规定的是法对人的效力

C. 体现的是保护主义原则　　D. 体现的是属人主义原则

【参考答案】 AD

【答案解析】 法的溯及力是指法对其生效以前的事件和行为是否适用。如果适用就具有溯及力；如果不适用就没有溯及力。本法条没有涉及法的溯及力。法律的对人效力是指法律对谁有效，适用于哪些人。对人效力有4个原则：属人主义、属地主义、保护主义和综合主义。属人主义即法律只适用于本国公民，不论其身在国内还是国外，非本国公民则不适用；属地主义指法律适用于该国管辖地区内的所有人，不论是否为本国公民，都受法律约束和保护；保护主义指以维护本国利益作为是否使用本国法律的依据，任何侵害了本国利益的人，不论其国籍和所在地域，都要受该国法律的追究；综合主义指以属地主义为主，与属人主义、保护主义相结合。本题涉及的是对人效力原则中的保护主义原则。

12. 关于税务规范性文件，下列说法正确的是（　　）。

A. 制定主体是县级以上各级税务机关

B. 税收规范性文件不得设定税收开征、停征事项

C. 各级税务机关的内设机构，可以自己的名义制定税收规范性文件

D. 税务规范性文件解释权由制定机关负责解释

【参考答案】 ABD

【答案解析】 县以下（不含本级）税务机关以及各级税务机关的内设机构、派出机构、直属机构和临时性机构，不得以自己的名义制定税收规范性文件。

13. 某市A区居民李某在B区开办了达隆公司，经营范围包括电脑和手机。B区工商局接到举报，李某超范围经营香烟，经查明属实，遂对李某作出了责令停业整顿1个月，并处2万元罚款的行政处罚决定。李某不服，向市工商局申请行政复议。市工商局作出了维持停业整顿1个月、变更罚款为1万元的行政复议决定。李某仍不服，打算起诉并要求行政赔偿。下列说法正确的是（　　）。

A. 李某如果要求行政赔偿，那么B区工商局将成为赔偿机关

B. 李某在提起行政诉讼时可以一并提出行政赔偿诉讼

C. 李某如果要求行政赔偿，那么市工商局将成为赔偿机关

D. 本案由B区基层人民法院管辖或市工商局所在地的基层人民法院管辖

【参考答案】 ABD

【答案解析】《中华人民共和国国家赔偿法》第七条、第八条规定，行政机关及其工作人员行使行政职权侵犯公民、法人和其他组织的合法权益造成损害的，该行政机关为赔偿义务机关。复议机关的复议决定加重损害的，复议机关对加重的部分履行赔偿义务。

14. 税务行政行为的生效要件包括（　　）。

A. 即时生效　　B. 受领生效　　C. 临时生效　　D. 附条件生效

【参考答案】 ABD

【答案解析】 税务行政行为的生效要件包括即时生效、受领生效、告知生效、附条件生效。

15. 对省税务局的具体行政行为不服的，可以选择向（　　）提起复议。

A. 省税务局　　B. 国家税务总局

C. 省人民政府　　D. 国务院

【参考答案】 BC

【答案解析】 对各级地方税务局的具体行政行为不服的，可以选择向其上一级税务局或者该税务局的本级人民政府申请行政复议。

16. 根据《国家税务总局关于全面实行税务行政许可事项清单管理的公告》(国家税务总局公告 2022 年第 19 号)的规定，不属于现有行政许可项目的是(　　)。

A. 增值税防伪税控系统最高开票限额审批

B. 企业印制发票审批

C. 对纳税人延期申报的核准

D. 对纳税人变更纳税定额的核准

【参考答案】 BCD

【答案解析】 国家税务总局发布《税务行政许可事项清单(2022 年版)》，编列“增值税防伪税控系统最高开票限额审批”1 项税务行政许可事项。根据《国家税务总局关于全面实行税务行政许可事项清单管理的公告》(国家税务总局公告 2022 年第 19 号)的规定，《国家税务总局关于进一步简化税务行政许可事项办理程序的公告》(国家税务总局公告 2019 年第 34 号)发布的“对纳税人延期缴纳税款的核准”“对纳税人延期申报的核准”“对纳税人变更纳税定额的核准”“对采取实际利润额预缴以外的其他企业所得税预缴方式的核定”“企业印制发票审批”等 5 个事项不再作为行政许可事项管理。

17. 根据《长江三角洲区域税务轻微违法行为“首违不罚”清单》(国家税务总局上海市税务局 江苏省税务局 浙江省税务局 安徽省税务局 宁波市税务局公告 2020 年第 5 号发布)有关规定，下列行为适用“首违不罚”的是(　　)。

A. 未按照规定安装、使用税控装置

B. 虚开增值税发票

C. 未按照规定缴销发票

D. 以其他凭证代替发票使用

【参考答案】 ACD

【答案解析】 根据《长江三角洲区域税务轻微违法行为“首违不罚”清单》(国家税务总局上海市税务局 江苏省税务局 浙江省税务局 安徽省税务局 宁波市税务局公告 2020 年第 5 号发布)，ACD 适用“首违不罚”。

18. 地方性法规可以设定的行政强制措施有(　　)。

A. 限制公民人身自由

B. 查封场所、设施或者财物

C. 冻结存款、汇款

D. 扣押财物

【参考答案】 BD

【答案解析】 尚未制定法律、行政法规，且属于地方性事务的，地方性法规可以设定的行政强制措施有：查封场所、设施或者财物；扣押财物。

19. 尚未制定法律、法规的，前款规定的人民政府制定的规章对违反行政管理秩序的行为，可以设定警告或者一定数量罚款的行政处罚。下列可以设定行政处罚的政府有（ ）。

A. 省级人民政府　　B. 市级人民政府

C. 区级人民政府　　D. 乡级人民政府

【参考答案】 ABC

【答案解析】 省、自治区、直辖市人民政府和省、自治区人民政府所在地的市人民政府以及经国务院批准的较大的市人民政府制定的规章可以在法律、法规规定的给予行政处罚的行为、种类和幅度的范围内作出具体规定。

20. 下列行为中，不属于行政许可行为的是（ ）。

A. 专利权人许可他人使用其专利　　B. 司法部颁发律师资格证书

C. 公安机关发放居民身份证　　D. 卫生管理部颁发的开业行医许可

【参考答案】 AC

【答案解析】 行政许可，是指行政机关根据公民、法人或者其他组织的申请，经依法审查，准予其从事特定活动的行为。AC 不属于行政许可行为。

21. 对于行政复议，下列表述正确的是（ ）。

A. 行政复议机关决定不予受理的，申请人可以自收到不予受理决定书之日起 15 日内提起行政诉讼

B. 行政复议机关决定不予受理的，申请人可以自收到不予受理决定书之日起 30 日内提起行政诉讼

C. 对于决定受理的行政复议，自复议机关负责法制工作的机构收到申请之日起即为受理

D. 对于决定受理的行政复议，自复议机关作出受理决定之日起即为受理

【参考答案】 AC

【答案解析】 本题考查行政复议实施程序。行政复议机关决定不予受理的，申请人可以自收到不予受理决定书之日起 15 日内提起行政诉讼，对于决定受理的行政复议，自复议机关负责法制工作的机构收到申请之日起即为受理。

22. 以行政相对人是否特定为标准，税务行政行为可分为抽象行政行为和具体行政行为，其中具体行政行为包括（ ）。

A. 行政许可　　B. 行政确认　　C. 行政裁决　　D. 行政征收

【参考答案】 ABCD

【答案解析】 具体行政行为是指行政主体在国家行政管理活动中行使职权，针对特定的行政相对人，就特定的事项，作出有关该行政相对人权利义务的单方行为。

ABCD四个选项都是。

23. 下列行政行为中,对行政相对人直接产生法律效果的是(　　)。

A. 行政许可　　B. 行政指导　　C. 行政处罚　　D. 行政强制

【参考答案】 ACD

【答案解析】 行政指导不对行政相对人直接产生法律效果。

24. 以下罪名是《中华人民共和国刑法修正案(十一)》中新增的是(　　)。

A. 侮辱、诽谤英烈罪　　B. 袭警罪

C. 抵扣税款发票罪　　D. "冒名顶替"罪

【参考答案】 ABD

【答案解析】 抵扣税款发票罪在《中华人民共和国刑法修正案(八)》中对涉税犯罪取消死刑。

25. 根据自由裁量规则,税务行政相对人不予行政处罚的情形是(　　)。

A. 主动承认过错并及时纠正错误、有效阻止危害结果发生、挽回影响的

B. 违法行为轻微并及时纠正,没有造成危害后果的

C. 违反税收法律、行政法规应当给予行政处罚的行为,在五年内未被发现的

D. 主动消除或者减轻违法行为危害后果的

【参考答案】 BC

【答案解析】 A项是执法过错追究中从轻减轻责任的情形;D项是自由裁量规则中从轻减轻责任的情形。

26. 根据《中华人民共和国刑法》,下列属于危害税收征管犯罪类型的是(　　)。

A. 非法出售发票罪　　B. 违法提供出口退税凭证罪

C. 非法持有伪造的发票罪　　D. 虚开其他发票罪

【参考答案】 ACD

【答案解析】 违法提供出口退税凭证罪是税务人员职务犯罪。

27. 下列危害税收征管犯罪处罚中有死刑的是(　　)。

A. 非法出售增值税专用发票罪

B. 伪造、出售伪造的增值税专用发票罪

C. 虚开增值税专用发票或虚开用于骗取出口退税抵扣税款发票罪

D. 骗取出口退税罪

【参考答案】 BC

【答案解析】 根据《中华人民共和国刑法》,AD没有死刑。

28. 徇私舞弊发售发票、抵扣税款、出口退税罪的立案标准是指涉嫌(　　)

情形。

A. 累计达10万元以上的

B. 损失累计不满10万元，但发售增值税专用发票25份以上的

C. 损失累计不满10万元，但具有索取、收受贿赂情节的

D. 损失累计不满10万元，但发售增值税专用发票与其他发票合计50份以上的

【参考答案】 ABCD

【答案解析】 徇私舞弊发售发票、抵扣税款、出口退税罪的立案标准是指：累计达10万元以上的；损失累计不满10万元，但发售增值税专用发票25份以上或者其他发票50份以上或者增值税专用发票与其他发票合计50份以上，或者具有索取、收受贿赂或者其他恶劣情节的。

29. 非法出售增值税专用发票罪的主体有（　　）。

A. 持有增值税专用发票的单位

B. 持有增值税专用发票的个人

C. 出售增值税专用发票的税务机关

D. 出售增值税专用发票的税务所的工作人员

【参考答案】 ABCD

【答案解析】 本罪的主体是持有增值税专用发票的单位或个人，出售增值税专用发票的税务机关或其工作人员，也可以成为本罪主体。

30. 税务机关赔偿范围包括：税务行政机关及其工作人员在行使行政职权时发生下列哪些行为时，受害人有取得赔偿的权利（　　）。

A. 违法实施罚款等行政处罚的

B. 违法对财产采取查封、扣押、冻结等行政强制措施的

C. 税务行政工作人员与行使职权无关的个人行为

D. 公民、法人和其他组织自己的行为致使损害发生的

【参考答案】 AB

【答案解析】 税务机关赔偿范围包括：税务行政机关及其工作人员在行使行政职权时违法实施罚款等行政处罚的；违法对财产采取查封、扣押、冻结等行政强制措施的；造成财产损害的其他违法行为的，受害人有取得赔偿的权利。CD不予赔偿。

三、判断题（判断下列各题正确与错误，如果正确打上√，如果错误打上×，请将正确答案序号填入括号中。）

1. 法律是准绳，任何时候都必须遵循；道德是基石，任何时候都不可忽视。（　　）

【参考答案】 √

【答案解析】 2016年12月9日，习近平总书记在中共中央政治局第三十七次

集体学习时强调:“法律是准绳,任何时候都必须遵循;道德是基石,任何时候都不可忽视。”

2. 中华人民共和国的一切权力属于公民。 ( )

【参考答案】 ×

【答案解析】 中华人民共和国的一切权力属于人民。

3. 2022年12月4日将是我国第七个国家宪法日,也是第三个“宪法宣传周”。 ( )

【参考答案】 ×

【答案解析】 2022年12月4日将是我国第九个国家宪法日,也是第五个“宪法宣传周”。

4. 法治是法制的前提条件和基础。 ( )

【参考答案】 ×

【答案解析】 法制是法治的前提条件和基础。

5. 十三届全国人大一次会议通过的《中华人民共和国宪法修正案》,将宪法序言中“健全社会主义法制”修改为“健全社会主义法治”。 ( )

【参考答案】 √

【答案解析】 根据十三届全国人大一次会议通过的《中华人民共和国宪法修正案》内容。

6. 依法行政是党治国理政的基本方式。 ( )

【参考答案】 ×

【答案解析】 依法执政是党治国理政的基本方式。

7. 建设中国特色社会主义的具体要求是建设中国特色社会主义法治体系。 ( )

【参考答案】 ×

【答案解析】 建设中国特色社会主义法治体系,建设社会主义法治国家是全面依法治国的总目标。

8. 法治国家是法治建设的目标,法治社会是法治国家的基础,法治政府是法治国家的主体。 ( )

【参考答案】 √

【答案解析】 法治国家、法治政府、法治社会三者相互联系、相互支撑、相辅相成。其中,法治国家是法治建设的目标,法治政府是法治国家的主体,法治社会是法治国家的基础，三者共同构成建设法治中国的三根支柱，缺少任何一个方面，全面依法治国总目标都无法实现。

9. 人民代表大会制度是坚持党的领导、人民当家作主、依法治国有机统一的根本政治制度安排。（　　）

【参考答案】 ✓

【答案解析】 习近平总书记在全国人民代表大会成立六十周年大会上的讲话中提出，在中国，发展社会主义民主政治，保证人民当家作主，保证国家政治生活既充满活力又安定有序，关键是要坚持党的领导、人民当家作主、依法治国有机统一。人民代表大会制度是坚持党的领导、人民当家作主、依法治国有机统一的根本制度安排。

10. 2018年1月，中共中央、国务院决定在全国开展3年扫黑除恶专项斗争。2018年围绕“治标”，2019年围绕“治本”，2020年围绕“治根”。（　　）

【参考答案】 ×

【答案解析】 2019年围绕“治根”，2020年围绕“治本”。

11. “任何人不得凌驾于法律之上”是康德的法治思想。（　　）

【参考答案】 ×

【答案解析】 “任何人不得凌驾于法律之上”是戴雪的法治思想。

12. 法在本质上是掌握国家的统治阶级意志的体现。（　　）

【参考答案】 ✓

【答案解析】 马克思、恩格斯在《共产党宣言》中揭露资产阶级法的本质时指出：你们的法不过是被奉为法律的你们这个阶级的意志。列宁指出：法律就是取得胜利，掌握政权的阶级的意志的表现。这表明法是统治阶级意志的体现。“被奉为法律”的统治阶级意志，说明统治阶级意志本身不是法，只有“被奉为法律”才是法，也就是只有通过国家机关把统治阶级意志以国家意志形式表现出来才是法。

13. 法律规范通常认为是由假定、处理、制裁三个要素构成。（　　）

【参考答案】 ✓

【答案解析】 法律规范通常认为是由假定、处理、制裁三个要素构成。

14.《宪法》在中国特色社会主义法律体系中具有重要地位，是一部固根本、稳预期、利长远的法律。（　　）

【参考答案】 ×

【答案解析】《中华人民共和国民法典》在中国特色社会主义法律体系中具有重要地位，是一部固根本、稳预期、利长远的法律。

15. 凡调整运用国家权力管理国家和公共事务，从而形成管理者与被管理者之间不平等关系的法律制度称为公法。（　）

【参考答案】√

【答案解析】根据公法的概念。

16. 国务院制定和修改国家基本法律。（　）

【参考答案】×

【答案解析】国务院是最高行政机关，全国人大及其常务委员会是立法机关，国务院无权修改我国的基本法律，制定和修改我国的基本法律是人大的职能，但是国务院有权颁布执行各类政策性的法规。

17. 法律的效力与行政法规的效力一样。（　）

【参考答案】×

【答案解析】行政法规就是法律的一种，但其为行政机关制定，其效力低于全国人大制定的正式法律。

18. 依法行政具体要求是合法行政、程序正当、高效便民等。（　）

【参考答案】√

【答案解析】依法行政具体要求的是合法行政、合理行政、程序正当、诚实守信、高效便民、权责统一。

19. 大多数行政行为都属于非要式行政行为。（　）

【参考答案】×

【答案解析】大多数行政行为都属于要式行政行为。

20. 税务行政法律关系的内容是税务行政法律关系主体的权利和义务所指向的标的、目标或对象，也是权利和义务的媒介或者载体。（　）

【参考答案】×

【答案解析】税务行政法律关系的内容：指税务行政法律关系主体在税务行政法律关系中所享有的权利和所承担的义务。

税务行政法律关系的客体：是指税务行政法律关系主体的权利和义务所指向的标的、目标或对象，也是权利和义务的媒介或者载体。

21. 行政许可的基本原则包括便民原则、信赖保护原则、公开公正公平原则。（　）

【参考答案】√

【答案解析】行政许可的基本原则包括便民原则、信赖保护原则、公开公正公平原则。

22. 各级税务机关落实《税务行政许可事项清单(2022 年版)》,同时,在清单之外,以备案、证明、目录、计划、规划、指定、认证、年检等名义,要求税务行政相对人经申请获批后方可从事特定活动的,应当认定为符合许可条件。（　　）

【参考答案】 ×

【答案解析】 各级税务机关要严格落实清单之外一律不得违法实施行政许可的要求,大力清理整治变相许可。在清单之外,以备案、证明、目录、计划、规划、指定、认证、年检等名义,要求税务行政相对人经申请获批后方可从事特定活动的,应当认定为变相许可,要通过停止实施、调整实施方式、完善设定依据等予以纠正。

23. A 省某企业未按照规定存放和保管发票,因其是在当年内首次违反且情节轻微,能够补缴税款且未造成危害后果,适用首违不罚政策。（　　）

【参考答案】 √

【答案解析】 首违不罚。法律、法规、规章规定可以给予行政处罚,当事人首次违反且情节轻微,并在税务机关发现前主动改正的或者在税务机关责令限期改正的期限内改正的,不予行政处罚。

24. 根据《国家税务总局关于发布〈税务行政处罚裁量权行使规则〉的公告》(国家税务总局公告 2016 年第 78 号),不满十四周岁的人有违法行为的,可以依法从轻或减轻处罚。（　　）

【参考答案】 ×

【答案解析】 根据《国家税务总局关于发布〈税务行政处罚裁量权行使规则〉的公告》(国家税务总局公告 2016 年第 78 号),不满十四周岁的人有违法行为的,不予行政处罚。

25. 根据《国家税务总局关于发布〈税务行政处罚裁量权行使规则〉的公告》(国家税务总局公告 2016 年第 78 号),受他人胁迫有违法行为的,可以依法从轻或减轻处罚。（　　）

【参考答案】 √

【答案解析】 根据《国家税务总局关于发布〈税务行政处罚裁量权行使规则〉的公告》(国家税务总局公告 2016 年第 78 号),受他人胁迫有违法行为的,可以依法从轻或减轻处罚。

26. 根据《国家税务总局关于发布〈税务行政处罚裁量权行使规则〉的公告》(国家税务总局公告 2016 年第 78 号),对当事人的同一个税收违法行为不得给予两次以上罚款的行政处罚。（　　）

【参考答案】 √

【答案解析】 根据《国家税务总局关于发布〈税务行政处罚裁量权行使规则〉的公告》(国家税务总局公告2016年第78号),对当事人的同一个税收违法行为不得给予两次以上罚款的行政处罚。

27. 行政处罚中简易程序是指违法事实确凿并有法定依据,对公民处以500元以下、对法人或者其他组织处以3 000元以下罚款或者警告的行政处罚的,可以当场作出行政处罚决定。 ( )

【参考答案】 ×

【答案解析】 简易程序是指违法事实确凿并有法定依据,对公民处以200元以下、对法人或者其他组织处以3 000元以下罚款或者警告的行政处罚的,可以当场作出行政处罚决定。

28. 行政处罚中只有一般程序需要执法机关履行告知义务、听取陈述申辩。 ( )

【参考答案】 ×

【答案解析】 无论是简易程序还是一般程序,执法机关均应履行告知义务、听取陈述申辩。

29. 违法行为有连续或者继续状态的,从违法行为发生之日起计算。 ( )

【参考答案】 ×

【答案解析】 违法行为有连续或者继续状态的,从行为终了之日起计算。

30. 尚未制定法律、行政法规的,地方性法规可以设定行政许可。 ( )

【参考答案】 √

【答案解析】 本题考核地方性法规行政许可设定权限。尚未制定法律、行政法规的,地方性法规可以设定行政许可。

31. 限制人身自由的处罚可以由公安机关和检察院行使。 ( )

【参考答案】 ×

【答案解析】 限制人身自由的行政处罚权只能由公安机关行使。

32. 规范性文件不得设定行政强制措施和行政处罚,但可以设定行政许可。 ( )

【参考答案】 ×

【答案解析】 规范性文件不得设定行政强制措施、行政处罚和行政许可。

33. 行政机关不得对居民生活采取停止供水、供电、供热、供燃气等方式迫使当事人履行相关行政决定。 ( )

【参考答案】 √

【答案解析】《中华人民共和国行政强制法》规定，行政机关不得对居民生活采取停止供水、供电、供热、供燃气等方式迫使当事人履行相关行政决定。

34. 行政复议机构中止、恢复行政复议案件的审理，应当告知申请人、被申请人、第三人。（　）

【参考答案】 √

【答案解析】《中华人民共和国行政复议法实施条例》规定，行政复议机构中止、恢复行政复议案件的审理，应当告知申请人、被申请人、第三人。

35. 行政复议机关责令被申请人重新作出具体行政行为的，被申请人可以同一事实和理由作出与原具体行政行为相同或者基本相同的具体行政行为。（　）

【参考答案】 ×

【答案解析】 行政复议机关责令被申请人重新作出具体行政行为的，被申请人不得以同一事实和理由作出与原具体行政行为相同或者基本相同的具体行政行为。

36. 税务稽查工作中被查对象税收违法行为均已超过法定追究期限的可填制《税收违法案件终结检查审批表》，附相关证据材料，移交行政部门审核，经稽查局局长批准后，终结检查。（　）

【参考答案】 ×

【答案解析】 税务稽查工作中被查对象税收违法行为均已超过法定追究期限的可填制《税收违法案件终结检查审批表》，附相关证据材料，移交审理部门审核，经稽查局局长批准后，终结检查。

37. 1979年7月1日，全国人大第二次会议通过了新中国第一部刑法典，该法典自1980年1月1日起施行。（　）

【参考答案】 √

【答案解析】 1979年7月1日，全国人大第二次会议通过了新中国第一部刑法典，该法典自1980年1月1日起施行。

38. 终身监禁既可适用于贪污罪，也可适用于受贿罪。被判处终身监禁的人既不得被假释，也不得被减刑。终身监禁只适用于因为这两罪被判处死刑缓期执行的人。（　）

【参考答案】 √

【答案解析】 根据《中华人民共和国刑法》规定。

39. 纳税人采取欺骗、隐瞒手段进行虚假纳税申报或者不申报，逃避缴纳税款，数额在10万元以上并且占各税种应纳税总额10％以上，经税务机关依法下达追缴

通知后，不补缴应纳税款、不缴纳滞纳金或者不接受行政处罚的，应予立案追诉。（　）

【参考答案】 ×

【答案解析】 纳税人采取欺骗、隐瞒手段进行虚假纳税申报或者不申报，逃避缴纳税款，数额在5万元以上并且占各税种应纳税总额10%以上，经税务机关依法下达追缴通知后，不补缴应纳税款、不缴纳滞纳金或者不接受行政处罚的，应予立案追诉。

40. 公务员主动交代违法违纪行为，并主动采取措施有效避免或者挽回损失，应当从轻处分。（　）

【参考答案】 ×

【答案解析】 公务员主动交代违法违纪行为，并主动采取措施有效避免或者挽回损失，应当减轻处分。

41. 以暴力、威胁方法拒不缴纳税款的，处3年以下有期徒刑或者拘役，并处拒缴税款1倍以上5倍以下罚金；情节严重的，处3年以上7年以下有期徒刑，并处拒缴税款1倍以上5倍以下罚金。（　）

【参考答案】 √

【答案解析】 根据《中华人民共和国刑法》抗税罪规定。

42. 因骗取国家出口退税行为受过行政处罚，两年内又骗取国家出口退税款数额在30万元以上的在假报出口或其他欺骗手段骗取出口退税中属于“其他严重情节”。（　）

【参考答案】 √

【答案解析】 根据《中华人民共和国刑法》骗取出口退罪规定。

43. 对于虚开增值税专用发票、用于骗取出口退税、抵扣税款发票，伪造、出售伪造的增值税专用发票罪修正后最高刑为无期徒刑。（　）

【参考答案】 √

【答案解析】 根据《中华人民共和国刑法》危害税收征管罪规定。

44. 抗税罪的主体可以是单位。（　）

【参考答案】 ×

【答案解析】 本罪的主体只能由自然人实施，单位不能成为主体。

45. 如果税务人员利用职务上的便利，索取、收受纳税人财物，不征或者少征，重大损失的，应当以本罪与受贿罪数罪并罚。（　）

【参考答案】 √

【答案解析】 根据《中华人民共和国刑法》规定。

46. 任何单位或个人出售自己使用的真发票的行为都是非法的。 ( )

【参考答案】 ×

【答案解析】 除税务机关外,任何单位或者个人出售自己使用的真发票的行为都是非法。

47. 逃避追缴欠税罪的主体是欠缴应纳税款的纳税人,不包括扣缴义务人。 ( )

【参考答案】 √

【答案解析】 根据《中华人民共和国刑法》逃避追缴欠税罪规定。

48. 税务机关依照法律、法规和规章规定,经上级税务机关批准作出具体行政行为的,批准机关为被申请人。 ( )

【参考答案】 √

【答案解析】 根据《税务行政复议规则》规定。

49. 税务机关不服人民法院的第一审判决或者裁定的,应于接到行政判决书之日起10日内或接到行政裁定书之日起10日内向原审人民法院或其上一级人民法院提起上诉。 ( )

【参考答案】 ×

【答案解析】 税务机关不服人民法院的第一审判决或者裁定的,应于接到行政判决书之日起15日内或接到行政裁定书之日起10日内向原审人民法院或其上一级人民法院提起上诉。

50. 伪造,是指没有印制权的单位或个人印制足以使一般人误认为是可以用于出口退税、抵扣税款的发票。 ( )

【参考答案】 √

【答案解析】 根据伪造的概念。

四、案例分析题(请阅读所给材料,根据要求,将正确答案填入括号中。)

(一) 依法治国案例分析

【背景资料】

中国特色社会主义进入新时代,全面依法治国在党和国家工作全局中的地位更加突出、作用更加重大。在这样一个关键的历史时段,习近平法治思想的提出,为深入推进全面依法治国、加快建设社会主义法治国家,运用制度威力应对风险挑战,全面建设社会主义现代化国家、实现中华民族伟大复兴的中国梦,提供了科学的法治理论指导和制度保障。习近平法治思想是在推进伟大斗争、伟大工程、伟大事业、伟大梦想的实践之中完善形成的,也还会随着实践的发展而进一步丰富。2021年4月7日至9日,最高人民法院党组书记、院长周强在四川调研时强调,要坚持以习近平新时代中国特色社会主义思想为指导,深入贯彻习近平法治思想,扎实开展党史学习教育和队伍教育整顿,坚持服务大局、司法为民、公正司法,推进人民法院工作高质量发展。

【提问】

1. 我国现行宪法颁布施行纪念日是每年的(　　)。(单选题)

A. 12月3日　　B. 12月4日　　C. 12月13日　　D. 12月14日

【参考答案】 B

【答案解析】 12月4日为我国现行宪法颁布施行纪念日。

2. 2020年宪法宣传周活动主题是"深入学习宣传习近平法治思想,大力弘扬宪法精神"。(　　)(单选题)

A. 正确　　B. 错误

【参考答案】 A

【答案解析】 2020年宪法宣传周活动主题是"深入学习宣传习近平法治思想,大力弘扬宪法精神"。

3. 依法治国的核心是(　　)。(单选题)

A. 党的领导　　B. 人民当家作主　　C. 依宪治国　　D. 依规治党

【参考答案】 C

【答案解析】 宪法是实行依法治国的根本依据,因而依法治国的核心是依宪治国。

4. 材料中强调要深入贯彻习近平法治思想,下列关于习近平法治思想描述正确的是(　　)。(多选题)

A. 党的领导是推进全面依法治国的根本保证

B. 中国特色社会主义法治道路是建设社会主义法治国家的唯一正确道路

C. 依宪治国、依宪执政是全面依法治国的首要任务

D. 建设中国特色社会主义法治体系是全面依法治国的总抓手

【参考答案】 ABCD

【答案解析】 上述选项均符合习近平法治思想的内涵。

5. 我国现行宪法的基本原则有(　　)。(多选题)

A. 一切国家权力属于人民的原则　　B. 保障公民权利和义务的原则

C. 民主集中制原则　　D. 权利监督与制约原则

【参考答案】 ABCD

【答案解析】 我国宪法的基本原则有5个，分别是：人民主权原则、基本人权原则、法治原则、权力制约原则、民主集中制原则。

(二) 行政案件案例分析

【背景资料】

A县工商局根据甲公司的申请，依法向其颁发了营业执照。在一次工商、税务联合执法大检查中，该县工商局和税务局发现甲公司在生产经营中有违法经营行为，同时违反了工商和税收有关法规，于是县工商局对甲公司决定予以暂扣营业执照。县税务局对甲公司的逃税行为处以罚款并加收滞纳金。甲公司对上述决定不服，向法院提起行政诉讼，并请求行政赔偿。

【提问】

1. 在本案中，县工商局向甲公司颁发营业执照的行为，从行政行为分类看、属于(　　)。(多选题)

A. 双方行政行为　　B. 要式行政行为

C. 行政执法行为　　D. 外部行政行为

【参考答案】 BCD

【答案解析】 双方行政行为是指行政机关与其他民事主体达成合意的行为，由此产生法律效力，具有强制力、确定力和拘束力。典型的双方行政行为就是行政合同，而县工商局向甲公司颁发营业执照的行为不属于双方行政行为。

2. 在本案中，税务局对企业加收滞纳金的行为，依照《行政处罚法》规定，应适用(　　)。(单选题)

A. 简易程序　　B. 听证程序　　C. 普通程序　　D. 行政给付

【参考答案】 C

【答案解析】 税务局对企业加收滞纳金的行为，是一种具体行政行为，适用普通程序。

3. 甲公司若想直接向人民法院提起诉讼的，应当在知道或者应当知道作出具体行政行为之日起(　　)个月内提出。(单选题)

A. 1　　B. 2　　C. 3　　D. 6

【参考答案】 D

【答案解析】 本题考核行政诉讼的实施程序。甲公司若想直接向人民法院提起诉讼的，应当在知道或者应当知道作出具体行政行为之日起6个月内提出。

4. 本案中,对于甲公司提起的行政赔偿诉讼(　　)。(多选题)

A. 法院审理过程中应当要求甲公司承担相应的举证责任

B. 法院可以以调解方式结案

C. 法院应要求甲公司先向行政机关申请解决

D. 法院应要求甲公司先向行政机关申请复议

【参考答案】 AB

【答案解析】 行政赔偿诉讼可以适用调解,并要求行政赔偿,请求人对其诉讼请求及其他主要进行举证。

5. 在本案中,县工商局对甲公司实施的处罚属于财产罚。(　　)

A. 正确　　　　B. 错误

【参考答案】 B

【答案解析】 县工商局对甲公司实施的处罚是限制或剥夺违法者某种特定行为能力,属于行为罚。

(三)危害税收征管罪案例分析

【背景资料】

2015年李某因盗窃罪被判处有期徒刑3年,2018年刑满释放。2019年李某承包了一项工程,应纳税款20万元,税务机关多次通知李某申报纳税,均遭李某拒绝,并长达1年不缴税。

【提问】

1. 李某的行为构成了(　　)。(单选题)

A. 漏税罪　　　　B. 逃税罪

C. 抗税罪　　　　D. 逃避追缴欠税罪

【参考答案】 B

【答案解析】 李某逃避缴纳税款,欠缴税20万元,经税务机关依法下达追缴通知后,不缴应纳税款,构成了逃税罪。

2. 如果司法机关采取强制措施,逮捕犯罪嫌疑人李某的执行机关是(　　)。(单选题)

A. 公安机关　　B. 人民检察院　　C. 法院　　D. 司法机关

【参考答案】 A

【答案解析】 由公安机关执行。

3. 李某立案后在补缴应纳税款、缴纳滞纳金,或接受行政处罚的,不影响刑事责

任追究。(　　)

A. 正确　　B. 错误

【参考答案】 A

【答案解析】 根据《中华人民共和国刑法》规定。李某在公安机关立案后在补缴应纳税款、缴纳滞纳金,或接受行政处罚的,不影响刑事责任追究。

4. 如果李某被采取了强制措施以后,又如实供述了司法机关还未掌握的本人其他罪行,则处罚原则应是(　　)。(单选题)

A. 按一般自首处理,可以从轻或减轻处罚

B. 按特别自首处理,可以从轻或减轻处罚

C. 不按自首处理,但可以酌情从轻处罚或减轻处罚

D. 不按自首处理,但可以酌情减轻或者免除处罚

【参考答案】 B

【答案解析】 特别自首是指被采取强制措施的犯罪嫌疑人、被告人和正在服刑的罪犯,如实供述司法机关还未掌握的本人其他罪行的行为,可以从轻或减轻处罚。

5. 根据本案,对李某的量刑情节还有(　　)。(单选题)

A. 累犯可以加重处罚　　B. 累犯可以从重处罚

C. 累犯应当加重处罚　　D. 累犯应当从重处罚

【参考答案】 D

【答案解析】 因李某 2015 年还曾犯过盗窃罪,因此根据《中华人民共和国刑法》规定,累犯应当从重处罚。

第六章

管理理论

第一部分　管理理论知识点

一、古代管理思想

1.《论语》和仁、礼、中庸

孔子名丘，字仲尼，生于公元前551年，也就是鲁襄公21年，死于公元前479年，也就是鲁哀公14年。《论语》是记录孔子弟子言行的著作，孔子的一系列思想和主张都记录在其中。《论语》这部典籍包含着丰富的管理思想，史传宋宰相赵普"半部《论语》治天下"。孔子的管理思想可以概况为以下几个方面：

(1)"和"。就是和谐统一，相互协调、相互配合，就是"和"。孔子主张"和为贵"，明确提出"君子和而不同，小人同而不和"(《论语·子路》)，"政是以和"(《左传·昭公二十年》)。在方法论上孔子又提出了"中庸"之道。以现代哲学的观点来认识的话，实际上是对度的把握与灵活运用。

(2)"仁"。"仁"是居于整个儒家理论体系中的一个核心概念。在《论语》一书当中提到仁的有109处之多。"仁者，爱人"(《论语·颜渊》)。在实践上孔子强调在内为仁，在外为礼，内心的道德操守和外在的行为规范相统一就达到了仁的境界。具体到管理国家上，《论语·为政》开篇就讲："为政以德，譬如北辰，居其所而众星拱之。"这段话道出了强调伦理道德的巨大价值，所以修德是建立领导权威的关键所在。只有制度权力是不够的，必须有道德感召力。

孔子儒家管理思想的核心内容是仁、礼、中庸。仁主要是社会管理伦理学说，即所谓仁爱、仁义、仁政等。礼即礼仪、礼节、礼教，是维护封建管理等级制度和秩序的伦理规范；中庸是一种管理思想、方法，讲究不偏不倚、执两用中、适量守度，其基本精神是通过折中调和的手段，达到消除管理矛盾，避免管理冲突，稳定管理秩序的目的。

2.《孙子兵法》和管理谋略

孙子名武字长卿，是春秋末期齐国人，后来齐国内乱，孙武逃到了吴国潜心研究兵法。公元前512年,吴王终于召见孙武,孙武带去了他的兵法13篇,深受吴王赞赏。《孙子兵法》共13篇:计篇、作战篇、谋攻篇、军形篇、兵势篇、虚实篇、军争篇、九变篇、行军篇、地形篇、九地篇、火攻篇、用间篇。其主要的思想内容是:

(1) 强调以谋略去战胜敌人,"上兵伐谋"(《谋攻篇》)。

(2) 强调要能因地制宜地进行部署,安排战斗。《孙子兵法·虚实篇》中说:"水因地而制流,故兵因敌而制胜。故兵无常势,水无常形;能因敌变化而取者,谓之神。"

(3) 强调对内外部信息的全面把握。"知彼知己,百战不殆"(《孙子兵法·谋攻》);"知天知地,胜乃无穷"(《孙子兵法·地形篇》)。

(4) 具体技战术上主张出其不意,攻其不备,避实就虚。《孙子兵法·兵势篇》中说:"凡战者,以正合,以奇胜。故善出奇者,无穷如天地,不竭如江河。"在战争中要巧妙地把握奇和正、虚和实,巧妙地运用谋略,迷惑敌人、调动敌人、战胜敌人。

(5) 打击敌人时要在整体的战略战术上抢占先机,掌握主动权,"善战者,致人而不致于人"(《孙子兵法·虚实篇》),要使敌人陷于被动。要以逸待劳、有备无患、兵贵神速掌握主动。

(6) 推崇指导战争的最高境界是"不战而屈人之兵,善之善者也"(《孙子兵法·谋攻篇》),能够利用各种政治外交的手段、利用谋略和智慧,以最小代价获取战争胜利才是成功。

(7) 要综合分析战争的形势。《孙子兵法·谋攻篇》提出,影响战争胜利的因素有五个:"知可以战与不可以战者胜;识众寡之用者胜;上下同欲者胜;以虞待不虞者胜;将能而君不御者胜"。

(8) 选好领导者。一个好的统帅,要有"智、信、仁、勇、严"(《孙子兵法·计篇》)。所谓智就是主将的智慧和谋略;信就是对外能取得领导者和百姓的信任,对内能取得广大官兵的信任,言必行,行必果;仁就是能够关心下属,能够关心士兵,爱护士兵,同时能够处理好军民的关系;勇就是勇敢,不怕困难,不怕牺牲;严就是坚定认真地执行部队的纪律,严于律己,一视同仁,不偏私,确保规章制度和命令纪律的落实。

3. 韩非子和"法、术、势"

韩非是战国时韩国的贵族,生活在战国末期,有着强烈的忧患意识和民族危机感,著作了《孤愤》《说难》《五蠹》《内外储》《说林》等几十万字的文章。他参考了儒、道的主张,从而提出了一套完整的"法、术、势"的理论:"人主之大物,非法则术也"(《难三》),"君无术则蔽于上,臣无法则乱于下"(《定法》)。韩非子的法、术、势实际上就是告诉领导者,要管好一个组织的核心问题是权力的问题。法是权力的表现形式,术是权力的手段,势是权力的归属。

(1) 制定严明的规章制度、清晰和强有力的奖罚措施。规章制度和奖罚措施要明确，让每个人都看到，而且每次奖罚也要公开，这样，领导者下的命令才有人服从，权力才能有效行使。

（2）领导者要有一些技巧和计谋，这些计谋要做得恰当周密，不能让下属知道，以此保证其实施的效果。这样才能够控制局面，掌握下属的言行，发现问题及时解决，确保管理顺利进行。

（3）一个领导者一定要懂得树立自己的权威，牢牢地把核心权力控制在自己的手中，确保自己的领导地位，要善于利用环境去造势，然后因势利导，去管人做事从而实现自己的宏图大业。

二、西方管理理论

4. 古典管理理论

古典管理理论主要有三大代表性的理论分支：科学管理理论、一般管理理论、理性行政组织理论，代表人物分别是泰罗、法约尔和马克斯·韦伯。

5. 科学管理理论

科学管理理论的代表人物泰罗，美国著名管理实践家、管理学家，科学管理之父。为了改进管理，泰罗从1880年起开始试验和研究管理的基本规律，逐步形成了系统的管理理论和制度，被后世称为“科学管理”或“泰罗制”。泰罗最根本的贡献是在管理实践和管理问题研究中采用观察、记录、调查、试验等近代分析科学方法。科学管理理论的基本理论要点包括：

（1）科学管理的中心问题是提高劳动生产率。科学的观察、记录和分析、“时间动作研究”，制定出合理的日工作量，是提高劳动生产率的最佳方法。

（2）为了提高劳动生产率，要挑选和培训第一流的工人。所谓第一流的工人，是指适合于某种工作并且愿意努力工作的工人。要提高工人的劳动生产率，必须使工人掌握标准化的操作方法，使用标准化的工具、机器和材料，在标准化的工作环境中操作。

（3）要采用刺激性的工资报酬制度激励工人努力工作。主要方法是制定工作定额，实行差别计件制。

（4）要把计划职能和执行职能分开，以科学工作方法取代经验工作方法。主要方法是细化生产过程管理，实行职能工长制，一个工长负责一方面的职能管理工作。

6. 一般管理理论

一般管理理论的代表人物是法约尔。法约尔长期担任高层管理工作，对全面管理工作有深刻的体会。他在其代表作《工业管理与一般管理》中提出的一般管理理论对西方管理理论的发展具有重大影响。一般管理理论的基本理论要点包括：

（1）6种经营活动。法约尔认为，经营和管理是两个不同的概念，经营是引导一个组织趋向一个目标。经营包含 6 种活动：技术活动、商业活动、财务活动、安全活动、会计活动、管理活动。

(2) 五大管理职能。法约尔指出，管理包含计划、组织、指挥、协调和控制五大职能。管理的五大职能思想，为人们认识管理职能和管理过程的一般性框架。

(3) 14 条管理原则。法约尔提出了著名的 14 条管理原则，至今仍有重要的实践指导意义。这些原则包括：劳动分工原则、权力与责任对等原则、纪律原则、统一指挥原则、统一领导原则、个人利益服从整体利益原则、员工报酬原则、集权原则、等级系列原则、秩序原则、公平原则、人员稳定原则、首创精神原则、团结合作原则。

7. 理性行政组织理论

理性行政组织理论的代表人物马克斯·韦伯，德国著名思想家，社会学家。马克斯·韦伯提出的通常被称作"官僚制""科层制"或"理性行政组织"的理论，对工业化以来各种不同类型组织产生了广泛而深远的影响，成为现代大型组织广泛采用的一种组织管理方式。马克斯·韦伯被誉为"组织理论之父"。理性行政组织理论的基本理论要点包括：

(1) 理性行政组织的实质在于以科学确定的制度规范作为组织行为的基本约束机制。马克斯·韦伯指出，组织管理过程中依赖的基本权威已经由个人转向法理，组织将以理性的、正式规定的制度规范为权威中心。

(2) 理性行政组织一般具有以下特征：在劳动分工的基础上，规定每个岗位的权力和责任，并把权力和责任制度化；各个岗位按照权力的大小在组织中形成有序的等级系统，并以制度形式巩固下来；明确规定岗位特性以及该岗位对人应有能力的要求；管理人员根据法律制度赋予的权力处于拥有权力的地位，所有的人都服从制度而不是个人；每个管理人员只负责特定的工作；权力要受到严格的限制，服从有关章程和制度的规定。

(3) 理性行政组织的优越性：摆脱了传统组织的随机、易变、主观、偏见的影响，具有比传统组织优越得多的精确性、连续性、可靠性和稳定性。

8. 一般组织管理原理

一般组织管理原理的代表人物是巴纳德，1886 年出生于美国马萨诸塞州，代表作是 1938 年出版的《经理人员的职能》。巴纳德开创了组织管理理论研究，揭示了管理过程的基本原理，后经西蒙、马奇、赛尔特等人的进一步发展，一般组织的管理原理形成管理学领域的组织管理流派。巴纳德也被誉为近代管理理论的奠基人之一。其基本理论要点包括：

(1) 以组织为基础分析和说明管理的职能和过程。其基本的理论结构是：个体假设—协作行为和协作系统理论—组织理论—管理理论。比起管理的过程和职能来，巴纳德以组织为基础的分析更能说明管理的内在逻辑。

(2) 组织可分为正式组织与非正式组织。正式组织是两个或两个以上个人的有意识协调的行为或力的系统,非正式组织是个人相互接触中无意识地以体系化、类型化为特征的多种心理因素相结合而成的体系。正式组织包含协作意愿、共同目标、信息沟通三个基本要素。正式组织与非正式组织互为条件、相互制约、相互促进的关系。组织一般都是正式组织层面与非正式组织层面的统一。

(3) 维持组织的生存和发展必须实现三个方面的平衡,即组织内部个人和整体之间的平衡、组织与环境之间的平衡、组织的动态平衡。

(4) 管理人员最根本的职能是协调。管理人员履行职能有三个基本途径:建立和维持一个信息联系的系统、从组织成员那里获得必要的努力、规定组织的共同目标。除此之外,管理人员还要有领会组织的整体及其有关形势、把握管理过程的艺术。

9. 人际关系学说

人际关系学说的代表人物梅奥,原籍澳大利亚的美国行为科学家。他与罗特利斯伯格通过霍桑试验,提出著名的人际关系学说,开辟了行为科学研究的道路。

1924 年,美国西方电气公司在芝加哥附近的霍桑工厂进行了一系列试验。这次试验最初的目的是根据科学管理原理,探讨工作环境对劳动生产率的影响,试验结果出乎研究者预料,不论生产环境变好还是变坏,产量都增加了,当时试验者无法对此作出合理解释。从 1927 年开始,梅奥和罗特利斯伯格参加到了该项试验中,研究心理和社会因素对劳动过程的影响。1933 年,他们出版了《工业文明的人类问题》,总结了霍桑试验研究工作,形成人际关系学说的基本内容。其基本理论要点包括:

(1) 人是社会人。工厂的工人不是单纯追求金钱和物质收入的"经济人",还有心理上和社会方面的感情需要,是"社会人"。他们有诸如友情、安全感、归属感等方面的需要。管理过程中要重视工人作为社会人的需要。

(2) 存在非正式组织。由非正式的接触和感情纽带联结在一起,企业中存在非正式组织。非正式组织有自己的行为规范,很多时候与管理者的正式规定相冲突,影响劳动生产率。管理者要善于利用非正式组织的作用,不能只重视正式组织的作用。管理者既要有理性分析能力,也要通晓人性,重视人际关系协调。

10. 现代管理理论

经历了 20 世纪 30 年代至 40 年代的发展时期后,管理学进入蓬勃发展阶段,美国著名管理学家孔茨将之概括为"理论的丛林",反映了现代管理理论研究多姿多彩的局面。

11. 经验管理流派

经验管理流派以大企业管理人员的管理经验为主要研究对象,重视对管理经验的借鉴以及管理案例分析。该流派的主要代表人物有德鲁克和戴尔等人。经验管理流派的主要思想包括：

（1）目标管理是有效的组织管理手段。德鲁克提出了一个具有划时代意义的概念——目标管理，他被誉为“现代管理学之父”。目标管理的最大优点是能够让一位经理人能控制自己的成就。自我控制意味着更强的激励，这是更高的成就目标和更广阔的眼界的基础。目标管理的主要贡献之一就是它使得我们能用自我控制的管理来代替由别人统治的管理。

（2）管理要解决的问题有90%是共同的。德鲁克认为，管理在不同的组织里会有一些差异。但是在所有组织中90%左右的管理问题是共同的，不同的只有10%。只有这10%需要依靠这个组织特定的使命、特定的文化和特定语言来解决。换言之，一个成功的企业领导人同样能领导好一家非营利机构，反之亦然。

（3）培养经理人非常重要。经理人是组织中最昂贵的资源，而且也是折旧最快、最需要经常补充的一种资源，因此，培养经理人非常重要。建立一支管理队伍需要多年的时间和极大的投入，但彻底搞垮它可能不用费多大劲儿。组织员工的态度所反映的，首先是其管理层的态度。组织员工的态度，也是管理层的能力与结构的一面镜子。员工的工作是否有成效，在很大程度上取决于他被管理的方式。

（4）组织的目的是使平凡的人做出不平凡的事。组织不能依赖于天才，因为天才稀少如凤毛麟角。考察一个组织是否优秀，要看其能否使平常人取得比他们看来所能取得的更好的绩效，能否使其成员的长处都发挥出来，并利用每个人的长处来帮助其他人取得绩效。组织的任务还在于使其成员的缺点相抵消。

12. 管理科学流派

管理科学流派主张在管理过程中采用科学方法和数量方法解决问题，侧重分析和说明管理中科学、理性的成分和可数量化的侧面。管理科学流派的代表人物有布莱克特、埃尔伍德·斯潘赛·伯法等。管理科学流派的主要思想包括：

（1）管理必须遵循一定的管理模型。从本质上来说，管理科学中用到的关于生产和营运中的最有效的分析方法就是管理模型。管理模型包含利润、贡献、总成本、增量成本、机器停工时间、机器利用率和流程时间等若干关键变量。

（2）管理模型的有机运行构成一定的生产系统。一定生产系统的成功管理依赖于管理模型运行的有效性，即管理因素之间运行的协调性和效率。

（3）生产系统主要依靠长期和短期两种决策类型。生产系统中所产生的问题要求两种主要类型的决策，一种是长期决策，它关系到生产系统的设计，例如产品的选择和设计、设备和生产过程的选择等；另一种是短期决策，它关系到生产系统的运行和控制，例如库存和生产控制、生产系统的维修和可靠性、质量控制、劳动控制、成本控制等。

（4）生产系统的设计和业务的计划控制与生产系统的类型相关。在实际环境中,生产系统的设计和业务的计划控制主要包括以下三大系统的运作,即生产—分配系统、间断管理系统以及大规模项目运作管理系统,这些系统的运作都不相同,这种不同与生产系统的类型有关。

13. 决策理论流派

决策理论流派是有关决策过程、准则、类型及方法的较完整的理论流派,其主要思想来源于巴纳德的一般组织的管理原理。决策理论流派的主要代表人物是赫伯特·西蒙,其主要著作有《管理行为》《组织》《管理决策的新科学》等。决策理论流派的主要思想包括:

(1) 人通常既不是完全理性也不是非理性,而是有限理性。有限理性是由于大脑加工所有任务的生理约束。正是这种约束,使思维过程表现为一种串行处理或搜索状态,从而也限制了人们的注意广度以及知识和信息获得的速度和存量。

(2) 合理的决策一般是建立在有限理性的基础之上。决策的合理性必须考虑人的基本生理限制以及由此而引起的认知限制、动机限制及其相互影响的限制。因此,决策者在决策之前没有全部备选方案和全部信息来决定方案的选定和搜索,而只能建立在有限理性的基础上进行决策。

(3) “管理人”不能一味追求问题的最优解。在信息社会时代到来之际,随着计算机网络、电话等通信技术的迅速发展,我们面临的信息危机不是由于信息匮乏,而是信息数量过剩的问题,即信息爆炸带来的问题,在这种环境中,意识到人的理性是有限的这一现实是十分重要的,它将能更好地指导我们有效地思考问题、解决问题,而不是一味地追求最优解。

14. 权变理论流派

权变理论流派在大量研究的基础上提出了有效领导的权变模型,他们认为任何领导形态均可能有效,其有效性完全取决于所处的环境是否适合。权变理论的主要代表人物是弗雷德·菲德勒,其主要著作有《一种领导效能理论》《让工作适应管理者》《权变模型—领导效用的新方向》《领导游戏:人与环境的匹配》等。权变理论流派的主要思想包括:

(1) 注重管理与环境之间的联系。过去的管理理论可分为四种,即过程学说、计量学说、行为学说和系统学说,这些学说由于没有把管理和环境妥善联系起来,其管理观念和技术在理论与实践上相脱节,所以都不能使管理有效地进行。而权变理论就是要把环境对管理的作用具体化,并使管理理论与管理实践紧密地结合起来。

(2) 环境变量与管理变量之间的函数关系即是权变关系。环境变量可以分为外部环境变量和内部环境变量,外部环境变量又可以分为两种:①由社会、技术、经济和法律政治等组成;②由供应者、顾客、竞争者、雇员和股东等组成。内部环境变量主要是正式组织系统的各个变量。权变管理就是灵活处理有关环境的变量同相应的内部变量之间的关系,使管理观念和技术能有效地达到目标。

(3) 管理风格的改变途径。管理风格是与生俱来的,你不可能改变你的风格去适应变化的情境。因此提高管理者的有效性实际上只有两条途径:①替换管理者以适应环境;②改变情境以适应管理者。

15. 行为科学流派

行为科学流派主要从心理学、社会学角度研究个体行为、团体行为、组织行为。继梅奥的开创性研究之后,行为科学方面的研究长盛不衰,构成现代管理理论的一个重要方面。行为科学流派代表人物有马斯洛、麦格雷戈和赫茨伯格。行为科学流派的主要思想有:

(1) 人的需求是分层次的。简单地说,人的需求可分成生理需求、安全需求、爱和归属感、尊重和自我实现五层,依次由较低层次到较高层次排列。在自我实现需求之后,还有自我超越需求,但大多数人的自我超越需求与自我实现需求是合一的。

(2) 从不同的人性假设出发,可以得出不同的管理主张。行为科学流派提出两种人性假设方案,即X理论与Y理论。X理论认为人们有消极的工作原动力,而Y理论则认为人们有积极的工作原动力。持X理论的管理者会趋向于设定严格的规章制度,以减低员工对工作的消极性。持Y理论的管理者主张用人性激发的管理,使个人目标和组织目标一致,会趋向于对员工授予更大的权力,让员工有更大的发挥机会,以激发员工对工作的积极性。

(3) 有效激励既需要激励因素也需要保健因素。只有激励因素才能够给人们带来满意感,而保健因素只能消除人们的不满,但不会带来满意感。

16. 现代管理理论思想概括

(1) 组织都是正式组织与非正式组织的结合体。任何组织内部都既包含正式组织的各个要素,也不能完全否认非正式组织的存在与作用。组织管理要想达到理想的管理绩效,必须把正式组织和非正式组织的作用结合起来。一方面,利用正式组织规范程度高、纪律性强特点,有意识地在组织内部加强制度化建设,可以尽量排除日常管理中的例外现象。另一方面,利用非正式组织成员之间情感密切的特点,可以引导他们互帮互学,取长补短,提高组织成员的生产技术和工作能力。

(2) 管理的系统性、计划性、程序性要与灵活性、权变性、非程序性相结合。现代管理理论认为,组织正常运转必须使系统性、计划性、程序性与灵活性、权变性、非程序性相结合,这是保持组织命令与指挥系统的统一性的需要,也是实现对组织环境密切跟踪的必然要求。

(3) 管理的精确性和模糊性同时存在,行政手段要与经济手段相配合。现代管理理论认为在管理过程中还存在着大量的不清晰、不确定、不完美的情况,不能只注重精确性而忽视事物发展的本质,也不能单纯用模糊的方法去管理。采用行政方法进行管理,可以在一定程度上解决管理的模糊性问题,要利用行政手段具有效果直接有效的特点,保证行政效力;也要利用经济手段具有利益约束力的特点,提升下级的责任感,调动下级的积极性。

(4) 科学管理要与艺术管理相结合。古典管理理论把管理纳入了科学的轨道。行为科学则第一次把管理上升到艺术的高度。实践证明,要想真正使管理达到最优境界,只有把两者结合起来。一方面,艺术管理要以科学管理为前提。管理的艺术性应局限在管理制度失效的领域,如果是制度出了问题再好的管理艺术,也不能从根本上解决问题。另一方面,科学管理与艺术管理要互为条件。科学管理与艺术管理在实践中并非截然分开,而是互为条件。科学是教我们"知",艺术是教我们"行"。管理所追求的不是知识而是知识的运用,科学只有同艺术相结合,才有生命力。

17. 管理的价值取向

对组织而言,价值取向是组织追求的方向,也是确定组织激励机制的基础。就管理理论发展的过程来说,管理价值取向一直在随社会的进步而不断变化,其内涵也日益丰富深远。

(1) 效率取向。自科学管理理论出现以来,管理一直视效率为其追求的终极目标。因而,效率一直是管理主义范式的主要价值取向。泰罗提出科学管理理;在理性官僚制那里,设计等级森严的体制使行政机关更有效率地工作。在韦伯看来,上下服从、命令统一本身就是效率的保障。进一步地,有人认为,管理效率的真实含义,就在于揭示组织能够适当地和成功地进行什么工作,以及管理者怎样才能以尽可能少的成本去完成这些适当的工作。在经历了古典管理主义的进化之后,效率取向的内涵在实践中越来越丰富,效率取向正在被新公共管理运动的目标"三E"即经济、效率、效能所替代。

(2) 公平取向。公平作为管理的核心价值取向越来越受到重视。弗雷德里克森说:"实用的或传统的管理试图找出下列三个问题中的任何一个问题的答案:一是我们怎样才能够利用可以利用的资源提供更多更好的产品或服务?二是我们怎样才能够花费更少的资金保持产量和服务水平?三是这种产出究竟要靠哪些力量来维持?"

弗雷德里克森认为,解决这些问题的途径有两条:一方面要继续维持管理对效率的持续追求,另一方面则要强调管理者在决策与组织过程中的责任与义务,强调管理者对被管理者的要求作出积极的回应而不是单纯追求管理者自身需要的满足。换句话说,管理的有效性除了要保持对效率的追求之外,必须以待遇平等、行为互动和行为责任等公平因素作为基础。总之,管理不能只顾及效率,还要兼顾公平,如果把效率当作管理的唯一价值目标,平等价值观受到忽视,组织的效率根本无法得到保证。

(3) 规范化取向。规范化取向包括制度化、标准化。尽管规范化最终也要落到制度层面上，通过规章制度来实施，但制度化还远不等于规范化。制度化仅是规范化的形式。

规范化取向强调管理必须有一套系统的价值观念体系。组织是一个有机整体，组织规范化管理必须有一套组织内部一致认同的价值观念体系作为指导思想来协调组织运行和管理的行为，使组织方方面面的管理方法和技术，融合为一个整体，并彼此协调照应。这是组织规范化管理的首要特征。百衲衣式地把其他组织的管理方式、方法东搬一点，西凑一点，是不能获得理想的管理效果的。

规范化取向强调必须完整地承认被管理者的主体地位，充分尊重人的价值、尊严、地位和个性，也就是必须消除过去对人本性假定的片面性，整合经济人、社会人、自我实现人等多种片面性假设，强调人的主体性，并以主体人原理作为管理基础。

总之，规范化取向是要赋予组织一种生命力量，让组织像一个生命有机体一样，无论内部原因，还是外部原因，致使组织发生创伤和病变后，具有自动愈合、自动产生抗体抵御病原，恢复健康的机能。

(4) 共赢取向。共赢取向是与个人取向是相对而言的，个人取向强调管理者在管理活动中的作用，共赢取向则强调管理者与被管理者一起在管理活动中发挥作用。共赢取向强调管理权力的共享。这就意味着权力不是由管理者个人掌握，而是分布在每个人中间，管理者与被管理者一起共同参与决策，共同享有决策权力。

共赢取向强调团队成员的互依。这是指管理者和被管理者之间相互依赖，相互合作，在管理活动中相互作用激发彼此的心智，并创造出“1＋1＞2”的价值。

共赢取向强调管理角色的动态性。就是说根据管理活动任务的不同，实现管理者和被管理者角色的动态调整，也就是说在管理中，管理者和被管理者之间的角色不是固定不变的，而是根据管理情境和管理任务的变化而变化。

管理实践中的基本矛盾。唯物辩证法认为管理普遍存在着矛盾运动。从哲学的角度来揭示这些矛盾及其运动规律，有利于管理者自觉地正确处理这些矛盾，提高管理水平。

18. 集权与分权的矛盾

集权与分权是管理中的一对基本矛盾。这对矛盾的关系错综复杂，处理得好，有利于管理水平的提高，处理得不好，会给组织带来重大损失。

(1) <u>集权的优点：</u>①有利于管理者对组织活动的统一指挥、集中领导、果断决策；②有利于管理者对组织的整个组织活动的全过程实行全面控制；③可以有效拟定和贯彻组织的经营战略；④可以充分利用组织的各种资源；⑤有利于提高组织的整体效益。

(2) <u>集权的缺陷：</u>①不利于调动下层人员的积极性和主动性；②导致管理者工

作负荷加重，难以腾出时间和精力来考虑重大问题；③影响组织下层管理人员的培养。

（3）分权的优点：分权在处理组织的各种问题上能机动、灵活、及时，当下层和部门有一定权力时，就可以随时根据情况处理问题，不必把问题交到上面。

（4）分权的缺点：①容易产生偏离组织目标的本位主义倾向；②容易产生各部门之间协调难的问题；③不利于组织整体利益的实现。

（5）集权与分权的对立统一关系。有集权才能说分权，有分权才能谈集权。过度的集权与分权都不利于管理。那么，如何正确处理集权与分权的矛盾关系？由于集权与分权都存在优缺点，为了保持它们的优点，应当在组织中保持适当的集权与分权，使二者处于一个平衡状态，不使集权或分权过度膨胀。具体问题具体分析，当条件较适合集权时，集权的比例要大一些，当条件较适合分权时，分权的比例要大一些。在集权与分权这对矛盾中，分权是矛盾的主要方面，代表着前进的方向。因此，当组织适用分权的条件成熟时，应主动积极地放权。

19. 上层与下层之间的矛盾

上层与下层之间的矛盾既是管理角色之间的一对基本矛盾，也是贯彻组织管理全过程的一对基本矛盾。正确处理组织管理中的上下矛盾，对于减少人与人之间的摩擦、冲突、扯皮和推诿，调动组织各方面的积极性，提高工作效率和管理效率等都有积极的作用。

系统观点。任何组织都有上层和下层。上层为决策层和管理层，其重点管理工作是制订正确的战略方针和战略决策，并指导下级行动。下层为操作层，重点是完成上级下达的指标，使整个组织处于良好的受控状态。

矛盾观点。上层与下层之间的关系是既互相依存又相互对立。在组织管理中我们常常处在上下矛盾之中，没有上层，下层就失去指导和方向，没有下层，上层的目标就难以实现，且会在许多问题上各自为政，而正是这样的矛盾运动才推动组织管理的发展。

正确处理上层与下层的关系的方法和原则：

（1）上下沟通，互相理解。上下长期不沟通，上层不了解下层，下层不理解上层，就难以实现组织目标。上层要主动把掌握的信息、情报向下传递，主动到基层了解情况，下层也应当寻找恰当的机会主动向上层汇报工作。

（2）上级主动，调整关系。在现代组织管理中，管理者因有适应市场经济瞬息万变、采取果断决策的需要，所掌握的权力比较大，容易形成专制型的风格。专制型管理风格往往以不信任下级为前提，严重限制下级的工作积极性，也影响上级自身的工作质量。组织管理者应主动推行民主管理，应该注意到民主管理不仅是一个政治概念，还是一种处理上下矛盾关系的有效方法。

(3) 责权对等，各司其职。管理一词本身就包含着责权对等的含义，责权处理得是否对等是组织管理中上下矛盾处理得好坏的一个核心问题。上级向下级下达任务时，切莫忘记对下级授予相应的权力。当遇到特殊情况任务难以完成时，上下不能互相推卸责任，应根据各级应完成的任务主动承担责任。特别是处在上级位置上的管理者，不能把责任全推到自己之外去，更不能把责任往下推。

20. 多层目标之间的矛盾

组织目标一般可分为三个层次：最高目标、中层目标和基本目标。

最高目标也是组织的终极目标，主要内容是组织作为社会的一个细胞应向社会履行的一定义务，承担的一定责任。最高目标的作用是使组织成员认识到自己的社会价值，激发自豪感、士气、斗志和热情。

组织的中层目标通常是指组织扩大与发展的目标，主要内容通常是提高员工的技能和素质，不惜代价地引进组织有用的人才，引进先进的设备以更新固定资产，采用最有效的管理方法与手段等。

组织的基本目标就是我们通常所说的生存目标，比如利润最大化目标。

把组织目标分成这样三个层次，可以从理论上澄清长期存在的较混乱的组织目标多头化的问题，减少了许多不必要的争论。其辩证关系：

从对立性来看，三个层次的目标就是三个目标，它们各有含义与内容，而且三个目标之间互相冲突，在一定的经济利益条件下，在管理人员有限的时间和精力的条件下，最高目标考虑多了，必然会影响中层和基本目标，中层目标考虑多了，也会影响最高目标和基本目标，过于关注基本目标，往往会忘记中层目标和最高目标。

从统一性来看，三个层次的目标是互为条件、互相作用的，基本目标的实现为中层目标、最终目标打下基础。那么，如何正确处理组织目标三层次之间的关系？

(1) 正确处理利益上的远近矛盾。人无远虑，必有近忧。因此，不能只顾近期利益，不顾远期利益，用破坏自身信誉的手段来获取眼前利益是不可取的。当然，为了长远利益，必要时可以放弃近期利益。

(2) 正确处理组织目标工作的主次矛盾。不同层次目标发生冲突时，应分清主要矛盾与次要矛盾，分清矛盾的主要方面与次要方面。任何时候最终目标的实现都是主要矛盾或矛盾的主要方面。一般情况下，基本目标的实现是一个基础，应当首先保证实现。

(3) 正确处理组织目标实现的全程性与阶段性的关系。从全过程来看，应尽量把三个层次的目标统一起来，但在每个阶段应有侧重点。

21. “华盛顿合作定律”

简称“华盛顿定律”，是指一个人敷衍了事，两个人互相推诿，三个人则永无宁日。“华盛顿定律”阐释了社会存在的现象：人与人的合作不是静止的，它更像方向各异的能量：互相推动时自然会事半功倍，相互牵制、抵触时则会事倍功半。

美国人喜欢把简单的道理总结成定律，所以中国的“一个和尚挑水吃，两个和尚抬水吃，三个和尚没水吃”的“三个和尚”的故事，到了美国就变成了“华盛顿定律”。当然，“华盛顿定律”不完全是中国“三个和尚”故事的翻版，其内涵更为丰富。

螃蟹的故事也能从另一方面说明“华盛顿定律”中“三个人永无宁日”的现象。篓子中如果放一群螃蟹，不必盖上盖子，螃蟹是爬不出来的。因为只要有一只螃蟹想往上爬，其他的螃蟹便会纷纷攀附在它的身上，把它也拉下来，最后没有一只能够出去。

仔细研究可以发现，“华盛顿定律”的存在必须有3个条件：①责任分配不明确，导致员工职责不清；②彼此缺乏沟通，没有形成真正的团队精神；③团队中有制造不和谐的人存在，影响团队的战斗力，使团队“永无宁日”。因此，在管理中要警惕“华盛顿定律”的滋生蔓延，就要从制度上和机制上杜绝产生“华盛顿定律”的土壤和条件。

(1) 建立明确的岗位责任制，对每一个员工都要有明确的分工，这样就会使大家轻易地看到谁在敷衍了事，谁在互相推诿。

(2) 加强团队建设。人与人的合作是一个问题，如何合作则是另一个问题。要想形成真正的团队，就要加强团队建设，加强团队内的沟通与交流，建立互相合作的团队文化，最大限度地发挥每个员工的潜能。

(3) 对有意制造不和谐的人决不姑息迁就。组织里常会有一些人嫉妒别人的成就与杰出表现，并且天天想办法加以排挤。如果组织对这种人熟视无睹，久而久之，组织里就会只剩下一群相互牵制、毫无生产力的“螃蟹”。这样一来，“华盛顿定律”的滋生和蔓延就不可避免了。

22. “马太效应”

“马太效应”来源于《新约·马太福音》中的一个故事。古罗马的一个国王远行前根据每个仆人的才干，把一部分财产委托给他们，希望他们学做生意。给第一个仆人5个塔伦特(注：古罗马货币单位)，给第二个仆人2个塔伦特，给第三个仆人1个塔伦特。国王回来后，第一个仆人报告说，他用5个塔伦特经商赚了5个塔伦特，国王很高兴，于是就奖给第一个仆人一些土地；第二个仆人报告说，他用2个塔伦特经商也赚来了2个塔伦特，于是，国王也奖给第二个仆人一些土地；第三个仆人报告说他怕钱丢失，便一直没有拿出来，而是把钱埋在地下。面对第三个仆人，国王大怒，便命令将第三个仆人的那1个塔伦特赏给第一个仆人，并且说：“凡是有的，还要给他，使他富有；凡是没有的，就连他所有的也要夺过来。”这就形成了“贫者越贫、富者越富”的现象。

20世纪60年代，美国著名社会学家罗伯特·莫顿首次将这种现象归纳为“马太效应”。对组织的发展而言，“马太效应”则告诉我们，要想在某一个领域保持优势，就必须在这个领域迅速做大做强。我们平常所说的“三流企业卖产品，二流企业卖技术，一流企业卖标准”，就是这个道理。只有达到一流水平、一流规模，才能产生赢家通吃的效果。在这方面，微软就是最好的赢家通吃的例子。

当然，“马太效应”不光是规模效应，还有领先效应、资源效应、聚集效应、光环效应、第一效应等。以第一效应为例，谁都知道珠穆朗玛峰是世界第一高峰，可有多少人知道第二高峰的名称？其实，印度的乔戈里峰仅比珠穆朗玛峰低 237 米，但因屈居第二，便落得无人念及的地步。

但“马太效应”也容易让人走入误区，认为规模越大越有优势，于是便盲目扩大规模。近十几年来，一些企业迅速崛起、迅速扩展又迅速衰败，喝下了急于扩大规模而酿就的苦酒，不能不令人深思。

23. “80/20 定律”

“80/20 定律”是指，20%的人拥有 80%的财富，80%的人的收入来自 20%的产品，80%的利润来自 20%的顾客。

“80/20 定律”，源于 1897 年意大利经济学家帕累托观察英国人的财富和收益模式所得到的结果。“80/20 定律”又称帕累托定律、帕累托法则、80/20 法则、二八法则、最省力法则、不平衡原则等。这个定律在当时并未引起较大的反响，直到 20 世纪 50 年代以后，经哈佛大学语言学教授吉普夫和著名质量管理大师朱兰的引介，才引起世界性的轰动。

根据“80/20 定律”可以推论，在组织中 20%的客户给组织创造了 80%的利润，20%的员工给组织创造了 80%的财富。所以，20%的顾客和员工是组织成败的“关键性人物”，因而，组织要把注意力集中在 20%的客户和员工身上。

但问题是怎样来识别这 20%与 80%呢？而且，20%与 80%往往并不是绝对不变的。现在的小客户可能是将来的大客户；现在对组织经营贡献不大的员工，将来可能是组织的功臣。因此，组织要力求让所有的顾客满意，给所有的员工以平等的机会。只有这样，才能抓住重要的 20%，又从“并不重要”的 80%中挖掘潜在的重要顾客与员工。

“80/20 定律”的运用不当，往往是由于以一种静态的眼光看问题，看不到一些因素之间的转化关系。我们应该充分注意到 20%与 80%之间转化的可能性，促进积极转化，防止消极转化，充分发挥“80/20 定律”的积极作用。

24. “路径依赖效应”

“路径依赖效应”是指一旦人们做出某种选择，惯性的力量便会使这一选择不断自我强化和锁定，让你轻易走不出来。

“路径依赖效应”最经典的例子是：现代铁路两条铁轨之间的宽度标准是

1.435米，为什么采用这一标准呢？原来，早期铁路是由制造电车的人按电车的轮距设计的，电车轮距又是根据英国马车的轮距设计的，而英国马车的轮距是从古罗马那里来的，古罗马马车的车距则是根据两匹马屁股的宽度来决定的。也就是说古罗马两匹马屁股的宽度最终决定了现代铁路铁轨之间的宽度。

“路径依赖效应”被美国的道格拉斯·诺思总结出来后，人们将其广泛用在选择和习惯的各个方面。在一定程度上，人们的一切选择都会受到“路径依赖”的可怕影响，人们过去做出的选择，决定了他们现在可能做出的选择。沿着既定的路径，不管是政治、经济方面的还是个人的选择，都可能进入良性循环的轨道并迅速强化，也可能沿着原来错误的路径往下滑，直到被“锁定”在某种无效率的状态下而导致停滞。

在现实中，“路径依赖效应”并不会百分之百地发生，它只是告诉人们：一旦踏上某条道路，再重新选择就很难，因为重新选择的成本不菲。无论是组织或是个人，路径选择之后无论实施多长时间，都会付出成本，而且实施的时间越长，成本就越大，再选择其他路径，以前的成本就可能会变得一文不值。这无论对任何组织或个人，都是一笔不小的损失，也是选择新路径时要考虑的经济因素。

25. “破窗效应”

“破窗效应”是指如果有人打破了一栋建筑物上的一块玻璃，又没有及时修复，别人就可能受到某种暗示性的纵容，去打破更多的玻璃。

“破窗效应”是美国政治学家威尔逊和犯罪学家凯林根据“破窗”实验提出来的。他们认为，被打碎玻璃的窗户如果不及时修复，就会给人一种无序的感觉，而在这种麻木不仁的氛围中，犯罪就会滋生和蔓延。“破窗效应”更多的是从犯罪心理去思考问题，但不管把“破窗效应”应用在什么领域，角度虽不同，道理却相似：环境具有强烈的暗示性和诱导性，必须及时修复“第一扇被打碎玻璃的窗户”，以免给人造成一种无序的感觉。

在现实生活中，环境的暗示和诱导作用可以说无处不在。例如，在窗明几净、环境幽雅的场所，没有人会大声喧哗、乱吐痰或乱扔垃圾；相反，如果环境脏乱不堪，则时常可以看见吐痰、便溺、打闹、互骂等不文明的举止。在公交车站，如果大家都井然有序地排队上车，又有多少人会不顾众人的文明举动和鄙夷目光而贸然插队呢！

仔细研究便不难发现，“破窗效应”也有明显的缺陷，它夸大了环境对人的影响作用。事实上，有的组织环境建设搞得很出色，但内部管理混乱，企业很不景气，“金玉其外，败絮其中”，这样的例子并不鲜见。要提高整个社会的文明程度，环境建设只是其中的一个方面，重要的是提高人的综合素质，整个社会文明程度的提高才能成为有源之水，有本之木。

26. 管理情境理论

情境管理学家拉比尔·S·巴塞认为，“所谓管理情境就是由历史遗留及对未来的预期而决定的、表现形式多样的、现行的、占主流地位的环境因素”,它们能决定管理任务能否正确地完成。只有当管理行为和现行情境相一致时,才能实施有效的管理。他把决定情境的主要因素划分为两类:

(1) 组织层次。组织层次指特定管理者发挥作用的那个阶层等级,具体包括3个层次,即总裁层、管理层和监管层,它们各自具有不同的责任。总裁层承担的是特定环境中组织系统全局战略总管的责任;管理层的职能是协调正在进行的管理、控制偶然事件以保证活动的畅通;监管层的职能就是使别人完成任务。

(2) 组织文化。6个关键维度决定,它们分别是社会形态、工作技术、个人需要、首席执行官的价值取向、工作配置与组织设计。前3个维度属宏观维度,其共同作用的结果形成了3个时代,即农业经济时代、工业经济时代和知识经济时代;后3个维度属微观维度,它们是从宏观维度衍生出来的。宏观维度与微观维度的共同作用,形成了3种组织文化,即家长专制的组织文化、官僚主义的组织文化和协作参与的组织文化。

这样一来,将3种管理层次和3种组织文化综合起来,就产生了如表6-1所示的9种不同的管理情境。这就是著名的3×3的拓扑结构框架。巴塞的情境管理理论就是围绕着这个框架展开。

表6-1 管理情境拓扑结构框架

组织文化 组织层次	家长专制的(P)	官僚主义的(B)	协作参与的(S)
总裁层(E)	EP	EB	ES
管理层(M)	MP	MB	MS
监管层(S)	SP	SB	SS

1) 管理情境中的“管理”

巴塞同意管理是为实现既定的目标,通过特定的文化、社会技术环境中的人类群体所完成的各种活动。不过他认为各种管理过程是由3种核心职能,即领导、决策和沟通与两个活动阶段,即计划和实施组成的。计划阶段包括目标、程序和预算3种职能;实施阶段包括组织、人事安排和控制3种职能。在所有的职能中,“领导被认为是管理中的关键职能,与之紧密联系的是决策和沟通。这些职能都会参与到计划和实施两类活动过程之中”。巴塞强调,管理情境中的管理本身是个系统,但它是在一个更大的系统中运作的,这个更大的系统包括文化、社会等宏观因素。

2) 管理情境与管理职能的适应性

组织层次不同,组织所采用的管理类型就不同;组织文化不同,组织所具有的管理风格就会有差异。这就是说,管理职能的执行应与特定的情境相匹配。巴塞用了大量的篇幅来陈述这个观点,他认为管理情境与管理行为的关系应该是这样的,如表 6-2 所示。

表 6-2 管理情境与管理职能

管理情境 管理类型 管理风格	EP 组织层次的 排他的	EB 组织层次的 决定的	ES 组织层次的 包含的
管理情境 管理类型 管理风格	MP 权变的 排他的	MB 权变的 决定的	MS 权变的 包含的
管理情境 管理类型 管理风格	SP 激励的 排他的	SB 激励的 决定的	SS 激励的 包含的

表 6-2 表明,在执行各种管理职能时,应采用与特定管理情境相适应的方式。例如,当管理情境是 EP 时,就应采用公司层次的管理类型和排他性的管理风格;当管理情境是 MB 时,就应采用权变的管理类型和决定的管理风格;以下依次类推。

其中,管理类型被划分成 3 种:组织层次的、权变的和激励的。组织层次的管理者属总裁层,必须善于进行战略性思考。权变的管理者属管理层,应善于随机应变思考以有效地实施组织战略。激励的管理者属监管层,应善于为下属将活动的实施变得具有可操作性,且能激励下属完成工作。

管理风格也被划分为 3 种:排他的、决定的和包含的。排他的管理风格与家长制的组织文化相适应,管理者必须能够而且愿意运用完全自上而下的实施风格;决定的管理风格与官僚主义的组织文化相适应,管理者必须能够而且愿意运用高层引导式的实施风格;而包含的管理风格则与协作参与式的组织文化相适应。

27. 管理技能理论

管理技能可以从两个方面来考察:技能类型与影响技能发挥的各种内外部因素。

1)管理技能的类型

按管理学家卡茨的分析,管理者所需的技能一般有 3 种,技术技能、人际技能和概念技能。技术技能指运用专门知识分析问题的能力。人际技能指作为一个群体成员高效地工作,并能和团队其他成员建立起合作关系的能力。概念技能是一种协调和整合组织利益和活动的能力。巴塞认为,处于不同层次上的管理者对 3 种技能需求的侧重点是不同的(见表 6-3),而且随着信息时代的到来,管理者除具备上述 3 种技能外,还应具备感知技能,即将组织视为整体的能力。

2）影响管理技能发挥的主要因素

孔茨认为，影响管理技能的因素主要有3个：本位因素、权力动机和气质类型。

（1）本位因素。能对管理效果产生影响的本位因素有3个：成就本位、人的本位和任务本位。成就本位关注的是单个地或集体地同他人一起完成的基本目标，人的本位关注的是人们的情感，认为工作绩效是次要的；任务本位同人的本位正好相反，它关注的是使工作完成，认为人的情感是次要。不同管理层次的管理者对3种本位的需求也存在差异。

（2）权力动机。麦克利兰等将权力动机划分为两类，一类是个人化权力动机，另一类是社会化权力动机。前者定位于个人的发展与提高上，基本上是利己的；后者定位于共同的利益，目的是增加他人的福利。这是两种极端的情况，有许多权力动机是两者的混合。从一般意义上讲，个人化权力动机的作用随管理层次的提高而逐步递减，相反，社会化权力动机的作用却随管理职位的提升而逐步递增。

（3）气质类型。气质在相当大的程度上决定着人们的行为，它是决定管理成效的重要因素。基尔塞等归纳出人类所具有的4种气质，它们是崇尚精神世界的阿波罗型，注重理论推知和洞察力的普罗米修斯型，注重责任感的爱比米修斯型和善于排除困难的狄俄尼索斯型。管理技能与其影响因素之间的关系如表6-3所示。

表6-3 管理技能及其影响因素

	管理技能	本位因素	权力动机	气质类型
总裁层	高概念技能 适中的人际技能 低技术技能	高成就本位 适中的任务本位 适中的人的本位	社会化权力动机	普罗米修斯
管理层	适中的概念技能 适中的人际技能 适中的技术技能	适中的成就本位 高任务本位 适中的人的本位	社会化权力动机	递减爱比米修斯
监管层	低概念技能 适中的人际技能 高技术技能	适中的成就本位 适中的任务本位 高的人的本位	个人化权力动机	阿波罗 狄俄尼索斯

28. 管理责任理论

管理责任就其本质来说，是社会关系对管理者的现实要求。任何实践都是建立在责任之上的，作为一种实践活动的管理也必然以责任为基础。要想使有效的管理得以实现，管理责任是关键。

1）管理责任的内容

总体来看，管理既是组织的活动又是人的活动，管理的最终目标是获得人的最好发展和组织的最大效益。因此，管理责任的内容既包含物资的有效调配、组织的发展与平衡，也包括组织成员的个人发展与个性化需求的满足。从管理科学发展历程看，管理责任是动态的，管理责任的内容随时代的发展不断延伸和丰富。

(1) 科学管理阶段，物质利益或经济利益价值的追求被看作是工人、组织的根本追求。管理责任是通过采用科学的方法节约劳动、提高效率，增加盈余来实现的。管理责任的内容和关注点是物质的有效供给。但忽视了对人文方面的审视，个体物质利益价值追求与精神、社会价值追求被分割开来。换句话说，管理责任注重客体的理性要求，但忽视了客体的情感归属以及客体对自尊自由的要求。

(2) 行为科学时期，管理责任内容开始演化，每一个社会组织在管理过程中都必须承担两个永远存在和反复呈现的责任：一是必须使它的成员在物质、经济以及心理上的需要得到满足；二是必须使它的成员在组织整体中的自发合作得到保持。这一时期，管理过程中对人的需求和动机的激励表明管理不只关注客观的利益和效率，开始注重对组织主体的人的关怀。

(3) 现代管理时期，管理问题被从人性的角度、社会整体的角度来思考。管理责任内容是在以人为核心的前提下，怎样才能够最好地实现和保持管理活动中物的方面与人的方面的适当平衡。同时，组织作为社会整体的一部分，组织必须承担一定的社会责任。因此，管理的责任包括巩固并重新引导组织，以便使它走向一条通向新纪元的大道。

2）管理责任的特性

管理责任之间具有关联性、相对独立性和分解性三个相对独立又紧密联系的特性。

(1) 关联性。分级制是组织的基本体制，有些组织是通过产权联系在一起的，有些组织是通过职能划分联系在一起的。这表明在组织内部，管理责任都是建立在一定的关联关系之上的。组织体系的延伸也是责任体系的延伸。组织的整体性以责任体系关联性为基础。

(2) 相对独立性。管理责任具有相对独立性，其含义是指管理责任具有自身独特的运作机理。①管理责任在内容上有自身的规定性，责任对象也有它的特殊性；②无论在何种管理层级，管理责任的实现都需要一套完整的责任机制作为支撑。

(3) 分解性。与组织体系相一致，管理责任也是多层次的责任体系，但作为市场化和社会化的主体，任何组织内部都要有合理的功能分工，既不能完全重合，也不能没有联系。因此，功能分工导致责任必须是分解的。

3）管理责任的实现条件

由于管理责任的上述特性，管理责任的实现必须在一定的框架和运行机制的保障下才能实现。

(1) 以分工为基础建立责任分担体制。在组织内部，管理层和上级通常是以领导者的角色出现的。对于下级和被管理层来说，效率责任、岗位责任就是他们的本质责任，而经济责任、效能责任、法律责任、道德责任、社会责任则是管理层和上级的本质责任。在这个总体性的责任框架下，在组织内部，上级和下级都应根据自身的责任内容，结合在分工体系中的地位与角色，有选择地进行责任承担。

(2) 建立有效的责任履行监督机制。对下级建立起科学有效的监督激励机制，保证下级在组织整体战略框架内健康运作发展，是实现管理责任管理方面的重中之重。一般而言，上级对下级管理难度较大的根源在于利益分配。在责任体系构建过程中，上级是领导者和指挥者，同时又是监督者，特别是承担社会责任方面，下级有着不同层面的责任，上级要在下级各自所担负的责任情况下保证上级责任的系统化和有效化，这就要求在组织内部建立责任履行考评机制，对下级责任履行作出评价和安排，指出其需要完善之处，从而更好地监督下级切实地履行责任。

29. 管理创新理论

管理创新则是指组织形成创造性思想并将其转换为有用的产品、服务或作业方法的过程，也即，富有创造力的组织不断地将创造性思想转变为某种有社会价值的结果。当管理者说到要将组织变革成更富有创造性的时候，他们通常指的就是要激发管理创新。

链 接

创新概念的提出。经济学家约瑟夫·熊彼特于1912年首次提出了“创新”的概念，指出创新是以现有的思维模式提出有别于常规或常人思路的见解为导向，或利用现有的知识和物质，在特定的环境中，本着理想化需要或为满足社会需求的目的，而改进或创造新的事物、方法、元素、路径、环境，并能获得一定有益效果的行为。

管理创新的内容。一般而言，管理创新包括管理思想、管理理论、管理知识、管理方法、管理工具等的创新。①从功能的角度来可分为目标、计划、实行、检查反馈、控制、调整、领导、组织、人力资源9项管理职能的创新；②从业务角度来划可分为战略创新、模式创新、流程创新、标准创新、观念创新、风气创新、结构创新、制度创新等；③从部门的角度可分为研发管理创新、生产管理创新、市场营销和销售管理创新、采购和供应链管理创新、人力资源管理创新、财务管理创新、信息管理创新等。

管理创新的4个阶段。第一阶段是对现状的不满。在几乎所有的案例中，管理创新的动机都源于对组织现状的不满，或是组织遇到危机等。当然，不论出于哪一种原因，管理创新都在挑战组织的某种形式，它更容易产生于紧要关头。第二阶段是寻找灵感。管理创新者的灵感可能来自其他社会体系的成功经验，也可能来自那些未经证实却非常有吸引力的新观念。第三阶段是创新实施。管理创新人员将各种不满的要素、灵感以及解决方案组合在一起，以重复的、渐进的方式找到突破口。

第四阶段是争取内部和外部的认可。在管理创新的最初阶段,获得组织内部的接受比获得外部人士的支持更为关键。这个过程需要明确的拥护者。管理创新的另一个特征是需要获得"外部认可",以说明这项创新获得了独立观察者的印证。在尚且无法通过数据证明管理创新的有效性时,高层管理人员通常会寻求外部认可来促使内部变革。

外部认可包括4种来源:①学者,他们密切关注各类管理创新,并整理总结企业碰到的实践问题,以应用于研究或教学;②咨询公司,他们通常对这些创新进行总结和存档,以便用于其他的情况和组织;③媒体机构,他们热衷于向更多的人宣传创新的成功故事;④行业协会。

管理创新的实现条件。为使管理创新能有效地进行,还必须具有以下的基本条件:

(1)创新主体良好的心智模式。创新主体(企业家、管理者和企业员工)具有良好的心智模式是实现管理创新的关键。心智模式是指由于过去的经历、习惯、知识素养、价值观等形成的基本固定的思维认识方式和行为习惯。创新主体具有的心智模式:一是远见卓识;二是具有较好的文化素质和价值观。

(2)创新主体较强的能力结构管理创新主体必须具备一定的能力才可能完成管理创新。一般而言,创新管理主体的能力结构包括:核心能力、必要能力和增效能力。核心能力突出地表现为创新能力;必要能力包括将创新转化为实际操作方案的能力,从事日常管理工作的各项能力;增效能力则是控制协调加快进展的各项能力。

(3)组织较好的基础管理条件。组织的基础管理主要指一般的最基本的管理工作,如基础数据、技术档案、统计记录、信息收集归档、工作规则、岗位职责标准等。管理创新往往是在基础管理较好的基础上才有可能产生,因为基础管理好可提供许多必要的准确的信息、资料、规则,这本身有助于管理创新的顺利进行。

(4)组织良好的管理创新氛围。创新主体能有创新意识,能有效发挥其创新能力,与拥有一个良好的创新氛围有关。在良好的工作氛围下,人们思想活跃,新点子产生得多而快,而不好的氛围则可能导致人们思想僵化,思路堵塞,头脑空白。

(5)明确的创新目标。管理创新目标比一般目标更难确定,因为创新活动及创新目标具有更大的不确定性。尽管确定创新目标是一件困难的事情,但是如果没有一个恰当的目标则会浪费组织的资源,这本身又与管理的宗旨不符。

三、领导理论知识点

30. 领导干部党性修养

为政之道,修身为本。领导干部的党性修养、道德水平,不会随着党龄工龄的增长而自然提高，也不会随着职务的升迁而自然提高，必须强化自我修炼、自我约束、自我改造。新时代中国特色社会主义思想，不仅包含着党治国理政的重要思想，也贯穿着中国共产党人的政治品格、价值追求、精神境界、作风操守的要求。要涵养政治定力，炼就政治慧眼，恪守政治规矩，自觉做政治上的明白人、老实人。

31. 政治坚定

习近平总书记指出，中国共产党人的理想信念建立在对马克思主义的深刻理解之上，建立在对历史规律的深刻把握之上。历史和实践反复证明，一个政党有了远大理想和崇高追求，就会坚强有力，无坚不摧，无往不胜，就能经受一次次挫折而又一次次奋起；一名干部有了坚定的理想信念，站位就高了，心胸就开阔了，就能坚持正确政治方向，做到“风雨不动安如山”。信仰认定了就要信上一辈子，否则就会出大问题。

32. 忠诚于党

习近平总书记强调，对党忠诚，是共产党人首要的政治品质。我们党一路走来，经历了无数艰险和磨难，但任何困难都没有压垮我们，任何敌人都没能打倒我们，靠的就是千千万万党员的忠诚。对党忠诚，必须一心一意、一以贯之，必须表里如一、知行合一，任何时候任何情况下都不改其心、不移其志、不毁其节。年轻干部要以先辈先烈为镜、以反面典型为戒，不断筑牢信仰之基、补足精神之钙、把稳思想之舵，以坚定的理想信念砥砺对党的赤诚忠心。要自觉加强政治历练，接受严格的党内政治生活淬炼，不断提高政治判断力、政治领悟力、政治执行力，使自己的政治能力同担任的工作职责相匹配。要立志为党分忧、为国尽责、为民奉献，勇于担苦、担难、担重、担险，以实际行动诠释对党的忠诚。

33. 求真务实

习近平总书记指出，我们党的历史反复证明，什么时候理论联系实际坚持得好，党和人民事业就能够不断取得胜利；反之，党和人民事业就会受到损失，甚至出现严重曲折。理论联系实际，前提是学懂弄通理论、掌握思想真谛。年轻干部要刻苦钻研马克思主义基本原理特别是新时代党的创新理论成果，努力掌握蕴含其中的立场观点方法、道理学理哲理，做到知其言更知其义、知其然更知其所以然。要深入学习党的理论创新成果，前后贯通学、及时跟进学，运用党的科学理论优化思想方法，解决思想困惑，检视自身思想作风和精神状态，牢固树立正确的世界观、人生观、价值观和权力观、政绩观、事业观，使自己的思维方式和精神世界更好适应事业发展需要。要坚持实事求是、求真务实，从实际出发谋划事业和工作，使提出的点子、政策、方案符合实际情况、符合客观规律、符合科学精神，以创造性工作把党中央决策部署落到实处。要坚持真抓实干、狠抓落实，一切工作都要往实里做、做出实效，不好高骛远、不脱离实际，力戒形式主义、官僚主义。要把做老实人、说老实话、干老实事作为人生信条，这样才能真正立得稳、行得远。

34. 人民至上

习近平总书记强调，人民是我们党的力量源泉，我们党根基在人民、血脉在人民，必须把人民放在心中最高位置，始终以百姓心为心。共产党的干部要坚持当“老百姓的官”，把自己也当成老百姓，不要做官当老爷，在这一点上，年轻干部从一开始就要想清楚，而且要终身牢记。年轻干部无论是立身处世还是从政干事，首先要解决好“我是谁、为了谁、依靠谁”的问题，不断追求“我将无我，不负人民”的精神境界。要拜人民为师，甘当小学生，特别要多交几个能说心里话的基层朋友，这样才有利于了解真实情况，才有利于把工作做好。要牢记我们党为人民谋幸福、为民族谋复兴的初心使命，始终坚守党全心全意为人民服务的根本宗旨，用心用情用力解决好群众“急难愁盼”问题，让群众有更多、更直接、更实在的获得感、幸福感、安全感。

35. 淬炼党性

习近平总书记指出，我们共产党人开展自我批评，根本动力来自党性，来自对党和人民事业高度负责的精神。年轻干部要有“检身若不及”的自觉，经常对照党的理论、对照党章党规党纪、对照初心使命、对照党中央部署要求，主动查找、勇于改正自身的缺点和不足。要本着对党、对事业、对同志高度负责的精神大胆开展批评，帮助同志发现缺点、改正错误，团结同志一道前进。要涵养虚心接受批评的胸怀和气度，胸襟开阔、诚恳接受，有则改之、无则加勉。

36. 敢于斗争

习近平总书记强调，敢于斗争是我们党的鲜明品格。我们党依靠斗争走到今天，也必然要依靠斗争赢得未来。开启全面建设社会主义现代化国家新征程，立足新发展阶段、贯彻新发展理念、构建新发展格局，面临的风险和考验一点也不会比过去少。年轻干部要自觉加强斗争历练，在斗争中学会斗争，在斗争中成长提高，努力成为敢于斗争、善于斗争的勇士。要坚定斗争意志，不屈不挠、一往无前，决不能碰到一点挫折就畏缩不前，一遇到困难就打退堂鼓。要善斗争、会斗争，提升见微知著的能力，透过现象看本质，准确识变、科学应变、主动求变，洞察先机、趋利避害。要加强战略谋划，把握大势大局，抓住主要矛盾和矛盾的主要方面，分清轻重缓急，科学排兵布阵，牢牢掌握斗争主动权。要增强底线思维，定期对风险因素进行全面排查。要善于经一事长一智，由此及彼、举一反三，练就斗争的真本领、真功夫。

37. 艰苦奋斗

习近平总书记指出，年轻干部要接过艰苦奋斗的接力棒，以一往无前的奋斗姿态和永不懈怠的精神状态，勇挑重担、苦干实干，在新时代新征程中留下许党报国的奋斗足迹。节俭朴素，力戒奢靡，是我们党的传家宝。现在，我们生活条件好了，但艰苦奋斗的精神一点都不能少，必须坚持以俭修身、以俭兴业，坚持厉行节约、勤俭办一切事情。年轻干部要时刻警醒自己，培育积极健康的生活情趣，坚决抵制享乐主义、奢靡之风，永葆共产党人清正廉洁的政治本色。

38. 领导胜任力

按照总局《税务系统数字人事实施办法》有关规定，领导胜任力主要测试对马克思列宁主义、毛泽东思想、邓小平理论、“三个代表”重要思想、科学发展观、习近平新时代中国特色社会主义思想的理解认识，引导、激励领导干部不断提高政治能力、调查研究能力、科学决策能力、改革攻坚能力、应急处突能力、群众工作能力和抓落实能力。

党的十九大报告要求增强学习本领，习近平总书记在2019年秋季学期中央党校（国家行政学院）中青年干部培训班上提出要增强斗争能力。综合以上，学习能力、政治能力、调查研究能力、科学决策能力、改革攻坚能力、应急处突能力、群众工作能力、斗争能力、抓落实能力都是领导能力素质建设的组成部分，也是系统选拔任用干部能力考察的主要内容。

39. 学习能力

为学须先立志。志既立，则学问可次第着力。立志不定，终不济事。在党的历史上，理论创新每前进一步，理论武装就要跟进一步。党的历次集中教育活动，都以思想教育打头，着力解决学习不深入、思想不统一、行动跟不上的问题，既绵绵用力又集中发力，推动全党思想上统一、政治上团结、行动上一致。因此，学习就是基础工作、日常所需、必修任务，务必日有所进、日省吾身、学思践悟、起而行之。

40. 真学真懂真用

学习的最大敌人是自我满足，要学有所成，就必须永不自满。现在，有的党员、干部对理论学习不重视，把自学变不学；有的想起来就学一学，三天打鱼、两天晒网；有的拿学习来装门面，浅尝辄止、不求甚解；有的学习碎片化、随意化，感兴趣的就学、不感兴趣的就不学；不少年轻干部理论功底还不扎实、理想信念还不够坚定。要做到真学真懂真信真用，还需要下更大气力。

41. 做到与时俱进

中国共产党人依靠学习走到今天，也必然要依靠学习走向未来。全党同志要跟上时代步伐，不能身子进了新时代，思想还停留在过去，看问题、作决策、推工作还是老观念、老套路、老办法。这样的话，不仅会跟不上时代、做不好工作，而且会贻误时机、耽误工作。这个问题必须引起全党同志特别是各级领导干部高度重视。与时俱进不要当口号喊，要真正落实到思想和行动上，不能做“不知有汉，无论魏晋”的桃花源中人！

42. 读原著学原文悟原理

要紧密结合新时代新实践，紧密结合思想和工作实际，有针对性地重点学习，多思多想、学深悟透，知其然又知其所以然。学习理论最有效的办法是读原著、学原文、悟原理，强读强记，常学常新，往深里走、往实里走、往心里走。

43. 全面地学联系地学

要把学习贯彻党的创新理论作为思想武装的重中之重，同学习马克思主义基本原理贯通起来，同学习党史、新中国史、改革开放史、社会主义发展史结合起来，同新时代我们进行伟大斗争、建设伟大工程、推进伟大事业、实现伟大梦想的丰富实践联系起来，在学懂弄通做实上下苦功夫，在解放思想中统一思想，在深化认识中提高认识，切实增强贯彻落实的思想自觉和行动自觉。

44. 学思用贯通知信行统一

习近平总书记强调，在学习理论上，干部要舍得花精力，全面系统学，及时跟进学，深入思考学，联系实际学。学习新时代中国特色社会主义思想，要深刻认识和领会其时代意义、理论意义、实践意义、世界意义，深刻理解其核心要义、精神实质、丰富内涵、实践要求。要紧密结合新时代新实践，紧密结合思想和工作实际，有针对性地重点学习，多思多想、学深悟透，知其然又知其所以然。学习理论最有效的办法是读原著、学原文、悟原理，强读强记，常学常新，往深里走、往实里走、往心里走，把自己摆进去、把职责摆进去、把工作摆进去，做到学、思、用贯通，知、信、行统一。

45. 政治能力涵义

在领导干部干好工作所需的各种能力中，政治能力是第一位的，是干部的定盘星。领导干部必须坚持正确政治方向，始终保持党的政治本色，始终沿着中国特色社会主义道路前进。在中国特色社会主义建设征程中要找准坐标、选准方位、瞄准靶心，磨砺忠诚、淬炼党性，不断提高政治判断力、政治领悟力、政治执行力，善于从政治上观察和处理问题，坚守政治立场，担当政治责任，完成好党和人民交给的各项政治任务。

46. 坚守正确政治方向

革命理想高于天。理想信念是中国共产党人的政治灵魂。要用马克思列宁主义、毛泽东思想、邓小平理论、“三个代表”重要思想、科学发展观、新时代中国特色社会主义思想武装头脑，增强“四个意识”，坚定“四个自信”，做到“两个维护”，牢固树立道路自信、理论自信、制度自信、文化自信，忠诚于党，忠诚于祖国，忠诚于人民，做到知行合一、言行一致，用自己的实际行动坚持和发展中国特色社会主义，为实现共产主义远大理想而努力奋斗。

链 接 1

习近平总书记强调，对党忠诚，是共产党人首要的政治品质。我们党一路走来，经历了无数艰险和磨难，但任何困难都没有压垮我们，任何敌人都没能打倒我们，靠的就是千千万万党员的忠诚。对党忠诚,必须一心一意、一以贯之,必须表里如一、知行合一,任何时候任何情况下都不改其心、不移其志、不毁其节。年轻干部要以先辈先烈为镜、以反面典型为戒,不断筑牢信仰之基、补足精神之钙、把稳思想之舵,以坚定的理想信念砥砺对党的赤诚忠心。要自觉加强政治历练,接受严格的党内政治生活淬炼,不断提高政治判断力、政治领悟力、政治执行力,使自己的政治能力同担任的工作职责相匹配。要立志为党分忧、为国尽责、为民奉献,勇于担苦、担难、担重、担险,以实际行动诠释对党的忠诚。

[《习近平在中央党校(国家行政学院)中青年干部培训班开班式上的讲话》,新华网,2021 年 3 月 1 日]

链 接 2

年轻干部必须坚持党的领导和中国特色社会主义制度。在这个问题上,决不能有任何迷糊和动摇!这次抗击新冠肺炎疫情斗争的实践再次证明,中国共产党是风雨来袭时中国人民最可靠的主心骨,我国社会主义制度是抵御风险挑战的最有力制度保证。年轻干部必须坚守一条,凡是有利于坚持党的领导和我国社会主义制度的事就坚定不移做,凡是不利于坚持党的领导和我国社会主义制度的事就坚决不做!

[《习近平在 2020 年秋季学期中央党校(国家行政学院)中青年干部培训班开班式上的讲话》,新华网,2020 年 10 月 10 日]

47. 提高政治判断力

政治上的主动是最有利的主动,政治上的被动是最危险的被动。增强政治判断力,就要以国家政治安全为大、以人民为重、以坚持和发展中国特色社会主义为本(党、人民、国家三者有机统一),增强科学把握形势变化、精准识别现象本质、清醒明辨行为是非、有效抵御风险挑战的能力。

做到“三个善于”:①善于思考涉及党和国家工作大局的根本性、全局性、长远性问题,加强战略性、系统性、前瞻性研究谋划,做到在重大问题和关键环节上头脑特别清醒、眼睛特别明亮;②善于从一般事务中发现政治问题,善于从倾向性、苗头性问题中发现政治端倪;③善于从错综复杂的矛盾关系中把握政治逻辑,坚持政治立场不移、政治方向不偏。

48. 提高政治领悟力

领导干部必须对党中央精神深入学习、融会贯通(掌握精神),坚持用党中央精神分析形势、推动工作(贯彻精神),始终同党中央保持高度一致(坚守精神)。应该不断提高政治站位,增强政治领悟力,对“国之大者”了然于胸,明确自己的职责定位。

49. 提高政治执行力

领导干部要经常同党中央精神对表对标，切实做到党中央提倡的坚决响应，党中央决定的坚决执行，党中央禁止的坚决不做，坚决维护党中央权威和集中统一领导，做到不掉队、不走偏，不折不扣抓好党中央精神贯彻落实。要把坚持底线思维、坚持问题导向贯穿工作始终，做到见微知著、防患于未然。要强化责任意识，知责于心、担责于身、履责于行，敢于直面问题，不回避矛盾，不掩盖问题，出了问题要敢于承担责任。

50. 提高政治自制力

提高政治能力必须对党的政治纪律和政治规矩怀有敬畏之心。领导干部必须修身律己，慎终如始，时刻自重自省自警自励，做到慎独慎初慎微慎友。要像珍惜生命一样珍惜自己的节操，做一个一尘不染的人。要带头廉洁治家，带头反对特权。

51. 提高政治理论水平

领导干部要注重提高马克思主义理论水平，学深悟透，融会贯通，掌握辩证唯物主义和历史唯物主义，掌握贯穿其中的马克思主义立场观点方法，掌握中国化的马克思主义，做马克思主义的坚定信仰者、忠实实践者。

52. 调查研究能力

调查研究是我们党的传家宝，是做好各项工作的基本功。党员领导干部把握“深、实、细、准、效”的调研思想，为推动各项工作奠定扎实基础。①坚持人民立场，经常深入群众，深入基层、身入实地，看真情、察实情，调研解决基层干部群众所想所急所盼；②坚持实事求是，了解和掌握真实情况，不能走马观花、蜻蜓点水，一得自矜、以偏概全；③坚持问题导向，带着问题去，做到思路清、方向明；④掌握调研方法，坚持全面系统辩证方法，坚持调研三原则，辩证思考，把握规律；⑤坚持推动实践，对经过充分研究、比较成熟的调研成果，要及时上升为决策部署，转化为具体措施，更好促进工作。

53. 坚持人民立场

一切为了群众，一切依靠群众，人民对美好生活的向往就是我们的奋斗目标。党员领导干部要拜人民为师、向人民学习，放下架子、扑下身子，接地气、通下情，深入开展调查研究，解剖麻雀，发现典型，把群众困难问题发现出来，把群众的意见反映上来，把群众创造的经验总结出来。要始终站稳人民立场，努力通过调研解决群众难题，增进人民福祉，不断增强人民群众获得感、幸福感、安全感。要坚决反对官僚主义形式主义，破除以往“浅入式”“呼叫式”“露脸式”调研等顽症痼疾，切实强化责任意识和担当精神，真心实意、身体力行地沉到基层纾困解难。

54. 坚持实事求是

实事求是是我们党的思想路线的重要内容，“共产党员应是实事求是的模范”，党员领导干部应当坚持求真务实的精神，研究问题、制定政策、推进工作，必须对客观实际情况进行调查了解和分析研究，把事情的真相和全貌调查清楚，把问题的本质和规律把握准确，把解决问题的思路和对策研究透彻，从而有效指导工作实践。

55. 坚持问题导向

东西南北中，党领导一切。内政外交国防各种问题考验党执政能力，考验干部驾驭风险的能力、应对复杂困难局面的能力，这些困难和风险的解决之道就在基层、在人民群众中。要调研时要做好充分准备，形成清晰方案，把需要解决的问题分清轻重缓急，紧密围绕基层最盼、最急、最忧问题开展调研。要善于把认识和化解矛盾作为打开工作局面的突破口，带着问题去，围绕问题走，听真话，察真情，解难题，努力把问题弄清楚、症结分析透，拿出切实可行的解决办法，指导实践，推动工作。

56. 掌握调研方法

毛主席告诉我们"第一是眼睛向下，不要只是昂首望天""第二是开调查会"。习主席强调："作出决策之前，先听他个八面来风，兼听各种意见，深入了解面临问题的本质，找出其规律，谋而后断"。要坚持全面调查、系统分析、辩证思考。不仅要看正面，还要看反面；既要听取汇报，还要重视群众反映；既要解剖麻雀，又要了解全局。要坚持调研三原则：从群众中来，到群众中去；集中起来，坚持下去；坚持真理，修正错误。智慧是从群众中来的，但对群众的意见还要加工，然后到实践中去验证，在这基础上再加工。如此往复，力求把握事物的客观规律。

57. 坚持推动实践

实践决定认识，是认识的源泉和动力，也是认识的目的和归宿。当前我国新发展阶段，面临构建新发展格局，推动高质量发展的神圣职责。各种风险困难矛盾需要解决，要求党员领导干部必须沉下心来，以时不我待的紧迫感认真搞好调查研究工作，利用好调研成果。对经过充分研究、比较成熟的调研成果，要及时上升为决策部署，转化为具体措施，更好促进工作。对尚未研究透彻的调研成果，要更深入地听取意见，完善后再付诸实施已经形成举措、落实落地的，要及时跟踪评估，视情况调整优化。

链　接

2003 年 2 月 23 日，时任浙江省委书记习近平像往常一样到基层考察。他在调研讲话中指出，领导干部调研要实实在在，要有问题意识，不能大而化之。习近平同志说，调研最重要的是要做到五个字：一是"深"，要深入到农村、学校、企业，好的要看，不好的也要看；二是"实"，不能居高临下，要与群众打成一片；三是"细"，要问得仔细、问出究竟；四是"准"，力求准确；五是"效"，调研要有效果，没有效果不如不去。

和平常一样，这次讲话非常通俗易懂，看似十分复杂的调研工作，习近平同志三言两语就点出要害，给人以很大启发。经记者记录整理，习近平同志审阅修改，这篇《调研工作务求深、实、细、准、效》的短评，在《浙江日报》头版以专栏形式推出“之江新语”。

（《情到深处——习近平同志与新闻舆论工作》，《人民日报》，2019 年 11 月 10 日）

58. 科学决策能力

党员领导干部做到科学决策，要坚持战略思维，增强全局观念，立足全局想问题、作决策。锤炼历史洞察力，洞悉先机，有效决策；提高科学辩证观，分析矛盾，辩证施策。坚持求真务实，抓住关键，把握规律，做到“求真”；全面权衡，实事求是，做到“务实”。坚持民主集中，广泛听取民意，提升民主素养；问计问策于民，凝聚基层智慧；提炼真知灼见，善于正确集中。坚持系统观念，注重统筹兼顾，注重辩证施策，注重系统集成。坚持依法决策，树立法治意识，增强程序观念，注重法制监督，切实提升科学化、规范化、法制化决策水平。

59. 坚持战略思维

不谋全局者不足谋一域，党员领导干部要有宏大的全局观，把全局作为观察和处理问题的出发点和落脚点，以全局利益来判断是非得失，对国家或本地区治理的趋势和规律有全局性研判，抓大放小，取舍有度。要有历史的洞察力，做到高瞻远瞩，看得远、想得深，不计较眼前得失，以超视距的目光看到长远的利益，洞悉先机、有效决策；要有科学的辩证观，发现主要矛盾和矛盾的主要方面的变化，在危机中育新机，于变局中开新局，发挥优势，扬长避短，把握规律、辨证施治。

60. 坚持求真务实

习近平总书记深刻指出，求真务实是共产党人的重要思想和工作方法。“求真”是把握规律，要直面问题，深入调查研究，听取多方意见，看实情、察真情，掌握第一手资料，善于运用创新思维、辩证思维，善于运用矛盾分析方法抓住关键、找准重点、阐明规律，形成决策备选方案。“务实”要实事求是。知之为知之，不知为不知。要向群众学习，向专家求教，向智囊征询，深入研究、综合分析，认真评估，看事情是否值得做、是否符合实际等，全面权衡，科学决断。

61. 坚持民主集中

历史是人民书写的，人民是真正的英雄。领导干部要提升民主素养。广泛听取民声，汇聚基层民意，尊重人民当家做主的权利，畅通参与政策制定的渠道，力争把各方面的真实意见掌握全、掌握准；要凝聚基层智慧。既要到问题集中的地方掌握实情，又要到问题解决好的地方找到方子，善于把群众创造的经验总结出来，反复研究、反复比较、择善而从；要善于正确集中，把不同意见统一起来，把各种分散意见中的真知灼见提炼概括出来，把符合事物发展规律、符合广大人民群众根本利益的正确意见集中起来，作出科学决策。

62. 坚持系统观念

要注重统筹兼顾，要跳出部门或地域决策的束缚，加强前瞻性思考、全局性谋划、战略性布局、整体性推进，善于把地区和部门的工作融入党和国家事业大棋局，做到既为一域争光、更为全局添彩。要注重系统集成，要把顶层设计与尊重人民群众首创精神高度统一，更好发挥中央和地方、机关和基层等方面积极性；要注重辩证施策，把局部决策与发展改革的系统性、整体性、协同性衔接在一起，统筹各领域改革进展，形成整体效应。

63. 坚持依法决策

“实现立法和改革决策相衔接，做到重大改革于法有据、立法主动适应改革和经济社会发展需要”。这既是改革的原则，也是决策的遵循。领导干部要树立法治意识，提升运用法治思维和法治方式的能力，形成对法治理念、法治价值的认知、认同，对法律的敬畏、维护和恪守，从而充分运用法律方式处理公共事务、化解社会矛盾、维护公民的合法权益。要增强程序观念。健全决策机制，加强重大决策的调查研究、科学论证、风险评估，履行决策法定程序，增强公众参与实效，提高专家论证质量，坚持合法性审查，防控决策风险；强化法治监督，健全重大政策事前评估和事后评价制度，完善内部监督和社会、公民监督相结合的监督体系，努力提升决策监督力度，提高决策法治化水平。

链　接

毛泽东的战略决策智慧

赵永华

中国革命向何处去？如何抗日救亡？在重大考验关头，毛泽东作出了超乎寻常的战略决策：与国民党蒋介石建立抗日民族统一战线，实现“停止内战，一致抗日”的目标。

毛泽东的革命生涯，是一首波澜壮阔、亘古未有的英雄史诗。每当历史的重要关头，他总是以超常的智慧，作出具有前瞻性、战略性的伟大决策，领导革命航船迎着狂风暴雨，绕过暗礁险滩，战胜惊涛骇浪，不断从胜利走向新的胜利。这里，撷取毛泽东战略决策的几个事例，供领导干部决策时学习和借鉴。

建立统一战线：一个石破天惊的决策

与国民党蒋介石建立统一战线，不亚于一个石破天惊的决策。

1935 年，中国工农红军经过两万五千里长征，胜利到达陕北。然而，危机并没有消除。日寇侵占东北、觊觎华北。国难当头，蒋介石却调集东北军和西北军对红军继续“围剿”，企图在陕北彻底扑灭革命的火焰。

中国革命向何处去？如何抗日救亡？在重大考验关头，毛泽东作出了超乎寻常的战略决策：与国民党蒋介石建立抗日民族统一战线，实现“停止内战，一致抗日”的目标。

毛泽东的这一决策，表现出宽广的胸襟与高远的视野。国共两党打了十来年内战。蒋介石发动四一二反革命政变，几十万共产党人和革命群众的人头落地；蒋介石调动百万军队对苏区进行疯狂“围剿”，导致赣南闽西革命根据地损失百分之九十以上。损失惨痛，血泪深仇，革命队伍中大多数人一时转不过弯来。受党内“左”倾机会主义影响，一些人奉行教条主义，向来追求革命队伍纯而又纯，连能否与民族资产阶级联合抗日都表示怀疑，又怎能与大地主大资产阶级联合抗日？

透过繁纷复杂、不断变化的国内外形势，毛泽东看到了中华民族与日本帝国主义之间的民族矛盾已经上升为主要矛盾，而以国共两党为代表的无产阶级和大地主大资产阶级的矛盾下降为次要矛盾。毛泽东认为，主要矛盾和矛盾的主要方面决定着中国形势的发展变化。民族矛盾的空前尖锐，大地主和大资产阶级以及其他帝国主义在中国的利益也将受到日寇损害，以蒋介石为代表的亲英美派在受到生死存亡威胁时，只要积极争取，是有可能参加抗战的。因而，毛泽东从中华民族整体利益和革命前途出发，坚持原则性与灵活性的高度统一，以和平处理1936年12月12日西安事变为契机，逐步从反蒋抗日、逼蒋抗日到实现联蒋抗日，完善实施了抗日民族统一战线的重大决策。

毛泽东的高明之处，就是用辩证法分析问题，既看到矛盾双方的同一性，又看到斗争性；对蒋介石的两面性有着深刻而清醒的认识，既看到他抗日的一面，也看到其妥协的一面；既看到蒋介石与共产党联合的一面，也看到他限制和妄图消灭共产党的一面。在建立抗日民族统一战线的谈判中，毛泽东作出了很大让步，红军可以编入国民党军队序列，但对于统一战线领导权问题，尤其是对军队独立指挥作战问题，则坚持原则，分毫不让，从而保证了共产党在抗日战争中发挥出中流砥柱作用。

为了维护抗日民族统一战线，针对国民党反动派发动的三次反共高潮，毛泽东本着“团结—斗争—团结”的方式，进行了有理、有力、有节的斗争；即使发生了新四军遭受重大损失的皖南事变，仍然侧重在政治上揭露和斗争，适当进行军事反击斗争；争取国内各阶层和广大人民的同情支持，争取世界上反法西斯统一战线国家的支持，彻底孤立反动派，保持抗日民族统一战线不分裂，从而保证了抗日战争获得全面胜利，也使我们党领导的军队和解放区获得长足发展。

毛泽东关于建立抗日民族统一战线的战略决策启示我们：面对错综复杂的形势，领导干部要扩展视野，洞察精微，发现主要矛盾和矛盾的主要方面的变化，坚持原则性与灵活性的高度统一，及时作出科学的决策，并在实施中不断充实完善，使决策在执行中达到预期甚至超过预期的结果。

抗美援朝：最艰难的一次抉择

决策抗美援朝，是毛泽东一生中最为艰难的一次抉择。

1950年6月25日，朝鲜内战爆发。朝鲜人民军主力部队很快推进到朝鲜半岛南部，占领了汉城。在朝鲜即将全部解放之际，美国却纠集所谓“联合国军”出兵朝鲜。9月15日，美军在仁川登陆，切断了朝鲜人民军主力的退路，朝鲜人民军被迫实行战略退却。美国还派出第七舰队，阻止我解放台湾。

毛泽东密切关注着朝鲜的局势。7月13日，毛泽东和中央军委命令第三十八、第三十九、第四十军紧急开赴东北，与第四十二军和炮兵第一、第二、第八师等组成东北边防军，加强东北边防力量。毛泽东预见到，美国扩大战争规模的可能性非常大，他开始考虑中国要不要出兵帮助朝鲜的重大问题。

10月1日，美军和南朝鲜军越过“三八线”，向中朝边境进犯，并轰炸中国边境城市。处于被动局面的朝鲜向中国政府求助。毛泽东与中央领导同志讨论出兵帮助朝鲜的问题。由于中美两国实力相差悬殊，中央高层中许多人觉得出兵抗美援朝胜算不大。这使毛泽东不能不慎重考虑。

毛泽东从世界形势、东西方两个阵营、中朝两国关系和中国长治久安的战略高度考虑朝鲜战争，认为中国若不伸出援手，朝鲜被美军占领，美军会沿着上千公里的中朝边界部署军事力量，随时可以对中国边境进行袭扰甚至侵犯，随时可以派遣特务深入内地进行破坏活动，边境地区的人民生活不得安宁，经济建设无法正常进行，国家和平无法保障。

毛泽东清楚中美两国实力相差悬殊，预见到出兵抗美援朝存在巨大风险，一旦引发中美之间的战争，甚至发生核战争，其后果是非常严重的。毛泽东更相信战争的正义性，他既看到美国强大的一面，也看到其色厉内荏的本质和远离本土作战的短板，坚信用我方的优势必然战胜敌方的劣势。

毛泽东经过反复慎重的考虑，以伟大的政治家、战略家的胆识与气魄，并说服中央其他领导同志，终于作出了抗美援朝的重大决策。中国人民志愿军与朝鲜人民并肩战斗，将不可一世的美国侵略者打回了“三八线”，于1953年7月27日签署停战协定。抗美援朝打出了中国军队的威风，打出了新中国的国际地位，也为我国经济建设赢得了数十年的安定环境。

毛泽东的抗美援朝战略决策启示我们：应对突如其来的重大挑战与困难，领导干部一定要高瞻远瞩，以超视距的目光看到长远的利益，而不能计较眼前的得失；要运用底线思维，做最坏的打算，向好的方向努力；要运用辩证思维，在挑战与困难中看到机遇，充分发挥自己的优势，以长避短、以弱胜强，争取实现最佳的战略决策目标。

64. 改革攻坚能力

习近平总书记指出,年轻干部要提高改革攻坚能力。面向未来,我们要全面推进党和国家各项工作,尤其是贯彻新发展理念、推动高质量发展、构建新发展格局,继续走在时代前列,仍然要以全面深化改革添动力、求突破。改革必须有勇气和决心,保持越是艰险越向前的刚健勇毅。要把干事热情和科学精神结合起来,使出台的各项改革举措符合客观规律、符合工作需要、符合群众利益。改革攻坚要有正确方法,坚持创新思维,跟着问题走、奔着问题去,准确识变、科学应变、主动求变,在把握规律的基础上实现变革创新。要尊重群众首创精神,把加强顶层设计和坚持问计于民统一起来,从生动鲜活的基层实践中汲取智慧。要注重增强系统性、整体性、协同性,使各项改革举措相互配合、相互促进、相得益彰。

65. 坚持敢闯先试

要传承特区精神,敢闯无人区。以攻坚克难的信心和勇气,以越是艰险越向前的刚健勇毅,大胆地试、大胆地闯,立志闯出一片新天地。要坚守大庆精神,敢啃硬骨头。在改革深水区勇挑重担,以滴水穿石、绳锯木断的恒心,以不破楼兰终不还的决心,攻下坚中之坚、难中之难。要弘扬党的优良传统,勇当先行者。遇见难题"我先上",一马当先,率先垂范,团结带领人民群众拿下改革的"拦路虎",搬开发展的"绊脚石";要发扬脱贫攻坚精神,争当奋斗者。脱下皮鞋,换上布鞋,以一往无前的奋斗姿态和永不懈怠的精神状态,勇挑重担、苦干实干,在改革攻坚的征程中留下许党报国的奋斗足迹。

66. 坚持开拓创新

没有创新就没有发展,没有改革就没有出路,没有攻坚就没有成效。要注重重点突破。坚持问题导向,跟着问题走、奔着问题去,以更大勇气解决问题、破解难题,在改革的局部求突破、出经验、实现全局整体推进和重点突破相促进;要注重应时求变。准确识变、科学应变、主动求变,在危机中育新机,在变局中开新局,在两个百年大局中开创出改革发展的中国道路;要注重吸纳创新。不忘本来、面向未来,要善于运用国内国外两种资源,利用革命建设发展宝贵经验教训,以我为主,创新创造。要注重自主创新,以更大决心破解"卡脖子"问题,坚决掌握核心竞争力,实现跟跑、并跑到领跑的转化。

67. 坚持尊重科学,要掌握先进理论

马克思主义始终是我们党和国家的指导思想,是我们认识世界、把握规律、追求真理、改造世界的强大思想武器。中国特色社会主义理论是我们克难奋进的法宝,我们务必内化于心,外化于行,落实到改革攻坚的全过程;要尊重人民首创,在人民群众中集思广益,在攻坚克难中完善方法,把加强顶层设计和摸着石头过河相结合,让改革探索符合社会发展规律,顺应人民群众呼声要求;要贯穿科学思维。把握社会发展规律，不盲目大干快上。把握社会生产规律，疏解束缚发展的制度藩篱。把握辩证发展规律，在解决问题、克服难题上有高招、出实招。

68. 坚持依法依规

要依法改革，贯彻“在法治下推进改革，在改革中完善法治”的原则，法治凝聚改革共识、完善改革决策、规范改革行为、推动改革进程、固定改革成果，保证改革始终在法治的轨道上全面展开；要干在实处。坚决反对形式主义官僚主义，力戒以改革之名铺张浪费，盲目铺摊子、上项目，搞华而不实的“地标”建筑、旅游“盛景”，惟真惟实、符合实际、务求实效；要清廉修德，以俭兴业，坚持厉行节约、勤俭办一切事情。带头遵规守纪，带头廉洁自律，培育积极健康的生活情趣，坚决抵制享乐主义、奢靡之风，永葆共产党人清正廉洁的政治本色。

69. 应急处突能力

预判风险是防范风险的前提，把握风险走向是谋求战略主动的关键。要增强风险意识，下好先手棋、打好主动仗，做好随时应对各种风险挑战的准备。要努力成为所在工作领域的行家里手，不断提高应急处突的见识和胆识，对可能发生的各种风险挑战，要做到心中有数、分类施策、精准拆弹，有效掌控局势、化解危机。要紧密结合应对风险实践，查找工作和体制机制上的漏洞，及时予以完善。

70. 增强风险意识

要充满忧患意识，彩虹和风雨共生，机遇和挑战并存，这是亘古不变的辩证法则，要坚定做好较长时间应对外部环境变化的思想准备；要坚持底线思维，辩证认识和把握国内外大势，洞悉本地区、本部门工作运行的危机与风险，加强战略性、系统性、前瞻性研究谋划，善于在危机中育新机、于变局中开新局。要坚定必胜精神，改革开放以来党带领群众应变局、平风波、战围堵、防非典、抗地震、战疫情，化为危机，破浪前行。无数事实证明，只要意识足、水平高、行动快、措施强，一定能成功应对重大风险挑战。

71. 锤炼应对能力

要提高政策水平，政策是处理突发事件的重要保证，务必学深悟透马克思主义理论，保持政治清醒和政治定力，提高见识和胆识，做到分类施策。要夯实处突基础，注意锻炼和提高自身在全新情境中领导管理的能力，在复杂环境实施决策的能力，在多变条件下分析解决问题的能力，在面对不同利益群体协调沟通的能力，为应急处突储备知识，丰富技能，增加经验；要掌握处突本领。将自己置身复杂环境进行实战考验，积累务实可用的好办法，增强处理纷繁复杂事件的技能水平，确保在面对突发情况时能心中有数、沉着应对、精准拆弹。

72. 实施精准防控

要精细研判，要加强对各种风险源的调查研判，提高风险预判能力，精准实施动态监测，努力实现实时预警；要精确防控，要将风险防控理念贯穿到工作运行的各环节，全面排查风险点，各种可能的风险及其原因都要心中有数、对症下药、综合施策，推进风险防控工作科学化、精细化；要精准应对，发扬斗争精神，实施科学手段，运用有效方法，出手及时有力，力争把风险化解在源头，不让小风险演化为大风险，不让个别风险演化为综合风险，不让局部风险演化为区域性或系统性风险，不让经济风险演化为社会政治风险，不让国际风险演化为国内风险，有效掌控局势、化解危机。

73. 健全风控机制

要健全领导体制，完善横向到边、纵向到底的应急处突领导体系，明确岗位责任，突出节点作用，做到突发事件第一时间预警，第一时间上报，第一时间处置。要健全处置机制。突发事件贵在一线处理解决，贵在及时快速有效，贵在合法合理合情，必须完善属地管理原则，快速处突机制，分类处突标准，做到突发事件有工作预案、有措施储备，有指导意见。要健全工作机制，紧密结合应对风险实践，查找工作和体制机制上的漏洞，确保风险点排查到位，风险防控措施切实可行，风险管理人机结合体系不断完善。

74. 群众工作能力

习近平总书记指出，年轻干部要提高群众工作能力。要坚持从群众中来、到群众中去，真正成为群众的贴心人。要心中有群众，时刻把群众安危冷暖放在心上，认真落实党中央各项惠民政策，把小事当作大事来办，切实解决群众“急难愁盼”的问题。要落实党中央关于逐步实现全体人民共同富裕的要求，带领群众艰苦奋斗、勤劳致富，在收入、就业、教育、社保、医保、医药卫生、住房等方面不断取得实实在在的成果。要注意宣传群众、教育群众，用群众喜闻乐见、易于接受的方法开展工作，提高群众思想觉悟，让他们心热起来、行动起来。要自觉运用法治思维和法治方式深化改革、推动发展、化解矛盾，维护社会公平正义。

75. 提升融合能力

基层干部要带着责任、带着感情，真正联系群众，深入群众、密切联系群众、服务群众，走进乡村田野、农家小院，多到群众家中走走看看，多去群众劳作的田间地头问问干干。放下架子，深入群众，在群众中摸爬滚打，与群众打成一片，晴天一身灰，雨天一身泥，同吃同住同劳动。住农家屋、睡农家床、吃百家饭、说百姓话，与群众交心、做知心朋友，始终做人民群众的贴心人。

76. 提高思想政治工作水平

要发扬民主，进一步拓宽社情民意反映渠道，加强和改进信访工作，深入推进基层事务公开透明，落实人民群众的知情权、参与权、表达权和监督权；要善做工作，建立一支能够与群众心心相印，善于做群众工作的基层思想政治工作者队伍，善于综合使用语言或非语言表达方式手段，晓之以理、动之以情、以情感人。要贴心服务。

从群众最关心、最密切的切身利益问题入手,注重分析网络舆情,准确掌握群众所想所难,公开回应群众的咨询投诉,确保思想政治工作在工作内容上贴近群众,把工作做到群众心坎上。

77. 依法依规办事

要大力宣传、坚决贯彻党在基层的各项方针政策。要结合本地本部门实际,创造性地贯彻落实上级政策,把原则性与灵活性有机结合起来,让党委放心、让群众满意。现阶段,群众的法律意识明显增强,这就需要基层干部在具体工作中要综合应用法律政策、经济、行政等手段,提高群众工作的针对性和时效性。要用法治思维和法治方式深化改革、推动发展、化解矛盾,要处理好基层存在的突出问题,用法律和制度维护好群众的切身利益,维护社会公平正义

78. 提升服务水平,要解决群众关切

认真落实党中央各项惠民政策,把事关群众的小事当作大事来办,急事要立即着手去办,大事难事要群策群力努力去办,切实解决群众"急难愁盼",做到身体力行,一心为民。要确保群众利益。在做各项事业时,要始终把群众利益放在优先位置,正确统筹处理好发展与群众事务之间的关系,把群众的眼前利益和长远利益兼顾好、处理好。要取得发展成果。注意从人民群众最关心、最直接、最现实的利益问题入手,找准工作重心和发力点,在改善群众生产生活条件上下功夫,带领群众艰苦奋斗、勤劳致富,在收入、就业、教育、社保、医保、医药卫生、住房等方面不断取得实实在在的成果,从而赢得群众的信任和拥护。

79. 斗争能力

习近平总书记强调,敢于斗争是我们党的鲜明品格。我们党依靠斗争走到今天,也必然要依靠斗争赢得未来。

开启全面建设社会主义现代化国家新征程,立足新发展阶段、贯彻新发展理念、构建新发展格局,面临的风险和考验一点也不会比过去少。年轻干部要自觉加强斗争历练,在斗争中学会斗争,在斗争中成长提高,努力成为敢于斗争、善于斗争的勇士。要坚定斗争意志,不屈不挠、一往无前,决不能碰到一点挫折就畏缩不前,一遇到困难就打退堂鼓。要善斗争、会斗争,提升见微知著的能力,透过现象看本质,准确识变、科学应变、主动求变,洞察先机、趋利避害。要加强战略谋划,把握大势大局,抓住主要矛盾和矛盾的主要方面,分清轻重缓急,科学排兵布阵,牢牢掌握斗争主动权。要增强底线思维,定期对风险因素进行全面排查。要善于经一事长一智,由此及彼、举一反三,练就斗争的真本领、真功夫。

80. 坚定斗争意志

习近平总书记强调,中华民族伟大复兴,绝不是轻轻松松、敲锣打鼓就能实现的,实现伟大梦想必须进行伟大斗争。在前进道路上我们面临的风险考验只会越来

越复杂，甚至会遇到难以想象的惊涛骇浪。我们面临的各种斗争不是短期的而是长期的，至少要伴随我们实现第二个百年奋斗目标全过程。必须增强“四个意识”，坚定“四个自信”，做到“两个维护”，坚定斗争意志，当严峻形势和斗争任务摆在面前时，骨头要硬，敢于出击，敢战能胜。

81. 把握斗争方向

习近平总书记强调，共产党人的斗争是有方向、有立场、有原则的，大方向就是坚持中国共产党领导和我国社会主义制度不动摇。凡是危害中国共产党领导和我国社会主义制度的各种风险挑战，凡是危害我国主权、安全、发展利益的各种风险挑战，凡是危害我国核心利益和重大原则的各种风险挑战，凡是危害我国人民根本利益的各种风险挑战，凡是危害我国实现“两个一百年”奋斗目标、实现中华民族伟大复兴的各种风险挑战，只要来了，我们就必须进行坚决斗争，而且必须取得斗争胜利。我们的头脑要特别清醒、立场要特别坚定，牢牢把握正确斗争方向，做到在各种重大斗争考验面前“不畏浮云遮望眼”“乱云飞渡仍从容”。

82. 明确斗争形势

习近平总书记指出，我们共产党人的斗争，从来都是奔着矛盾问题、风险挑战去的。当前和今后一个时期，我国发展进入各种风险挑战不断积累甚至集中显露的时期，面临的重大斗争不会少，经济、政治、文化、社会、生态文明建设和国防和军队建设、港澳台工作、外交工作、党的建设等方面都有，而且越来越复杂。领导干部要有草摇叶响知鹿过、松风一起知虎来、一叶易色而知天下秋的见微知著能力，对潜在的风险有科学预判，知道风险在哪里，表现形式是什么，发展趋势会怎样，该斗争的就要斗争。

83. 运用斗争方法

习近平总书记强调，斗争是一门艺术，要善于斗争。在各种重大斗争中，我们要坚持增强忧患意识和保持战略定力相统一、坚持战略判断和战术决断相统一、坚持斗争过程和斗争实效相统一。领导干部要守土有责、守土尽责，召之即来、来之能战、战之必胜。

84. 掌握斗争艺术

习近平总书记指出，要注重策略方法，讲求斗争艺术。要抓主要矛盾、抓矛盾的主要方面，坚持有理有利有节，合理选择斗争方式、把握斗争火候，在原则问题上寸步不让，在策略问题上灵活机动。要根据形势需要，把握时、度、效，及时调整斗争策略。要团结一切可以团结的力量，调动一切积极因素，在斗争中争取团结，在斗争中谋求合作，在斗争中争取共赢。

85. 提高斗争本领

习近平总书记强调，斗争精神、斗争本领，不是与生俱来的。领导干部要经受严格的思想淬炼、政治历练、实践锻炼，在复杂严峻的斗争中经风雨、见世面、壮筋骨，真正锻造成为烈火真金。要学懂弄通做实党的创新理论，掌握马克思主义立场观点方法，夯实敢于斗争、善于斗争的思想根基，理论上清醒，政治上才能坚定，斗争起来才有底气、才有力量。要坚持在重大斗争中磨砺，越是困难大、矛盾多的地方，越是形势严峻、情况复杂的时候，越能练胆魄、磨意志、长才干。领导干部要主动投身到各种斗争中去，在大是大非面前敢于亮剑，在矛盾冲突面前敢于迎难而上，在危机困难面前敢于挺身而出，在歪风邪气面前敢于坚决斗争。

86. 淬炼斗争能力

习近平总书记指出，社会是在矛盾运动中前进的，有矛盾就会有斗争。领导干部不论在哪个岗位、担任什么职务，都要勇于担当、攻坚克难，既当指挥员、又当战斗员，培养和保持顽强的斗争精神、坚韧的斗争意志、高超的斗争本领。我们在工作中遇到的斗争是多方面的，改革发展稳定、内政外交国防、治党治国治军都需要发扬斗争精神、提高斗争本领。全面从严治党、坚持马克思主义在意识形态领域的指导地位、全面深化改革、推进供给侧结构性改革、推动高质量发展、消除金融领域隐患、保障和改善民生、打赢脱贫攻坚战、治理生态环境、应对重大自然灾害、全面依法治国、处理群体性事件、打击黑恶势力、维护国家安全，等等，都要敢于斗争、善于斗争。领导干部要做敢于斗争、善于斗争的战士。

链 接

不忘初心、牢记使命，必须发扬斗争精神，勇于担当作为。我们党诞生于国家内忧外患、民族危难之时，一出生就铭刻着斗争的烙印，一路走来就是在斗争中求得生存、获得发展、赢得胜利。越是接近民族复兴越不会一帆风顺，越充满风险挑战乃至惊涛骇浪。不忘初心、牢记使命，必须安不忘危、存不忘亡、乐不忘忧，时刻保持警醒，不断振奋精神，勇于进行具有许多新的历史特点的伟大斗争。

我们讲的斗争，不是为了斗争而斗争，也不是为了一己私利而斗争，而是为了实现人民对美好生活的向往、实现中华民族伟大复兴知重负重、苦干实干、攻坚克难。衡量党员、干部有没有斗争精神、是不是敢于担当，就要看面对大是大非敢不敢亮剑、面对矛盾敢不敢迎难而上、面对危机敢不敢挺身而出、面对失误敢不敢承担责任、面对歪风邪气敢不敢坚决斗争。

现在，在一些党员、干部中，不愿担当、不敢担当、不会担当的问题不同程度存在。有的做“老好人”“太平官”“墙头草”，顾虑“洗碗越多，摔碗越多”，信奉“多栽花少种刺，遇到困难不伸手”“为了不出事，宁可不干事”“只想争功不想揽过，只想出彩不想出力”；有的是“庙里的泥菩萨，经不起风雨”，遇到矛盾惊慌失措，遇见斗争直打摆子。这哪还有共产党人的样子?！不担当不作为，不仅成不了事，而且注定坏事、贻误大事。

温室里长不出参天大树，懈怠者干不成宏图伟业。广大党员、干部要在经风雨、见世面中长才干、壮筋骨，练就担当作为的硬脊梁、铁肩膀、真本事，敢字为先、干字当头，勇于担当、善于作为，在有效应对重大挑战、抵御重大风险、克服重大阻力、解决重大矛盾中冲锋在前、建功立业。

（《习近平在“不忘初心、牢记使命”主题教育总结大会上的讲话》，《求是》，2020 年 6 月 30 日）

87. 抓落实能力

习近平总书记强调，年轻干部要提高抓落实能力。干事业不能做样子，必须脚踏实地，抓工作落实要以上率下、真抓实干。特别是主要领导干部，既要带领大家一起定好盘子、理清路子、开对方子，又要做到重要任务亲自部署、关键环节亲自把关、落实情况亲自督查，不能高高在上、凌空蹈虚，不能只挂帅不出征。干事业就要有钉钉子精神，抓铁有痕、踏石留印，稳扎稳打向前走，过了一山再登一峰，跨过一沟再越一壑，不断通过化解难题开创工作新局面。

88. 坚持谋事要实

要一切从实际出发。要从部门、区域实际需要出发谋划事业和工作，根据财力、能力、人力制定切实可行的发展规划，不务虚功、不图虚名，坚决杜绝拍脑袋决策，坚决防止超越社会发展规律“大干快上”的粗放做法。要谋划实事解决难事。坚决把群众的“冷暖甘苦”放在首要位置，把群众的所思所盼当作谋事的主导和关键，端正作风，戒躁戒虚，把各种资源集中用到最需要的地方、最管用的地方、最见实效的地方。要契合规律符合实际。落实好从群众中来、到群众中去的路线方针，充分吸收社会期盼、群众智慧、专家意见和基层经验，使点子、政策、方案符合实际情况、符合客观规律、符合科学精神，真正打通政策落实“最先一公里”。

89. 坚持创业要实

抓队伍要以上率下，主要领导干部，既要带领大家一起定好盘子、理清路子、开对方子，又要做到重要任务亲自部署、关键环节亲自把关、落实情况亲自督查，不能高高在上、凌空蹈虚，不能只挂帅不出征。干事业须脚踏实地，要有钉钉子精神，抓铁有痕、踏石留印，稳扎稳打向前走，过了一山再登一峰，跨过一沟再越一壑，不断通过化解难题开创工作新局面。做工作要真抓实干。党员领导干部要提高政治站位，明责于心、履责于身、执责于行，敢于担当责任，勇于直面矛盾，善于解决问题，努力创造经得起实践、人民、历史检验的实绩。

90. 坚持落地要实

抓落实要牵住责任这个牛鼻子，完善抓落实的制度机制，坚持纲举目张的科学方法。任务责任要实，做到分工实、责任实、追责实，分工明确，责任明确，履责激励，失责追究，切实将责任压实到部门，传导到基层，形成任务落实立体责任网络。责任保障要实，责任落实需要政策、制度、资金、人力资源，要做到投入实、资金实、到位实，精打细算，用活用好，用在关键，用出效益。督查考核要实，做到制度实、规则实、监督实，加强检查，严格验收，确保各项政策百分之百落到实处，切实解决政策落地"最后一公里"问题。

91. 坚持做人要实，要做实在人

对党、对组织、对人民、对同志忠诚老实，做老实人、说老实话、干老实事，襟怀坦白，公道正派。要做实在事，发扬"功成不必在我但功成必定有我"的政绩观，既要做让人民群众看得见、摸得着、得实惠的实事，也要作为后人做铺垫、打基础、利长远的好事，既要做显绩，也要做潜绩。要做长远事。发扬钉钉子精神，保持力度、保持韧劲，不问前程、埋头苦干、接力奋斗、久久为功。要做廉洁人，一切工作都要往实里做、做出实效，不好高骛远、不脱离实际，力戒形式主义、官僚主义，确保善始善终、善作善成，不断取得作风建设新成效。

链 接

领导特质理论

从20世纪初到20世纪40年代，人们对"领导"的研究重点在于领导者的素质、品质和个性特征，从而形成了领导的特质理论。领导的特质理论认为，领导者只要具备了某些优秀的个人特性或素质，就能有效地发挥其领导作用。研究领导问题主要就是研究领导者应当具有哪些优秀品质和能力，并试图以此来培养、选拔和考核领导者。

一、斯托格蒂尔的六类领导特质

美国俄亥俄州立大学工商研究所的斯托格蒂尔教授把领导特质归纳为六大类：

(1) 身体特性，如精力、身高、外貌等。迄今这方面的研究还是很矛盾的，不足以服人。

(2) 社会背景特性，如社会经济地位、学历等。这方面的研究也缺乏一致性和说服力。

(3) 智力特性，如判断力、果断性、知识的深度和广度、口才等。研究确实发现成功的领导者在这些方面较为突出，但相关性还较弱，说明还须考虑一些附加因素。

(4) 个性特征，如适应性、进取性、自信、机灵、见解独到、正直、情绪稳定、不随波逐流、作风民主等。这些特征已被证明具有一定的相关性。

(5) 与工作有关的特性。有些特性已经被证明具有积极的结果，如高成就需要、愿承担责任、毅力、首创性、工作主动、重视任务的完成等。

(6) 社交特性。研究表明，成功的领导者具有善交际、广交友、积极参加各种活动、愿意与人合作等特点。

二、包莫尔的领导特质论

美国普林斯顿大学包莫尔教授提出了作为一个企业家应具备的10个条件，颇具代表性：

(1) 合作精神，即愿与他人一起工作，能赢得人们的合作，对人的管理不是靠强迫，而是靠感动和说服。

(2) 决策能力，即依赖事实而非想象进行决策，具有高瞻远瞩的能力。

(3) 组织能力，即能发掘部属的才能，善于组织人力、物力和财力。

(4) 精于授权，即能大权独揽，小权分散。

(5) 善于应变，即机动灵活，善于进取，而不抱残守缺、墨守成规。

(6) 敢于求新，即对新事物、新环境和新观念有敏锐的感受能力。

(7) 勇于负责，即对上级、下级和产品用户及整个社会抱有高度的责任心。

(8) 敢担风险，即敢于承担企业发展不景气的风险，有创造新局面的雄心和信心。

(9) 尊重他人，即重视和采纳别人的意见，不盛气凌人。

(10) 品德高尚，即品德上为社会人士和企业员工所敬仰。

三、鲍尔的领导特质论

美国麦肯锡公司创始人之一马文·鲍尔在1997年出版的著作《领导的意志》中指出，领导者必须具有以下14种品质：

(1) 值得信赖。值得信赖就是行动上的正直。他特别指出：一个想当领导者的人应当永远说真话，这是赢得信任的良好途径，是通向领导之门的入场券。

(2) 公正。公正和可信赖是联系在一起的。办事不公正对领导者来说是特别严重的问题，因为他为其他人开了先例。

(3) 谦逊的举止。傲慢、目中无人和自高自大对领导来说是有害的，而随便和不拘礼节对领导层的文化来说则是有益的。但真正的领导者决不会虚伪地谦逊，他们只是在举止中做到谦逊。

(4) 倾听意见。领导在讨论时过早地发表自己的意见，会关闭学习的机会。倾听意见时不仅要注意听，也包括做简短的、非引导式的提问。这种表示感兴趣和理解的态度，并不一定意味着同意。只有善于倾听，领导者才能在其他人之前获悉人们尚未察觉的问题和机会。

(5) 心胸宽阔。有些领导者心胸不宽阔的原因在很大程度上要归咎于命令加控制的体制。全权的首席执行官容易变成自我信徒和指挥他人的长官，这很容易令人陶醉和自我满足。自信是一个优点，但过分自信会导致自我吹嘘，甚至骄傲自大。

如果一家公司的和各级领导者都能心胸宽阔，对下属出的主意，凡是认为有用的，都准备予以采纳和考虑并付诸实施，那么公司就能获得巨大的竞争优势。

(6) 对人要敏锐。领导者应养成能够推测人们内心想法的能力。如果了解人们内心的想法，领导者就能够更好地说服他们。对人敏锐也意味着领导者对人们的感情是敏锐的，领导者对人要谦和、体贴、理解、谨慎，对人说的话不会令人沮丧，除非是有意的批评。

(7) 对形势要敏锐。这里所说的形势不是指经济形势、政治形势等宏观形势，而是指工作中发生的各种各样的情景。领导者要善于对事实进行仔细的分析并作出客观的评价，同时要敏锐地觉察有关人员的情感和态度。

(8) 进取。进取心是任何领导者应具备的最重要的品质之一。

(9) 卓越的判断力。领导者要能把确定的信息、可疑的信息和直观的推测结合起来，从中得出结论，而日后事情的发展证明这种结论是正确的。行动中的判断力包括：有效地解决问题的能力、制定战略的能力、确定重点以及直观和理性的判断，而最重要的一点是，判断力也包括对合作者和对手的潜力进行评估的能力。

(10) 宽宏大量。领导者要能容忍各种观点，要能宽恕微小的离经叛道行为，还要能不为小事所干扰，肯原谅小的过错，平易近人。

(11) 灵活性和适应性。这是同心胸宽阔、善于倾听意见相联系的。领导者要思想开放，清醒地看到形势的需要不断加以改进，这样他们才能更快地发现需要变革的地方，实施并适应变革。

(12) 稳妥而及时的决策能力。这就是说，领导者要能把握好决策的速度和质量。

(13) 激励人的能力。领导者要能通过榜样、公正的待遇、尊重、持股、分红等形式让员工获得满足感，从而激励员工采取行动，增强他们的信心。

(14) 紧迫感。领导者有了紧迫感，就能为员工树立榜样。当紧迫感传遍整个组织时，在效果和效率上就会有很大不同，必要时也更容易加快速度。

四、德鲁克的领导特质观

"现代管理学之父"彼得·德鲁克在其著作《有效的管理者》一书中指出，一般而言，管理者都具有很好的智力、很好的想象力和很好的知识水准。但是一个人的有效性，与他的智力、想象力之间，几乎没有太大的关联。有才能的人往往最为无效。这是因为他们没有领略到才能本身并不就是成就。他们不知道，一个人的才能，唯有通过有条理、有系统的工作才能有效。他的结论是，有效的管理者，他们之间的差别，就像医生、教员和音乐家一样各有不同类型。缺少有效的管理者，也同样地各有各的不同类型。因此，有效的管理者与无效的管理者之间，在类型方面、性格方面以及才智方面，是很难区别出来的。有效性是一种后天的习惯，是一种实务的综合。

而既然是一种习惯,便是可以习得的,而且必须靠学习才能获得。他认为一个优秀的管理者必须具备以下5个方面的主要习惯:

(1) 善于处理和利用自己的时间,要认清自己的时间用在什么地方作为起点。

(2) 注重贡献,确定自己的努力方向。并非为工作而工作,而是为成功而工作。

(3) 善于发现和用人之所长,包括他们自己的长处、上级的长处和下级的长处。

(4) 能分清工作的主次,集中精力于少数主要的领域,在这少数主要的领域中,如果能有优秀的绩效就可以产生卓越的成果。

(5) 能作有效的决策,他们知道如何作出有效的判断。

我国对领导者素质的研究

我国从20世纪80年代初开始,也对领导者的素质理论进行了一系列的研究,概括出领导者应具有的素质包括四大方面,即政治素质、知识素质、能力素质和身体素质。

一、政治素质

政治素质是对领导干部在政治方向、政治立场、政治品德和思想作风方面的要求,主要包括思想观念、价值体系、政策水平、职业道德、工作作风等方面。具体来说,作为一个领导者应具备:①正确的世界观、价值观与人生观;②现代管理思想;③强烈的事业心、高度的责任感和正直的品质;④实事求是、勇于创新的精神。

二、知识素质

合理的知识结构,是领导者必备的基本条件,包括:①社会主义市场经济的基本运行规律和基本理论;②管理的基本原理、方法、程序和各项专业管理的基本知识;③社会学、心理学、人才学和公共关系学等方面的知识;④具有广泛的科学知识以及较深的有关专业知识。

三、能力素质

领导活动是一种综合的实践活动,对领导者能力素质的要求较高。在掌握各种知识的基础上,领导者要通过不断探索,培养自己高超的工作能力,以应对自如地开展工作。

能力素质主要包括以下几方面:①统筹兼顾的筹划能力;②决断能力;③组织、指挥和控制能力;④沟通、协调组织内外各种关系的能力;⑤不断探索和创新的能力;⑥知人善任的能力。

四、身体素质

身体素质即人的健康状况。领导者的工作一般总是艰巨和繁重的,如果没有好的身体素质,心有余而力不足,就无法胜任工作。健康的身体又是领导者具有足够的智慧、敏捷的思维和旺盛精力的基础。因此,领导者必须具有强健的体魄、充沛的精力。

综合国内外学者对领导特质的研究结果，领导者应具有的个性特征大致可以分为以下6类：

(1) 身体特征，包括体力、年龄和身高等。

(2) 背景特征，包括教育背景、社会经历和社会关系等。

(3) 智力特征，包括知识、智商和判断分析能力等。

(4) 个性特征，包括热情、自信、独立性和外向等。

(5) 工作中具有的特征，包括责任感、首创性和事业心等。

(6) 社会特征，包括声誉、合作性和指挥领导能力等。

还有一些类似的研究，但是特质理论并未取得多大的成功，有人认为它不是一种研究领导特质的好方法。其原因是：

(1) 各研究者所列领导特性包罗万象，说法不一且互相矛盾。某一项研究结果认为，某一性格特征与改进效率有积极联系，而另一项成果则认为其是消极的或根本无联系。

(2) 这些研究都是描述性的，并没有说明领导者应在多大程度上具有某种品质。

(3) 并非一切领导者都具备所有这些品质，而许多非领导者则可能具备大部分或全部这样的品质。

但是这些理论并非毫无用处，一些研究表明，某些个人品质与领导者有效性之间确实存在着相互联系。例如，一些研究发现领导者确实具有高度的才智、广泛的社会兴趣、取得成功的强烈欲望，以及对职工的极端关心和尊重。另一些研究则发现个人的才智、管理能力、首创性、自信以及个性等，与领导的有效性有重要的关系。另外，这个理论系统地分析了领导者所应具有的能力、品德和为人处世的方式，向领导者提出了要求和希望。这对我们培养、选择和考核领导者是有帮助的。

领导行为理论

由于领导特质理论的研究未能取得预期的效果，研究者们开始把目光转向领导者表现出来的行为上，希望通过对领导者行为的研究找出领导者行为与领导效果之间的关系。

一、领导行为连续统一体理论

关于领导方式的研究最早是由美国依阿华大学的研究者、著名心理学家勒温进行的，他通过试验研究不同的领导方式对下属群体行为的影响，把领导者在领导过程中表现出来的极端工作风格分为3种：

(1) 独裁型领导。指关注工作的目标、工作任务和工作效率，以力服人的领导风格，即靠权力和强制命令让人服从。

(2) 民主型领导。指那些以理服人、以身作则的领导风格。他们使每个人都作出自觉的、有计划的努力,各施其长,各尽所能,分工合作。

(3) 放任自流型领导。指工作事先无布置,事后无检查,权力完全给予个人,一切悉听尊便,毫无规章制度可言。

勒温根据试验得出的结论是:以上 3 种领导方式中,放任式的领导方式,工作效率最低,只能达到组织成员的社交目标,但完不成工作目标;独裁式的领导方式虽然通过严格管理能够达到既定的任务目标,但组织成员没有责任感,情绪消极,士气低落;民主式的领导方式工作效率最高,不但能完成工作目标,而且组织成员之间关系融洽,工作积极主动,富有创造性。

美国管理学家坦南鲍母与施密特在 1958 年的《哈佛商业评论》上发表了《怎样选择领导模式》一文,提出了"领导行为连续统一体"理论。他们指出领导行为是包含了各种领导方式的连续统一体,在独裁式的领导行为和民主式的领导行为两种极端的领导方式中间还存在着多种领导方式。他们在其模型中列举了 7 种有代表性的领导风格,模型如图 6-1 所示。

以领导者为中心以下属为中心

独裁	领导者职权的运用			下属的自由度				民主
	领导者自行决策并予以宣布	领导者对部署推销其决策	领导者提出方案并允许下属提出问题	领导者提出临时决策并接受修改意见	领导者提出问题并接受部署建议再决策	领导者明确界限和要求属下做决策	领导者允许夏书在允许范围内自由行动	

图 6-1 领导行为连续统一体

图 6-1 的左端是独裁型的领导行为,右端是民主型的领导行为,这是两个极端。之所以形成两个极端,首先,基于领导者对权力来源和人性的看法不同,独裁型的领导者认为权力来自职位,人生来懒惰而没有潜力,因而一切决定均应由领导者亲自作出;而民主型的领导则认为,权力来自群体的授予和承认,人受到激励时能自觉、自治、发挥创造力,因此可以集体决策。其次,独裁型领导比较重视工作,并运用权力,支配影响下级,下属的自由度较小;而民主型领导重视群体关系,给予下属以较大的自由度。如图 6-1 所示,领导行为连续统一体模型中从左至右,领导者运用职权逐渐减少,下属的自由度逐渐加大,从以工作为重逐渐变为以关系为重。图 6-1 的下方依据领导者把权力授予下属的程度不同、决策的方式不同,形成了一系列领导方式。可供选择的领导方式不是仅有民主与独裁两种,而是多种。

坦南鲍母与施密特认为,说不上哪种领导方式是正确的,哪种方式是错误的。领导应当根据具体情况,考虑各种因素选择图中的某种领导行为。在这个意义上,领导行为连续统一体也是一种情景理论。何种领导方式合适，取决于领导者、被领导者和情景。影响领导者选择领导方式的因素有以下3个方面：

（1）领导者方面，包括领导者自己的价值观念、对下属的信任程度、领导个性等。

（2）下属方面，包括下属人员独立性的需要程度，是否愿意承担责任，对有关问题的关心程度，对不确定情况的安全感，对组织目标是否理解，在参与决策方面的知识、经验、能力等。

（3）组织环境方面，包括组织的价值标准和传统、组织的规模、集体的协作经验、决策问题的性质及其紧迫程度等。

领导行为连续统一体理论从权力的来源和应用、下属参与决策的程度，划分出多种领导行为，这对我们研究领导方式是有益的。但是在图6-1中把独裁和以工作为重、将民主和以关系为重联系在一起，并且等同起来，将领导的职权与下属的自由度互相对立起来，而且仅从领导的决策过程、群众的参与程度来划分领导方式，这些都是不全面的。

二、领导行为四分图理论

1945年，美国俄亥俄州立大学工商研究所在罗尔夫·M斯托格蒂尔和卡罗·H沙特尔两位教授的领导下，开展了对领导行为的研究。开始时，研究者列出了1 000多种描述领导行为的因素，然后经过反复筛选、归纳，最后概括为"结构维度"和"关怀维度"两大主要因素。

"结构维度"是以工作为中心，指的是为了实现工作目标，领导者界定和构造自己与下属角色的程度，包括进行组织设计，制订计划和程序，明确职责和权力，确定工作目标和要求，制定工作程序、方法和规章制度，给下属分配任务等。

"关心维度"是以人际关系为中心，指的是领导者在工作中尊重下属的看法与情感并与下属建立相互信任的程度，包括营造相互信任的气氛，尊重下级的意见，注重下级的感情和问题等。

根据这两类因素，他们设计了"领导行为调查问卷"，每类列举了15个问题，分发调查。根据结果发现，两种领导行为在一个领导者身上有时一致，有时并不一致，因此他们认为领导行为是这两种行为的具体组合，领导者的行为可以用两维空间的四分图来表示，如图6-2所示。

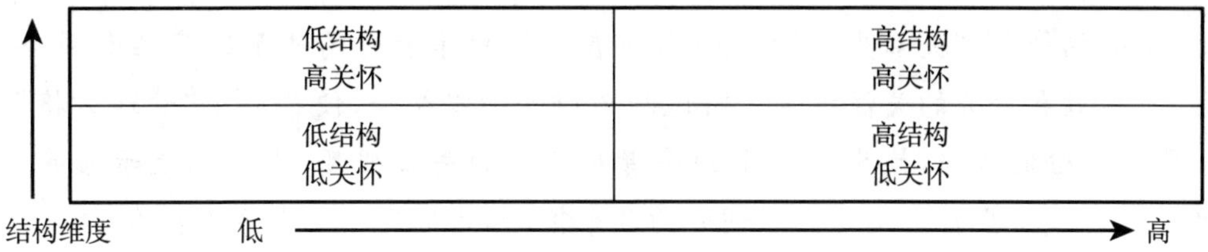

图6-2 领导行为四分图

从图6-2可以看出：

(1) 低结构、低关怀的领导既不关心人，又不重视组织。

(2) 高结构、低关怀的领导对组织的效率、工作任务和目标的完成都非常重视，但忽视人的感情和需要，是以工作任务为中心的领导方式。

(3) 低结构、高关怀的领导对人十分关心，对组织却缺乏关心，是以人为中心的领导方式。

(4) 高结构、高关怀的领导把对人的关心和对组织的关心放在同等重要的地位，既能保证任务的完成，又能充分满足人的需要，是最为理想的领导方式。

四分图理论的提出者认为，一位两方面都高的领导人，其工作效率及领导的有效性必然较高。大量的后续研究发现，一个对工作组织和对人的关心均高的领导者(高—高型领导者)常常比其他三种类型的领导者更能使下属达到高绩效和高满意度。不过，高—高型风格也并不总是产生积极的效果，研究者也发现了足够的例外情况表明在领导理论中还需加入情景因素，比如对于工作能力和工作意愿都很强的下属，充分授权应该是更好的领导方式。

三、管理方格理论

管理方格理论是研究企业的领导方式及其有效性的理论，是由美国得克萨斯大学的行为科学家罗伯特·布莱克和简·莫顿在1964年出版的著作《管理方格》一书中提出的。他们认为在企业管理的领导工作中往往出现一些极端的方式，或者以生产为中心，或者以人为中心，或者以X理论为依据而强调靠监督，或者以Y理论为依据而强调相信人。为避免趋于极端，克服以往各种领导方式理论中的“非此即彼”的绝对化观点，他们指出，在对生产关心的领导方式和对人关心的领导方式之间，可以有使二者在不同程度上互相结合的多种领导方式。

这种理论倡导用方格图表示和研究领导方式，该模型将领导行为划分为两个维度，即“关心人”的维度和“关心结果”的维度，后者后来被称为“关心生产”的维度。这里所说的“关心”，反映的是领导者对工作者和工作结果的重视程度对其领导方式的影响，因此它涉及的不只是领导者的行为，而且也涉及了领导者的价值观念和态度。

“关心人”的维度，表现为在对团队成员表示支持，通过信任和尊重来达到工作结果，操心员工的就业保障这类行为。

“关心结果”或“关心生产”的维度，则表现了领导者对高质量的产品和服务、企业盈亏、绩效和任务的关注程度。将这两个维度加以组合，便构成了“管理方格”，这是一张九等分的方格，横坐标表示领导者对生产的关心程度，纵坐标表示领导者对人的关心程度。坐标上由1至9划分为9个格，作为标尺。整个方格共有81个小方格。每个小方格表示“关心生产”和“关心人”这两个基本因素相结合的领导方式。

在评价领导者时，可根据其对生产的关心程度和对员工的关心程度，在图中寻找交叉点，这个交叉点的方格就是他的领导倾向类型。罗伯特·布莱克和简·莫顿在管理方格中列出了5种典型的领导方式。

(1) (1,1)型领导——乏型领导，也叫虚弱型领导。这种领导者对生产任务的关心和对人的关心都做得很差，他只以最小的努力来完成必须做的工作。这种管理的结果是领导者和整个公司的失败。这种情况很少出现。

(2) (9,1)型领导——权威顺从型领导。这种领导者高度关心生产和效率，而不关心人。因为不注重人的因素，员工都成了机器。在这种独裁式的领导下，下属只能奉命行事，一切都受到上级的监督和控制，员工失去进取精神，创新意愿和能力都较弱。

(3) (5,5)型领导——中间路线型领导。这种领导者对人的关心度和对生产的关心度比较均衡，既不过分偏重人的因素，也不过分偏重生产。但是，碰到真正的问题，总想得过且过，只希望维持一般的工作效率和员工士气，安于现状，不能促使下属发扬改造革新的精神。从长远来看，这种领导会使企业逐渐走向衰落。

(4) (1,9)型领导——乡村俱乐部型领导。这类领导者只关心人而不关心生产，认为只要组织内部充满轻松、友好的气氛，职工精神愉快，生产成绩自然会高；认为不管生产业绩好不好，都要首先重视职工的态度和情绪，一旦和谐的人际关系受到影响，生产效率就会随之降低。

(5) (9,9)型领导——团队型领导。这类领导者既关心生产又关心人，通过协调、参与、承诺等活动，促使工作、生产的发展，使大家和谐相处并发扬集体精神。员工能运用智慧和创造力进行工作，关系和谐，任务完成得好。在这种情况下，员工在工作方面相互协作，共同努力去实现组织目标；领导者诚心诚意关心员工，努力使员工在实现组织目标的同时满足个人的需要。

对以上5种类型的领导行为，布莱克和莫顿认为(9,9)型的领导方式是最有效的，领导者应该客观地分析组织内外的各种情况，努力创造条件，将自己的领导方式转化为(9,9)型，以求得最高的效率。这种管理方格理论对于培养管理者是有效的工具，它提供了一个衡量管理者所处的领导形态的模式，使管理者较清楚地认识到自己的领导方式，并指出了改进的方向。

然而，除布莱克和莫顿以及他的同事自己提供的支持证据外，并没有什么其他公开发表的验证结果支持他们的这一观点。许多研究者对领导方格模型提出了批评，认为它只承认一种最佳的领导风格，而实际上它所提倡的团队式管理风格只是适应了某种团队管理的情境，并不是对所有情境都普遍适用。

四、支持关系理论

在俄亥俄州立大学研究的同期，密执安大学的伦西斯·利克特教授等人也在进行着相似性质的研究，他们也把领导行为划分为两个维度：员工导向和生产导向。员工导向的领导者重视人际关系，他们总会考虑到下属的需要，并承认人与人之间的不同。生产导向的领导者更强调工作的技术或任务事项，主要关心的是群体任务的完成情况，并把群体成员视为达到目标的手段。

利克特从员工导向与生产导向两个维度研究领导行为，提出了剥削专制型、温和专制型、协商民主型、参与民主型四种管理方式。他赞同领导者应采用参与民主型管理方式，主张领导者要考虑下属的处境、想法和期望，支持职工实现目标的行为，让员工认识到自己的价值和重要性。由于领导者支持员工，因而能激发员工对领导者采取合作的态度和抱有信任感，支持领导者，因而利克特的理论被称为支持关系理论。

(1) 剥削专制型。管理者对下属不信任，很少让下属参与决策。大部分的决策和组织目标都是由高级管理阶层决定并向下推行。下属被迫在恐惧、威胁、处罚之下工作，报酬不多，至多只能满足生理需要、安全需要。上下级之间信息交流很少，即使有些信息交流，也是在恐惧和互不信任的气氛中进行的。在这种制度下，最易形成与正式组织的目标相对立的非正式组织。

(2) 温和专制型。管理者对下属有一种类似于主仆关系的信心和信赖。重要方针由最高阶层制定，有许多具体决策由较低阶层按规定作出，管理当局一方面用报酬，另一方面用有形与无形的惩罚来激励和督促员工完成生产任务，上下级之间虽然信息交流较多，但并不是以平等地位在互相信任的气氛中进行的。最后的控制权仍属于最高阶层，但中、下层也有某些控制权，在这种制度下也会存在非正式组织，但其目标不一定同正式组织的目标相对抗。

(3) 协商民主型。管理者对下属有很大的信任，但并不完全信任。重要方针由最高阶层制定，但下属对较低层次的问题可做明确的决定。信息沟通在上下级之间同时进行，通常是在相当程度的信任气氛中进行的。有相当部分的控制权由上级授权给下属。员工不论上下都有责任感。管理主要采用奖励的方式，偶尔采用惩罚或让员工参与的方式激励和督促下属完成任务。在这种管理方式下，它可能会支持正式组织的目标，会部分地反对非正式组织的目标。

(4) 参与民主型。管理者对下属有完全的信心和信任。决策权和控制权不是集中于上层，而是分布于整个组织中，较低阶层也能参与决策。不仅有上下级之间的信任交流，而且有同事之间横向的信息交流，这里信息交流是在互相信任和友好的气氛中深入进行的。在这种管理方式下，非正式组织与正式组织通常合二为一，所有力量都为组织目标而努力，同时组织目标同员工的个人目标也是一致的。

参与民主型是效率最高的管理方式，包括三个基本含义：第一，管理人员必须运用支持关系原则，即领导者要支持下属，保证每个成员把自己的知识和经验看成是个人价值和重要性的基础，而且还要建立和维持一种个人价值和重要性的感觉。第二，运用集体决策和集体监督。每个下级组织的领导是上一级组织的成员，由此把整个组织联结成为一个整体。第三，要给组织树立高标准的目标。通过这些目标的实现既达到了组织的绩效，又满足了组织成员的个人需要。

利克特通过调查表明：第一，一个组织的领导者如果在管理中以员工为中心，即领导者不仅关心员工的工作，而且较多地关心员工的需要和愿望，则该组织的生产率较高。如果以工作为中心，即领导者关心员工的工作而较少考虑员工的需要和愿望，则该组织的生产率较低。第二，一个组织的领导者同员工接触的时间越多，生产率越高；同员工的接触时间越少，生产率越低。第三，一个组织的领导方式越是民主、合理，采取参与民主型管理的程度越高，则生产率越高；越是专制、不合理，采取权力主义管理程度越高，则生产率越低。总之，领导方式对生产率的高低有极为重要的影响。

领导权变理论

由于特质论和行为论都忽视了领导者所处情景对领导效能的影响，因此刻意追求最佳的领导特质和行为模式的做法并没有把环境因素考虑在内。随着领导特质理论和领导行为理论研究的进一步深入，很多研究者开始将关注的焦点转向情景因素的影响方面，于是在20世纪60年代之后，相应地产生了领导权变理论。该理论认为，某种领导方式在实际工作中是否有效取决于具体的情景和场合，领导是一种动态的过程，其有效性将随着被领导者的特点及环境的变化而变化。

权变，就是指行为主体根据环境因素的变化而适当调整自己的行为，以期达到理想效果。领导权变理论就是指关于领导者在不同的环境因素条件下，如何选择相应的领导方式，最终达到理想的领导效果的理论。

这个理论所关注的是领导者与被领导者的行为和环境的相互影响。该理论认为，某一具体领导方式并不是到处都适用的，领导的行为若想有效，就必须随着被领导者的特点和环境变化而变化，而不能一成不变。这是因为任何领导者总是在一定的环境条件下，通过与被领导者的相互作用去完成某个特定的任务的。因此，领导的有效行为就要随着领导者自身条件、被领导者的情况和环境的变化而变化。下面具体介绍4种有代表性的领导权变理论。

一、菲德勒的权变模型

美国伊利诺伊大学的菲德勒从1951年开始，首先从组织绩效和领导态度之间的关系着手进行研究，经过长达15年的调查试验，提出了“有效领导的权变模式”，即菲德勒权变模型。菲德勒所提出的权变理论被视为较完整的领导情景理论，并受到许多人的肯定和认同。

菲德勒模型指出，有效的群体绩效取决于以下两个因素的合理匹配：与下属相互作用的领导者的风格；情景对领导者的控制和影响程度。菲德勒开发了一种工具，叫作“最难共事者问卷”(least preferred co-worker question-naire，LPC)，用以确定个体是任务导向型还是关系导向型。另外，他还分离出三项情景因素：领导者—成员关系、任务结构和职位权力。领导者只有与这三项情景因素相匹配，才能进行有效的领导。这一理论的关键在于首先界定领导风格以及不同的情景类型，然后建立领导风格与情景的恰当组合。他提出的“有效领导的权变模型”主要内容包括以下几点：

1. 通过LPC问卷确定领导风格

菲德勒相信影响领导成功的关键因素之一是个体的基础领导风格，因此他首先试图发现这种基础领导风格是什么。菲德勒用最难共事者问卷LPC(见表6-1)，测试领导者个体的基础行为风格。

表6-1 菲德勒LPC问卷

令人愉快的	8	7	6	5	4	3	2	1	令人不愉快的
友好的	8	7	6	5	4	3	2	1	不友好的
拒绝的	1	2	3	4	5	6	7	8	接纳的
紧张的	1	2	3	4	5	6	7	8	放松的
疏远的	1	2	3	4	5	6	7	8	亲密的
冷淡的	1	2	3	4	5	6	7	8	热情的
支持的	8	7	6	5	4	3	2	1	敌对的
令人厌烦的	1	2	3	4	5	6	7	8	有趣的
好争辩的	1	2	3	4	5	6	7	8	和睦的
抑郁的	1	2	3	4	5	6	7	8	高兴的
坦诚的	8	7	6	5	4	3	2	1	警戒的
中伤人的	1	2	3	4	5	6	7	8	忠诚的
不可信赖的	1	2	3	4	5	6	7	8	可信赖的
体贴的	8	7	6	5	4	3	2	1	不体贴的
讨厌的	1	2	3	4	5	6	7	8	和蔼的
随和的	8	7	6	5	4	3	2	1	不随和的
不真诚的	1	2	3	4	5	6	7	8	真诚的
友善的	8	7	6	5	4	3	2	1	不友善的
									得出总分：(　)

得分和解释：高于64分—高LPC；低于57分—低LPC；58～63分—中间段。

菲德勒让答卷者回想一下自己共事过的所有同事，找出一个最难共事者，用16组形容词中1～8等级对他进行评估，从最消极的评价到最积极的评价，得分依次增高。菲德勒相信，在LPC问卷回答的基础上可以判断他们最基本的领导风格，如果以相对积极的词汇描述最难共事者(LPC得分高)，则说明回答者很乐于与同事形成友好的人际关系。也就是说，如果你用较为积极的词语描述最难共事的同事，菲德勒就称你为关系导向型；相反，如果你用相对不积极的词语描述最难共事的同事(LPC得分低)，那说明你主要感兴趣的是生产，则为任务取向型。

菲德勒认为一个人的领导风格是固定不变的，如果情景要求任务取向的领导者，而在此领导岗位上的却是关系取向型的领导者时，要想达到最佳效果，则要么改变情景，要么替换领导者。

2. 确定情景

用LPC问卷对个体的基础领导风格进行评估之后，就要对情景进行评估，并将领导者与情景进行匹配。三种主要的情景因素是：

(1) 领导者—成员关系：领导者对下属信任、信赖和尊重程度。

(2) 任务结构：工作任务程序化、明确化程度。

(3) 职位权力：领导者职位权力的强弱，诸如在雇用、解雇、惩罚、晋升、加薪等权力变量上的影响程度。

菲德勒模型根据这三项权变变量来评估环境。领导者—成员关系或好或差，任务结构或高或低，职位权力或强或弱。他指出，领导者—成员关系越好，任务的结构化程度越高，职位权力越强，则领导者拥有的控制和影响力也越高。例如，一个非常有利的情景(即领导者的控制力很高)可能包括：下属对管理者十分尊重和信任(领导者—成员关系好)，所从事的工作(如薪金计算、填写报表)具体明确(工作结构化高)，工作给他提供了充分自由来奖励或惩罚下属(职位权力强)；相反，则领导者的控制力很小。总之，这三项变量总和起来，便得到八种不同的情景或类型，每个领导者都可以从中找到自己的位置。其中领导者与被领导者关系好、工作任务的结构化程度高、职位权力强的情境是对领导者最有利的；而三者都缺的情境是对领导者最不利的。无论在什么样的情境条件下，领导者都可以采取与所处情境类型相适应的领导风格，以便获得有效的领导。

3. 领导风格与情景的匹配

当领导者的风格与情景相匹配时，会达到最佳的领导效果。菲德勒研究了1 200个工作群体，对八种情景类型的每一种，均对比了关系取向和任务取向两种领导风格。他得出结论：任务取向的领导者在非常有利的情景和非常不利的情景下工作更有利。而关系取向的领导者在中等的情景下工作绩效最好。当领导风格与情景适应时，领导活动的效果最佳，如果二者不能相匹配，按菲德勒的观点要么替换领导者以适应情景，要么改变情景适应领导者。

根据菲德勒的理论，个人的领导风格是固定不变的。因此，只有两种途径可以提高领导者的效果。第一，可以更换领导者以适应情景。例如，如果一个群体的情景非常不利，但现在群体的领导者却是关系导向型的管理者，那么，要想提高群体的绩效，只有更换一位任务导向型领导者。第二，改变情景以适应领导者，这可以通过任务重构、加强或削弱领导者对加薪、晋升和惩罚等方面的控制力来实现，如图 6-3所示。

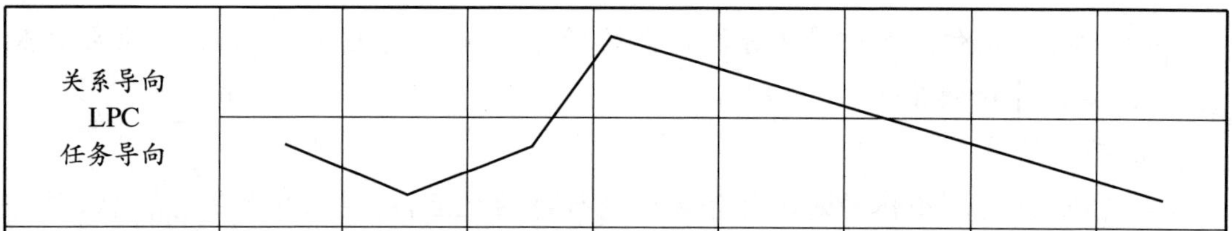

上下级关系	好	好	好	好	差	差	差	差
任务结构	明确	明确	不明确	不明确	明确	明确	不明确	不明确
职位权力	强	弱	强	弱	强	弱	强	弱
环境	有利			中等			不利	
有效领导方式	任务导向型			员工导向型			任务导向型	

图 6-3　菲德勒权变模型

二、情境领导模型

情境领导模型是 20 世纪 60 年代由美国学者保罗·赫塞和肯尼斯·布兰查德率先提出的。之后，赫塞又组织了领导研究中心，不断深入研究并完善该理论。该理论指出，"高任务、高关系"类型的领导方式并不是经常有效的，"低任务、低关系"类型的领导方式也并不一定经常无效，关键要看下属的成熟程度。在领导和管理公司或团队时，不能用一成不变的方法，而要随着情况和环境的改变及员工的不同，来改变领导和管理的方式。

赫赛和布兰查德认为，领导的有效性取决于工作行为、关系行为和下属的成熟程度。在领导有效性的研究中之所以重视下属，是因为不管领导者做什么，其有效性都取决于下属的行为，是下属决定接受还是拒绝领导者，而很多领导理论都忽视或低估了这一因素的重要性，从这一点来看，该理论是一个重视下属的权变领导理论。

1. 领导风格

赫塞和布兰查德通过领导的任务（工作）行为和关系行为来确定领导风格。他们也画出一个方格图，横坐标为任务行为，纵坐标为关系行为，在下方再加上一个成熟度的坐标，从而把原来的由布莱克和莫顿提出的由以人为主和以工作为主构成的二维领导理论，发展成为由关系行为、任务行为和成熟度构成的三维领导理论，如图 6-4 所示。任务行为是指领导清楚地说明个体或团体的义务和责任的程度，它包括指定方向与设定目标；关系行为是指领导加入双方或多方沟通中的程度，包括倾听、给予奖励和指导等活动。根据任务行为与关系行为的侧重不同，又形成了 4 种不同的领导风格。

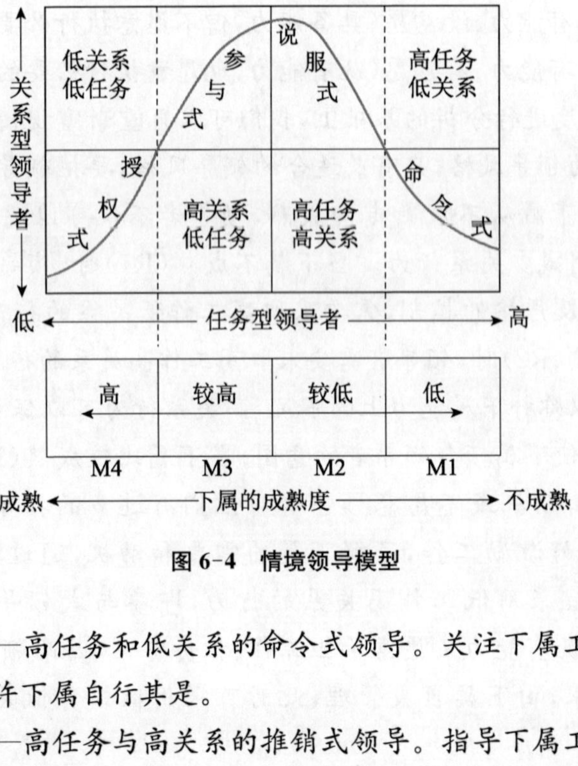

图 6-4 情境领导模型

(1) 风格 S1——高任务和低关系的命令式领导。关注下属工作行为，明确工作任务，加强指导，不许下属自行其是。

(2) 风格 S2——高任务与高关系的推销式领导。指导下属工作，但不是简单地命令，而是采取说服的形式，使员工通过自我控制来完成工作任务。

(3) 风格 S3——低任务和高关系的参与式领导。减少对团队成员的直接指导，减少对工作的过多干预，充分发挥员工的积极性、主动性，增加协作。

(4) 风格 S4——低任务和低关系的授权式领导。领导直接把任务委派给员工，而不过多干预，让下属放手去干。

2. 下属成熟度

按照赫塞和布兰查德的情境理论，成功的领导者应该根据下属的成熟度来选择合适的领导风格。情境理论中的成熟度是指一个团队成员完成一项特定任务的能力水平以及意愿或者信心程度。它取决于两个方面的因素，即工作成熟度和心理成熟度。工作成熟度是指一个人的知识和技能，如果一个人拥有足够的知识、能力和

经验完成他的工作任务而无须别人指点，那么他的工作成熟度就高；反之则低。心理成熟度是指一个人做某事的意愿和动机，

如果一个人能自觉地去做某事而无须太多的外部刺激，则心理成熟度就高；反之则低。

同时，赫赛和布兰查德把成熟度分成4个层次，即不成熟、初步成熟、比较成熟和成熟，并分别用R1、R2、R3、R4来表示。

(1) 层次R1：没能力、没意愿(对执行某任务既没能力又不情愿)。

(2) 层次R2：没能力、有意愿(缺乏能力，但愿意执行必要的任务)。

(3) 层次R3：有能力、没意愿(具备能力，但不愿意执行必要的任务)。

(4) 层次R4：有能力、有意愿(既有能力，也愿意执行必要的任务)。

在对下属成熟度进行分析的基础上，我们可以再重新审视情境领导理论的基本观点，即没有最好的领导风格，只有最适合的领导风格，要把领导的行为与具体的情境联系起来。随着下属从不成熟走向成熟，领导者不仅可以逐渐减少对工作的控制，而且还可以逐渐减少关系行为。当下属不成熟(R1)时，领导者必须给予下属明确而具体的指导以及严格的控制，需要采取高工作低关系的行为，即命令式领导方式；当下属初步成熟(R2)时，领导者需要采取高工作高关系的行为，即说服式领导方式，高工作行为可以弥补下属能力上的不足，高关系行为可以保护、激发下属的积极性，给下属以鼓励，使下属领会领导者的意图；当下属比较成熟(R3)时，由于下属能胜任工作，但却没有动机或不愿意领导者对他们有过多的指示和约束，因此领导者的主要任务是做好激励工作，了解下属的需要和动机，通过提高下属的满足感来发挥其积极性，宜采用低工作高关系的行为，即参与式领导方式；当下属成熟(R4)时，由于下属既有能力又愿意承担工作、担负责任，因此领导者可以只给下属明确目标，提出要求，由下属自我管理，此时可采用低工作低关系的行为，即授权式领导方式。

按照赫塞和布兰查德的观点，就是在上述分析的基础上做到以下匹配：风格S1适用于层次R1；风格S2适用于层次R2；风格S3适用于层次R3；风格S4适用于层次R4。

情境领导模型的益处在于引导领导者思考以下问题，即领导效力在一定程度上取决于领导者能否适应不同的下属，而不是以同样的方式对待全体下属。

总之，领导情景理论提供了又一个有用而易于理解的领导方式。该理论再次说明了并不存在一种万能的领导方式能适合各种不同的情景，管理的技巧要配合下属的成熟度，并帮助他们发展，加强自我管理。

三、路径—目标理论

加拿大多伦多大学教授豪斯把激发动机的期望理论和领导行为的四分图结合

在一起,提出了路径—目标理论(见图6-5)。这种理论认为:领导者的效率是以能激励下属达成组织目标,并在其工作中使下属得到满足的能力来衡量的,并把领导方式分为4种类型,到底采用哪种领导方式,要根据权变因素同领导方式的恰当配合来考虑。领导者的工作是为下属指明目标,而且为下属排除实现目标过程中遇到的障碍,帮助下属达到他们的目标。领导者把对员工需要的满足与有效的工作绩效联系在一起,提供必要的辅导、指导、支持和奖励,使员工取得良好的工作绩效,力求使组织与员工获得双赢。

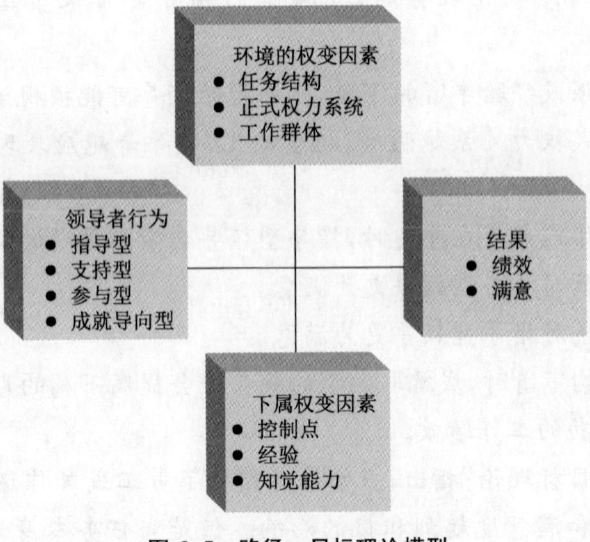

图6-5 路径—目标理论模型

根据该理论,领导方式可以分为4种:

(1) 指示型领导方式。领导者应该对下属提出要求,指明方向,给下属提供他们应该得到的指导和帮助,使下属能够按照工作程序去完成自己的任务,实现自己的目标。

(2) 支持型领导方式。领导者对下属友好,平易近人,平等待人,关心下属的生活福利,上下级关系融洽。

(3) 参与型领导方式。领导者经常与下属沟通信息,商量工作,虚心听取下属的意见,让下属参与决策,参与管理。

(4) 成就指向型领导方式。领导者做的一项重要工作就是树立具有挑战性的组织目标,激励下属想方设法去实现目标,迎接挑战。

豪斯认为领导者的风格是可以改变的,同一领导者可以根据不同情景表现出任何一种领导风格。这与菲德勒的观点相反。至于究竟采用哪种领导方式最有效,受两类情景因素的影响:一是下属的个性特点。下属易受环境影响,还是喜欢控制环境;是独立性强的,还是顺从型的;工作经验丰富,还是欠缺;能力强,还是能力弱。

二是工作环境的特点。组织中的工作任务是否明确，确定性强还是弱，规范化程度高还是低。

组织中的正式权力关系明确还是模糊；工作群体内部冲突激烈还是缺少冲突。

“路径—目标理论”曾经由一些研究项目予以验证，实践证明这一理论是有效的，下面是一些试验性研究的结论：

(1) 与具有高度结构化和安排好的任务相比，当任务不明或压力过大时，指导型领导会带来更高的满意度。

(2) 当下属执行结构化任务时，支持型的领导会带来员工的高绩效和高满意度。

(3) 对于能力强或经验丰富的下属，指导型的领导可能被视为累赘。

(4) 组织中正式权力关系越明确、越官僚化，领导者越应表现出支持型行为，降低指导型行为。

(5) 当工作群体内部存在冲突时，指导型领导会带来更高的满意度。

(6) 内控型下属对参与型领导更为满意。

(7) 外控型下属对指导型领导更为满意。

(8) 当任务结构不清时，成就取向型的领导将会提高下属的期望水平，使他们坚信努力必会带来成功的工作绩效。

总之，“路径—目标理论”指出，当领导者弥补了员工或工作环境方面的不足时，就会对员工的绩效和满意度起到积极的影响。但是当任务本身十分明确或员工有能力和经验处理，他们无须干预时，领导者还花费时间解释工作任务，则下属会把这种指导行为视为累赘甚至是侵犯。

四、领导者—参与模型

领导者—参与模型是美国匹兹堡大学的维克多·弗罗姆和菲力普·耶顿两位教授于1973年提出的。这一理论将领导行为与参与决策联系在一起。不同的工作任务，其结构的明确化程度不同，在作决策时，领导者的行为必须加以调整以适应不同的任务结构。其理论要点是有效的领导者应根据不同情况，让下属不同程度地参与决策，所以领导方式主要决定于让下属参与决策的程度。

领导者—参与模型认为，在群体决策和个人决策两个极端之间有一个决策方式的连续体，从纯粹的个人决策到完全的群体决策之间有五种决策方式，对应5种领导方式。

(1) 独裁Ⅰ：领导者运用手头现有资料，自己解决问题，作出决策。

(2) 独裁Ⅱ：领导者从下属那里获得必要的信息，然后独自作出决策。

在从下属那里获取信息时，可以告诉或不告诉领导者所面临的问题。在决策中下属的任务是向领导者提供必要信息而不是提出或评价可行性解决方案。

(3) 磋商Ⅰ：领导者与有关的下属进行个别讨论，获得他们的意见和建议。领导者作出的决策可能受到下属的影响。

(4) 磋商Ⅱ：领导者与下属集体讨论有关问题，搜集他们的意见和建议。领导者作出的决策可能受到或不受到下属的影响。

(5) 群体决策：领导者与下属集体讨论问题，一起提出和评估可行性方案，并试图获得一致的解决办法。

弗罗姆和耶顿认为，每种决策方式的有效性取决于其应用的情景特性，其中最关键的问题是决策的质量和下属对决策的接受程度。决策的质量直接影响到下属以后的行动表现，而下属对决策的接受程度又直接影响他们对决策的执行和负责的程度。由此，弗罗姆和耶顿提出了以下7个问题：

(1) 是否有更合理的解决方法?

(2) 是否有足够的信息作出高质量的决策?

(3) 问题是否具有结构性?

(4) 下属接受解决办法对有效贯彻执行决策有无重大关系?

(5) 下属能否接受领导者单独作出决策?

(6) 下属是否知道解决办法与组织目标的关系?

(7) 下属之间是否在制定决策方案方面存在意见分歧和冲突? 从以上7个方面的属性来明确所要决策问题的类型，并用决策树的形式来描述情况和选择恰当的决策方式。

弗罗姆等人认为，影响决策效果的因素有决策的质量和合理性、下属接受决策和对有效地实施决策承担责任的程度、制定决策所需时间的长短。根据这三项因素，再结合信息规则、目标一致规则、课题明确规则、下属接受规则、避免冲突规则、公平合理规则、接受优先规则等七条规则，就可确定采用何种领导方式为宜。领导者—参与模型对于帮助领导者在不同情景下选择最恰当的领导方式提供了非常有效的指导。领导者—参与模型进一步证实，领导研究应指向情境而非个体，也许称为专制和参与的情境比称为专制和参与的领导更讲得通。

在20世纪80年代以来领导理论的发展中，则表现出截然相反的两种倾向：一是强调领导者个体特质。例如，归因理论、魅力领导理论、变革型领导等范式，都具有向特质论回归的倾向。同时，也出现了与强调领导者个人特质相反的另外一条路径，这就是与信息化、新经济以及全球化浪潮相对应的团队领导、自我领导和超级领导等理论范式的诞生。大量的领导替代品的出现，使“人人都可以成为领导者”“自我管理与自我领导”的观念开始深入人心。这一倾向对传统领导理论的冲击是致命的。但是，这一冲击是否能够彻底颠覆传统的领导理论体系，还是一个疑问。20世纪80年代以来出现的强化领导者作用和弱化领导者作用这两种截然相反的倾向，说明领导理论的发展正处于一个关键阶段，也说明人们对领导现象的认识正在逐步走向深入。

第二部分　管理理论练习题

一、单项选择题（下列各题只有一个答案正确，请将正确答案序号填入括号中。）

1. "科学管理之父"是（　　）。

A. 泰罗　　B. 法约尔

C. 马克斯·韦伯　　D. 彼得·德鲁克

【参考答案】 A

【答案解析】 科学管理理论的代表人物泰罗，美国著名管理实践家、管理学家，科学管理之父。

2. "现代管理学之父"是（　　）。

A. 泰罗　　B. 法约尔

C. 马克斯·韦伯　　D. 彼得·德鲁克

【参考答案】 D

【答案解析】 德鲁克提出了一个具有划时代意义的概念——目标管理，他被誉为"现代管理学之父"。

3. （　　）的领导者认为权力来自职位，人生来懒惰而没有潜力，因而一切决定均应由领导者亲自作出。

A. 独裁型　　B. 民主型

C. 无为型　　D. 监督型

【参考答案】 A

【答案解析】 独裁型的领导者认为权力来自职位，人生来懒惰而没有潜力，因而一切决定均应由领导者亲自作出。

4. 管理方格理论是研究组织的领导方式及其有效性的理论，是由（　　）提出的。

A. 罗伯特·布莱克和简·莫顿　　B. 威廉·詹姆斯

C. 克莱顿　　D. 乔治·哈里

【参考答案】 A

【答案解析】 记忆性知识，见知识点。

5. 根据管理方格理论，(5,5)型领导又被称为（　　）。

A. 虚弱型领导　　B. 中间路线型领导
C. 权威顺从型领导　　D. 乡村俱乐部型领导

【参考答案】 B

【答案解析】 根据管理方格理论,(5,5)型领导—中间路线型领导,这种领导者对人的关心度和对生产的关心度比较均衡,既不过分偏重人的因素,也不过分偏重生产。但是,碰到真正的问题,总想得过且过,只希望维持一般的工作效率和员工士气,安于现状,不能促使下属发扬改造革新的精神。从长远来看,这种领导会使组织逐渐走向衰落。

6. 管理者对下属有很大的信任,但并不完全信任。重要方针由最高阶层制定,但下属对较低层次的问题可做明确的决定。信息沟通在上下级之间同时进行,通常是在相当程度的信任气氛中进行的。有相当部分的控制权由上级授权给下属。员工不论上下都有责任感。管理主要采用奖励的方式,偶尔采用惩罚或让员工参与的方式激励和督促下属完成任务。这种管理方式是(　　)。

A. 剥削专制型　　B. 温和专制型
C. 协商民主型　　D. 参与民主型

【参考答案】 C

【答案解析】 协商民主型是指管理者对下属有很大的信任,但并不完全信任。重要方针由最高阶层制定,但下属对较低层次的问题可做明确的决定。信息沟通在上下级之间同时进行,通常是在相当程度的信任气氛中进行的。有相当部分的控制权由上级授权给下属。员工不论上下都有责任感。管理主要采用奖励的方式,偶尔采用惩罚或让员工参与的方式激励和督促下属完成任务。在这种管理方式下,它可能会支持正式组织的目标,会部分地反对非正式组织的目标。

7. 某种领导方式在实际工作中是否有效取决于具体的情景和场合,领导是一种动态的过程,其有效性将随着被领导者的特点及环境的变化而变化。这是(　　)。

A. 领导权变理论　　B. 四分图理论
C. 领导特质理论　　D. 管理方格理论

【参考答案】 A

【答案解析】 这个理论所关注的是领导者与被领导者的行为和环境的相互影响。该理论认为,某一具体领导方式并不是到处都适用的,领导的行为若想有效,就必须随着被领导者的特点和环境变化而变化,而不能一成不变。这是因为任何领导者总是在一定的环境条件下,通过与被领导者的相互作用去完成某个特定的任务的。因此,领导的有效行为就要随着领导者自身条件、被领导者的情况和环境的变化而变化。

8. “高任务、高关系”类型的领导方式并不是经常有效的，“低任务、低关系”类型的领导方式也并不一定经常无效，关键要看下属的成熟程度。在领导和管理公司或团队时，不能用一成不变的方法，而要随着情况和环境的改变及员工的不同，来改变领导和管理的方式。以上是那种理论提出的（　　）。

A. 四分图理论　　　　B. 管理方格理论

C. 情境领导模型　　　　D. 领导权变理论

【参考答案】 C

【答案解析】 情境领导模型是20世纪60年代由美国学者保罗·赫塞和肯尼斯·布兰查德率先提出的。之后，赫塞又组织了领导研究中心，不断深入研究并完善该理论。该理论指出，“高任务、高关系”类型的领导方式并不是经常有效的，“低任务、低关系”类型的领导方式也并不一定经常无效，关键要看下属的成熟程度。在领导和管理公司或团队时，不能用一成不变的方法，而要随着情况和环境的改变及员工的不同，来改变领导和管理的方式。

9. 情境领导模型的益处在于（　　）。

A. 引导领导者思考以下问题，即领导效力在一定程度上取决于领导者能否适应不同的下属，而不是以同样的方式对待全体下属

B. 做好激励工作，了解下属的需要和动机，通过提高下属的满足感来发挥其积极性

C. 减少对工作的控制，而且还可以逐渐减少关系行为

D. 减少对工作的过多干预，充分发挥员工的积极性、主动性，增加协作

【参考答案】 A

【答案解析】 情境领导模型的益处在于引导领导者思考以下问题，即领导效力在一定程度上取决于领导者能否适应不同的下属，而不是以同样的方式对待全体下属。

10. 按照赫塞和布兰查德的情境理论，成功的领导者应该根据下属的（　　）来选择合适的领导风格。

A. 成熟度　　　　B. 敏感度

C. 适应度　　　　D. 性格特征

【参考答案】 A

【答案解析】 按照赫塞和布兰查德的情境理论，成功的领导者应该根据下属的成熟度来选择合适的领导风格。

11. 加拿大多伦多大学教授豪斯把激发动机的期望理论和领导行为的四分图结合在一起，提出了（　　）。

A. 四分图理论　　B. 管理方格理论
C. 情境领导模型　　D. 路径—目标理论

【参考答案】 D

【答案解析】 加拿大多伦多大学教授豪斯把激发动机的期望理论和领导行为的四分图结合在一起，提出了路径—目标理论。

12. 豪斯认为领导者的风格是可以改变的，同一领导者可以根据不同情景表现出任何一种领导风格。这与(　　)的观点相反。

A. 菲德勒　　B. 罗伯特·布莱克和简·莫顿
C. 克莱　　D. 维克多·弗罗姆

【参考答案】 A

【答案解析】 菲德勒认为领导人的领导风格是固定的，应改变情景使之与领导风格相适应。

13. 一般管理理论的代表人物是(　　)。

A. 泰罗　　B. 法约尔
C. 柯西　　D. 莱顿

【参考答案】 B

【答案解析】 记忆性知识，见知识点。

14. 管理人员最根本的职能是(　　)。

A. 组织　　B. 领导
C. 协调　　D. 服从

【参考答案】 C

【答案解析】 一般组织管理原理的代表人物是巴纳德，他开创了组织管理理论研究，揭示了管理过程的基本原理，其基本理论要点包括：

(1) 以组织为基础分析和说明管理的职能和过程。其基本的理论结构是：个体假设—协作行为和协作系统理论—组织理论—管理理论。比起管理的过程和职能来，巴纳德以组织为基础的分析更能说明管理的内在逻辑。

(2) 组织可分为正式组织与非正式组织。正式组织是两个或两个以上个人的有意识协调的行为或力的系统，非正式组织是个人相互接触中无意识地以体系化、类型化为特征的多种心理因素相结合而成的体系。正式组织包含协作意愿、共同目标、信息沟通三个基本要素。正式组织与非正式组织互为条件、相互制约、相互促进的关系。组织一般都是正式组织层面与非正式组织层面的统一。

(3) 维持组织的生存和发展必须实现三个方面的平衡，即组织内部个人和整体之间的平衡、组织与环境之间的平衡、组织的动态平衡。

(4) 管理人员最根本的职能是协调。管理人员履行职能有三个基本途径：建立和维持一个信息联系的系统、从组织成员那里获得必要的努力、规定组织的共同目标。除此之外，管理人员还要有领会组织的整体及其有关形势、把握管理过程的艺术。

15. 人际关系学说的代表人物是(　　)。

A. 霍西　　B. 梅奥　　C. 都兰　　D. 梅里

【参考答案】 B

【答案解析】 记忆性知识，见知识点。

16. 经验管理流派以(　　)的管理经验为主要研究对象。

A. 大企业管理人员　　B. 小企业管理人员

C. 中小企业管理人员　　D. 微型企业管理人员

【参考答案】 A

【答案解析】 经验管理流派以大企业管理人员的管理经验为主要研究对象，重视对管理经验的借鉴以及管理案例分析。该流派的主要代表人物有德鲁克和戴尔等人。

17. 当代西方国家以新公共管理为方向的政府改革基本上可以被定义为追求"三E"目标，以下不属于"三E"的是(　　)。

A. 经济　　B. 效率　　C. 效能　　D. 时间

【参考答案】 D

【答案解析】 "三E"即经济、效率、效能。

18. 组织的基本目标是(　　)。

A. 最高目标　　B. 中层目标　　C. 生存目标　　D. 终极目标

【参考答案】 C

【答案解析】 组织的基本目标就是我们通常所说的生存目标，比如利润最大化目标。

19. 在一定程度上反映了赢家通吃这样一种普遍存在的社会现象是(　　)。

A. "马太效应"　　B. "华盛顿合作定律"

C. "破窗效应"　　D. "路径依赖效应"

【参考答案】 A

【答案解析】 "马太效应"是指凡是有的，还要给他，使他富足；凡是没有的，连他所有的也要夺去。"马太效应"在一定程度上反映了赢家通吃这样一种普遍存在的社会现象。

20. 管理创新的4个阶段。第一阶段是(   )。

A. 对现状的不满　　B. 寻找灵感

C. 创新实施　　D. 争取内部和外部的认可

【参考答案】 A

【答案解析】 管理创新的4个阶段。第一阶段是对现状的不满。在几乎所有的案例中,管理创新的动机都源于对组织现状的不满或是组织遇到危机等。

21. 管理创新有时会通过寻求外部认同促进内部改革。以下不属于外部认可的是(   )。

A. 学者　　B. 咨询公司　　C. 组织文化　　D. 媒体机构

【参考答案】 C

【答案解析】 外部认可包括4种来源:①学者,他们密切关注各类管理创新,并整理总结管理中碰到的实践问题,以应用于研究或教学;②咨询公司,他们通常对这些创新进行总结和存档,以便用于其他的情况和组织;③媒体机构,他们热衷于向更多的人宣传创新的成功故事;④行业协会。

22. 以下不属于经验管理流派的主要思想的是(   )。

A. 目标管理是有效的组织管理手段

B. 管理要解决的问题有90%是共同的

C. 培养经理人非常重要

D. 人是社会人

【参考答案】 D

【答案解析】 经验管理流派认为人是理性人。

23. 以下不属于科学管理理论的基本理论要点的是(   )。

A. 科学管理的中心问题是提高劳动生产率

B. 为了提高劳动生产率,要挑选和培训第一流的工人

C. 要采用刺激性的工资报酬制度激励工人努力工作

D. 理性行政组织的实质在于以科学确定的制度规范作为组织行为的基本约束机制

【参考答案】 D

【答案解析】 D选项属于组织理论内容。

24. 法约尔认为,经营和管理是两个不同的概念,经营是引导一个组织趋向一个目标。经营包含6种活动,请问以下不属于6种活动的是(   )。

A. 技术活动　　B. 商业活动　　C. 财务活动　　D. 监督活动

【参考答案】 D

【答案解析】 法约尔认为，经营和管理是两个不同的概念，经营是引导一个组织趋向一个目标。经营包含6种活动：技术活动、商业活动、财务活动、安全活动、会计活动、管理活动。

25. 以下不属于法约尔提出的著名的14条管理原则的是(　　)。

A. 劳动分工原则　　B. 权力与责任对等原则

C. 纪律原则　　D. 员工至上原则

【参考答案】 D

【答案解析】 法约尔提出了著名的14条管理原则，至今仍有重要的实践指导意义。这些原则包括：劳动分工原则、权力与责任对等原则、纪律原则、统一指挥原则、统一领导原则、个人利益服从整体利益原则、员工报酬原则、集权原则、等级系列原则、秩序原则、公平原则、人员稳定原则、首创精神原则、团结合作原则。

26. 以下不属于"一般组织管理原理"的思想的是(　　)。

A. 以组织为基础分析和说明管理的职能和过程

B. 组织可分为正式组织与非正式组织

C. 持组织的生存和发展必须实现3个方面的平衡，即组织内部个人和整体之间的平衡、组织与环境之间的平衡、组织的动态平衡

D. 管理人员最根本的职能是执行

【参考答案】 D

【答案解析】 一般组织管理原理的代表人物是巴纳德，其基本理论要点包括：

(1) 以组织为基础分析和说明管理的职能和过程。其基本的理论结构是：个体假设—协作行为和协作系统理论—组织理论—管理理论。比起管理的过程和职能来，巴纳德以组织为基础的分析更能说明管理的内在逻辑。

(2) 组织可分为正式组织与非正式组织。正式组织是两个或两个以上个人的有意识协调的行为或力的系统，非正式组织是个人相互接触中无意识地以体系化、类型化为特征的多种心理因素相结合而成的体系。正式组织包含协作意愿、共同目标、信息沟通3个基本要素。正式组织与非正式组织互为条件、相互制约、相互促进的关系。组织一般都是正式组织层面与非正式组织层面的统一。

(3) 维持组织的生存和发展必须实现3个方面的平衡，即组织内部个人和整体之间的平衡、组织与环境之间的平衡、组织的动态平衡。

(4) 管理人员最根本的职能是协调。管理人员履行职能有3个基本途径：建立和维持一个信息联系的系统、从组织成员那里获得必要的努力、规定组织的共同目标。除此之外，管理人员还要有领会组织的整体及其有关形势、把握管理过程的

艺术。

27. 以下不属于“人际关系学说”内容的是(　　)。

A. 人是复杂人　　B. 存在非正式组织

C. 人是社会人　　D. 人际关系学说的代表人物梅奥

【参考答案】 A

【答案解析】 人际关系学说中,人是社会人。

28. 以下不属于管理科学流派思想的是(　　)。

A. 管理必须遵循一定的管理模型

B. 管理模型的有机运行构成一定的生产系统

C. 生产系统主要依靠长期和短期两种决策类型

D. 生产系统的设计和业务的计划控制与生产系统的类型无关

【参考答案】 D

【答案解析】 生产系统的设计和业务的计划控制与生产系统的类型有关。

29. 以下不属于决策理论流派的思想的是(　　)。

A. 人通常既不是完全理性也不是非理性,而是有限理性

B. 合理的决策一般是建立在有限理性的基础之上

C. “管理人”不能一味追求问题的最优解

D. 人是社会人

【参考答案】 D

【答案解析】 决策理论流派的主要思想包括:

(1) 人通常既不是完全理性也不是非理性,而是有限理性。有限理性是由于大脑加工所有任务的生理约束。正是这种约束,使思维过程表现为一种串行处理或搜索状态,从而也限制了人们的注意广度以及知识和信息获得的速度和存量。

(2) 合理的决策一般是建立在有限理性的基础之上。决策的合理性必须考虑人的基本生理限制以及由此而引起的认知限制、动机限制及其相互影响的限制。因此,决策者在决策之前没有全部备选方案和全部信息来决定方案的选定和搜索,而只能建立在有限理性的基础上进行决策。

(3) “管理人”不能一味追求问题的最优解。在信息社会时代到来之际,随着计算机网络、电话等通信技术的迅速发展,我们面临的信息危机不是由于信息匮乏,而是信息数量过剩的问题,即信息爆炸带来的问题,在这种环境中,意识到人的理性是有限的这一现实是十分重要的,它将能更好地指导我们有效地思考问题、解决问题,而不是一味地追求最优解。

30. 以下是行为科学流派代表人物的是(　　)。

A. 马斯洛　　B. 泰罗

C. 法约尔　　D. 马克斯·韦伯

【参考答案】 A

【答案解析】 记忆性知识,见知识点。

31. 按管理学家孔茨的分析,以下不属于管理者所需的技能的是(　　)。

A. 技术技能　　B. 人际技能　　C. 概念技能　　D. 管理技能

【参考答案】 D

【答案解析】 管理技能的类型。按管理学家孔茨的分析,管理者所需的技能一般有3种:技术技能、人际技能和概念技能。

32. 以下不属于领导党性修养内容的是(　　)。

A. 自我修炼　　B. 自我约束　　C. 自我改造　　D. 不思进取

【参考答案】 D

【答案解析】 D选项属贬义。

33. 共产党人首要的政治品质是(　　)。

A. 对党忠诚　　B. 艰苦奋斗　　C. 自强不息　　D. 独立自主

【参考答案】 A

【答案解析】 共产党人首要的政治品质是对党忠诚。

34. 共产党人开展自我批评,根本动力来自(　　)。

A. 人民　　B. 党史　　C. 党性　　D. 党纪

【参考答案】 C

【答案解析】 习近平指出,我们共产党人开展自我批评,根本动力来自党性,来自对党和人民事业高度负责的精神。

35. 在领导干部干好工作所需的各种能力中,(　　)是第一位的,是干部的定盘星。

A. 政治能力　　B. 领导能力　　C. 组织能力　　D. 管理能力

【参考答案】 A

【答案解析】 在领导干部干好工作所需的各种能力中,政治能力是第一位的,是干部的定盘星。

36. 提高政治判断力要做到“三个善于”,以下不属于“三个善于”的是(　　)。

A. 善于思考涉及党和国家工作大局的根本性、全局性、长远性问题

B. 善于从一般事务中发现政治问题,善于从倾向性、苗头性问题中发现政治

端倪

C. 善于从错综复杂的矛盾关系中把握政治逻辑，坚持政治立场不移、政治方向不偏

D. 善于以国家政治安全为大、以人民为重、以坚持和发展中国特色社会主义为本

【参考答案】 D

【答案解析】 D属于提高政治领悟力。

37. 调查研究是我们党的传家宝，以下不属于调查研究内容的是（　　）。

A. 坚持人民立场　　B. 坚持实事求是

C. 坚持问题导向　　D. 坚持主观主义

【参考答案】 D

【答案解析】 调查研究是我们党的传家宝，是做好各项工作的基本功。党员领导干部把握“深、实、细、准、效”的调研思想，为推动各项工作奠定扎实基础。①坚持人民立场，经常深入群众，深入基层、身入实地，看真情、察实情，调研解决基层干部群众所想所急所盼；②坚持实事求是，了解和掌握真实情况，不能走马观花、蜻蜓点水，一得自矜、以偏概全；③坚持问题导向，带着问题去，做到思路清、方向明；④掌握调研方法，坚持全面系统辩证方法，坚持调研三原则，辩证思考，把握规律；⑤坚持推动实践，对经过充分研究、比较成熟的调研成果，要及时上升为决策部署，转化为具体措施，更好促进工作。

38. 以下不属于健全风控机制内容的是（　　）。

A. 健全领导体制，完善横向到边、纵向到底的应急处突领导体系

B. 要发扬民主，进一步拓宽社情民意反映渠道，加强和改进信访工作

C. 明确岗位责任，突出节点作用，做到突发事件第一时间预警，第一时间上报，第一时间处置

D. 健全工作机制，紧密结合应对风险实践，查找工作和体制机制上的漏洞

【参考答案】 B

【答案解析】 要充满忧患意识，彩虹和风雨共生，机遇和挑战并存，这是亘古不变的辩证法则，要坚定做好较长时间应对外部环境变化的思想准备；要坚持底线思维，辩证认识和把握国内外大势，洞悉本地区、本部门工作运行的危机与风险，加强战略性、系统性、前瞻性研究谋划，善于在危机中育新机、于变局中开新局。要坚定必胜精神，改革开放以来党带领群众应变局、平风波、战围堵、防非典、抗地震、战疫情，化为危机，破浪前行。无数事实证明，只要意识足、水平高、行动快、措施强，一定能成功应对重大风险挑战。

39. 2020年10月10日，习近平总书记在中央党校中青年干部培训班上对青年干部提出了新的要求，需要提升“七大能力”，它们分别是政治能力、调查研究能力、科学决策能力、改革攻坚能力、应急处突能力、群众工作能力和（　　）。

A. 解决实际问题能力　　B. 学习能力

C. 依法执政能力　　D. 抓落实能力

【参考答案】 D

【答案解析】 习近平总书记提出的“七大能力”是政治能力、调查研究能力、科学决策能力、改革攻坚能力、应急处突能力、群众工作能力和抓落实能力。

40. 以下不属于领导者应具有的个性特征分类的是（　　）。

A. 身体特征　　B. 背景特征　　C. 智力特征　　D. 财富特征

【参考答案】 D

【答案解析】 综合国内外学者对领导特质的研究结果，领导者应具有的个性特征大致可以分为以下6类：

（1）身体特征，包括体力、年龄和身高等。

（2）背景特征，包括教育背景、社会经历和社会关系等。

（3）智力特征，包括知识、智商和判断分析能力等。

（4）个性特征，包括热情、自信、独立性和外向等。

（5）工作中具有的特征，包括责任感、首创性和事业心等。

（6）社会特征，包括声誉、合作性和指挥领导能力等。

41. 根据领导行为连续统一体理论，（　　）领导方式是指工作事先无布置，事后无检查，权力完全给予个人。

A. 独裁型　　B. 民主型　　C. 放任型　　D. 参与型

【参考答案】 C

【答案解析】 放任型领导，指工作事先无布置，事后无检查，权力完全给予个人，一切悉听尊便，毫无规章制度可言。

42. 以下属于分权优点的是（　　）。

A. 在处理组织的各种问题上能机动、灵活、及时

B. 有利于管理者对组织活动的统一指挥、集中领导、果断决策

C. 有利于管理者对组织的整个组织活动的全过程实行全面控制

D. 不利于调动下层人员的积极性和主动性

【参考答案】 A

【答案解析】 BC属于集权的优点，D属于分权的缺点。

43. 以下不属于科学管理理论的基本理论要点的是(　　)。

A. 科学管理的中心问题是提高劳动生产率。

B. 为了提高劳动生产率,要挑选和培训第一流的工人。

C. 要采用刺激性的工资报酬制度激励工人努力工作。

D. 以科学确定的制度规范作为组织行为的基本约束机制。

【参考答案】 D

【答案解析】 科学管理理论的基本理论要点包括:

(1) 科学管理的中心问题是提高劳动生产率。科学的观察、记录和分析、"时间动作研究",制定出合理的日工作量,是提高劳动生产率的最佳方法。

(2) 为了提高劳动生产率,要挑选和培训第一流的工人。所谓第一流的工人,是指适合于某种工作并且愿意努力工作的工人。要提高工人的劳动生产率,必须使工人掌握标准化的操作方法,使用标准化的工具、机器和材料,在标准化的工作环境中操作。

(3) 要采用刺激性的工资报酬制度激励工人努力工作。主要方法是制定工作定额,实行差别计件制。

(4) 要把计划职能和执行职能分开,以科学工作方法取代经验工作方法。主要方法是细化生产过程管理,实行职能工长制,一个工长负责一方面的职能管理工作。

44. 马克斯·韦伯被誉为(　　)。

A. "组织理论之父"　　B. "理论管理之父"

C. "科学管理之父"　　D. "权变领导理论之父"

【参考答案】 A

【答案解析】 记忆性知识,见知识点。

45. 以下不属于法约尔提出五大的管理职能的是(　　)。

A. 计划　　B. 组织　　C. 指挥　　D. 命令

【参考答案】 D

【答案解析】 法约尔指出,管理包含计划、组织、指挥、协调和控制五大职能。

46. "人主之大物,非法则术也"(《难三》),"君无术则蔽于上,臣无法则乱于下"(《定法》)。韩非子的法、术、势实际上就是告诉领导者,要管好一个组织的核心问题是(　　)。

A. 权力的问题　　B. 个人魅力的重要性

C. 仁政的问题　　D. 民心的问题

【参考答案】 A

【答案解析】 韩非子的法、术、势实际上就是告诉领导者,要管好一个组织的核心问题是权力的问题。法是权力的表现形式，术是权力的手段，势是权力的归属。

47. 科学管理理论强调要把计划职能和(　　)分开，以科学工作方法取代经验工作方法。主要方法是细化生产过程管理，实行职能工长制，一个工长负责一方面的职能管理工作。

A. 控制职能　　B. 执行职能　　C. 领导职能　　D. 组织职能

【参考答案】 B

【答案解析】 科学管理理论强调要把计划职能和执行职能分开，以科学工作方法取代经验工作方法。主要方法是细化生产过程管理，实行职能工长制，一个工长负责一方面的职能管理工作。

48. 以下不属于一般组织管理原理的基本理论的是(　　)。

A. 以组织为基础分析和说明管理的职能和过程

B. 组织可分为正式组织与非正式组织

C. 维持组织的生存和发展必须实现三个方面的平衡，即组织内部个人和整体之间的平衡、组织与环境之间的平衡、组织的动态平衡。

D. 目标管理是有效的组织管理手段

【参考答案】 D

【答案解析】 D 选项是经验管理流派。

49. 以下不属于管理科学流派的主要思想的是(　　)。

A. 管理必须遵循一定的管理模型

B. 管理模型的有机运行构成一定的生产系统

C. 生产系统主要依靠长期和短期两种决策类型

D. 人通常既不是完全理性也不是非理性，而是有限理性

【参考答案】 D

【答案解析】 D 选项是决策理论流派。

50. 党员领导干部增强(　　)，就要以国家政治安全为大、以人民为重、以坚持和发展中国特色社会主义为本(党、人民、国家三者有机统一)，增强科学把握形势变化、精准识别现象本质、清醒明辨行为是非、有效抵御风险挑战的能力。

A. 政治判断力　　B. 政治领悟力

C. 政治执行力　　D. 应急处突能力

【参考答案】 A

【答案解析】 政治判断力强调科学把握形势变化、精准识别现象本质、清醒明辨行为是非，政治领悟力强调领导干部必须对党中央精神深入学习、融会贯通，政治

执行力强调不折不扣抓好党中央精神贯彻落实。

二、多项选择题(下列各题给出的备选答案中有两个或两个以上是正确的,请将你认为正确的答案符号A、B、C、D中选两个或两个以上填入括号中。)

1. “华盛顿定律”存在的必须条件包括(　　)。

A. 责任分配不明确,导致员工职责不清

B. 彼此缺乏沟通,没有形成真正的团队精神

C. 团队中有制造不和谐的人存在,影响团队的战斗力,使团队“永无宁日”

D. 要制定严明的规章制度、清晰和强有力的奖罚措施

【参考答案】 ABC

【答案解析】 “华盛顿定律”的存在必须有3个条件:①责任分配不明确,导致员工职责不清;②彼此缺乏沟通,没有形成真正的团队精神;③团队中有制造不和谐的人存在,影响团队的战斗力,使团队“永无宁日”。

2. 某局办公楼位于城市的繁华地段,前来办事的人络绎不绝,小汽车、摩托车等交通工具比比皆是。而办公楼前的停车位有限,后院虽有不少空地,不少同志都习惯舍远求近,平时因有门卫的管理,车辆停放还算比较有序。但有一天,门卫因有事请假,车辆临时停放没有人负责,造成很多车辆堵在办公楼前,严重影响了正常办公。请问不属于上述表现的有(　　)。

A. “破窗效应”　　B. “路径依赖效应”

C. “80/20定律”　　D. “马太效应”

【参考答案】 BCD

【答案解析】 上述表现的就是“破窗效应”,是指如果有人打破了一栋建筑物上的一块玻璃,又没有及时修复,别人就可能受到某种暗示性的纵容,去打破更多的玻璃。

3. 情境管理学家拉比尔·S·巴塞认为,“所谓管理情境就是由历史遗留及对未来的预期而决定的、表现形式多样的、现行的、占主流地位的环境因素”,它们能决定管理任务能否正确地完成。只有当管理行为和现行情境相一致时,才能实施有效的管理。他把决定情境的主要因素划分为(　　)。

A. 组织层次　　B. 组织文化　　C. 组织设计　　D. 组织目标

【参考答案】 AB

【答案解析】 情境管理学家拉比尔·S·巴塞认为,“所谓管理情境就是由历史遗留及对未来的预期而决定的、表现形式多样的、现行的、占主流地位的环境因素”,它们能决定管理任务能否正确地完成。只有当管理行为和现行情境相一致时,才能实施有效的管理。他把决定情境的主要因素划分为两类:一类是组织层次,另一类

是组织文化。

4. 情境管理学家拉比尔·S·巴塞强调管理情境与管理职能的适应性。如果组织文化是家长制的,组织层次是中间的管理层,那么,执行管理职能时就应该采取(　　)管理类型和(　　)管理风格。

A. 权变的　　B. 排他的　　C. 决定的　　D. 激励的

【参考答案】 AC

【答案解析】 根据拉比尔·S·巴塞的理论,管理情境与管理职能的适应性。组织层次不同,组织所采用的管理类型就不同;组织文化不同,组织所具有的管理风格就会有差异。如果组织文化是家长制的,组织层次是中间的管理层,那么,执行管理职能时就应该采取权变的管理类型和决定的管理风格。

5. 根据拉比尔·S·巴塞的理论,(　　)管理风格与家长制的组织文化相适应,(　　)管理风格与官僚主义的组织文化相适应,(　　)管理风格则与协作参与式的组织文化相适应。

A. 排他的　　B. 决定的　　C. 包含的　　D. 亲民的

【参考答案】 ABC

【答案解析】 根据拉比尔·S·巴塞的理论,排他的管理风格与家长制的组织文化相适应;决定的管理风格与官僚主义的组织文化相适应;包含的管理风格则与协作参与式的组织文化相适应。

6. 按管理学家卡茨的分析,管理者所需的技能一般有3种,它们分别是(　　)。

A. 技术技能　　B. 人际技能　　C. 发展技能　　D. 概念技能

【参考答案】 ABD

【答案解析】 按管理学家孔茨的分析,管理者所需的技能一般有3种:技术技能、人际技能和概念技能。

7. 麦克利兰等将权力动机划分为(　　)。

A. 个人化权力动机　　B. 社会化权力动机

C. 民主化权力动机　　D. 工作化权力动机

【参考答案】 AB

【答案解析】 麦克利兰等将权力动机划分为两类,一类是个人化权力动机,另一类是社会化权力动机。

8. 管理责任理论认为,管理责任就其本质来说,是社会关系对管理者的现实要求。管理责任具有(　　)特性。

A. 民主性　　B. 关联性　　C. 相对独立性　　D. 分解性

【参考答案】 BCD

【答案解析】 管理责任之间具有关联性、相对独立性和分解性三个相对独立又紧密联系的特性。

9. 根据管理创新理论,管理创新的内容包括( )。

A. 管理思想 B. 管理理论 C. 管理知识 D. 管理方法

【参考答案】 ABCD

【答案解析】 管理创新包括管理思想、管理理论、管理知识、管理方法、管理工具等的创新。

10. 控制工作的基本工作内容包括( )。

A. 确定控制标准 B. 衡量工作绩效

C. 纠正工作偏差 D. 解决工作问题

【参考答案】 ABC

【答案解析】 控制工作的基本工作内容包括确定控制标准、衡量工作绩效、纠正工作偏差。

11. 目标管理的特点包括有( )。

A. 员工参与管理 B. 严格监督

C. 以自我管理为中心 D. 强调自我评价

【参考答案】 ACD

【答案解析】 目标管理的特点包括员工参与管理、以自我管理为中心、强调自我评价、重视成果。

12. 下列属于非确定性决策的方法有( )。

A. 决策树法 B. 小中取大法

C. 大中取大法 D. 最小最大后悔值法

【参考答案】 BCD

【答案解析】 A选项属于确定性决策方法。

13. 党员领导干部做到科学决策,要( )。

A. 坚持战略思维 B. 增强全局观念

C. 立足全局想问题、作决策 D. 一拍脑袋果断决策

【参考答案】 ABC

【答案解析】 D选项属于错误的决策方式。

14. 下面属于人本管理的观点的有( )。

A. 职工是企业的主体

B. 人是“经济人”，所以只要给予足够的物质激励，就能让他为企业卖力

C. 职工参与是有效管理的关键

D. 服务于人是管理的根本目的

【参考答案】 ACD

【答案解析】 经济人观点不属于人本管理的观点。

15. 构成正式组织的基本要素包括（　　）。

A. 无意识的体系化系统　　B. 协作意愿

C. 共同目标　　D. 信息沟通

【参考答案】 BCD

【答案解析】 正式组织包含协作意愿、共同目标、信息沟通三个基本要素。

16. 下列选项中，属于影响计划有效性的权变因素的有（　　）。

A. 组织规模　　B. 组织层次

C. 对未来许诺的期限　　D. 非常确定的环境

【参考答案】 ABC

【答案解析】 影响计划有效性的权变因素有组织的规模与层次、所经营业务的产品寿命周期、环境的不确定性、对未来许诺的期限。

17. 下列组织权力不属于职位权力的有（　　）。

A. 专长权　　B. 背景权　　C. 奖励权　　D. 感情权

【参考答案】 ABD

【答案解析】 职位权力主要表现为3类权力：奖励权、强制权、法定权。所以排除C选项。

18. 下列内容属于“直线职能制在管理实践中的不足”的有（　　）。

A. 权力集中与高层，下级缺乏必要的自主权

B. 信息传递路线长，反馈较慢，适应环境比较难

C. 各职能部门之间的横向联系较差，容易产生脱节与矛盾

D. 多头领导，多头指挥，下级无从指挥

【参考答案】 ABC

【答案解析】 D选项并不属于直线职能制的特点，因此更谈不上是它的不足了。

19. 影响管理幅度的因素有（　　）。

A. 主管所处的管理层次　　B. 管理人员的人数

C. 组织结构的类型　　D. 计划的完善程度

【参考答案】 AD

【答案解析】 有效管理幅度的影响因素有：①主管所处的管理层次；②下属工作的相似性；③计划的完善程度；④非管理性事务的多少。

20. 在领导干部干好工作所需的各种能力中，政治能力是第一位的，领导干部必须坚持正确政治方向，不断提高（　　）。

A. 政治判断力　　B. 政治领悟力

C. 政治执行力　　D. 政治表达力

【参考答案】 ABC

【答案解析】 在领导干部干好工作所需的各种能力中，政治能力是第一位的，领导干部必须坚持正确政治方向，不断提高政治判断力、政治领悟力、政治执行力。

21. 领导行为连续统一体理论把领导者在领导过程中表现出来的极端工作风格分为（　　）。

A. 独裁型领导　　B. 民主型领导

C. 放任自由型领导　　D. 无能型领导

【参考答案】 ABC

【答案解析】 关于领导方式的研究最早是由美国依阿华大学的研究者、著名心理学家勒温进行的，他通过试验研究不同的领导方式对下属群体行为的影响，把领导者在领导过程中表现出来的极端工作风格分为三种：独裁型领导、民主型领导、放任自流型领导。

22. 领导行为四分图理论将领导行为归纳为（　　）主要因素。

A. 结构维度　　B. 关怀维度　　C. 民主维度　　D. 个人维度

【参考答案】 AB

【答案解析】 1945 年，美国俄亥俄州立大学工商研究所在罗尔夫・M 斯托格蒂尔和卡罗・H 沙特尔两位教授的领导下，开展了对领导行为的研究。开始时，研究者列出了 1 000 多种描述领导行为的因素，然后经过反复筛选、归纳，最后概括为“结构维度”和“关怀维度”两大主要因素。

23. 管理方格理论模型将领导行为划分为（　　）两个维度。

A. “关心人”　　B. “关心结果”　　C. “关心过程”　　D. “关心现象”

【参考答案】 AB

【答案解析】 管理方格理论将领导行为划分为两个维度，即“关心人”的维度和“关心结果”的维度。

24. 支持关系理论从员工导向与生产导向两个维度研究领导行为，提出了

(　　)管理方式。

A. 剥削专制型　　B. 温和专制型　　C. 协商民主型　　D. 参与民主型

【参考答案】 ABCD

【答案解析】 利克特从员工导向与生产导向两个维度研究领导行为,提出了剥削专制型、温和专制型、协商民主型、参与民主型 4 种管理方式。

25. 赫赛和布兰查德把成熟度分成(　　)层次。

A. 不成熟　　B. 初步成熟　　C. 比较成熟　　D. 成熟

【参考答案】 ABCD

【答案解析】 赫赛和布兰查德把成熟度分成 4 个层次,即不成熟、初步成熟、比较成熟和成熟。

26. 路径—目标理论把领导方式分为(　　)类型。

A. 指示型领导方式　　B. 支持型领导方式

C. 参与型领导方式　　D. 成就指向型领导方式

【参考答案】 ABCD

【答案解析】 (1)指示型领导方式。领导者应该对下属提出要求,指明方向,给下属提供他们应该得到的指导和帮助,使下属能够按照工作程序去完成自己的任务,实现自己的目标。

(2) 支持型领导方式。领导者对下属友好,平易近人,平等待人,关心下属的生活福利,上下级关系融洽。

(3) 参与型领导方式。领导者经常与下属沟通信息,商量工作,虚心听取下属的意见,让下属参与决策,参与管理。

(4) 成就指向型领导方式。领导者做的一项重要工作就是树立具有挑战性的组织目标,激励下属想方设法去实现目标,迎接挑战。

27. 在 20 世纪 80 年代以来领导理论的发展中,则表现出截然相反的两种倾向,分别是(　　)。

A. 强调领导者个体特质

B. 团队领导、自我领导和超级领导等理论范式

C. 温和专制型

D. 个人独断型

【参考答案】 AB

【答案解析】 在 20 世纪 80 年代以来领导理论的发展中,则表现出截然相反的两种倾向:一是强调领导者个体特质。例如归因理论、魅力领导理论、变革型领导等范式,都具有向特质论回归的倾向。同时,也出现了与强调领导者个人特质相反的

另外一条路径，这就是与信息化、新经济以及全球化浪潮相对应的团队领导、自我领导和超级领导等理论范式的诞生。

28. 孔子的管理思想可以概况为以下（　　）几个方面。

A. “和”　　B. “仁”　　C. “民主”　　D. “专制”

【参考答案】 AB

【答案解析】 孔子儒家管理思想的核心内容是仁、礼、中庸。

29. 韩非子的管理思想告诉领导者，要管好一个组织的核心问题是权力的问题，（　　）是权力的表现形式，（　　）是权力的手段，（　　）是权力的归属。

A. 道　　B. 法　　C. 术　　D. 势

【参考答案】 BCD

【答案解析】 韩非子的管理思想告诉领导者，要管好一个组织的核心问题是权力的问题。法是权力的表现形式，术是权力的手段，势是权力的归属。

30. 理性行政组织一般具有（　　）特征。

A. 在劳动分工的基础上，规定每个岗位的权力和责任，并把权力和责任制度化

B. 各个岗位按照权力的大小在组织中形成有序的等级系统，并以制度形式巩固下来

C. 明确规定岗位特性以及该岗位对人应有能力的要求，管理人员根据法律制度赋予的权力处于拥有权力的地位，所有的人都服从制度而不是个人

D. 每个管理人员只负责特定的工作，权力要受到严格的限制，服从有关章程和制度的规定

【参考答案】 ABCD

【答案解析】 理性行政组织一般具有以下特征：在劳动分工的基础上，规定每个岗位的权力和责任，并把权力和责任制度化；各个岗位按照权力的大小在组织中形成有序的等级系统，并以制度形式巩固下来；明确规定岗位特性以及该岗位对人应有能力的要求；管理人员根据法律制度赋予的权力处于拥有权力的地位，所有的人都服从制度而不是个人；每个管理人员只负责特定的工作；权力要受到严格的限制，服从有关章程和制度的规定。

三、判断题（判断下列各题正确与错误，如果正确打上√，如果错误打上×，请将正确答案序号填入括号中。）

1. 党的十九大报告要求增强学习本领，习近平总书记在2019年秋季学期中央党校（国家行政学院）中青年干部培训班上提出要增强斗争能力，2020年秋季学期中央党校（国家行政学院）中青年干部培训班开班式上，习近平总书记提出“七种能

力”。综合以上,学习能力、政治能力、调查研究能力、科学决策能力、改革攻坚能力、应急处突能力、群众工作能力、斗争能力、抓落实能力都是领导能力素质建设的组成部分,也是系统选拔任用干部能力考察的主要内容。 ( )

【参考答案】 √

【答案解析】 这是近年来习近平总书记对领导干部能力建设方面提出的具体要求,学习能力、斗争能力,再加上政治能力、调查研究能力、科学决策能力、改革攻坚能力、应急处突能力、群众工作能力、抓落实能力。

2. 评估风险是防范风险的前提,把握风险走向是谋求战略主动的关键。( )

【参考答案】 ×

【答案解析】 预判风险是防范风险的前提。

3. 包莫尔的领导特质论中“精于授权”,指的是能大权独揽,小权分散。 ( )

【参考答案】 √

【答案解析】 美国普林斯顿大学包莫尔教授提出了作为一个企业家应具备的10个条件,其中关于“精于授权”,具体体现为大权独揽,小权分散。

4. 斯托格蒂尔的特质理论认为,领导者的身高、外貌是领导者能否有效发挥领导作用的重要特质之一。 ( )

【参考答案】 √

【答案解析】 美国俄亥俄州立大学工商研究所的斯托格蒂尔教授把领导特质归纳为六大类,其中认为,领导者的身高、外貌是领导者能否有效发挥领导作用的重要特质之一。

5. 领导行为理论认为,由于领导特质理论的研究未能取得预期的效果,研究者们开始把目光转向领导者表现出来的行为上,希望通过对领导者行为的研究找出领导者行为与领导效果之间的关系。 ( )

【参考答案】 √

【答案解析】 见知识点。

6. 领导行为连续统一体理论把领导者在领导过程中表现出来的极端工作风格分为3种:独裁型领导、参与型领导、放任自流型领导。 ( )

【参考答案】 ×

【答案解析】 领导行为连续统一体理论把领导者在领导过程中表现出来的极端工作风格分为3种:独裁型领导、民主型领导、放任自流型领导。

7. 权变理论是基于自我实现人假设提出来的。 ( )

【参考答案】 ×

【答案解析】 权变理论是基于复杂人假设提出的。

8. 管理幅度是指组织的最高主管到基层人员之间所设置的管理职位层级数。管理幅度应该适当才能进行有效的管理。 ( )

【参考答案】 ×

【答案解析】 管理幅度是指一个管理者直接指挥下级的数目。管理幅度应该适当才能进行有效的管理。

9. 最小后悔值决策方法中的后悔值就是机会损失值。 ( )

【参考答案】 √

【答案解析】 最大最小后悔值法,即最小最大后悔值法,也叫最小遗憾值法。是一种根据机会成本进行决策的方法,它以各方案机会损失大小来判断方案的优劣。即首先计算各方案在各自然状态下的后悔值,并找出各方案的最大后悔值,然后进行比较,再选择最大后悔值最小的方案作为选择方案的一种决策方法。

10. 公平理论认为一个人的公平感觉取决于其每次的投入与报酬之间是否对等。 ( )

【参考答案】 ×

【答案解析】 公平理论指出:人的工作积极性不仅与个人实际报酬多少有关,而且与人们对报酬的分配是否感到公平更为密切。

11. 泰勒的科学管理原理要求把计划职能和执行职能分开,以科学工作方法取代经验工作方法。在管理中体现这一原理的主要方法是实行差别计件制。

【参考答案】 ×

【答案解析】 泰勒的科学管理原理要求把计划职能和执行职能分开,以科学工作方法取代经验工作方法。在管理中体现这一原理的主要方法是实行职能工长制。

12. 组织文化对于组织发展与组织目标的实现具有导向、约束、凝聚、激励和辐射等功能。 ( )

【参考答案】 √

【答案解析】 组织文化对于组织发展与组织目标的实现具有导向、约束、凝聚、激励和辐射等功能。

13. 一般管理理论的代表人物是马克斯·韦伯。他指出,管理包含计划、组织、指挥、协调和控制五大职能。管理的五大职能思想,为人们认识管理职能和管理过程的一般性框架。 ( )

【参考答案】 ×

【答案解析】 一般管理理论的代表人物是法约尔。他指出,管理包含计划、组织、指挥、协调和控制五大职能。

14. 法约尔提出的理论通常被称作“官僚制”“科层制”或“理性行政组织”理论，对工业化以来各种不同类型组织产生了广泛而深远的影响，成为现代大型组织广泛采用的一种组织管理方式。（　　）

【参考答案】 ×

【答案解析】 马克斯·韦伯提出的理论通常被称作“官僚制”“科层制”或“理性行政组织”的理论，被誉为“组织理论之父”。

15. 对经常重复出现的问题进行的决策称为程序性决策。（　　）

【参考答案】 √

【答案解析】 程序性决策是指对常规的、反复发生的决策问题，制定出一个例行的程序，使决策有章可循的决策方式。

16. 决策理论认为，合理的决策一般是建立在有限理性的基础之上。（　　）

【参考答案】 √

【答案解析】 合理的决策一般是建立在有限理性的基础之上。决策的合理性必须考虑人的基本生理限制以及由此而引起的认知限制、动机限制及其相互影响的限制。因此，决策者在决策之前没有全部备选方案和全部信息来决定方案的选定和搜索，而只能建立在有限理性的基础上进行决策。

17. 非正式组织这一概念是著名管理学家梅奥首先提出来的。（　　）

【参考答案】 √

【答案解析】 人际关系学说的代表人物梅奥在霍桑试验中，首先提出了非正式组织这一概念。

18. 经验管理流派代表人物德鲁克提出目标管理理论。目标管理的最大优点是能够让一位经理人能控制自己的成就。目标管理的主要贡献之一就是它使得我们能用自我控制的管理来代替由别人统治的管理。（　　）

【参考答案】 √

【答案解析】 目标管理的主要贡献之一就是它使得我们能用自我控制的管理来代替由别人统治的管理。

19. 权变理论认为，管理风格是与生俱来的，你不可能改变你的风格去适应变化的情境。（　　）

【参考答案】 √

【答案解析】 权变理论认为，管理风格是与生俱来的，你不可能改变你的风格去适应变化的情境。因此提高管理者的有效性实际上只有两条途径：一是替换管理者以适应环境；二是改变情境以适应管理者。

20. 领导者有了职权，就会对下属产生激励力和鼓舞力。（　）

【参考答案】 ×

【答案解析】 有了职权也并不一定就会对下属有激励力和鼓舞力。

21. 组织外部环境包括竞争对手、顾客、供应者、政府机构、利益组织和正式组织系统的各个变量组成。（　）

【参考答案】 ×

【答案解析】 正式组织系统的各个变量属于内部环境。

22. 现代管理理论认为在管理过程中还存在着大量的不清晰、不确定、不完美的情况，采用行政方法进行管理，可以在一定程度上解决管理的模糊性问题。（　）

【参考答案】 √

【答案解析】 现代管理理论认为在管理过程中还存在着大量的不清晰、不确定、不完美的情况，不能只注重精确性而忽视事物发展的本质，也不能单纯用模糊的方法去管理。采用行政方法进行管理，可以在一定程度上解决管理的模糊性问题，要利用行政手段具有效果直接有效的特点，保证行政效力；也要利用经济手段具有利益约束力的特点，提升下级的责任感，调动下级的积极性。

23. 科学管理的中心问题是减少员工数量。（　）

【参考答案】 ×

【答案解析】 科学管理的中心问题是提高劳动生产效率。

24. 自科学管理理论出现以来，管理一直视效率为其追求的终极目标。只要保持效率原则，组织就可以利用资源提供更多更好的产品或服务。（　）

【参考答案】 ×

【答案解析】 管理的有效性除要保持对效率的追求之外，必须以待遇平等、行为互动和行为责任等公平因素作为基础。总之，管理不能只顾及效率，还要兼顾公平，如果把效率当作管理的唯一价值目标，平等价值观受到忽视，组织的效率根本无法得到保证。

25. 组织规范化管理的首要特征就是保持制度的标准化。（　）

【参考答案】 ×

【答案解析】 规范化取向包括制度化、标准化。尽管规范化最终也要落到制度层面上，通过规章制度来实施，但制度化还远不等于规范化。制度化仅是规范化的形式。

规范化取向强调管理必须有一套系统的价值观念体系。组织是一个有机整体，组织规范化管理必须有一套组织内部一致认同的价值观念体系作为指导思想来协调组织运行和管理的行为，使组织方方面面的管理方法和技术，融合为一个整体，并彼此协调照应。这是组织规范化管理的首要特征。

26. 集权与分权是管理中的一对基本矛盾。集权有利于管理者对组织活动的统一指挥、集中领导、果断决策，在处理组织的各种问题上能机动、灵活、及时。（　　）

【参考答案】 ×

【答案解析】 在处理组织的各种问题上能机动、灵活、及时是分权的优点。

27. 集权与分权是一对矛盾关系。分权代表着前进的方向，所以，现代管理主要要限制集权，尽量分权。（　　）

【参考答案】 ×

【答案解析】 当条件较适合集权时，集权的比例要大一些；当条件较适合分权时，分权的比例要大一些。

28. 组织中上层与下层之间的关系是既互相依存又相互对立。在处理上下层级的关系时，最重要的原则是相互关心和体贴。（　　）

【参考答案】 ×

【答案解析】 责权处理得是否对等是组织管理中上下矛盾处理得好坏的一个核心问题。

29. 分工越细、专业化程度越高，组织的效率也就越高。（　　）

【参考答案】 ×

【答案解析】 效率受多重因素的影响。

30. 高士气总能带来高效率。（　　）

【参考答案】 ×

【答案解析】 任何因素都只能是适度的，过高的士气有时带来的也并不一定全是益处。

31. 正确处理组织多层次目标的矛盾，应分清主要矛盾与次要矛盾，分清矛盾的主要方面与次要方面。任何时候最终目标的实现都是主要矛盾或矛盾的主要方面。一般情况下，最高目标的实现是一个基础，应当首先保证实现。（　　）

【参考答案】 ×

【答案解析】 正确处理组织多层次目标的矛盾，应分清主要矛盾与次要矛盾，分清矛盾的主要方面与次要方面。任何时候最终目标的实现都是主要矛盾或矛盾的主要方面。一般情况下，基本目标的实现是一个基础，应当首先保证实现。

32. 行为科学流派提出两种人性假设方案，即X理论与Y理论。X理论认为人

们有积极的工作原动力，而Y理论则认为人们有消极的工作原动力。（ ）

【参考答案】 ×

【答案解析】 X理论认为人们有消极的工作原动力，而Y理论则认为人们有积极的工作原动力。

33. 组织都是正式组织与非正式组织的结合体。任何组织内部都既包含正式组织的各个要素，也不能完全否认非正式组织的存在与作用。（ ）

【参考答案】 √

【答案解析】 略。

34. 现代管理理论认为，组织正常运转必须使系统性、计划性、程序性与灵活性、权变性、非程序性相结合，这是保持组织命令与指挥系统的统一性的需要，也是实现对组织环境密切跟踪的必然要求。（ ）

【参考答案】 √

【答案解析】 现代管理理论充满了辩证法，比如强调组织正常运转必须使系统性、计划性、程序性与灵活性、权变性、非程序性相结合，这是保持组织命令与指挥系统的统一性的需要，也是实现对组织环境密切跟踪的必然要求。

35. 行为科学把管理纳入了科学的轨道。古典管理理论则第一次把管理上升到艺术的高度。（ ）

【参考答案】 ×

【答案解析】 古典管理理论把管理纳入了科学的轨道。行为科学第一次把管理上升到艺术的高度。

36. 规范化取向强调必须完整地承认被管理者的主体地位，以社会人人性假设理论为基础。（ ）

【参考答案】 ×

【答案解析】 规范化取向强调必须完整地承认被管理者的主体地位，充分尊重人的价值、尊严、地位和个性，也就是必须消除过去对人本性假定的片面性，整合经济人、社会人、自我实现人等多种片面性假设。

37. 由于集权与分权都存在优缺点，处理它们之间的矛盾，应当在组织中适当限制集权，鼓励分权。（ ）

【参考答案】 ×

【答案解析】 由于集权与分权都存在优缺点，为了保持它们的优点，应当在组织中保持适当的集权与分权，使二者处于一个平衡状态，不使集权或分权过度膨胀。

38. 管理人员最根本的职能是监督。（ ）

【参考答案】 ×

【答案解析】 管理人员最根本的职能是协调。

39. 在学习理论上，干部要紧密结合新时代新实践，紧密结合思想和工作实际，有针对性地重点学习，最有效的办法是读原著、学原文、悟原理，强读强记，常学常新，往深里走、往实里走、往心里走，把自己摆进去、把职责摆进去、把工作摆进去，做到学、思、用贯通，知、信、行统一。 （ ）

【参考答案】 √

【答案解析】 在学习理论上，干部要紧密结合新时代新实践，紧密结合思想和工作实际，有针对性地重点学习，多思多想、学深悟透，知其然又知其所以然。学习理论最有效的办法是读原著、学原文、悟原理，强读强记，常学常新，往深里走、往实里走、往心里走，把自己摆进去、把职责摆进去、把工作摆进去，做到学、思、用贯通，知、信、行统一。

40. 政治领悟力要善于从一般事务中发现政治问题，善于从倾向性、苗头性问题中发现政治端倪。 （ ）

【参考答案】 ×

【答案解析】 要善于从一般事务中发现政治问题，善于从倾向性、苗头性问题中发现政治端倪属于政治判断力。

41. 提高政治判断力，领导干部要经常同党中央精神对表对标，切实做到党中央提倡的坚决响应，党中央决定的坚决执行，党中央禁止的坚决不做，坚决维护党中央权威和集中统一领导，做到不掉队、不走偏，不折不扣抓好党中央精神贯彻落实。 （ ）

【参考答案】 ×

【答案解析】 提高政治执行力，领导干部要经常同党中央精神对表对标，切实做到党中央提倡的坚决响应，党中央决定的坚决执行，党中央禁止的坚决不做，坚决维护党中央权威和集中统一领导，做到不掉队、不走偏，不折不扣抓好党中央精神贯彻落实。

42. 调查研究是我们党的传家宝，是做好各项工作的基本功。了解和掌握真实情况，不能走马观花、蜻蜓点水，一得自矜、以偏概全，这是领导干部调查研究中的实践推动原则。 （ ）

【参考答案】 ×

【答案解析】 了解和掌握真实情况，不能走马观花、蜻蜓点水，一得自矜、以偏概全，这是领导干部调查研究中应坚持的实事求是原则。

43. 求真务实是共产党人的重要思想和工作方法。“求真”主要表现为向群众学习，向专家求教，向智囊征询，看事情是否值得做、是否符合实际等。“务实”主要指要把握规律，看实情、察真情，掌握第一手资料。（　）

【参考答案】 ×

【答案解析】 求真务实是共产党人的重要思想和工作方法。“求真”是把握规律，要直面问题，深入调查研究，听取多方意见，看实情、察真情，掌握第一手资料，善于运用创新思维、辩证思维，善于运用矛盾分析方法抓住关键、找准重点、阐明规律，形成决策备选方案。“务实”要实事求是。知之为知之，不知为不知。要向群众学习，向专家求教，向智囊征询，深入研究、综合分析，认真评估，看事情是否值得做、是否符合实际等，全面权衡，科学决断。

44. 把不同意见统一起来，把各种分散意见中的真知灼见提炼概括出来，把符合事物发展规律、符合广大人民群众根本利益的正确意见集中起来，作出科学决策。这是坚持民主集中制的广泛民主原则。（　）

【参考答案】 ×

【答案解析】 坚持民主集中制，要善于正确集中，把不同意见统一起来，把各种分散意见中的真知灼见提炼概括出来，把符合事物发展规律、符合广大人民群众根本利益的正确意见集中起来，作出科学决策。

45. 既要到问题集中的地方掌握实情，又要到问题解决好的地方找到方子，善于把群众创造的经验总结出来，反复研究、反复比较、择善而从。这是坚持民主集中制的善于集中原则。（　）

【参考答案】 ×

【答案解析】 坚持民主集中制，要发挥广泛民主原则，凝聚基层智慧，既要到问题集中的地方掌握实情，又要到问题解决好的地方找到方子，善于把群众创造的经验总结出来，反复研究、反复比较、择善而从。

46. 决策中要增强程序观念，健全重大政策事前评估和事后评价制度，完善内部监督和社会、公民监督相结合的监督体系。这体现了民主决策原则。（　）

【参考答案】 ×

【答案解析】 这是依法决策原则。

47. 提高抓落实能力，主要领导干部，既要带领大家一起定好盘子、理清路子、开对方子，又要做到重要任务亲自部署、关键环节亲自把关、落实情况亲自督查，不能只挂帅不出征。（　）

【参考答案】 √

【答案解析】 提高抓落实能力，主要领导干部，既要带领大家一起定好盘子、理清路子、开对方子，又要做到重要任务亲自部署、关键环节亲自把关、落实情况亲自督查，不能高高在上、凌空蹈虚，不能只挂帅不出征。

48. 提升应急处突能力，要增强风险意识，下好先手棋、打好主动仗，做好随时应对各种风险挑战的准备。这是强调预判风险是防范风险的前提，把握风险走向是谋求战略主动的关键。（　　）

【参考答案】 √

【答案解析】 提升应急处突能力，预判风险是防范风险的前提，把握风险走向是谋求战略主动的关键。要增强风险意识，下好先手棋、打好主动仗，做好随时应对各种风险挑战的准备。

49. 建立一支能够与群众心心相印，善于做群众工作的基层思想政治工作者队伍，综合使用语言或非语言表达方式手段，晓之以理、动之以情、以情感人。这句话重点体现了提高思想政治工作水平中发扬民主的原则。（　　）

【参考答案】 ×

【答案解析】 建立一支能够与群众心心相印，善于做群众工作的基层思想政治工作者队伍，善于综合使用语言或非语言表达方式手段，晓之以理、动之以情、以情感人。这句话重点体现了提高思想政治工作水平中要善做工作原则。

50. 凡是危害中国共产党领导和我国社会主义制度的各种风险挑战，凡是危害我国主权、安全、发展利益的各种风险挑战，凡是危害我国核心利益和重大原则的各种风险挑战，凡是危害我国人民根本利益的各种风险挑战，凡是危害我国实现“两个一百年”奋斗目标、实现中华民族伟大复兴的各种风险挑战，只要来了，我们就必须进行坚决斗争，而且必须取得斗争胜利。这句话重点体现了把握斗争方向的能力。（　　）

【参考答案】 √

【答案解析】 领导干部要把握斗争方向。凡是危害中国共产党领导和我国社会主义制度的各种风险挑战，凡是危害我国主权、安全、发展利益的各种风险挑战，凡是危害我国核心利益和重大原则的各种风险挑战，凡是危害我国人民根本利益的各种风险挑战，凡是危害我国实现“两个一百年”奋斗目标、实现中华民族伟大复兴的各种风险挑战，只要来了，我们就必须进行坚决斗争，而且必须取得斗争胜利。

四、案例分析题（请阅读所给材料，根据要求，将正确答案填入括号中。）

（一）炮击金门

毛泽东决策炮击金门，是军事斗争与政治斗争紧密配合的高超艺术。

1949年,国民党蒋介石集团逃到台湾。由于台湾战略地位重要,美国不愿台湾落入新中国手中,很快派军舰到台湾。毛泽东领导的新中国政府坚决维护国家领土完整,反对制造“两个中国”和“一中一台”的阴谋,积极准备解放台湾。

1954年12月,《美台共同防御条约》出笼,美国向台湾提供大量军事援助,并扩大了美军在台人数。美国还在台湾海峡大肆炫耀武力,用发动核战争威吓中国人民。1957年,美国第七舰队与国民党军队举行针对中国大陆的军事演习,蒋介石也摆出“反攻大陆”的架势。

1958年7月中旬,毛泽东连续召开会议,决定炮击金门,以回答美国的核讹诈和蒋介石的“反攻”。8月23日,中国人民解放军群炮齐鸣,3万发炮弹飞向金门,国民党军600余人伤亡,金门岛上一片火海。此时,美国虽然在台湾海峡集结了大规模的海空兵力,但是却没敢轻举妄动。

中国人民解放军炮击金门后,美国想劝蒋介石放弃金门等岛屿,希望大陆与台湾“划峡而治”,造成“两个中国”的局面。蒋介石则认为,放弃金门等岛屿,等于放弃大陆其他地方主权,降为地方性政权,会影响台湾国民党政权的巩固。所以,他在是否放弃金门等岛屿的问题上与美国发生了矛盾。毛泽东为实施“联蒋抵美”的政策,从国家统一的长远考虑,决定停止炮击金门。

当年10月21日,美国国务卿杜勒斯到台湾,准备继续向蒋介石施压,要国民党军队撤离金门等岛屿。在这种情形下,毛泽东命令在杜勒斯抵台前一天恢复炮击,使蒋介石获得了拒绝撤出金门等岛屿的口实。此后,金门炮击单日打,双日不打;炮击只打沙滩,不打民房与工事。金门炮击以一种特殊的方式,保持了海峡两岸的“接触”,使美国“划峡而治”“两个中国”的阴谋再一次破产。

【提问】

1. “炮击金门”案例体现的最主要领导理职能是(　　)。(单选题)

A. 控制　　B. 计划　　C. 决策　　D. 协调

【参考答案】 C

【答案解析】 决策是领导的一项基本职能,是领导者为实现领导目标制订决策方案和实施方案的过程。“炮击金门”属于典型的决策职能。

2. “炮击金门”的决策,其意义超出了军事斗争,收到了政治上和外交上的重大成果。这一决策启示我们(　　)。(多选题)

A. 领导干部要善于进行战略思维,把全局作为观察和处理问题的出发点和落脚点

B. 要以全局利益来判断是非得失,力求谋大利而避大害

C. 在总揽全局的时候,必须抓住重点、突出重点

D. 要把握对全局有决定意义的关键的一招

【参考答案】 ABCD

【答案解析】 选项表述均正确合理。

3. “炮击金门”的决策启示我们领导干部在处理问题时要从细节出发。（　　）（判断题）

A. 正确　　B. 错误

【参考答案】 B

【答案解析】 “炮击金门”的决策充分体现出了全局观念。

（二）斗争精神

不忘初心、牢记使命，必须发扬斗争精神，勇于担当作为。我们党诞生于国家内忧外患、民族危难之时，一出生就铭刻着斗争的烙印，一路走来就是在斗争中求得生存、获得发展、赢得胜利。越是接近民族复兴越不会一帆风顺，越充满风险挑战乃至惊涛骇浪。不忘初心、牢记使命，必须安不忘危、存不忘亡、乐不忘忧，时刻保持警醒，不断振奋精神，勇于进行具有许多新的历史特点的伟大斗争。

我们讲的斗争，不是为了斗争而斗争，也不是为了一己私利而斗争，而是为了实现人民对美好生活的向往、实现中华民族伟大复兴知重负重、苦干实干、攻坚克难。衡量党员、干部有没有斗争精神、是不是敢于担当，就要看面对大是大非敢不敢亮剑、面对矛盾敢不敢迎难而上、面对危机敢不敢挺身而出、面对失误敢不敢承担责任、面对歪风邪气敢不敢坚决斗争。

现在，在一些党员、干部中，不愿担当、不敢担当、不会担当的问题不同程度存在。有的做“老好人”“太平官”“墙头草”，顾虑“洗碗越多，摔碗越多”，信奉“多栽花少种刺，遇到困难不伸手”，“为了不出事，宁可不干事”，“只想争功不想揽过，只想出彩不想出力”；有的是“庙里的泥菩萨，经不起风雨”，遇到矛盾惊慌失措，遇见斗争直打摆子。这哪还有共产党人的样子?！不担当不作为，不仅成不了事，而且注定坏事、贻误大事。

（《习近平在“不忘初心、牢记使命”主题教育总结大会上的讲话》，《求是》，2020年6月30日）

1. 实现中华民族伟大复兴，我们要（　　）。（多选题）

A. 提高抓落实能力　　B. 淬炼斗争能力

C. 提高斗争本领　　D. 掌握斗争艺术

【参考答案】 ABCD

【答案解析】 十九大报告原话摘选。

2. 温室里长不出参天大树，懈怠者干不成宏图伟业。广大党员、干部要在经风雨、见世面中长才干、壮筋骨，练就担当作为的硬脊梁、铁肩膀、真本事，敢字为先、干字当头，勇于担当、善于作为。以下错误的是（　　）。（单选题）

A. 干事业就要有钉钉子精神

B. 要一切从实际出发

C. 抓队伍要以上率下

D. 要坚决服从上级，坚持一切以上级为主

【参考答案】 D

【答案解析】 D选项明显取向错误。陈云同志曾经强调，在党内，个人服从组织，少数服从多数，下级服从上级，全党服从中央，这“四个服从”是一个也不能少的。一个共产党员，他的责任在于坚决执行党的决议，而且必须以百折不挠的精神去克服工作中的困难。做到“不唯上”，一要讲真理，不讲面子。是就是是，非就是非，应该怎样就怎样。怎样对老百姓有利，怎样对革命有利，就怎样办。二要论事不论人，论事不论脸。讨论和解决问题，如果大家都能站在无产阶级的立场上，论事不论人，论事不论脸，方法就容易一致，对问题的看法就容易一致，扯皮就少了，事情就好办了。“党内只应当有这种态度，这就是共产党员的态度。”

3. 有的党员做“老好人”“太平官”“墙头草”，这是不愿担当。有的党员“为了不出事，宁可不干事”，这是不敢担当。有的党员“只想争功不想揽过，只想出彩不想出力”，这是不会担当。（　　）（判断题）

A. 正确　　　　B. 错误

【参考答案】 A

【答案解析】 在一些党员、干部中，不愿担当、不敢担当、不会担当的问题不同程度存在。有的做“老好人”“太平官”“墙头草”，这是不愿担当。有的党员“为了不出事，宁可不干事”，这是不敢担当。有的党员“只想争功不想揽过，只想出彩不想出力”，这是不会担当。

（三）谁拥有权力

王华近来感到十分沮丧。一年半前，他获得某名牌大学工商管理硕士学位，接着在A市税务局的竞争上岗考试中力拔头筹，成为B县税务局副局长。一年后，由于B县党委书记、局长高强还有一年就要退休，组织上决定其不再担任实职，王华荣任为B县税务局党委书记、局长。但考虑到王华比较年轻，且基层工作经验尚不足，安排在虚职岗位的高强作为顾问，辅助王华工作。

然而，半年后，王华开始怀疑自己能否控制住局势。他内心抱怨道：“在我改革局里的管理流程时，要求各部门重新制定明确的工作职责、目标和工作程序，而老高

书记却认为，改革管理流程固然重要，但眼下第一位的还是抓税收收入。更糟糕的是局里一批原来老高书记提拔的中层干部居然也持有类似的想法。结果经集体讨论的改革管理的措施执行受阻。”王华感到在局里发布的一些命令，就像石头扔进了水里，只看见了波纹，随后，过不了多久，所有的事情又回到了发布命令以前的状态，什么都没改变。

1. 高强在实际工作中应该行使的权力是（　　）。（单选题）

A. 职能职权　　B. 参谋职权　　C. 服从职权　　D. 领导职权

【参考答案】 B

【答案解析】 高强作为顾问，应该行使的是为局长参谋建议的权力，即参谋职权。

2. 王华出任局长开局不利，主要原因有（　　）。（多选题）

A. 太年轻

B. 基层工作经验不足

C. 和高强职能划分不清晰

D. 未能有效协调和中层干部的关系

【参考答案】 BD

【答案解析】 从案例提供的信息看，王华和高强的有明确的职能划分，年龄也不是王华工作失利的主要因素，所以，AC 两个选项排除。

3. 高强在顾问岗位上发挥影响力的主要因素是（　　）。（多选题）

A. 资源支配权　　B. 人际影响权

C. 个人魅力　　D. 决策权

【参考答案】 BC

【答案解析】 高强作为顾问，没有决策权和资源支配权，但他资历老，经验足，很多中层干部是在他手上提拔的，对他有感情。所以，BC 两个选项正确。

第七章

税收理论

第一部分　税收理论知识点

一、古代税收简史

1. “贡助彻”

夏朝的赋税为“贡”“夏后氏五十而贡”，即以五十亩地为计量单位，并取其平均值地十分之一，作为向国家缴纳的“贡”赋；商朝的赋税为“助”，征收形式为“殷人七十而助”(《孟子·滕文公上》)，按照孟子的解释“助”即“籍也”，即耕种公有土地的平民为商王提供的力役地租，十抽其一。周朝基本上是沿袭了夏商的赋税制度，西周仍实行井田制，在此基础上推行“彻法”“周人百亩而彻”，皆什一也。

2. “相地衰征”

《管子·大匡》载：“赋禄以粟，案田而税，二岁而税一，上年什取三，中年什取二，下年什取一，岁饥不税”。这是管仲提出的按照土地不同情况分等征收农业税的财政思想。管仲认为，征收赋税额仅根据土地数量，而不考虑好坏程度、距离远近情况等因素，就会造成赋税负担不合理的状况。管仲认为，“相地而衰征”将会收到“使民不移”(《国语·齐语》)的效果，使农民安心生产，从而有利于农业生产的发展。“相地衰征”体现了量能课税原理，是古代中国税收纵向公平原则的可贵实践。

链　接

管仲，我国春秋时期杰出的政治家、改革家，以其卓越的谋略使齐国国富民强，“九合诸侯，一匡天下”。管仲主张治理国家必须从发展经济入手，在征收赋税方面强调要懂得“将欲取之，必先予之”的道理。他的那句名言“仓廪实而知礼节，衣食足而知荣辱”，至今仍为人广泛引用。

3. “初税亩”

公元前 594 年，鲁国实行“初税亩”，实行“履亩而税”，即不分公田、私田，凡占有土地者均须按亩交纳土地税。实行“初税亩”反映了土地制度的变化，是一种历史的进步。“初税亩”的出现，标志着我国从奴隶制赋税向封建制赋税制转化的开端。初税亩是我国古代赋税制度的第一次重大改革，它废除了按劳力计征的力役地租制，确立了以田亩计征的实物地租制，是税收由初级阶段向高级阶段发展的标记。

4. “租赋徭”

秦统一六国后，改进了原有赋税制度。秦除按地收租外，还论户取赋，也就是所谓的口赋(即人丁税)。因而田租、赋税即成秦国的重要财产来源。秦时的赋税除上述两项外，还有徭役制度，就是无偿征取力役之课，是秦赋役制度的重要部分。汉代承袭秦的税制，赋税中除最主要的税种即田租外，还有一项重要的税源就是口赋。

5. 租庸调法

租庸调制，即唐自贞观到开元时期在均田制基础上实行的以人丁为本赋税制度，实质是“有田则有租，有家则有调，有身则有庸”，租即田租，庸则是力役，调是户调，实质是承袭了北魏的“租调”税收制度。租庸调制以庸代役，将农民从劳役中解放出来，保证了农业生产时间；赋税负担比隋初还轻，减轻了农民负担，有利于社会经济稳定发展。从贞观到开元120年繁荣盛世的出现，与这一时期的均田制和租庸调制的实施有着密切的关系。

6. 两税法

唐德宗时代的建中元年(780)由宰相杨炎建议推行的赋税改革。其背景是安史之乱使均田制遭到破坏，租庸调制失去税制基础。改革措施是施行以支定收，中央根据财政支出定出的总税额，各地依照中央分配的数目向当地人户征收；两税依户等纳钱，依田亩纳米粟，均平征收；两税分夏秋两次征收，夏税限六月纳毕，秋税十一月纳毕；实施原则是“户无主客，以见居为簿；人无丁中，以贫富为差”。两税法实质上就是以户税和地税来代替租庸调的新税制，客观上起到保障朝廷赋税收入的作用。

7. 王安石变法

亦称熙宁变法、熙丰变法，是宋神宗时期以发展生产，富国强兵，挽救宋朝政治危机为目的开展的大规模社会改革。变法主要推行：①青苗法，在青黄不接时由官府给农民贷款、贷粮，随夏秋两税归还前贷及利息；②募役法(又称免役法)，不愿服差役的民户交纳免役钱免除原按户承担的差役；③方田均税法，在全国清丈核实土地，并按土地等级作为征收田赋的依据。此外还推行了市易法、均输法、保甲法等改革办法，一定程度上改变了北宋积贫积弱的局面，充实了政府财政，提高了国防力量，打击和限制非法渔利的封建豪强。但是，变法也带来负面影响，遭到大地主阶级的强烈反对，至元丰八年(1085)宋神宗去世而告终。

8. 一条鞭法

自嘉靖十年起，明代政治家张居正推行赋役改革。“一条鞭法”主要是以土地为主要征税对象，以征收白银代替实物征收；将差役、杂役总额平摊到全县土地税中，作为土地税一起征收白银；另外将各种“均徭”改为按人丁数征收白银，称为“丁银”。它以货币税代替实物税，废除了役使农民人身自由的赋役制度，以资产计税为主代替原来以人头为主的税收制度，有利于税赋的合理分担。一条鞭法是中国古代赋役制度的一次重大改革，它反映了明商品经济发展的要求，反过来又促进了商品经济的发展。

9. 摊丁入亩

又称作摊丁入地、地丁合一，是指清朝政府全面清查地亩、将丁银摊入田赋征收、按亩均摊税赋一种赋税制度。“摊丁入亩”是中国封建社会后期赋役制度的一次重要改革，是康熙皇帝“滋生人丁永不加赋”政策的进一步改革和发展，标志着中国实行两千多年人头税（丁税）的废除。摊丁入亩政策使得土地的开垦和人口的增加达到了历史空前水平，至乾隆中期人口已增至三亿以上，对中国社会的发展产生了深远影响。

二、西方税收理论摘要

10. 亚当·斯密税收四原则

英国经济学家亚当·斯密属于古典经济学派，其在著作《国富论·论赋税》不仅提出税收的源泉来自土地、利润和工资。更提出了著名的税收四原则，即“平等、确实、便利和最小征收费用”的税收原则。

11. 威廉·配第税收公平思想

英国经济学家威廉·配第亦属于古典经济学派，在著作《赋税论》和《政治算术》中阐述他的税收思想，认为人头税是不公平的，因为能力不同的人却交纳相同的税收。认为消费税按实际享受征税，收入低的人税负是轻的。可以增加国家的财富，主张由直接税和间接税相结合的税收体系。

12. 大卫·李嘉图税收转嫁理论

英国经济学家李嘉图认为税收不能侵占资本。凡属赋税都有减少积累能力的趋势。赋税不是落在资本上面，就是落在收入上面，如果它侵占了资本，它就必定地减少一笔基金。如果他落在收入上面，就一定会减少积累。

李嘉图还提出了税负转嫁理论。李嘉图认为，地租税全部只落在地主身上，不能转嫁给任何消费阶级；对资本利润课税，会导致一切商品都按税额成比例地涨价；工资税的影响是使工资增加，增加的数额至少与税额相等；农产品税的税收负担只会由消费者在上涨的价格中支付。

13. 庇古最小牺牲税收原则

福利经济理论主要研究使社会福利达到最大所需的生产要素最优化配置。其代表人物是英国经济学家庇古。他认为最小牺牲原则是税收的最高原则。庇古还指出，最小牺牲原则不仅包括上述的均等边际当前牺牲(直接牺牲)，而且还包括均等边际未来牺牲(间接牺牲)。在税务实践中。庇古认为，商品税不能贯彻最小牺牲原则，因为商品税无法调节纳税人的收入水平；所得税由于课税对象是扣除各项费用、基金等后的净收入，所得税比较容易贯彻最小牺牲原则；要彻底贯彻最小牺牲原则，就要实行累进税率；应对储蓄和固定财产征税，这有利于国民收入的均等化。

14. 凯恩斯宏观调控税收思想

凯恩斯学派十分重视政府税收政策在刺激有效需求，"熨平"经济波动，调节收入分配等方面的作用。凯恩斯从宏观角度研究分析税收理由，并将税收作为国家进行宏观干预的主要手段；把改革税收体系作为国家干预经济，促使消费倾向增加的主要办法，认为国家必须用转变租税体系，以及其他策略指导消费倾向；主张实行累进税率，尤其对遗产课以高额累进税率的重税，以消除财富分配不公和提高消费倾向。

15. 萨缪尔森相机抉择税收思想

美国著名经济学家萨缪尔森是凯恩斯学派著名代表人物，他积极倡导"逆经济风向"的税收政策，主张在经济衰退时，采取减税政策，刺激私人的消费和投资需求；在通货膨胀时，采取增税政策，抑制私人的消费和投资需求。他在1948年出版了《经济学》，强调累进所得税和变动税率等相机抉择的税收手段对经济的稳定作用。认为累进税收制度是一个有力的和作用迅速的自动稳定器：一旦经济衰退，公司利润和个人收入下降，即使不降低税率，税收收入也会自动减少。而且由于实行累进税制，税收收入减少的幅度还要大于公司利润和个人收入减少的幅度；一旦繁荣开始，公司利润和个人收入随之增加，这时即使不提高税率，税收收入也会自动增加，同样由于实行累进税制，税收收入增加的幅度还要大于公司利润和个人收入增加的幅度。

链 接

税收自动稳定机制与税收相机抉择稳定机制

一、自动稳定器机制

亦称"内在稳定器"，是指经济系统本身存在的一种减少各种干扰对国民收入冲击的机制。一般而言，在经济繁荣时期，内在稳定器能自动抑制膨胀；在经济衰退时期，能自动减轻萧条。税收的内在稳定器机制主要表现为两个方面：

(1) 累进税率的所得税发挥内在的自动稳定作用。经济萧条时，个人和企业利润降低，符合纳税条件的个人和企业数量减少，因而税基相对缩小，使用的税率相对下降，税收自动减少。因税收减少幅度大于个人收入和企业利润的下降幅度，税收便会产生一种推力，防止个人消费和企业投资的过度下降，从而起到反经济衰退的作用。在经济过热时期，其作用机理正好相反。

(2) 政府福利支出的自动稳定作用。如果经济出现衰退，符合领取失业救济和各种福利标准的人数增加，失业救济和各种福利的发放趋于自动增加，从而有利于抑制消费支出的持续下降，防止经济的进一步衰退。在经济繁荣时期，其作用机理正好相反。内在稳定器自动地发生作用，调节经济，无须政府作出任何决策。实质上这种内在稳定器调节经济的作用是十分有限，仍需要政府运用其他政策来调节经济。

二、相机决策稳定机制

相机决策稳定机制指政府根据经济运行的态势而主动调整税收政策，以消除总需求和总供给的缺口。相机抉择主要是逆经济运行态势的方向而调节，在失业持续增加，总需求不足时减少税收，扩大财政支出规模，以刺激总需求，解决经济衰退问题。而在经济繁荣，总需求过旺，价格水平持续上升时，在增加税收，减少政府支出，以抑制总需求，控制通货膨胀。随着国家经济由高速增长向中高速增长转变，收入增速放缓将成为组织收入工作的新常态。经济发展新常态，必然带来税收工作的新变化、新要求，税收收入由计划任务型、高增长向税收法定型、中高速增长转变。这种转变源自经济增速的放缓、增长方式的转变、税种税源结构调整。我们要进一步转变观念，深刻认识“新常态”下税收工作面临的新挑战，把握新常态下税收发展新机遇，千方百计挖潜增收，确保税收收入有质量地持续稳定增长。

16. 汉森补偿税收政策理论

补偿税收政策是由美国经济学家汉森等人提出的一种税收理论。汉森把税收看作是迅速调节经济、“熨平经济波动”的一种工具。经济不景气时，通过扩大政府支出，或减低税率，或者两者并举，以刺激总需求的扩大；经济过度繁荣时，通过缩减财政支出，提高税率，或两者并用，以压缩总需求的扩大，从而“熨平经济波动”。

17. 新剑桥学派公平税收理论

以剑桥大学的琼·罗宾逊、卡尔多、帕西内蒂等学者为新剑桥学派代表人物，与萨缪尔森等人的新古典综合派展开论战。这两个学派都把税收看成是国家调节经济的重要工具。新剑桥学派强调：①充分发挥税收在缩小贫富不均方面的作用，在税制的设计方面，应根据不同的行业和纳税人的负担能力；②为了使高收入者多纳税，低收入者少纳税，在所得税制度上，采取累进税率，在消费税上，对奢侈品征税，对生活必需品则给予减负税；③实行没收性的遗产税(除给寡妇、孤儿留下适当的终身财产所有权外)，以便消灭私人财产的集中，抑制食利者收入的增长。

18. 货币学派减税政策理论

货币学派倡导自由放任，政府不应对经济运转进行过多干预，属于新自由主义派别。其创始人和领袖是米尔顿·弗里德曼。货币学派在税收方面的主要思想是：①反对高税率，特别是反对累进税率，认为高税率阻碍投资，影响经济的增长；②反对用减税政策来刺激经济，认为实行减税政策，要增加购买力，加剧通货膨胀；③反对生活贫困者实行差额补助金的社会福利制度，主张用"负所得税"方案代替之。

19. "拉弗曲线"税收理论

美国经济学家 A. B. 拉弗提出税率与税收收入间关系理论是供给学派的思想精髓。当税率为零时，税收为零；税率逐渐提高时，税收也随之上升；税率达到最佳宏观税率时，此时税收最多；如果税率超过最佳宏观税率时，则税收不再增加，反而会减少；当税率到 100%时，因无人愿意从事工作和投资，税收就将为零。因为美国 20 世纪 80 年代的税率过高，为此供给学派提出了减税主张，切中美国税收制度弊端，为里根政府所采用。

20. 瓦格纳四项九端原则

阿道夫·瓦格纳是德国最著名的财税学家，他在《财政学》一书中，将税收原则归纳为四大项九小点内容(即"四项九端原则")。①财政政策原则，包括税收充分原则和税收弹性原则；②国民经济原则，包括税源选择原则和税种选择原则；③税收公平原则，包括税收普遍原则和税收平等原则；④税务行政原则，包括税收确实原则、税收便利原则和最少征收费用原则。

三、税收基础理论

21. 税收及其本质

一般意义上讲，税收是国家为了满足社会公共需要，凭借政治权力，强制、无偿、固定地参与社会产品分配，以取得财政收入所形成的一种特殊分配关系。

税收是人类发展到一定历史阶段的产物，历史上私有制先于国家形成，但同时存在这两个前提条件，税收才得以产生，因此可以说税收是私有财产制度和国家政权相结合的产物。

税收的本质是国家凭借政治权力所进行的分配。①税收分配以国家的存在为前提；②税收分配目的是满足社会公共需要；③税收是国家凭借政治权力进行的特殊分配；④税收分配的对象主要是社会剩余产品。

22. 税收的特征

税收是国家(政府)公共财政最主要的收入形式和来源，具有强制性、无偿性、固定性等形式特征，税收的三个基本形式特征是相互联系、不可分割的整体，其强制性是税收最本质的特征。

（1）强制性。税收的强制性是指国家依据其社会职能，凭借政治权力，以法律形式确定征税人和纳税人的权利义务关系。不论纳税人是否愿意，都必须遵守国家税收法律，依法缴纳税收，否则将受到法律的制裁。

（2）无偿性。税收的无偿性是指通过征税，社会集团和社会成员的一部分收入转归国家所有，国家不再归还纳税人，也不向纳税人直接支付任何报酬或代价。税收无偿性是由社会公共需要的性质决定的。

（3）固定性。税收的固定性是指国家按照法律预先规定的方法和标准，连续规范地课征税收，即纳税人、课税对象、税目、税率等，都由法律预先规定。

23. 税收分类

中国现行的税种共有18个，包括增值税、消费税、企业所得税、个人所得税、资源税、城市维护建设税、房产税、印花税、城镇土地税、土地增值税、车船税、船舶吨税、车辆购置税、关税、耕地占用税、契税、烟叶税、环境保护税。

截至目前，我国18个税种中已有12个立法，即车辆购置税法、车船税法、船舶吨税法、个人所得税法、耕地占用税法、环境保护税法、企业所得税法、烟叶税法、资源税法、契税法、城市建设维护税法、印花税法。

税收可以按照课税对象、计税依据、税价关系、管理权限和收入归属、税负转嫁能力等几个方面做出分类，其中课税对象是最基础的分类标准，也是其他分类标准的基础（见表7-1）。

表7-1 税种分类一览表

分类标准	税种大类	特点	数量	税种
课税对象	货物和劳务税	以销售商品或提供劳务而取得的销售收入额或营业收入额为课税对象，亦称流转税	6	增值税；消费税； 烟叶税；车辆购置税； 关税、船舶吨税（海关征收）
	所得税	以所得额为课税对象	2	个人所得税；企业所得税
	财产税	以纳税人拥有或支配的财产为课税对象	5	城镇土地使用税；房产税 车船税；土地增值税；契税
	行为税	以纳税人特定行为为课税对象	4	印花税；城市维护建设税 环境保护税；耕地占用税
	资源税	以应税自然资源为课税对象	1	资源税
计税依据	从量税	以课税对象的自然计量单位为依据，如重量、面积、件数等，按固定税额计征		耕地占用税、车船税和城镇土地使用税等
	从价税	以课税对象的价值量为依据，按比例税率和累进税率计征		增值税；关税；所得税

续表

分类标准	税种大类	特点	数量	税种
税价关系	价外税	税款独立于商品价格之外，不作为商品价格的组成部分		增值税
	价内税	税款包含在应税商品价格内，作为商品价格组成部分		如消费税、关税等
管理收入归属	中央税	税务部门或海关征收后全部划归中央政府所有并支配使用		消费税；关税
	地方税	税务部门或海关征收后全部划归地方政府所有并支配使用		城镇土地使用税；房产税；车船税；契税等
	共享税	税收的管理权和使用权属中央政府和地方政府共同拥有		增值税；企业所得税；资源税等
税负转嫁能力	直接税	税负不易转嫁，纳税主体直接承担税负的税收，纳税人即负税人		企业所得税
	间接税	税负容易转嫁，纳税主体缴纳税收的部分或全部转嫁给他人负担		增值税、关税

24. 税制构成要素

税制构成要素主要包括：纳税人、征税对象、税目、税率、计税依据、纳税环节、纳税期限、纳税地点、税收优惠和法律责任等要素。其中纳税人、征税对象、税率是税制构成中最基本的要素。

1）纳税人

纳税人又称纳税义务人，是指税法规定的直接负有纳税义务的实体，包括自然人和法人。自然人是指依法享有民事权利并承担民事义务的公民个人。法人是指依法成立，能够独立地支配财产，并能以自己的名义享受民事权利和承担民事义务的社会组织。

2）征税对象

征税对象又称课税对象或征税客体，是指税法规定对什么征税，是征纳税双方权利义务共同指向的客体或标的物，课税对象是各个税种之间相互区别的根本标志，不同的征税对象构成不同的税种，它体现着征税的广度。

3）税目

税目是课税对象的具体化，也是各个税种所规定的具体征税项目。税目反映征税的范围，代表征税的广度。注意无税目税种均有统一税率，有税目税种均无统一税率;消费税有税目、房产税无税目。税目的制定一般采用列举法和概括法。

4）税率

税率是应纳税额与课税对象之间的数量关系或比例,是计算税额的尺度。税率体现征税的深度,是国家在一定时期内税收政策的主要表现形式,是税收制度的核心要素。税率主要有比例税率、累进税率和定额税率。

(1) 比例税率。比例税率是指对同一课税对象不论数额大小,都按同一比例征税,税额占课税对象的比例总是相同的。比例税率应用广泛的,日常又可划分为统一比例税率、产品差别比例税率、行业差别比例税率、地区差别比例税率、幅度比例税率等不同形式。比例税率计算简便,便于征收和缴纳,体现横向公平原则。

(2) 累进税率。累进税率是指按课税对象数额的大小规定不同的等级,随着课税对象数量增大而随之提高的税率。累进税率包括全额累进税率、超额累进税率、超率累进税率、超倍累进税率等等形式,前两种较为常见。其特点是税基越大,税率越高,税负呈累进趋势,比较符合纵向公平原则。

(3) 定额税率。定额税率又称固定税率,是按课税对象的计量单位直接规定应纳税额的税率形式。其特点是税收与课税对象数量紧密相关,而与课税对象的价值量无关。

5）计税依据

计税依据又称税基,指计算应纳税额的依据,是课税对象的量的表现。其数额同税额成正比例,计税依据的数额越多,应纳税额也越多。计税依据和征税对象存在十分紧密的关系,因为计税依据是征税对象的数量表现,征税对象是从质的方面对征税的规定,即对什么征税;计税依据则是从量的方面对征税的规定,即如何计量。有些税的课税对象和计税依据是一致的,如所得税;有些税的课税对象和计税依据是不一致的,如房产税。

6）纳税环节

纳税环节是税法规定的课税对象在从生产到消费的流转过程中应当缴纳税款的环节。任何税种都要确定纳税环节。按照纳税环节的多少,税收课征制度可以分为一次课征制和多次课征制。

7）纳税期限

纳税期限是纳税人的纳税义务发生后应依法缴纳税款的期限,或者税法规定的纳税主体向税务机关缴纳税款的具体时间。

8）纳税地点

纳税地点是指纳税人具体申报缴纳税款的地点。纳税地点一般为纳税人的住所地,也有规定在营业地、财产所在地或特定行为发生地的。

9）税收优惠

税收优惠是指税法对某些特定的纳税人或课税对象给予鼓励和照顾的一种免除规定，包括减免税、税收抵免等多种形式。税收优惠按照优惠目的通常可以分为照顾性和鼓励性两种；按照优惠范围可以分为区域性和产业性两种。

（1）减税和免税。减税是对应纳税款少征一部分税款；免税是对应纳税额全部免征。

（2）起征点和免征额。起征点是税法规定对课税对象开始征税的起点数额。课税对象数额达到起征点的，全部课税对象数额按规定的税率计算缴税；未达到起征点的免予征税。免征额是税法规定的课税对象全部数额中免予征税的数额，是对所有纳税人的照顾。

10）税收法律责任

税收法律责任是税收法律关系的主体因违反税法所应当承担的法律后果。税法规定的法律责任形式主要有：①经济责任，包括补缴税款、加收滞纳金等；②行政责任，包括罚款、税收保全及强制执行等；③刑事责任，对违反税法情节严重构成犯罪的行为，要依法承担刑事责任。不论纳税人或者征税人违反税法规定，都将依法承担法律责任。

链　接

纳税人是法律用语，即依法缴纳税收的人。负税人是经济学中的概念，即实际负担税款的单位和个人。根据税收转嫁的不同情况，纳税人与负税人存在不对等的关系。如果税收转嫁能力差，纳税人所依法缴纳的税收全部由个人承担，此时纳税人就是实际的负税人。例如企业所得税、个人所得税等直接税。有的税种转嫁能力强，通过向前转嫁或向后转嫁等形式，将税负转嫁给前端供应者或终端消费者，此时纳税人不是实际负税人。典型如增值税等。

根据税负是否转嫁为标准，税收可以分为直接税和间接税。凡税负不能转嫁给他人，而是由纳税主体直接承担税负的税种，即为直接税，直接税以所得额或财产额为课税对象，税源相对比较固定，对经济运行起着重要调节作用。凡是税负可以转嫁他人，纳税主体只是间接承担税负，而真正的负税人并不是法定的纳税主体的税种，即为间接税。间接税的课税对象较为广泛、税基宽、税源稳定，税收收入可随生产、经济的发展而增加。

25. 税收财政原则

财政原则是税收的首要原则，具体包括收入充裕原则、收入弹性原则、收入适度原则。

（1）收入充裕原则。收入充裕原则要求税收收入必须满足政府的财政需要。税制设计上要采用复合税制，广开税源，而不能采用单一税制；税种选择上要考虑课税对象的税源必须充沛，收入持续稳定可靠；税收的征收管理上，要便于管理，便于依据税法及时足额征税。

（2）收入弹性原则。税收收入弹性原则要求税收收入必须能充分适应财政收支的变化，包括经济弹性和法律弹性。经济弹性又称自然弹性，指税收随经济发展和国民收入增减而自动伸缩。法律弹性又称政策弹性，即通过税收政策调整或政策修改，提高或降低税率，增加或减少税收。税收弹性一般通过税收弹性系数来衡量。

$$\text{税收弹性系数}=\frac{\text{税收收入增长率}}{\text{国民生产总值}}\times 100\%$$

它是反映税收、经济是否协调发展的重要指标。一般认为，税收弹性系数的合理区间为 0.8～1.2。

（3）收入适度原则。收入适度原则就是政府征税，包括税制的建立和税收政策的运用，应兼顾需要与可能，做到取之有度。遵循适度原则，要求税收负担适中，税收收入既能满足正常的财政支出需要，又能与经济发展保持协调和同步，并在此基础上，使宏观税收负担尽量合理。

26. 税收公平原则

税收公平原则是指国家征税应使各个纳税人的税负与其负担能力相适应，并使纳税人之间的负担水平保持平衡。一般而言，税收公平原则主要包括普遍征税、平等课征和量能课税。

（1）普遍征税。普遍征税是税收公平的第一层，表现为“税法面前人人平等”，反映税法的形式正义问题，是“法律面前人人平等”的价值观在税收中的直接体现。其具体内容在于强调国家征税面要宽、纳税人要普遍。

（2）平等课征。平等课征是税收公平的第二层，体现税收的实质正义，其公平价值表现为征税公平。平等课征主要表现为横向公平，即经济能力相同的人应缴纳相同税收，横向公平不仅要求排除特殊阶层的免税，也要求自然人与法人均需课税。

（3）量能课税。量能课税要求税收实现纵向公平。税收纵向公平是指经济能力不同的人应缴纳数额不同的税收，税法对不同收入水平（支付能力）的纳税人规定不同的负担水平。一般通过累进的所得税制度实现。

27. 税收效率原则

税收效率原则是指政府征税，包括税制的建立和税收政策的运用，要有利于资源的有效配置和经济机制的有效运行，提高税务行政的管理效率。税收不仅应该是公平的，而且应该是有效率的，它包括行政效率、经济效率两个方面。

1）行政效率原则

可以用税收成本率即税收的行政成本占税收收入的比率来反映，税收成本率越低越好。税收行政成本既包括政府为征税而花费的征收成本，也包括纳税人为纳税而耗费的缴纳成本。

2）经济效率原则

经济决定税收，税收又反作用于经济。税收经济效率是从税收与经济关系角度，将税收置于经济运行过程之中，考察税收对社会资源和经济运行机制的影响状况，原则上征税应有利于促进经济效率的提高，或者征税应尽可能保持税收对市场机制运行的“中性”，使其对经济效率的不利影响最小。

(1) 税收的“额外负担”最小。税收的额外负担就是征税所引起的资源配置效率的下降，它是税收行政成本以外的一种经济损失，即税收“额外负担”。政府在必然征税的前提下，应选择合理的征税方式，尽量保持税收中性，减少对经济行为的扭曲，以使税收的额外负担最小。

(2) 保护税本。通常认为，国民生产是税本，国民收入是税源，为保护和发展国民经济，使税收趋利避害，政府征税应慎重选择税源。原则上，税源应来自国民收入，而不应来自税本，即税收只能参与国民收入的分配，而不能伤及国民生产。

(3) 通过税收分配来提高资源配置的效率。由于现实中存在市场失灵，政府有必要进行干预，而税收分配就是政府干预经济的有效手段。不适当的税收会产生额外负担，征税具有经济成本，具体表现为资源配置效率因征税而下降；而适当的、合理的税收，则会产生“额外收益”，具体表现为资源配置效率因征税而提高。

链　接

税本与税源的关系

税本与税源有区别，也有联系。西方财政学者常将税本比作“因”，将税源比作“果”；将税本比作树木的“根干”，将税源比作树木的“果实”，两者的关系为由因生果，由根于生果实、由税本生税源。国家的税收征自税源，不能征自税本。税本是形成税收收入的经济基础，包括生产资料和劳动者两个要素及其结成的社会组织。税源是指税收的最终来源，或者说税收负担的最终归宿。在本才有、有才有税收。

根据马克思再生产理论，社会产品总价值＝C＋V＋M，C是物化劳动的转移价值，是社会产品中对经营者的投入价值补偿，物资一般不能被分掉。在现代社会，资本、土地、技术、信息、管理等都是基本的生产资料。V是维持劳动者基本需要的生活资料的价值，以便使劳动者个体能够在正常生活状况下维持生存，能够持续从事生产活动，是社会产品中对劳动者的必要价值补偿，也不能成为税收分配的对象。

劳动者包括体力劳动者和脑力劳动者。M是C和V充分结合后产生的社会剩余价值,是劳动要素、资本要素、土地要素、技术要素信息要素、管理要素等共同创造的,并需要按照合理标准进行分配的价值。所以,C是本,是创造税源的基本前提:M是税源,是税收分配的对象。

从社会总产品价值的角度来分析,税收分配对象与税源总体上是统一的,指的都是社会剩余产品。分配对象表明对什么进行分配,税源表明国家税收来自何处。

(高培勇,《公共经济学》,中国人民大学出版社,2012 年 5 月)

28. 税收法定原则

税收法定原则是指由立法者决定全部税收问题的税法基本原则。税收主体必须依法律的规定征税;纳税主体必须依法律的规定纳税。《中华人民共和国立法法》第八条规定:"下列事项只能制定法律:……(六)税种的设立、税率的确定和税收征收管理等税收基本制度"。《中共中央关于全面深化改革若干重大问题的决定》明确"落实税收法定原则""税收优惠政策统一由专门税收法律法规规定"。根据《中共中央关于全面推进依法治国若干重大问题的决定》,要完善行政组织和行政程序法律制度,推进机构、职能、权限、程序、责任法定化。行政机关要坚持法定职责必须为、法无授权不可为。综合以上,税收法定原则应包括 3 个方面的内容:①要素法定,即纳税人、课税对象、税率、税收优惠等应由法律规定;②要素确定,即法律、行政法规应当对税收要素清楚界定;③征税合法,也即主体合法、权限合法、程序合法。

29. 税收职能作用

一般来说税收具有财政职能和调节职能。2019 年以来,为应对中美贸易战和抗击新冠疫情、支持企业复工复产,税务部门坚决完成预算收入,为经济社会建设事业提供财力保障;坚决扛起政治责任,全力推动大规模减税降费政策落地见效,围绕服务"六稳""六保"大局和推进高质量发展持续发力,使税收在国家治理中的基础性、支柱性、保障性作用得到更好发挥。

(1) 税收基础性作用。2020 年税务部门扛起财政职能,组织税收收入(已扣除出口退税)13.68 万亿元,及时准确办理出口退税 1.45 万亿元,组织社保费收入 3.81万亿元,非税收入 6 316 亿元,为抗击疫情和促进经济社会发展提供了坚实的财力支持。

(2) 税收支柱性作用。2020 年税务部门发挥经济调节职能作用,推动减税降费政策落地见效,2020 年全年新增减税降费超过 2.5 万亿元;接连出台的脱贫攻坚、西部大开发、海南自贸港等一系列税收优惠政策,在推动乡村振兴、助力企业纾困解难的同时,也为稳定经济基本盘和保障民生就业提供了有力支撑。

(3) 税收保障性作用。税收服务建设提档升级,税费征管体系渐趋完善,税收法治建设稳步推进。2020 年 9 月 1 日，资源税法实施。同年，城市维护建设税法和契税法完成立法，并将于 2021 年 9 月 1 日施行。我国现行的 18 个税种中已有 11 个完成立法，法治税收体系框架基本构建形成。税收保障高质量推进国家治理体系和治理能力现代化的能力进一步增强。

30. 税收与经济

从逻辑关系看，经济税源是基础，税收制度是依据，税收收入是结果。从运行机理看，税收收支是起点，税收政策是过程，经济发展是目标。经济与税收之间存在紧密的关系，首先经济决定税收，没有稳定高效的经济发展就无法实现税收收入的稳定增长；其次税收作为重要的调控手段，通过税率、税负、税收优惠等在投资、消费、分配和结构调整等诸多方面又能对经济产生积极影响。这就要求税收工作必须把发展经济、服务或服从于经济作为出发点和归宿，才能保障税收事业的蓬勃发展。研究衡量经济与税收的关系有两个重要指标，即税收弹性和宏观税率。

（1）税收弹性。指税收收入变动的百分比与经济水平变动的百分比之比值，一般用 E 表示，设 T 为税收收入，ΔT 为税收收入增量，Y 为经济水平，ΔY 为经济水平增量。则有公式：

$$E=\Delta T/T=\text{税收弹性}$$

$$\Delta Y/Y=\Delta T/\Delta Y=\text{边际税率}$$

$$T/Y=\text{平均税率}$$

当 $E>1$ 时，表明税收边际税率（$\Delta T/\Delta Y$）大于平均税率（T/Y），税收制度富有弹性；当 $E<1$ 时，表明税收的边际税率（$\Delta T/\Delta Y$）小于平均税率（T/Y），税收制度缺乏弹性；当 $\mathrm{E}=1$ 时，表明税收的边际税率（$\Delta T/\Delta Y$）等于平均税率（T/Y），税收制度处于单一弹性状态。从政府公共支出的需要看，政府可能希望 $E>1$，从长期看，$E>1$ 不利于经济运行，因为对于宏观经济而言，税收是一种“漏出”因素，规模过大就会抑制储蓄与投资。为了“课及税源却不伤及税本”，应使税收弹性保持在接近于 1 的水平。若税收弹性长期接近于 0，又会使公共支出逐渐萎缩。因此，国家税收政策应当选择合理的税收弹性。

（2）宏观税率。税收收入与国内生产总值或国民生产总值之比，它是从一国经济总体的角度考察税收负担水平的指标。由于税收收入在公共收入中具有举足轻重的地位，因而宏观税率水平越高，表示公共收入规模越大，否则反之。

$$\text{宏观税率}=\text{税收收入}/\text{GDP(GNP)}\times 100\%$$

在经济发展水平既定的前提下，一国宏观税率水平高低主要取决于以下因素：一是经济增长方式。粗放型经济增长模式下，所得税收入较少；而在集约型经济增长模式下，所得税收入较多。二是产业结构。一般说来，第二产业、第三产业提供的税收收入较多，第一产业提供的税收收入较少。三是税率形式。累进税率会使税收收入的增长快于经济增长，定额税率则相反。四是税收征管条件。收入申报制度、财产登记制度、会计建账制度、计算机应用程度、公民纳税意识等，这些征管条件在很大程度上决定着税收收入的多少。

"十三五"期间，随着一系列减税降费政策落地实施，2016 年至 2019 年，我国宏观税负(即一般公共预算收入中税收收入占 GDP 比重)分别为 17.47%、17.35%、17.01%和 16.02%，2020 年进一步降至 15.2%，比"十二五"末 2015 年的 18.13%降低近 3 个百分点。减税降费的直达快享，使市场主体恢复元气、增强活力，充分体现了"以人民为中心"的税收治理理念。

31. 税收正负效应

课税必定使纳税人或经济活动作出某些反应。如果这些反应与政府课征该税时所希望达到的目的一致是正效应；如果课税实际产生的经济效果与政府课税目的相反则是负效应。

税收正负效应可用课征税收取得收入的环比增长率来测定。用公式表示如下：

$$\text{收入环比增长率}=\frac{\text{本期收入}-\text{上期收入}}{\text{上期收入}}\times 100\%$$

如果政府课征税收的主要目的是为了筹集财政收入，上述公式中收入环比增长率为正时，则该税产生的效应是正效应；如果比率为零或为负，则说明该税没有产生正效应或产生了负效应。如果政府课征税收的主要目的是为了限制某一经济活动，反向分析其效应即可。

32. 税收收入效应

税收的收入效应是指税收引起人们收入的变动，一般指人们由于纳税而使可支配的实际收入减少。政府变动税收政策也会改变人们的现行收入水平，典型的情况是政府增税使人们收入相对下降，削弱其支付能力；而减税使人们的收入相对提高，提高其消费水平。例如，2018 年 10 月 1 日起，我国提高工资薪金所得"起征点"至年度 6 万元并从 2019 年 1 月 1 日起，新增 6 项专项附加扣除，个税减免政策提高了中等收入群体的可支配收入。2020 年年社会消费品零售总额四季度明显回升，较上年增长 4.6%。体现了税收的正向收入效应。

33. 税收替代效应

税收的替代效应是指当某种税影响相对价格或相对效益时，人们就选择某种消费或活动来代替另一种消费或活动。例如，当政府对不同的商品实行征税或不征税、重税或轻税的区别对待时，会影响商品的相对价格，使经济主体减少对征税或重税商品的购买量，从而引起个人消费选择无税或轻税的商品。税收的替代效应一般会妨碍人们对消费或活动的自由选择,进而导致经济的低效或无效。

34. 税收中性效应

税收中性是针对税收的超额负担提出的一个概念,税收中性效应体现为:①国家征税使社会所付出的代价以税款为限,尽可能不给纳税人或社会带其他的额外损失或负担;②国家征税应避免对市场经济的正常运行进行干扰,特别是不能使税收超越市场机制而成为资配置的决定因素。

目前在我国税收体系中能起中性效应的税即为中性税。例如增值税,根据其计税原理,货物与劳务流转额中的非增值因素在计税时被扣除。因此,对同一商品而言,只要增值额相同,税负就相等,征收增值税不会影响也不改变人们对商品的选择,不改变人们在支出与储蓄之间的抉择,不改变人们在努力工作还是休闲自在之间的抉择。

35. 税收激励效应

税收激励效应是指政府征税(包括增税或减税)使得人们更热衷于某项活动,反之则是使得人们更加不愿意从事某项活动。纳税人对某项活动的需求弹性,决定了课税后究竟是产生激励效应还是产生阻碍效应。需求弹性很小,政府课税会激励人们更加努力地工作,赚取更多的收入,以保证其所得不因课税而有所减少;如果需求弹性很大,则政府课税会妨碍人们去努力工作。

36. 税收乘数效应

税收乘数用来反映税收变动与其引起的国民收入变动的倍数的关系。具体而言,税收乘数是指因政府增加(或减少)税收而引起的国民生产总值或国民收入减少(或增加)的倍数。税收乘数有两种:一种是税率变动对总收入的影响;另一种是税收绝对量变动对总收入的影响。税收乘数指政府增加或减少企业、个人收入水平及投资,进而影响国民收入。税收变动与税收所引起的国民收入变动的程度,体现为税收作用的力度。由于税收是对个人、企业收入的扣除,税收高低会呈反方向变化。即税收增加,国民收入减少,税收减少,则国民收入增加。因此,税收乘数为负值。

若以 K_t 表示税收乘数,ΔY 表示国民收入变动量,ΔT 表示税收变动额,则:$K_t = \Delta Y/\Delta T$,根据边际消费倾向和投资乘数理论,税收乘数与边际消费倾向大小有关,若以 b 表示边际消费倾向,则:$K_t = -b/1-b$,从税收乘数公式看,边际消费倾向越大,则税收乘数绝对值越大,对国民收入的倍数影响也越大。

链 接

2019 年以来,党中央国务院部署实施大规模减税降费政策。2020 年减税降费规模再创新高—全年超过 2.5 万亿元。由于其“范围广、力度大、落地实”,实实在在降低了企业成本,增加了个人税后收入,促进了私人消费和投资增长,一个部门收入的增长又会引起另一个部门收入的增长，如此循环下去，国民收入就会以税收增加的倍数恢复，推动我国成为新冠疫情暴发以来第一个恢复增长的主要经济体，其中就蕴含了积极的税收乘数效应。

四、党中央国务院工作部署

37. 习近平总书记指示批示

(1) 要坚持社会主义基本经济制度和分配制度，调整收入分配格局，完善以税收、社会保障、转移支付等为主要手段的再分配调节机制，维护社会公平正义，解决好收入差距问题，使发展成果更多更公平惠及全体人民。(《习近平在省部级主要领导干部学习贯彻党的十八届五中全会精神专题研讨班上的讲话》，2016 年 1 月 18 日)

(2) 中央出台了一系列关于企业参与脱贫攻坚的支持政策，如吸纳农村贫困人口就业的企业按规定享受税收优惠、职业培训补贴等支持政策，落实企业和个人公益扶贫捐赠所得税税前扣除的政策，对带动贫困人口脱贫的企业给予扶贫再贷款的政策，等等。这些政策要加紧细化、落到实处。(《习近平在东西部扶贫协作座谈会上的讲话》，2016 年 7 月 20 日)

(3) 要加大减税力度。推进增值税等实质性减税，而且要简明易行好操作，增强企业获得感。对小微企业、科技型初创企业可以实施普惠性税收免除。要根据实际情况，降低社保缴费名义费率，稳定缴费方式，确保企业社保缴费实际负担有实质性下降。既要以最严格的标准防范逃避税，又要避免因为不当征税导致正常运行的企业停摆。(《习近平在民营企业座谈会上的讲话》，2018 年 11 月 1 日)

(4) 对开展基础研究有成效的科研单位和企业，要在财政、金融、税收等方面给予必要政策支持。(《习近平在科学家座谈会上的讲话》，2020 年 9 月 11 日)

38. 党的十九届三中全会指导意见

党的十九届中央委员会第三次全体会议研究了深化党和国家机构改革问题，印发了《中共中央关于深化党和国家机构改革的决定》，中办国办印发《国税地税征管体制改革方案》(以下简称《改革方案》)。明确了国税地税征管体制改革的指导思想、基本原则和主要目标，提出了改革的主要任务及实施步骤、保障措施。强调通过改革要构建优化高效统一的税收征管体系，为高质量推进新时代税收现代化提供有力制度保证，更好发挥税收在国家治理中的基础性、支柱性、保障性作用。

39. 党的十九届四中全会制度建设

党的十九届四中全会印发《中共中央关于坚持和完善中国特色社会主义制度推进国家治理体系和治理能力现代化若干重大问题的决定》(以下简称《决

定》),《决定》将完善税收制度作为坚持和完善中国特色社会主义制度重要组成部分,要求健全以税收、社会保障、转移支付等为主要手段的再分配调节机制,强化税收调节,完善直接税制度并逐步提高其比重。根据三步走总体目标,税收制度体系必将得到进一步丰富和完善,税收在国家治理中的基础性、支柱性、保障性作用愈发凸显。

40. 党的十九届五中全会远景规划

党的十九届五中全会印发《中共中央关于制定国民经济和社会发展第十四个五年规划和二〇三五年远景目标的建议》,要求:①完善现代税收制度,健全地方税、直接税体系,优化税制结构,适当提高直接税比重,深化税收征管制度改革;②完善再分配机制,加大税收、社保、转移支付等调节力度和精准性,合理调节过高收入,取缔非法收入;③对企业投入基础研究实行税收优惠。

41. 党的十三届人大四次会议

会议通过《中华人民共和国国民经济和社会发展第十四个五年规划和 2035 年远景目标纲要》(以下简称《纲要》)。《纲要》对税收工作部署如下:

(1) 完善现代税收制度。优化税制结构,健全直接税体系,适当提高直接税比重。完善个人所得税制度,推进扩大综合征收范围,优化税率结构。聚焦支持稳定制造业、巩固产业链供应链,进一步优化增值税制度。调整优化消费税征收范围和税率,推进征收环节后移并稳步下划地方。规范完善税收优惠。推进房地产税立法,健全地方税体系,逐步扩大地方税政管理权。深化税收征管制度改革,建设智慧税务,推动税收征管现代化。

(2) 支持科研创新发展。对企业投入基础研究实行税收优惠,实施更大力度的研发费用加计扣除、高新技术企业税收优惠等普惠性政策。完善激励科技型中小企业创新的税收优惠政策。健全薪酬福利、子女教育、社会保障、税收优惠等制度,为海外科学家在华工作提供具有国际竞争力和吸引力的环境。完善减税降费政策,构建有利于企业扩大投资、增加研发投入、调节收入分配、减轻消费者负担的税收制度。

(3) 提升税收服务质效。完善出入境、海关、外汇、税收等环节管理服务,加强海关、税收、监管等合作,推动实施更高水平的通关一体化。加强财政补助、购买服务、税收优惠、人才保障等政策支持和事中事后监管。发挥住房税收调节作用,支持合理自住需求。

(4) 发挥调节经济职能作用。实施有利于节能环保和资源综合利用的税收政策。加大税收、社会保障、转移支付等调节力度和精准性,发挥慈善等第三次分配作用,改善收入和财富分配格局。健全直接税体系,完善综合与分类相结合的个人所得税制度,加强对高收入者的税收调节和监管。

42. 政府工作报告

李克强总理在第十三届全国人民代表大会第四次会议上2021年作政府工作报告，确认2020年为市场主体减负超过2.6万亿元，其中减免社保费1.7万亿元。2021年对税收做出如下安排：①继续执行制度性减税政策，延长小规模纳税人增值税优惠等部分阶段性政策执行期限；②将小规模纳税人增值税起征点从月销售额10万元提高到15万元；③对小微企业和个体工商户年应纳税所得额不到100万元的部分，在现行优惠政策基础上，再减半征收所得税；④完善市场主体退出机制，实行中小微企业简易注销制度；⑤落实中央与地方财政事权和支出责任划分改革方案。健全地方税体系；⑥继续执行企业研发费用加计扣除75%政策，将制造业企业加计扣除比例提高到100%；⑦对先进制造业企业按月全额退还增值税增量留抵税额；⑧优化调整进口税收政策；⑨扩大环境保护、节能节水等企业所得税优惠目录范围；⑩降低租赁住房税费负担。

链 接

数字化政府工作报告

(1) 2020工作取得成效。实施阶段性大规模减税降费，与制度性安排相结合，全年为市场主体减负超过2.6万亿元，其中减免社保费1.7万亿元。全年国内生产总值增长2.3%，城镇新增就业1 186万人，年末全国城镇调查失业率降到5.2%。居民消费价格上涨2.5%。年初剩余的551万农村贫困人口全部脱贫、52个贫困县全部摘帽。

(2) 十三五时期发展成就。国内生产总值从不到70万亿元增加到超过100万亿元。脱贫攻坚成果举世瞩目，5 575万农村贫困人口实现脱贫，城镇新增就业超过6 000万人。

(3) 十四五时期主要目标任务。城镇调查失业率控制在5.5%以内，全社会研发经费投入年均增长7%以上；常住人口城镇化率提高到65%，森林覆盖率达到24.1%。单位国内生产总值能耗和二氧化碳排放分别降低13.5%、18%。劳动年龄人口平均受教育年限提高到11.3年。人均预期寿命再提高1岁。基本养老保险参保率提高到95%，粮食综合生产能力保持在1.3万亿斤以上，

(4) 2021年重点工作。国内生产总值增长6%以上；城镇新增就业1 100万人以上，城镇调查失业率5.5%左右；居民消费价格涨幅3%左右；进出口量稳质升，国际收支基本平衡；居民收入稳步增长；生态环境质量进一步改善，单位国内生产总值能耗降低3%左右，主要污染物排放量继续下降；粮食产量保持在1.3万亿斤以上。考虑到疫情得到有效控制和经济逐步恢复，今年赤字率拟按3.2%左右安排。

五、税务部门工作部署

43. 总局工作会议规划思路举措

1）回顾过去的工作

（1）2020年新增减税降费超过2.5万亿元，90%的涉税事项、99%的纳税申报业务可在线办理，全年组织税收收入（已扣除出口退税1.45万亿元）13.68万亿元（同比下降2.6%，高于预算0.8%），组织社保费收入3.81万亿元，非税收入6316亿元。

（2）"十三五"期间全国新增减税降费累计超过7.6万亿元，累计办理出口退税7.07万亿元；累计组织税收收入（已扣除出口退税）65.7万亿元。

2）新六大体系与六大能力

六大体系包括：党的领导制度体系、税收法治体系、税费服务体系、税费征管体系、国际税收体系、队伍组织体系。新六大能力包括政治引领能力、谋划创新能力、科技驱动能力、制度执行能力、协同共治能力、风险防范能力。

3）2021年工作思路

①落实好《关于进一步优化税务执法方式的意见》部署；②坚持党对税收工作的全面领导；③坚持稳中求进工作总基调；④立足新发展阶段，贯彻新发展理念，服务新发展格局；⑤以党建高质量发展为引领带好队伍展现新气象，以进一步优化税务执法方式为引擎干好税务开拓新局面；⑥以党建抓改革，以机关带系统；⑦以智慧税务建设高质量推进新发展阶段税收现代化取得新成效。

4）三个关键新精进

①新——立足新发展阶段、贯彻新发展理念、服务新发展格局，谋新局、开新篇、展新貌；②精——深入推进精确执法、精细服务、精准监管、精诚共治，确保《关于进一步优化税务执法方式的意见》不折不扣落地见效；③进——新发展阶段税收现代化建设要稳步推进、持续改进，取得明显进展。

5）10项任务开新局

①深入学习贯彻习近平新时代中国特色社会主义思想，以税务系统党的建设高质量发展迎接建党100周年；②进一步巩固拓展减税降费成效促进完善现代税收制度，助力高质量发展；③扎实稳妥完成预算确定的收入任务，推动税费收入质优量增；④稳妥实施发票电子化改革，推进信息化建设迈出实质性步伐；⑤切实强化精确执法，增强税务执法的规范性统一性；⑥大力推行精细服务，提升便利化、智能化、个性化水平；⑦科学实施精准监管，提高针对性和有效性；⑧深入推进精诚共治，在更高层次、更广范围推动形成多方协同治税格局；⑨继续深化税务系统全面从严治党，促进税务干部廉洁从税；⑩进一步加强税务干部队伍建设，厚植向善向上良好氛围、增强干事创业"六大能力"。

44. 税收征管质量 5C 评价体系

税收征管质量 5C 评价体系是指以大征管、大数据为立足点，基于税务机关、税务人员管理行为视角，以税款征收、纳税服务、风险管控、税务检查、自我纠正及法律救济为 5 个主维度建立监控指标和评价模型，以服务政策制定、制度完善和领导决策为目的的征管质量监控评价体系，其中 5 个主维度根据其英文首字母简称为 5C。税收征管质量监控评价体系目前编制了 7 类 140 个监控指标，并从中选取部分指标进行税收征管质量评价。

①税款征收，主要指税务机关申报受理、组织税款入库和信息系统应用等管理活动；②纳税服务，主要指税务机关为纳税人便捷履行其纳税义务而提供的纳税服务活动；③风险管控，主要指税务机关针对高中低风险纳税人，为防止税款流失而实施的管理活动；④税务检查，主要指税务机关采用税务稽查、税务审计、反避税和风险核查等手段，对纳税人实施实地检查的管理活动；⑤自我纠正和法律救济，主要指税务机关主动提升征管质量以及处置税收争议，制止和矫正违法或不当税收执法的管理活动。

通过 5C 评价体系的上线运行，推动各地税务机关逐步建立“监控、预警、评价、改进、提升”的 5C 监控评价工作机制，动态完善监控评价指标体系，补齐短板、理顺流程、综合施策，不断完善制度机制，持续推进税收征管基础建设，推动各级税务局税收征管高质量发展。

45. 增值税电子专用发票推行

为贯彻落实国务院关于加快电子发票推广应用的部署安排，税务总局本着积极稳妥的原则，决定采用先在部分地区新办纳税人中实行专票电子化，此后逐步扩大推行。

(1) 先在新办纳税人中实行专票电子化。

(2) 对新办纳税人分阶段推行。从 2020 年 9 月 1 日起先逐步在宁波、石家庄和杭州开展专票电子化试点，试点 3 个月总结经验后分两步在全国实行。自 2020 年 12 月 21 日起，在天津等 11 个地区的新办纳税人中实行专票电子化，受票方范围为全国。自 2021 年 1 月 21 日起，在北京等 25 个地区的新办纳税人中实行专票电子化，受票方范围为全国。

(3) 主要变化：①增值税电子专用发票进一步简化发票票面样式，采用电子签名代替原发票专用章；②将“货物或应税劳务、服务名称”栏次名称简化为“项目名称”，取消了原“销售方：(章)”栏次；③发票采用电子签名代替发票专用章，其法律效力、基本用途、基本使用规定等与增值税纸质专用发票一致；④纳税人以增值税电子专用发票的纸质打印件作为报销入账归档依据的，无需要求销售方在纸质打印件上加盖发票专用章，但应当同时保存打印该纸质件的增值税电子专用发票；⑤纳税人如需用于申报抵扣增值税进项税额或申请出口退税、代办退税应当登录所属区域增值税发票综合服务平台确认发票用途。

(4) 推行措施：①开票设备免费领取，需要开具增值税纸质普票、电子普票、纸质专票、电子专票等发票的新办纳税人，税务机关向新办纳税人免费发放税务UKey；②电子专票免费开具，税务部门依托增值税电子发票公共服务平台，为纳税人提供免费的电子专票开具服务；③首票服务便捷享受，税务部门对首次开具、首次接收电子专票的纳税人实行“首票服务制”；④发票状态及时告知，纳税人可以通过增值税发票综合服务平台及时掌握所取得的电子专票领用、开具、用途确认等流转状态以及正常、红冲、异常等管理状态信息；⑤发票信息批量下载，纳税人可以通过增值税发票综合服务平台，批量下载发票的明细信息。

46. 纳税评估制度

税务机关运用数据信息对比分析的方法，对纳税人和扣缴义务人纳税申报情况的真实性和准确性作出定性和定量的判断，并采取进一步征管措施的管理行为。目前，随着《优化营商环境条例》(国务院令第722号)的贯彻实施，税务机关也在优化出口退(免)税服务的基础上，进一步规范进出口环节审批事项，逐步取消不必要的监管要求。2020年4月税务总局明确全文作废《国家税务总局关于加强出口货物退(免)税评估工作的通知》(国税发〔2007〕4号)，纳税评估各项工作更加规范。

各级税务机关应当以总局纳税评估管理办法作为评估基础，充分利用掌握的信息，提高案头审核水平。要加强与纳税人的沟通约谈，深入核实有关情况。开展评估工作必要时可以下户实地审核。要改进纳税评估方法，综合运用各类指标(指标分为通用分析指标和特定分析指标两大类)，并参照评估指标预警值进行配比分析，有效排查风险点。开展专业化团队式评估，探索试行主辅评等制度，提升评估质量。要加强对纳税评估工作的监督制约，实行纳税评估各环节职责及工作人员的相互分离，规范评估程序和结果处理。探索实施纳税评估定期复核制度。风险管理部门要发挥专业优势，用更高的评估质量加强事中事后监管，提升风险防控质效。

47. 税收遵从风险管理

税务机关运用风险管理的理念和方法，合理配置管理资源，通过风险管理目标规划、风险分析识别、风险等级排序、风险应对处理、过程监控以及绩效评估等措施，不断提高税收遵从度的过程和方法。

实施风险管理就是把风险管理的理念、方法、流程等要求贯穿于税收管理全过程，不断完善税收大数据和风险管理机制，健全税务管理体系。积极构建动态“信用+风险”新型管理方式，形成以纳税信用为基础，以提高税收遵从为目标，以风险控管为导向，以信息平台为依托，实时分析识别纳税人行为和特征，实现“无风险不打扰、低风险预提醒、中高风险严监控”，对逃避税问题多发的重点行业、重点领域，加强税收风险防控。

税收风险管理的基本流程是：①风险识别，识别和确定风险，这是对税收风险的定性，并最终发现风险、准确找到有风险的纳税人；②风险排序，评估选择风险重点，这是对税收风险的定量判断，对发现的有风险的纳税人进行归集、分析，综合考虑对目标的伤害程度、依法程度、社会影响程度等，形成纳税人的风险等级排序；③风险应对，分析遵从行为、确定处理策略、计划并实施，从而化解风险，或者减少伤害。

48. 纳税服务

《纳税服务工作规范（试行）》明确纳税服务是税务机关依据税收法律、行政法规的规定，在税收征收、管理、检查和实施税收法律救济过程中，向纳税人提供的服务事项和措施。

纳税服务是由税务机关提供的非营利性服务，具有非常明显的个性特征。①服务主体是税务机关；②服务客体是纳税人；③服务内容是涉税事项及与税收相关联的事项，具体包括纳税咨询、纳税辅导、税款申报、申报与缴款受理、投诉与争议接待（办理）等内容；④服务性质是税务机关依法提供的一种无偿的公共服务，税务机关应遵循基本公共服务均等化的理念；⑤纳税服务的目标是帮助纳税人了解税法，提高纳税人的满意度和税法遵从度；⑥纳税服务主要任务包括税法宣传、纳税咨询、办税服务、权益保护、信用管理、社会协作。

49. 优化营商环境

营商环境是指伴随企业从开办、营运到结束整个企业生命活动周期全过程的各种周围境况和条件的总和。党中央国务院高度重视优化营商环境工作。部署“要放宽市场准入，促进公平竞争，保护知识产权，建设统一大市场，营造市场化、法治化、国际化营商环境”（《习近平在中央经济工作会议上的讲话》，2020 年 12 月 19 日）。

习近平总书记在第三届中国国际进口博览会开幕式上的主旨演讲中以专门段落阐述持续优化营商环境的措施和任务。为此我国制定了《优化营商环境条例》，自 2020 年 1 月 1 日起施行。2018 年 10 月，世界银行发布的《2019 年营商环境报告》，中国营商环境在全球的排名从上期的第 78 位跃升至第 46 位（提升 32 位）。2019 年 10 月，世界银行发布《2020 年营商环境报告》中国营商环境在总排名中继续获得大幅提升——由 2018 年的 46 位上升至 31 位。但是仍与发达经济体有较大差距。

世界银行的营商环境十大指标体系是：开办企业、申请建筑许可、获得电力供应、注册财产、获得信贷、投资者保护、缴纳税款、跨境贸易、合同执行、办理破产。其中“缴纳税款”指标，反映企业所需承担的税负，以及缴付税款过程中的行政负担，包含公司纳税次数、纳税所需时间、总税率、税后实务流程指数等四个二级指标（见表 7-2）。

表 7-2　世界银行营商环境评价有关税收指标体系一览表

一级指标	二级指标	前沿水平	最差水平
7. 纳税	7.1 公司纳税次数(次/年)	3	63
	7.2 公司纳税所需时间(小时/年)	49	696
	7.3 总税率(占利润比%)	26.1	84
	7.4 税后实务流程指数(0～100)	100	0
	7.4.1 增值税退税申报时间(小时)	0	50
	7.4.2 退税到账时间(周)	3.2	55
	7.4.3 企业所得税审计申报时间(小时)	1.5	56
	7.4.4 企业所得税审计完成时间(周)	0	32

50. 优化税收营商环境

税收营商环境作为营商环境的重要组成部分，从治理的主体、方式、机制和结果来看，治理与税收营商环境的内在逻辑具有高度的契合性。但是由于多方面原因，世界银行 2019 年报告显示，我国的“缴纳税款”指标世界排名仅为 105 位，较上年提升 9 位，但是远远落后俄罗斯等中等发展水平国家。

《优化营商环境条例》对税务机关提出多项工作要求，一是政府及其有关部门应当严格落实国家各项减税降费政策，及时研究解决政策落实中的具体问题，确保减税降费政策全面、及时惠及市场主体(《优化营商环境条例》第二十四条)。税务机关应当精简办税资料和流程，简并申报缴税次数，公开涉税事项办理时限，压减办税时间，加大推广使用电子发票的力度，逐步实现全程网上办税，持续优化纳税服务(《优化营商环境条例》第四十六条)。政府及其有关部门应当进一步增强服务意识，切实转变工作作风，为市场主体提供规范、便利、高效的政务服务(《优化营商环境条例》第三十四条)。

总局促进税收营商环境持续优化，扎实聚焦重点难点问题，制订了《全国税务系统进一步优化税收营商环境行动方案(2018 年～2022 年)》(以下简称《方案》)。《方案》坚持以纳税人和缴费人为中心的服务理念，坚持问题导向、对标先进、试点先行、共治格局的原则，借鉴吸纳国际先进经验，对标国际先进水平，不断深化办税(缴费)便利化改革，努力打造国际一流的税收营商环境。

总体目标是到 2022 年年底，纳税基本信息 100%实现共享；主要涉税服务事项 100%实现网上办理。北京、上海市纳税人年度纳税时间压缩至 100 小时以内，营商环境纳税时间指标国际排名提升至 70 位，形成充满活力、富有效率、体验更好、更加开放的法治化、便利化、国际化的税收营商环境。

《方案》采取五大行动任务。①强化顶层设计，减少纳税次数，打造集约化营商环境,包括:简并税目税率、合并征缴税种;②实施精准服务,压缩纳税时间,打造便捷化营商环境,包括:简化申报纳税、简化办税流程、简化表证单书、推进发票改革、推进“一网、一门、一次”改革、加强宣传咨询、信息同步共享;③快税制改革,减轻税费负担,打造低成本的营商环境,包括:完善税制体系、健全业务规范、规范社会保险费征缴、推动涉税专业服务发展;④创新管理手段,优化税后流程,打造高效能的营商环境,包括:完善退税管理、加强纳税信用管理;⑤加强事后监管,规范税收执法,打造公平化的营商环境,包括:强化执法公平、强化执法透明、加强后续监管。

51. 优化税收营商环境共治机制

2020 年 9 月,《税务总局等十三部门关于推进纳税缴费便利化改革优化税收营商环境若干措施的通知》(税总发〔2020〕48 号)印发,就纳税缴费便利化改革部署如下工作:

(1) 持续推进减税降费政策直达快享。①优化政策落实工作机制,着力打造“网上有专栏、线上有专席、场点有专窗、事项有专办、全程有专督”的政策落实保障体系,确保各项减税降费政策不折不扣落实到位;②充分发挥大数据作用确保政策应享尽享;③压缩优惠办理手续确保流程简明易行好操作,除依法需要核准或办理备案的事项外,推行“自行判别、申报享受、资料留存备查”的办理方式;④提高增值税留抵退税政策落实效率,确保符合条件的纳税人及时获得退税款;⑤加快出口业务各环节事项办理速度,税务部门办理正常出口退税业务的平均时间确保不超过 8 个工作日,并进一步压缩 A 级纳税人办理时限。

(2) 不断提升纳税缴费事项办理便利度。①拓展税费综合申报范围,进一步简并申报次数,减轻纳税缴费负担;②压减纳税缴费时间和纳税次数,试行税务证明事项告知承诺制,2020 年年底前,纳税缴费时间压减至 120 小时以内;2022 年年底前,纳税缴费时间压减至 100 小时以内;③大力推进税费事项网上办掌上办,2020 年年底前,实现主要涉税服务事项网上办理;2021 年年底前,除个别特殊、复杂事项外,基本实现企业办税缴费事项可网上办理,个人办税缴费事项可掌上办理;④推进纳税缴费便利化创新试点。

(3) 稳步推进发票电子化改革促进办税提速增效降负。①分步实施发票电子化改革,2020 年年底前基本实现新办纳税人增值税专用发票电子化;2021 年年底前力争建成全国统一的电子发票服务平台和税务网络可信身份系统,及相应管理服务模式,进一步降低制度性交易成本,推进智慧税务建设;②推进电子发票应用的社会化协同,推动国家标准制定,推进会计凭证电子化入账、报销、归档工作,推动电子发票与财政支付、单位财务核算等系统衔接,修订《中华人民共和国发票管理办法》等法规制度,加强电子发票推行应用的法律支撑。

(4) 优化税务执法方式维护市场主体合法权益。①严格规范公正文明执法,坚持依法依规征税收费，坚决防止和制止收过头税费；全面深入推行行政执法公示、执法全过程记录、重大执法决定法制审核制度，健全完善税务机关权责清单，实施税务行政执法案例指导制度，持续规范行政处罚裁量基准，加快推进简易处罚事项网上办理，进一步推行重大税务案件审理说明理由制度试点；强化税务执法内部控制和监督；加强税费政策法规库建设，增强税务执法依据的确定性、稳定性和透明度，持续打造公正公平的法治化税收营商环境；②强化分类精准管理，积极构建动态“信用＋风险”新型管理方式，实现“无风险不打扰、低风险预提醒、中高风险严监控”；严格依法查处利用“假企业”“假出口”“假申报”等手段虚开骗税行为；③健全完善纳税信用管理制度，依法依规深化守信激励和失信惩戒，坚持依法依规和包容审慎监管原则，加强重大税收违法失信案件信息和当事人名单动态管理。

52. 便民办税春风行动

2021 年 3 月，税务总局部署连续第 8 年开展“便民办税春风行动”，行动主题为“优化执法服务·办好惠民实事”。2021 年便民办税春风行动主要包括 10 类 30 项行动内容：①群众诉求快响应，问计问需于民、税费咨询响应、改进服务评价；②优惠政策直达享，狠抓落地落细、优化享受方式、加强效应分析；③便捷办理优体验，推行电子发票、简并税费申报、精简证明资料、拓展网上办税、提速退税办理、便利注销办理；④分类服务解难题，关注特殊人群、优化个税汇算、助力小微企业、服务大型企业、支持区域发展；⑤执法维权显温度，推广首违不罚、推进柔性执法、加强权益保护；⑥规范执法提质效，统一执法标准、规范执法行为；⑦信息互通减资料；⑧部门协作促联办；⑨国际合作求共赢，优化国别指南、扩大协定网络、便利国际遵从、简化办理程序；⑩诚信纳税予激励，完善评价机制、深化结果应用。

53. 纳税服务投诉管理

纳税服务投诉范围包括：①纳税人对税务机关工作人员服务言行进行的投诉；②纳税人对税务机关及其工作人员服务质效进行的投诉；③纳税人对税务机关及其工作人员在履行纳税服务职责过程中侵害其合法权益的行为进行的其他投诉。

税务机关收到投诉后应于 1 个工作日内决定是否受理，并按照“谁主管、谁负责”的原则办理或转办。调查纳税服务投诉事项，应当由两名以上工作人员参加。核实情况、沟通调解、提出意见。税务机关对各类服务投诉应限期办结。对服务言行类投诉，自受理之日起 5 个工作日内办结；服务质效类、其他侵害纳税人合法权益类投诉，自受理之日起 10 个工作日内办结。

54. 纳税服务工作规范

总局围绕构建“自主遵从、优质便捷”的纳税服务体系，组织编写了《全国税务机关纳税服务规范(3.0 版)》(以下简称《规范》)。《规范》树立牢固树立以纳税人为中心的理念；坚持“最大限度便利纳税人，最大限度规范税务人”的原则；与国税地税征管体制改革后的新机构相契合，与税务部门的新职责相契合，与新的税收征管方式相契合。从三个方面进一步提升纳税人的体验感和获得感。纳税人负担更“轻”，减少纳税人报送资料 1 895 份，精简 42%。办税时间更“短”，148 个事项“最多跑一次”，提前达到国务院 2019 年年底实现 70%以上的办税事项“最多跑一次”的要求；对标世界银行营商环境指标，纳税次数由 7 次减为 6 次；减少纳税时间 30 小时，减少 21%。办税渠道更“广”，有 131 个事项在基本规范中明确可以通过电子税务局、移动端或自助终端办理，占比 66%（后续有更多改进）。其余事项在升级规范中鼓励各地探索创新。

55. 纳税信用管理

纳税信用信息包括纳税人信用历史信息、税务内部信息、外部信息。纳税信用评价采取年度评价指标得分和直接判级方式。评价指标包括税务内部信息和外部评价信息。年度评价指标得分采取扣分方式。纳税人评价年度内经常性指标和非经常性指标信息齐全的，从 100 分起评；非经常性指标缺失的，从 90 分起评。直接判级适用于有严重失信行为的纳税人。

纳税信用评价周期为一个纳税年度，因涉嫌税收违法被立案查处尚未结案的；被审计、财政部门依法查出税收违法行为，税务机关正在依法处理，尚未办结的；已申请税务行政复议、提起行政诉讼尚未结案的；其他不应参加本期评价的情形。不参加本期的评价。纳税信用级别设 A、B、C、D 四级（增设 M 级）。A 级（指标得分>90 分）；B 级（70 分以上不满 90 分）；C 级（40 分以上不满 70 分）；D 级（得分不满 40 分或者直接判级确定）。

根据《国家税务总局关于纳税信用评价有关事项的公告》（国家税务总局公告 2018 年第 8 号），自 2019 年 4 月 1 日起，纳税信用级别新增 M 级，适用未发生上述所列失信行为的新设立企业，评价年度内（1 月 1 日至 12 月 31 日）无生产经营业务收入且年度评价指标得分 70 分以上的企业。

本评价年度不能评为 A 级情形：①实际生产经营期不满 3 年的；②上一评价年度纳税信用评价结果为 D 级的；③非正常原因一个评价年度内增值税或营业税连续 3 个月或者累计 6 个月零申报、负申报的；④不能按照国家统一的会计制度规定设置账簿，并根据合法、有效凭证核算，向税务机关提供准确税务资料的。

本评价年度直接判为 D 级情形：存在逃避缴纳税款、逃避追缴欠税、骗取出口退税、虚开增值税专用发票等行为，经判决构成涉税犯罪的；存在前项所列行为，未构成犯罪，但偷税（逃避缴纳税款）金额 10 万元以上且占各税种应纳税总额 10%以上，或者存在逃避追缴欠税、骗取出口退税、虚开增值税专用发票等税收违法行为，已缴纳税款、滞纳金、罚款的；在规定期限内未按税务机关处理结论缴纳或者足额缴纳税款、滞纳金和罚款的；以暴力、威胁方法拒不缴纳税款或者拒绝、阻挠税务机关依法实施税务稽查执法行为的；存在违反增值税发票管理规定或者违反其他发票管理规定的行为，导致其他单位或者个人未缴、少缴或者骗取税款的；提供虚假申报材料享受税收优惠政策的；骗取国家出口退税款，被停止出口退（免）税资格未到期的；有非正常户记录或者由非正常户直接责任人员注册登记或者负责经营的；由D级纳税人的直接责任人员注册登记或者负责经营的；存在税务机关依法认定的其他严重失信情形的。

税务机关每年4月确定上一年度纳税信用评价结果，主动公开A级纳税人名单及相关信息；根据情况逐步开放其他级别信息。定期或者不定期公布重大税收违法案件信息。

A级的纳税人适用下列激励措施：主动向社会公告年度A级纳税人名单；一般纳税人可单次领取3个月的增值税发票用量；普通发票按需领用；连续3年被评为A级信用级别（简称3连A）的纳税人，还可以由税务机关提供绿色通道或专门人员帮助办理涉税事项等。

D级的纳税人适用以下措施：公开D级纳税人及其直接责任人员名单，对直接责任人员注册登记或者负责经营的其他纳税人纳税信用直接判为D级；增值税专用发票领用按辅导期一般纳税人政策办理，普通发票的领用实行交（验）旧供新、严格限量供应；加强出口退税审核；加强纳税评估；列入重点监控对象，发现税收违法违规行为的，不得适用规定处罚幅度内的最低标准；将纳税信用评价结果通报相关部门；D级评价保留2年，第三年纳税信用不得评价为A级；其他。

56. 减税降费

为了应对严峻复杂的内外部环境，党中央、国务院审时度势，坚持稳中求进工作总基调，实施大规模减税降费措施，用政府收入的“减法”，换取企业效益的“加法”、市场活力的“乘法”，习近平总书记在2019年新年贺词中强调，减税降费政策措施要落地生根，让企业轻装上阵，拉开了新一轮减税降费的帷幕，减税降费进入新的阶段。2020年3月李克强总理在《政府工作报告》中公布了近2万亿元的一揽子大规模减税降费的系列举措。

这是一次实打实、硬碰硬更大规模的减税降费，主要有两个鲜明特点：①导向精准，力减制造业、小微企业、工薪阶层的负担，力促“六稳”（稳就业、稳外贸、稳投资、稳金融、稳外资、稳预期），实现六保（保居民就业、保基本民生、保市场主体、保粮食能源安全、保产业链供应链稳定、保基层运转）；②规模空前，也可以说是罕见的，减税降费的总额近2万亿元，比2019年大规模的减税降费又增长了50%以上。李克强总理到总局调研时强调，税务部门特别是基层税务人员作为减税降费政策的具体操作者，既要算好国家这本“硬账”，又要打好减税这场“硬仗”，让深化增值税改革红利切实惠及千千万万纳税人，让亿万市场主体有实实在在的获得感。

减税降费是党中央、国务院作出的一项重大战略决策部署，是供给侧结构性改革的核心内容，是减轻企业负担、激发微观主体活力、促进经济高质量增长的重大举措，是巩固我国改革开放40年经济发展成果、实现经济顺利转型的关键环节。从当前的经济形势来看，更是缓解经济下行压力、降低企业负担和应对外部挑战的重要手段。

57. 支持疫情防控和企业复工复产

2019年年底新冠肺炎疫情发生以后，国家于2020年年初先后出台了三批疫情防控和企业复工复产方面的税费优惠政策。

(1) 在支持防护救治方面，对于取得政府规定标准的疫情防治临时性工作补助和奖金免征个人所得税。个人取得单位发放的预防新冠肺炎的医药防护用品等免征个人所得税。

(2) 在支持物资供应方面，对疫情防控重点保障物资生产企业全额退还增值税增量留抵税额，纳税人提供疫情防控重点保障物资运输收入免征增值税。纳税人提供公共交通运输服务、生活服务及居民必需物资快递收派服务免征增值税。对疫情防控重点物资生产企业扩大产能购置设备允许企业所得税税前一次性扣除。对卫生健康主管部门组织进口的直接用于防控疫情物资，免征关税。

(3) 在鼓励公益捐赠方面。通过公益性社会组织和县级以上人民政府及其部门等国家机关捐赠应对疫情的现金和物品允许企业所得税个人所得税前全额扣除。直接向承担疫情防治任务的医院捐赠应对疫情物品，允许企业所得税和个人所得税税前全额扣除。无偿捐赠应对疫情的货物，免征增值税、消费税、城市维护建设税、教育费附加和地方教育费附加。另外扩大了捐赠免税进口范围。

(4) 在支持复工复产方面，对受疫情影响较大的困难行业企业，2020年度发生的亏损最长结转年限延长到8年。以及阶段性减免增值税小规模纳税人增值税，还有阶段性减免企业养老、失业、工伤保险单位的缴费，阶段性减免以单位方式参保的个体工商户、职工养老失业工伤保险，阶段性减征职工基本医疗保险费单位缴费。鼓励各地通过减征城镇土地使用税等方式支持出租方为个体工商户减免物业租金。为确保将各项税费优惠政策落实到位，总局不断优化‘非接触式’的办税缴费服务措施，对此延长申报期限，对于受疫情影响仍无法办理纳税申报或延期申报的纳税人，可在及时向税务机关书面说明理由后，继续补办延期申报手续并同时办理纳税申报，税务机关依法对其不加收税款滞纳金、不给予行政处罚、不调整纳税信用评价、不认定为非正常户，对于受疫情影响生产经营发生困难的企业特别是小微企业，各级税务机关还将依法及时核准其延缓缴纳税款申请。

据统计，2016年至2020年新增的减税降费累计将达7.6万亿元左右，特别是2019年实施更大规模减税降费，全年新增减税降费达到2.36万亿元，占GDP的比重超过2%，拉动全年GDP增长约0.8个百分点。税务部门调查数据显示，2020年全年新增减税降费超过2.6万亿元，并且随着国内疫情得到有效控制，叠加减税降费政策落地见效，我国不仅成为世界上经济增长率先转正的经济体，而且全年国内生产总值增长2.3%，大大超过世界预期。

58. 总局"四力"工作要求

(1) 优惠政策落实要给力。确保纳税人、缴费人无论是否申报、无论是否复工复产都能全面知晓政策、充分享受应该享受的政策。

(2) "非接触式办税"要添力。稳步拓展网上办税事项范围，进一步深化税务领域"放管服"改革和优化税收营商环境。

(3) 数据服务大局要尽力。深化产业链、上下游、国内外经济动态分析，更好支持企业复工复产和经济运行秩序加快恢复。

(4) 疫情防控工作要加力。更加注重防范境外疫情输入风险，压紧压实防控责任，坚决巩固疫情防控持续向好的形势。

59. 服务复工复产税收分析要求

为落实数据服务大局要尽力的指导要求，总局要求各地高度重视经济分析、税源分析和优惠政策效应分析工作，选优配强分析团队，加强与收入规划、经济分析、数据管理、税种管理等部门的协作配合，不断加强分析工作的前瞻性谋划和规律性思考。2020年4月23日总局王军局长对深化税收分析工作作出批示，要求"产品要出新、选题要更准、指标要再优"。为推动复工复产分析做深、做实、做细，王军局长进一步提出"三个打开、四个状态、五个要素"的指示要求，主要精神是：分析维度上要打开到行业小类、打开到市县、打开到商品名称；分析内容上要重点关注复销率高于100%的、较低的(如低于75%)、上升较快的、前期上升较快近期出现徘徊的等四个状态。五个要素是指关注企业收入、成本、利润、投资、存货。

60. 个人所得税改革

建立综合与分类相结合的个人所得税制。将工资薪金所得、劳务报酬所得、稿酬所得、特许权使用费所得等4项劳动性所得归并为"综合所得"，适用统一的超额累进税率，居民个人综合所得按年合并计算个人所得税，而其他各项所得仍采用分类征税方式。

调整了扣除标准和税率级距。自2018年10月1日起，将工资、薪金所得基本减除费用标准由3 500元调整至5 000元，调整了综合所得税率结构，扩大了3%、10%、20%三档低税率的级距，缩小25%税率的级距；个体工商户承包承租等经营所得也适用新的税率表。其中2018年10月1日至12月31日为过渡期政策执行阶段。

应纳税所得额并不是实际工资收入，是对纳税人取得的工资薪金所得，扣除基本减除费用标准,再扣除个人缴纳的“三险一金”(基本养老、基本医疗、失业保险和住房公积金)以及依法确定的其他扣除后的数额。

首次设立了6项专项附加扣除。2018年年底,国务院印发了《个人所得税专项附加扣除暂行办法》,明确了子女教育、继续教育、大病医疗、房贷利息、住房租金、赡养老人6项专项附加扣除,自2019年1月1日起执行。扣除标准:子女教育1 000元/月,继续教育400元/月(学历教育,不超过48个月)或3 600元/年(职称),大病医疗80 000元/年(个人负担超过1.5万元的部分),首套房贷1 000元/月(不超过240个月),住房租金800～1 500元/月,赡养老人2 000元/月(非独生子女扣除不超过1 000元/月)。

61. 小微企业普惠性税收优惠政策

(1) 提高小规模纳税人认定标准。根据《财政部　税务总局关于明确增值税小规模纳税人免征增值税政策的公告》(财政部　税务总局公告2021年第11号)的规定,自2021年4月1日至2022年12月31日,对月销售额15万元以下(含本数)的增值税小规模纳税人,免征增值税。

(2)“六税两附加”减半征收。政策规定由省、自治区、直辖市人民政府根据本地区实际情况,以及宏观调控需要确定,对增值税小规模纳税人可以在50%的税额幅度内减征城市维护建设税、耕地占用税、城镇土地使用税、房产税、印花税(不含证券交易印花税)、资源税和教育费附加、地方教育附加,即“六税两附加”。

(3) 小型微利企业所得税减免。放宽至现政策规定的“335”标准,即年应纳税所得额不超过300万元,从业人数不超过300人,资产总额不超过5 000万元的纳税人为小型微利企业。

(4) 加大减税力度。小微企业年应纳税所得额不超过100万元,减按25%计入应纳税所得额,按20%的税率缴纳企业所得税;年应纳税所得额在100～300万元之间的,减按50%计入应纳税所得额,按20%的税率缴纳企业所得税。根据《财政部　税务总局关于实施小微企业和个体工商户所得税优惠政策的公告》(财政部　税务总局公告2021年第12号)的规定,2021年1月1日至2022年12月31日,对小型微利企业年应纳税所得额不超过100万元的部分,在《财政部　税务总局关于实施小微企业普惠性税收减免政策的通知》(财税〔2019〕13号)第二条规定的优惠政策基础上,再减半征收企业所得税。

根据《财政部　税务总局关于进一步实施小微企业所得税优惠政策的公告》(财政部　税务总局公告2022年第13号)的规定,2022年1月1日至2024年12月31日,对小型微利企业年应纳税所得额超过100万元但不超过300万元的部分,减按25%计入应纳税所得额,按20%的税率缴纳企业所得税。

(5) 扩展初创科技型企业优惠政策适用范围。自2019年1月1日起,扩展初创科技型企业优惠政策适用范围，将初创科技型企业从业人数 200 人限额提高至 300 人，资产总额和年销售收入限额 3 000 万元提高至 5 000 万元，实现与小型微利企业标准的统一，即“355”。对创业投资企业和天使投资个人投向初创科技型企业可按投资额 70%抵扣应纳税所得额。

62. 深化增值税改革

1）降低税率

从 2018 开始，共降了两次。第一次，从 2018 年 5 月 1 日起，原适用 17%税率的，税率调整为 16%；原适用 11%税率的，税率调整为 10%。第二次，从今年 4 月 1 日起，将制造业等行业现行 16%的税率降至 13%，将交通运输业、建筑业等行业现行 10%的税率降至 9%，保持 6%一档税率不变，确保主要行业税负明显降低（见表 7-3）。

表 7-3　十三五期间增值税税率变化一览表

税目	子目	细目	适用期间、政策依据及适用税率			
			施行日起至 2017 年 6 月 30 日	自 2017 年 7 月 1 日至 2018 年 4 月 30 日	自 2018 年 5 月 1 日至 2019 年 3 月 31 日	自 2019 年 4 月 1 日起
			增值税暂行条例和财税〔2016〕36 号	财税〔2017〕37 号	财税〔2018〕32 号	财政部、税务总局、海关总署公告 2019 年第 39 号
销售货物	销售货物	销售或者进口货物	17%	17%	16%	13%
		粮食、食用植物油等适用低税率货物	13%	11%	10%	9%
销售劳务	销售劳务	加工、修理修配劳务	17%	17%	16%	13%
出口货物	出口货物	出口货物（国务院另有规定除外）	0%	0%	0%	0%
销售服务	陆路、水路、航空、管道运输服务		11%	11%	10%	9%
	邮政普遍、邮政特殊、其他邮政服务		11%	11%	10%	9%
	电信服务	基础电信服务	11%	11%	10%	9%
		增值电信服务	6%	6%	6%	6%
	工程、安装、修缮、装饰服务和其他建筑服务		11%	11%	10%	9%

续表

<table>
<tr><th rowspan="3">税目</th><th rowspan="3">子目</th><th rowspan="3">细目</th><th colspan="4">适用期间、政策依据及适用税率</th></tr>
<tr><th>施行日起至2017年6月30日</th><th>自2017年7月1日至2018年4月30日</th><th>自2018年5月1日至2019年3月31日</th><th>自2019年4月1日起</th></tr>
<tr><th>增值税暂行条例和财税〔2016〕36号</th><th>财税〔2017〕37号</th><th>财税〔2018〕32号</th><th>财政部、税务总局、海关总署公告2019年第39号</th></tr>
<tr><td rowspan="5">销售服务</td><td colspan="2">贷款服务、保险服务等金融服务</td><td>6%</td><td>6%</td><td>6%</td><td>6%</td></tr>
<tr><td rowspan="3">现代服务</td><td>研发和技术、信息技术、文化创意、物流辅助、融资租赁、鉴证咨询、广播影视、商务辅助和其他现代服务</td><td>6%</td><td>6%</td><td>6%</td><td>6%</td></tr>
<tr><td>有形动产租赁服务</td><td>17%</td><td>17%</td><td>16%</td><td>13%</td></tr>
<tr><td>不动产租赁服务</td><td>11%</td><td>11%</td><td>10%</td><td>9%</td></tr>
<tr><td>生活服务</td><td>文化体育、教育医疗、旅游娱乐、餐饮住宿、居民日常服务和其他生活服务</td><td>6%</td><td>6%</td><td>6%</td><td>6%</td></tr>
<tr><td rowspan="2">销售无形资产</td><td rowspan="2">销售无形资产</td><td>销售无形资产</td><td>6%</td><td>6%</td><td>6%</td><td>6%</td></tr>
<tr><td>转让土地使用权</td><td>11%</td><td>11%</td><td>10%</td><td>9%</td></tr>
<tr><td>销售不动产</td><td colspan="2">销售不动产</td><td>11%</td><td>11%</td><td>10%</td><td>9%</td></tr>
<tr><td colspan="3">出口服务及无形资产</td><td>0%</td><td>0%</td><td>0%</td><td>0%</td></tr>
</table>

2）实施增值税减税配套措施

（1）进一步扩大进项税抵扣范围。将购进国内旅客运输服务纳入抵扣进项税额范围，规定2019年4月1日后，纳税人购进国内旅客运输服务，允许抵扣进项税额的国内旅客运输服务凭证，除增值税专用发票外，只限于增值税电子普通发票和注明旅客身份信息的航空运输电子客票行程单、铁路车票、公路、水路等其他客票。不包括增值税普通发票。

（2）改分次抵扣为一次性抵扣。纳税人取得不动产支付的进项税由分两年抵扣改为一次性全额抵扣，增加纳税人当期可抵扣进项税。

（3）加计抵减应纳税额。对主营业务为邮政、电信、现代服务和生活服务业的纳税人，按进项税额加计10%抵减应纳税额，政策实施期限暂定截至2021年年底。

(4) 实施增值税期末增量留抵税额退税。自2019年4月税款所属期起,纳税人(信用等级A或B,前36个月无骗税、虚开发票行为,没有因偷税被罚款两次以上)连续6个月(按季纳税的,连续两个季度)增量留抵税额均大于零,且第6个月增量留抵税额不低于50万元,可以进行留抵退税。增量留抵税额,是指与2019年3月底相比新增加的期末留抵税额。政策至2021年年底。

(5) 相应调整部分货物服务出口退税率、购进农产品适用的扣除率等。本次出口退税率调整后,退税率档次由改革前的16%、13%、10%、6%、0%调整为13%、10%、9%、6%、0%,仍保持5档。

63. 加计抵减基本政策

根据《财政部 税务总局 海关总署关于深化增值税改革有关政策的公告》(财政部 税务总局 海关总署公告2019年第39号)、《财政部 税务总局关于促进服务业领域困难行业纾困发展有关增值税政策的公告》(财政部 税务总局公告2022年第11号)的规定,自2019年4月1日至2022年12月31日,允许生产、生活性服务业纳税人按照当期可抵扣进项税额加计10%,抵减应纳税额(以下称加计抵减政策)。

根据《财政部 税务总局关于明确生活性服务业增值税加计抵减政策的公告》(财政部 税务总局公告2019年第87号)、《财政部 税务总局关于促进服务业领域困难行业纾困发展有关增值税政策的公告》(财政部 税务总局公告2022年第11号)的规定,自2019年10月1日至2022年12月31日,允许生活性服务业纳税人按照当期可抵扣进项税额加计15%,抵减应纳税额。详见两个加计抵减政策的对比表(表7-4)。

表7-4 2019年第39号公告与第87号公告加计抵减政策对比

内容	2019年第39号公告	2019年第87号公告
加计抵减税率	10%	15%
执行时间	2019年4月1日至2022年12月31日	2019年10月1日至2022年12月31日
适用范围	生产、生活性服务业纳税人	生活性服务业纳税人
具体范围	邮政服务、电信服务、现代服务、生活服务(四项服务)销售额占全部销售额的比重超过50%	生活服务销售额占全部销售额的比重超过50%

链 接

对于加计抵减政策的理解,应当把握以下4点:①加计抵减,简单来说,就是允许特定纳税人按照当期可抵扣进项税额的10%(生活性服务15%)计算出一个抵减额,专用于抵减纳税人一般计税方法计算的应纳税额;②加计抵减额不是进项税额。加计抵减额必须与进项税额分开核算;③加计抵减政策作为一项阶段性税收优惠,执行期限为2019年4月1日至2022年12月31日,这里的执行期是指税款所属期;

④"加计抵减政策执行到期"指的是2022年12月31日。即只要在2022年年底前，纳税人结余的加计抵减额可以连续抵减。政策执行到期后，纳税人不再计提加计抵减额，结余的加计抵减额停止抵减。

(1) 适用主体。生产、生活性服务业纳税人，是指提供邮政服务、电信服务、现代服务、生活服务(以下称四项服务)取得的销售额占全部销售额的比重超过50%的纳税人。

(2) 计算方法。纳税人应按照当期可抵扣进项税额的10%计提当期加计抵减额。按照现行规定不得从销项税额中抵扣的进项税额，不得计提加计抵减额；已计提加计抵减额的进项税额，按规定作进项税额转出的，应在进项税额转出当期，相应调减加计抵减额。计算公式如下：当期计提加计抵减额＝当期可抵扣进项税额×10%(生活服务业15%)；当期可抵减加计抵减额＝上期末加计抵减额余额＋当期计提加计抵减额－当期调减加计抵减额。

(3) 抵减方法。纳税人应按照现行规定计算一般计税方法下的应纳税额(以下称抵减前的应纳税额)后，区分以下情形加计抵减：①抵减前的应纳税额等于零的，当期可抵减加计抵减额全部结转下期抵减；②抵减前的应纳税额大于零，且大于当期可抵减加计抵减额的，当期可抵减加计抵减额全额从抵减前的应纳税额中抵减；③抵减前的应纳税额大于零，且小于或等于当期可抵减加计抵减额的，以当期可抵减加计抵减额抵减应纳税额至零。未抵减完的当期可抵减加计抵减额，结转下期继续抵减。

(4) 声明填报。《国家税务总局关于深化增值税改革有关事项的公告》(国家税务总局公告2019年第14号)第八条规定：适用加计抵减政策的生产、生活性服务业纳税人，应在年度首次确认适用加计抵减政策时，通过电子税务局(或前往办税服务厅)提交《适用加计抵减政策的声明》，纳税人自主判断、自主申报、自主享受。

(5) 财务处理。实际缴纳增值税时，按应纳税额借记"应交税费——未交增值税"等科目，按实际纳税金额贷记"银行存款"科目，按加计抵减的金额贷记"其他收益"科目。

64. 海南离岛旅客免税购物税收优惠

根据《财政部 海关总署 税务总局关于海南离岛旅客免税购物政策的公告》(财政部 海关总署 税务总局公告2020年第33号)第一条规定，离岛免税政策是指对乘飞机、火车、轮船离岛(不包括离境)旅客实行限值、限量、限品种免进口税购物，在实施离岛免税政策的免税商店(以下称离岛免税店)内或经批准的网上销售窗口付款，在机场、火车站、港口码头指定区域提货离岛的税收优惠政策。离岛免税政策免税税种为关税、进口环节增值税和消费税。离岛旅客每年每人免税购物额度为10万元人民币，不限次数。免税商品种类及每次购买数量限制，按照本公告附件执行。超出免税限额、限量的部分，照章征收进境物品进口税。

65. 降低社会保险费率改革

（1）降低养老保险单位缴费比例。自2019年5月1日起，城镇职工基本养老保险（包括企业和机关事业单位基本养老保险，以下简称养老保险）单位缴费比例降至16%。

自2019年5月1日起至2020年4月30日止，失业保险总费率仍按1%（单位0.5%、个人0.5%）执行，工伤保险费率仍以现行基准费率为基础下调50%（其中建设项目参保费率不再调整，仍为1.2‰）。

（2）调整就业人员平均工资计算口径。以上年度城镇非私营单位就业人员平均工资和城镇私营单位就业人员平均工资加权计算的全口径城镇单位就业人员平均工资，分别核定社保个人缴费基数上下限，合理降低部分参保人员和企业的社保缴费基数。职工个人以上年度月平均工作为基数缴纳基本养老保险费，缴费比率为8%。

个体工商户和灵活就业人员参加企业职工基本养老保险，可以在全省全口径城镇单位就业人员平均工资的60%至300%之间选择适当的缴费基数。

（3）加快推进养老保险省级统筹。结合降低养老保险单位缴费比例、调整社保缴费基数政策等措施，加快推进企业职工基本养老保险省级统筹，统一养老保险参保缴费、单位及个人缴费基数核定办法等政策，自2020年1月1日起实施，确保2020年年底前实现企业职工基本养老保险基金省级统收统支。

做好中央调剂金调剂比例调整工作，按时足额上解中央调剂金，2019年基金中央调剂比例提高至3.5%。统筹使用中央下拨资金，加大省级基金调剂力度，进一步均衡省内各地养老保险基金负担，确保企业离退休人员基本养老金按时足额发放。

（4）妥善处理企业历史欠费问题。对社保费改革，各地要按照“两不得一务必”要求，即不得采取任何增加小微企业实际缴费负担的做法，不得自行对历史欠费进行集中清缴，务必使企业特别是小微企业社保缴费负担有实质性下降。

66. 非税主要优惠政策

除小微企业普惠性税收优惠政策中涉及两附加减按50%征收外，其他优惠政策主要有：

（1）扩大政府性基金免征范围。根据《财政部 国家税务总局关于扩大有关政府性基金免征范围的通知》（财税〔2016〕12号）规定，自2016年2月1日起，将免征教育费附加、地方教育附加、水利建设基金的范围，由现行按月纳税的月销售额或营业额不超过3万元（按季度纳税的季度销售额或营业额不超过9万元）的缴纳义务人，扩大到按月纳税的月销售额或营业额不超过10万元（按季度纳税的季度销售额或营业额不超过30万元）的缴纳义务人。

(2) 部分政府性基金有关政策调整。《财政部关于调整部分政府性基金有关政策的通知》(财税〔2019〕46号)规定:①自2019年7月1日至2024年12月31日,对归属中央收入、地方收入的文化事业建设费,分别按照缴纳义务人应缴费额的50%减征;②自2019年7月1日起,将国家重大水利工程建设基金征收标准降低50%。

67. 支持防护救治有关税费优惠政策

(1) 特定群体临时性工作补助和奖金免征个人所得税。自2020年1月1日至2023年12月31日,对参加疫情防治工作的医务人员和防疫工作者按照政府规定标准取得的临时性工作补助和奖金,免征个人所得税。政府规定标准包括各级政府规定的补助和奖金标准。对省级及省级以上人民政府规定的对参与疫情防控人员的临时性工作补助和奖金,比照执行。(财政部、税务总局公告2020年第10号第一条)

(2) 单位发放预防疫情药品用品免征个人所得税。自2020年1月1日至2023年12月31日,单位发给个人用于预防新型冠状病毒感染的肺炎的药品、医疗用品和防护用品等实物(不包括现金),不计入工资、薪金收入,免征个人所得税。(财政部、税务总局公告2020年第10号第二条)

68. 支持物资供应有关税费优惠政策

(1) 全额退还增值税增量留抵税额。自2020年1月1日至2021年3月31日,疫情防控重点保障物资生产企业可以按月向主管税务机关申请全额退还增值税增量留抵税额。增量留抵税额,是指与2019年12月底相比新增加的期末留抵税额。(财政部、税务总局公告2020年第8号第二条)

(2) 提供疫情防控重点保障物资运输收入免征增值税。自2020年1月1日至2021年3月31日,对纳税人运输疫情防控重点保障物资取得的收入,免征增值税。(财政部、税务总局公告2020年第8号第三条)

(3) 提供特定服务收入免征增值税。自2020年1月1日至2021年3月31日,对纳税人提供公共交通运输服务、生活服务,以及为居民提供必需生活物资快递收派服务取得的收入,免征增值税。公共交通运输服务的具体范围,按照《营业税改征增值税试点有关事项的规定》(财税〔2016〕36号印发)执行。生活服务、快递收派服务的具体范围,按照《销售服务、无形资产、不动产注释》(财税〔2016〕36号印发)执行。(财政部、税务总局公告2020年第8号第五条)

(4) 扩大产能购置设备企业所得税税前一次性扣除。自2020年1月1日至2021年3月31日,对疫情防控重点保障物资生产企业为扩大产能新购置的相关设备,允许一次性计入当期成本费用在企业所得税税前扣除。(财政部、税务总局公告2020年第8号第一条)

(5) 特定组织进口直接用于防控疫情的物资免征关税。自2020年1月1日至

2020 年 3 月 31 日，对卫生健康主管部门组织进口的直接用于防控疫情物资免征关税。免税进口物资，可按照或比照《海关总署关于用于新型冠状病毒感染的肺炎疫情进口捐赠物资办理通关手续的公告》（海关总署公告 2020 年第 17 号，自 2021 年 7 月 15 日起废止），先登记放行，再按规定补办相关手续。（财政部、海关总署、税务总局 2020 年第 6 号公告）

69. 鼓励公益捐赠有关税费优惠政策

（1）通过特定组织捐赠允许所得税税前全额扣除。自 2020 年 1 月 1 日至 2021 年 3 月 31 日，企业和个人通过公益性社会组织或者县级以上人民政府及其部门等国家机关，捐赠用于应对新型冠状病毒感染的肺炎疫情的现金和物品，允许在计算企业所得税或个人所得税应纳税所得额时全额扣除。国家机关、公益性社会组织接受的捐赠，应专项用于应对新型冠状病毒感染的肺炎疫情工作，不得挪作他用。（财政部、税务总局公告 2020 年第 9 号第一条）

（2）直接向规定医院捐赠物质允许所得税税前全额扣除。自 2020 年 1 月 1 日至 2021 年 3 月 31 日，企业和个人直接向承担疫情防治任务的医院捐赠用于应对新型冠状病毒感染的肺炎疫情的物品，允许在计算企业所得税或个人所得税应纳税所得额时全额扣除。捐赠人凭承担疫情防治任务的医院开具的捐赠接收函办理税前扣除事宜。（财政部、税务总局公告 2020 年第 9 号第二条）

（3）无偿捐赠应对疫情的货物免征增值税、消费税、城市维护建设税、教育费附加、地方教育附加。自 2020 年 1 月 1 日至 2021 年 3 月 31 日，单位和个体工商户将自产、委托加工或购买的货物，通过公益性社会组织和县级以上人民政府及其部门等国家机关，或者直接向承担疫情防治任务的医院，无偿捐赠用于应对新型冠状病毒感染的肺炎疫情的，免征增值税、消费税、城市维护建设税、教育费附加、地方教育附加。（财政部、税务总局公告 2020 年第 9 号第三条）

70. 支持复工复产有关税费优惠政策

（1）困难行业企业年度亏损延长结转年限。自 2020 年 1 月 1 日至 2021 年 3 月 31 日，受疫情影响较大的困难行业企业 2020 年度发生的亏损，最长结转年限由 5 年延长至 8 年。（财政部、税务总局公告 2020 年第 8 号第四条）

（2）减免缓缴社会保险费、医保费，缓缴住房公积金。①阶段性减免企业养老、失业、工伤保险单位缴费，以减轻疫情对企业特别是中小微企业的影响，使企业恢复生产后有一个缓冲期。除湖北外各省份，从 2 月到 6 月可对中小微企业免征上述三项费用，从 2 月到 4 月可对大型企业减半征收；湖北省从 2 月到 6 月可对各类参保企业实行免征。②缓缴住房公积金。6 月底前，企业可申请缓缴住房公积金，在此期间对职工因受疫情影响未能正常还款的公积金贷款，不作逾期处理。（国务院 2020 年 2 月 18 日常务会议部署）

(3) 免、降小规模纳税人增值税。自 2022 年 4 月 1 日至 2022 年 12 月 31 日，增值税小规模纳税人适用 3%征收率的应税销售收入，免征增值税；适用 3%预征率的预缴增值税项目，暂停预缴增值税。

71. 增值税发票综合服务规定

根据《国家税务总局关于增值税发票综合服务平台等事项的公告》(国家税务总局公告 2020 年第 1 号)规定：

(1) 税务总局将增值税发票选择确认平台升级为增值税发票综合服务平台，为纳税人提供发票用途确认、风险提示、信息下载等服务。

(2) 纳税人应当按照发票用途确认结果申报抵扣增值税进项税额或申请出口退税、代办退税。①纳税人已经申报抵扣的发票，如改用于出口退税或代办退税，应当向主管税务机关提出申请，由主管税务机关核实情况并调整用途；②纳税人已经确认用途为申请出口退税或代办退税的发票，如改用于申报抵扣，应当向主管税务机关提出申请，经主管税务机关核实该发票尚未申报出口退税，并将发票电子信息回退后，由纳税人调整用途。

(3) 通过增值税电子发票公共服务平台开具的增值税电子普通发票，属于税务机关监制的发票，采用电子签名代替发票专用章，其法律效力、基本用途、基本使用规定等与增值税普通发票相同。

(4) 纳税人同时丢失已开具增值税专用发票或机动车销售统一发票的发票联和抵扣联，可凭加盖销售方发票专用章的相应发票记账联复印件，作为增值税进项税额的抵扣凭证、退税凭证或记账凭证。

纳税人丢失已开具增值税专用发票或机动车销售统一发票的抵扣联，可凭相应发票的发票联复印件，作为增值税进项税额的抵扣凭证或退税凭证；纳税人丢失已开具增值税专用发票或机动车销售统一发票的发票联，可凭相应发票的抵扣联复印件，作为记账凭证。

72. 异常发票风险应对政策

根据《国家税务总局关于异常增值税扣税凭证管理等有关事项的公告》(国家税务总局公告 2019 年第 38 号)的规定，对增值税异常凭证的范围进行了归纳与整合，共归纳 6 类增值税异常凭证情形：

(1) 防伪税控系统“失控发票”。将纳税人丢失、被盗税控专用设备中未开具或已开具未上传的增值税专用发票列入异常凭证范围。

(2) 未按规定纳税的非正常户开具的增值税专用发票。非正常户纳税人未向税务机关申报或未按规定缴纳税款的增值税专用发票列入异常凭证范围。

(3) 比对不符或不通过的发票。增值税发票管理系稽核比对发现“比对不符”“缺联”“作废”的增值税专用发票列入异常凭证范围。

(4) 涉嫌虚开或未缴纳消费税的发票。

(5) 走逃(失联)企业开具的发票。

(6) 增值税一般纳税人申报抵扣异常凭证,同时符合下列情形的,其对应开具的增值税专用发票。①异常凭证进项税额累计占同期全部增值税专用发票进项税额70%(含)以上的。②异常凭证进项税额累计超过5万元的。纳税人尚未申报抵扣、尚未申报出口退税或已作进项税额转出的异常凭证,其涉及的进项税额不计入异常凭证进项税额的计算。

73. 不属于虚开增值税专用发票三项条件

根据《国家税务总局关于纳税人对外开具增值税专用发票有关问题的公告》(国家税务总局公告2014年第39号)的规定,纳税人通过虚增增值税进项税额偷逃税款,但对外开具增值税专用发票同时符合以下情形的,不属于对外虚开增值税专用发票:①纳税人向受票方纳税人销售了货物,或者提供了增值税应税劳务、应税服务;②纳税人向受票方纳税人收取了所销售货物、所提供应税劳务或者应税服务的款项,或者取得了索取销售款项的凭据;③纳税人按规定向受票方纳税人开具的增值税专用发票相关内容,与所销售货物、所提供应税劳务或者应税服务相符,且该增值税专用发票是纳税人合法取得、并以自己名义开具的。

受票方纳税人取得的符合上述情形的增值税专用发票,可以作为增值税扣税凭证抵扣进项税额。

增值税考点简要归纳(本处仅列举应知应会的核心考点及最新政策,详细政策规定参见《税收基础知识》,中国税务出版社,2019年10月)。

74. 增值税3%征收率适用情形

(1) 小规模纳税人销售货物、服务、提供劳务等,增值税征收率为3%。

(2) 一般纳税人销售自产的下列货物,可选择按照简易办法依照3%征收率计算缴纳增值税:①县级及县级以下小型水力发电单位生产的电力;②建筑用和生产建筑材料所用的砂、土、石料;③以自己采掘的砂、土、石料或其他矿物连续生产的砖、瓦、石灰(不含黏土实心砖、瓦);④用微生物、微生物代谢产物、动物毒素、人或动物的血液或组织制成的生物制品;⑤自来水;⑥商品混凝土(仅限于以水泥为原料生产的水泥混凝土)。

(3) 一般纳税人销售货物属于下列情形之一的,暂按简易办法依照3%征收率计算缴纳增值税。①寄售商店代销寄售物品(包括居民个人寄售的物品在内);②典当业销售死当物品;③经国务院或国务院授权机关批准的免税商店零售的免税品。

(4) 对拍卖行受托拍卖增值税应税货物,向买方收取的全部价款和价外费用,应当按照3%的征收率征收增值税。

(5) 增值税一般纳税人的单采血浆站销售非临床用人体血液,可以按照简易办法依照 3%征收率计算应纳税额。

(6) 属于增值税一般纳税人的药品经营企业销售生物制品,可以选择简易办法按照 3%的征收率计算缴纳增值税。

(7) 以纳入营改增试点之日前取得的有形动产为标的物提供的经营租赁服务,可以选择适用简易计税,按 3%征收率计算缴纳增值税。

(8) 一般纳税人提供公共交通运输服务,包括轮客渡、公交客运、地铁、城市轻轨、出租车、长途客运、班车,可以选择简易办法按照 3%的征收率计算缴纳增值税。

(9) 一般纳税人提供电影放映服务、仓储服务、装卸搬运服务、收派服务和文化体育服务,可以选择简易办法按照 3%的征收率计算缴纳增值税。

(10) 一般纳税人以清包工方式提供的建筑服务(施工方不采购建筑工程所需的材料或只采购辅助材料,只收取人工费、管理费或者其他费用的建筑服务),可以选择简易办法按照 3%的征收率计算缴纳增值税。

(11) 一般纳税人为甲供工程提供的建筑服务,可以选择简易办法按照 3%的征收率计算缴纳增值税。甲供工程,是指全部或部分设备、材料、动力由工程发包方自行采购的建筑工程。

(12) 一般纳税人为建筑工程老项目提供的建筑服务(施工许可证或工程合同开工日期在 2016 年 4 月 30 日以前的项目),可以选择简易办法按照 3%的征收率计算缴纳增值税。

(13) 公路经营企业中的一般纳税人收取施工许可证明上注明的合同开工日期在 2016 年 4 月 30 日前开工的高速公路的车辆通行费,可以选择简易办法按照 3%的征收率计算缴纳增值税。

(14) 一般纳税人提供教育辅助服务,可以选择简易计税方法按照 3%征收率计税缴纳增值税。

(15) 提供物业管理服务的纳税人,向服务接受方收取的自来水水费,以扣除其对外支付的自来水水费后的余额为销售额,按照简易方法依 3%的征收率计算缴纳增值税。

(16) 非企业性单位中的一般纳税人提供的研发和技术服务、信息技术服务、鉴证咨询服务,以及销售技术、著作权等无形资产,可以选择简易计税方法按照 3%征收率计算缴纳增值税。

(17) 建筑工程总承包单位为房屋建筑的地基与基础、主体结构提供工程服务,建设单位自行采购全部或部分钢材、混凝土、砌体材料、预制构件的,适用简易计税方法按照 3%征收率计算缴纳增值税。

(18) 一般纳税人销售电梯的同时提供安装服务,其安装服务可以按照甲供工程选择适用简易计税方法计税。

75. 增值税5%征收率适用情形

(1) 小规模纳税人销售或出租不动产,按照5%的征收率计算缴纳增值税。

(2) 小规模纳税人提供劳务派遣服务,可以选择简易征收,按照5%的征收率计算缴纳增值税。

(3) 房地产开发企业中的小规模纳税人,销售自行开发的房地产项目,按照5%的征收率计算缴纳增值税。

(4) 一般纳税人销售其2016年4月30日前取得(不含自建)的不动产,可以选择适用简易计税方法,以取得的全部价款和价外费用减去该项不动产购置原价或者取得不动产时的作价后的余额为销售额,按照5%的征收率计算缴纳增值税。

(5) 一般纳税人销售其2016年4月30日前自建的不动产,可以选择适用简易计税方法,以取得的全部价款和价外费用为销售额,按照5%的征收率计算缴纳增值税。

(6) 一般纳税人出租其2016年4月30日前取得的不动产,可以选择适用简易计税方法,按照5%的征收率计算应纳税额。

(7) 房地产开发企业中的一般纳税人,销售自行开发的房地产老项目,按照5%的征收率计算缴纳增值税。

(8) 一般纳税人提供劳务派遣服务,可以选择差额纳税,以取得的全部价款和价外费用,扣除代用工单位支付给劳务派遣员工的工资、福利和为其办理社会保险及住房公积金后的余额为销售额,按照简易计税方法依5%的征收率计算缴纳增值税。

(9) 一般纳税人提供人力资源外包服务,可以选择适用简易计税方法,按照5%的征收率计算缴纳增值税。

(10) 纳税人转让2016年4月30日前取得的土地使用权,可以选择适用简易计税方法,以取得的全部价款和价外费用减去取得该土地使用权的原价后的余额为销售额,按照5%的征收率计算缴纳增值税。

76. 准予抵扣增值税进项税额

纳税人购进货物、加工修理修配劳务、服务、无形资产或者不动产,准许抵扣的支付或者负担的增值税额。

(1) 从销售方取得的增值税专用发票(含税控机动车销售统一发票,下同)上注明的增值税额。

(2) 从海关取得的海关进口增值税专用缴款书上注明的增值税额。

(3) 购进农产品,除取得增值税专用发票或者海关进口增值税专用缴款书外,按照农产品收购发票或者销售发票上注明的农产品买价和13%的扣除率计算的进项税额。进项税额计算公式:进项税额=买价×扣除率。

(4) 从境外单位或者个人购进服务、无形资产或者不动产,自税务机关或者扣缴义务人取得的解缴税款的完税凭证上注明的增值税额。纳税人凭完税凭证抵扣进项税额的，应当具备书面合同、付款证明和境外单位的对账单或者发票。资料不全的，其进项税额不得从销项税额中抵扣。

（5）道路通行费发票。一般纳税人支付的道路、桥、闸通行费，暂凭取得的通行费发票（不含财政票据）上注明的收费金额按照下列公式计算可抵扣的进项税额：

$$\frac{\text{高速公路通行费}}{\text{可抵扣进项税额}}=\frac{\text{高速公路通行费}}{\text{发票上注明的金额}}\div(1+3\%)\times3\%$$

$$\frac{\text{一级公路、二级公路、桥、闸}}{\text{通行费可抵扣进项税额}}=\frac{\text{一级公路、二级公路、桥、闸}}{\text{通行费发票上注明的金额}}\div(1+5\%)\times5\%$$

（6）纳税人取得不得抵扣且未抵扣进项税额的固定资产、无形资产、不动产，发生用途改变，用于允许抵扣进项税额的应税项目，可在用途改变的次月按照下列公式计算可以抵扣的进项税额：

可以抵扣的进项税额＝固定资产、无形资产、不动产净值÷（1＋适用税率）×适用税率

上述可以抵扣的进项税额应取得合法有效的增值税扣税凭证。

77. 不准予抵扣增值税进项税额

（1）用于简易计税方法计税项目、免征增值税项目、集体福利或者个人消费的购进货物、加工修理修配劳务、服务、无形资产和不动产。其中涉及的固定资产、无形资产、不动产，仅指专用于上述项目的固定资产、无形资产（不包括其他权益性无形资产）、不动产。纳税人的交际应酬消费属于个人消费。

（2）非正常损失的购进货物，以及相关的加工修理修配劳务和交通运输服务。

（3）非正常损失的在产品、产成品所耗用的购进货物（不包括固定资产）、加工修理修配劳务和交通运输服务。

（4）非正常损失的不动产，以及该不动产所耗用的购进货物、设计服务和建筑服务。

（5）非正常损失的不动产在建工程所耗用的购进货物、设计服务和建筑服务。纳税人新建、改建、扩建、修缮、装饰不动产，均属于不动产在建工程。非正常损失，是指因管理不善造成货物被盗、丢失、霉烂变质，以及因违反法律法规造成货物或者不动产被依法没收、销毁、拆除的情形。

（6）购进的旅客运输服务、贷款服务、餐饮服务、居民日常服务和娱乐服务。纳税人接受贷款服务向贷款方支付的与该笔贷款直接相关的投融资顾问费、手续费、咨询费等费用，其进项税额也不得从销项税额中抵扣。

（7）财政部和国家税务总局规定的其他情形。

78. 营改增试点增值税免税项目

（1）托儿所、幼儿园提供的保育和教育服务。

（2）养老机构提供的养老服务。

（3）残疾人福利机构提供的育养服务。

（4）婚姻介绍服务。

（5）殡葬服务。

（6）残疾人员本人为社会提供的服务。

（7）医疗机构提供的医疗服务。

（8）从事学历教育的学校提供的教育服务。

（9）学生勤工俭学提供的服务。

（10）农业机耕、排灌、病虫害防治、植物保护、农牧保险以及相关技术培训业务，家禽、牲畜、水生动物的配种和疾病防治。

（11）纪念馆、博物馆、文化馆、文物保护单位管理机构、美术馆、展览馆、书画院、图书馆在自己的场所提供文化体育服务取得的第一道门票收入。

（12）寺院、宫观、清真寺和教堂举办文化、宗教活动的门票收入。

（13）行政单位之外的其他单位收取的符合《营业税改征增值税试点实施办法》（财税〔2016〕36号附件1）第十条规定条件的政府性基金和行政事业性收费。

（14）个人转让著作权。

（15）个人销售自建自用住房。

（16）2018年12月31日前，公共租赁住房经营管理单位出租公共租赁住房。

（17）台湾航运公司、航空公司从事海峡两岸海上直航、空中直航业务在大陆取得的运输收入。

（18）纳税人提供的直接或者间接国际货物运输代理服务。

（19）以下利息收入：①2017年1月1日至2023年12月31日，金融机构农户小额贷款；②国家助学贷款；③国债、地方政府债；④人民银行对金融机构的贷款；⑤住房公积金管理中心用住房公积金在指定的委托银行发放的个人住房贷款；⑥外汇管理部门在从事国家外汇储备经营过程中，委托金融机构发放的外汇贷款；⑦统借统还业务中，企业集团或企业集团中的核心企业以及集团所属财务公司按不高于支付给金融机构的借款利率水平或者支付的债券票面利率水平，向企业集团或者集团内下属单位收取的利息。

（20）被撤销金融机构以货物、不动产、无形资产、有价证券、票据等财产清偿债务。

（21）保险公司开办的一年期以上人身保险产品取得的保费收入。

（22）下列金融商品转让收入：①合格境外投资者（QFII）委托境内公司在我国从事证券买卖业务；②香港市场投资者（包括单位和个人）通过沪港通买卖上海证券交易所上市A股；③对香港市场投资者（包括单位和个人）通过基金互认买卖内地基

金份额;④证券投资基金(封闭式证券投资基金,开放式证券投资基金)管理人运用基金买卖股票、债券;⑤个人从事金融商品转让业务。

(23) 金融同业往来利息收入。

(24) 同时符合规定条件的担保机构从事中小企业信用担保或者再担保业务取得的收入(不含信用评级、咨询、培训等收入)3年内免征增值税。

(25) 国家商品储备管理单位及其直属企业承担商品储备任务,从中央或者地方财政取得的利息补贴收入和价差补贴收入。

(26) 纳税人提供技术转让、技术开发和与之相关的技术咨询、技术服务。

(27) 符合条件的合同能源管理服务。

(28) 2017年12月31日前,科普单位的门票收入,以及县级及以上党政部门和科协开展科普活动的门票收入。

(29) 政府举办的从事学历教育的高等、中等和初等学校(不含下属单位),举办进修班、培训班取得的全部归该学校所有的收入。

(30) 政府举办的职业学校设立的主要为在校学生提供实习场所、并由学校出资自办、由学校负责经营管理、经营收入归学校所有的企业,从事财税〔2016〕36号文件附件《销售服务、无形资产、不动产注释》中"现代服务"(不含融资租赁服务、广告服务和其他现代服务)、"生活服务"(不含文化体育服务、其他生活服务和桑拿、氧吧)业务活动取得的收入。

(31) 家政服务企业由员工制家政服务员提供家政服务取得的收入。

(32) 福利彩票、体育彩票的发行收入。

(33) 军队空余房产租赁收入。

(34) 为了配合国家住房制度改革,企业、行政事业单位按房改成本价、标准价出售住房取得的收入。

(35) 将土地使用权转让给农业生产者用于农业生产。

(36) 涉及家庭财产分割的个人无偿转让不动产、土地使用权。

(37) 土地所有者出让土地使用权和土地使用者将土地使用权归还给土地所有者。

(38) 县级以上地方人民政府或自然资源行政主管部门出让、转让或收回自然资源使用权(不含土地使用权)。

(39) 随军家属就业。①为安置随军家属就业而新开办的企业,自领取税务登记证之日起,其提供的应税服务3年内免征增值税;②从事个体经营的随军家属,自办理税务登记事项之日起,其提供的应税服务3年内免征增值税。

(40) 军队转业干部就业。①从事个体经营的军队转业干部,自领取税务登记证之日起,其提供的应税服务3年内免征增值税;②为安置自主择业的军队转业干部就业而新开办的企业，凡安置自主择业的军队转业干部占企业总人数60%（含60%）以上的，自领取税务登记证之日起，其提供的应税服务3年内免征增值税。

（41）纳税人采取转包、出租、互换、转让、入股等方式将承包地流转给农业生产者用于农业生产，免征增值税。

79. 增值税即征即退项目

（1）纳税人销售自产的资源综合利用产品和提供资源综合利用劳务，可享受增值税即征即退政策。

（2）增值税一般纳税人销售其自行开发生产的软件产品，按13%税率征收增值税后，对其增值税实际税负超过3%的部分实行即征即退政策。

（3）自2015年7月1日起，对纳税人销售自产的利用风力生产的电力产品，实行增值税即征即退50%的政策。

（4）自2013年10月1日至2015年12月31日，对纳税人销售自产的利用太阳能生产的电力产品，实行增值税即征即退50%的政策。

（5）自2016年1月1日至2018年12月31日，对纳税人销售自产的利用太阳能生产的电力产品，实行增值税即征即退50%的政策。

（6）自2000年1月1日起，对飞机维修劳务增值税实际税负超过6%的部分实行即征即退的政策。

（7）对安置残疾人的单位和个体工商户，实行由税务机关按纳税人安置残疾人的人数，限额即征即退增值税的办法。安置的每位残疾人每月可退还的增值税具体限额，由县级以上税务机关根据纳税人所在区县（含县级市、旗）适用的经省（含自治区、直辖市、计划单列市）人民政府批准的月最低工资标准的4倍确定。

（8）一般纳税人提供管道运输服务，对其增值税实际税负超过3%的部分实行增值税即征即退政策。

（9）经人民银行、银监会或者商务部批准从事融资租赁业务的营改增试点纳税人中的一般纳税人，提供有形动产融资租赁服务和有形动产融资性售后回租服务，对其增值税实际税负超过3%的部分实行增值税即征即退政策。

80. 增值税其他优惠项目

（1）小规模纳税人销售自己使用过的固定资产，按照简易办法征收，自2014年7月1日起，依照3%征收率减按2%征收增值税。

（2）一般纳税人销售自己使用过的2008年12月31日以前购进或者自制的固定资产，自2014年7月1日起，按照简易办法依照3%征收率减按2%征收增值税。

（3）一般纳税人，销售自己使用过的2009年1月1日以前购进或者自制的固定资产，自2014年7月1日起，按照简易办法依照3%征收率减按2%征收增值税。

（4）一般纳税人销售自己使用过的属于《中华人民共和国增值税暂行条例》第十

条规定不得抵扣且未抵扣进项税额的固定资产，自 2014 年 7 月 1 日起，按照简易办法依 3%征收率减按 2%征收增值税。

（5）增值税一般纳税人发生按简易办法征收增值税应税行为的，销售其按照规定不得抵扣且未抵扣进项税额的固定资产的，自 2014 年 7 月 1 日起，可按简易办法依 3%征收率减按 2%征收增值税，同时不得开具增值税专用发票。自 2013 年 8 月 1 日起，原增值税一般纳税人自用的应征消费税的摩托车、汽车、游艇，其进项税额准予从销项税额中抵扣。

（6）纳税人购进或者自制固定资产时为小规模纳税人，认定为一般纳税人后销售该固定资产的，自 2014 年 7 月 1 日起，可按简易办法依 3%征收率减按 2%征收增值税，同时不得开具增值税专用发票。

（7）自 2016 年 2 月 1 日起，纳税人销售自己使用过的固定资产，适用简易办法依照 3%征收率减按 2%征收增值税政策的，可以放弃减税，按照简易办法依照 3%征收率缴纳增值税，并可以开具增值税专用发票。

（8）营改增试点一般纳税人销售自己使用过的、纳入营改增试点之日前取得的固定资产，按照现行旧货相关增值税政策执行。纳税人销售旧货按简易办法依照 3%的征收率减按 2%征收增值税。

（9）其他个人出租住房，应按照 5%的征收率减按 1.5%计算应纳税额。

（10）对自主就业退役士兵从事个体经营的，在 3 年（36 个月，下同）内按每户每年 12 000 元为限额依次扣减其当年实际应缴纳的增值税、城市维护建设税、教育费附加、地方教育附加和个人所得税。限额标准最高可上浮 20%，各省、自治区、直辖市人民政府可根据本地区实际情况在此幅度内确定具体限额标准，并报财政部和国家税务总局备案。

（11）企业招用自主就业退役士兵，与其签订 1 年以上期限劳动合同并依法缴纳社会保险费的，自签订劳动合同并缴纳社会保险当月起，在 3 年内按实际招用人数予以定额依次扣减增值税、城市维护建设税、教育费附加、地方教育附加和企业所得税优惠。定额标准为每人每年 6 000 元，最高可上浮 50%，各省、自治区、直辖市人民政府可根据本地区实际情况在此幅度内确定具体定额标准。

（12）建档立卡贫困人口、持《就业创业证》（注明“自主创业税收政策”或“毕业年度内自主创业税收政策”）或《就业失业登记证》（注明“自主创业税收政策”）的人员，从事个体经营的，自办理个体工商户登记当月起，在 3 年（36 个月，下同）内按每户每年 12 000 元为限额依次扣减其当年实际应缴纳的增值税、城市维护建设税、教育费附加、地方教育附加和个人所得税。限额标准最高可上浮 20%，各省、自治区、直辖市人民政府可根据本地区实际情况在此幅度内确定具体限额标准。

（13）企业招用建档立卡贫困人口，以及在人力资源社会保障部门公共就业服务机构登记失业半年以上且持《就业创业证》或《就业失业登记证》(注明“企业吸纳税收政策”)的人员,与其签订1年以上期限劳动合同并依法缴纳社会保险费的,自签订劳动合同并缴纳社会保险当月起,在3年内按实际招用人数予以定额依次扣减增值税、城市维护建设税、教育费附加、地方教育附加和企业所得税优惠。定额标准为每人每年6 000元,最高可上浮30%,各省、自治区、直辖市人民政府可根据本地区实际情况在此幅度内确定具体定额标准。城市维护建设税、教育费附加、地方教育附加的计税依据是享受本项税收优惠政策前的增值税应纳税额。

81. 消费税

目前消费税税目包括烟;酒;高档化妆品;贵重首饰及珠宝玉石;鞭炮焰火;成品油;小汽车;摩托车;高尔夫球及球具;高档手表;游艇;木制一次性筷子;实木地板、电池、涂料。部分税目还进一步划分若干子目(见表7-5)。

表7-5 消费税税目税率表

<table>
<tr><th colspan="2">税目</th><th colspan="2">税率</th></tr>
<tr><td colspan="4">一、烟</td></tr>
<tr><td colspan="2">1. 卷烟</td><td colspan="2"></td></tr>
<tr><td colspan="2">工业</td><td colspan="2"></td></tr>
<tr><td>税目</td><td colspan="2">税率</td><td>征收环节</td></tr>
<tr><td>(1) 甲类卷烟
[调拨价70元(不含增值税)/条以上(含70元)]</td><td colspan="2">56%加0.003元/支</td><td>生产环节</td></tr>
<tr><td>(2) 乙类卷烟
[调拨价70元(不含增值税)/条以下]</td><td colspan="2">36%加0.003元/支</td><td>生产环节</td></tr>
<tr><td>商业批发</td><td colspan="2">11%加0.005元/支</td><td>批发环节</td></tr>
<tr><td>2. 雪茄</td><td colspan="2">36%</td><td>生产环节</td></tr>
<tr><td>3. 烟丝</td><td colspan="2">30%</td><td>生产环节</td></tr>
<tr><td>4. 电子烟</td><td colspan="2"></td><td></td></tr>
<tr><td>工业</td><td colspan="2">36%</td><td>生产(进口)环节</td></tr>
<tr><td>商业批发</td><td colspan="2">11%</td><td>批发环节</td></tr>
<tr><td colspan="4">二、酒</td></tr>
<tr><td colspan="2">1. 白酒</td><td colspan="2">20%加0.5元/500克(或者500毫升)</td></tr>
<tr><td colspan="2">2. 黄酒</td><td colspan="2">240元/吨</td></tr>
<tr><td colspan="2">3. 啤酒</td><td colspan="2"></td></tr>
<tr><td colspan="2">(1) 甲类啤酒</td><td colspan="2">250元/吨</td></tr>
</table>

续表

税目	税率
(2) 乙类啤酒	220元/吨
4. 其他酒	10%
三、高档化妆品	15%
四、贵重首饰及珠宝玉石	
1. 金银首饰、铂金首饰和钻石及钻石饰品	5%
2. 其他贵重首饰和珠宝玉石	10%
五、鞭炮、焰火	15%
六、成品油	
1. 汽油 无铅汽油	 1.52元/升
2. 柴油	1.20元/升
3. 航空煤油	1.20元/升(暂缓征收)
4. 石脑油	1.52元/升
5. 溶剂油	1.52元/升
6. 润滑油	1.52元/升
7. 燃料油	1.20元/升
七、摩托车	
1. 气缸容量在250毫升的	3%
2. 气缸容量在250毫升以上的	10%
八、小汽车	
1. 乘用车 (1) 气缸容量(排气量,下同)在1.0升(含1.0升)以下的	 1%
(2) 气缸容量在1.0升以上至1.5升(含1.5升)的	3%
(3) 气缸容量在1.5升以上至2.0升(含2.0升)的	5%
(4) 气缸容量在2.0升以上至2.5升(含2.5升)的	9%
(5) 气缸容量在2.5升以上至3.0升(含3.0升)的	12%
(6) 气缸容量在3.0升以上至4.0升(含4.0升)的	25%
(7) 气缸容量在4.0升以上的	40%
2. 中轻型商用客车	5%
3. 超豪华小汽车	生产(进口)环节按子税目1和子税目2的规定征收,在零售环节加征10%

续表

税目	税率
九、高尔夫球及球具	10%
十、高档手表	20%
十一、游艇	10%
十二、木制一次性筷子	5%
十三、实木地板	5%
十四、电池	4%
十五、涂料	4%

(1) 卷烟。甲类卷烟：调拨价70元(不含增值税,含70元)/条以上,税率56%加0.003元/支;乙类卷烟：调拨价70元(不含增值税)/条以下,36%加0.003元/支。

从2015年5月10日起,卷烟批发环节从价税率从5%提高至11%,并按0.005元/支加征从量税。

(2) 小汽车税目。自2016年12月1日起,在“小汽车”税目下增设“超豪华小汽车”子税目。对每辆零售价格130万元(不含增值税)及以上的乘用车和中轻型商用客车在销售环节再加税10%。

(3) 高档手表。高档手表是指销售价格(不含增值税)每只在10 000元(含)以上的各类手表。

(4) 游艇。艇身长度大于8米(含)小于90米(含),一般为私人或团体购置,主要用于水上运动和休闲娱乐等非营利活动的各类机动艇。

(5) 电池。自2015年2月1日起,对电池(铅蓄电池除外)征收消费税;2015年12月31日前对铅蓄电池缓征消费税,自2016年1月1日起,按4%税率征收消费税。对无汞原电池、金属氢化物镍蓄电池(又称“氢镍蓄电池”或“镍氢蓄电池”)、锂原电池、锂离子蓄电池、太阳能电池、燃料电池和全钒液流电池免征消费税。

(6) 涂料。自2015年2月1日起,对涂料征收消费税,施工状态下挥发性有机物(VOC)含量低于420克/升(含)的涂料免征消费税。

(7) 白酒的适用税率。20%加0.5元/500克(或者500毫升)。

(8) 从高适用税率征税的特殊情况。纳税人兼营不同税率的应税消费品未分别核算销售额、销售数量的,从高适用税率。将不同税率的应税消费品组成成套消费品销售的,从高适用税率。

(9) 金银首饰销售额的确定。对既销售金银首饰,又销售非金银首饰的生产、经营单位,应将两类商品划分清楚,分别核算销售额。凡划分不清楚或不能分别核算的,在生产环节销售的,一律从高适用税率征收消费税;在零售环节销售的,一律按金银首饰征收消费税。金银首饰与其他产品组成成套消费品销售的,应按销售额全额征收消费税。金银首饰连同包装物销售的,无论包装是否单独计价,也无论会计上如何核算,均应并入金银首饰的销售额,计征消费税。带料加工的金银首饰,按受托方销售同类金银首饰的销售价格确定计税依据征收消费税。没有同类金银首饰销售价格的,按照组成计税价格计算纳税。纳税人采用以旧换新(含翻新改制)方式销售的金银首饰,应按实际收取的不含增值税的全部价款确定计税依据征收消费税。

82. 个人所得税居民个人和非居民个人的判定

个人所得税的纳税义务人,包括中国公民、个体工商业户、个人独资企业、合伙企业投资者、在中国有所得的外籍人员(包括无国籍人员)和中国香港、中国澳门、中国台湾同胞。

依据住所和居住时间两个标准,区分为居民个人和非居民个人(见表 7-6)。

表 7-6 个人所得税纳税义务人划分标准及纳税义务

纳税人	划分标准	承担的纳税义务
居民个人	在中国境内有住所或者无住所而一个纳税年度(公历 1 月 1 日起至 12 月 31 日止)内在中国境内居住累计满 183 天的个人	无限纳税义务:就来源于中国境内和境外的全部所得,缴纳个人所得税
非居民个人	在中国境内无住所又不居住,或者无住所而一个纳税年度内在中国境内居住累计不满 183 天的个人	有限纳税义务:仅就其来源于中国境内的所得,缴纳个人所得税

83. 个人所得税征税范围及要点

(1) 工资、薪金所得指个人因任职或者受雇而取得的所得,包括:①工资、薪金、奖金;②年终加薪、劳动分红;年终加薪和一次取得年终奖金,原则上作为单独一个月工资薪金所得;③津贴补贴。

【解释】重点区分工资薪金所得和劳务报酬所得的区别,关键在于是否有雇佣关系。

津贴的征免界限(反向列举),不包括:①独生子女补贴;②托儿补助费;③执行公务员工资制度未纳入基本工资总额的补贴、津贴差额和家属成员的副食品补贴;④差旅费津贴、误餐补助。

【解释】单位以误餐补助名义发给职工的补助、津贴征收个人所得税。

公司职工取得的用于购买企业国有股权的劳动分红,按"工资、薪金所得"项目计征个人所得税。

【解释】区分劳动分红与股份分红的不同。劳动分红,是劳动性所得;股份分红,是资本利得性所得,前者属于工资薪金,后者属于股息利息红利所得。

(2) 个体工商户的经营所得。①个体工商户的经营所得仅限于生产经营所得，不包括个体工商户的其他所得；②个人独资企业和合伙企业的经营所得，比照这个项目；③个人因从事彩票代销业务而取得的所得按个体工商户的经营所得征税；④个人独资企业、合伙企业的个人投资者以企业资金为本人、家庭成员及其相关人员支付与企业生产经营无关的消费性支出及购买汽车、住房等财产性支出，视为企业对个人投资者利润分配，并入投资者个人的经营所得，依照“经营所得”项目计征个人所得税。

【引申】除个人独资企业、合伙企业以外的其他企业的个人投资者，以企业资金为本人、家庭成员及其相关人员支付与企业生产经营无关的消费性支出及购买汽车、住房等财产性支出，视为企业对个人投资者的利润分配，依照“利息、股息、红利所得”项目计征个人所得税。

所有企业的从业人员，用企业资金发生的财产性支出，按“工资、薪金所得”征税。兼职人员取得类似支出，属于“劳务报酬”所得。

【总结】一看企业性质；二看人员身份(家族企业人员)。

(3) 对企事业单位的承包、承租经营所得。①对企事业单位的承包、承租经营所得，是指个人承包经营、承租经营以及转包、转租取得的所得，还包括个人按月或者按次取得的工资、薪金性质的所得；②承包承租后，工商登记改为个体工商户，按“经营所得”缴纳个人所得税。

(4) 劳务报酬所得。指个人从事设计、装潢、安装、制图、化验、测试、医疗、法律、会计、咨询、讲学、翻译、审稿、书画、雕刻、影视、录音、录像、演出、表演、广告、展览、技术服务、介绍服务、经纪服务、代办服务以及其他劳务取得的所得。

独立性劳务所得；非雇佣关系所得。

【解释】自 2004 年 1 月 20 日起，对商品营销活动中，企业和单位对营销业绩突出的雇员以培训班、研讨会、工作考察等名义组织旅游活动，通过免收差旅费、旅游费对个人实行的营销业绩奖励(包括实物、有价证券等)，应根据所发生费用的全额并入营销人员当期的工资、薪金所得，按照“工资、薪金所得”项目征收个人所得税，并由提供上述费用的企业和单位代扣代缴。上述营销业绩奖励的对象是非雇员的，则按照“劳务报酬所得”项目征收个人所得税，并由提供上述费用的企业和单位代扣代缴。

出租车驾驶员收入：工资、薪金所得；报酬所得；经营所得。

【解释】出租车驾驶员收入应纳个人所得税归类：①出租汽车经营单位对驾驶员采取单车承包、承租的，驾驶员从事客货营运取得收入按工资、薪金所得征税；②个体出租车收入，按经营所得征税；③个人出租车挂靠单位，并向挂靠单位交纳管理费的，按经营所得征税；④对于临时顶替的驾驶员(兼职行为)，没有签订承包合同雇用合同的，按劳务报酬所得征税。

(5) 稿酬所得。指个人因其作品以图书、报刊形式出版、发表而取得的所得。

【解释】这里所说的作品，是指包括中外文字图片、乐谱，以及其他作品等能以图书、报刊方式出版、发表的作品；个人作品，包括本人的著作、翻译的作品等。

稿酬所得和劳务报酬所得的区别：关键看是否(署名)发表。

(6) 特许权使用费所得。指个人提供专利权、商标权、著作权、非专利技术以及其他特许权的使用权取得的所得。

【解释1】注意区分特许权使用费所得、稿酬所得、财产转让所得。

【解释2】提供著作权的使用权取得的所得，不包括稿酬的所得(转让著作权免增值税)。

(7) 利息、股息、红利所得。指个人拥有债权、股权而取得的利息、股息、红利所得。

【注意】征免范围：①个人取得国债利息、地方债务利息、国家发行的金融债券利息、教育储蓄存款利息，储蓄存款利息均免征个人所得税；②除个人独资企业、合伙企业以外的企业的个人投资者，以企业资金为本人、家庭成员支付的与生产经营无关的消费性支出及购买汽车、住房等财产性支出，视为企业对个人投资者的红利分配，依照"利息、股息、红利所得"缴纳个人所得税；企业的上述支出不允许税前扣除；③纳税年度内个人投资者从其投资企业(个人独资企业、合伙企业除外)借款，在该纳税年度终了后既不归还又未用于企业生产经营的，其未归还的借款可视为企业对个人投资者的红利分配，依照"利息、股息、红利所得"项目计征个人所得税。

(8) 财产租赁所得。指个人出租建筑物、土地使用权、机器设备、车船以及其他财产取得的所得。

【解释1】个人取得的财产转租收入，属于"财产租赁所得"范围。

【解释2】最重要的是房屋的租赁。个人出租房屋涉及多个税种。城市维护建设税、教育费附加、地方教育附加、房产税、印花税、个人所得税。

(9) 财产转让所得。指个人转让有价证券、股权、建筑物、土地使用权、机器设备、车船以及其他财产取得的所得。

(境内)股票转让所得：暂不征收个人所得税。

【解释】境外股票转让所得正常征税。

量化资产股份转让：集体所有制企业在改制为股份合作企业时，对职工个人以股份形式取得的拥有所有权的企业量化资产，暂缓征收个人所得税；个人将股份转让时，就其转让收入额，减除个人取得该股份时实际支付的费用支出和合理转让费用后余额，按"财产转让所得"征税。

(10) 偶然所得。指个人得奖、中奖、中彩以及其他偶然性质的所得。

(11) 其他所得。个人取得的所得,难以界定应税项目所得的,由主管税务机关确定。

84. 专项附加扣除

(1) 子女教育。纳税人的子女接受全日制学历教育的相关支出,按照每个子女每月 1 000 元的标准定额扣除。

学历教育包括义务教育(小学、初中教育)、高中阶段教育(普通高中、中等职业、技工教育)、高等教育(大学专科、大学本科、硕士研究生、博士研究生教育)。

父母可以选择由其中一方按扣除标准的 100%扣除,也可以选择由双方分别按扣除标准的 50%扣除,具体扣除方式在一个纳税年度内不能变更。

纳税人子女在中国境外接受教育的,纳税人应当留存境外学校录取通知书、留学签证等相关教育的证明资料备查。

(2) 继续教育。纳税人在中国境内接受学历(学位)继续教育的支出,在学历(学位)教育期间按照每月 400 元定额扣除。同一学历(学位)继续教育的扣除期限不能超过 48 个月。纳税人接受技能人员职业资格继续教育、专业技术人员职业资格继续教育的支出,在取得相关证书的当年,按照 3 600 元定额扣除。

个人接受本科及以下学历(学位)继续教育,符合规定扣除条件的,可以选择由其父母扣除,也可以选择由本人扣除。

纳税人接受技能人员职业资格继续教育、专业技术人员职业资格继续教育的,应当留存相关证书等资料备查。

(3) 大病医疗。在一个纳税年度内,纳税人发生的与基本医保相关的医药费用支出,扣除医保报销后个人负担(指医保目录范围内的自付部分)累计超过 15 000 元的部分,由纳税人在办理年度汇算清缴时,在 80 000 元限额内据实扣除。

纳税人发生的医药费用支出可以选择由本人或者其配偶扣除;未成年子女发生的医药费用支出可以选择由其父母一方扣除。

纳税人及其配偶、未成年子女发生的医药费用支出,分别计算扣除额。

纳税人应当留存医药服务收费及医保报销相关票据原件(或者复印件)等资料备查。医疗保障部门应当向患者提供在医疗保障信息系统记录的本人年度医药费用信息查询服务。

(4) 住房贷款利息。纳税人本人或者配偶单独或者共同使用商业银行或者住房公积金个人住房贷款为本人或者其配偶购买中国境内住房,发生的首套住房贷款利息支出,在实际发生贷款利息的年度,按照每月 1 000 元的标准定额扣除,扣除期限最长不超过 240 个月。纳税人只能享受一次首套住房贷款的利息扣除。

首套住房贷款是指购买住房享受首套住房贷款利率的住房贷款。

经夫妻双方约定,可以选择由其中一方扣除,具体扣除方式在一个纳税年度内不能变更。

夫妻双方婚前分别购买住房发生的首套住房贷款，其贷款利息支出，婚后可以选择其中一套购买的住房，由购买方按扣除标准的100%扣除，也可以由夫妻双方对各自购买的住房分别按扣除标准的50%扣除，具体扣除方式在一个纳税年度内不能变更。

纳税人应当留存住房贷款合同、贷款还款支出凭证备查。

(5) 住房租金。纳税人在主要工作城市没有自有住房而发生的住房租金支出，可以按照以下标准定额扣除：①直辖市、省会(首府)城市、计划单列市以及国务院确定的其他城市，扣除标准为每月1 500元；②除第一项所列城市以外，市辖区户籍人口超过100万的城市，扣除标准为每月1 100元；市辖区户籍人口不超过100万的城市，扣除标准为每月800元。

纳税人的配偶在纳税人的主要工作城市有自有住房的，视同纳税人在主要工作城市有自有住房。

市辖区户籍人口，以国家统计局公布的数据为准。

主要工作城市是指纳税人任职受雇的直辖市、计划单列市、副省级城市、地级市(地区、州、盟)全部行政区域范围；纳税人无任职受雇单位的，为受理其综合所得汇算清缴的税务机关所在城市。

夫妻双方主要工作城市相同的，只能由一方扣除住房租金支出。

住房租金支出由签订租赁住房合同的承租人扣除。

纳税人及其配偶在一个纳税年度内不能同时分别享受住房贷款利息和住房租金专项附加扣除。

纳税人应当留存住房租赁合同、协议等有关资料备查。

(6) 赡养老人。纳税人赡养一位及以上被赡养人的赡养支出，统一按照以下标准定额扣除：①纳税人为独生子女的，按照每月2 000元的标准定额扣除；②纳税人为非独生子女的，由其与兄弟姐妹分摊每月2 000元的扣除额度，每人分摊的额度不能超过每月1 000元。可以由赡养人均摊或者约定分摊，也可以由被赡养人指定分摊。约定或者指定分摊的须签订书面分摊协议，指定分摊优先于约定分摊。具体分摊方式和额度在一个纳税年度内不能变更。

被赡养人是指年满60岁的父母，以及子女均已去世的年满60岁的祖父母、外祖父母。

(7) 3岁以下婴幼儿照护。纳税人照护3岁以下婴幼儿子女的相关支出，按照每个婴幼儿每月1 000元的标准定额扣除。父母可以选择由其中一方按扣除标准的100%扣除，也可以选择由双方分别按扣除标准的50%扣除，具体扣除方式在一个纳税年度内不能变更。

85. 综合所得汇算清缴

(1) 无需办理年度汇算的纳税人：已依法预缴个人所得税且符合下列情形之一的，无需办理年度汇算：①年度汇算需补税但综合所得收入全年不超过12万元的；②年度汇算需补税金额不超过400元的；③已预缴税额与年度应纳税额一致；④符合年度汇算退税条件但不申请退税的。

(2) 需要办理年度汇算的纳税人：依据税法规定，符合下列情形之一的，纳税人需要办理年度汇算：①已预缴税额大于年度应纳税额且申请退税的；②综合所得收入全年超过12万元且需要补税金额超过400元的。

(3) 可享受的税前扣除：①纳税人及其配偶、未成年子女符合条件的大病医疗支出；②纳税人符合条件的子女教育、继续教育、住房贷款利息或住房租金、赡养老人专项附加扣除，以及减除费用、专项扣除、依法确定的其他扣除；③纳税人符合条件的捐赠支出。

86. 综合所得的适用税率

综合所得适用七级超额累进税率，税率为3%～45%(见表7-7)。

表7-7 综合所得个人所得税税率表

级数	全年应纳税所得额	税率(%)	速算扣除数
1	不超过36 000元的	3	0
2	超过36 000元至144 000元的部分	10	2 520
3	超过144 000元至300 000元的部分	20	16 920
4	超过300 000元至420 000元的部分	25	31 920
5	超过420 000元至660 000元的部分	30	52 920
6	超过660 000元至960 000元的部分	35	85 920
7	超过960 000元的部分	45	181 920

87. 居民个人综合所得预扣预缴税款的计算

(1) 居民个人工资、薪金所得预扣预缴税款的方法。扣缴义务人向居民个人支付工资、薪金所得时，应当按照累计预扣法计算预扣税款，并按月办理扣缴申报。

$$\text{本期应预扣预缴税额}=\left(\text{累计预扣预缴应纳税所得额}\times\text{预扣率}-\text{速算扣除数}\right)-\text{累计减免税额}-\text{累计已预扣预缴税额}$$

(2) 居民个人劳务报酬所得、稿酬所得、特许权使用费所得预扣预缴税款的方法。①劳务报酬所得、特许权使用费所得以每次收入减除费用后的余额为收入额；其中，稿酬所得的收入额减按70%计算。减除费用为：每次收入≤4 000元的，减除费用 800 元；每次收入＞4 000 元的，减除费用＝收入的 20％；②稿酬所得预扣预缴应纳税所得额：

每次收入≤4 000 元的：预扣预缴应纳税所得额＝(每次收入－800 元)×70％

每次收入＞4 000 元的：预扣预缴应纳税所得额＝每次收入×(1－20％)×70％

属于一次性收入的，以取得该项收入为一次；属于同一项目连续性收入的，以一个月内取得的收入为一次。

88. 企业所得税常见税前扣除

企业所得税常见税前扣除标准 13 项(见表 7-8)。

表 7-8　企业所得税扣除标准表

序号	项目	扣除标准
1	工资薪金	企业发生的合理的工资薪金支出，准予扣除
2	职工福利	不超过工资薪金总额 14％的部分，准予扣除
3	工会经费	不超过工资薪金总额 2％的部分，准予扣除
4	职工教育经费	一般企业：不超过工资薪金总额 2.5％的部分，准予扣除；超过部分，准予在以后纳税年度结转扣除［根据《财政部　税务总局关于企业职工教育经费税前扣除政策的通知》的规定，企业发生的职工教育经费支出，不超过工资薪金总额 8％的部分，准予扣除；超过部分，准予在以后纳税年度结转扣除］
		高新技术企业：不超过工资薪金总额 8％的部分，准予扣除；超过部分，准予在以后纳税年度结转扣除
		技术先进型服务企业：不超过工资薪金总额 8％的部分，准予扣除；超过部分，准予在以后纳税年度结转扣除
5	职工培训	集成电路设计企业和符合条件软件企业(动漫企业)：单独核算、据实扣除
6	五险一金	按照政府规定的范围和标准缴纳“五险一金”，准予扣除
7	补充养老	补充养老保险费不超过工资薪金总额 5％的部分，准予扣除
8	补充医疗	补充医疗保险费不超过工资薪金总额 5％的部分，准予扣除
9	业务招待	按照发生额的 60％扣除，但最高不得超过当年销售(营业)收入的 5‰
10	广告费和业务宣传费	一般企业(烟草企业不得扣除)：不超过当年销售(营业)收入 15％的部分，准予扣除；超过部分，准予在以后纳税年度结转扣除
		化妆品制造或销售、医药制造、饮料制造(不含酒类制造)企业：不超过当年销售(营业)收入 30％的部分，准予扣除；超过部分，准予在以后纳税年度结转扣除
11	公益性捐赠支出	不超过年度利润总额 12％的部分，准予扣除；超过部分，准予结转以后 3 年内在计算应纳税所得额时扣除

续表

序号	项目	扣除标准
12	手续费和佣金	一般企业：不超过与具有合法经营资格中介服务机构或个人(不含交易双方及其雇员、代理人和代表人等)所签订服务协议或合同确认的收入金额的5%的部分，准予扣除
		保险企业发生与其经营活动有关的手续费及佣金支出，不超过当年全部保费收入扣除退保金等后余额的18%(含本数)的部分，在计算应纳税所得额时准予扣除；超过部分，允许结转以后年度扣除
		电信企业在发展客户、拓展业务等过程中因委托销售电话入网卡、电话充值卡所发生的手续费及佣金支出，不超过当年收入总额5%的部分，准予扣除
		从事代理服务、主营业务收入为手续费、佣金的企业(如证券、期货、保险代理等企业)，其为取得该类收入而实际发生的营业成本(包括手续费及佣金支出)，准予据实扣除
		房地产开发经营企业委托境外机构销售开发产品的，其支付境外机构的销售费用(含佣金或手续费)不超过委托销售收入10%的部分，准予扣除
13	党组织工作经费	非公有制企业：党组织工作经费纳入企业管理费列支，不超过职工年度工资薪金总额1%的部分，可以据实在企业所得税前扣除
		国有企业(包括国有独资、全资和国有资本绝对控股、相对控股企业)、集体所有制企业：纳入管理费用的党组织工作经费，实际支出不超过职工年度工资薪金总额1%的部分，可以据实在企业所得税前扣除。年末如有结余，结转下一年度使用。累计结转超过上一年度职工工资总额2%的，当年不再从管理费用中安排

89. 企业所得税税率

企业所得税税率小结(见表7-9)。

表7-9 企业所得税税率表

序号	税目	税率
1	企业所得税税率	25%
2	符合条件的小型微利企业(应纳税所得额减按50%)	20%
3	国家需要重点扶持的高新技术企业	15%
4	技术先进型服务企业(中国服务外包示范城市)	15%
5	线宽小于0.25微米的集成电路生产企业	15%
6	投资额超过80亿元的集成电路生产企业	15%
7	设在西部地区的鼓励类产业企业	15%
8	广东横琴、福建平潭、深圳前海等地区的鼓励类产业企业	15%
9	国家规划布局内的重点软件企业和集成电路设计企业	10%
10	非居民企业在中国境内未设立机构、场所的，或者虽设立机构、场所但取得的所得与其所设机构、场所没有实际联系的，应当就其来源于中国境内的所得缴纳企业所得税	10%

90. 免征、减征企业所得税

1）从事农、林、牧、渔业项目的所得

（1）所得免税：蔬菜、谷物、薯类、油料、豆类、棉花、麻类、糖料、水果、坚果的种植；农作物新品种的选育；中药材的种植；林木的培育和种植；牲畜、家禽的饲养；林产品的采集；灌溉、农产品初加工、兽医、农技推广、农机作业和维修等农、林、牧、渔服务业项目；远洋捕捞。

（2）减半征收：花卉、茶以及其他饮料作物、香料作物的种植、观赏性作物的种植；海水养殖、内陆养殖，生物养殖。

（3）不享受优惠：①从事国家限制和禁止发展的项目；②购买农产品后直接进行销售的；③不属于农产品初加工范围：以蔬菜为原料制作的各类蔬菜罐头及碾磨后的园艺植物（如胡椒粉、花椒粉等）；精炼植物油；精制茶、边销茶、紧压茶和掺兑各种药物的茶及茶饮料；加工的各类中成药；肉类罐头、肉类熟制品、蛋类罐头、各类酸奶、奶酪、奶油、王浆粉、各种蜂产品口服液、胶囊；熟制的水产品和各类水产品的罐头以及调味烤制的水产食品；罐装（包括软罐）产品；其他规定。

【备注】①从事不同项目，分别核算不清的，主管税务机关按照比例分摊法或其他合理方法进行核定；②“公司＋农户”经营模式从事农、林、牧、渔业项目生产企业，可以减免企业所得税；③委托或受托从事农、林、牧、渔业项目取得的所得，可享受相应的税收优惠。

2）从事国家重点扶持的公共基础设施项目投资经营的所得

（1）三免三减半。企业从事国家重点扶持的公共基础设施项目（《公共基础设施项目企业所得税优惠目录》规定的港口码头、机场、铁路、公路、城市公共交通、电力、水利等）的投资经营的所得。

（2）不享受优惠。企业承包经营、承包建设和内部自建自用《企业所得税法实施条例》第八十七条规定的项目，不得享受《企业所得税法实施条例》第八十七条规定的企业所得税优惠。

3）从事符合条件的环境保护、节能节水项目的所得

（1）三免三减半。①企业从事符合条件的环境保护、节能节水项目的所得，包括公共污水处理、公共垃圾处理、沼气综合开发利用、节能减排技术改造、海水淡化等；②符合条件的节能服务公司实施合同能源管理项目。

（2）不享受优惠。①节能服务公司同时从事适用不同税收政策待遇项目的，其享受税收优惠项目应当单独计算收入、扣除，并合理分摊企业的期间费用；没有单独计算的，不得享受税收优惠政策；②在减免税期限内转让的，受让方自受让之日起，可以在剩余期限内享受规定的减免税优惠；减免税期限届满后转让的，受让方不得就该项目重复享受减免税优惠。

4）符合条件的技术转让所得

一个纳税年度内，居民企业技术转让所得不超过500万元的部分，免征企业所得税；超过500万元的部分，减半征收企业所得税。

(1) 技术转让的范围。居民企业转让专利技术(法律授予独占权的发明、实用新型和非简单改变产品图案的外观设计)、计算机软件著作权、集成电路布图设计权、植物新品种、生物医药新品种，5年以上(含5年)非独占许可使用权，以及财政部和国家税务总局确定的其他技术。

(2) 公式。

技术转让所得＝技术转让收入－技术转让成本－相关税费

(3) 技术转让收入。指当事人履行技术转让合同后获得的价款，不包括销售或转让设备、仪器、零部件、原材料等非技术性收入。不属于与技术转让项目密不可分的技术咨询、技术服务、技术培训等收入，不得计入技术转让收入。可以计入技术转让收入的技术咨询、服务、培训收入指转让方为使受让方掌握所转让的技术投入使用、实现产业化而提供的必要的技术咨询、服务和培训所产生的收入，并应同时符合相应条件。

(4) 技术转让成本。指转让的无形资产的净值，即该无形资产的计税基础减除在资产使用期间按照规定计算的摊销扣除额后的余额。

(5) 相关税费。指技术转让过程中实际发生的有关税费，包括除企业所得税和允许抵扣的增值税以外的各项税金及其附加、合同签订费用、律师费等相关费用及其他支出。

(6) 不享受优惠。居民企业取得禁止出口和限制出口技术转让所得；居民企业从直接或间接持有股权之和达到100％的关联方取得的技术转让所得；要求单独核算计算技术转让所得，并合理分摊企业的期间费用；没有单独核算的，不得享受优惠；企业不能提供留存备查资料，或者留存备查资料与实际生产经营情况、财务核算、相关技术领域、产业、目录、资格证书等不符，不能证明企业符合税收优惠政策条件的，税务机关追缴其已享受的减免税，并按照税收征管法规定处理。

5）企业所得税免税政策

(1) 外国政府向中国政府提供贷款取得的利息所得。

(2) 国际金融组织向中国政府和居民企业提供优惠贷款取得的利息所得。

(3) 经国务院批准的其他所得。

(4) 从2014年11月17日起，对合格境外机构投资者(简称QFII)、人民币合格境外机构投资者(简称RQFII)取得来源于中国境内的股票等权益性投资资产转让所得，暂免征收企业所得税。

91. 汇算清缴的一些变化

(1) 不超过500万元的设备、器具允许税前一次性扣除。

原规定。《企业所得税法实施条例》五十九条："固定资产按照直线法计算的折旧，准予扣除"。

新规定。《财政部　税务总局关于设备器具扣除有关企业所得税政策的通知》（财税〔2018〕54 号）第一条规定，企业在 2018 年 1 月 1 日至 2023 年 12 月 31 日新购进的设备、器具，单位价值不超过 500 万元的，允许一次性计入当期成本费用在计算应纳税所得额时扣除，不再分年度计算折旧。

（2）小型微利企业范围扩大。

原规定。《企业所得税法》第二十八条："符合条件的小型微利企业，减按 20%的税率征收企业所得税"。

新规定。《财政部　税务总局关于实施小微企业普惠性税收减免政策的通知》（财税〔2019〕13 号）第二条规定，对小型微利企业年应纳税所得额不超过 100 万元的部分，减按 25%计入应纳税所得额，按 20%的税率缴纳企业所得税；对年应纳税所得额超过 100 万元但不超过 300 万元的部分，减按 50%计入应纳税所得额，按 20%的税率缴纳企业所得税。

《财政部　税务总局关于实施小微企业和个体工商户所得税优惠政策的公告》（财政部　税务总局公告 2021 年第 12 号）规定，2021 年 1 月 1 日至 2022 年 12 月 31 日，对小型微利企业年应纳税所得额不超过 100 万元的部分，在《财政部　税务总局关于实施小微企业普惠性税收减免政策的通知》（财税〔2019〕13 号）第二条规定的优惠政策基础上，再减半征收企业所得税。

《财政部　税务总局关于进一步实施小微企业所得税优惠政策的公告》（财政部税务总局公告 2022 年第 13 号）规定，2022 年 1 月 1 日至 2024 年 12 月 31 日，对小型微利企业年应纳税所得额超过 100 万元但不超过 300 万元的部分，减按 25%计入应纳税所得额，按 20%的税率缴纳企业所得税。

上述小型微利企业是指从事国家非限制和禁止行业，且同时符合年度应纳税所得额不超过 300 万元、从业人数不超过 300 人、资产总额不超过 5 000 万元等三个条件的企业。

（3）研发费用加计扣除比例提高。

原规定。《企业所得税法》第三十条："企业的下列支出，可以在计算应纳税所得额时加计扣除：（一）开发新技术、新产品、新工艺发生的研究开发费用。"

《企业所得税法实施条例》第九十五条："企业所得税法第三十条第（一）项所称研究开发费用的加计扣除，是指企业为开发新技术、新产品、新工艺发生的研究开发费用，未形成无形资产计入当期损益的，在按照规定据实扣除的基础上，按照研究开发费用的 50%加计扣除；形成无形资产的，按照无形资产成本的 150%摊销。"

新规定。《财政部　税务总局　科技部关于提高研究开发费用税前加计扣除比例的通知》(财税〔2018〕99号)第一条规定,企业开展研发活动中实际发生的研发费用,未形成无形资产计入当期损益的,在按规定据实扣除的基础上,在2018年1月1日至2023年12月31日,再按照实际发生额的75%在税前加计扣除;形成无形资产的,在上述期间按照无形资产成本的175%在税前摊销。

(4) 职工教育经费税前扣除比例提高。

原规定。《企业所得税法实施条例》第四十二条:"除国务院财政、税务主管部门另有规定外,企业发生的职工教育经费支出,不超过工资、薪金总额2.5%的部分,准予扣除;超过部分,准予在以后纳税年度结转扣除。"

新规定。《财政部 税务总局关于企业职工教育经费税前扣除政策的通知》(财税〔2018〕51号)规定,企业发生的职工教育经费支出,不超过工资薪金总额8%的部分,准予在计算企业所得税应纳税所得额时扣除;超过部分,准予在以后纳税年度结转扣除。本通知自2018年1月1日起执行。

(5) 公益性捐赠支出允许结转扣除。

原规定。《企业所得税法》第九条:"企业发生的公益性捐赠支出,在年度利润总额12%以内的部分,准予在计算应纳税所得额时扣除。"

新规定。《全国人民代表大会常务委员会关于修改〈中华人民共和国企业所得税法〉的决定》(主席令第64号):"自2017年2月24日,企业发生的公益性捐赠支出,在年度利润总额12%以内的部分,准予在计算应纳税所得额时扣除;超过年度利润总额12%的部分,准予结转以后3年内在计算应纳税所得额时扣除"。

(6) 部分企业亏损结转年限延长至10年。

原规定。《企业所得税法》第十八条:"企业纳税年度发生的亏损,准予向以后年度结转,用以后年度的所得弥补,但结转年限最长不得超过5年。"

新规定。《财政部 税务总局关于延长高新技术企业和科技型中小企业亏损结转年限的通知》(财税〔2018〕76号)第一条规定:"自2018年1月1日起,当年具备高新技术企业或科技型中小企业资格(以下统称资格)的企业,其具备资格年度之前5个年度发生的尚未弥补完的亏损,准予结转以后年度弥补,最长结转年限由5年延长至10年。"

(7) 部分行业广告费和业务宣传费支出的扣除标准有变化。

原规定。《企业所得税法实施条例》第四十四条:"企业发生的符合条件的广告费和业务宣传费支出,除国务院财政、税务主管部门另有规定外,不超过当年销售(营业)收入15%的部分,准予扣除;超过部分,准予在以后纳税年度结转扣除。"

新规定。《财政部 税务总局关于广告费和业务宣传费支出税前扣除政策的通知》(财税〔2017〕41号)规定,对化妆品制造或销售、医药制造和饮料制造(不含酒类制造)企业发生的广告费和业务宣传费支出,不超过当年销售(营业)收入30%的部分，准予扣除；超过部分，准予在以后纳税年度结转扣除。对签订广告费和业务宣传费分摊协议（以下简称分摊协议）的关联企业，其中一方发生的不超过当年销售（营业）收入税前扣除限额比例内的广告费和业务宣传费支出可以在本企业扣除，也可以将其中的部分或全部按照分摊协议归集至另一方扣除。另一方在计算本企业广告费和业务宣传费支出企业所得税税前扣除限额时，可将按照上述办法归集至本企业的广告费和业务宣传费不计算在内。烟草企业的烟草广告费和业务宣传费支出，一律不得在计算应纳税所得额时扣除。本通知自 2016 年 1 月 1 日起至 2020 年 12 月 31 日止执行。

《财政部 税务总局关于广告费和业务宣传费支出税前扣除有关事项的公告》（财政部 税务总局公告 2020 年第 43 号）规定，对化妆品制造或销售、医药制造和饮料制造（不含酒类制造）企业发生的广告费和业务宣传费支出，不超过当年销售（营业）收入 30%的部分，准予扣除；超过部分，准予在以后纳税年度结转扣除。对签订广告费和业务宣传费分摊协议（以下简称分摊协议）的关联企业，其中一方发生的不超过当年销售（营业）收入税前扣除限额比例内的广告费和业务宣传费支出可以在本企业扣除，也可以将其中的部分或全部按照分摊协议归集至另一方扣除。另一方在计算本企业广告费和业务宣传费支出企业所得税税前扣除限额时，可将按照上述办法归集至本企业的广告费和业务宣传费不计算在内。烟草企业的烟草广告费和业务宣传费支出，一律不得在计算应纳税所得额时扣除。本公告自 2021 年 1 月 1 日起至 2025 年 12 月 31 日止执行。

(8) 固定资产加速折旧范围，扩大至全部制造业。

原规定。《企业所得税法实施条例》第九十八条，《企业所得税法》第三十二条所称可以采取缩短折旧年限或者采取加速折旧的方法的固定资产，包括：由于技术进步，产品更新换代较快的固定资产；常年处于强震动、高腐蚀状态的固定资产。

新规定。《财政部 税务总局关于扩大固定资产加速折旧优惠政策适用范围的公告》（财政部 税务总局公告 2019 年第 66 号）第一条规定："自 2019 年 1 月 1 日起，适用《财政部 国家税务总局关于完善固定资产加速折旧企业所得税政策的通知》（财税〔2014〕75 号）和《财政部 国家税务总局关于进一步完善固定资产加速折旧企业所得税政策的通知》（财税〔2015〕106 号）规定固定资产加速折旧优惠的行业范围，扩大至全部制造业领域。"

(9) 从事污染防治的第三方企业减按 15%的税率征收企业所得。

新规定。《财政部 税务总局 国家发展改革委 生态环境部关于从事污染防治的第三方企业所得税政策问题的公告》（财政部公告 2019 年第 60 号）第一条规定，对符合条件的从事污染防治的第三方企业减按 15%的税率征收企业所得税。

92. 契税

2020 年 8 月 11 日，第十三届全国人民代表大会常务委员会第二十一次会议通过《契税法》，自 2021 年 9 月 1 日起施行。在中华人民共和国境内转移土地、房屋权属，承受的单位和个人为契税的纳税人，应当依照本法规定缴纳契税，契税税率为 3%至 5%。

(1) 转移土地、房屋权属，是指下列行为：①土地使用权出让；②土地使用权转让，包括出售、赠与、互换(不包括土地承包经营权和土地经营权的转移)；③房屋买卖、赠与、互换。以作价投资(入股)、偿还债务、划转、奖励等方式转移土地、房屋权属的，应当依照《契税法》规定征收契税。

(2) 契税的计税依据：①土地使用权出让、出售，房屋买卖，为土地、房屋权属转移合同确定的成交价格，包括应交付的货币以及实物、其他经济利益对应的价款；②土地使用权互换、房屋互换，为所互换的土地使用权、房屋价格的差额；③土地使用权赠与、房屋赠与以及其他没有价格的转移土地、房屋权属行为，为税务机关参照土地使用权出售、房屋买卖的市场价格依法核定的价格。纳税人申报的成交价格、互换价格差额明显偏低且无正当理由的，由税务机关依照《税收征收管理法》的规定核定。

(3) 有下列情形之一的，免征契税：①国家机关、事业单位、社会团体、军事单位承受土地、房屋权属用于办公、教学、医疗、科研、军事设施；②非营利性的学校、医疗机构、社会福利机构承受土地、房屋权属用于办公、教学、医疗、科研、养老、救助；③承受荒山、荒地、荒滩土地使用权用于农、林、牧、渔业生产；④婚姻关系存续期间夫妻之间变更土地、房屋权属；⑤法定继承人通过继承承受土地、房屋权属；⑥依照法律规定应当予以免税的外国驻华使馆、领事馆和国际组织驻华代表机构承受土地、房屋权属。

93. 城市维护建设税

2020 年 8 月 11 日第十三届全国人民代表大会常务委员会第二十一次会议通过《中华人民共和国城市维护建设税法》。

(1) 计税依据。城市维护建设税以纳税人依法实际缴纳的增值税、消费税税额为计税依据。城市维护建设税的计税依据应当按照规定扣除期末留抵退税退还的增值税税额。对进口货物或者境外单位和个人向境内销售劳务、服务、无形资产缴纳的增值税、消费税税额，不征收城市维护建设税。

(2) 税率。纳税人所在地在市区的，税率为 7%；纳税人所在地在县城、镇的，税率为 5%；纳税人所在地不在市区、县城或者镇的，税率为 1%。

94. 印花税

根据应纳税凭证性质的不同，印花税分别采用比例税率和定额税率，具体税目、税额标准详如表 7-10 所示。

表 7-10 印花税税目税率表

税目		税率	备注
合同(指书面合同)	借款合同	借款金额的万分之零点五	指银行业金融机构、经国务院银行业监督管理机构批准设立的其他金融机构与借款人(不包括同业拆借)的借款合同
	融资租赁合同	租金的万分之零点五	
	买卖合同	价款的万分之三	指动产买卖合同(不包括个人书立的动产买卖合同)
	承揽合同	报酬的万分之三	
	建设工程合同	价款的万分之三	
	运输合同	运输费用的万分之三	指货运合同和多式联运合同(不包括管道运输合同)
	技术合同	价款、报酬或者使用费的万分之三	不包括专利权、专有技术使用权转让书据
	租赁合同	租金的千分之一	
	保管合同	保管费的千分之一	
	仓储合同	仓储费的千分之一	
	财产保险合同	保险费的千分之一	不包括再保险合同
产权转移书据	土地使用权出让书据	价款的万分之五	转让包括买卖(出售)、继承、赠与、互换、分割
	土地使用权、房屋等建筑物和构筑物所有权转让书据(不包括土地承包经营权和土地经营权转移)	价款的万分之五	
	股权转让书据(不包括应缴纳证券交易印花税的)	价款的万分之五	
	商标专用权、著作权、专利权、专有技术使用权转让书据	价款的万分之三	
营业账簿		实收资本(股本)、资本公积合计金额的万分之二点五	
证券交易		成交金额的千分之一	

印花税几个注意事项：①印花税应纳税额不足 1 元的，免纳印花税；②凡修改合同增加金额的，应就增加部分补贴印花；③同一凭证，因载有两个或者两个以上经济事项而适用不同税目税率，如分别记载金额的，应分别计算应纳税额，相加后按合计税额贴花；如未分别记载金额的，按税率高的计税贴花；④印花税是针对具有合同性

质的凭证征税,即便双方没有签订正式的合同,但只要有合同性质的凭证即应征税(符合一定条件的纳税人可采取按主营业务收入一定比例征收印花税)的方式;⑤印花税计税依据问题:依据合同所载金额确定计税依据。合同中所载金额和增值税分开注明的,按不含增值税的合同金额确定计税依据,未分开注明的,以合同所载金额为计税依据;⑥企业应在记载资金账簿的次月,按照“实收资本”与“资本公积”两项的合计金额申报缴纳印花税(不是营业执照注册资本金额)。以后年度资金总额比已贴花资金总额增加的,增加部分应按规定贴花。

95. 房产税

房产税在城市、县城、建制镇和工矿区征收,不包括农村。(四大区征税)与城镇土地使用税一样的征税范围。房产税以在征税范围内的房屋产权所有人为纳税人。(受益人)其中:①产权属国家所有的,由经营管理单位纳税;产权属集体和个人所有的,由集体单位和个人纳税;②产权出典的,由承典人纳税;③产权所有人、承典人不在房屋所在地的,由房产代管人或者使用人纳税;④产权未确定及租典纠纷未解决的,亦由房产代管人或者使用人纳税;⑤无租使用其他房产应由使用人代为缴纳房产税(如企业无租使用政府机构办公楼用于办公);⑥以人民币以外的货币为记账本位币计算的税款按照缴款上月最后一日的人民币汇率中间价折合成人民币。

房产税的税率:①从价计税:1.2%;从租计税:12%。②个人出租住房,不分用途,按4%的税率征收房产税。对企事业单位、社会团体以及其他组织向个人、专业化规模化住房租赁企业出租住房的,减按4%的税率征收房产税。

96. 资源税

在我国领域及管辖海域开采应税资源的矿产品或者生产盐的单位和个人为资源税的纳税人。应当依照《中华人民共和国资源税法》规定缴纳资源税。

(1) 进口不征,出口不退——对在我国领域及管辖海域开采应税矿产品或生产盐的单位或个人征收,而对进口应税资源产品的单位或个人不征资源税。对出口应税产品也不退(免)已纳的资源税。

(2) 一次性课征——对开采或生产应税资源进行销售或自用的单位和个人,在出厂销售或自用时一次性征收,而对已税产品批发、零售的单位和个人不再征收资源税。

(3) 收购未税矿产品的独立矿山、联合企业和其他单位(包括个体工商户)为资源税的扣缴义务人。

(4) 纳税人在开采主矿产品过程中伴采的其他应税矿产品,凡未单独规定适用税率(税额)的,一律按主矿产品或视同主矿产品税目征收资源税。

97. 城镇土地使用税

在城市、县城、建制镇和工矿区范围内使用土地的单位和个人是城镇土地使用税纳税义务人。①拥有土地使用权的单位和个人。②拥有土地使用权的单位和个人不在土地所在地的土地的实际使用人和代管人。③土地使用权未确定或权属纠纷未解决的实际使用人。④土地使用权共有的共有各方都是纳税人，由共有各方分别纳税。各自应以其实际使用的土地面积占总面积的比例，分别计算缴纳土地使用税。

征税范围：城市、县城、建制镇和工矿区内的国家所有和集体所有的土地，不包括农村集体所有的土地。

知识点：税率、计税依据和应纳税额的计算。

(1) 税率——有幅度的定额税率。每个幅度税额的差距为20倍。经济落后地区，税额可适当降低，但降低额不得超过税率表中规定的最低税额30%。经济发达地区的适用税额可适当提高，但需报财政部批准。

(2) 计税依据——纳税人实际占用的土地面积。对在城镇土地使用税征税范围内单独建造的地下建筑用地暂按应征税款的50%征收土地使用税。

(3) 应纳税额的计算方法。全年应纳税额＝实际占用应税土地面积(平方米)×适用税额。

98. 土地增值税

土地增值税是对有偿转让国有土地使用权及地上建筑物和其他附着物产权取得增值收入的单位和个人征收的一种税。特点：①以已转让房地产取得增值额为征税对象；②征税面广；③采用扣除法和评估法计算增值额；④实行超率累进税率；⑤实行按次征收，纳税时间和缴纳方法视房地产转让情况而定。

土地增值税实行四级超率累进税率(见表7-11)。

表7-11 土地增值税税率表

级数	增值额与扣除项目金额的比率	税率(%)	速算扣除系数(%)
1	不超过50%的部分	30	0
2	超过50%至100%的部分	40	5
3	超过100%至200%的部分	50	15
4	超过200%的部分	60	35

99. 车船税

《中华人民共和国车船税法》已由中华人民共和国第十一届全国人民代表大会常务委员会第十九次会议于2011年2月25日通过，现予公布，自2012年1月1日起施行。

车船税税目及其税率如表7-12所示。

表 7-12　车船税税目及税率表

车船税的税目		车船税的计税单位	年基准税	备注
乘用车[按发动机汽缸容量(排气量)分档]	1.0 升(含)以下的	每辆	60 元至 360 元	核定载客人数 9 人(含)以下
	1.0 升以上至 1.6 升(含)的	每辆	300 元至 540 元	
	1.6 升以上至 2.0 升(含)的	每辆	360 元至 660 元	
	2.0 升以上至 2.5 升(含)的	每辆	660 元至 1 200 元	
	2.5 升以上至 3.0 升(含)的	每辆	1 200 元至 2 400 元	
	3.0 升以上至 4.0 升(含)的	每辆	2 400 元至 3 600 元	
	4.0 升以上的	每辆	3 600 元至 5 400 元	
商用车	客车	每辆	480 元至 1 440 元	核定载客人数 9 人以上,包括电车
	货车	整备质量每吨	16 元至 120 元	包括半挂牵引车、三轮汽车和低速载货汽车等
挂车		整备质量每吨	按照货车税额的 50%计算	
其他车辆	专用作业车	整备质量每吨	16 元至 120 元	不包括拖拉机
	轮式专用机械车			
摩托车		每辆	36 元至 180 元	
船舶	机动船舶	净吨位每吨	3 元至 6 元	拖船、非机动驳船分别按照机动船舶税额的 50%计算
	游艇	艇身长度	每米 600 元至 2 000 元	

下列车船免征车船税：①捕捞、养殖渔船；②军队、武装警察部队专用的车船；③警用车船；④依照法律规定应当予以免税的外国驻华使领馆、国际组织驻华代表机构及其有关人员的车船。

100. 车辆购置税

在中国境内购置汽车、有轨电车、汽车挂车、排气量超过 150 毫升的摩托车(以下统称应税车辆)的单位和个人,为车辆购置税的纳税人,应当依照《中华人民共和国车辆购置税法》规定缴纳车辆购置税。上述所称购置,是指以购买、进口、自产、受赠、获奖或者其他方式取得并自用应税车辆的行为。车辆购置税实行一次性征收。购置已征车辆购置税的车辆,不再征收车辆购置税。车辆购置税的税率为 10%。

(1) 购买自用行为,计税依据为纳税人购买应税车辆而支付给销售方的全部价款和价外费用(不含增值税),含购买者随购买车辆支付的工具件和零部件价款、车辆装饰费,含销售单位开展优质销售活动所开票收取的有关费用:不含购买者支付的控购费。用代收单位的票据收取的,计入计税依据;用委托方票据收取的,不计入计税依据。

进口自用行为,以组成计税价格为计税依据,组成计税价格＝关税完税价格＋关税＋消费税。

自产、受赠、获奖和以其他方式取得并自用的,凡不能或不能准确提供车辆价格的,由主管税务机关依国家税务总局核定的、相应类型的应税车辆的最低计税价格确定。

免税、减税条件消失的车辆,最低计税价格＝同类型新车最低计税价格×[1－(已使用年限÷规定使用年限)]×100％。

规定使用年限为:国产车辆按 10 年计算;进口车辆按 15 年计算。超过使用年限的车辆,不再征收车辆购置税。

(2) 减免税规定。下列车辆免征车辆购置税:①依照法律规定应当予以免税的外国驻华使馆、领事馆和国际组织驻华机构及其有关人员自用的车辆;②中国人民解放军和中国人民武装警察部队列入装备订货计划的车辆;③悬挂应急救援专用号牌的国家综合性消防救援车辆;④设有固定装置的非运输专用作业车辆;⑤城市公交企业购置的公共汽电车辆。

下列情形,按照规定免征车辆购置税:①防汛部门和森林消防部门用于指挥、检查、调度、报汛(警)、联络的设有固定装置的指定型号的车辆;②回国服务的留学人员用现汇购买 1 辆自用国产小汽车;③长期来华定居专家 1 辆自用小汽车。

101. 耕地占用税

(1) 耕地占用税在税率设计上采用了地区差别定额税率。①人均耕地不超过 1 亩的地区(以县级行政区域为单位,下同),每平方米为 10～50 元;②人均耕地超过 1 亩但不超过 2 亩的地区,每平方米为 8～40 元;③人均耕地超过 2 亩但不超过 3 亩的地区,每平方米 6～30 元;④人均耕地超过 3 亩以上的地区,每平方米 5～25元。

(2) 免税政策。军事设施、学校、幼儿园、社会福利机构、医疗机构占用耕地,免征耕地占用税。

(3) 减征政策。①铁路线路、公路线路、飞机场跑道、停机坪、港口、航道、水利工程占用耕地,减按每平方米 2 元的税额征收耕地占用税。②农村居民在规定用地标准以内占用耕地新建自用住宅,按照当地适用税额减半征收耕地占用税;其中农村居民经批准搬迁,新建自用住宅占用耕地不超过原宅基地面积的部分,免征耕地占用税。③农村烈士遗属、因公牺牲军人遗属、残疾军人以及符合农村最低生活保障条件的农村居民,在规定用地标准以内新建自用住宅,免征耕地占用税。

(4) 缴纳时间。在2014年12月31日之前，对于征收的耕地，纳税人缴纳耕地占用税的，自出让合同约定的交付土地时间满一年的次月起缴纳土地使用税。但根据《国家税务总局关于通过招拍挂方式取得土地缴纳城镇土地使用税问题的公告》(国家税务总局公告2014年第74号)的规定，通过招拍挂取得的土地，不属于新征收的耕地，不管是否缴纳耕地占用税，均应按照合同约定的交付时间的次月起缴纳土地使用税。

102. 环境保护税

2016年12月25日，第十二届全国人大常委会第二十五次会议通过了《中华人民共和国环境保护税法》，自2018年1月1日起施行。在中华人民共和国领域和中华人民共和国管辖的其他海域，直接向环境排放应税污染物的企业事业单位和其他生产经营者为环境保护税的纳税人。

(1) 征收对象。大气污染物、水污染物、固体废物和噪声。

(2) 暂予免征。①农业生产(不包括规模化养殖)排放应税污染物的；②机动车、铁路机车、非道路移动机械、船舶和航空器等流动污染源排放应税污染物的；③依法设立的城乡污水集中处理、生活垃圾集中处理场所排放相应应税污染物，不超过国家和地方规定的排放标准的；④纳税人综合利用的固体废物，符合国家和地方环境保护标准的；⑤国务院批准免税的其他情形。

(3) 减征政策。①纳税人排放应税大气污染物或者水污染物的浓度值低于国家和地方规定的污染物排放标准30%的，减按75%征收环境保护税；②纳税人排放应税大气污染物或者水污染物的浓度值低于国家和地方规定的污染物排放标准50%的，减按50%征收环境保护税；③声源一个月内累计昼间超标不足15昼或者累计夜间超标不足15夜的，分别减半计算应纳税额。

103. 新时期税收征管改革30条

链　接

中共中央办公厅　国务院办公厅
关于进一步深化税收征管改革的意见
(新时期税收征管改革30条)

2021年3月，中共中央办公厅、国务院办公厅印发了《关于进一步深化税收征管改革的意见》(以下简称《意见》)。《意见》是新时期的税收改革纲领性文件，共8章30条内容。《意见》指出，出台《意见》的目的是为深入推进税务领域“放管服”改革，完善税务监管体系，打造市场化法治化国际化营商环境，更好服务市场主体发展。

《意见》主要内容摘录如下：

一、总体要求

(一) 指导思想。深化税收征管制度改革,着力建设以服务纳税人缴费人为中心、以发票电子化改革为突破口,深入推进精确执法、精细服务、精准监管、精诚共治,大幅提高税法遵从度和社会满意度,明显降低征纳成本。

(二) 工作原则。坚持为民便民,进一步完善利企便民服务措施,更好满足纳税人缴费人合理需求;坚持改革创新,深化税务领域"放管服"改革,推动税务执法、服务、监管的理念和方式手段等全方位变革。

(三) 主要目标。到 2022 年,在税务执法规范性、税费服务便捷性、税务监管精准性上取得重要进展。到 2023 年,基本建成"无风险不打扰、有违法要追究、全过程强智控"的税务执法新体系;实现从"以票管税"向"以数治税"分类精准监管转变。到 2025 年,基本建成功能强大的智慧税务。

二、全面推进税收征管数字化升级和智能化改造

(四) 加快推进智慧税务建设。2022 年基本实现法人税费信息"一户式"、自然人税费信息"一人式"智能归集;2023 年基本实现税务机关信息"一局式"、税务人员信息"一员式"智能归集。2025 年实现税务执法、服务、监管与大数据智能化应用深度融合、高效联动、全面升级。

(五) 稳步实施发票电子化改革。2021 年建成全国统一的电子发票服务平台。2025 年基本实现发票全领域、全环节、全要素电子化,着力降低制度性交易成本。

(六) 深化税收大数据共享应用。2025 年建成税务部门与相关部门常态化、制度化数据共享协调机制。加强智能化税收大数据分析。

三、不断完善税务执法制度和机制

(七) 健全税费法律法规制度。全面落实税收法定原则。加强非税收入管理法制化建设。

(八) 严格规范税务执法行为。坚持依法依规征税收费,做到应收尽收。2023 年基本建成税务执法质量智能控制体系。

(九) 不断提升税务执法精确度。准确把握一般涉税违法与涉税犯罪的界限,做到依法处置、罚当其责。在税务执法领域研究推广"首违不罚"清单制度。

(十) 加强税务执法区域协同。推进区域间税务执法标准统一。简化企业涉税涉费事项跨省迁移办理程序,2022 年基本实现资质异地共认。2025 年基本实现全国通办。

(十一) 强化税务执法内部控制和监督。2022 年基本构建起全面覆盖、全程防控、全员有责的税务执法风险信息化内控监督体系。

四、大力推行优质高效智能税费服务

(十二) 确保税费优惠政策直达快享。2021 年实现征管操作办法与税费优惠政

策同步发布、同步解读，增强政策落实的及时性、确定性、一致性。持续扩大“自行判别、自行申报、事后监管”范围。2022年实现依法运用大数据精准推送优惠政策信息。

（十三）切实减轻办税缴费负担。加强部门间数据共享，着力减少纳税人缴费人重复报送。全面推行税务证明事项告知承诺制，持续扩大涉税资料由事前报送改为留存备查的范围。

（十四）全面改进办税缴费方式。2021年基本实现企业税费事项能网上办理，个人税费事项能掌上办理。2022年建成全国统一规范的电子税务局，2023年基本实现信息系统自动提取数据、自动计算税额、自动预填申报，纳税人缴费人确认或补正后即可线上提交。

（十五）持续压减纳税缴费次数和时间。依法简并部分税种征期，减少申报次数和时间。2022年税务部门办理正常出口退税的平均时间压缩至6个工作日以内。

（十六）积极推行智能型个性化服务。全面改造提升12366税费服务平台，2022年基本实现全国咨询“一线通答”。

（十七）维护纳税人缴费人合法权益。完善纳税人缴费人权利救济和税费争议解决机制。探索实施大企业税收事先裁定并建立健全相关制度。健全纳税人缴费人个人信息保护等制度。

五、精准实施税务监管

（十八）建立健全以“信用＋风险”为基础的新型监管机制。健全以“数据集成＋优质服务＋提醒纠错＋依法查处”为主要内容的自然人税费服务与监管体系。依法加强对高收入高净值人员的税费服务与监管。

（十九）加强重点领域风险防控和监管。对逃避税问题多发的行业、地区和人群，根据税收风险适当提高“双随机、一公开”抽查比例。对隐瞒收入、虚列成本、转移利润以及利用“税收洼地”“阴阳合同”和关联交易等逃避税行为。

（二十）依法严厉打击涉税违法犯罪行为。充分发挥税收大数据作用。精准有效打击“假企业”虚开发票、“假出口”骗取退税、“假申报”骗取税费优惠等行为，保障国家税收安全。

六、持续深化拓展税收共治格局

（二十一）加强部门协作。加快推进电子发票无纸化报销、入账、归档、存储。

（二十二）加强社会协同。积极发挥行业协会和社会中介组织作用，支持第三方按市场化原则为纳税人提供个性化服务。

（二十三）强化税收司法保障。公安部门要强化涉税犯罪案件查办工作力量，做实健全公安派驻税务联络机制。

（二十四）强化国际税收合作。深度参与数字经济等领域的国际税收规则和标准制定，持续推动全球税收治理体系建设。落实防止税基侵蚀和利润转移行动计划，严厉打击国际逃避税。

七、强化税务组织保障

（二十五）优化征管职责和力量。强化市县税务机构在日常性服务、涉税涉费事项办理和风险应对等方面的职责，适当上移全局性、复杂性税费服务和管理职责。

（二十六）加强征管能力建设。坚持更高标准、更高要求，着力建设德才兼备的高素质税务执法队伍，加大税务领军人才和各层次骨干人才培养力度。

（二十七）改进提升绩效考评。

八、认真抓好贯彻实施

（二十八）加强组织领导。各地区各有关部门要增强"四个意识"、坚定"四个自信"、做到"两个维护"，切实履行职责，密切协调配合，确保各项任务落地见效。

（二十九）加强跟踪问效。

（三十）加强宣传引导。

104. 2021年政府工作报告中财税工作九大亮点

(1) 小规模纳税人增值税起征点从月销售额10万元提高到15万元。

(2) 对小微企业和个体工商户年应纳税所得额不到100万元的部分，在现行优惠政策基础上，再减半征收所得税，税率为2.5%。

(3) 延续执行企业研发费用加计扣除75%政策，将制造业企业加计扣除比例提高到100%，用税收优惠机制激励企业加大研发投入，着力推动企业以创新引领发展。

(4) 对先进制造业企业按月全额退还增值税增量留抵税额，提高制造业贷款比重。

(5) 扩大环境保护、节能节水等企业所得税优惠目录范围，促进新型节能环保技术、装备和产品研发应用，培育壮大节能环保产业。

(6) 精简享受税费优惠政策的办理流程和手续。

(7) 实行中小微企业简易注销制度。

(8) 延续普惠小微企业贷款延期还本付息政策，加大再贷款再贴现支持普惠金融力度。

(9) 大型商业银行普惠小微企业贷款增长30%以上。

第二部分 税收理论练习题

一、单项选择题（下列各题只有一个答案正确，请将正确答案序号填入括号中。）

1. 马克思指出：人类社会的发展依次经历5个阶段，即原始社会、奴隶社会、封建社会、资本主义社会与共产主义社会，与之相适应的农业税制也经历了劳役地租、实物地租和货币地租。劳役地租是最原始落后的。使中国地租形态从劳役形态发展到实物形态，在中国农业税制发展史上有着重大的意义的制度是（　　）。

A. 贡助彻　　B. 相地衰征　　C. 初税亩　　D. 租赋徭

【参考答案】 C

【答案解析】 初税亩是我国古代赋税制度的第一次重大改革，它废除了按劳力计征的力役地租制，确立了以田亩计征的实物地租制，是税收由初级阶段向高级阶段发展的标志。故本题选C。

2.《管子·大匡》载："赋禄以粟，案田而税，二岁而税一，上年什取三，中年什取二，下年什取一，岁饥不税。"材料反映的实质问题是（　　）。

A. 承认私人对土地的所有权　　B. 赋与税都是以田为征收对象

C. 以法律形式确立土地私有　　D. 改革赋税制度发展农工商业

【参考答案】 A

【答案解析】 注意限定信息"实质"，依据题干可知，反映按照田亩多少交税，不同的年景交税不同，其实质是承认私人对土地的所有权。故本题选A。

3. 夏侯氏五十而贡，殷人七十而助，周人百亩而彻，其实皆什一也。这说明的财政问题是（　　）。

A. 当时国家财政分配的形式是实物

B. 当时国家财政分配的目的是全心全意为人民服务

C. 当时国家财政分配的性质是"取之于民，用之于民"

D. 当时国家财政分配的公共性与固定性

【参考答案】 D

【答案解析】 税收固定性是指以法律的形式，预先规定了征税对象和税率，不经国家有关部门批准不能随意改变。故本题选D。

4. 唐代著名诗人杜荀鹤在《山中寡妇》中写到："任是深山更深处，也应无计避征徭。"这句诗主要强调了税收的（　　）。

A. 无偿性　　B. 强制性　　C. 固定性　　D. 法制性

【参考答案】 B

【答案解析】 强制性是指纳税人必须依法纳税，税务机关必须依法征税。因此，"任是深山更深处，也应无计避征徭"强调了税收的强制性，其他说法没有体现。故本题选B。

5. "自动稳定器"是一种经济调节机制，具有自动稳定宏观经济运行的功能：在经济繁荣时会自动抑制经济增长,在经济衰退时会自动促进经济增长。下列选项能够体现"自动稳定器"功能的是(　　)。

A. 中央银行为应对经济下行,降低商业银行存款准备金率

B. 因经济繁荣职工收入提高,个人所得税税率进入更高等级

C. 政府加快推进新型城镇化战略,促进经济健康可持续发展

D. 税务局实施服务业营业税改征增值税,降低企业税负

【参考答案】 B

【答案解析】 "因经济繁荣职工收入提高,个人所得税税率进入更高等级"相反收入减少,个人所得税减少。A、C、D都是国家的单一的调控,不具有"自动稳定器"的特点。故本题选B。

6. 从本质上看,税收是国家为实现其职能,凭借政治权力,依法取得财政收入的基本形式。这告诉我们(　　)。

A. 税收是实现国家职能的物质基础　　B. 公民应该自觉依法履行纳税义务

C. 在我国违反税法的现象比较普遍　　D. 依法纳税是实现公平的必要前提

【参考答案】 A

【答案解析】 税收是国家为实现其职能,凭借政治权力,依法取得财政收入的基本形式,体现了税收是实现国家职能的物质基础。故本题选A。

7. "诏令劝农薄赋徭,躬行节俭尚廉潮。生民养息人丁旺,强国富民兴汉朝。"诗句歌颂的是(　　)。

A. 大禹治水　　B. 秦灭六国　　C. 文景之治　　D. 光武中兴

【参考答案】 C

【答案解析】 根据题干"劝农薄赋徭节俭尚廉,生民养息、汉朝"可知,这是汉朝实行的休养生息政策,其中劝农薄赋徭、节俭尚廉分别指的是休养生息政策的具体措施,即关心农桑,减轻赋税和徭役,提倡节俭,在位时的皇帝是西汉的汉文帝和汉景帝,在其统治时期出现的强国富民局面被称为"文景之治"。故本题选C。

8. 从租庸调制到两税法,是中国古代赋役制度史上的一次重大改革。其最重大的意义在于(　　)。

A. 取消了人头税,放松了对农民的人身控制

B. 增加了封建政府的财政收入

C. 改变了长期以来以人丁为主的赋役制度

D. 调动了农民的生产积极性

【参考答案】 C

【答案解析】 租庸调制以庸代役,将农民从劳役中解放出来,保证了农业生产

时间，两税法实质上就是以户税和地税来代替租庸调的新税制，客观上起到保障朝廷赋税收入的作用。故本题选C。

9. 以土地为主要征税对象，以征收白银代替实物征收；将差役、杂役总额平摊到全县土地税中，作为土地税一起征收白银；另外将各种“均徭”改为按人丁数征收白银，称为“丁银”。这种税收制度是指（　　）。

A. 摊丁入亩　　B. 两税法　　C. 初税亩　　D. 一条鞭法

【参考答案】 D

【答案解析】 “一条鞭法”主要是以土地为主要征税对象，以征收白银代替实物征收，是中国古代赋役制度的一次重大改革，它反映了明商品经济发展的要求，反过来又促进了商品经济的发展。故本题选D。

10. 积极倡导“逆经济风向”的税收政策，主张在经济衰退时，采取减税政策，刺激私人的消费和投资需求；在通货膨胀时，采取增税政策，抑制私人的消费和投资需求。在1948年出版了《经济学》，强调累进所得税和变动税率等相机抉择的税收手段对经济的稳定作用。这种思想属于（　　）。

A. 萨缪尔森相机抉择税收思想　　B. 庇古最小牺牲税收原则

C. 凯恩斯宏观调控税收思想　　D. 大卫·李嘉图税收转嫁理论

【参考答案】 A

【答案解析】 美国著名经济学家萨缪尔森是凯恩斯学派著名代表人物，他积极倡导“逆经济风向”的税收政策，主张在经济衰退时，采取减税政策，刺激私人的消费和投资需求；在通货膨胀时，采取增税政策，抑制私人的消费和投资需求。他在1948年出版了《经济学》，强调累进所得税和变动税率等相机抉择的税收手段对经济的稳定作用。故本题选A。

11. 当税率为零时，税收为零；税率逐渐提高时，税收也随之上升；税率达到最佳宏观税率时，此时税收最多；如果税率超过最佳宏观税率时，则税收不再增加，反而会减少；当税率到100%时，因无人愿意从事工作和投资，税收就将为零。这种税收理论属于（　　）。

A. 萨缪尔森相机抉择税收思想　　B. 拉弗曲线税收理论

C. 凯恩斯宏观调控税收思想　　D. 货币学派减税政策理论

【参考答案】 B

【答案解析】 拉弗曲线描绘了政府的税收收入与税率之间的关系，当税率在一定的限度以下时，提高税率能增加政府税收收入，但超过这一限度时，再提高税率反而导致政府税收收入减少。故本题选B。

12. 以下不属于税制构成的最基本要素的是(　　)。

A. 纳税人　　B. 征税对象　　C. 税率　　D. 税价关系

【参考答案】 D

【答案解析】 税制构成要素主要包括：纳税人、征税对象、税目、税率、计税依据、纳税环节、纳税期限、纳税地点、税收优惠和法律责任等要素。其中纳税人、征税对象、税率是税制构成中最基本的要素。故本题选 D。

13. 以下属于累进税率的特点的是(　　)。

A. 税基越大,税率越高,税负呈累进趋势,比较符合纵向公平原则

B. 税收与课税对象数量紧密相关,而与课税对象的价值量无关

C. 计算简便,便于征收和缴纳,体现横向公平原则

D. 税额占课税对象的比例总是相同的

【参考答案】 A

【答案解析】 累进税率包括全额累进税率、超额累进税率、超率累进税率、超倍累进税率等等形式,前两种较为常见。其特点是税基越大,税率越高,税负呈累进趋势,比较符合纵向公平原则。故本题选 A。

14. 近几年各种海外代购及直邮购物的数量急剧上升,关税流失严重,为此,海关总署调整了进出境个人邮递物品管理政策,关税免征额度从 400 元(我国港澳台地区)或 500 元(其他国家或地区)降至 50 元。此举(　　)。

A. 违背了税收的固定性特征,因为征税对象和税率不能随意改变

B. 说明了关税是调节个人收入分配、实现社会公平的重要手段

C. 要求公民积极监督国家对税收的使用情况

D. 有利于打击偷逃税款的商业性走私行为,增加国家税收

【参考答案】 D

【答案解析】 由“关税流失严重”这一关键信息可知 D 项符合题意。A 选项“违背了”说法错误。B 选项是指征收个人所得税的作用。C 选项强调公民的监督意识,在材料中没有体现。

15. 有人认为,“中学生的主要任务是学习,与税收没有关系”。这种观点(　　)。

A. 正确,中学生不从事生产经营

B. 错误,中学生也是国家主人,应关心国家对税收的征管和使用

C. 正确,中学生不是直接纳税人

D. 错误,中学生也应和其他公民一样,自觉向国家纳税

【参考答案】 B

【答案解析】 中学生可能不是直接的纳税人,不直接负有纳税的义务,但应以主人翁的态度来关注国家对税收的征管和使用。故选 B。

16. 2011 年以来,浙江省积极推进城乡医疗保障体系建设和卫生事业发展,全省医疗卫生支出增长 41.2%;全省社会保障和就业支出增长 51.6%。这表明(　　)。

A. 财政是促进社会公平的物质保障

B. 财政能够促进资源合理配置

C. 财政具有促进经济平稳运行的作用

D. 我国财政赤字逐年增加

【参考答案】 A

【答案解析】 财政加强社会保障和就业支出,是财政维护社会公平,改善人民生活作用的体现,故答案为 A。资源合理配置主要强调财政对大项目大工程和基础设施建设的支出,故排除 B。此题没有涉及我国经济形势,排除 C。单纯从财政支出看不出我国的财政收支情况,排除 D。

17. 小张经营一家电器行,"十一"黄金周期间,小张外出旅游,从而导致 10 月 1 日没有按时到税务局交税。对此种行为认识正确的是(　　)。

A. 欠税,旅游结束到税务局补缴税款就可以了

B. 偷税,最终将受到罚款或者法律制裁

C. 骗税,以外出旅游为借口,达到不交税的目的

D. 抗税,通过非暴力手段,达到不交税的目的

【参考答案】 A

【答案解析】 小张没有按时缴纳税款,只要补缴就可以了,可见属于欠税行为,故答案为 A。

18. 读图可见(　　)。

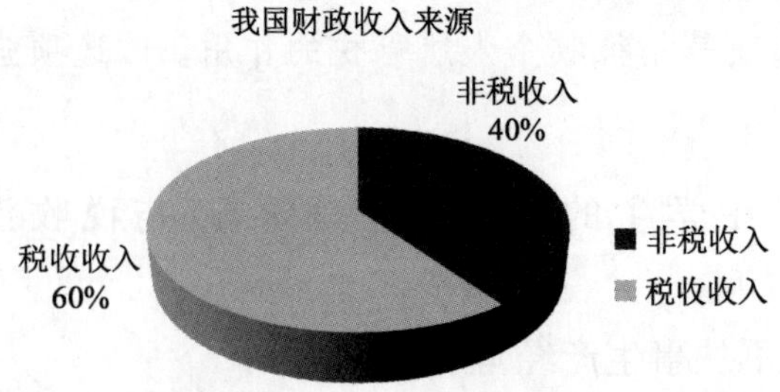

A. 税收是国家实行经济监督的重要手段　B. 税收是财政收入的主要来源

C. 税收增长是财政收入增长的原因　　　D. 税收是调节经济的重要杠杆

【参考答案】 B

【答案解析】 此题考查了税收与财政收入的关系，解答此题的关键在于把握图表的主旨。图表反映财政收入结构中税收所占的比率，通过比率可见税收是财政收入的主要来源，故选B。AD本身正确，但脱离题干，影响财政收入的因素有经济发展水平和分配政策，故排除C。

19. 根据《纳税人转让不动产增值税征收管理暂行方法》(国家税务总局公告2016年第14号印发)的规定，下列说法中正确的是(　　)。

A. 取得的不动产，包括抵债取得的不动产

B. 转让2015年取得的不动产，以取得的全部价款和价外费用扣除不动产购置原价后的余额为计税销售额

C. 转让2018年自建的不动产，可以选择适用简易计税方法

D. 取得不动产转让收入，应向不动产所在地主管税务机关申报纳税

【参考答案】 A

【答案解析】 本题考核一般纳税人转让不动产计税规则。选项B，转让2015年取得的不动产，可以选择适用简易计税方法计税，以取得的全部价款和价外费用扣除不动产购置原价或者取得不动产时的作价后的余额为销售额，按照5%的征收率计算应纳税额；选择适用一般计税方法计税的，以取得的全部价款和价外费用为销售额计算应纳税额。选项C，一般纳税人转让其2016年5月1日后自建的不动产，适用一般计税方法，以取得的全部价款和价外费用为销售额计算应纳税额，不得选择适用简易计税方法；选项D，应向机构所在地主管税务机关申报纳税。

20. 下图所示对应的税收效应是(　　)。

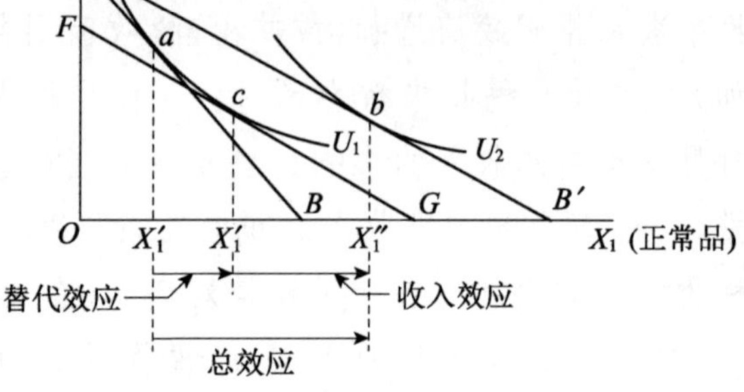

A. 税收正负效应　　　　B. 税收收入效应

C. 税收替代效应　　　　D. 税收中性效应

【参考答案】 C

【答案解析】 税收的替代效应是指当某种税影响相对价格或相对效益时，人

们就选择某种消费或活动来代替另一种消费或活动。是指当政府对不同的商品实行征税或不征税、重税或轻税的区别对待时,会影响商品的相对价格,使经济主体减少对征税或重税商品的购买量,从而引起个人消费选择无税或轻税的商品。税收的替代效应一般会妨碍人们对消费或活动的自由选择,进而导致经济的低效或无效。

21. 自2019年4月1日起,增值税一般纳税人购进的下列服务中,进项税额不得从销项税中抵扣的是(　　)。

A. 咨询服务　　B. 信息技术服务

C. 餐饮服务　　D. 国内旅客运输服务

【参考答案】 C

【答案解析】 自2019年4月1日起,纳税人购进国内旅客运输服务,其进项税额允许从销项税额中抵扣,购进的贷款服务、餐饮服务、居民日常服务和娱乐服务不能抵扣进项。故本题选C。

22. 2019年以来,党中央国务院部署实施大规模减税降费政策。2020年减税降费规模再创新高,全年超过2.5万亿元。由于其"范围广、力度大、落地实",实实在在降低了企业成本,增厚了个人税后收入,促进了私人消费和投资增长。一个部门收入的增长又会引起另一个部门收入的增长,如此循环下去,国民收入就会以税收增加的倍数恢复,推动我国成为新冠疫情爆发以来第一个恢复增长的主要经济体。这蕴含的是(　　)。

A. 税收乘数效应　　B. 税收激励效应

C. 税收替代效应　　D. 税收收入效应

【参考答案】 A

【答案解析】 税收乘数用来反映税收变动与其引起的国民收入变动的倍数的关系。具体而言,税收乘数是指因政府增加(或减少)税收而引起的国民生产总值或国民收入减少(或增加)的倍数。税收乘数有两种:一种是税率变动对总收入的影响;另一种是税收绝对量变动对总收入的影响。税收乘数指政府增加或减少影响企业、个人收入水平及投资,进而影响国民收入。税收变动与税收所引起的国民收入变动的程度,体现为税收作用的力度。由于税收是对个人、企业收入的扣除,税收高低会影呈反方向变化。即税收增加,国民收入减少,税收减少,则国民收入增加。故本题选A。

23. 对于增值税一般纳税人,下列业务不可以抵扣进项税额的是(　　)。

A. 化工厂接受运输企业提供的交通运输服务

B. 皮具厂接受其他纳税人提供的鉴证咨询服务

C. 律师事务所购买自用的应征消费税的汽车

D. 广告公司接受贷款服务

【参考答案】 D

【答案解析】 接受的贷款服务，其进项税额不能从销项税额中抵扣。故本题选D。

24. 个人直接向承担疫情防治任务的医院捐赠用于应对新冠肺炎疫情的物品，在办理个人所得税税前扣除时，需在《个人所得税公益慈善事业捐赠扣除明细表》备注栏注明（　　）。

A. 公益捐赠　　B. 直接捐赠　　C. 货物捐赠　　D. 现金捐赠

【参考答案】 B

【答案解析】 根据“关于《国家税务总局关于支持新型冠状病毒感染的肺炎疫情防控有关税收征收管理事项的公告》的解读”的相关要求，个人根据《财政部 税务总局关于支持新型冠状病毒感染的肺炎疫情防控有关捐赠税收政策的公告》（财政部 税务总局公告2020年第9号）规定享受全额税前扣除政策时，应当按照《财政部 税务总局关于公益慈善事业捐赠个人所得税政策的公告》（财政部 税务总局2019年第99号）规定办理税前扣除。其中，个人直接向承担疫情防治任务的医院捐赠用于应对新冠肺炎疫情的物品，在办理个人所得税税前扣除时，需在《个人所得税公益慈善事业捐赠扣除明细表》备注栏注明“直接捐赠”。

25. 委托加工应税消费品，除委托方为个人外，由受托方履行的消费税扣缴义务是（　　）。

A. 代征代缴　　B. 代收代缴　　C. 代扣代缴　　D. 代售代缴

【参考答案】 B

【答案解析】 本题考核委托加工应税消费品受托方履行的义务。委托加工应税消费品，除受托方为个人外，由受托方履行代收代缴消费税的义务。

26. 2019年10月张某办理了提前退休手续，距法定退休年龄还有2年，取得一次性补贴收入160 000元。张某就一次性补贴收入应缴纳的个人所得税为（　　）元。

A. 970　　B. 1 200　　C. 3 200　　D. 5 210

【参考答案】 B

【答案解析】 应纳税所得额＝(160 000÷2)－60 000＝20 000(元)，应纳税额＝(20 000×3%－0)×2＝1 200(元)。故本题选B。

27. 个人股权转让价格明显偏低且无正当理由的，主管税务机关对其股权转让收入进行核定征收时首选的方法是(　　)。

A. 参照法　　B. 净资产核定法

C. 加权平均法　　D. 类比法

【参考答案】 B

【答案解析】 本题考核股权转让核定征收方法。主管税务机关应依次按照下列方法核定股权转让收入：净资产核定法；类比法；其他合理方法。故本题选 B。

28. 根据《关于纳税信用评价有关事项的公告》(国家税务总局公告 2018 年第 8 号)，自 2019 年 4 月 1 日起，纳税信用级别新增 M 级，适用未发生上述所列失信行为的新设立企业，评价年度内(1 月 1 日至 12 月 31 日)无生产经营业务收入且年度评价指标得分 70 分以上的企业。以下(　　)情形能被评为 A 级。

A. 实际生产经营期满 3 年的但不满 5 年的

B. 上一评价年度纳税信用评价结果为 D 级的

C. 非正常原因一个评价年度内增值税或营业税连续 3 个月或者累计 6 个月零申报、负申报的

D. 不能按照国家统一的会计制度规定设置账簿，并根据合法、有效凭证核算，向税务机关提供准确税务资料的。

【参考答案】 A

【答案解析】 本评价年度不能评为 A 级情形：①实际生产经营期不满 3 年的；②上一评价年度纳税信用评价结果为 D 级的；③非正常原因一个评价年度内增值税或营业税连续 3 个月或者累计 6 个月零申报、负申报的；④不能按照国家统一的会计制度规定设置账簿，并根据合法、有效凭证核算，向税务机关提供准确税务资料的。故本题选 A。

29. 以下(　　)属于 A 级纳税人适用的激励措施。

A. 公开 D 级纳税人及其直接责任人员名单，对直接责任人员注册登记或者负责经营的其他纳税人纳税信用直接判为 D 级

B. 增值税专用发票领用按辅导期一般纳税人政策办理，普通发票的领用实行交(验)旧供新、严格限量供应

C. 一般纳税人可单次领取 3 个月的增值税发票用量

D. D 级评价保留 2 年，第三年纳税信用不得评价为 A 级

【参考答案】 C

【答案解析】 A 级的纳税人适用下列激励措施：主动向社会公告年度 A 级纳税人名单；一般纳税人可单次领取 3 个月的增值税发票用量；普通发票按需领用；连续 3 年被评为 A 级信用级别(简称 3 连 A)的纳税人，还可以由税务机关提供绿色通

道或专门人员帮助办理涉税事项等。故本题选C。

30. 受疫情影响较大的困难行业企业2020年度发生的亏损，最长结转年限由5年延长至(　　)年。

A. 6　　B. 7　　C. 8　　D. 10

【参考答案】 C

【答案解析】 根据《财政部　税务总局关于支持新型冠状病毒感染的肺炎疫情防控有关税收政策的公告》(财政部　税务总局公告2020年第8号)，受疫情影响较大的困难行业企业2020年度发生的亏损，最长结转年限由5年延长至8年。

31. 丙公司是在六安市从事广告服务业的一家按季申报的增值税小规模纳税人，今年1～2月份未取得销售收入，3月份预计销售收入为50.50万元(含税)，适用减按1%征收率征收增值税的政策。一季度增值税纳税申报时“本期应纳税额减征额”应是(　　)万元。

A. 0.50　　B. 0.95　　C. 0.97　　D. 1

【参考答案】 D

【答案解析】 《国家税务总局关于支持个体工商户复工复业等税收征收管理事项的公告》(国家税务总局公告2020年第5号)第三条规定，甲公司在办理一季度增值税纳税申报时，应当将减按1%征收率征收增值税的销售额50万元[50.5÷(1+1%)=50]，填写在《增值税纳税申报表(小规模纳税人适用)》第1栏“应征增值税不含税销售额(3%征收率)”，对应减征的增值税应纳税额1万元(50×2%=1)，填写在“本期应纳税额减征额”栏次。故本题选D。

32. 近日，中共中央办公厅、国务院办公厅印发了《关于进一步深化税收征管改革的意见》，要求建立健全以“信用+风险”为基础的新型监管机制。健全以(　　)为主要内容的自然人税费服务与监管体系。依法加强对高收入高净值人员的税费服务与监管。

A. 数据集成+优质服务+提醒纠错+依法查处

B. 数据集成+信用监管+提醒纠错+依法查处

C. 数据集成+优质服务+全局管理+依法查处

D. 数据集成+依法考核+密切协同+依法查处

【参考答案】 A

【答案解析】 建立健全以“信用+风险”为基础的新型监管机制。健全以“数据集成+优质服务+提醒纠错+依法查处”为主要内容的自然人税费服务与监管体系。依法加强对高收入高净值人员的税费服务与监管。故本题选A。

33.《关于进一步深化税收征管改革的意见》(以下简称《意见》)是新时期的税收改革纲领性文件,共8章30条内容。《意见》指出,出台《意见》的目的是为深入推进税务领域"放管服"改革,完善税务监管体系,打造市场化法治化国际化营商环境,更好服务市场主体发展。关于稳步实施发票电子化,《意见》提出2021年建成全国统一的电子发票服务平台。2025年基本实现发票(　　)电子化,着力降低制度性交易成本。

A. 全领域、全过程、全制度　　B. 全领域、全环节、全要素

C. 全环节、全人员、全过程　　D. 全环节、全方位、全要素

【参考答案】 B

【答案解析】 稳步实施发票电子化改革。2021年建成全国统一的电子发票服务平台。2025年基本实现发票全领域、全环节、全要素电子化,着力降低制度性交易成本。故本题选B。

34. 我国的个人的工资、薪金所得缴纳个人所得税采用的是(　　)率。

A. 比例　　B. 超额累进　　C. 定额　　D. 超率累进

【参考答案】 B

【答案解析】 超额累进税率,简单的理解就是超过一定额度,超出部分的税率就提高一个台阶。《中华人民共和国个人所得税法》规定,综合所得,适用百分之三至百分之四十五的超额累进税率。综合所得包括4项:①工资、薪金所得;②劳务报酬所得;③稿酬所得;④特许权使用费所得。所以,个人的工资、薪金所得缴纳个人所得税是超额累进税率。故本题选B。

35.《中华人民共和国个人所得税法》规定,居民个人取得综合所得,按(　　)计算个人所得税。

A. 次　　B. 月　　C. 季　　D. 年

【参考答案】 D

【答案解析】 居民个人取得综合所得,按年计算个人所得税。

36. 下列不属于个人所得税专项附加扣除项目的是(　　)。

A. 子女教育　　B. 继续教育

C. 住房公积金　　D. 大病医疗

【参考答案】 C

【答案解析】 《个人所得税专项附加扣除暂行办法》(国发〔2018〕41号印发)明确了子女教育、继续教育、大病医疗、住房贷款利息、住房租金、赡养老人支出等6项专项附加扣除,不包括住房公积金。故本题选C。

37. 甲房地产开发公司对一项开发项目进行土地增值税清算，相关资料包括：取得土地使用权支付的金额为 40 000 万元；房地产开发成本 101 000 万元；销售费用 4 500 万元；管理费用 2 150 万元；财务费用 3 680 万元，其中包括支付给非关联企业的利息 500 万元，已取得发票；支付给银行贷款利息 3 000 万元，已取得银行开具的相关证明，且未超过商业银行同类同期贷款利率。项目所在省规定房地产开发费用扣除比例为 5%。不考虑其他情况，该房地产开发公司在本次清算中可以扣除的房地产开发费用为(　　)万元。

A. 10 050　　B. 10 375　　C. 10 550　　D. 10 730

【参考答案】 A

【答案解析】 纳税人能按转让房地产项目分摊利息支出并能提供金融机构贷款证明的，允许扣除的房地产开发费用＝利息＋(取得土地使用权所支付的金额＋房地产开发成本)×5%＝3 000＋(40 000＋101 000)×5%＝10 050(万元)，向非关联企业借款的利息支出 500 万元，不能提供金融机构贷款证明，不得直接作为利息据实扣除。故本题选 A。

38. 下列情形中，应缴纳环境保护税的是(　　)。

A. 企业向依法设立的污水集中处理场所排放应税污染物

B. 个体户向依法设立的生活垃圾集中处理场所排放应税污染物

C. 事业单位在符合国家环境保护标准的设施贮存固体废物

D. 企业在不符合地方环境保护标准的场所处置固体废物

【参考答案】 D

【答案解析】 根据环境保护税的规定，有下列情形之一的，不属于直接向环境排放污染物，不缴纳相应污染物的环境保护税：企业事业单位和其他生产经营者向依法设立的污水集中处理、生活垃圾集中处理场所排放应税污染物的；企业事业单位和其他生产经营者在符合国家和地方环境保护标准的设施、场所贮存或者处置固体废物的。故本题选 D。

39. 某企业为增值税一般纳税人，2019 年 4 月提供汽车租赁服务，开具增值税专用发票，注明不含税金额 50 万元；提供汽车车身广告位出租服务，开具增值税专用发票，注明不含税金额 60 万元；出租上月购置房屋，开具增值税专用发票，注明不含税金额 100 万元。该企业当月上述业务增值税销项税额(　　)万元。

A. 15.60　　B. 18.90　　C. 23.30　　D. 25.60

【参考答案】 C

【答案解析】 该企业当月上述业务增值税销项税额＝(50＋60)×13%＋100×9%＝23.30(万元)。故本题选 C。

40. 下列纳税人中,必须办理一般纳税人登记的是(　　)。

A. 其他个人

B. 非企业性单位网会

C. 不经常发生应税行为的单位

D. 年应税销售额超过500万元且经常发生应税行为的工业企业

【参考答案】 D

【答案解析】 选项A:年应税销售额超过规定标准的其他个人不能登记为一般纳税人。选项B:年应税销售额超过规定标准的非企业性单位,可选择按照小规模纳税人纳税。选项C:年应税销售额超过规定标准但不经常发生应税行为的单位和个体工商户可选择按照小规模纳税人纳税。故本题选D。

41. 下列各项中,应视同销售货物或服务,征收增值税的是(　　)。

A. 王某无偿向其他单位转让无形资产(用于非公益事业)

B. 某公司将外购饮料用于职工福利

C. 某建筑公司外购水泥发生非正常损耗

D. 个人股东无偿借款给单位

【参考答案】 A

【答案解析】 单位或者个人向其他单位或者个人无偿转让无形资产或者不动产(未用于公益事业或者以社会公众为对象),应视同销售征收增值税。故本题选A。

42. 某企业为增值税一般纳税人,对外出租房屋,适用简易计税方法,由于承租方(增值税一般纳税人)提前解除租赁合同,收取承租方的违约金。关于收取的违约金,下列税务处理正确的是(　　)。

A. 不需要缴纳增值税

B. 按照3%征收率缴纳增值税

C. 按照5%征收率缴纳增值税

D. 需要缴纳增值税,不得开具增值税专用发票

【参考答案】 C

【答案解析】 (1) 增值税的计税销售额是纳税人销售货物、劳务、服务、无形资产和不动产向购买方收取的全部价款和价外费用,但不包括增值税。价外费用,是指价外向购买方收取的手续费、补贴、基金、集资款、返还利润、奖励费、违约金、滞纳金、延期付款利息、赔偿金、代收款项、代垫款项、包装费、包装物租金、储备费、优质费、运输装卸费以及其他各种性质的价外收费。

(2) 价外费用按其所属项目的适用税率或征收率计算缴纳增值税,出租房屋适用征收率为5%,故违约金按照5%征收率缴纳增值税。

故本题选 C。

43. 某金店为增值税一般纳税人。2021 年 4 月采取以旧换新方式零售金银首饰，向顾客收取差价 20 万元。已知旧款金银首饰回收折价 5 万元。该金店当月增值税销项税额(　　)万元。

A. 0.58　　B. 1.73　　C. 2.30　　D. 2.88

【参考答案】 C

【答案解析】 该金店当月增值税销项税额＝20÷(1＋13%)×13%＝2.30(万元)。故本题选 C。

44. 下列关于资源税的说法中，正确的是(　　)。

A. 将自采的原煤加工为洗选煤销售，在加工环节缴纳资源税

B. 将自采的铁矿原矿加工为精矿自用，视同销售原矿缴纳资源税

C. 将自采的原油连续生产汽油，不缴纳资源税

D. 将自采的铜矿原矿加工为精矿进行投资，视同销售精矿缴纳资源税

【参考答案】 D

【答案解析】 纳税人将自采原矿加工精矿自用或者进行投资、分配、抵债以及以物易物等情形的，视同销售精矿，依照规定计算缴纳资源税。故本题选 D。

45. 关于城市维护建设税的特点，下列说法错误的是(　　)。

A. 税款专款专用，具有受益税性质　　B. 属于一种附加税

C. 根据城市规模设计税率　　D. 征收范围较窄

【参考答案】 D

【答案解析】 城市维护建设税具有以下特点：①税款专款专用，具有受益税性质；②属于一种附加税；③根据城建规模设计税率；④征收范围较广。故本题选 D。

46. 下列经济活动中，需要缴纳土地增值税的是(　　)。

A. 甲、乙公司相互交换房产产权用于办公

B. 丙某转让其个人拥有的非唯一且不满五年的住房

C. 丁公司由有限公司整体变更为股份公司时发生的房产评估增值

D. 戊公司通过中国青少年发展基金会向某市文化宫捐赠房产一套用于青少年美术作品展览

【参考答案】 A

【答案解析】 选项 B：对个人销售住房暂免征收土地增值税。选项 C：房地产评估增值，没有发生房地产权属的转让，不属于土地增值税的征收范围。选项 D：房产所有人、土地使用权所有人通过中国境内非营利的社会团体、国家机关将房屋产

权、土地使用权赠与教育、民政和其他社会福利、公益事业的行为，不属于土地增值税的征收范围。故本题选A。

47. 生产企业以外购应税消费品连续生产应税消费品，下列准予扣除外购应税消费品已纳消费税税款的是（　　）。

A. 已税摩托车生产的摩托车　　B. 已税白酒生产的白酒

C. 已税烟丝生产的卷烟　　D. 已税珠宝玉石生产的金银镶嵌首饰

【参考答案】 C

【答案解析】 用已税消费品连续生产应税消费品的，允许抵扣税额的税目从大类上看，原则上不包括酒（葡萄酒除外）小汽车、高档手表、游艇、涂料、摩托车。从允许抵扣项目的子目上看，不包括雪茄烟、溶剂油、航空煤油。故本题选C。

48. 应税固体废物环境保护税的计税依据是（　　）。

A. 固体废物的产生量　　B. 固体废物的排放量

C. 固体废物的贮存量　　D. 固体废物的综合利用量

【参考答案】 B

【答案解析】 应税固体废物按照固体废物的排放量确定计税依据。固体废物的排放量为当期应税固体废物的产生量减去当期应税固体废物的贮存量、处置量、综合利用量的余额。故本题选B。

49. A单位发生的下列行为中，不属于虚开增值税专用发票的是（　　）。

A. 未在商场购物，让商场开具增值税专用发票

B. 购买用于劳动保护的20双雨鞋，让商场开具25双雨鞋的增值税专用发票

C. 从B单位购买货物，但让C单位为本单位开具增值税专用发票

D. 其他个人为本单位提供商铺租赁服务，取得税务机关代开增值税专用发票

【参考答案】 D

【答案解析】 虚开专用发票具体包括以下行为：①没有货物购销或者没有提供或接受应税劳务而为他人、为自己、让他人为自己、介绍他人开具专用发票；②有货物购销或者提供或接受了应税劳务但为他人、为自己、让他人为自己、介绍他人开具数量或者金额不实的专用发票；③进行了实际经营活动，但让他人为自己代开专用发票。故本题选D。

二、多项选择题（下列各题给出的备选答案中有两个或两个以上是正确的，请将你认为正确的答案符号A、B、C、D中选两个或两个以上填入括号中。）

1. 自2020年1月1日至2021年3月1日，对纳税人在享受疫情防控优惠政策期间提供下列服务取得的收入，免征增值税的有（　　）。

A. 公共交通运输服务

B. 疫情防控重点保障物资运输

C. 为居民提供必需生活物资快递收派服务

D. 生活服务

E. 现代服务

【参考答案】 ABCD

【答案解析】《财政部 税务总局关于支持新型冠状病毒感染的肺炎疫情防控有关税收政策的公告》(财政部 税务总局公告2020年第8号)规定，对纳税人运输疫情防控重点保障物资取得的收入，免征增值税。对纳税人提供公共交通运输服务、生活服务，以及为居民提供必需生活物资快递收派服务取得的收入，免征增值税。

2. 增值税征税范围中的生活服务是指为满足城乡居民日常生活需求提供的各类服务活动，具体范围包括(   )。

A. 文化体育服务

B. 教育医疗服务

C. 物流辅助服务

D. 餐饮住宿服务

E. 旅游娱乐服务

【参考答案】 ABDE

【答案解析】 根据《销售服务、无形资产、不动产注释》(财税〔2016〕36号附件1附件)规定，生活服务，是指为满足城乡居民日常生活需求提供的各类服务活动。包括文化体育服务、教育医疗服务、旅游娱乐服务、餐饮住宿服务、居民日常服务和其他生活服务。物流辅助服务属于现代服务。

3. 受新冠肺炎疫情影响，阶段性减免社保费政策的减免范围包括(   )。

A. 企业养老保险单位缴费部分

B. 企业失业保险单位缴费部分

C. 企业工伤保险单位缴费部分

D. 机关事业单位养老保险单位缴费部分

【参考答案】 ABC

【答案解析】 依据《人力资源社会保障部 财政部 税务总局关于阶段性减免企业社会保险费的通知》(人社部发〔2020〕11号)有关规定，此次减免只针对企业单位缴费部分。

4. 税收职能作用包括(   )。

A. 税收基础性作用

B. 税收支柱性作用

C. 税收引导性作用

D. 税收保障性作用

【参考答案】 ABD

【答案解析】 一般来说税收具有财政职能和调节职能。2019 年以来，为应对中美贸易战和抗击新冠疫情、支持企业复工复产，税务部门坚决完成预算收入，为经济社会建设事业提供财力保障；坚决扛起政治责任，全力推动大规模减税降费政策落地见效，围绕服务“六稳”“六保”大局和推进高质量发展持续发力，使税收在国家治理中的基础性、支柱性、保障性作用得到更好发挥。

5. 税收中性是针对税收的超额负担提出的一个概念，税收中性效应体现为（　　）。

A. 国家征税使社会所付出的代价以税款为限，尽可能不给纳税人或社会带其他的额外损失或负担

B. 政府增税使人们收入相对下降，削弱其支付能力

C. 减税使人们的收入相对提高，提高其消费水平

D. 国家征税应避免对市场经济的正常运行进行干扰，特别是不能使税收超越市场机制而成为资源配置的决定因素

【参考答案】 AD

【答案解析】 税收的收入效应是指税收引起人们收入的变动，一般指人们由于纳税而使可支配的实际收入减少。政府变动税收政策也会改变人们的现行收入水平，典型的情况是政府增税使人们收入相对下降，削弱其支付能力；而减税使人们的收入相对提高，提高其消费水平。因此，BC 选项属于税收的收入效应。

6. 2021 年 2 月 23 日，全国税务系统全面从严治党工作会议在京召开。会议深入学习贯彻习近平总书记在十九届中央纪委五次全会上的重要讲话和全会精神，研究着力构建“六位一体”税务系统全面从严治党新格局。下列选项属于“六位一体”的有（　　）。

A. 政治建设一体深化　　　　B. 两个责任一体发力

C. 执法监督一体集成　　　　D. 党建业务一体融合

E. 约束激励一体抓实

【参考答案】 ABDE

【答案解析】 王军局长在全国税务系统全面从严治党工作会议上指出，全国税务系统要持续深入学习贯彻习近平总书记关于全面从严治党的一系列重要论述，认真学习贯彻习近平总书记在十九届中央纪委五次全会上提出的新要求，根据新形势新任务，着力构建“政治建设一体深化、两个责任一体发力、综合监督一体集成、党建业务一体融合、约束激励一体抓实、组织体系一体贯通”的“六位一体”税务系统全面从严治党新格局。

7.《纳税服务工作规范(试行)》明确纳税服务是税务机关依据税收法律、行政法规的规定,在税收征收、管理、检查和实施税收法律救济过程中,向纳税人提供的服务事项和措施。下列属于纳税服务主要任务的是(　　)。

A. 税法宣传　　B. 纳税咨询

C. 办税服务　　D. 权益保护

E. 信用管理

【参考答案】 ABCDE

【答案解析】 纳税服务主要任务包括税法宣传、纳税咨询、办税服务、权益保护、信用管理、社会协作6个方面。

8. 下列属于世界银行的营商环境十大指标体系的是(　　)。

A. 开办企业　　B. 申请建筑许可

C. 获得电力供应　　D. 融资者保护

E. 办理破产

【参考答案】 ABCE

【答案解析】 世界银行的营商环境十大指标体系是:开办企业、申请建筑许可、获得电力供应、注册财产、获得信贷、投资者保护、缴纳税款、跨境贸易、合同执行、办理破产。

9. 纳税信用级别设A、B、C、D四级(增设M级)。A级(指标得分>90分);B级(70分以上不满90分);C级(40分以上不满70分);D级(得分不满40分或者直接判级确定)。根据《国家税务总局关于纳税信用评价有关事项的公告》(国家税务总局公告2018年第8号),自2019年4月1日起,纳税信用级别新增M级,适用未发生上述所列失信行为的新设立企业,评价年度内(1月1日至12月31日)无生产经营业务收入且年度评价指标得分70分以上的企业。下列行为直接在本评价年度被评为D级的是(　　)。

A. 存在逃避缴纳税款、逃避追缴欠税、骗取出口退税、虚开增值税专用发票等行为,经判决构成涉税犯罪的

B. 骗取国家出口退税款,被停止出口退(免)税资格未到期的

C. 在规定期限内未按税务机关处理结论缴纳或者足额缴纳税款、滞纳金和罚款的

D. 以暴力、威胁方法拒不缴纳税款或者拒绝、阻挠税务机关依法实施税务稽查执法行为的

E. 存在税务机关依法认定的其他严重失信情形的

【参考答案】 ABCDE

【答案解析】 本评价年度直接判为D级情形：存在逃避缴纳税款、逃避追缴欠税、骗取出口退税、虚开增值税专用发票等行为，经判决构成涉税犯罪的；存在上述所列行为，未构成犯罪，但偷税(逃避缴纳税款)金额10万元以上且占各税种应纳税总额10%以上，或者存在逃避追缴欠税、骗取出口退税、虚开增值税专用发票等税收违法行为，已缴纳税款、滞纳金、罚款的；在规定期限内未按税务机关处理结论缴纳或者足额缴纳税款、滞纳金和罚款的；以暴力、威胁方法拒不缴纳税款或者拒绝、阻挠税务机关依法实施税务稽查执法行为的；存在违反增值税发票管理规定或者违反其他发票管理规定的行为，导致其他单位或者个人未缴、少缴或者骗取税款的；提供虚假申报材料享受税收优惠政策的；骗取国家出口退税款，被停止出口退(免)税资格未到期的；有非正常户记录或者由非正常户直接责任人员注册登记或者负责经营的；由D级纳税人的直接责任人员注册登记或者负责经营的；存在税务机关依法认定的其他严重失信情形的。

10. 纳税人提供建筑劳务自行开具或税务机关代开增值税发票时，应在“备注栏”注明的内容有(　　)。

A. 建筑服务提供时间　　B. 项目总金额

C. 建筑服务负责人　　D. 项目名称

E. 建筑服务发生地县(市、区)名称

【参考答案】 DE

【答案解析】 纳税人自行开具或者税务机关代开增值税发票时，应在发票的备注栏注明建筑服务发生地县(市、区)名称及项目名称。

11. 纳税人在税收征管中享有的权利有(　　)。

A. 享受税法规定的减免税优惠

B. 依法保管和使用发票

C. 申请延期申报和延期缴纳税款

D. 依法申请退还多缴的税款

E. 依法申请办理税务登记、变更或注销税务登记

【参考答案】 ACD

【答案解析】 选项BE为纳税人的义务。

12. 下列采取增值税一般计税方法的业务，在会计核算时会使用到“应交税费——预交增值税”科目的有(　　)。

A. 房地产开发公司销售商品房预收的销售款

B. 工业企业销售货物预收的货款

C. 商业企业出租包装物收取的押金

D. 工业企业分期收款方式销售货物收到的款项

E. 建筑公司建造写字楼预收的工程款

【参考答案】 AE

【答案解析】 "应交税费——预交增值税"明细科目核算一般纳税人转让不动产、提供不动产经营租赁服务、提供建筑服务、采用预收款方式销售自行开发的房地产项目等,以及其他按现行增值税制度规定应预缴的增值税额。

13. 关于以租赁方式进口设备的关税税务处理,下列说法正确的有(　　)。

A. 租赁进口该设备,必须在申请进境时一次性缴纳全部关税

B. 租赁期满,企业留购该设备的不缴纳关税

C. 在租赁期间可暂时申请不缴纳关税

D. 在租赁期间以海关审查确定的租金(包括利息)作为完税价格

E. 纳税人申请一次性缴纳税款的,可以选择海关审查确定的租金总额作为完税价格

【参考答案】 DE

【答案解析】 选项 CD:租赁方式进口货物中,以租金方式对外支付的租赁货物,在租赁期间以海关审查确定的租金作为完税价格,利息应当予以计入。选项 B:留购的租赁货物,以海关审定的留购价格作为完税价格。选项 AE:纳税义务人申请一次性缴纳税款的,可以选择申请按规定方法确定完税价格或者按照海关审查确定的租金总额作为完税价格。

14. 下列关于环境保护税的说法中,正确的有(　　)。

A. 实行统一定额税和浮动定额税相结合的税额标准

B. 环境保护税的征税环节是生产销售环节

C. 对机动车排放废气暂免征收环境保护税

D. 应税水污染物的具体适用税额由省级税务机关确定

E. 环境保护税收入全部归地方政府所有

【参考答案】 ACE

【答案解析】 选项 A:目前环境保护税实行统一定额税和浮动定额税相结合的方法。选项 B:环境保护税的征税环节是直接向环境排放应税污染物的排放环节,不是生产销售环节,选项 B 错误。选项 C:机动车、铁路机车、非道路移动机械、船舶和航空器等流动污染源排放应税污染物的,暂予免征环境保护税。选项 D:应税大气污染物和水污染物的具体适用税额的确定和调整,由省、自治区、直辖市人民政府在《中华人民共和国环境税法》所附《环境保护税税目税额表》规定的税额幅度内提出,报同级人民代表大会常务委员会决定,并报全国人民代表大会常务委员会和国

务院备案，选项D错误。选项E：环境保护税收入中央不参加收入分成，税收收入全部归地方。

15. 下列情形中，纳税人应进行土地增值税清算的有（　　）。

A. 丙公司开发的住宅已销售建筑面积占整个项目可售建筑面积的65%，自用的面积占可售面积的5%

B. 乙公司将未竣工决算的开发项目整体转让

C. 甲公司开发的住宅项目已销售完毕

D. 丁公司于2017年3月取得住宅项目销售（预售）许可证，截至2019年3月底仍未销售完

E. 戊公司开发的别墅项目销售面积已达整个项目可售建筑面积的75%

【参考答案】 BC

【答案解析】 纳税人符合下列条件之一的，应进行土地增值税的清算：房地产开发项目全部竣工、完成销售的；整体转让未竣工决算房地产开发项目的；直接转让土地使用权的。

16. 下列行为应视同销售，缴纳增值税的有（　　）。

A. 在线教育平台提供免费视听课程

B. 健身俱乐部向本单位员工免费提供健身服务

C. 化工试剂公司以固定资产入股投资

D. 煤矿公司为员工购买瓦斯报警装置

E. 食品有限公司将外购食品给员工发福利

【参考答案】 AC

【答案解析】 选项B：单位或者个体工商户为员工提供应税服务，属于非营业活动，不属于视同销售情形。选项DE：将外购的货物用于集体福利，不属于视同销售情形。

17. 根据增值税纳税人登记管理的规定，下列说法正确的有（　　）。

A. 个体工商户年应税销售额超过小规模纳税人标准的，不能申请登记为一般纳税人

B. 非企业性单位、不经常发生应税行为的企业，可以选择按小规模纳税人纳税

C. 增值税纳税人年应税销售额超过小规模纳税人标准的，除另有规定外，应当向主管税务机关办理一般纳税人登记

D. 纳税人登记时所依据的年应税销售额不包括税务机关代开发票销售额

E. 纳税人偶然发生的销售无形资产、转让不动产的销售额，不计入应税行为年应税销售额

【参考答案】 BCE

【答案解析】 选项A：年应税销售额超过小规模纳税人标准的个体工商户，应按规定办理一般纳税人登记。选项D：年应税销售额包括纳税申报销售额(包括免税销售额和税务机关代开发票销售额)、稽查查补销售额、纳税评估调整销售额。

18. 下列消费品，属于消费税征收范围的有(　　)。

A. 酒精　　B. 护发液

C. 合成宝石　　D. 果木酒

E. 卡丁车

【参考答案】 CD

【答案解析】 选项A：酒精不属于消费税征税范围。选项B：高档化妆品征税范围包括高档美容、修饰类化妆品、高档护肤类化妆品和成套化妆品，护发液不属于高档化妆品，不征收消费税。选项E：电动汽车、沙滩车、雪地车、卡丁车、高尔夫车不属于消费税征税范围。

19. 下列情形中，不缴纳水资源税的有(　　)。

A. 家庭生活少量取用水　　B. 生产企业取用水

C. 水力发电取用水　　D. 为农业抗旱临时应急取水

E. 水利工程管理单位为调度水资源取水

【参考答案】 ADE

【答案解析】 下列情形，不缴纳水资源税：农村集体经济组织及其成员从本集体经济组织的水塘、水库中取用水的；家庭生活和零星散养、圈养畜禽饮用等少量取用水的；水利工程管理单位为配置或者调度水资源取水的；为保障矿井等地下工程施工安全和生产安全必须进行临时应急取用(排)水的；为消除对公共安全或者公共利益的危害临时应急取水的；为农业抗旱和维护生态与环境必须临时应急取水的。选项BC：照章征收水资源税。

20. 一般纳税人发生下列应税行为，可以选择简易计税方法计税的有(　　)。

A. 人力资源外包服务　　B. 收派服务

C. 公交客运服务　　D. 物业管理服务

E. 以清包工方式提供建筑服务

【参考答案】 ABCE

【答案解析】 选项D：提供物业管理服务的纳税人，向服务接受方收取的自来水水费，以扣除共对外支付的自来水水费后的余额为销售额按照简易计税方法计算缴纳增值税。

21. 关于小规模纳税人增值税政策，下列说法正确的有(　　)。

A. 小规模纳税人月销售额扣除本期发生的销售不动产销售额后未超过10万元的，其销售货物、劳务、服务、无形资产取得的销售额免征增值税

B. 适用增值税差额征税政策的小规模纳税人，以差额后的销售额确定是否可以享受月销售额10万元及以下免征增值税政策

C. 从2019年1月1日至2021年12月31日，月销售额10万元以下(含本数)的增值税小规模纳税人，免征增值税

D. 按现行规定应当预缴增值税税款的小规模纳税人，凡在预缴地实现的月销售额未超过10万元的，当期无需预缴税款

E. 其他个人一次性收取2个月租金15万元，不能享受免征增值税政策

【参考答案】 ABCD

【答案解析】 选项E：其他个人(除个体工商户以外的自然人)，采取一次性收取租金形式出租不动产取得的租金收入，可在对应的租赁期内平均分摊，分摊后租金未超过10万元的[15÷2=7.5(万元)]，免征增值税。

22. 下列服务属于适用增值税进项税额加计抵减政策的有(　　)。

A. 餐饮服务

B. 湿租业务

C. 贷款服务

D. 旅游服务

E. 不动产经营租赁服务

【参考答案】 ADE

【答案解析】 享受加计抵减政策的纳税人为生产、生活性服务业的纳税人，具体包括提供邮政服务、电信服务、现代服务、生活服务取得的销售额占全部销售额的比重超过50%的纳税人。选项B：航空运输的湿租服务属于交通运输服务。选项C：贷款服务属于金融服务。

23. 关于税法与民法的关系，下列说法正确的有(　　)。

A. 民法与税法中权利义务关系都是对等的

B. 民法原则总体上不适用于税收法律关系的建立和调整

C. 税法大量借用了民法的概念、规则和原则

D. 涉及税务行政赔偿的可以适用民事纠纷处理的调解原则

E. 税法的合作依赖原则与民法的诚实信用原则是对抗的

【参考答案】 BCD

【答案解析】 税收法律关系中，体现国家单方面的意志，权利义务关系不对等。税法的合作依赖原则有民法诚实信用原则的影子，其原理是相近的，并非对抗的。

三、判断题(判断下列各题正确与错误,如果正确打上√,如果错误打上×,请将正确答案序号填入括号中。)

1. 自2020年1月1日起,对参加疫情防治工作的医务人员和防疫工作者按照政府规定标准取得的临时性工作补助和奖金,免征个人所得税。（ ）

【参考答案】 √

【答案解析】 根据《财政部 税务总局关于支持新型冠状病毒感染的肺炎疫情防控有关个人所得税政策的公告》(财政部 税务总局公告2020年第10号)规定,自2020年1月1日起,对参加疫情防治工作的医务人员和防疫工作者按照政府规定标准取得的临时性工作补助和奖金,免征个人所得税。

2. 根据《党政领导干部选拔任用工作条例》,受到诫勉、组织处理或者党纪政务处分等影响期未满或者期满影响使用的,不得列为考察对象。（ ）

【参考答案】 √

【答案解析】 依据《党政领导干部选拔任用工作条例》第二十四条规定。

3. 自2020年1月1日起,单位发给个人用于预防新型冠状病毒感染的肺炎的药品、医疗用品和防护用品等实物(不包括现金),不计入工资、薪金收入,免征个人所得税。（ ）

【参考答案】 √

【答案解析】 根据《财政部 税务总局关于支持新型冠状病毒感染的肺炎疫情防控有关个人所得税政策的公告》(财政部 税务总局公告2020年第10号)规定,自2020年1月1日起,单位发给个人用于预防新型冠状病毒感染的肺炎的药品、医疗用品和防护用品等实物(不包括现金),不计入工资、薪金收入,免征个人所得税。

4. 对主营业务为邮政、电信、现代服务和生活服务业的纳税人,按进项税额加计6%抵减应纳税额,政策实施期限暂定截至2021年年底。（ ）

【参考答案】 ×

【答案解析】 对主营业务为邮政、电信、现代服务和生活服务业的纳税人,按进项税额加计10%抵减应纳税额,政策实施期限暂定截至2021年年底。

5. 规定2019年4月1日后,纳税人购进国内旅客运输服务,允许抵扣进项税额的国内旅客运输服务凭证,除增值税专用发票外,还包括增值税普通发票、增值税电子普通发票和注明旅客身份信息的航空运输电子客票行程单、铁路车票、公路、水路等其他客票。（ ）

【参考答案】 ×

【答案解析】 不包括增值税普通发票。

6. 自2019年5月1日起至2020年4月30日止，失业保险总费率仍按1%(单位0.5%、个人0.5%)执行，职工个人以上年度月平均工作为基数缴纳基本养老保险费，缴费比率为8%。 ( )

【参考答案】 √

【答案解析】 自2019年5月1日起，城镇职工基本养老保险(包括企业和机关事业单位基本养老保险，以下简称养老保险)单位缴费比例降至16%。自2019年5月1日起至2020年4月30日止，失业保险总费率仍按1%(单位0.5%、个人0.5%)执行，职工个人以上年度月平均工作为基数缴纳基本养老保险费，缴费比率为8%。

7. 丙公司是在六安市从事广告服务业的一家按季申报的增值税小规模纳税人，今年1～2月份未取得销售收入，3月份预计销售收入为50.50万元(含税)，适用减按1%征收率征收增值税的政策。一季度增值税纳税申报时“本期应纳税额减征额”应是1万元。 ( )

【参考答案】 √

【答案解析】 按照《国家税务总局关于支持个体工商户复工复业等税收征收管理事项的公告》(国家税务总局公告2020年第5号)第三条规定，甲公司在办理一季度增值税纳税申报时，应当将减按1%征收率征收增值税的销售额50万元[50.5÷(1+1%)=50(万元)]，填写在《增值税纳税申报表(小规模纳税人适用)》第1栏“应征增值税不含税销售额(3%征收率)”，对应减征的增值税应纳税额1万元[50×2%=1(万元)]，填写在“本期应纳税额减征额”栏次。

8. 纳税人向受票方纳税人收取了所销售货物、所提供应税劳务或者应税服务的款项，或者取得了索取销售款项的凭据属于虚开增值税专用发票条件。 ( )

【参考答案】 ×

【答案解析】 根据《国家税务总局关于纳税人对外开具增值税专用发票有关问题的公告》(国家税务总局公告2014年第39号)规定，纳税人通过虚增增值税进项税额偷逃税款，但对外开具增值税专用发票同时符合以下情形的，不属于对外虚开增值税专用发票：①纳税人向受票方纳税人销售了货物，或者提供了增值税应税劳务、应税服务；②纳税人向受票方纳税人收取了所销售货物、所提供应税劳务或者应税服务的款项，或者取得了索取销售款项的凭据；③纳税人按规定向受票方纳税人开具的增值税专用发票相关内容，与所销售货物、所提供应税劳务或者应税服务相符，且该增值税专用发票是纳税人合法取得、并以自己名义开具的。

9. 对拍卖行受托拍卖增值税应税货物，向买方收取的全部价款和价外费用，应当按照5%的征率征收增值税。 ( )

【参考答案】 ×

【答案解析】 对拍卖行受托拍卖增值税应税货物,向买方收取的全部价款和价外费用,应当按照3%的征率征收增值税。

10. 购进的旅客运输服务、贷款服务、餐饮服务、居民日常服务和娱乐服务进项税额不得从销项税额中抵扣。 ( )

【参考答案】 √

【答案解析】 购进的旅客运输服务、贷款服务、餐饮服务、居民日常服务和娱乐服务进项税额属于不准予抵扣增值税进项税额。

11. "凡属赋税都有减少积累能力的趋势。赋税不是落在资本上面,就是落在收入上面,如果它侵占了资本,它就必定减少一笔基金。如果他落在收入上面,就一定会减少积累。"说明的是庇古最小牺牲税收原则。 ( )

【参考答案】 ×

【答案解析】 这属于大卫·李嘉图税收转嫁理论。

12. 税收的性质归根结底是由国家的性质所决定的。 ( )

【参考答案】 √

【答案解析】 税收的形式特征是指税收这种财政收入形式区别于其他财政收入形式的基本标志,是税收本身所固有的表象特征,具体而言,是指税收的强制性、无偿性和固定性。我国是社会主义国家,税收体现了取之于民,用之于民。

13. 社会主义税收从宏观上来讲是一种有偿的分配。 ( )

【参考答案】 ×

【答案解析】 税收是国家为了实现其职能的需要,凭借政治权力,按照法律的规定,强制地、无偿地参与国民收入分配。

14. 税收的固定性既是税收收入的根本保证,又是纳税人合法权益的保障。 ( )

【参考答案】 √

【答案解析】 国家征税、纳税人纳税,都必须以法定的、固定的标准为准绳。即所谓"依法办事、依率计征"。依法办事、依率计征这既是税收收入的根本保证,也是纳税人合法权益的保障。税收的固定性是税收及时、足额、稳定入库的保证。

15. 税收没有筹集资金职能就不可能有调节经济与监督管理经济职能。( )

【参考答案】 √

【答案解析】 税收从总体上来讲具有筹集资金、调节经济、监督管理经济三大职能。调节经济职能是指国家运用税收形式在组织财政收入的过程中,采取一定的方法，改变各社会集团及其成员在国民收入中的占有份额，借以调整国家、地区、部门、单位与个人等各方面分配关系的功能。

16. 税收决定生产。 （ ）

【参考答案】 ×

【答案解析】 税收与生产的关系税收与生产总的关系是生产决定税收，税收影响生产。

17. 生产发展的速度越快，国家的税收也就越多。 （ ）

【参考答案】 √

【答案解析】 税收与生产总的关系是生产决定税收，税收影响生产生产发展的规模和速度决定税收的规模和增长速度，生产发展的速度越快，国家的税收也就越多。

18. 未经全国人民代表大会审议通过的税法不是税收法律。 （ ）

【参考答案】 √

【答案解析】 只有经全国人民代表大会审议通过的税法才是税收法律。

19. 甲房地产公司于2018年1月1日将一幢商品房对外出租并采用公允价值模式计量，租期为3年，每年12月31日收取租金100万元。出租时，该幢商品房的成本为2 000万元，未计提存货跌价准备，公允价值为2 200万元。2018年12月31日，该幢商品房的公允价值为2 250万元。甲房地产公司2018年应确认的公允价值变动损益为100万元。 （ ）

【参考答案】 ×

【答案解析】 将存货转换为以公允价值模式计量的投资性房地产时，公允价值大于账面价值的差额应计入其他综合收益，不影响公允价值变动损益；2018年12月31日应确认的公允价值变动收益＝2 250－2 200＝50(万元)。

20. 陈某拍卖其收藏品取得收入50 000元，不能提供合法、完整、准确的收藏品财产原值凭证。陈某应缴纳个人所得税1 500元。 （ ）

【参考答案】 √

【答案解析】 应纳个人所得税＝50 000×3%＝1 500(元)。

21. 单位聘用的员工为本单位提供加工、修理修配劳务属于增值税征收范围。 （ ）

【参考答案】 ×

【答案解析】 《营业税改征增值税试点实施办法》(财税〔2016〕36号附件1)第十条规定，销售服务、无形资产或者不动产，是指有偿提供服务、有偿转让无形资产或者不动产，但属于下列非经营活动的情形除外：(1)行政单位收取的同时满足以下条件的政府性基金或者行政事业性收费；(2)单位或者个体工商户聘用的员工为本单位或者雇主提供取得工资的服务。

22. 适用于母子公司的经营方式的税收抵免方法是直接抵免法。　（　）

【参考答案】 ×

【答案解析】 适用于母子公司的经营方式的税收抵免方法是间接抵免法。

23. 黄酒、润滑油、白酒采用从量定额方法计征消费税。　（　）

【参考答案】 ×

【答案解析】 只有啤酒、黄酒、成品油采用的是从量定额税率。

24. 期末同一合同下的合同资产净额大于合同负债净额的差额，如不超过一年或一个正常营业周期结转的，在资产负债表中列报为合同资产项目。　（　）

【参考答案】 √

【答案解析】 同一合同下的合同资产和合同负债应当以净额列示，净额为借方余额的，应当根据其流动性在“合同资产”或“其他非流动资产”(超过一年或一个正常营业周期结转)项目中填列，净额为贷方余额的，应当根据其流动性在“合同负债”或“其他非流动负债”(超过一年或一个正常营业周期结转)项目中填列。

25. 根据电子商务法律制度的规定，电子商务经营的一般规则包括行政许可、合法合规经营、危险防范义务、止损协助义务、需要依法纳税但无须办理纳税登记。　（　）

【参考答案】 ×

【答案解析】 电子商务经营一般规则：①行政许可；②依法纳税登记与纳税申报；③合法合规经营；④电商经营者的安全保障，包括：危险防范义务与止损协助义务等。

26. 税收分享原则和无差异原则属于国际税法原则。　（　）

【参考答案】 √

【答案解析】 国际税法原则包括优先征税原则、独占征税原则、税收分享原则和无差异原则。

27. 发生于缔约国一方而支付给缔约国另一方居民的特许权使用费，可以在该缔约国另一方征税；也可以在其发生的缔约国照章征税，如果特许权使用费受益所有人是缔约国另一方居民，则所征税款不应超过特许权使用费总额的10%。（　）

【参考答案】 √

【答案解析】 如果特许权使用费受益所有人是缔约国另一方居民，则所征税款不应超过特许权使用费总额的10%。

28. 某企业将委托加工收回的已税烟丝以不高于受托方计税价格直接销售的，该行为应征收消费税。（ ）

【参考答案】 ×

【答案解析】 卷烟厂将自产烟丝移送用于连续生产卷烟的，移送使用的烟丝不缴纳消费税。

29. 境外所得采用我国税法规定的简易办法计算抵免额的，按照15%计算抵免。（ ）

【参考答案】 ×

【答案解析】 境外所得采用我国税法规定的简易办法计算抵免额的，不适用饶让抵免。

30. 负债的计税基础，是指负债的账面价值减去以前期间税前扣除的金额。（ ）

【参考答案】 ×

【答案解析】 负债的计税基础＝负债的账面价值－未来期间按照税收法律、法规规定可予税前列支的金额。

31. 机动车销售统一发票可以抵扣增值税进项税额。（ ）

【参考答案】 √

【答案解析】 机动车销售统一发票属于合法的扣税凭证，可以抵扣增值税进项税额。

32. 法律、行政法规或者国家统一会计制度等要求变更会计政策的，必须采用追溯调整法。（ ）

【参考答案】 ×

【答案解析】 法律、行政法规或者国家统一会计制度等要求变更会计政策的，应当采用追溯调整法处理，在当期期初确定会计政策变更对以前各期累积影响数不切实可行的，应当采用未来适用法处理。

33. 权利使用地标准、法律标准、停留时间标准、住所标准属于自然人居民身份确定标准。（ ）

【参考答案】 ×

【答案解析】 自然人居民身份的确定标准包括法律标准、居所标准、住所标准、停留时间标准。

34. 开具发票的单位和个人应当按照税务机关的规定存放和保管发票，不得擅自损毁。已经开具的发票存根联和发票登记簿，应当保存5年。（ ）

【参考答案】 √

【答案解析】 开具发票的单位和个人应当按照税务机关的规定存放和保管发票,不得擅自损毁。已经开具的发票存根联和发票登记簿,应当保存5年。保存期满,报经税务机关查验后销毁。

35. 卷烟批发环节消费税的纳税义务发生时间为发出卷烟的当天。（　　）

【参考答案】 ×

【答案解析】 卷烟批发环节消费税的纳税义务发生时间为纳税人收讫销售款或者取得索取销售款凭据的当天。

36. 债权人委员会中应当有1名债务人企业的职工代表或者工会代表。（　　）

【参考答案】 √

【答案解析】 债权人委员会由债权人会议选任的债权人代表和1名债务人的职工代表或者工会代表组成。

37. 外购的已税珠宝玉石生产的改在零售环节征收消费税的钻石首饰准予按照生产领用量抵扣外购应税消费品的已纳消费税。（　　）

【参考答案】 ×

【答案解析】 外购的已税珠宝玉石生产的改在零售环节征收消费税的钻石首饰,在计税时,一律不得扣除外购珠宝玉石的已纳税款。

38. 航空运输电子客票行程单和商品房销售发票属于行业专业发票。（　　）

【参考答案】 ×

【答案解析】 目前常见的行业专业发票有金融企业的存贷、汇兑、转账凭证;公路、铁路和水上运输企业的客运发票;航空运输企业提供航空运输电子客票行程单等。

39. 亚当·斯密曾经指出,一国每年支出的费用,一般有两个来源:一是与人民收入无重要联系的资源;二是人民的收入。前者是指政府经营的企业的收入,如国营企业的利润,国家银行的利息等等。根据斯密的观点,由于各种经济的、非经济的原因,第一种收入来源具有相当的稳定性与确定性。（　　）

【参考答案】 ×

【答案解析】 英国经济学家亚当·斯密属于古典经济学派,其在著作《国富论.论赋税》不仅提出税收的源泉来自土地、利润和工资。更提出了著名的税收四原则,即"平等、确实、便利和最小征收费用"的税收原则。

40. 凯恩斯宏观调控税收思想强调,累进所得税和变动税率等相机抉择的税收手段对经济的稳定作用。（　　）

【参考答案】 ×

【答案解析】 这属于萨缪尔森的相机抉择税收思想。

41. 纳税人按规定向受票方纳税人开具的增值税专用发票相关内容，与所销售货物、所提供应税劳务或者应税服务相符，且该增值税专用发票是纳税人合法取得、并以自己名义开具的，不属于虚开增值税专用发票。（　）

【参考答案】 √

【答案解析】 纳税人通过虚增增值税进项税额偷逃税款，但对外开具增值税专用发票同时符合以下情形的，不属于对外虚开增值税专用发票：①纳税人向受票方纳税人销售了货物，或者提供了增值税应税劳务、应税服务；②纳税人向受票方纳税人收取了所销售货物、所提供应税劳务或者应税服务的款项，或者取得了索取销售款项的凭据；③纳税人按规定向受票方纳税人开具的增值税专用发票相关内容，与所销售货物、所提供应税劳务或者应税服务相符，且该增值税专用发票是纳税人合法取得、并以自己名义开具的。

42. 用微生物、微生物代谢产物、动物毒素、人或动物的血液或组织制成的生物制品适用增值税3%征收率。（　）

【参考答案】 √

【答案解析】 一般纳税人销售自产的下列货物，可选择按照简易办法依照3%征收率计算缴纳增值税：①县级及县级以下小型水力发电单位生产的电力；②建筑用和生产建筑材料所用的砂、土、石料；③以自己采掘的砂、土、石料或其他矿物连续生产的砖、瓦、石灰（不含黏土实心砖、瓦）；④用微生物、微生物代谢产物、动物毒素、人或动物的血液或组织制成的生物制品；⑤自来水；⑥商品混凝土（仅限于以水泥为原料生产的水泥混凝土）。

43. 小规模纳税人销售自己使用过的固定资产，按照简易办法征收，自2014年7月1日起，依照3%征收率减按2%征收增值税。（　）

【参考答案】 √

【答案解析】 属于增值税其他优惠项目。

44. 纳税人在中国境内接受学历（学位）继续教育的支出，在学历（学位）教育期间按照每月500元定额扣除。同一学历（学位）继续教育的扣除期限不能超过48个月。（　）

【参考答案】 ×

【答案解析】 纳税人在中国境内接受学历（学位）继续教育的支出，在学历（学位）教育期间按照每月400元定额扣除。

45. 年度汇算需补税但综合所得收入全年不超过12万元的，无需办理年度汇算。（　）

【参考答案】 √

【答案解析】 无需办理年度汇算的纳税人：已依法预缴个人所得税且符合下列情形之一的，无需办理年度汇算：①年度汇算需补税但综合所得收入全年不超过12万元的；②年度汇算需补税金额不超过400元的；③已预缴税额与年度应纳税额一致或者不申请退税的。

46. 在各种税率形式中，具有横向公平性，而且计算简便、便于征收和缴纳的税率形式是比例税率。 （　）

【参考答案】 ×

【答案解析】 在各种税率形式中，具有横向公平性，而且计算简便、便于征收和缴纳的税率形式是累进税率。

47. 所得税的纳税人和负税人通常是不一致的，流转税的纳税人和负税人是一致的。 （　）

【参考答案】 ×

【答案解析】 所得税的纳税人和负税人通常是一致的；流转税的纳税人与负税人是不一致的，因为流转税具有转嫁性。

四、案例分析题（请阅读所给材料，根据要求，将正确答案填入括号中。）

（一）税收乘数效用

【背景资料】

2019年以来，党中央国务院部署实施大规模减税降费政策。2020年减税降费规模再创新高，全年超过2.5万亿元。由于其“范围广、力度大、落地实”，实实在在降低了企业成本，增厚了个人税后收入，促进了私人消费和投资增长，一个部门收入的增长又会引起另一个部门收入的增长，如此循环下去，国民收入就会以税收增加的倍数恢复，推动我国成为新冠疫情暴发以来第一个恢复增长的主要经济体，其中就蕴含了积极的税收乘数效应。

【提问】

1. 下列属于税收乘数效应的是（　　）。（多选题）

A. 税率变动对总收入的影响　　B. 税收绝对量变动对总收入的影响

C. 税收相对量变动对总收入的影响　　D. 税率变动对总支出的影响

【参考答案】 AB

【答案解析】 税收乘数有两种：一种是税率变动对总收入的影响；另一种是税收绝对量变动对总收入的影响。

2. 若以 K_t 表示税收乘数，ΔY 表示国民收入变动量，ΔT 表示税收变动额，则：

$K_t = \Delta Y/\Delta T$，根据边际消费倾向和投资乘数理论，税收乘数与边际消费倾向大小有关，若以 b 表示边际消费倾向，则：$K_t = -b/1-b$。可以看出（　　）。（单选题）

A. 边际消费倾向越大，则税收乘数绝对值越大，对国民收入的倍数影响也越大

B. 边际消费倾向越大，则税收乘数相对值越大，对国民收入的倍数影响也越大

C. 边际消费倾向越大，则税收乘数绝对值越小，对国民收入的倍数影响也越小

D. 边际消费倾向越大，则税收乘数相对值越小，对国民收入的倍数影响也越小

【参考答案】 A

【答案解析】 从税收乘数公式看，边际消费倾向越大，则税收乘数绝对值越大，对国民收入的倍数影响也越大。

3. 如果边际消费倾向为0.8，则税收乘数为4。（　　）

A. 正确　　　　B. 错误

【参考答案】 B

【答案解析】 税收乘数＋政府购买支出乘数＝平衡预算乘数＝1；政府购买支出乘数＝1÷(1－0.8)＝5；税收乘数＝1－5＝－4。

（二）中国古代税赋制度

【背景资料】

表7-13　中国古代赋税（役）制度的变化

时代	制度
西周时期	“谷出不过籍”，细制下，借民力助耕公田的劳役制度
春秋战国时期	齐国实行“相地而衰征”，按照土地状况分等征税。鲁国“初税亩”，按照土地数量征收实物。此后，按土地征税的制度在各诸侯国先后实行
两汉时期	按亩征收土地税，数量较少；按人口征收“口赋”，即人头税，数量较多
十六国至北朝前期	战乱背景下豪强地主控制大量民户，豪强负责征集所控制民户的租调，向朝廷缴纳
北朝至唐中朝	与均田制相配套的租调役制或租庸调制。租庸调以人丁为依据，所谓“有田则有租，有身则有庸，有户则有调”
唐中朝后期	实行两税法，按土地和财产的多少，每年分夏秋两季征税
明清时期	明朝一条鞭法将田赋、徭役、杂税等合并，折成银两，按人丁和田亩收税。清朝摊丁入亩，把丁税平均摊入田赋中，征收统一的地丁银

【提问】

1. 我国历史上夏商周三代对土地征收的税收，一般认为是（　　）。（单选题）

A. 贡助彻　　B. 初税亩　　C. 租庸调　　D. 租赋捐

【参考答案】 A

【答案解析】 夏朝的赋税为“贡”“夏后氏五十而贡”，即以五十亩地为计量单

位，并取其平均值地十分之一，作为向国家缴纳的“贡”赋；商朝的赋税为“助”，征收形式为“殷人七十而助”（《孟子·滕文公上》），按照孟子的解释“助”即“籍也”，即耕种公有土地的平民为商王提供的力役地租，十抽其一。周朝基本上是沿袭了夏商的赋税制度，西周仍实行井田制，在此基础上推行“彻法”，“周人百亩而彻”，皆什一也。

2. 它以货币税代替实物税，废除了役使农民人身自由的赋役制度，以资产计税为主代替原来以人头为主的税收制度，有利于税赋的合理分担；以庸代役，将农民从劳役中解放出来，保证了农业生产时间。这两项说的是（　　）。（多选题）

A. 王安石变法　　B. 一条鞭法　　C. 租庸调法　　D. 摊丁入亩

【参考答案】 BC

【答案解析】 一条鞭法以货币税代替实物税，废除了役使农民人身自由的赋役制度，以资产计税为主代替原来以人头为主的税收制度，有利于税赋的合理分担。租庸调法以庸代役，将农民从劳役中解放出来，保证了农业生产时间。

3. 摊丁入亩是指清朝政府全面清查地亩，将丁银摊入田赋征收，按亩均摊税赋一种赋税制度。（　　）

A. 正确　　B. 错误

【参考答案】 A

【答案解析】 摊丁入亩，又称作摊丁入地、地丁合一，是指清朝政府全面清查地亩，将丁银摊入田赋征收，按亩均摊税赋一种赋税制度。“摊丁入亩”是中国封建社会后期赋役制度的一次重要改革，是康熙皇帝“滋生人丁永不加赋”政策的进一步改革和发展，标志着中国实行两千多年人头税（丁税）的废除。

（三）消费税

【背景资料】

某卷烟生产企业为增值税一般纳税人，2020年8月，收回委托乙企业加工的100标准箱甲类卷烟，已知该卷烟生产企业提供不含税价款为100万元的原材料，同时支付不含税加工费20万元，乙企业无同类卷烟的销售价格。（甲类卷烟消费税税率为56%加150元/箱）

【提问】

1. 根据消费税法律制度的规定，下列关于消费税纳税地点的表述中，正确的有（　　）。（多选题）

A. 进口的应税消费品，由进口人或者其代理人向报关地海关申报纳税

B. 委托加工的应税消费品，由受托方向机构所在地或者居住地的主管税务机关解缴消费税税款

C. 纳税人到外县销售自产应税消费品的，于应税消费品销售后，向机构所在地或者居住地主管税务机关申报纳税

D. 纳税人的总机构与分支机构不在同一县(市)的，应当分别向各自机构所在地的主管税务机关申报纳税

【参考答案】 ACD

【答案解析】 委托加工的应税消费品，除受托方为个人外，由受托方向机构所在地或者居住地的主管税务机关解缴消费税税款。受托方为个人的，由委托方向机构所在地的主管税务机关申报纳税。

2. 乙企业当月应代收代缴消费税(　　)万元。(单选题)

A. 156.14　　B. 154.64　　C. 35.25　　D. 38.75

【参考答案】 A

【答案解析】 乙企业无同类卷烟的销售价格，应按照组成计税价格计算代收代缴的消费税，乙企业应代收代缴消费税＝组成计税价格×比例税率＋委托加工收回数量×定额税率＝(100＋20＋100×150÷10 000)÷(1－56%)×56%＋100×150÷10 000＝156.14(万元)。

3. 烟草批发企业将卷烟销售给其他烟草批发企业的，照章缴纳消费税。(　　)

A. 正确　　B. 错误

【参考答案】 B

【答案解析】 烟草批发企业将卷烟销售给其他烟草批发企业的，不缴纳消费税。

第八章

综合知识（税务机关日常管理）

第一部分　税务机关日常管理知识点

一、公文写作与处理

1. 公文的概念及特点

公文，即公务文书，是法定机关与组织在公务活动中，按照特定的体式，经过一定的处理程序形成和使用的书面文字材料。作用是下情上达、上情下达、沟通和传递信息。

公文的特点：①真实：实事求是，解决实际问题；②规范：公文种类、公文格式、公文形式、行文规则、公文办理；③权威：法定效力；④时效：办理和执行均有明显的时限要求；⑤精简："可发可不发的公文坚决不发""可长可短的公文要短"，按照八项规定有关精神，一般专项性、具体事务性报告不超过 3 000 字，全局性重要报告不超过 5 000 字；⑥保密：密来密往。

2. 公文的种类(15 种)

决议、决定、命令(令)、公报、公告、通告、意见、通知、通报、报告、请示、批复、议案、函、纪要。

税务系统常用的公文种类(13 种)：命令(令)、决议、决定、公告、通告、意见、通知、通报、报告、请示、批复、函、纪要。

省级以下税务机关常用公文种类（12 种)：决议、决定、公告、通告、意见、通知、通报、报告、请示、批复、函、纪要。

3. 决议和决定

决议适用于会议讨论通过的重大决策事项，如《中国共产党第十九次全国代表大会关于十八届中央委员会报告的决议》。决定适用于对重要事项作出决策和部署、奖惩有关单位和人员、变更或者撤销下级机关不适当的决定事项，决定属下行文。一般包括部署性决定、奖惩性决定、纠正性决定。

4. 公告和通告

公告适用于向国内外宣布重要事项或者法定事项。各级税务机关应当依照有关法律、法规、规章对外公布税收规范性文件。公告应当公开发布，无主送、抄送。一般包括法规性公告、政策性公告、重大事件公告。通告适用于在一定范围内公布应当遵守或者周知的事务性事项。通告面向社会并具有一定的约束力，可采用张贴或媒体刊播的形式公布，无主送、抄送。一般包括规定性通告、周知性通告。

5. 意见、通知、通报

意见适用于对重要问题提出见解和处理办法。可以用于上行文、下行文和平行文，一般包括参考建议性意见、表明意向性意见、工作指导性意见。通知适用于发布、传达要求下级机关执行和有关单位周知或者执行的事项，批转、转发公文。通知属下行文，向有关单位知照某些事项时（如告知机构变更和召开会议等），也可作平行文使用。一般包括指示性通知、发布和转发性通知、事务性通知、知照性通知。通报适用于表彰先进、批评错误、传达重要精神和告知重要情况。通报属下行文。一般包括表扬性通报、批评性通报、情况通报。

6. 请示和报告

报告适用于向上级机关汇报工作、反映情况、回复上级机关询问。报告属上行文，报告中不得夹带请示事项，报告不得夹带需要办理的建议事项（意见）。一般包括综合性报告、专题性报告。请示适用于向上级机关请求指示、批准事项。请示属上行文，一般包括政策性请示、问题性请示、事务性请示。注意请示必须在事前，应当一文一事，不得在报告等非请示性公文中夹带请示事项。正文末应当有请示语，在公文附注处注明联系人的姓名和电话。

7. 批复

适用于答复下级机关请示事项。属下行文，一般包括政策性批复、问题性批复、事务性批复。注意：批复要明确表态，只送请示单位，如普遍性问题，用“通知”或其他文种行文。

8. 函

适用于不相隶属机关之间商洽工作、询问和答复问题、请求批准和答复审批事项。函属平行文，有隶属关系的上下级机关之间不得使用函。请求批准函仅用于向平级机关或有关主管部门请求批准相关事项。一般包括商洽函、询问函、请求批准函、答复函、告知函。

此外，税务机关还有一种“文件”，即“便函”。便函不属于正式公文，却很常用。

9. 纪要

适用于记载会议主要情况和议定事项。国家税务总局的会议纪要分为党组会议纪要、局务会议纪要、局长办公会议纪要和局领导专题会议纪要。

10. 密级和保密期限

公文的秘密等级分为“绝密”“机密”“秘密”和保密期限。密级和保密期限一般用3号黑体字，顶格编排在版心左上角第二行，标注为“密级★保密期限”。国家秘密的保密期限，除另有规定外，绝密级不超过30年，机密级不超过20年，秘密级不超过10年。

11. 紧急程度

公文紧急程度分为“特急”“加急”。“特急”是指：内容重要并特别紧急，已临近规定的办结时限，需特别优先传递处理的公文。“加急”是指：内容重要并紧急，需打破工作常规，优先传递处理的公文。

电报的紧急程度分为“特提”“特急”“加急”“平急”。“特提”适用于要求即刻办理的十分紧急事项；“特急”适用于2日内要办的紧急事项；“加急”适用于4日内要办的较急事项；“平急”适用于6日内要办的稍缓事项。

12. 发文机关标志

由发文机关全称或者规范化简称加“文件”二字组成，也可以使用发文机关全称或者规范化简称。

13. 发文字号

由发文机关代字、年份、发文顺序号组成。年份、发文顺序号用阿拉伯数字标注；年份应标全称，用六角括号“〔〕”标注；发文顺序号不加“第”字，不编虚位(即1不编为01)，在阿拉伯数字后加“号”字。

联合行文时，使用主办机关的发文字号。

14. 签发人

上行文应当标注签发人姓名。签发人由“签发人”三字加全角冒号和签发人姓名组成。

15. 标题

由发文机关、发文事由和文种组成，应当准确简要地概括公文的主要内容并标明公文种类。公文标题中除法律、法规、规章和规范性文件名称加书名号外，一般不用标点符号。

16. 主送机关

公文的主要受理机关，应当使用机关全称、规范化简称或者同类型机关统称。

在主送和抄送中，税务机关的名称应当使用“国家税务总局×××税务局”，不得使用简称。

17. 正文

公文首页必须显示正文，使用3号仿宋体字。文中结构层次序数依次可以用“一、”“(一)”“1.”“(1)”标注；标题一般第一层用黑体字、第二层用楷体字、第三层和第四层用仿宋体字标注。

在公文的正文中，税务机关的名称可以使用规范化简称。规范化简称为“×××税务局”，不得使用“税务局”等。

18. 发文机关署名

署发文机关全称或者规范化简称。

19. 成文日期

署会议通过或者发文机关负责人签发日期。联合行文时，署最后签发机关负责人的签发日期。成文日期用阿拉伯数字将年、月、日标全。

20. 印章

公文中有发文机关署名的，应当加盖发文机关印章，并与署名机关相符。

21. 行文方向

根据公文授受机关的工作关系不同，可以将公文划分为上行文、下行文和平行文。

(1) 上行文是指下级机关向上级机关发送的公文，如报告、请示等；下行文，是上级机关向下级机关发送的公文，如批复、指示等；平行文，是指在同级机关和不相隶属机关相互发送的公文，如函等。

(2) 涉及其他单位职权范围的，应当会签有关单位或者联合行文。

(3) 各级税务机关一般不得越级行文，除因特殊情况(如重大灾害、重大案件、重大事故等)必须越级行文时，应当抄送被越过的上级机关(下级机关反映其直接上级机关和领导人的问题除外)。

22. 上行文基本规则

(1) 原则上主送一个上级机关，根据需要同时抄送相关上级机关和同级机关，不抄送下级机关。

(2) 下级机关的请示事项，如需以本机关名义向上级机关请示，应当提出倾向性意见后上报，不得原文转报上级机关。

(3) 请示必须在事前，应当一文一事，不得在报告等非请示性公文中夹带请示事项。正文末应当有请示语，在公文附注处注明联系人的姓名和电话。

(4) 除上须机关负责人直接交办事项外，不得以本机关名义向上级机关负责人报送公文，不得以本机关负责人名义向上级机关报送公文。

(5) 受双重领导的机关向一个上级机关行文，必要时抄送另一个上级机关。

23. 下行文基本规则

(1) 各级税务机关不得向下级党委、政府发布指令性公文或在公文中向下级党委、政府提出指令性要求。各级税务机关可以以函的形式向下一级政府行文，商洽工作、询问和答复问题、审批事项。

(2) 涉及其他部门职权范围内的事务，未协商一致的，不得向下行文；擅自行文的，上级税务机关应当责令其纠正或者撤销。

（3）上级机关向受双重领导的下级机关行文，必要时抄送该下级机关的另一个上级机关。

24. 平行文的基本规则

（1）各级税务机关可以与同级党政各部门、下一级党委政府、相应的军队机关、同级人民团体和具有行政职能的事业单位联合行文，联合行文应当明确主办单位。

（2）各级税务机关在职权范围内，可以向其他党政部门行文。

（3）各级税务机关的办公厅（室）根据授权可以代表本级机关行文。各级税务机关的内设机构除办公厅（室）和法律规定具有独立执法权的机构外不得对外正式行文。

25. 公文拟制

公文拟制包括公文的起草、审核、签发等程序。

凡需会签的公文，主办部门应当与会办部门取得一致意见后行文。以机关名义制发的公文，由机关负责人签发。其中，以本机关名义制发的上行文，由主要负责人或者主持工作的负责人签发；以本机关名义制发的平行文或下行文，由主要负责人或者主要负责人授权的其他负责人签发；对涉及重要税收政策或重大问题的，由其他负责人审阅后送主要负责人签发。签发人签发公文，应当签署意见、姓名和完整日期；圈阅或者签名的，视为同意。联合发文由所有联署机关的负责人会签。

26. 发文办理

发文办理指以本机关名义制发公文的过程，包括复核、编号、校对、印制、用印、登记、封发等程序。

经复核需要对文稿进行实质性修改的，应当提请签发人复审并签名。编号后取消发文的，原文号重新使用。对于密件、急件，要在封套上标注秘密等级、紧急程度并进行登记。

27. 收文办理

收文办理指对收到公文的处理过程，包括签收、登记、审核、拟办、批办、承办、传阅、催办、答复等程序。

收到绝密级公文后，必须在机要室存放并专人保管。对来文标有“特急”或“加急”字样的，收文部门应当优先进行审核，及时送下一环节办理。经签收、登记后，需要本机关办理的公文，应当由收文部门提出拟办意见，拟办意见应当明确、具体。需要两个以上部门办理的公文，应当明确主办部门。机关负责人对呈请批示的公文应当提出批办意见。

28. 公文归档

公文办理完毕后，应当及时交本部门文秘人员整理归档。个人不得保存应当归档的公文。每年6月30日前将本部门上一年度办理完毕的公文、材料整理后集中向本机关档案管理部门移交。

29. 公文管理

公文由文秘部门或者专人统一管理。县以上税务机关应当建立机要保密室和机要阅文室。确定密级后，应当按照所定密级严格管理。

传递涉密公文，必须采取保密措施，确保安全。利用计算机、传真机等传输涉密公文，必须符合国家有关保密规定。复制、汇编机密级、秘密级公文，应当符合有关规定并经本机关负责人批准。绝密级公文一般不得复制、汇编。

二、保密管理工作

30. 国家秘密的密级、期限和泄密报告

国家秘密的密级分为绝密、机密、秘密三级。绝密级国家秘密是最重要的国家秘密，泄露会使国家安全和利益遭受特别严重的损害；机密级国家秘密是重要的国家秘密，泄露会使国家安全和利益遭受严重的损害；秘密级国家秘密是一般的国家秘密，泄露会使国家安全和利益遭受损害。国家秘密的保密期限，除另有规定外，绝密级不超过30年，机密级不超过20年，秘密级不超过10年。机关、单位发现国家秘密已经泄露或者可能泄露的，应当立即采取补救措施，并在24小时内向同级保密行政管理部门和上级主管部门报告。

31. 不得确定为国家秘密事项

(1) 需要社会公众广泛知晓或者参与的。

(2) 属于工作秘密、商业秘密、个人隐私的。

(3) 已经依法公开或者无法控制知悉范围的。

(4) 法律、法规或者国家有关规定要求公开的。

32. 办理涉密文件规定要求

(1) 起草涉密文件(包括过程稿)必须在涉密计算机上进行，涉密文件电子版传递应当通过保密U盘(涉密专用红盘)。

(2) 办理涉密文件时，必须坚持“密来密往”的原则，转发和反馈涉密文件应与原文件密级保持一致，任何人不得随意降低密级或不标注密级。

(3) 在非涉密文件资料中引用密级文件的标题，必须同官方媒体的新闻通稿保持一致。

(4) 对外提供机密级以下涉密文件资料电子版，应当与办公厅保密处联系，在专用涉密中间机转换后提供，并做好相关记录。

33. 涉密信息系统管理

机关、单位应当加强对涉密信息系统的管理，任何组织和个人不得有下列行为：

(1) 将涉密计算机、涉密存储设备接入互联网及其他公共信息网络。

(2) 在未采取防护措施的情况下,在涉密信息系统与互联网及其他公共信息网络之间进行信息交换。

(3) 使用非涉密计算机、非涉密存储设备存储、处理国家秘密信息。

(4) 擅自卸载、修改涉密信息系统的安全技术程序、管理程序。

(5) 将未经安全技术处理的退出使用的涉密计算机、涉密存储设备赠送、出售、丢弃或者改作其他用途。

34. 涉密计算机使用规定

(1) 计算机和打印机必须通过国家保密局技术部门检测后,才能作为涉密计算机和打印机使用管理。

(2) 不得在涉密计算机与非涉密计算机之间共用打印机、扫描仪等信息设备。

(3) 不得在涉密计算机上使用具有无线互联功能或配备无线键盘、无线鼠标等无线装置的信息设备处理国家秘密。

(4) 严禁将涉密笔记本电脑、涉密移动存储介质和涉密文件资料等带出办公场所,如工作需要,应履行报批手续。

(5) 不得在涉密计算机上进行手机充电。

35. 普通手机使用

(1) 不得在通信中涉及国家秘密。

(2) 不得存储、处理、传输涉及国家秘密和工作秘密的信息。

(3) 不得连接涉密信息系统、涉密信息设备或者涉密载体。

(4) 不得存储核心涉密人员的工作单位、职务等敏感信息。

(5) 不得在涉密公务活动中开启和使用位置服务功能。

(6) 在申请手机号码、注册手机邮箱或者开通其他功能时,不得填写禁止公开的涉密单位名称和地址等信息。

(7) 不得使用未经国家电信管理部门进网许可的手机。

(8) 不得使用境外机构、境外人员赠送的手机。

36. 属于工作秘密的税务机关发文管理

(1) 税务机关正式发文中属于工作秘密的,在信息公开选项中列为不予公开。

(2) 非正式发文中属于工作秘密的,在相关文件资料首页左上角位置标注“内部使用”,并标明保密期限,需要限制知悉范围的在文件资料后标明发放范围。

(3) 工作秘密超过保密期限的自行解密。

37. 涉密人员脱密期管理

涉密人员脱密期,一般情况下,核心涉密人员为2年至3年,重要涉密人员为1年至2年,一般涉密人员为6个月至1年。对特殊的高知密度人员,可以依法设定超过上述期限的脱密期。

三、应急事件处理

38. 突发事件信息报告

突发事件信息报告分为自然灾害、事故灾难、公共卫生事件、社会安全事件四大基本类别。各地发生其他影响面大、涉及面广的紧急重要情况，应报告突发事件信息。

(1) 重大自然灾害事件。主要包括造成税务人员及相关人员重大伤亡或造成税务机关重大经济损失的气象灾害、水旱灾害、地震灾害、地质灾害、海洋灾害、生物灾害、森林草原火灾等事件。

(2) 重大事故灾难事件。主要包括造成税务工作人员及相关人员重大伤亡或造成重大损失和影响的安全事故、交通运输事故、公共设施和设备事故、环境污染、生态破坏和信息安全事故等事件。

(3) 重大社会安全事件。主要包括造成税务工作人员及相关人员重大伤亡或造成重大损失和影响的恐怖袭击事件、民族宗教事件、经济安全事件、群体性事件、刑事案件、信访事件、舆情事件和税收行政执法引起的其他事件等。

(4) 重大公共卫生事件。主要包括严重危害税务工作人员和相关人员健康和生命安全的传染病疫情、群体性不明原因疾病、食品安全危害、动物疫情以及其他公共卫生事件。

(5) 税务工作人员非正常死亡的事件也属于重大突发事件报告范围，主要包括因他杀、自杀、意外事故等导致的非因病死亡的事件。

39. 突发事件报告规定

突发事件信息报告实行首报、续报和终报制度。

(1) 首报务必及时：发生或可能发生特别重大、重大的突发事件信息，以及其他紧急重要情况，省税务局首次最迟不得超过事发后 30 分钟向税务总局总值班室电话报告，并在 1 小时内书面报告。

(2) 续报是对需要阶段性处置的突发事件，在处置过程中及时报告事发单位基本情况、事件起因和性质、基本过程、影响范围、发展趋势、处置情况以及请求事项和工作建议等。

(3) 终报是在重大级别以上突发事件处置结束后的总结评估报告，主要报告事件基本情况与事发原因分析、处置过程与结果、责任划分与处理、教训与整改措施等。

四、政府信息公开

40. 政府信息公开内容原则要求

公开透明是法治政府的基本特征。各级政府务必全面落实党中央、国务院有关决策部署和政府信息公开条例，坚持以公开为常态、不公开为例外，坚持以公开促落实，以公开促规范，以公开促服务，推进行政决策公开、执行公开、管理公开、服务公开和结果公开，推动简政放权、放管结合、优化服务改革，激发市场活力和社会创造力，打造法治政府、创新政府、廉洁政府和服务型政府。

41. 重大、重大突发事件的政务舆情公开规定

对涉及群众切身利益、影响市场预期和突发公共事件等重点事项，要及时发布信息。对涉及特别重大、重大突发事件的政务舆情，要快速反应，最迟要在 5 小时内发布权威信息，在 24 小时内举行新闻发布会，并根据工作进展情况，持续发布权威信息，有关地方和部门主要负责人要带头主动发声。

42. 税务部门政务公开内容

坚持把公开透明作为税收工作的基本要求，对税务总局局长办公会、局务会等研究决定的与纳税人密切相关的重大事项、制定的重要税收政策，除依法需要保密的外要及时公开。制定出台涉及公共利益、公众权益的政策文件，要在文件中明确规定公开的内容和方式等相关信息，使政策执行更加阳光透明。

五、信访管理工作

43. 信访工作基本要求和工作原则

信访工作坚持以马克思列宁主义、毛泽东思想、邓小平理论、“三个代表”重要思想、科学发展观、习近平新时代中国特色社会主义思想为指导，贯彻落实习近平总书记关于加强和改进人民信访工作的重要思想，增强“四个意识”、坚定“四个自信”、做到“两个维护”，牢记为民解难、为党分忧的政治责任，坚守人民情怀，坚持底线思维、法治思维，服务党和国家工作大局，维护群众合法权益，化解信访突出问题，促进社会和谐稳定。

信访工作应当遵循下列原则：①坚持党的全面领导。把党的领导贯彻到信访工作各方面和全过程，确保正确政治方向；②坚持以人民为中心。践行党的群众路线，倾听群众呼声，关心群众疾苦，千方百计为群众排忧解难；③坚持落实信访工作责任。党政同责、一岗双责，属地管理、分级负责，谁主管、谁负责；④坚持依法按政策解决问题。将信访纳入法治化轨道，依法维护群众权益、规范信访秩序；⑤坚持源头治理化解矛盾。多措并举、综合施策，着力点放在源头预防和前端化解，把可能引发信访问题的矛盾纠纷化解在基层、化解在萌芽状态。

各级税务机关要以群众工作为统揽，按照①属地管理、分级负责；②谁主管、谁负责；③依法、及时、就地解决问题与疏导教育相结合；④预防与化解相结合的原则，坚持科学民主依法决策，推行政务公开，及时就地解决好群众合理诉求，做好事前源头防范、事中妥善处理、事后有效稳控，形成完整的信访工作链条。

44. 领导包案制度

信访工作实行领导包案制度，对于重大群体访、重复访、越级访；疑难复杂、涉及面广、时间跨度大、容易升级激化的；其他需要领导包案解决的信访情况和事项。包案领导亲自研究分析、化解疏导、协调落实，确定责任部门、承办人员、解决方案、办结时间、办结标准，一包到底，直至案结事了、息诉罢访。

45. 信访事项办理

信访事项实行"谁首办、谁负责"的首办责任制。信访事项受理后，办理机关和主办部门为首办责任主体，应当明确责任、限时办理，确保办理质量，将来信来访解决在首次办理环节。对同一信访事项的重复信访，由首次办理的机关和部门负责处理。信访事项应当自受理之日起60日内办结；情况复杂的，经机关领导批准可以适当延长办理期限，但延长期限不得超过30日，并告知信访人延期理由。法律、行政法规另有规定的，从其规定。

六、新闻宣传规定

46. 宣传工作指导思想

要以习近平新时代中国特色社会主义思想为指导，紧紧围绕举旗帜、聚民心、育新人、兴文化、展形象的使命任务设计制度规范，增强"四个意识"、坚定"四个自信"、做到"两个维护"；坚持稳中求进、守正创新；把学习宣传贯彻习近平新时代中国特色社会主义思想作为首要政治任务；把统一思想、凝聚力量作为工作中心环节。建设具有强大凝聚力和引领力的社会主义意识形态，培养担当民族复兴大任的时代新人，更好满足人民精神文化生活新期待，不断提升中华文化影响力，加强党对宣传思想工作的全面领导，为推动党和国家事业发展提供有力思想保证和强大精神力量。

47. 税收宣传工作纪律

各级税务机关要严格遵守党和国家的新闻宣传纪律，认真贯彻税务总局关于税收宣传工作的一系列规定，依法依规有序开展税收宣传工作。

(1) 严格执行新闻采访报告制度。各省及以下税务机关接受中央主流媒体采访，要事先向总局办公厅报告。未经统一安排任何单位和个人不得擅自接受任何形式的采访。

(2) 严格执行税收新闻发布制度。税务人员不得擅自对外发布任何与税务总局决定相违背的言论，以个人名义发表涉及税务总局重大事项的讲话或文章须事先报经税收宣传管理部门同意。

(3) 严格执行税收宣传稿件审核制度。需对外发布的宣传稿件，税收宣传管理部门要严格审核把关。各省及以下税务机关向中央主流媒体提供的宣传报道稿必须报税务总局办公厅统一审核把关。

（4）严格遵守各项保密规定。对涉及国家秘密和税务工作秘密的文件、数据、图表等资料要严格管理、严格审核、严格保存，任何人员不得以任何理由对涉密内容宣传报道，严防失泄密事件发生。

七、财务后勤事务

48. 规范政府采购

党政机关采购货物、工程和服务，应当遵循公开透明、公平竞争、诚实信用原则。政府采购应当合理确定采购需求，不得超标准采购，不得超出办公需要采购服务。严格执行政府采购程序，不得违反规定以任何方式和理由指定或者变相指定品牌、型号、产地。采购公开招标数额标准以上的货物、工程和服务，应当进行公开招标，确需改变采购方式的，应当严格执行有关公示和审批程序。列入政府集中采购目录范围的，应当委托集中采购机构代理采购，并逐步实行批量集中采购。不得以协议供货拆分项目的方式规避公开招标。

49. 落实《政府采购促进中小企业发展管理办法》（财库〔2020〕46 号印发，以下简称《办法》）

（1）认真落实《办法》规定，预留采购份额专门面向中小企业采购。

（2）给予小微企业价格评审优惠。非专门面向中小企业采购的项目，各单位应当按照《办法》规定，对小微企业报价给予扣除，用扣除后的价格参加评审。各单位可结合项目情况，根据采购标的相关行业平均利润率、市场竞争状况等，在《办法》规定幅度内，合理确定价格扣除比例或价格分加分比例，为小微企业中标提供机会。

（3）关于执行情况报告和网上公示。自 2022 年起，各省区市税务局、税务总局驻各地特派办、税务干部学院采购部门应当按照规定格式，将本单位及所属预算单位上一年度面向中小企业预留份额和采购具体情况报送税务总局集中采购中心。未达到预留份额比例的，应作出说明。税务总局集中采购中心汇总后按规定报财政部，并在中国政府采购网公示项目执行情况。

八、公务接待

50. 严格执行国内公务接待标准

实行接待费支出总额控制制度。接待单位应当严格按标准安排接待对象的住宿用房，协助安排用餐的按标准收取餐费，不得在接待费中列支应当由接待对象承担的费用；不得以举办会议、培训等名义列支、转移、隐匿接待费开支。

51. 税务系统公务接待正面清单（试行）

（1）必须严格执行公务接待程序，做到有公函、有审批、按标准、有清单，对能够合并的公务接待统筹安排。

(2) 必须严格公务接待住宿标准，执行差旅、会议管理的有关规定，在职务级别对应的住宿费标准限额内选择安全、经济、便捷的宾馆住宿，优先安排在机关内部接待场所，执行协议价格。出差人员住宿费应当回本单位凭据报销，与会人员住宿费按会议费管理有关规定执行。

(3) 必须严格公务接待用餐标准，接待对象应当按照规定标准自行用餐，需接待单位协助安排用餐的，应当提前告知控制标准并向伙食提供方交纳伙食费。确因工作需要，接待单位可以安排工作餐一次，并严格控制陪餐人员。接待对象在10人以内的，陪餐人数不得超过3人；接待对象超过10人的，陪餐人数不得超过接待对象人数的三分之一。公务接待厉行节约，反对浪费。

(4) 必须严格公务接待的出行用车管理，应该安排集中乘车，合理使用车型，严格控制随行车辆。接待单位协助提供交通工具的，接待对象应当按标准交纳交通费。

(5) 必须严格公务接待预算管理，合理限定接待费用预算总额。公务接待费用应当全部纳入预算管理，单独列示。

(6) 必须如实填写公务接待清单，公务活动结束后，接待单位应当如实填写接待清单，并由相关负责人审签。接待清单包括接待对象的单位、姓名、职务和公务活动项目、时间、场所、费用等内容，并对接待活动中其他需要说明的情况填写备注。

(7) 必须严格公务接待报销管理，接待费用必须采取转账或使用公务卡结算方式，一律不得支付现金。接待费用报销凭证应当包括财务票据、派出单位公函和接待清单。

(8) 必须加强对公务接待的监督，强化对公务接待规章制度制定情况、公务接待标准执行情况、公务接待经费管理使用情况、公务接待信息公开情况、机关内部接待场所管理使用情况的检查。

九、办公用房

52. 办公用房及设备配备标准

严格执行《党政机关办公用房建设标准》(发改投资〔2014〕2674号)的规定，按下列指标控制个人办公用房面积(见表8-1)。

表8-1 各级工作人员办公室的使用面积表　　单位：平方米

省局机关		市(地)局机关		县(区)局机关	
正厅(局)级：	32	正处级：	20		
副厅(局)级：	18	副处级：	12	正科级：	15
处级：	12	科级：	9	副科级：	10
处级以下：	6	科级以下：	6	科级以下：	5

办公室设备配备规定：台式电脑的价格上限 5 000 元，便携式计算机（含预装正版操作系统软件）价格上限为 7 000 元，最低使用年限均为 6 年。处级及以下人员的办公桌价格不能超过 3 000 元，办公椅不能超过 800 元，书柜 1 人 1 组不能超过 1 200 元，最低使用年限均为 15 年。不得配置豪华家具，不得使用名贵木材。

十、会议管理

53. 会议召开时间和规模控制

按照政策规定，一类会议会期按照批准文件，根据工作需要从严控制；二、三、四类会议会期均不得超过 2 天；传达、布置类会议会期不得超过 1 天。会议报到和离开时间，一、二、三类会议合计不得超过 2 天，四类会议合计不得超过 1 天。

54. 严格控制会议规模

①一类会议参会人员按照批准文件，根据会议性质和主要内容确定，严格限定会议代表和工作人员数量；②二类会议参会人员不得超过 300 人，其中，工作人员控制在会议代表人数的 15%以内；③三类会议参会人员不得超过 150 人，其中，工作人员控制在会议代表人数的 10%以内；④四类会议参会人员视内容而定，一般不得超过 50 人。

55. 综合定额控制会议费开支

各项费用之间可以调剂使用。会议费综合定额标准见表 8-2。

表 8-2 会议费用列支上限一览表

单位：元

会议类别	住宿费	伙食费	其他费用	合计
一类会议	500	150	110	760
二类会议	400	150	100	650
三、四类会议	340	130	80	550

56. 参加涉密会议（活动）人员行为规定

参加涉密会议、活动的人员应当遵守保密纪律和保密要求。①不得擅自委托其他人代替参加会议；②不得擅自记录、录音、摄像；③不得使用无线键盘、无线网卡等无线设备或装置；④绝密级、机密级会议、活动场所禁止带入手机；⑤确需将专用手机带入的，应当经过机关、单位保密委会（领导小组）批准，并登记备案；⑥对于举办地点、参加人员需要严格保密的涉密会议、活动，参加人员及随行人员不得携带手机前往；⑦秘密级会议、活动场所禁止使用普通手机。

十一、日常绩效（平时考核）

57. 绩效管理及其原则

绩效管理是指运用绩效管理原理和方法，建立符合税务系统实际的“战略—目标—执行—考评—改进"管理制度机制，突出对领导班子政治素质、履职能力、工作成效、作风表现等的考核评价，发挥抓班子、促落实、推动高质量发展的积极作用。绩效管理遵循以下原则：

(1) 统一领导，分级管理。税务系统绩效管理在税务总局统一领导下开展，坚持从实际出发，各级税务机关按照管理层级，负责对本级机关和下一级税务局实施绩效管理。

(2) 战略引领，改革创新。紧盯高质量推进新时代税收现代化战略目标，并根据党中央、国务院决策部署及时调整优化，着力解决税收工作重点、难点问题，通过创新驱动，促进抓重点、补短板、强弱项，完善税收治理体系，提升税收治理能力。

(3) 科学合理，客观公正。建立健全可量化、能定责、可追责的工作目标，形成科学完备的绩效管理制度体系，实现指标可考、标准公平、考评公正、过程公开、结果公认，不断增强绩效考评的科学性、针对性、实效性。

(4) 统筹规范，有效管用。统筹规范督查检查考核工作，力戒形式主义，防止过度留痕，绩效指标注重精简管用，切实为基层减负。统筹税务系统考评和地方政府考评、整体工作考评和专项工作考评、前后年度考评，体现不同区域、不同部门、不同类型、不同层次的特点，强化纵向和横向考评相结合，促进一以贯之担当作为。

(5) 激励约束，持续改进。鲜明树立重实干重实绩的导向，坚持考用结合，奖勤罚懒、奖优罚劣，对政治坚定、奋发有为者给予褒奖和鼓励，对慢作为、不作为、乱作为者给予警醒和惩戒。强化绩效分析讲评，持续促进自我评估、自我改进、自我提升，帮助基层发现问题、排除障碍、推动落实。

58. 规范工作记实

调整工作记实周期。领导班子正职、领导班子副职、部门正职、部门副职每周记实2次(其中45岁以上干部每周记实1次)，其他干部每周记实1次。税务干部坚持按日记实且记得好的，可采取评选优秀记实、公示展晒、领导点评、通报表扬等方式给予鼓励。

改进工作记实内容。在记实内容上，倡导侧重记录工作成效、存在问题、改进措施以及本人政治思想、遵规守纪情况，此外还可以记录心得体会、感悟打算等。在内容要求上，应当简明扼要、突出重点，如实反映个人工作和感悟情况。涉密或敏感等不宜公开的信息，不在工作记实中记录。

59. 被考评单位不得评为"第1段"情形

①领导班子违反政治纪律和政治规矩，政治上出现问题的；②领导班子受到上级党委和政府通报批评，责令检查的；③领导班子成员因职务行为被追究刑事责任的；④中层领导干部3人以上(含3人)因职务行为在同一案件中被追究刑事责任的；⑤因重大过错导致群体性事件发生，造成严重后果或恶劣影响的；⑥其他事项。

十二、数字人事管理

60. 数字人事基本涵义

税务系统根据中央关于干部考核评价和日常管理制度规定，运用大数据理念和方法，建立形成的数字化干部考核评价管理体系。数字人事的核心要义是将现行按“事”考核评价和日常管理干部的制度规定，转化为按“人(岗)”量化归集的评价和管理指标，着力构建包括平时考核、公认评价、业务能力评价、领导胜任力评价四大支柱，涵盖“德、能、勤、绩、廉、评、基”七个方面的“个人成长账户”，构建科学化、日常化、多维化、数据化、累积化、可比化的干部考核评价管理制度机制，促使税务干部一生向上、一心向善。

61. 工作原则运行机制

数字人事坚持党管干部原则，贯彻落实新时代党的建设总要求，坚持把政治标准放在首位并贯穿始终，把“两个维护”作为首要任务，坚持严管和厚爱结合、激励和约束并重，坚持客观公正、注重实绩、简便易行，完善考核评价体系，健全干部考核机制，建设一支忠诚干净担当的高素质干部队伍，促进建设风清气正的政治机关。完善“用数据说话，靠平时累积，重结果运用，促干部成长，强科技支撑”的工作机制，探索干部信息“一员式”归集、绩效管理“一体化”推进、税收业务“嵌入式”考核、结果数据“智能化”运用的新模式，助力构建信息系统、业务应用与内控绩效的“大三角”税收治理体系，提高税收治理效能。

62. 平时考核负面清单

干部在平时考核周期内有下列情形的，当期不得评为“好”等次：①受到批评教育、责令检查、通报批评、诫勉等处理的；②受到停职检查、调整职务、责令辞职、免职、降职等组织处理的；③处于受党纪处分、政务处分、处分影响期间(不含受处分当期)的；④因执法过错被取消评选先进的资格、责令待岗、调离执法岗位、取消执法资格的；⑤因纳税服务过程中存在服务言行不当、服务质效低下、其他侵害纳税人权益等问题，被纳税人投诉，经查证属实且被追究相关责任的；⑥被上级以正式文件通报批评(含点名批评性批示)的；⑦病、事假累积时间超过当期平时考核周期一半工作日的；⑧无故迟到、早退及未出勤次数在当期平时考核周期内超过 3 次的；在考勤中弄虚作假的。

63. 年度考核负面清单

干部有下列情形之一的，年度考核直接确定为第 3 段：①当年受党纪处分、政务处分、处分的；②出现政治表现负面清单所列情形且查证属实的；③当年平时考核结果超过半数被评为“一般”或者“较差”等次的；④不能完成工作任务，工作出现重大失误、责任事故或者作风形象差，造成严重后果、重大损失或者恶劣社会影响的；

⑤旷工或者因公外出、请假期满无正当理由逾期不归连续超过十天,或者一年内累计超过二十天的;⑥违反信访工作"六类"禁止性规定的;⑦无正当理由不参加考核的;⑧履行推进法治建设第一责任人职责不力造成严重后果的;⑨巡视巡察、审计问题整改不力造成严重后果的;⑩党建评价为"不合格"等次的;⑪经数字人事工作领导小组认定确定为第3段的其他事项。

十三、税务系统整治违反中央八项规定精神问题负面清单(16类135项)

64. 贯彻党中央重大决策部署不力类(4项)

①贯彻党中央重大决策部署有令不行、有禁不止;②贯彻党中央重大决策部署表态多调门高,行动少落实差;③地方和部门利益至上,贯彻执行党中央决策部署打折扣、做选择、搞变通,说一套做一套;④急功近利、脱离实际,搞华而不实、劳民伤财的"政绩工程""形象工程"。

65. 履行职责不担当不作为乱作为类(3项)

①不担当、不作为、不负责,回避问题和矛盾,上推下卸责任;慵懒怠政,消极应付,失察失职;②不顾实际情况、不经科学论证,违反规定程序乱决策、乱拍板、乱作为;③弄虚作假,编造假经验、假典型、假数据,瞒报、谎报情况,隐藏、遮掩问题。

66. 损害群众利益类(3项)

①漠视群众利益和疾苦,对群众反映强烈的问题无动于衷、消极应付,对群众合理诉求推诿扯皮、冷硬横推,对群众态度简单粗暴、颐指气使;搞特殊、耍特权,在群众中造成恶劣影响;②在联系服务群众中缺乏真情实感,虽然"门好进、脸好看",但还是"事难办";③服务窗口态度差、办事效率低,服务热线、外部网站、政务App运行"僵尸化"。

67. 违反精文减会类负面清单(11项)

①下发没有实质内容、可发可不发的文件简报;②未按照规定严格控制以便函形式发文;③未按照规定规范微信工作群管理,保留的微信工作群不是主要用于对已通过会议、正式文件布置的工作进行督促提醒,而是用于对下布置新的工作;④无规范性文件规定却要求下级税务机关定期报文报表报数;⑤文件内容涉及基层和其他部门职责范围的事项,起草单位未充分征求意见即下发文件;⑥不严格控制篇幅和违反"短实新"的内容要求,下发不具有政治性、思想性、针对性和可操作性的文件;⑦新闻报道不精简、不务实、不规范,冗长复杂,为报道而报道;⑧未经批准,擅自发布涉及全局性重要会议活动或税务总局党委成员出席会议、调研活动的新闻报道;⑨不遵守精简会议要求,要求基层税务机关主要负责同志在分会场参加专业性会议或与会议内容无关的税务人员在分会场参加会议;⑩多头、重复开展督查检查,以调研等名义变相开展督查检查;⑪调查研究不接地气,不注重实际效果,搞层层陪

同、扎堆调研、“走秀式”调研。

68. 违规收送名贵特产和礼品礼金类(6 项)

①本人或配偶、子女及其配偶等亲属或其他特定关系人,收受下属、管理服务对象、与行使职权有关的单位或个人赠送的礼品、礼金、有价证券、支付凭证等;②向上级单位(领导)或利害关系单位(个人)赠送礼品礼金;③接受或赠送明显超出正常礼尚往来的礼品、礼金、有价证券、支付凭证等;④利用名贵特产类特殊资源搞违规收送、违规审批、插手干预或参与经营等方式谋取私利;⑤用公款购买或赠送烟花爆竹、烟酒、名贵特产、土特产、花卉、食品等年货节礼;⑥用公款购买、印制、邮寄、赠送贺年卡、明信片、年历等与纳税服务宣传无关的物品。

69. 违规吃喝类(9 项)

①公款大吃大喝或安排与公务无关的宴请;②国内公务接待违规饮酒(包括私人自带的酒类);③公务接待提供鱼翅、燕窝等高档菜肴或提供用野生保护动物制作的菜肴;④使用私人会所、高消费餐饮场所进行公务接待;⑤公务接待超标准安排用餐或超范围安排陪餐人员;⑥借巡视(巡察)、督查、考核、调研、会议、学习、培训、考察等公务之机违规组织或参加各类宴请;⑦假借公务接待名义搞“私宴公请”;⑧利用企业内部食堂或私人接待场所请吃、吃请,参加“老板家宴”“一桌餐”;⑨不吃公款吃老板,违规接受管理服务对象宴请或接受可能影响公正执行公务的宴请。

70. 违规操办婚丧喜庆类(8 项)

①未按规定填报《税务系统领导干部操办婚丧喜庆事宜情况报告表》;②利用职权、职务影响,大操大办婚丧喜庆事宜或通过异地操办、分批宴请、化整为零等方式,变相大操大办婚丧喜庆事宜;③婚礼、丧事等宴请人数超过当地纪委监委相关规定;④邀请税务干部、管理服务对象以及其他与行使职权有关的人员参加婚丧喜庆事宜;⑤以不设宴席、不设礼台,私下收受礼金等方式违规操办、借机敛财;⑥直接或变相使用公款支付婚丧喜庆费用或利用职权、职务影响,减免应由个人支付的费用;⑦使用公款、公车、公物办理婚丧喜庆事宜;⑧利用职务便利、职权影响借用企业或个人的场所、车辆、款物等,用于办理婚丧喜庆事宜。

71. 违规发放津补贴或福利类(9 项)

①违反规定自行新设项目或者继续发放已经明令取消的津补贴;②超标准、超范围发放津补贴或福利;③私设“小金库”,并使用相关钱款发放津补贴或福利;④以虚报冒领等手段套取、骗取各类资金,违规发放津补贴或福利;⑤违规向关联单位或企业转移好处,再由其以各种名目给机关职工发放津补贴或福利;⑥以发放津补贴或福利的方式,变相私分国有资产或集体资产;⑦利用职务便利或职权影响,违规在其他单位领取津补贴或福利;⑧超标准缴存住房公积金,以及养老保险、医疗保险等社会保险;⑨违规使用工会会费发放津补贴等。

72. 公款旅游以及违规接受管理服务对象等旅游活动安排(6项)

①组织或参与公款旅游;②在明令禁止的风景名胜区举办研讨会、论坛等,或以研讨会、论坛等为名变相组织公款旅游;③借考察、调研、学习、教育、培训、疗养、研讨、参展等机会旅游或以上述名义变相旅游;④擅自改变公务行程或延长公务出差时间,借公务之机旅游;⑤接受下属单位、企业、管理服务对象或可能影响公正执行公务的单位和个人安排的旅游;⑥向下属单位、企业、管理服务对象或可能影响公正执行公务的单位和个人转嫁本人、亲属或特定关系人旅游产生的费用。

73. 违规召开会议类(12项)

①无预算、突破预算或不按规定天数、人数以及会议费综合定额标准召开会议;②无会议审批文件、会议通知、实际参会人员签到表、费用原始明细单据、电子结算单等凭证,违规办理会议费报销;③以会议名义组织会餐、安排宴请、购买发放纪念品或在会议费中列支公务接待费用;④使用会议费购置电脑、复印机、打印机、传真机等固定资产或开支与本次会议无关的其他费用;⑤组织会议代表参加旅游、消费娱乐、健身或与会议无关的参观等活动,违规报销上述有关费用;⑥向下属单位、企事业单位或管理服务对象转嫁、摊派会议费;⑦违规向参会人员收取各类费用;⑧工作会议会场摆放花草、提供水果,非必需制作背景板;⑨超出规定时限为参会人员提供食宿;⑩未经批准举办各类节会、庆典、论坛、博览会、展会等;⑪非必要或未经批准跨行政区域召开会议;⑫未严格履行会议费公示制度,未将非涉密会议的名称、主要内容、参会人数、经费开支等情况在单位内部公示或提供查询。

74. 违规配备和使用公车类(13项)

①超编制、超标准或未经批准配备公务用车;②违规为公务用车增加高档配置或豪华内饰;③违规将公务用车登记在下属单位、企业或个人名下;④假借各种名义借用、调用、换用下属单位、企事业单位、个人车辆作为本单位公务用车;⑤假日期间除工作需要外,应当封存停驶而未封存停驶公务用车;⑥违规将公务用车用于非公务活动,或违规报销应由个人承担的车辆维修、保养、保险、燃油、过路等费用;⑦在车辆维修等费用中虚列名目或者夹带其他费用,为非本单位车辆报销费用;⑧私车公养,将非公务用车费用转嫁给单位;⑨既领取公务交通补贴又违规使用公务用车;⑩违规租赁车辆或违规使用租赁车辆;⑪违规处置公务用车或未按规定上缴公务用车处置收入;⑫机关内部管理岗位、后勤岗位以及机关所属事业单位配备执法执勤用车;⑬违规使用执法执勤、机要通信等公务用车或将其固定给个人使用。

75. 违规配备使用办公用房类(10项)

①超标准配备、使用办公用房,未按要求腾退;②违规配置高档办公用品、高端设备、豪华家具、或与办公无关的设施设备;③未经批准租用办公用房;④违反规定调剂、置换办公用房;⑤领导干部在不同部门同时任职,已在主要工作部门安排

办公用房，未经批准在其他任职部门占有办公用房；⑥领导干部工作调动，调入部门已安排办公用房，原单位仍留有办公用房；⑦领导干部已办理离（退）休手续，未及时腾退原单位办公用房；⑧以各种理由违规审批和新建楼堂馆所；⑨以各种理由安排财政资金用于包括培训中心在内的各类具有住宿、会议、餐饮等接待功能的设施或场所的维修改造；⑩违规出租、出借办公用房，未按照收支两条线管理租金收入。

76. 提供或接受超标准接待类(12 项)

①公款购买香烟、高档酒水、名贵特产、土特产等公务接待中明令禁止的物品；②超标准安排住宿或违规配备水果、香烟、洗漱用品等；③接待无公函的公务活动或一张公函多次接待；④将探亲、旅游等非公务活动纳入接待范围；⑤违规向下属单位、企业或管理服务对象转嫁、摊派接待费用；⑥在接待费用中列支应由接待对象承担的差旅、会议、培训等费用或借公务接待名义列支其他支出；⑦以会议费、培训费等名义列支、转移、隐匿接待费用开支；⑧在机场、车站或辖区边界组织迎送活动或跨地区迎送；⑨张贴悬挂迎送的标语横幅，铺设迎宾地毯，安排群众迎送；⑩到营业性娱乐、健身等场所进行公务接待；⑪安排专场文艺演出、旅游、与公务无关的参观等；⑫公务接待中违规实行交通管制。

77. 违规公务出差类(10 项)

①通过多列出差天数等方式虚报冒领差旅费；②未按规定等级乘坐交通工具并违规报销交通费；③未按规定选择住宿场所并违规报销住宿费；④违规报销伙食费；⑤除公务接待以外的，参加接待单位统一安排用餐，未按规定缴纳伙食费；⑥使用接待单位或其他单位提供的交通工具，未按规定缴纳相关费用；⑦接受接待单位按规定以外安排的公款宴请、旅游和非工作需要的参观等；⑧违规接受下属单位人员在公务接待之外安排的私款宴请、宵夜等；⑨向接待单位提出正常公务活动以外的要求；⑩向下属单位、企业或管理服务对象转移差旅费。

78. 违规公款出国(境)类(11 项)

①未按规定程序报批，超预算或无预算安排出国（境）；②视出国（境）为福利，假借各种名义安排轮流出国（境）或集中安排赴热点国家（地区）、世界旅游热点城市；③虚报出国（境）任务或因人找事，安排照顾性、无实质内容的一般性出访或考察；④通过组织“团外团”、拆分团组、分别报批等方式，安排与出访任务无关人员随团出访或携带配偶、子女或其他人员同行；⑤擅自扩大出国（境）经费开支范围或提高经费开支标准；⑥向下属单位、企业、管理服务对象、驻外机构摊派或转嫁出访费用，接受或变相接受有关资助；⑦通过虚报团组级别、人数、国家（地区）数、天数等方式套取出国（境）经费或使用虚假发票报销出国（境）费用；⑧未按规定乘坐交通工具或安排住宿并报销费用；⑨未经批准组织对外宴请；⑩出访团组与我驻外使领馆等外交

机构和中资机构、企业之间用公款相互宴请或互赠礼品、纪念品；⑪对外公务活动中接受礼金、有价证券和贵重礼品，对于接受的礼品不按规定处理。

79. 其他违规情形类(8 项)

①违规举办各类评比、达标、创建、表彰活动；②违规出入私人会所，或收受、持有私人会所会员卡；③领导干部未经批准参加各类社会化培训；④在分配、购买住房中侵犯国家、集体和他人利益；⑤借用管理服务对象的钱款、车辆、住房、贵重物品等；⑥未经批准，出席各类剪彩、奠基活动和庆祝会、纪念会、表彰会、博览会、研讨会及各种论坛等或挂名任职、发贺电、贺信、题词、题字、作序、剪彩等；⑦利用职务便利或职权影响，用公款编印、出版个人著作，假借名义要求分管或有工作联系的单位、个人提供经费赞助或向其摊派发行；⑧其他相关制度规定明确的违反中央八项规定及其实施细则精神的情形。

十四、党风廉政责任制

80. 党风廉政建设责任制

领导班子对职责范围内的党风廉政建设负全面领导责任。领导班子主要负责人是职责范围内的党风廉政建设第一责任人，应当重要工作亲自部署、重大问题亲自过问、重点环节亲自协调、重要案件亲自督办。领导班子其他成员根据工作分工，对职责范围内的党风廉政建设负主要领导责任。

81. 领导班子、领导干部党风廉政建设责任

贯彻落实党中央、国务院以及上级党委(党组)、政府和纪检监察机关关于党风廉政建设的部署和要求，结合实际研究制定党风廉政建设工作计划、目标要求和具体措施，每年召开专题研究党风廉政建设的党委常委会议(党组会议)和政府廉政建设工作会议，对党风廉政建设工作任务进行责任分解，明确领导班子、领导干部在党风廉政建设中的职责和任务分工，并按照计划推动落实。

开展党性党风党纪和廉洁从政教育，组织党员、干部学习党风廉政建设理论和法规制度，加强廉政文化建设；贯彻落实党风廉政法规制度，推进制度创新，深化体制机制改革，从源头上预防和治理腐败。

强化权力制约和监督，建立健全决策权、执行权、监督权既相互制约又相互协调的权力结构和运行机制，推进权力运行程序化和公开透明；监督检查本地区、本部门、本系统的党风廉政建设情况和下级领导班子、领导干部廉洁从政情况。

严格按照规定选拔任用干部，防止和纠正选人用人上的不正之风；强作风建设，纠正损害群众利益的不正之风，切实解决党风政风方面存在的突出问题；领导、组织并支持执纪执法机关依纪依法履行职责，及时听取工作汇报，切实解决重大问题。

十五、解决形式主义突出问题为基层减负

82. 严格控制层层发文、层层开会

层层大幅度精简文件和会议,确保发给县级以下的文件、召开的会议减少30%～50%。发扬“短实新”文风,坚决压缩篇幅,防止穿靴戴帽、冗长空洞,中央印发的政策性文件原则上不超过10页。地方各级、基层单位贯彻落实中央和上级文件,除有明确规定外,不再制定贯彻落实意见和实施细则。科学确定中央文件密级和印发范围,能公开的公开。少开会、开短会,开管用的会。上级会议原则上只开到下一级,经批准直接开到县级的会议,不再层层开会。严禁随意拔高会议规格、扩大会议规模,未经批准不得要求党委和政府主要负责同志以及部门一把手参会,减少陪会。提倡合并开会、套开会议,多采用电视电话、网络视频会议等形式。不刻意搞会议传达不过夜,坚决防止同一事项议而不决、反复开会。

83. 加强计划管理和监督实施

中央和国家机关有关部门原则上每年搞1次综合性督查检查考核。考核评价一个地方和单位的工作,关键看有没有解决实际问题、群众的评价怎么样。不得随意要求基层填表报数、层层报材料,不得简单将有没有领导批示、开会发文、台账记录、工作笔记等作为工作是否落实的标准,不得以微信工作群、政务App上传工作场景截图或录制视频来代替对实际工作评价。严格控制“一票否决”事项,不能动辄签“责任状”,变相向地方和基层推卸责任。调查研究、执法检查等要轻车简从、务求实效,不干扰基层正常工作。

84. 完善问责制度和激励关怀机制

正确对待被问责的干部,对影响期满、表现好的干部,符合有关条件的,该使用的要使用。保障党员权利,及时为干部澄清正名,严肃查处诬告陷害行为。改进谈话和函询工作方法,有效减轻干部不必要的心理负担。把“三个区分开来”的要求具体化,正确把握干部在工作中出现失误错误的性质和影响,切实保护干部干事创业的积极性,为担当者担当,为负责者负责。

85. 税务部门细化举措

反映全面工作的综合报告一般不超过5 000字,反映单项工作的专项报告一般不超过3 000字。制发的政策性文件原则上不超过10页。制度性、政策性文件需要制定任务分工的,作为附件一并下发。除全局性重要工作外,一般性工作不下发通报。局领导讲话一般在内网发布,不再发文。除《税务简报》及落实党中央、国务院重大决策部署工作情况编发简报外,其余均通过税务内网发布。简报篇幅一般不超过2 000字。局领导出席的会议,讲话一般不超过2小时;视频会议一般不超过2小时;会议交流发言单位一般不超过5个,发言时间不超过6分钟。

十六、税收违法违纪处理

86. 税收违法违纪处理规定

具体处分规定如表 8-3 所示。

表 8-3 税收违法违纪行为处分规定

<table>
<tr><th>处罚尺度</th><th>适用对象</th><th>违法违纪行为描述</th><th>适用条款</th></tr>
<tr><td rowspan="2">1. 给予警告或者记过处分
2. 情节较重的，给予记大过或者降级处分
3. 情节严重的，给予撤职处分</td><td>税务人员</td><td>1. 违反法定权限、条件和程序办理开业税务登记、变更税务登记或者注销税务登记的
2. 违反规定发放、收缴税控专用设备的
3. 违反规定开具完税凭证、罚没凭证的
4. 违反法定程序为纳税人办理减税、免税、退税手续的
5. 违反规定采取税收保全、强制执行措施的
6. 查封、扣押纳税人个人及其所扶养家属维持生活必需的住房和用品的</td><td>第三条
第五条</td></tr>
<tr><td>所有人员</td><td>1. 违反规定作出涉及税收优惠的资格认定、审批的
2. 未按规定要求当事人出示税收完税凭证或者免税凭证而为其办理行政登记、许可、审批等事项的
3. 违反规定办理纳税担保的
4. 违反规定提前征收、延缓征收税款的
5. 未经税务机关依法委托征收税款，或者虽经税务机关依法委托但未按照有关法律、行政法规的规定征收税款</td><td>第十三条
第十六条</td></tr>
<tr><td rowspan="2">1. 给予记过或者记大过处分
2. 情节较重的，给予降级或者撤职处分
3. 情节严重的，给予开除处分</td><td>税务人员</td><td>1. 违反规定发售、保管、代开增值税专用发票以及其他发票，致使国家税收遭受损失或者造成其他不良影响的
2. 违反规定核定应纳税额、调整税收定额，导致纳税人税负水平明显不合理的
3. 对管辖范围内的税收违法行为，发现后不予处理或者故意拖延查处，致使国家税收遭受损失的
4. 徇私舞弊或者玩忽职守，不征或者少征应征税款，致使国家税收遭受损失的
5. 税务机关及税务人员违反规定要求纳税人、扣缴义务人委托税务代理，或者为其指定税务代理机构
6. 税务机关领导干部的近亲属在本人管辖的业务范围内从事与税收业务相关的中介活动，经劝阻其近亲属拒不退出或者本人不服从工作调整
7. 在履行职务过程中侵害公民、法人或者其他组织合法权益的
8. 滥用职权，故意刁难纳税人、扣缴义务人的
9. 对控告、检举税收违法违纪行为的纳税人、扣缴义务人以及其他检举人进行打击报复的
10. 索取、接受或者以借为名占用纳税人、扣缴义务人财物的
11. 以明显低于市场的价格向管辖范围内纳税人购买物品的
12. 以明显高于市场的价格向管辖范围内纳税人出售物品的
13. 利用职权向纳税人介绍经营业务，谋取不正当利益的
14. 违反规定要求纳税人购买、使用指定的税控装置的</td><td>第四条
第六条
第七条
第八条
第九条
第十二条</td></tr>
<tr><td>所有人员</td><td>1. 隐匿、毁损、伪造、变造税收违法案件证据的
2. 提供虚假税务协查函件的
3. 出具虚假涉税证明的</td><td>第十四条
第十五条</td></tr>
</table>

续表

处罚尺度	适用对象	违法违纪行为描述	适用条款
1. 给予记大过处分 2. 情节较重的,给予降级或者撤职处分 3. 情节严重的,给予开除处分	税务人员	税务机关私分、挪用、截留、非法占有税款、滞纳金、罚款或者查封、扣押的财物以及纳税担保财物	第十一条
	所有人员	1. 违反规定为纳税人、扣缴义务人提供银行账户、发票、证明或者便利条件,导致未缴、少缴税款或者骗取国家出口退税款的 2. 向纳税人、扣缴义务人通风报信、提供便利或者以其他形式帮助其逃避税务行政处罚的 3. 逃避缴纳税款、抗税、逃避追缴欠税、骗取出口退税的 4. 伪造、变造、非法买卖发票的 5. 故意使用伪造、变造、非法买卖的发票,造成不良后果的 税务人员有前款第(二)项所列行为的,从重处分	第十七条

十七、中华人民共和国公务员法及相关规定

87. 公务员遵守纪律负面清单

公务员必须遵守纪律,不得有下列行为:散布有损宪法权威、中国共产党和国家声誉的言论,组织或者参加旨在反对宪法、中国共产党领导和国家的集会、游行、示威等活动;组织或者参加非法组织,组织或者参加罢工;挑拨、破坏民族关系,参加民族分裂活动或者组织、利用宗教活动破坏民族团结和社会稳定;不担当,不作为,玩忽职守,贻误工作;拒绝执行上级依法作出的决定和命令;对批评、申诉、控告、检举进行压制或者打击报复;弄虚作假,误导、欺骗领导和公众;贪污贿赂,利用职务之便为自己或者他人谋取私利;违反财经纪律,浪费国家资财;滥用职权,侵害公民、法人或者其他组织的合法权益;泄露国家秘密或者工作秘密;在对外交往中损害国家荣誉和利益;参与或者支持色情、吸毒、赌博、迷信等活动;违反职业道德、社会公德和家庭美德;违反有关规定参与禁止的网络传播行为或者网络活动;违反有关规定从事或者参与营利性活动,在企业或者其他营利性组织中兼任职务;旷工或者因公外出、请假期满无正当理由逾期不归;违纪违法的其他行为。

88. 上级公务执行特殊情况

公务员认为上级的决定或者命令有错误的,可以向上级提出改正或者撤销该决定或者命令的意见;上级不改变该决定或者命令,或者要求立即执行的,公务员应当执行该决定或者命令,执行的后果由上级负责,公务员不承担责任;但是,公务员执行明显违法的决定或者命令的,应当依法承担相应的责任。

89. 公务员因违法违纪应当承担纪律责任

处分分为:警告、记过、记大过、降级、撤职、开除。对公务员的处分,应当事实清楚、证据确凿、定性准确、处理恰当、程序合法、手续完备。公务员在受处分期间不得晋升职务和级别,其中受记过、记大过、降级、撤职处分的,不得晋升工资档次。

90. 公务员(税务人员)禁业规定

公务员辞去公职或者退休的,原系领导成员、县处级以上领导职务的公务员在离职三年内,其他公务员在离职两年内,不得到与原工作业务直接相关的企业或者其他营利性组织任职,不得从事与原工作业务直接相关的营利性活动。

91.《中华人民共和国政务处分法》

本法适用于监察机关对违法的公职人员给予政务处分的活动。政务处分的种类为:警告;记过;记大过;降级;撤职;开除。政务处分的期间为:警告,6个月;记过,12个月;记大过,18个月;降级、撤职,24个月。政务处分决定自作出之日起生效,政务处分期自政务处分决定生效之日起计算。

公职人员犯罪,有下列情形之一的,予以开除:①因故意犯罪被判处管制、拘役或者有期徒刑以上刑罚(含宣告缓刑)的;②因过失犯罪被判处有期徒刑,刑期超过三年的;③因犯罪被单处或者并处剥夺政治权利的。

第二部分　税务机关日常管理练习题

一、单项选择题(下列各题只有一个答案正确,请将正确答案序号填入括号中。)

1. 公文是属于(　　)范畴的一种应用文件。

A. 记叙文　　B. 议论文

C. 说明文　　D. 夹叙夹议,有时也有说明

【参考答案】 C

【答案解析】 公文是属于说明文范畴的一种应用文件。

2. 按照中央八项规定有关精神,一般专项性、具体事务性报告不超过(　　)字,全局性重要报告不超过(　　)字。

A. 2 000;3 000　　B. 2 000;4 000　　C. 3 000;4 000　　D. 3 000;5 000

【参考答案】 D

【答案解析】 按照中央八项规定有关精神,一般专项性、具体事务性报告不超过3 000字,全局性重要报告不超过5 000字。

3. 2012年10月10日,国家税务总局印发《全国税务机关公文处理办法》(国税发〔2012〕92号印发)规定税务机关的公文种类主要有(　　)种。

A. 11　　B. 12　　C. 13　　D. 14

【参考答案】 C

【答案解析】 2012年10月10日,国家税务总局印发《全国税务机关公文处理办法》(国税发〔2012〕92号印发)规定税务机关的公文种类主要有:命令(令)、决议、

决定、公告、通告、意见、通知、通报、报告、请示、批复、函、纪要,共13种。

4. 公文的密级分为绝密、机密和秘密三个等级。其中不确定具体保密期限的,绝密的保密期限一般为(　　)。

A. 20年　　B. 30年　　C. 50年　　D. 永久

【参考答案】 B

【答案解析】 公文的密级分为绝密、机密和秘密三个等级。应尽可能根据公文的内容规定为"长期"或确定保密的最佳期限。不确定具体保密期限的,保密期限一般为绝密30年,机密20年,秘密10年。

5. 电报的紧急程度分为"特提""特急""加急""平急"。其中,"加急"适用于(　　)日内要办的较急事项。

A. 2　　B. 3　　C. 4　　D. 6

【参考答案】 C

【答案解析】 电报的紧急程度分为"特提""特急""加急""平急"。"特提"适用于要求即刻办理的十分紧急事项;"特急"适用于2日内要办的紧急事项;"加急"适用于4日内要办的较急事项;"平急"适用于6日内要办的稍缓事项。

6. (　　)适用于发布、传达要求下级机关执行和有关单位周知或者执行的事项,批转、转发公文。

A. 通知　　B. 通告　　C. 通报　　D. 公告

【参考答案】 A

【答案解析】 通告适用于在一定范围内公布应当遵守或者周知的事务性事项。通报适用于表彰先进,批评错误,传达重要精神和告知重要情况。公告适用于向国内外宣布重要事项或者法定事项。

7. 对有隶属关系的下级税务机关来文请示有关事项,使用(　　)直接答复。

A. 通报　　B. 通告　　C. 报告　　D. 批复

【参考答案】 D

【答案解析】 对有隶属关系的下级税务机关来文请示有关事项,使用"批复"直接答复。

8. 税务局向财政局请求拨付经费时,应使用(　　)。

A. 函　　B. 请示　　C. 报告　　D. 意见

【参考答案】 A

【答案解析】 函适用于不相隶属机关之间商洽工作、询问和答复问题、请求批准和答复审批事项。

9. 各级税务机关的内设机构可以在自己的职权范围内向下级机关的相关部门和其他机关的有关部门商洽工作，通报情况，询问和答复一般事务性问题使用(　　)。

A. 函　　B. 通知　　C. 意见　　D. 便函

【参考答案】 D

【答案解析】 各级税务机关的内设机构根据工作需要，在规定的职权范围内，向上、下级税务机关的内设机构和其他机关的有关内设机构行非正式公文时使用便函，机关内设机构之间根据工作需要也可以使用便函。便函适用于商洽工作，通报和汇报有关情况，询问和答复一般事务性问题。

10. 下列不属于公文组成部分的是(　　)。

A. 发文字号　　B. 附件说明　　C. 页码　　D. 封面

【参考答案】 D

【答案解析】 公文一般由份号、密级和保密期限、紧急程度、发文机关标志、发文字号、签发人、标题、主送机关、正文、附件说明、发文机关署名、成文日期、印章、附注、附件、抄送机关、承办部门名称、印发部门名称和印发日期、页码等组成。

11. 发文字号正确是(　　)。

A. ×税发〔2021〕01 号　　B. ×税发〔2021〕1

C. ×税发〔2021〕第 1 号　　D. ×税发〔2021〕1 号

【参考答案】 D

【答案解析】 发文字号由发文机关代字、年份、发文顺序号组成，编排在发文机关标志下空二行位置，居中排布。年份、发文顺序号用阿拉伯数字标注；年份应标全称，用六角括号“〔〕”标注；发文顺序号不加“第”字，不编虚位(即 1 不编 01)，在阿拉伯数字后加“号”字。

12. (　　)适用于代表国家税务总局向各级税务机关布置日常性的事务工作，通报有关情况；发布局机关内部适用的各类制度规定；通报局机关内部的有关情况等。

A. 税总发〔公元年份〕×号　　B. 税总办发〔公元年份〕×号

C. 税总函〔公元年份〕×号　　D. 税总办函〔公元年份〕×号

【参考答案】 B

【答案解析】 代表国家税务总局向各级税务机关布置工作或通报事项，应选用“税总办发”格式。

13. 抄送机关的排列顺序一般是(　　)。

A. 上级机关、平级机关、下级机关　　B. 下级机关、平级机关、上级机关
C. 平级机关、下级机关、上级机关　　D. 平级机关、上级机关、下级机关

【参考答案】 A

【答案解析】 抄送机关应按上级机关、平级机关、下级机关次序排列,不能颠倒。

14. 抄送机关为同级机关时,一般按(　　)次序排列。
A. 党委、人大、政府、政协、军队、法院
B. 人大、政协、党委、政府、军队、法院
C. 党委、政府、人大、政协、法院、军队
D. 人大、党委、政府、政协、法院、军队

【参考答案】 A

【答案解析】 抄送机关按上级机关、平级机关、下级机关次序排列;同级机关一般按照党委、人大、政府、政协、军队、法院、检察院、人民团体、民主党派等次序排列。

15. 成文日期是署会议通过或者发文机关负责人签发日期。下列成文日期格式正确的是(　　)。
A. 二零二一年四月一日　　B. 二〇二一年四月一日
C. 2021 年 4 月 1 日　　D. 2021 年 04 月 01 日

【参考答案】 C

【答案解析】 成文日期一般右空四字编排于发文机关署名之下,用阿拉伯数字将年、月、日标全,年份应标全称,月、日不编虚位(即 1 不编 01)。

16. 下列关于公文的行文规则说法错误的是(　　)。
A. 请示应当一文一事,不得在报告等非请示性公文中夹带请示事项
B. 受双重领导的机关向一个上级机关行文,必要时抄送另一个上级机关
C. 涉及其他部门职权范围内的事务,未协商一致的,不得向下行文
D. 税务机关各部门内设机构一律不得对外正式行文

【参考答案】 D

【答案解析】 各级税务机关的办公厅(室)根据授权可以代表本级机关行文。各级税务机关的内设机构除办公室和法律规定具有独立执法权的机构外不得对外正式行文[税务机关办公厅(室)可以对外正式行文]。

17. 根据公文行文规则,下列行文正确的是(　　)。
A. 税务机关可以向党的组织发布指令性文件
B. 税务机关可以向党的组织报告工作或请求批示、批准

C. 税务机关与党政机关应尽量联合发文

D. 各级税务机关与同级人民团体之间可以联合行文

【参考答案】 D

【答案解析】 各级税务机关不得向下级党委、政府发布指令性公文或者在公文中向下级党委、政府提出指令性要求。需经政府审批的具体事项，经政府同意后可以由税务机关行文，文中须注明已经政府同意，故选项AB错误。选项C，党政机关应尽量联合行文是不正确的。各级税务机关可以与同级党政各部门、下一级党委政府、相应的军队机关、同级人民团体和具有行政职能的事业单位联合行文。

18. 公文拟制三个环节不包括（　　）。

A. 起草　　B. 定稿　　C. 审核　　D. 签发

【参考答案】 B

【答案解析】 公文拟制包括公文的起草、审核、签发等程序。

19. 下面说法不正确的是（　　）。

A. 签发人应当签署意见、姓名和完整日期

B. 签发人圈阅的视为有疑问或不同意

C. 签发人只签名的也视为同意

D. 联合发文由所有联署机关的负责人会签

【参考答案】 B

【答案解析】 签发人签发公文，应当签署意见、姓名和完整日期；圈阅或者签名的，视为同意。联合发文由所有联署机关的负责人会签。

20. 办公室小刘在对待发公文复核时发现文稿中有几处观点错误，应该（　　）。

A. 自行修改后再印发　　B. 按程序复核

C. 直接交打印室印刷　　D. 向领导报告追究相关人员责任

【参考答案】 B

【答案解析】 经复核需要对文稿进行实质性修改的，应当提请签发人复审并签名。

21. 收文办理指对收到公文的处理过程，以下不属于收文处理的是（　　）。

A. 签收　　B. 登记　　C. 复核　　D. 拟办

【参考答案】 C

【答案解析】 收文办理指对收到公文的处理过程，包括签收、登记、审核、拟办、批办、承办、传阅、催办、答复等程序。

22. 经签收、登记后，需要本机关办理的公文，应当由收文部门提出（　　）意见。

A. 承办　　B. 代办　　C. 接办　　D. 拟办

【参考答案】 D

【答案解析】 收文部门提出拟办意见,办理部门是承办、接办。

23. 机关、单位发现国家秘密已经泄露或者可能泄露的,应当立即采取补救措施,并在(　　)小时内向同级保密行政管理部门和上级主管部门报告。

A. 1　　B. 12　　C. 24　　D. 48

【参考答案】 C

【答案解析】 机关、单位发现国家秘密已经泄露或者可能泄露的,应当立即采取补救措施,并在 24 小时内向同级保密行政管理部门和上级主管部门报告。

24. 公文附注内容各条之间用(　　)分隔。

A. 分号　　B. 逗号　　C. 顿号　　D. 句号

【参考答案】 B

【答案解析】 公文附注,是指公文印发传达范围以及在正文中不宜说明的其他事项,附注的位置,居左空两字加圆括号,标注在成文日期下一行。附注内容各条之间用逗号分隔。

25. 公文排版,文字从左至右横写、横排,一般每面排(　　)行,每行排(　　)个字。

A. 20;26　　B. 20;28　　C. 22;26　　D. 22;28

【参考答案】 D

【答案解析】 依据《全国税务机关公文处理办法》中对公文排版的相关规定。

26. 每年(　　)前将本部门上一年度办理完毕的公文、材料整理后集中向本机关档案管理部门移交。

A. 3 月 31 日　　B. 6 月 30 日　　C. 9 月 30 日　　D. 12 月 31 日

【参考答案】 B

【答案解析】 每年 6 月 30 日前将本部门上一年度办理完毕的公文、材料整理后集中向本机关档案管理部门移交。

27. 复制、汇编机密级、秘密级公文,应当符合有关规定并经(　　)批准。

A. 本机关负责人　　B. 本机关主要负责人

C. 上级机关　　D. 定密机关

【参考答案】 A

【答案解析】 复制、汇编机密级、秘密级公文,应当符合有关规定并经本机关负责人批准。

28. 工作秘密超过保密期限的(　　)。

A. 报经本机关批准后解密　　B. 自行解密
C. 报经定密机关批准后解密　　D. 报上级机关批准后解密

【参考答案】 B

【答案解析】 工作秘密超过保密期限的自行解密。

29. 涉密人员脱密期,一般情况下,核心涉密人员为(　　)年至(　　)年。

A. 1;2　　B. 2;3　　C. 3;4　　D. 3;5

【参考答案】 B

【答案解析】 涉密人员脱密期,一般情况下,核心涉密人员为 2 年至 3 年。

30. 发生或可能发生特别重大、重大的突发事件信息,以及其他紧急重要情况,省税务局首次最迟不得超过事发后(　　)分钟向税务总局总值班室电话报告,并在(　　)小时内书面报告。

A. 15;1　　B. 15;2　　C. 30;1　　D. 30;2

【参考答案】 C

【答案解析】 发生或可能发生特别重大、重大的突发事件信息,以及其他紧急重要情况,省税务局首次最迟不得超过事发后 30 分钟向税务总局总值班室电话报告,并在 1 小时内书面报告。

31. (　　)是法治政府的基本特征。

A. 依法行政　　B. 民主法治　　C. 公开透明　　D. 诚信守法

【参考答案】 C

【答案解析】 公开透明是法治政府的基本特征。

32. 对涉及特别重大、重大突发事件的政务舆情,要快速反应,最迟要在(　　)小时内发布权威信息,在(　　)小时内举行新闻发布会。

A. 1;5　　B. 2;10　　C. 3;12　　D. 5;24

【参考答案】 D

【答案解析】 对涉及特别重大、重大突发事件的政务舆情,要快速反应,最迟要在 5 小时内发布权威信息,在 24 小时内举行新闻发布会。

33. 信访事项应当自受理之日起(　　)日内办结;情况复杂的,经机关领导批准可以适当延长办理期限,但延长期限不得超过(　　)日,并告知信访人延期理由。

A. 30;30　　B. 30;60　　C. 60;30　　D. 60;60

【参考答案】 C

【答案解析】 信访事项应当自受理之日起 60 日内办结;情况复杂的,经机关领导批准可以适当延长办理期限,但延长期限不得超过 30 日,并告知信访人延期理由。

34. 宣传工作的首要政治任务是(　　)。

A. 学习宣传贯彻习近平新时代中国特色社会主义思想

B. 举旗帜、聚民心、育新人、兴文化、展形象

C. 稳中求进、守正创新

D. 统一思想、凝聚力量

【参考答案】 A

【答案解析】 宣传工作要把学习宣传贯彻习近平新时代中国特色社会主义思想作为首要政治任务。

35. 各省及以下税务机关接受中央主流媒体采访,要事先向(　　)报告。

A. 省局主要负责人　　B. 总局主要负责人

C. 省局办公室　　D. 总局办公厅

【参考答案】 D

【答案解析】 各省及以下税务机关接受中央主流媒体采访,要事先向总局办公厅报告。

36. 公务接待中要严格控制陪餐人员,接待对象超过 10 人的,陪餐人员不得超过接待对象人数的(　　)。

A. 二分之一　　B. 三分之一　　C. 四分之一　　D. 五分之一

【参考答案】 B

【答案解析】 接待对象超过 10 人的,陪餐人数不得超过接待对象人数的三分之一。

37. 市(地)局机关副处级工作人员办公室使用面积是(　　)平方米。

A. 9　　B. 10　　C. 12　　D. 15

【参考答案】 C

【答案解析】 按照《党政机关办公用房建设标准》的规定,市(地)局副处级工作人员办公室的使用面积是 12 平方米。

38. 办公用台式电脑或便携式计算机最低使用年限均为(　　)年。

A. 5　　B. 6　　C. 7　　D. 8

【参考答案】 B

【答案解析】 办公用台式电脑或便携式计算机最低使用年限均为 6 年。

39. 下列关于绩效管理的说法中,不正确的是(　　)。

A. 绩效管理的根本目的在于科学考核组织和个人的工作业绩

B. 绩效管理的日常管理一般包括节点控制、分析讲评、监督检查、沟通反馈、资

料管理等内容

C. 绩效指标的考评标准细则，包括考评标准解释、数据来源、评分依据、资料报送等内容

D. 个人年度绩效成绩应作为个人年度考核和评先评优的重要参考

【参考答案】 A

【答案解析】 绩效管理的根本目的在于有效推动工作落实，促进争先进位。

40. 党风廉政建设的出发点和归宿是（　　）。

A. 增强党员的纪律观念

B. 提高党的执政水平和抵御风险的能力

C. 巩固党的执政地位

D. 实现好、维护好、发展好最广大人民的根本利益

【参考答案】 D

【答案解析】 党风廉政建设的出发点和归宿是实现好、维护好、发展好最广大人民的根本利益。

41. 某县税务局党员小王有两种违纪行为，应分别受到严重警告、撤销党内职务的党纪处分，则小王实际受到的处分是（　　）。

A. 严重警告　　B. 撤销党内职务

C. 留党察看　　D. 开除党籍

【参考答案】 C

【答案解析】 《中国共产党纪律处分条例》第二十三条规定，一人有两种以上（含两种）应当受到党纪处分的违纪行为，应当合并处理，按其数种违纪行为中应当受到的最高处分加重一档给予处分。撤销党内职务加重一档处分为留党察看。

42. 在纪律审查中发现党的领导干部严重违纪涉嫌违法犯罪的，处理的顺序是（　　）。

A. 先作出党纪处分决定，再移送行政机关、司法机关处理

B. 先移送行政机关、司法机关处理，再作出党纪处分决定

C. 先作出党纪政纪处分决定，再移送司法机关处理

D. 先移送行政机关处理，再移送司法机关处理

【参考答案】 A

【答案解析】 《中国共产党党内监督条例》第三十七条规定，在纪律审查中发现党的领导干部严重违纪涉嫌违法犯罪的，应当先作出党纪处分决定，再移送行政机关、司法机关处理。

43. 公务员辞去公职或者退休的,原系领导成员的公务员在离职(　　)年内,其他公务员在离职(　　)年内,不得到与原工作业务直接相关的企业或者其他营利性组织任职,不得从事与原工作业务直接相关的营利性活动。

A. 2;1　　B. 3;2　　C. 5;2　　D. 5;3

【参考答案】 B

【答案解析】 公务员辞去公职或者退休的,原系领导成员的公务员在离职3年内,其他公务员在离职2年内,不得到与原工作业务直接相关的企业或者其他营利性组织任职,不得从事与原工作业务直接相关的营利性活动。

44. 监察机关对违法的公职人员给予政务处分记大过,处分期间为(　　)。

A. 6个月　　B. 12个月　　C. 18个月　　D. 24个月

【参考答案】 C

【答案解析】 根据《中华人民共和国政务处分法》,记大过处分期间为18个月。

45. 税务机关各部门在发现涉嫌违纪问题线索后应及时移交给(　　)。

A. 纪检监察部门　　B. 人事部门

C. 上级党委部门　　D. 地方纪委

【参考答案】 A

【答案解析】 税务机关各单位(部门)在发现涉嫌违纪问题线索后应及时向纪检监察部门移交。

46. 税务系统新纵合横通强党建机制体系是(　　)。

A. “条主动、块为主,两结合、互为补,抓班子、带队伍”

B. “条主动、块为主,两结合、互为补,齐心抓、党建兴”

C. “条主责、块双重,纵合力、横联通,抓班子、带队伍”

D. “条主责、块双重,纵合力、横联通,齐心抓、党建兴”

【参考答案】 D

【答案解析】 新纵合横通强党建机制体系是“条主责、块双重,纵合力、横联通,齐心抓、党建兴”。

47.《关于解决形式主义突出问题为基层减负的通知》规定,从中央层面做起,层层大幅度精简文件和会议,确保发给县级以下的文件、召开的会议减少(　　)。

A. 20%～30%　　B. 30%～50%　　C. 一半　　D. 60%

【参考答案】 B

【答案解析】《关于解决形式主义突出问题为基层减负的通知》规定,认真贯彻落实中央八项规定及其实施细则精神,从中央层面做起,层层大幅度精简文件和会议，确保发给县级以下的文件、召开的会议减少30%～50%。

48. 推进税务系统党的政治建设，首要任务是（　　）。

A. 严肃党内政治生活　　B. 坚持党的领导

C. 坚持“条主动、块为主”　　D. 坚决做到“两个维护”

【参考答案】 D

【答案解析】《中共国家税务总局委员会关于加强新形势下税务系统党的建设的意见》(税总党委发〔2018〕23号)规定，要把坚决维护习近平总书记党中央的核心、全党的核心地位，坚决维护党中央权威和集中统一领导作为党的政治建设首要任务。

49. 公务员的任用，坚持德才兼备、以德为先，坚持五湖四海、任人唯贤，坚持事业为上、公道正派，突出（　　），注重（　　）。

A. 政治标准；工作实绩　　B. 工作实绩；政治标准

C. 政治建设；工作能力　　D. 工作能力；思想道德

【参考答案】 A

【答案解析】 公务员的任用，坚持德才兼备、以德为先，坚持五湖四海、任人唯贤，坚持事业为上、公道正派，突出政治标准，注重工作实绩。

50. 全党党史学习教育动员大会召开于（　　）。

A. 2021年2月1日　　B. 2021年2月10日

C. 2021年2月20日　　D. 2021年2月28日

【参考答案】 C

【答案解析】 2021年2月20日，全党召开党史学习教育动员大会。

二、多项选择题（下列各题给出的备选答案中有两个或两个以上是正确的，请将你认为正确的答案符号A、B、C、D中选两个或两个以上填入括号中。）

1. 通报适用于（　　）。

A. 表彰先进　　B. 批评错误

C. 传达重要精神　　D. 告知重要情况

【参考答案】 ABCD

【答案解析】 这是通报适用的四种情形，区别于通告。

2. 国家税务总局的会议纪要分为（　　）。

A. 党组会议纪要　　B. 局务会议纪要

C. 局长办公会议纪要　　D. 局领导专题会议纪要

【参考答案】 ABCD

【答案解析】 纪要,适用于记载会议主要情况和议定事项。国家税务总局的会议纪要分为党组会议纪要、局务会议纪要、局长办公会议纪要和局领导专题会议纪要。

3. 一般公文的标题由(　　)组成。

A. 时间　　B. 发文机关　　C. 发文事由　　D. 文种

【参考答案】 BCD

【答案解析】 公文标题由发文机关、发文事由和文种组成。

4. 下列属于下行文的有(　　)。

A. 报告　　B. 指示　　C. 批复　　D. 决定

【参考答案】 BCD

【答案解析】 下行文是指上级领导机关或业务主管部门对所属的下级机关的一种行文。下行文一般常用指示、决定、通知、批复等。

5. 各级税务机关可以与(　　)以及具有行政职能的事业单位联合行文。

A. 同级党政各部门　　B. 下一级党委政府

C. 相应的军队机关　　D. 同级人民团体

【参考答案】 ABCD

【答案解析】 依据《全国税务机关公文处理办法》(国税发〔2012〕92号印发)对联合行文的有关规定。

6. 签发人签发公文,应当(　　)。

A. 写明签发意见　　B. 标注签发人姓名

C. 注明签发日期　　D. 加盖发文机关印章

【参考答案】 ABC

【答案解析】 依据《全国税务机关公文处理办法》(国税发〔2012〕92号印发)对签发人的有关规定。签发人签发公文,应当签署意见、姓名和完整日期。

7. 收文办理的审核程序是指对下级税务机关上报并需要办理的公文,应当对来文的(　　)进行审核。

A. 合法性　　B. 规范性　　C. 正确性　　D. 可靠性

【参考答案】 AB

【答案解析】 对下级税务机关上报并需要办理的公文,应当对来文的合法性、规范性进行审核。

8. 各级税务机关应当建立健全本机关公文管理制度,公文由(　　)管理。

A. 文秘部门　　B. 机关负责人

C. 专人统一　　D. 机关部门人员轮流

【参考答案】 AC

【答案解析】 公文管理人员必须由文秘部门或专人统一管理，其他人员不得管理。

9. 不得确定为国家秘密事项包括(　　)。

A. 需要社会公众广泛知晓或者参与的

B. 属于工作秘密、商业秘密、个人隐私的

C. 已经依法公开或者无法控制知悉范围的

D. 法律、法规或者国家有关规定要求公开的

【参考答案】 ABCD

【答案解析】 以上均属于不得确定为国家秘密事项。

10. 突发事件信息报告基本类别有(　　)。

A. 自然灾害　　B. 事故灾难

C. 公共卫生事件　　D. 恐怖袭击

【参考答案】 ABC

【答案解析】 突发事件信息报告分为自然灾害、事故灾难、公共卫生事件、社会安全事件四大基本类别。

11. 税收宣传工作应执行的工作纪律包括(　　)。

A. 新闻采访报告制度　　B. 税收新闻发布制度

C. 税收宣传稿件审核制度　　D. 各项保密规定

【参考答案】 ABCD

【答案解析】 以上均属于税收宣传工作应严格执行并遵守的工作纪律。

12. 数字人事着力构建干部考核评价管理制度机制，其特点主要有(　　)。

A. 可视化　　B. 科学化　　C. 数据化　　D. 可比化

【参考答案】 BCD

【答案解析】 数字人事构建科学化、日常化、多维化、数据化、累积化、可比化的干部考核评价管理制度机制，促使税务干部一生向上、一心向善。

13. 关于数字人事制度，以下说法正确的有(　　)。

A. 数字人事对税务干部的职业基础、业务能力、领导胜任力、日常绩效(平时考核)、公认评价进行量化

B. 职业基础包括税务干部接受教育信息、考录信息以及新进培养信息等

C. 业务能力主要通过业务能力升级的方式体现，业务能力级档分为初级、中级

和高级,共13档

D. 公认评价是指年度终了对全体税务干部进行的年终测评

【参考答案】 AB

【答案解析】 根据数字人事相关规定,业务能力主要通过业务能力升级的方式体现,业务能力级档分为初级、中级和高级,共11档;公认评价包括内部评价和外部评价两个方面,内部评价是指年度终了对全体税务干部进行的年终测评,领导班子成员还应包括"一报告两评议"测评和廉政测评。

14. 干部在平时考核周期内当前不得评为"好"等次的情形主要有(　　)。

A. 个人受到系统内组织处理的

B. 因执法过错被追究相关责任的

C. 被上级以正式文件通报批评(不含点名批判性批示)的

D. 无故迟到、早退及未出勤次数在当期平时考核周期内超过2次的

【参考答案】 AB

【答案解析】 选项C,被上级以正式文件通报批评(含点名批评性批示)的;选项D,无故迟到、早退及未出勤次数在当期平时考核周期内超过3次的。

15. 干部年度考核直接确定为第3段的情形主要有(　　)。

A. 当年受党纪处分、政务处分的

B. 当年平时考核结果超过半数被评为"一般"或者"较差"等次的

C. 旷工或者因公外出、请假期满无正当理由逾期不归连续超过15天,或者一年内累计超过30天的

D. 无正当理由不参加考核的

【参考答案】 ABD

【答案解析】 旷工或者因公外出、请假期满无正当理由逾期不归连续超过10天,或者一年内累计超过20天的,年度考核直接确定为第3段。

16. 公职人员犯罪,予以开除的情形主要有(　　)。

A. 因故意犯罪被判处管制、拘役或者有期徒刑以上刑罚(含宣告缓刑)的

B. 因过失犯罪被判处有期徒刑,刑期超过五年的

C. 因犯罪被单处以刑罚

D. 因犯罪被并处剥夺政治权利的

【参考答案】 ABCD

【答案解析】 以上均属于公职人员犯罪予以开除的情形。

17. 各级税务机关党委要认真履行全面从严治党主体责任,其中重点要履行的

责任包括(　　)。

A. 组织领导责任　　B. 统筹推进责任

C. 选人用人责任　　D. 支持保障责任

【参考答案】 ACD

【答案解析】 根据相关规定，各级税务机关党委履行全面从严治党主体责任，重点履行组织领导、选人用人、支持保障、管理监督责任。

18. 各级税务机关党委书记是落实全面从严治党主体责任的第一责任人，其应重点履行的责任包括(　　)。

A. 监督执纪责任　　B. 统筹推进责任

C. 选人用人责任　　D. 管理监督责任

【参考答案】 BCD

【答案解析】 党委书记是落实全面从严治党主体责任的第一责任人，重点履行统筹推进、选人用人、管理监督和示范引领责任。

19.《关于实行党风廉政建设责任制的规定》规定，领导班子、领导干部违反党风廉政建设责任制规定，应当从重追究责任的情节包括(　　)。

A. 对职责范围内发生的问题进行掩盖、袒护的

B. 干扰、阻碍责任追究调查处理的

C. 对发生问题整改不到位的

D. 违规给参加竞聘上岗的干部提供考试信息的

【参考答案】 AB

【答案解析】《关于实行党风廉政建设责任制的规定》第二十二条规定，领导班子、领导干部具有本规定第十九条所列情形，并具有下列情节之一的，应当从重追究责任：①对职责范围内发生的问题进行掩盖、袒护的；②干扰、阻碍责任追究调查处理的

20. 向上级机关的请示、汇报工作或对重要问题提出建议时用(　　)。

A. 请示　　B. 报告　　C. 函　　D. 意见

【参考答案】 ABD

【答案解析】 向上级机关的请示、汇报工作或对重要问题提出建议时用“请示”“报告”“意见”。

21. 签收公文时应注意(　　)。

A. 应当在对方投递单或送文簿上签字以示收到

B. 签收时要注意清点实收文件，与对方的投递单或送文簿核对，查看是否相符

C. 包装和封口是否牢固,确认无误后再签发

D. 收到秘密级及以上公文后,必须在机要室存放并专人保管

【参考答案】 ABC

【答案解析】 选项 D,收到绝密级公文后,必须在机要室存放并专人保管。

22. 命令(令)的主要特点有( )。

A. 权威性　　B. 强制性　　C. 规范性　　D. 严肃性

【参考答案】 ABD

【答案解析】 命令(令)适用于发布法律法规、宣布重要措施以及嘉奖有关人员等情形,因此权威性、强制性、严肃性是其主要特点。

23. 公务员领导职务实行( )。

A. 选任制　　B. 委任制　　C. 聘任制　　D. 考任制

【参考答案】 ABC

【答案解析】 公务员领导职务实行选任制、委任制和聘任制。

24. 公务员奖励分为( )。

A. 优秀　　B. 嘉奖　　C. 记三等功　　D. 授予称号

【参考答案】 BCD

【答案解析】 公务员奖励分为:嘉奖、记三等功、记二等功、记一等功、授予称号。

25. 公务员的处分分为( )。

A. 警告　　B. 记过　　C. 降级　　D. 开除

【参考答案】 ABCD

【答案解析】 公务员的处分分为:警告、记过、记大过、降级、撤职、开除。

26. 公务员应当遵纪守法,不得有下列( )行为。

A. 组织或者参加非法组织

B. 参加宗教活动

C. 不担当,不作为,玩忽职守,贻误工作

D. 违反财经纪律,浪费国家资财

【参考答案】 ACD

【答案解析】 选项 B,不属于公务员遵纪守法负面清单内容。

27. 公务员之间有夫妻关系、直系血亲关系、三代以内旁系血亲关系以及近姻亲关系的,不得在其中一方担任领导职务的机关从事( )工作。

A. 办公室　　B. 人事　　C. 纪检　　D. 财务

【参考答案】 BCD

【答案解析】 公务员之间有夫妻关系、直系血亲关系、三代以内旁系血亲关系以及近姻亲关系的，不得在其中一方担任领导职务的机关从事组织、人事、纪检、监察、审计和财务工作。

28. 做好2021年税收工作，国家税务总局党委书记、局长王军提出（　　）的工作要求。

A. 新　　B. 精　　C. 进　　D. 稳

【参考答案】 ABC

【答案解析】 在2021年全国税务工作会议上，国家税务总局党委书记、局长王军提出了“新、精、进”的工作要求。“新”就是要立足新发展阶段、贯彻新发展理念、服务新发展格局，谋新局、开新篇、展新貌；“精”就是要深入推进精确执法、精细服务、精准监管、精诚共治，确保《关于进一步深化税收征管改革的意见》不折不扣落地见效；“进”就是新发展阶段税收现代化建设要稳步推进、持续改进，取得明显进展。

29. 中央八项规定的主要内容有（　　）。

A. 要精简会议活动　　B. 要改进警卫工作

C. 要改进新闻报道　　D. 要厉行勤俭节约

【参考答案】 ABCD

【答案解析】 中央八项规定的主要内容有：①要改进调查研究；②要精简会议活动；③要精简文件简报；④要规范出访活动；⑤要改进警卫工作；⑥要改进新闻报道；⑦要严格文稿发表；⑧要厉行勤俭节约。

30. 党委要发挥本部门、本系统的领导核心作用，准确把握职责定位，充分发挥（　　）的重要作用。

A. 把方向　　B. 管大局　　C. 抓重点　　D. 保落实

【参考答案】 ABD

【答案解析】《中共国家税务总局委员会关于加强新形势下税务系统党的建设的意见》提出，发挥党委在本部门、本系统的领导核心作用，准确把握各级税务局党委的职责定位，充分发挥把方向、管大局、保落实的重要作用。

三、判断题（判断下列各题正确与错误，如果正确打上√，如果错误打上，请将正确答案序号填入括号中。）

1. 税务机关经常使用一种“文件”，即“便函”，它也属于正式公文。　（　　）

【参考答案】 ×

【答案解析】 便函不属于正式公文。

2. 报告属上行文,报告中不得夹带请示事项,但可以提出需要办理的建议事项(意见)。 ( )

【参考答案】 ×

【答案解析】 报告中不得夹带请示事项,不得夹带需要办理的建议事项(意见)。

3. 上级机关批复下级机关的请示时,必须明确表态,若予否定,可直接回复不同意。 ( )

【参考答案】 ×

【答案解析】 上级机关批复下级机关的请示时,必须明确表态,若予否定,应写明理由。

4. 公文在主送和抄送中,税务机关的名称可以使用机关全称或者规范化简称。 ( )

【参考答案】 ×

【答案解析】 在主送和抄送中,税务机关的名称应当使用"国家税务总局×××税务局",不得使用简称。

5. 收到绝密级公文后,必须在机要室存放并专人保管。 ( )

【参考答案】 √

【答案解析】 收到绝密级公文后,必须在机要室存放并专人保管。

6. 公文办理完毕后,应当及时交本部门文秘人员整理归档。个人可以保存应当归档的公文。 ( )

【参考答案】 ×

【答案解析】 个人不得保存应当归档的公文。

7. 市以上税务机关应当建立机要保密室和机要阅文室,有条件的县税务局可以参照建立。 ( )

【参考答案】 ×

【答案解析】 县以上税务机关应当建立机要保密室和机要阅文室。

8. 对没有隶属管理的平级单位或其他单位来文请求批准有关事项,不能使用"批复",只能采用"函"。 ( )

【参考答案】 ×

【答案解析】 对没有隶属管理的平级单位或其他单位来文请求批准有关事项,不能使用"批复",应当采用"通知"或"函"。

9. 公文的紧急程度分特急、加急和平急三种。（　　）

【参考答案】×

【答案解析】公文的紧急程度分特急、加急两种。

10. 公文如有多个附件，使用阿拉伯数字标注附件顺序号（如“附件：1. ×××；”），附件名称后加分号直至最后一个附件加句号。（　　）

【参考答案】×

【答案解析】公文如有多个附件，使用阿拉伯数字标注附件顺序号（如“附件：1. ×××”），附件名称后不加标点符号。

11. 根据行文方向，对社会公开发布，可用“令”“通报”“公告”等文种。（　　）

【参考答案】√

【答案解析】依据《全国税务机关公文处理办法》（国税发〔2012〕92号印发）对文种的有关规定。

12. 各级税务机关一般不得越级行文。因特殊情况（如重大灾害、重大案件、重大事故等）必须越级行文时，可越级行文，但必须抄送被越过的上级机关。（　　）

【参考答案】×

【答案解析】各级税务机关一般不得越级行文。因特殊情况（如重大灾害、重大案件、重大事故等）必须越级行文时，应当抄送被越过的上级机关（下级机关反映其直接上级机关和领导人问题的除外）。

13. 公文发出后，因发现错误无须追回的，只要通知发送范围内的所有单位即可。（　　）

【参考答案】×

【答案解析】公文发出后，因发现错误无须追回的，只要通知发送范围内的所有单位，有关单位应当配合做好公文收回工作。

14. 涉密公文不得通过计算机、传真机等传输。（　　）

【参考答案】×

【答案解析】传递涉密公文，必须采取保密措施，确保安全。利用计算机、传真机等传输涉密公文，必须符合国家有关保密规定。

15. 绝密级公文不可以复制、汇编。（　　）

【参考答案】×

【答案解析】绝密级公文一般不得复制、汇编，却有工作需要的，应当经发文机关或者其上级机关批准。

16. 用于在一定范围内公布应当遵守或周知的事项的公文是通知。（　）

【参考答案】 ×

【答案解析】 用于在一定范围内公布应当遵守或周知的事项的公文是通告。

17. 不得以本机关名义向上级机关负责人报送公文,也不得以本机关负责人名义向上级机关报送公文。（　）

【参考答案】 ×

【答案解析】 除上须机关负责人直接交办事项外,不得以本机关名义向上级机关负责人报送公文,不得以本机关负责人名义向上级机关报送公文。

18. 起草涉密文件(不包括过程稿)必须在涉密计算机上进行。（　）

【参考答案】 ×

【答案解析】 起草涉密文件(包括过程稿)必须在涉密计算机上进行。

19. 对外提供机密级以下涉密文件资料电子版,应当与办公厅保密处联系,在专用涉密中间机转换后提供,并做好相关记录。（　）

【参考答案】 ×

【答案解析】 对外提供涉密文件资料电子版,应当与办公厅保密处联系,在专用涉密中间机转换后提供,并做好相关记录。

20. 税务工作人员或其相关人员非正常死亡的事件也属于重大突发事件报告范围。（　）

【参考答案】 ×

【答案解析】 税务工作人员非正常死亡的事件也属于重大突发事件报告范围。

21. 对研究决定的与纳税人密切相关的重大事项、制定的重要税收政策,要及时公开。（　）

【参考答案】 ×

【答案解析】 对研究决定的与纳税人密切相关的重大事项、制定的重要税收政策,除依法需要保密的外要及时公开。

22. 未经统一安排任何单位和个人不得擅自接受任何形式的采访。（　）

【参考答案】 √

【答案解析】 未经统一安排任何单位和个人不得擅自接受任何形式的采访。

23. 公务接待中的零星支出,可以使用现金。（　）

【参考答案】 ×

【答案解析】 严格公务接待报销管理,接待费用必须采取转账或使用公务卡结算方式,一律不得支付现金。

24. 会议费用列支项目均有具体上限标准,各项费用之间不得调剂使用。 （　）

【参考答案】 ×

【答案解析】 综合定额控制会议费开支,各项费用之间可以调剂使用。

25. 参加秘密级及以上涉密会议(活动),一律禁止带入并使用手机。 （　）

【参考答案】 ×

【答案解析】 绝密级、机密级会议、活动场所禁止带入手机;秘密级会议、活动场所禁止使用普通手机。

26. 领导班子正职、领导班子副职、部门正职、部门副职每周工作记实均不得少于2次。 （　）

【参考答案】 ×

【答案解析】 领导班子正职、领导班子副职、部门正职、部门副职每周工作记实2次,其中,45岁以上干部每周记实1次。

27. 税务系统绩效管理通过"双轮驱动",基本形成了横向到边、纵向到底、任务到岗、责任到人的管理格局。所谓"双轮"是指过程控制和结果应用。 （　）

【参考答案】 ×

【答案解析】 所谓"双轮"是指组织绩效与个人绩效。

28. 绩效考评是绩效管理的灵魂和主线,它贯穿于绩效管理工作始终,渗透于绩效管理各环节,是区别于传统考核的重要标志。 （　）

【参考答案】 ×

【答案解析】 绩效沟通是绩效管理的灵魂和主线,它贯穿于绩效管理工作始终,渗透于绩效管理各环节,是区别于传统考核的重要标志。

29. 税务系统绩效管理,是指运用绩效管理原理和方法,建立符合税务系统实际的"战略—目标—执行—考评"管理制度机制。 （　）

【参考答案】 ×

【答案解析】 税务系统绩效管理,是指运用绩效管理原理和方法,建立符合税务系统实际的"战略—目标—执行—考评—改进"管理制度机制。

30. 数字人事制度的主要特征是:突出以人为本、突出科学考评、突出数字管理、突出科技引领。 （　）

【参考答案】 √

【答案解析】 突出以人为本、突出科学考评、突出数字管理、突出科技引领是数字人事制度的主要特征。

31. 公务员在受处分期间不得晋升职务和级别，其中，受记过处分的，可以晋升工资档次；受撤职处分的，应当按照规定降低级别。 （　）

【参考答案】 ×

【答案解析】 《中华人民共和国公务员法》第六十四条规定，公务员在受处分期间不得晋升职务和级别，其中受记过、记大过、降级、撤职处分的，不得晋升工资档次。

32. 公务员在定期考核中被确定为优秀、称职、基本称职的，按照国家规定享受年终奖金。 （　）

【参考答案】 ×

【答案解析】 《中华人民共和国公务员法》第八十条规定，公务员在定期考核中被确定为优秀、称职的，按照国家规定享受年终奖金。

33. 公务员认为上级的决定或者命令有错误的且上级不改变该决定或者命令，或者要求立即执行的，公务员应当执行，执行后果由上级负责，公务员不承担责任。 （　）

【参考答案】 ×

【答案解析】 有例外情况，公务员执行明显违法的决定或者命令的，应当依法承担相应的责任。

34. 构建税务系统全面从严治党新格局，核心是加强党的领导，基础在全面，关键在严，要害在治。 （　）

【参考答案】 √

【答案解析】 《关于构建税务系统全面从严治党新格局的实施意见》指出，构建税务系统全面从严治党新格局，核心是加强党的领导，基础在全面，关键在严，要害在治。

35. 各级税务局党委委员应切实履行"一岗双责"，抓好分管部门、分管领域以及联系单位的党建和全面从严治党工作，每半年要向本级党委汇报 1 次履行"一岗双责"情况。 （　）

【参考答案】 ×

【答案解析】 各级税务局党委委员应每年向本级党委汇报 1 次履行"一岗双责"情况。

36. 各级税务局系统党建部门、机关党委原则上应由同一名党委委员分管。（　）

【参考答案】 √

【答案解析】 国家税务总局党委印发《关于加强新形势下税务系统党的建设的意见》规定，系统党建部门、机关党委原则上由同一名党委委员分管。

37. 公务员在年度考核中被确定为不称职的，按照规定程序降低一个职务或者职级层级任职。（　）

【参考答案】 √

【答案解析】 公务员在年度考核中被确定为不称职的，按照规定程序降低一个职务或者职级层级任职。

38. 公文中所称“以上”“以下”含本数或本级，不加括号说明。（　）

【参考答案】 √

【答案解析】 根据公文行文格式要求，公文中所称的“以上”“以下”含本数或本级，不加括号说明；不含本数或本级，要加括号说明。满多少，包括本数；不满多少，不包括本数。超过多少，不包括本数；不超过多少，包括本数。

39. 参会人员在100人以内且无外地代表的会议，原则上在单位内部会议室召开，不安排住宿。（　）

【参考答案】 ×

【答案解析】 参会人员在50人以内且无外地代表的会议，原则上在单位内部会议室召开，不安排住宿。

40. 中央预算单位分散采购限额标准，对于货物和服务项目为100万元。（　）

【参考答案】 ×

【答案解析】 中央预算单位分散采购限额标准。货物和服务项目为50万元，工程项目为60万元。

41. 采购公开招标数额标准以内的货物、工程和服务，应当进行公开招标。（　）

【参考答案】 ×

【答案解析】 采购公开招标数额标准以上的货物、工程和服务，应当进行公开招标。

42. 会议纪要需要加盖单位公章。（　）

【参考答案】 ×

【答案解析】 会议纪要应有完整的格式,一般有标志、编号、日期、签发人、纪要事项、出席人、请假人、列席人、发送单位等部分构成,会议纪要不加盖机关印章。

43. 公文写作中表示概数要用顿号隔开。 ( )

【参考答案】 ×

【答案解析】 表示概数不应用顿号隔开,如:七八个。

44. 同一公务卡信用消费单笔最高不得超过1万元,月透支余额最高不得超过2万元。 ( )

【参考答案】 ×

【答案解析】 同一公务卡信用消费单笔最高不得超过2万元,月透支余额最高不得超过5万元。

45. 突发事件不包括自然灾害。 ( )

【参考答案】 ×

【答案解析】 突发事件,是指突然发生,造成或可能造成严重社会危害,需要采取应急处理措施予以应对的自然灾害、事故灾害、社会安全和公共卫生事件。

46. 单项采购金额达到100万元以上的,应当采用公开招标方式。 ( )

【参考答案】 ×

【答案解析】 原则上政府采购货物或服务的项目,单项采购金额达到120万元以上的,应当采用公开招标方式。

47. 各级税务机关必须配备专职人员或委托专业机构对涉税网络舆情进行24小时不间断监控。 ( )

【参考答案】 ×

【答案解析】 省税务局机关应配备专职人员或委托专业机构对涉税网络舆情进行24小时不间断监控。

48. 关于差旅费的支出标准,市内交通费按每人每天80元包干使用。 ( )

【参考答案】 √

【答案解析】 关于差旅费的支出标准,市内交通费按每人每天80元包干使用。

49. 重大事件预警等级用红色表示。 ( )

【参考答案】 ×

【答案解析】 根据预测分析结果,依据可能发生和可以预警的突发事件的级别,将预警等级对应划分为特别重大、重大、较大、一般四个等级,分别用红色、橙色、黄色、蓝色表示。

50. 公务卡结算范围为财政授权支付业务中原使用现金结算的公务经费支出，包括差旅费、会议费、招待费、2 万元以下的零星支出，以及财政部规定的其他支出等。（　　）

【参考答案】 ×

【答案解析】 公务卡结算范围为财政授权支付业务中原使用现金结算的公务经费支出，包括差旅费、会议费、招待费、5 万元以下的零星支出，以及财政部规定的其他支出等。

四、案例分析题（请阅读所给材料，根据要求，将正确答案填入括号中。）

（一）办税服务厅应急处理案例分析

【背景资料】

×××年 8 月 15 日上午，某小规模纳税人办税人员小王到某市区局办税服务厅申请代开专用发票。正值纳税申报期最后一天，办税厅排号量达到 200 多号，25 个窗口只有 15 个窗口有工作人员，其他窗口都只开了电脑没有工作人员，很多纳税人围在窗口等待或三五成群讲话，大厅显得嘈杂拥堵严重。小王转了一圈也没找到代开发票窗口，也没找到咨询人员。一个小时后，办税大厅突然停电，大厅计算机网络全部中断，窗口人员随即通知停办各项业务。等待多时的小王非常生气，找到大厅值班主任发生争吵，值班主任随即让保安把小王带离办税服务厅，很快其他纳税人都围拢上来，还有的用手机拍照上传网络，并配文称纳税人在办税服务厅被税务局工作人员推搡甚至殴打，短时间内引起众多网民和媒体的极大关注。此事件使得某市区局部门形象陷入了较为被动的舆论形势。

【提问】

1. 本案例在《办税服务厅突发事件应急管理办法（试行）》（国税发〔2009〕128 号印发）中，适用于分类中的（　　）。（单选题）

A. 系统故障类　　B. 涉税舆情类

C. 办税秩序类　　D. 其他类

【参考答案】 A

【答案解析】 由于计算机软件、硬件及网络系统等升级或其他突发故障，影响工作正常运行的突发事件，属于系统故障类。

2. 针对此次办税服务厅事件，领导让你草拟一份公文上报市局，请问正确的是（　　）。（单选题）

A. 关于办税服务厅舆情事件情况汇报

B. 关于办税服务厅舆情事件有关情况的汇报

C. 某市区税务局关于办税服务厅舆情事件情况报告

D. 某市区税务局关于办税服务厅舆情事件有关情况的报告

【参考答案】 D

【答案解析】 报告属于上行文,适用于向上级机关汇报工作、反映情况,回复上级机关询问。公文标题由发文机关、发文事由和文种组成。

3. 该办税服务厅在日常管理中存在(　　)不足。(多选题)

A. 办税公开不到位,没有设立明显的窗口标识或是指引牌

B. 办税服务厅拥堵没有进行有效的指引和疏导,也没有采取增加窗口人员等应急方案

C. 突发事件应急预案启动不及时,办税服务厅负责人处置失当,未及时采取措施分流纳税人或是通知区局相关部门启用备用发电设备

D. 未及时向值班领导报告

【参考答案】 ABCD

【答案解析】 根据办税服务厅有关规范,以上答案均正确。

4. 该区局办税服务厅发生的突发事件,应坚持的应急处置原则包括(　　)。(多选题)

A. 以人为本　　B. 预防为主　　C. 防治结合　　D. 果断处置

【参考答案】 ABD

【答案解析】 根据《办税服务厅突发事件应急管理办法(试行)》(国税发〔2009〕128号印发)规定,突发事件应急处置原则包括:以人为本、预防为主、果断处置。

5. 针对上述负面舆情,领导让你尽快采取措施予以化解,你该怎么办(　　)。(多选题)

A. 完善工作机制　　B. 抓好重点环节

C. 正确引导舆论　　D. 做好联合应对

【参考答案】 ABCD

【答案解析】 涉税舆情处置措施包括:完善工作机制、抓好重点环节、正确引导舆论、做好联合应对、落实舆情管理责任、形成舆情倒逼机制。

(二)会议管理案例分析

【背景资料】

×××年1月8日,国家税务总局召开全国税务工作会议。会议全面总结上一年度税务工作,部署开展本年度重点任务。税务总局领导班子成员、总局机关全体干部及各省、自治区、直辖市、计划单列市税务局主要负责同志参会。

【提问】

1. 按照会议分类，税务总局召开的此次会议属于（　　）类会议。（单项选择题）

A. 一　　B. 二　　C. 三　　D. 四

【参考答案】 B

【答案解析】 二类会议，是指税务总局召开的全国税务工作会议，要求各省、自治区、直辖市、计划单列市国税局、地税局主要负责同志参加。

2. 根据会议管理有关规定，会议费开支实行综合定额控制，其中一类会议费上限为（　　）。（单选题）

A. 780　　B. 760　　C. 680　　D. 650

【参考答案】 B

【答案解析】 表 8-2 会议费用列支上限一览表。

3. 根据《中央和国家机关会议费管理办法》（财行〔2016〕214 号印发），税务总局应按规定程序和要求，于每年（　　）月底前，将下一年度的会议计划送财政部审核会签。（单选题）

A. 9　　B. 10　　C. 11　　D. 12

【参考答案】 C

【答案解析】 根据《中央和国家机关会议费管理办法》（财行〔2016〕214 号印发），税务总局应按规定程序和要求，于每年 11 月底前，将下一年度的会议计划送财政部审核会签，经中共中央办公厅、国务院办公厅审核批准后召开。

4. 三类会议参会人员不得超过（　　）人，其中，工作人员控制在会议代表人数的（　　）以内。（多选题）

A. 150　　B. 300　　C. 10%　　D. 15%

【参考答案】 AC

【答案解析】 三类会议参会人员不得超过 150 人，其中，工作人员控制在会议代表人数的 10%以内。

5. 本次全国税务工作会议主要是总结上一年度税务工作，部署开展今年重点任务，该类会议应优先采取（　　）方式召开，并注意控制规模，节约费用支出。（多选题）

A. 现场会议　　B. 电视会议　　C. 电话会议　　D. 网络视频

【参考答案】 BCD

【答案解析】 传达、布置类会议优先采取电视电话、网络视频方式召开，并注意控制规模，节约费用支出。

(三)公文改错

【背景资料】

材料1：

国家税务总局江峰市税务局文件

江税发〔2021〕第16号　　签发：×××

国家税务总局江峰市税务局关于提请取消高新技术企业资格和房地产开发企业销售未完工产品计税毛利率有关企业所得税的请示

海河省税务局：

按照企业所得税后续管理工作要求，我局对全市×个县市区高新技术企业开展了专项核查。通过实地核查，发现部分高新技术企业已经停止生产经营或不再符合资格认定条件。根据科技部　财政部　国家税务总局《高新技术企业认定管理办法》及其工作指引规定，结合日常管理情况和税收征管系统相关数据，经我局研究决定，提请取消以下2户企业高新技术企业资格：

1. 淮河省中亚工艺品有限公司

2. 江峰市星光光电子有限公司

此外，我市部分地方政府为控制房价纷纷出台一些文件，制订“限价房”相关规定。在实际操作中，主管税务机关和房地产开发企业对“限价房”理解不一，致使部分房地产开发企业在预缴申报企业所得税时发生纳税争议。

鉴于以上情况，恳请省局对“限价房”的界定及适用条件和范围等予以明确。

国家税务总局江峰市税务局

二〇二一年五月×日

抄送：××县税务局，××区税务局

江峰市税务局所得税科承办　　办公室2021年×月×日印发

材料 2：

国家税务总局江峰市税务局财产和行为税科文件

江税财行便函〔2021〕2 号

国家税务总局江峰市税务局财产和行为税科
关于开展业务跟班学习的通知

国家税务总局江峰市水溪县税务局：

因工作需要，经市局领导同意，抽调 1 名基层税务人员开展业务跟班实践学习。现将有关事项通知如下：

一、学习目标

通过在市局跟班工作学习，熟悉和掌握财产行为税、资源环境税各税种业务知识，培养基层财行税专业人才。

二、学习时间

2021 年×月×日～2021 年×月×日

三、学习人员

水溪县局：×××

四、学习要求：

1. 跟班学习人员，要自带笔记本电脑。

2. 跟班学习人员应自觉遵守工作纪律和制度，服从管理，按照跟班学习要求，积极开展业务学习和工作实践，认真完成工作学习任务。

3. 做好跟班学习人员的工作交接，原则上不再安排原岗位工作，跟班学习人员学习期间相关费用按照有关制度规定办理。

国家税务总局江峰税务局财产和行为税科

2021 年×月×日

江峰市税务局财产和行为税科承办　　2021 年×月×日印发

材料 3:

国家税务总局江峰市税务局

信息公开选项:不予公开　　江税发〔2021〕22 号

关于分配 2021 年第×批出口退税计划的通知

国家税务总局江峰市各县、区税务局:

根据《国家税务总局海河省税务局关于分配 2021 年第×批出口退税计划的通知》(海税函〔2021〕43 号)要求,经研究决定,现分配我市 2021 年第×批出口退税计划,共计×××××万元,各单位出口退税计划数见附件。

请在严格审核的基础上,准确、及时办理出口退税。

国家税务总局江峰市税务局

2021 年 1 月 18 日

附件:1. 2021 年第×批出口退税计划分配表。

2. 免抵调库计划分配表。

江峰市税务局货物和劳务税科承办　　办公室 2021 年×月×日印发

材料 4：

中共国家税务总局水溪区税务局委员会文件

水税党委发〔2021〕08 号

中共国家税务总局水溪区税务局委员会
关于 2020 年工作总结及 2021 年
工作打算的报告

中共国家税务总局江峰市税务局委员会、中共水溪区委员会：

2020 年是全面建成小康社会和十三五规划收官之年。一年来，在市局党委和区委、区政府的正确领导下，水溪区税务局党委坚持以习近平新时代中国特色社会主义思想为指导，对标对表十三五规划目标，深入学习贯彻党的十九大及十九届二中、三中、四中、五中全会精神，围绕税收工作主线，狠抓工作落实，较好完成各项工作任务。现将具体情况报告如下。

一、2020 年及“十三五”工作回顾

（一）突出政治引领，纵深推进全面从严治党

……（内容略）

（二）聚焦主责主业，抓好减税降费和组织收入

……（内容略）

（三）落实“四力”要求，服务“六稳”“六保”大局

……（内容略）

（四）夯实工作基础，强化系统内部管理

……（内容略）

（五）深化“放管服”改革，持续优化营商环境

……（内容略）

（六）其他重点工作推进情况

……（内容略）

二、存在的问题

五年来,全区税务系统上下同欲、攻坚克难,全面从严治党不断深入、征管体制改革稳步推进、税费收入规模逐渐扩大、税收治理体系和治理能力现代化明显增强、干部活力进一步激发、内外部风险得到有效控制、税收营商环境持续优化,纳税人缴费人的获得感、幸福感得到进一步提升。但距离上级要求和群众期盼还存在一定差距。主要表现在:……(内容略)

由于我局今年征管经费十分紧张,特向区委、区政府请示,拨付我局征管经费×××万元。

三、2021 年工作谋划

(一) 坚定政治方向,强化思想武装

……(内容略)

(二) 抓牢中心工作,严守税收法治底线

……(内容略)

(三) 夯实工作基础,防范化解税收风险

……(内容略)

(四) 提高干部素质,着力锻造过硬队伍

……(内容略)

(五) 持续正风肃纪,狠抓党风廉政建设

……(内容略)

特此报告。

中共国家税务总局水溪区税务局委员会

2021 年×月×日

(联系人:办公室×××,联系电话:××××-×××××××)

水溪区税务局办公室承办　　　　办公室 2021 年×月×日印发

此报告字数约 5 630 字。

【提问】

1. 材料1中有哪些错误？请改出来。

【参考答案】

(1) 发文字号“江税发〔2021〕第16号”错误，应把“第”去掉。

(2) “签发”应为“签发人”。

(3) 请示应为一文一事，不能有两个请示事项。

(4) 请示不能同时抄送下级机关。

(5) 落款时间“二○二一年五月×日”应为“2021年5月×日”。

(6) 成文日期后，公文附注处应注明联系人的姓名和电话。

(7) 正正文末后应有请示语，如“妥否，请批示。”

2. 材料2中有哪些错误？请改出来。

(1) 版头由税务机关名称和科室名称组成，不应加“文件”字样。

(2) 便函适用于向上、下级税务机关的内设机构和其他机关的内设机构行非正式公文时使用，不得以“国家税务总局××县(区)税务局”为行文对象。

(3) 便函无版记。

(4) 文中结构层次序数依次应用“一、”“(一)”“1.”“(1)”标注。

3. 材料3中有哪些错误？请改出来。

(1) 发文字号“江税发〔2021〕22号”错误，向下级机关部署局部的、阶段性的或临时性的工作，应适用“函”而不是“发”。

(2) 标题错误，缺少发文机关。标题应由发文机关、发文事由和文种组成。

(3) 主送机关应居左顶格。

(4) 附件位置错误，应在正文下空一行。

(5) 附件名称后不加标点符号。

4. 材料4中有哪些错误？请改出来。

(1) 发文字号错误，顺序号不编虚位(8号，不写成08号)。

(2) 无签发人错误，上行文应由机关主要负责人或主持工作的负责人签发。

(3) 主送机关错误，原则上只主送一个上级机关。

(4) 十三五应外加引号，为“十三五”。

(5) 报告中不得夹带请示事项。

(6) 报告字数超标准。按照《关于解决税务系统形式主义突出问题为基层减负若干措施》规定，反映全面工作的综合报告一般不超过5 000字。

附录

附录1 党的二十大最新知识点和练习题

第一部分 知识点

一、二十大概述

中国共产党第二十次全国代表大会于2022年10月16日上午10时在北京人民大会堂开幕,会期为10月16日至10月22日。

会议议程为5项:

(1) 听取和审查十九届中央委员会的报告。

(2) 审查十九届中央纪律检查委员会的工作报告。

(3) 审议通过《中国共产党章程(修正案)》。

(4) 选举二十届中央委员会。

(5) 选举二十届中央纪律检查委员会。

全国各选举单位选举产生并经中央批准公布代表共2 296名。经二十大代表资格审查委员会审查,确认2 296名代表资格有效。大会明确宣示党在新征程上举什么旗、走什么路、以什么样的精神状态、朝着什么样的目标继续前进,对全面建成社会主义现代化强国两步走战略安排进行宏观展望,科学谋划未来5年乃至更长时期党和国家事业发展的目标任务和大政方针。

二、二十大的意义

中国共产党第二十次全国代表大会是在全党全国各族人民迈上全面建设社会主义现代化国家新征程、向第二个百年奋斗目标进军的关键时刻召开的一次十分重要的大会。

三、二十大报告的主题

《高举中国特色社会主义伟大旗帜为全面建设社会主义现代化国家而团结奋斗》是习近平代表中国共产党第十九届中央委员会于2022年10月16日在中国共产党第二十次全国代表大会上向大会所作的报告。

大会的主题:高举中国特色社会主义伟大旗帜,全面贯彻新时代中国特色社会主义思想,弘扬伟大建党精神,自信自强、守正创新,踔厉奋发、勇毅前行,为全面建设社会主义现代化国家、全面推进中华民族伟大复兴而团结奋斗。

四、二十大报告的结构

二十大报告共分15个部分：

(1) 过去五年的工作和新时代十年的伟大变革。

(2) 开辟马克思主义中国化时代化新境界。

(3) 新时代新征程中国共产党的使命任务。

(4) 加快构建新发展格局，着力推动高质量发展。

(5) 实施科教兴国战略，强化现代化建设人才支撑。

(6) 发展全过程人民民主，保障人民当家作主。

(7) 坚持全面依法治国，推进法治中国建设。

(8) 推进文化自信自强，铸就社会主义文化新辉煌。

(9) 增进民生福祉，提高人民生活品质。

(10) 推动绿色发展，促进人与自然和谐共生。

(11) 推进国家安全体系和能力现代化，坚决维护国家安全和社会稳定。

(12) 实现建军一百年奋斗目标，开创国防和军队现代化新局面。

(13) 坚持和完善"一国两制"，推进祖国统一。

(14) 促进世界和平与发展，推动构建人类命运共同体。

(15) 坚定不移全面从严治党，深入推进新时代党的建设新的伟大工程。

五、两个"确立"

习近平新时代中国特色社会主义思想是当代中国马克思主义、二十一世纪马克思主义，是中华文化和中国精神的时代精华，实现了马克思主义中国化新的飞跃。党确立习近平同志党中央的核心、全党的核心地位，确立习近平新时代中国特色社会主义思想的指导地位，反映了全党全军全国各族人民共同心愿，对新时代党和国家事业发展、对推进中华民族伟大复兴历史进程具有决定性意义。

六、二十大报告中的"三个务必"

中国共产党已走过百年奋斗历程。我们党立志于中华民族千秋伟业，致力于人类和平与发展崇高事业，责任无比重大，使命无上光荣。全党同志务必不忘初心、牢记使命，务必谦虚谨慎、艰苦奋斗，务必敢于斗争、善于斗争，坚定历史自信，增强历史主动，谱写新时代中国特色社会主义更加绚丽的华章。

七、二十大报告中提到的"十年来三件大事"

十年来，我们经历了对党和人民事业具有重大现实意义和深远历史意义的三件大事：

一是迎来中国共产党成立一百周年。

二是中国特色社会主义进入新时代。

三是完成脱贫攻坚、全面建成小康社会的历史任务，实现第一个百年奋斗目标。

这是中国共产党和中国人民团结奋斗赢得的历史性胜利，是彪炳中华民族发展史册的历史性胜利，也是对世界具有深远影响的历史性胜利。

八、跳出治乱兴衰历史周期率的第二个答案

经过不懈努力，党找到了自我革命这一跳出治乱兴衰历史周期率的第二个答案，确保党永远不变质、不变色、不变味。

九、归根到底是两个“行”

实践告诉我们，中国共产党为什么能，中国特色社会主义为什么好，归根到底是马克思主义行，是中国化时代化的马克思主义行。

十、中国共产党的中心任务

从现在起，中国共产党的中心任务就是团结带领全国各族人民全面建成社会主义现代化强国、实现第二个百年奋斗目标，以中国式现代化全面推进中华民族伟大复兴。

十一、中国式现代化的本质要求

中国式现代化的本质要求：坚持中国共产党领导，坚持中国特色社会主义，实现高质量发展，发展全过程人民民主，丰富人民精神世界，实现全体人民共同富裕，促进人与自然和谐共生，推动构建人类命运共同体，创造人类文明新形态。

十二、牢牢把握五个重大原则

我们必须增强忧患意识，坚持底线思维，做到居安思危、未雨绸缪，准备经受风高浪急甚至惊涛骇浪的重大考验。前进道路上，必须牢牢把握以下重大原则：坚持和加强党的全面领导，坚持中国特色社会主义道路，坚持以人民为中心的发展思想，坚持深化改革开放，坚持发扬斗争精神。

十三、全面建设社会主义现代化国家的首要任务

高质量发展是全面建设社会主义现代化国家的首要任务。发展是党执政兴国的第一要务。没有坚实的物质技术基础，就不可能全面建成社会主义现代化强国。

十四、全面建设社会主义现代化国家的基础性、战略性支撑

教育、科技、人才是全面建设社会主义现代化国家的基础性、战略性支撑。必须坚持科技是第一生产力、人才是第一资源、创新是第一动力，深入实施科教兴国战略、人才强国战略、创新驱动发展战略，开辟发展新领域新赛道，不断塑造发展新动能新优势。

十五、人民民主是社会主义的生命

人民民主是社会主义的生命，是全面建设社会主义现代化国家的应有之义。全过程人民民主是社会主义民主政治的本质属性，是最广泛、最真实、最管用的民主。

十六、在法治轨道上全面建设社会主义现代化国家

全面依法治国是国家治理的一场深刻革命，关系党执政兴国，关系人民幸福安康，关系党和国家长治久安。必须更好发挥法治固根本、稳预期、利长远的保障作用，在法治轨道上全面建设社会主义现代化国家。

十七、全面建设社会主义现代化国家必须坚持中国特色社会主义文化发展道路

全面建设社会主义现代化国家，必须坚持中国特色社会主义文化发展道路，增强文化自信，围绕举旗帜、聚民心、育新人、兴文化、展形象建设社会主义文化强国，发展面向现代化、面向世界、面向未来的，民族的科学的大众的社会主义文化，激发全民族文化创新创造活力，增强实现中华民族伟大复兴的精神力量。

十八、为民造福是立党为公、执政为民的本质要求

江山就是人民，人民就是江山。中国共产党领导人民打江山、守江山，守的是人民的心。治国有常，利民为本。为民造福是立党为公、执政为民的本质要求。我们要实现好、维护好、发展好最广大人民根本利益，紧紧抓住人民最关心最直接最现实的利益问题，坚持尽力而为、量力而行。

十九、全面建设社会主义现代化国家的内在要求

尊重自然、顺应自然、保护自然，是全面建设社会主义现代化国家的内在要求。必须牢固树立和践行绿水青山就是金山银山的理念，站在人与自然和谐共生的高度谋划发展。

二十、国家安全是民族复兴的根基

国家安全是民族复兴的根基，社会稳定是国家强盛的前提。必须坚定不移贯彻总体国家安全观，把维护国家安全贯穿党和国家工作各方面全过程，确保国家安全和社会稳定。

二十一、全面建设社会主义现代化国家的战略要求

如期实现建军一百年奋斗目标，加快把人民军队建成世界一流军队，是全面建设社会主义现代化国家的战略要求。必须贯彻新时代党的强军思想，贯彻新时代军事战略方针，坚持党对人民军队的绝对领导，坚持政治建军、改革强军、科技强军、人才强军、依法治军，加快军事理论现代化、军队组织形态现代化、军事人员现代化、武器装备现代化，提高捍卫国家主权、安全、发展利益战略能力，有效履行新时代人民军队使命任务。

二十二、伟大创举

"一国两制"是中国特色社会主义的伟大创举，是香港、澳门回归后保持长期繁荣稳定的最佳制度安排，必须长期坚持。

二十三、必须时刻保持解决大党独有难题的清醒和坚定

全面建设社会主义现代化国家、全面推进中华民族伟大复兴，关键在党。我们党作为世界上最大的马克思主义执政党，要始终赢得人民拥护、巩固长期执政地位，必须时刻保持解决大党独有难题的清醒和坚定。全党必须牢记，全面从严治党永远在路上，党的自我革命永远在路上，决不能有松劲歇脚、疲劳厌战的情绪，必须持之以恒推进全面从严治党，深入推进新时代党的建设新的伟大工程，以党的自我革命引领社会革命。

二十四、五个“必由之路”

全党必须牢记，坚持党的全面领导是坚持和发展中国特色社会主义的必由之路，中国特色社会主义是实现中华民族伟大复兴的必由之路，团结奋斗是中国人民创造历史伟业的必由之路，贯彻新发展理念是新时代我国发展壮大的必由之路，全面从严治党是党永葆生机活力、走好新的赶考之路的必由之路。这是我们在长期实践中得出的至关紧要的规律性认识，必须倍加珍惜、始终坚持，咬定青山不放松，引领和保障中国特色社会主义巍巍巨轮乘风破浪、行稳致远。

二十五、开辟马克思主义中国化时代化的新境界

不断谱写马克思主义中国化时代化的新篇章，是中国共产党人的庄严历史责任。

(1) 必须坚持人民至上。

(2) 必须坚持自信自立。

(3) 必须坚持守正创新。

(4) 必须坚持问题导向。

(5) 必须坚持系统观念。

(6) 必须坚持胸怀天下。

二十六、中国式现代化

中国式现代化，是中国共产党领导的社会主义现代化，既有各国现代化的共同特征，更有基于自己国情的中国特色。

中国式现代化是人口规模巨大的现代化。

中国式现代化是全体人民共同富裕的现代化。

中国式现代化是物质文明和精神文明相协调的现代化。

中国式现代化是人与自然和谐共生的现代化。

中国式现代化是走和平发展道路的现代化。

二十七、加快构建新发展格局，着力推动高质量发展

(1) 构建高水平社会主义市场经济体制。

(2) 建设现代化产业体系。

(3) 全面推进乡村振兴。

(4) 促进区域协调发展。

(5) 推进高水平对外开放。

二十八、实施科教兴国战略，强化现代化建设人才支撑

(1) 办好人民满意的教育。

（2）完善科技创新体系。
（3）加快实施创新驱动发展战略。
（4）深入实施人才强国战略。

二十九、发展全过程人民民主，保障人民当家作主

（1）加强人民当家作主制度保障。
（2）全面发展协商民主。
（3）积极发展基层民主。
（4）巩固和发展最广泛的爱国统一战线。

三十、坚持全面依法治国，推进法治中国建设

（1）完善以宪法为核心的中国特色社会主义法律体系。
（2）扎实推进依法行政。
（3）严格公正司法。
（4）加快建设法治社会。

三十一、推进文化自信自强，铸就社会主义文化新辉煌

（1）建设具有强大凝聚力和引领力的社会主义意识形态。
（2）广泛践行社会主义核心价值观。
（3）提高全社会文明程度。
（4）繁荣发展文化事业和文化产业。
（5）增强中华文明传播力和影响力。

三十二、增进民生福祉，提高人民生活品质

（1）完善分配制度。
（2）实施就业优先战略。
（3）健全社会保障体系。
（4）推进健康中国建设。

三十三、推动绿色发展，促进人与自然和谐共生

（1）加快发展方式绿色转型。
（2）深入推进环境污染防治。
（3）提升生态系统多样性、稳定性、持续性。
（4）积极稳妥推进碳达峰碳中和。

三十四、推进国家安全体系和能力现代化，坚定维护国家安全和社会稳定

（1）健全国家安全体系。
（2）增强维护国家安全能力。
（3）提高公共安全治理水平。
（4）完善社会治理体系。

三十五、实现建军一百周年奋斗目标,开创国防和军队现代化新局面

(1) 全面加强人民军队党的建设。

(2) 全面加强练兵备战。

(3) 全面加强军事治理。

(4) 巩固提高一体化国家战略体系和能力。

三十六、坚持和完善"一国两制",推进祖国统一

全面准确、坚定不移贯彻"一国两制""港人治港""澳人治澳"、高度自治的方针,坚持依法治港治澳,维护宪法和基本法确定的特别行政区宪制秩序。

国家统一、民族复兴的历史车轮滚滚向前,祖国完全统一一定要实现,也一定能够实现。

三十七、促进世界和平与发展,构建人类命运共同体

(1) 坚定奉行独立自主的和平外交政策。

(2) 坚持在和平共处五项原则基础上同各国发展友好合作。

(3) 坚持对外开放的基本国策。

(4) 积极参与全球治理体系改革和建设。

(5) 构建人类命运共同体是世界各国人民前途所在。

三十八、坚定不移全面从严治党,深入推进新时代党的建设新的伟大工程

(1) 坚持和加强党中央集中统一领导。

(2) 坚持不懈用新时代中国特色社会主义思想凝心铸魂。

(3) 完善党的自我革命制度规范体系。

(4) 建设堪当民族复兴重任的高素质干部队伍。

(5) 增强党组织政治功能和组织功能。

(6) 坚持以严的基调强化正风肃纪。

(7) 坚决打赢反腐败斗争攻坚战持久战。

三十九、中国共产党第二十次全国代表大会关于《中国共产党章程(修正案)》的决议

中国共产党第二十次全国代表大会审议并一致通过十九届中央委员会提出的《中国共产党章程(修正案)》,决定这一修正案自通过之日起生效。

四十、二十大对党章作出的修改

中国共产党第二十次全国代表大会审议并一致通过十九届中央委员会提出的《中国共产党章程(修正案)》,大会具体对党章作出如下修改:

(1) 把党的十九大以来习近平新时代中国特色社会主义思想新发展写入党章。

(2) 把党的初心使命、党的百年奋斗重大成就和历史经验的内容写入党章。把发扬斗争精神、增强斗争本领的内容写入党章。

(3) 大会认为,习近平同志在庆祝中国共产党成立一百周年大会上代表党和人民作出实现了第一个百年奋斗目标、全面建成了小康社会、正在向着全面建成社会主义现代化强国的第二个百年奋斗目标迈进的庄严宣告，党章据此作出相应修改。

(4) 大会认为，党的二十大提出以中国式现代化全面推进中华民族伟大复兴，并将此确定为新时代新征程中国共产党的中心任务。公有制为主体、多种所有制经济共同发展，按劳分配为主体、多种分配方式并存，社会主义市场经济体制等社会主义基本经济制度，是中国特色社会主义制度的重要支柱。

大会同意把上述内容写入党章，同意把逐步实现全体人民共同富裕，把握新发展阶段，贯彻创新、协调、绿色、开放、共享的新发展理念，加快构建以国内大循环为主体、国内国际双循环相互促进的新发展格局，推动高质量发展，充分发挥人才作为第一资源的作用，促进国民经济更高质量、更有效率、更加公平、更可持续、更为安全发展等内容写入党章。

(5) 大会认为，全面建设社会主义现代化国家，是一项伟大而艰巨的事业，前途光明，任重道远。全面建成社会主义现代化强国，总的战略安排是分两步走：从2020年到2035年基本实现社会主义现代化；从2035年到本世纪中叶把我国建成富强民主文明和谐美丽的社会主义现代化强国。党章据此作出相应修改，有利于激励全党坚定信心、锐意进取，朝着既定奋斗目标勇毅前行。

(6) 大会同意，把走中国特色社会主义法治道路，发展更加广泛、更加充分、更加健全的全过程人民民主，建立健全民主选举、民主协商、民主决策、民主管理、民主监督的制度和程序，统筹发展和安全等内容写入党章。

(7) 大会同意，把坚持政治建军、改革强军、科技强军、人才强军、依法治军，把人民军队建设成为世界一流军队；全面准确、坚定不移贯彻“一个国家、两种制度”的方针，坚决反对和遏制“台独”；弘扬和平、发展、公平、正义、民主、自由的全人类共同价值，推动建设持久和平、普遍安全、共同繁荣、开放包容、清洁美丽的世界等内容写入党章。

(8) 大会同意，把弘扬坚持真理、坚守理想，践行初心、担当使命，不怕牺牲、英勇斗争，对党忠诚、不负人民的伟大建党精神，以伟大自我革命引领伟大社会革命等要求写入党章；把必须提高政治判断力、政治领悟力、政治执行力，增强贯彻落实党的理论和路线方针政策的自觉性和坚定性，推进马克思主义中国化时代化，党的自我革命永远在路上，不断健全党内法规体系，强化全面从严治党主体责任和监督责任，一体推进不敢腐、不能腐、不想腐等内容写入党章；把坚持新时代党的组织路线作为党的建设的基本要求之一写入党章。

(9) 大会同意把党是最高政治领导力量，坚持和加强党的全面领导等内容写入党章。

(10) 大会认为，总结吸收党的十九大以来党的工作和党的建设的成功经验，并同总纲部分修改相衔接,对党章部分条文作适当修改很有必要。

把这些内容写入党章,有利于坚持和加强党中央集中统一领导、坚持不懈用习近平新时代中国特色社会主义思想凝心铸魂,有利于增强党组织政治功能和组织功能、坚持以严的基调强化正风肃纪、坚定不移推进全面从严治党。

四十一、中国共产党第二十次全国代表大会关于十九届中央纪律检查委员会工作报告的决议

中国共产党第二十次全国代表大会审查、批准十九届中央纪律检查委员会工作报告。大会充分肯定十九届中央纪律检查委员会的工作。

大会认为,党的十九大以来,在以习近平同志为核心的党中央坚强领导下,各级纪律检查委员会深入学习贯彻习近平新时代中国特色社会主义思想,认真落实新时代党的建设总要求,坚定贯彻党的自我革命战略部署,深入落实全面从严治党战略方针,忠实履行党章赋予的职责,坚定不移推进党风廉政建设和反腐败斗争,推动新时代纪检监察工作高质量发展,紧紧围绕党和国家工作大局发挥监督保障执行、促进完善发展作用,为全面建成小康社会、实现第一个百年奋斗目标,迈上全面建设社会主义现代化国家新征程、向第二个百年奋斗目标进军提供坚强保障,向党和人民交上了优异答卷。

四十二、中国共产党第二十次全国代表大会在京闭幕习近平主持大会并发表重要讲话

中国共产党第二十次全国代表大会在选举产生新一届中央委员会和中央纪律检查委员会,通过关于十九届中央委员会报告的决议、关于十九届中央纪律检查委员会工作报告的决议、关于《中国共产党章程(修正案)》的决议后,2022 年 10 月 22 日上午在人民大会堂胜利闭幕。

大会号召,全党全军全国各族人民紧密团结在以习近平同志为核心的党中央周围,牢记空谈误国、实干兴邦,坚定信心、同心同德,埋头苦干、奋勇前进,为全面建设社会主义现代化国家、全面推进中华民族伟大复兴而团结奋斗。

习近平同志主持大会。

四十三、二十大选举出新一届中央委员会总书记和中央政治局常委

中国共产党第二十届中央委员会第一次全体会议新选出中央委员会总书记和中央政治局常委,他们是总书记习近平,常务委员李强、赵乐际、王沪宁、蔡奇、丁薛祥、李希。

四十四、做到“五个牢牢把握”,把二十大精神落到实处

学习贯彻党的二十大精神,要牢牢把握过去五年工作和新时代十年伟大变革的重大意义,牢牢把握新时代中国特色社会主义思想的世界观和方法论,牢牢把握以中国式现代化推进中华民族伟大复兴的使命任务,牢牢把握以伟大自我革命引领伟大社会革命的重要要求,牢牢把握团结奋斗的时代要求。

四十五、从新时代伟大成就中坚定历史自信，把二十大精神落到实处

“我国经济实力实现历史性跃升”“人民生活全方位改善”……党的二十大报告中一句句凝练而厚重的概括，折射新时代中国特色社会主义的伟大成就。

党的二十大报告提出，十年来，我们经历了对党和人民事业具有重大现实意义和深远历史意义的三件大事：一是迎来中国共产党成立一百周年，二是中国特色社会主义进入新时代，三是完成脱贫攻坚、全面建成小康社会的历史任务，实现第一个百年奋斗目标。过去五年和新时代以来的十年，党和国家事业实现一系列突破性进展，取得一系列标志性成果。

新时代十年伟大变革在党史、新中国史、改革开放史、社会主义发展史、中华民族发展史上具有重要里程碑意义。十年来，中国共产党在革命性锻造中更加坚强有力，中国人民焕发出更为强烈的历史自觉和主动精神，实现中华民族伟大复兴进入了不可逆转的历史进程，科学社会主义在二十一世纪的中国焕发出新的蓬勃生机。

四十六、从党的理论创新中彰显历史自觉，把二十大精神落到实处

党的十八大以来，我们党勇于进行理论探索和创新，取得了重大理论创新成果，创立了习近平新时代中国特色社会主义思想，开辟了马克思主义中国化时代化新境界，彰显了当代中国共产党人对中国之问、世界之问、人民之问、时代之问主动作答的高度历史自觉。

“五个牢牢把握”其中之一是“牢牢把握新时代中国特色社会主义思想的世界观和方法论”。“必须坚持人民至上，坚持自信自立，坚持守正创新，坚持问题导向，坚持系统观念，坚持胸怀天下。这 6 条内容，相互联系、内在统一，是习近平新时代中国特色社会主义思想的世界观和方法论，是我们党继续推进实践基础上的理论创新、形成与时俱进理论成果的根本要求，充分表明了以习近平同志为核心的党中央对理论创新创造的自觉性、主动性、坚定性。”

理论创新每前进一步，理论武装就要跟进一步。全党要高举中国特色社会主义伟大旗帜，全面贯彻习近平新时代中国特色社会主义思想，深刻领悟“两个确立”的决定性意义，增强“四个意识”、坚定“四个自信”、做到“两个维护”，踔厉奋发、勇毅前行，在新的赶考之路上继续创造令人刮目相看的新奇迹。

四十七、从勇担使命任务中增强历史主动，把二十大精神落到实处

实现伟大梦想，完成宏伟目标，离不开广大党员干部增强历史主动、勇担时代使命。代表们表示，要因势而谋、应势而动、顺势而为，在新时代新征程上展现新气象新作为，撸起袖子加油干，用新的伟大奋斗创造新的伟业。

奋进新征程，建功新时代。代表们一致表示，要认真学习贯彻党的二十大精神，坚定信心、同心同德，埋头苦干、奋勇前进，一步一个脚印把党的二十大作出的重大决策部署付诸行动、见之于成效，为全面建设社会主义现代化国家、全面推进中华民族伟大复兴而团结奋斗!

四十八、致力民族复兴,二十大报告强调的这些精神不可或缺

二十大报告中有多处关于“精神”的表述,它们是伟大建党精神、斗争精神、钉钉子精神、劳动精神、奋斗精神、奉献精神、创造精神。

四十九、关于二十大报告,必须知道的“关键词”

二十大报告中,中国式现代化、高质量发展、第一生产力、第一资源、第一动力等关键词备受关注。

第二部分　习题练习

一、单项选择题(下列各题只有一个答案正确,请将正确答案序号填入括号中。)

1. 中国共产党第二十次代表大会于2022年10月(　　)日在北京召开。

A. 16　　B. 17　　C. 20　　D. 22

【参考答案】 A

【答案解析】 中国共产党第二十次代表大会于2022年10月16日在北京召开。

2. 全国各选举单位选举产生并经中央批准公布中国共产党第二十次代表大会代表共(　　)名。

A. 1 296　　B. 2 296　　C. 3 296　　D. 4 296

【参考答案】 B

【答案解析】 全国各选举单位选举产生并经中央批准公布代表共2 296名。

3. 习近平总书记代表中国共产党第十九届中央委员会于2022年10月16日在中国共产党第二十次全国代表大会上向大会所作的报告,报告标题为(　　)。

A.《高举中国特色社会主义伟大旗帜 为夺取全面建设小康社会新胜利而奋斗》

B.《坚定不移沿着中国特色社会主义道路前进为全面建成小康社会而奋斗》

C.《决胜全面建成小康社会夺取新时代中国特色社会主义伟大胜利》

D.《高举中国特色社会主义伟大旗帜 为全面建设社会主义现代化国家而团结奋斗》

【参考答案】 D

【答案解析】《高举中国特色社会主义伟大旗帜为全面建设社会主义现代化国家而团结奋斗》是习近平总书记代表中国共产党第十九届中央委员会于2022年10月16日在中国共产党第二十次全国代表大会上向大会所作的报告。

4. 党的二十大报告内容共分(　　)个部分。

A. 3　B. 9　C. 15　D. 18

【参考答案】 C

【答案解析】 二十大报告共分15个部分。

5. 经过不懈努力,党找到了(　　)这一跳出治乱兴衰历史周期率的第二个答案,确保党永远不变质、不变色、不变味。

A. 人民民主　B. 全过程民主　C. 自我革命　D. 从严治党

【参考答案】 C

【答案解析】 经过不懈努力,党找到了自我革命这一跳出治乱兴衰历史周期率的第二个答案,确保党永远不变质、不变色、不变味。

6. 二十大报告明确提出,中国共产党的中心任务是团结带领全国各族人民全面建成社会主义现代化强国、实现第二个百年奋斗目标,以(　　)全面推进中华民族伟大复兴。

A. 初心使命引领　B. 党的领导

C. 中国特色现代化　D. 中国式现代化

【参考答案】 D

【答案解析】 从现在起,中国共产党的中心任务就是团结带领全国各族人民全面建成社会主义现代化强国、实现第二个百年奋斗目标,以中国式现代化全面推进中华民族伟大复兴。

7. 二十大报告指出,(　　)是全面建设社会主义现代化国家的首要任务。

A. 改革开放　B. 科教兴国　C. 科学发展　D. 高质量发展

【参考答案】 D

【答案解析】 高质量发展是全面建设社会主义现代化国家的首要任务。发展是党执政兴国的第一要务。没有坚实的物质技术基础,就不可能全面建成社会主义现代化强国。

8. 尊重自然、顺应自然、保护自然,是全面建设社会主义现代化国家的内在要求。必须牢固树立和践行(　　)的理念,站在人与自然和谐共生的高度谋划发展。

A. 科学发展　B. 全面发展

C. 环境保护　D. 绿水青山就是金山银山

【参考答案】 D

【答案解析】 尊重自然、顺应自然、保护自然,是全面建设社会主义现代化国家的内在要求。必须牢固树立和践行绿水青山就是金山银山的理念,站在人与自然和谐共生的高度谋划发展。

9. (　　)是立党为公、执政为民的本质要求。我们要实现好、维护好、发展好最广大人民根本利益,紧紧抓住人民最关心最直接最现实的利益问题,坚持尽力而为、量力而行。

A. 江山就是人民　B. 人民就是江山　C. 为民造福　D. 人民民主

【参考答案】 C

【答案解析】 为民造福是立党为公、执政为民的本质要求。我们要实现好、维护好、发展好最广大人民根本利益,紧紧抓住人民最关心最直接最现实的利益问题,坚持尽力而为、量力而行。

10. 国家安全是民族复兴的根基,社会稳定是国家强盛的前提。必须坚定不移贯彻(　　),确保国家安全和社会稳定。

A. 国家安全观　B. 科学国家安全观
C. 全面国家安全观　D. 总体国家安全观

【参考答案】 D

【答案解析】 国家安全是民族复兴的根基,社会稳定是国家强盛的前提。必须坚定不移贯彻总体国家安全观,确保国家安全和社会稳定。

11. 必须贯彻新时代党的强军思想,贯彻新时代军事战略方针,坚持(　　),坚持政治建军、改革强军、科技强军、人才强军、依法治军,加快军事理论现代化、军队组织形态现代化、军事人员现代化、武器装备现代化,提高捍卫国家主权、安全、发展利益战略能力,有效履行新时代人民军队使命任务。

A. 党的领导　B. 党对人民军队的绝对领导
C. 社会主义道理　D. 中国特色社会主义道路

【参考答案】 B

【答案解析】 必须贯彻新时代党的强军思想,贯彻新时代军事战略方针,坚持党对人民军队的绝对领导,坚持政治建军、改革强军、科技强军、人才强军、依法治军,加快军事理论现代化、军队组织形态现代化、军事人员现代化、武器装备现代化,提高捍卫国家主权、安全、发展利益战略能力,有效履行新时代人民军队使命任务。

12. "一国两制"是中国特色社会主义的伟大创举,是香港、澳门回归后保持长期繁荣稳定的最佳(　　)安排,必须长期坚持。

A. 道路　B. 政策　C. 制度　D. 策略

【参考答案】 C

【答案解析】 "一国两制"是中国特色社会主义的伟大创举,是香港、澳门回归后保持长期繁荣稳定的最佳制度安排,必须长期坚持。

13. 我们党作为世界上最大的马克思主义执政党,要始终赢得人民拥护、巩固长期执政地位,必须时刻保持解决大党独有难题的清醒和坚定。全党必须牢记,(　　)永远在路上。

A. 全面从严治党　B. 思想教育　C. 正风肃纪　D. 反腐败斗争

【参考答案】 A

【答案解析】 我们党作为世界上最大的马克思主义执政党,要始终赢得人民拥护、巩固长期执政地位,必须时刻保持解决大党独有难题的清醒和坚定。全党必须牢记,全面从严治党永远在路上。

14. 二十大报告中提到,加快构建(　　),着力推动高质量发展。构建高水平社会主义市场经济体制;建设现代化产业体系;全面推进乡村振兴;促进区域协调发展;推进高水平对外开放。

A. 社会主义经济格局　B. 社会主义市场经济格局
C. 发展格局　D. 新发展格局

【参考答案】 D

【答案解析】 二十大报告中提到,加快构建新发展格局,着力推动高质量发展。构建高水平社会主义市场经济体制;建设现代化产业体系;全面推进乡村振兴;促进区域协调发展;推进高水平对外开放。

15. 二十大报告中提到,实施科教兴国战略,强化现代化建设(　　)支撑。办好人民满意的教育;完善科技创新体系;加快实施创新驱动发展战略;深入实施人才强国战略。

A. 科技　B. 智力　C. 人才　D. 文化

【参考答案】 C

【答案解析】 二十大报告中提到,实施科教兴国战略,强化现代化建设人才支撑。办好人民满意的教育;完善科技创新体系;加快实施创新驱动发展战略;深入实施人才强国战略。

16. 中国共产党自1921年诞生至二十大先后制定、修正过(　　)次党章。

A. 10　B. 15　C. 19　D. 20

【参考答案】 D

【答案解析】 中国共产党自1921年诞生至二十大先后制定、修正过20次党章。

17. 2022年10月22日中国共产党第二十次全国代表大会在京闭幕,(　　)总书记主持大会并发表重要讲话。

A. 习近平　B. 李克强　C. 王沪宁　D. 栗战书

【参考答案】 A

【答案解析】 2022年10月22日中国共产党第二十次全国代表大会在京闭幕，习近平总书记主持大会并发表重要讲话。

18. 党的二十大报告提出，十年来，我们经历了对党和人民事业具有重大现实意义和深远历史意义的三件大事，这是中国共产党和中国人民团结奋斗赢得的历史性胜利。落实二十大精神，我们要从新时代伟大成就中坚定(　　)。

A. 历史自信　　B. 历史自觉　　C. 历史主动　　D. 历史自强

【参考答案】 A

【答案解析】 落实二十大精神，从新时代伟大成就中坚定历史自信。

19. 党的十八大以来，我们党勇于进行理论探索和创新，取得了重大理论创新成果，创立了习近平新时代中国特色社会主义思想，开辟了马克思主义中国化时代化新境界。落实二十大精神，我们要从党的理论创新中彰显(　　)。

A. 历史自信　　B. 历史自觉　　C. 历史主动　　D. 历史自强

【参考答案】 B

【答案解析】 落实二十大精神，我们要从党的理论创新中彰显历史自觉。

20. 奋进新征程，建功新时代。全党要认真学习贯彻党的二十大精神，坚定信心、同心同德，埋头苦干、奋勇前进，一步一个脚印把党的二十大作出的重大决策部署付诸行动、见之于成效。落实二十大精神，我们要从勇担使命任务中增强(　　)。

A. 历史自信　　B. 历史自觉　　C. 历史主动　　D. 历史自强

【参考答案】 C

【答案解析】 落实二十大精神，我们要从勇担使命任务中增强历史主动。

二、多项选择题(下列各题给出的备选答案中有两个或两个以上是正确的，请将你认为正确的答案符号A、B、C、D中选两个或两个以上填入括号中。)

1. 下列属于中国共产党第二十次全国代表大会会议议程的有(　　)。

A. 听取和审查二十届中央委员会的报告

B. 审议通过《中国共产党章程(修正案)》

C. 选举二十届中央委员会

D. 选举二十届中央纪律检查委员会

【参考答案】 BCD

【答案解析】 中国共产党第二十次全国代表大会有5项：听取和审查十九届中央委员会的报告；审查十九届中央纪律检查委员会的工作报告；审议通过《中国共产党章程(修正案)》；选举二十届中央委员会；选举二十届中央纪律检查委员会。

2. 二十大报告中强调的“三个务必”是（　　）。

A. 务必不忘初心、牢记使命　　B. 务必谦虚谨慎、艰苦奋斗

C. 务必自信自强、勇毅前行　　D. 务必敢于斗争、善于斗争

【参考答案】 ABD

【答案解析】 全党同志务必不忘初心、牢记使命，务必谦虚谨慎、艰苦奋斗，务必敢于斗争、善于斗争，坚定历史自信，增强历史主动，谱写新时代中国特色社会主义更加绚丽的华章。

3. 二十大报告中提到的“十年来三件大事”，它们分别是（　　）。

A. 迎来中国共产党成立一百周年

B. 中国特色社会主义进入新时代

C. 领导全国人民抗击新冠疫情取得重大胜利

D. 完成脱贫攻坚、全面建成小康社会的历史任务，实现第一个百年奋斗目标

【参考答案】 ABD

【答案解析】 一是迎来中国共产党成立一百周年，二是中国特色社会主义进入新时代，三是完成脱贫攻坚、全面建成小康社会的历史任务，实现第一个百年奋斗目标。

4. 实践告诉我们，中国共产党为什么能，中国特色社会主义为什么好，归根到底是两个“行”，它们分别是（　　）。

A. 马克思主义行　　B. 社会主义制度行

C. 中国化时代化的马克思主义行　　D. 中国特色社会主义道路行

【参考答案】 AC

【答案解析】 实践告诉我们，中国共产党为什么能，中国特色社会主义为什么好，归根到底是马克思主义行，是中国化时代化的马克思主义行。

5. 中国式现代化的本质要求是：坚持（　　），坚持（　　），实现高质量发展，发展全过程人民民主，丰富人民精神世界，实现全体人民共同富裕，促进人与自然和谐共生，推动构建人类命运共同体，创造人类文明新形态。

A. 中国共产党领导　　B. 中国特色社会主义

C. 人民中心　　D. 全过程民主

【参考答案】 AB

【答案解析】 中国式现代化的本质要求：坚持中国共产党领导，坚持中国特色社会主义，实现高质量发展，发展全过程人民民主，丰富人民精神世界，实现全体人民共同富裕，促进人与自然和谐共生，推动构建人类命运共同体，创造人类文明新形态。

6. 全党必须牢记“五个必由之路”，是我们在长期实践中得出的至关紧要的规律性认识。下列属于“五个必由之路”内容的有(   )。

A. 坚持党的全面领导是坚持和发展中国特色社会主义的必由之路

B. 中国特色社会主义是实现中华民族伟大复兴的必由之路

C. 贯彻新发展理念是新时代我国发展壮大的必由之路

D. 全面从严治党是党永葆生机活力、走好新的赶考之路的必由之路

【参考答案】 ABCD

【答案解析】 全党必须牢记“五个必由之路”：坚持党的全面领导是坚持和发展中国特色社会主义的必由之路；中国特色社会主义是实现中华民族伟大复兴的必由之路；团结奋斗是中国人民创造历史伟业的必由之路；贯彻新发展理念是新时代我国发展壮大的必由之路；全面从严治党是党永葆生机活力、走好新的赶考之路的必由之路。这是我们在长期实践中得出的至关紧要的规律性认识。

7. 中国式现代化，是中国共产党领导的社会主义现代化，既有各国现代化的共同特征，更有基于自己国情的中国特色。下列属于中国式现代化内容的有(   )。

A. 人口规模巨大的现代化

B. 全体人民共同富裕的现代化

C. 物质文明和精神文明相协调的现代化

D. 人与自然和谐共生的现代化

【参考答案】 ABCD

【答案解析】 中国式现代化是人口规模巨大的现代化；中国式现代化是全体人民共同富裕的现代化；中国式现代化是物质文明和精神文明相协调的现代化；中国式现代化是人与自然和谐共生的现代化；中国式现代化是走和平发展道路的现代化。

8. 党的二十大对党章作出修改，下列属于本次修改内容的有(   )。

A. 把党的十九大以来习近平新时代中国特色社会主义思想新发展写入党章

B. 把党的初心使命、党的百年奋斗重大成就和历史经验的内容写入党章

C. 把发扬斗争精神、增强斗争本领的内容写入党章

D. 把习近平新时代中国特色社会主义思想同马克思列宁主义、毛泽东思想、邓小平理论、“三个代表”重要思想、科学发展观一道确立为党的行动指南

【参考答案】 ABC

【答案解析】 把“习近平新时代中国特色社会主义思想同马克思列宁主义、毛泽东思想、邓小平理论、‘三个代表’重要思想、科学发展观一道确立为党的行动指南”是党的十九大通过的党章修正案。选项ABC都是二十大党章修正案内容。

9. 学习贯彻党的二十大精神，做到“五个牢牢把握”，具体包括(   )。

A. 要牢牢把握过去五年工作和新时代十年伟大变革的重大意义

B. 牢牢把握新时代中国特色社会主义思想的世界观和方法论

C. 牢牢把握以中国式现代化推进中华民族伟大复兴的使命任务

D. 牢牢把握以伟大自我革命引领伟大社会革命的重要要求

【参考答案】 ABCD

【答案解析】 学习贯彻党的二十大精神,要牢牢把握过去五年工作和新时代十年伟大变革的重大意义,牢牢把握新时代中国特色社会主义思想的世界观和方法论,牢牢把握以中国式现代化推进中华民族伟大复兴的使命任务,牢牢把握以伟大自我革命引领伟大社会革命的重要要求,牢牢把握团结奋斗的时代要求。

10. 下列属于二十大报告中名列前茅高频词的有(　　)。

A. 人民　　B. 发展　　C. 安全　　D. 和谐

【参考答案】 ABC

【答案解析】 "人民""发展""安全"是二十大报告中排前三位的高频词。

三、判断题(判断下列各题正确与错误,如果正确打上√,如果错误打上×,请将正确答案序号填入括号中。)

1. 习近平同志在第二十届中央委员会第一次全体会议上当选为中央委员会总书记。(　　)

【参考答案】 √

【答案解析】 略。

2. 中国共产党第二十次全国代表大会审查、批准十九届中央纪律检查委员会工作报告。大会比较肯定十九届中央纪律检查委员会的工作。(　　)

【参考答案】 ×

【答案解析】 中国共产党第二十次全国代表大会审查、批准十九届中央纪律检查委员会工作报告。大会充分肯定十九届中央纪律检查委员会的工作。

3. 人民民主是社会主义的生命,是全面建设社会主义现代化国家的应有之义。(　　)

【参考答案】 √

【答案解析】 略。

4. 深化改革是全面建设社会主义现代化国家的基础性、战略性支撑。(　　)

【参考答案】 ×

【答案解析】 教育、科技、人才是全面建设社会主义现代化国家的基础性、战略性支撑。

5. 全面从严治党是国家治理的一场深刻革命，关系党执政兴国，关系人民幸福安康，关系党和国家长治久安。（ ）

【参考答案】 ×

【答案解析】 全面依法治国是国家治理的一场深刻革命，关系党执政兴国，关系人民幸福安康，关系党和国家长治久安。

6. 全面建设社会主义现代化国家，必须坚持中国传统文化发展道路，增强文化自信。（ ）

【参考答案】 ×

【答案解析】 全面建设社会主义现代化国家，必须坚持中国特色社会主义文化发展道路，增强文化自信。

7. 全党必须牢记“五个必由之路”，这是我们在长期实践中得出的至关紧要的规律性认识。其中，团结奋斗是中国人民创造历史伟业的必由之路。（ ）

【参考答案】 √

【答案解析】 全党必须牢记“五个必由之路”：坚持党的全面领导是坚持和发展中国特色社会主义的必由之路；中国特色社会主义是实现中华民族伟大复兴的必由之路；团结奋斗是中国人民创造历史伟业的必由之路；贯彻新发展理念是新时代我国发展壮大的必由之路；全面从严治党是党永葆生机活力、走好新的赶考之路的必由之路。这是我们在长期实践中得出的至关紧要的规律性认识。

8. 促进世界和平与发展，构建人类命运共同体，要坚持对外开放的基本国策。（ ）

【参考答案】 √

【答案解析】 略。

9. 二十大报告中提到，完善分配制度；实施就业优先战略；健全社会保障体系；推进健康中国建设。这部分内容属于全过程人民民主。（ ）

【参考答案】 ×

【答案解析】 二十大报告中提到，完善分配制度；实施就业优先战略；健全社会保障体系；推进健康中国建设。这部分内容属于增进民生福祉，提高人民生活品质。

10. 建设具有强大凝聚力和引领力的社会主义意识形态，属于文化强国战略。（ ）

【参考答案】 √

【答案解析】 略。

附录 2　中国共产党章程

（中国共产党第二十次全国代表大会部分修改，2022 年 10 月 22 日通过）

总　纲

中国共产党是中国工人阶级的先锋队，同时是中国人民和中华民族的先锋队，是中国特色社会主义事业的领导核心，代表中国先进生产力的发展要求，代表中国先进文化的前进方向，代表中国最广大人民的根本利益。党的最高理想和最终目标是实现共产主义。

中国共产党以马克思列宁主义、毛泽东思想、邓小平理论、“三个代表”重要思想、科学发展观、习近平新时代中国特色社会主义思想作为自己的行动指南。

马克思列宁主义揭示了人类社会历史发展的规律，它的基本原理是正确的，具有强大的生命力。中国共产党人追求的共产主义最高理想，只有在社会主义社会充分发展和高度发达的基础上才能实现。社会主义制度的发展和完善是一个长期的历史过程。坚持马克思列宁主义的基本原理，走中国人民自愿选择的适合中国国情的道路，中国的社会主义事业必将取得最终的胜利。

以毛泽东同志为主要代表的中国共产党人，把马克思列宁主义的基本原理同中国革命的具体实践结合起来，创立了毛泽东思想。毛泽东思想是马克思列宁主义在中国的运用和发展，是被实践证明了的关于中国革命和建设的正确的理论原则和经验总结，是中国共产党集体智慧的结晶。在毛泽东思想指引下，中国共产党领导全国各族人民，经过长期的反对帝国主义、封建主义、官僚资本主义的革命斗争，取得了新民主主义革命的胜利，建立了人民民主专政的中华人民共和国；新中国成立以后，顺利地进行了社会主义改造，完成了从新民主主义到社会主义的过渡，确立了社会主义基本制度，发展了社会主义的经济、政治和文化。

十一届三中全会以来，以邓小平同志为主要代表的中国共产党人，总结新中国成立以来正反两方面的经验，解放思想，实事求是，实现全党工作中心向经济建设的转移，实行改革开放，开辟了社会主义事业发展的新时期，逐步形成了建设中国特色社会主义的路线、方针、政策，阐明了在中国建设社会主义、巩固和发展社会主义的基本问题，创立了邓小平理论。邓小平理论是马克思列宁主义的基本原理同当代中国实践和时代特征相结合的产物，是毛泽东思想在新的历史条件下的继承和发展，是马克思主义在中国发展的新阶段，是当代中国的马克思主义，是中国共产党集体智慧的结晶，引导着我国社会主义现代化事业不断前进。

十三届四中全会以来，以江泽民同志为主要代表的中国共产党人，在建设中国特色社会主义的实践中，加深了对什么是社会主义、怎样建设社会主义和建设什么样的党、怎样建设党的认识，积累了治党治国新的宝贵经验，形成了“三个代表”重要思想。“三个代表”重要思想是对马克思列宁主义、毛泽东思想、邓小平理论的继承和发展，反映了当代世界和中国的发展变化对党和国家工作的新要求，是加强和改进党的建设、推进我国社会主义自我完善和发展的强大理论武器，是中国共产党集体智慧的结晶，是党必须长期坚持的指导思想。始终做到“三个代表”，是我们党的立党之本、执政之基、力量之源。

十六大以来，以胡锦涛同志为主要代表的中国共产党人，坚持以邓小平理论和“三个代表”重要思想为指导，根据新的发展要求，深刻认识和回答了新形势下实现什么样的发展、怎样发展等重大问题，形成了以人为本、全面协调可持续发展的科学发展观。科学发展观是同马克思列宁主义、毛泽东思想、邓小平理论、“三个代表”重要思想既一脉相承又与时俱进的科学理论，是马克思主义关于发展的世界观和方法论的集中体现，是马克思主义中国化重大成果，是中国共产党集体智慧的结晶，是发展中国特色社会主义必须长期坚持的指导思想。

十八大以来，以习近平同志为主要代表的中国共产党人，坚持把马克思主义基本原理同中国具体实际相结合、同中华优秀传统文化相结合，科学回答了新时代坚持和发展什么样的中国特色社会主义、怎样坚持和发展中国特色社会主义等重大时代课题，创立了习近平新时代中国特色社会主义思想。习近平新时代中国特色社会主义思想是对马克思列宁主义、毛泽东思想、邓小平理论、“三个代表”重要思想、科学发展观的继承和发展，是当代中国马克思主义、二十一世纪马克思主义，是中华文化和中国精神的时代精华，是党和人民实践经验和集体智慧的结晶，是中国特色社会主义理论体系的重要组成部分，是全党全国人民为实现中华民族伟大复兴而奋斗的行动指南，必须长期坚持并不断发展。在习近平新时代中国特色社会主义思想指导下，中国共产党领导全国各族人民，统揽伟大斗争、伟大工程、伟大事业、伟大梦想，推动中国特色社会主义进入了新时代，实现第一个百年奋斗目标，开启了实现第二个百年奋斗目标新征程。

改革开放以来我们取得一切成绩和进步的根本原因，归结起来就是：开辟了中国特色社会主义道路，形成了中国特色社会主义理论体系，确立了中国特色社会主义制度，发展了中国特色社会主义文化。全党同志要倍加珍惜、长期坚持和不断发展党历经艰辛开创的这条道路、这个理论体系、这个制度、这个文化，高举中国特色社会主义伟大旗帜，坚定道路自信、理论自信、制度自信、文化自信，发扬斗争精神，增强斗争本领，贯彻党的基本理论、基本路线、基本方略，为实现推进现代化建设、完成祖国统一、维护世界和平与促进共同发展这三大历史任务，实现第二个百年奋斗目标、实现中华民族伟大复兴的中国梦而奋斗。

中国共产党自成立以来，始终把为中国人民谋幸福、为中华民族谋复兴作为自己的初心使命，历经百年奋斗，从根本上改变了中国人民的前途命运，开辟了实现中华民族伟大复兴的正确道路，展示了马克思主义的强大生命力，深刻影响了世界历史进程，锻造了走在时代前列的中国共产党。经过长期实践，积累了坚持党的领导、坚持人民至上、坚持理论创新、坚持独立自主、坚持中国道路、坚持胸怀天下、坚持开拓创新、坚持敢于斗争、坚持统一战线、坚持自我革命的宝贵历史经验，这是党和人民共同创造的精神财富，必须倍加珍惜、长期坚持，并在实践中不断丰富和发展。

我国正处于并将长期处于社会主义初级阶段。这是在原本经济文化落后的中国建设社会主义现代化不可逾越的历史阶段，需要上百年的时间。我国的社会主义建设，必须从我国的国情出发，走中国特色社会主义道路，以中国式现代化全面推进中华民族伟大复兴。在现阶段，我国社会的主要矛盾是人民日益增长的美好生活需要和不平衡不充分的发展之间的矛盾。由于国内的因素和国际的影响，阶级斗争还在一定范围内长期存在，在某种条件下还有可能激化，但已经不是主要矛盾。我国社会主义建设的根本任务，是进一步解放生产力，发展生产力，逐步实现社会主义现代化，并且为此而改革生产关系和上层建筑中不适应生产力发展的方面和环节。必须坚持和完善公有制为主体、多种所有制经济共同发展，按劳分配为主体、多种分配方式并存，社会主义市场经济体制等基本经济制度，鼓励一部分地区和一部分人先富起来，逐步实现全体人民共同富裕，在生产发展和社会财富增长的基础上不断满足人民日益增长的美好生活需要，促进人的全面发展。发展是我们党执政兴国的第一要务。必须坚持以人民为中心的发展思想，把握新发展阶段，贯彻创新、协调、绿色、开放、共享的新发展理念，加快构建以国内大循环为主体、国内国际双循环相互促进的新发展格局，推动高质量发展。各项工作都要把有利于发展社会主义社会的生产力，有利于增强社会主义国家的综合国力，有利于提高人民的生活水平，作为总的出发点和检验标准，尊重劳动、尊重知识、尊重人才、尊重创造，做到发展为了人民、发展依靠人民、发展成果由人民共享。必须按照中国特色社会主义事业“五位一体”总体布局和“四个全面”战略布局，统筹推进经济建设、政治建设、文化建设、社会建设、生态文明建设，协调推进全面建设社会主义现代化国家、全面深化改革、全面依法治国、全面从严治党。新时代新征程，经济和社会发展的战略目标是，到二〇三五年基本实现社会主义现代化，到本世纪中叶把我国建成社会主义现代化强国。

中国共产党在社会主义初级阶段的基本路线是：领导和团结全国各族人民，以经济建设为中心，坚持四项基本原则，坚持改革开放，自力更生，艰苦创业，为把我国建设成为富强民主文明和谐美丽的社会主义现代化强国而奋斗。

中国共产党在领导社会主义事业中，必须坚持以经济建设为中心，其他各项工作都服从和服务于这个中心。要实施科教兴国战略、人才强国战略、创新驱动发展战略、乡村振兴战略、区域协调发展战略、可持续发展战略、军民融合发展战略，充分发挥科学技术作为第一生产力的作用，充分发挥人才作为第一资源的作用，充分发挥创新作为引领发展第一动力的作用，依靠科技进步，提高劳动者素质，促进国民经济更高质量、更有效率、更加公平、更可持续、更为安全发展。

坚持社会主义道路、坚持人民民主专政、坚持中国共产党的领导、坚持马克思列宁主义毛泽东思想这四项基本原则，是我们的立国之本。在社会主义现代化建设的整个过程中，必须坚持四项基本原则，反对资产阶级自由化。

坚持改革开放，是我们的强国之路。只有改革开放，才能发展中国、发展社会主义、发展马克思主义。要全面深化改革，完善和发展中国特色社会主义制度，推进国家治理体系和治理能力现代化。要从根本上改革束缚生产力发展的经济体制，坚持和完善社会主义市场经济体制；与此相适应，要进行政治体制改革和其他领域的改革。要坚持对外开放的基本国策，吸收和借鉴人类社会创造的一切文明成果。改革开放应当大胆探索，勇于开拓，提高改革决策的科学性，更加注重改革的系统性、整体性、协同性，在实践中开创新路。

中国共产党领导人民发展社会主义市场经济。毫不动摇地巩固和发展公有制经济，毫不动摇地鼓励、支持、引导非公有制经济发展。发挥市场在资源配置中的决定性作用，更好发挥政府作用，建立完善的宏观调控体系。统筹城乡发展、区域发展、经济社会发展、人与自然和谐发展、国内发展和对外开放，调整经济结构，转变经济发展方式，推进供给侧结构性改革。促进新型工业化、信息化、城镇化、农业现代化同步发展，建设社会主义新农村，走中国特色新型工业化道路，建设创新型国家和世界科技强国。

中国共产党领导人民发展社会主义民主政治。坚持党的领导、人民当家作主、依法治国有机统一，走中国特色社会主义政治发展道路、中国特色社会主义法治道路，扩大社会主义民主，建设中国特色社会主义法治体系，建设社会主义法治国家，巩固人民民主专政，建设社会主义政治文明。坚持和完善人民代表大会制度、中国共产党领导的多党合作和政治协商制度、民族区域自治制度以及基层群众自治制度。发展更加广泛、更加充分、更加健全的全过程人民民主，推进协商民主广泛多层制度化发展，切实保障人民管理国家事务和社会事务、管理经济和文化事业的权利。尊重和保障人权。广开言路，建立健全民主选举、民主协商、民主决策、民主管理、民主监督的制度和程序。完善中国特色社会主义法律体系，加强法律实施工作，实现国家各项工作法治化。

中国共产党领导人民发展社会主义先进文化。建设社会主义精神文明，实行依法治国和以德治国相结合，提高全民族的思想道德素质和科学文化素质，为改革开放和社会主义现代化建设提供强大的思想保证、精神动力和智力支持，建设社会主义文化强国。加强社会主义核心价值体系建设，坚持马克思主义指导思想，树立中国特色社会主义共同理想，弘扬以爱国主义为核心的民族精神和以改革创新为核心的时代精神，培育和践行社会主义核心价值观，倡导社会主义荣辱观，增强民族自尊、自信和自强精神，抵御资本主义和封建主义腐朽思想的侵蚀，扫除各种社会丑恶现象，努力使我国人民成为有理想、有道德、有文化、有纪律的人民。对党员要进行共产主义远大理想教育。大力发展教育、科学、文化事业，推动中华优秀传统文化创造性转化、创新性发展，继承革命文化，发展社会主义先进文化，提高国家文化软实力。牢牢掌握意识形态工作领导权，不断巩固马克思主义在意识形态领域的指导地位，巩固全党全国人民团结奋斗的共同思想基础。

中国共产党领导人民构建社会主义和谐社会。按照民主法治、公平正义、诚信友爱、充满活力、安定有序、人与自然和谐相处的总要求和共同建设、共同享有的原则，以保障和改善民生为重点，解决好人民最关心、最直接、最现实的利益问题，使发展成果更多更公平惠及全体人民，不断增强人民群众获得感，努力形成全体人民各尽其能、各得其所而又和谐相处的局面。加强和创新社会治理。严格区分和正确处理敌我矛盾和人民内部矛盾这两类不同性质的矛盾。加强社会治安综合治理，依法坚决打击各种危害国家安全和利益、危害社会稳定和经济发展的犯罪活动和犯罪分子，保持社会长期稳定。坚持总体国家安全观，统筹发展和安全，坚决维护国家主权、安全、发展利益。

中国共产党领导人民建设社会主义生态文明。树立尊重自然、顺应自然、保护自然的生态文明理念，增强绿水青山就是金山银山的意识，坚持节约资源和保护环境的基本国策，坚持节约优先、保护优先、自然恢复为主的方针，坚持生产发展、生活富裕、生态良好的文明发展道路。着力建设资源节约型、环境友好型社会，实行最严格的生态环境保护制度，形成节约资源和保护环境的空间格局、产业结构、生产方式、生活方式，为人民创造良好生产生活环境，实现中华民族永续发展。

中国共产党坚持对人民解放军和其他人民武装力量的绝对领导，贯彻习近平强军思想，加强人民解放军的建设，坚持政治建军、改革强军、科技强军、人才强军、依法治军，建设一支听党指挥、能打胜仗、作风优良的人民军队，把人民军队建设成为世界一流军队，切实保证人民解放军有效履行新时代军队使命任务，充分发挥人民解放军在巩固国防、保卫祖国和参加社会主义现代化建设中的作用。

中国共产党维护和发展平等团结互助和谐的社会主义民族关系，积极培养、选拔少数民族干部，帮助少数民族和民族地区发展经济、文化和社会事业，铸牢中华民族共同体意识，实现各民族共同团结奋斗、共同繁荣发展。全面贯彻党的宗教工作基本方针，团结信教群众为经济社会发展作贡献。

中国共产党同全国各民族工人、农民、知识分子团结在一起，同各民主党派、无党派人士、各民族的爱国力量团结在一起，进一步发展和壮大由全体社会主义劳动者、社会主义事业的建设者、拥护社会主义的爱国者、拥护祖国统一和致力于中华民族伟大复兴的爱国者组成的最广泛的爱国统一战线。不断加强全国人民包括香港特别行政区同胞、澳门特别行政区同胞、台湾同胞和海外侨胞的团结。全面准确、坚定不移贯彻“一个国家、两种制度”的方针，促进香港、澳门长期繁荣稳定，坚决反对和遏制“台独”，完成祖国统一大业。

中国共产党坚持独立自主的和平外交政策，坚持和平发展道路，坚持互利共赢的开放战略，统筹国内国际两个大局，积极发展对外关系，努力为我国的改革开放和现代化建设争取有利的国际环境。在国际事务中，弘扬和平、发展、公平、正义、民主、自由的全人类共同价值，坚持正确义利观，维护我国的独立和主权，反对霸权主义和强权政治，维护世界和平，促进人类进步，推动构建人类命运共同体，推动建设持久和平、普遍安全、共同繁荣、开放包容、清洁美丽的世界。在互相尊重主权和领土完整、互不侵犯、互不干涉内政、平等互利、和平共处五项原则的基础上，发展我国同世界各国的关系。不断发展我国同周边国家的睦邻友好关系，加强同发展中国家的团结与合作。遵循共商共建共享原则，推进“一带一路”建设。按照独立自主、完全平等、互相尊重、互不干涉内部事务的原则，发展我党同各国共产党和其他政党的关系。

中国共产党要领导全国各族人民实现第二个百年奋斗目标、实现中华民族伟大复兴的中国梦，必须紧密围绕党的基本路线，坚持和加强党的全面领导，坚持党要管党、全面从严治党，弘扬坚持真理、坚守理想，践行初心、担当使命，不怕牺牲、英勇斗争，对党忠诚、不负人民的伟大建党精神，加强党的长期执政能力建设、先进性和纯洁性建设，以改革创新精神全面推进党的建设新的伟大工程，以党的政治建设为统领，全面推进党的政治建设、思想建设、组织建设、作风建设、纪律建设，把制度建设贯穿其中，深入推进反腐败斗争，全面提高党的建设科学化水平，以伟大自我革命引领伟大社会革命。坚持立党为公、执政为民，发扬党的优良传统和作风，不断提高党的领导水平和执政水平，提高拒腐防变和抵御风险的能力，不断增强自我净化、自我完善、自我革新、自我提高能力，不断增强党的阶级基础和扩大党的群众基础，不断提高党的创造力、凝聚力、战斗力，建设学习型、服务型、创新型的马克思主义执政党，使我们党始终走在时代前列，成为领导全国人民沿着中国特色社会主义道路不断前进的坚强核心。党的建设必须坚决实现以下六项基本要求：

第一，坚持党的基本路线。全党要用邓小平理论、“三个代表”重要思想、科学发展观、习近平新时代中国特色社会主义思想和党的基本路线统一思想，统一行动，并且毫不动摇地长期坚持下去。必须把改革开放同四项基本原则统一起来，全面落实党的基本路线，反对一切“左”的和右的错误倾向，要警惕右，但主要是防止“左”。必须提高政治判断力、政治领悟力、政治执行力，增强贯彻落实党的理论和路线方针政策的自觉性和坚定性。

第二，坚持解放思想，实事求是，与时俱进，求真务实。党的思想路线是一切从实际出发，理论联系实际，实事求是，在实践中检验真理和发展真理。全党必须坚持这条思想路线，积极探索，大胆试验，开拓创新，创造性地开展工作，不断研究新情况，总结新经验，解决新问题，在实践中丰富和发展马克思主义，推进马克思主义中国化时代化。

第三，坚持新时代党的组织路线。全面贯彻习近平新时代中国特色社会主义思想，以组织体系建设为重点，着力培养忠诚干净担当的高素质干部，着力集聚爱国奉献的各方面优秀人才，坚持德才兼备、以德为先、任人唯贤，为坚持和加强党的全面领导、坚持和发展中国特色社会主义提供坚强组织保证。全党必须增强党组织的政治功能和组织功能，培养选拔党和人民需要的好干部，培养和造就大批堪当时代重任的社会主义事业接班人，聚天下英才而用之，从组织上保证党的基本理论、基本路线、基本方略的贯彻落实。

第四，坚持全心全意为人民服务。党除了工人阶级和最广大人民群众的利益，没有自己特殊的利益。党在任何时候都把群众利益放在第一位，同群众同甘共苦，保持最密切的联系，坚持权为民所用、情为民所系、利为民所谋，不允许任何党员脱离群众，凌驾于群众之上。我们党的最大政治优势是密切联系群众，党执政后的最大危险是脱离群众。党风问题、党同人民群众联系问题是关系党生死存亡的问题。党在自己的工作中实行群众路线，一切为了群众，一切依靠群众，从群众中来，到群众中去，把党的正确主张变为群众的自觉行动。

第五，坚持民主集中制。民主集中制是民主基础上的集中和集中指导下的民主相结合。它既是党的根本组织原则，也是群众路线在党的生活中的运用。必须充分发扬党内民主，尊重党员主体地位，保障党员民主权利，发挥各级党组织和广大党员的积极性创造性。必须实行正确的集中，牢固树立政治意识、大局意识、核心意识、看齐意识，坚定维护以习近平同志为核心的党中央权威和集中统一领导，保证全党的团结统一和行动一致，保证党的决定得到迅速有效的贯彻执行。加强和规范党内政治生活，增强党内政治生活的政治性、时代性、原则性、战斗性，发展积极健康的党内政治文化，营造风清气正的良好政治生态。党在自己的政治生活中正确地开展批评和自我批评，在原则问题上进行思想斗争，坚持真理，修正错误。努力造成又有集中又有民主，又有纪律又有自由，又有统一意志又有个人心情舒畅生动活泼的政治局面。

第六，坚持从严管党治党。全面从严治党永远在路上，党的自我革命永远在路上。新形势下，党面临的执政考验、改革开放考验、市场经济考验、外部环境考验是长期的、复杂的、严峻的，精神懈怠危险、能力不足危险、脱离群众危险、消极腐败危险更加尖锐地摆在全党面前。要把严的标准、严的措施贯穿于管党治党全过程和各方面。坚持依规治党、标本兼治，不断健全党内法规体系，坚持把纪律挺在前面，加强组织性纪律性，在党的纪律面前人人平等。强化全面从严治党主体责任和监督责任，加强对党的领导机关和党员领导干部特别是主要领导干部的监督，不断完善党内监督体系。深入推进党风廉政建设和反腐败斗争，以零容忍态度惩治腐败，一体推进不敢腐、不能腐、不想腐。

中国共产党的领导是中国特色社会主义最本质的特征，是中国特色社会主义制度的最大优势，党是最高政治领导力量。党政军民学，东西南北中，党是领导一切的。党要适应改革开放和社会主义现代化建设的要求，坚持科学执政、民主执政、依法执政，加强和改善党的领导。党必须按照总揽全局、协调各方的原则，在同级各种组织中发挥领导核心作用。党必须集中精力领导经济建设，组织、协调各方面的力量，同心协力，围绕经济建设开展工作，促进经济社会全面发展。党必须实行民主的科学的决策，制定和执行正确的路线、方针、政策，做好党的组织工作和宣传教育工作，发挥全体党员的先锋模范作用。党必须在宪法和法律的范围内活动。党必须保证国家的立法、司法、行政、监察机关，经济、文化组织和人民团体积极主动地、独立负责地、协调一致地工作。党必须加强对工会、共产主义青年团、妇女联合会等群团组织的领导，使它们保持和增强政治性、先进性、群众性，充分发挥作用。党必须适应形势的发展和情况的变化，完善领导体制，改进领导方式，增强执政能力。共产党员必须同党外群众亲密合作，共同为建设中国特色社会主义而奋斗。

第一章　党　　员

第一条　年满十八岁的中国工人、农民、军人、知识分子和其他社会阶层的先进分子，承认党的纲领和章程，愿意参加党的一个组织并在其中积极工作、执行党的决议和按期交纳党费的，可以申请加入中国共产党。

第二条　中国共产党党员是中国工人阶级的有共产主义觉悟的先锋战士。

中国共产党党员必须全心全意为人民服务，不惜牺牲个人的一切，为实现共产主义奋斗终身。

中国共产党党员永远是劳动人民的普通一员。除了法律和政策规定范围内的个人利益和工作职权以外，所有共产党员都不得谋求任何私利和特权。

第三条　党员必须履行下列义务：

（一）认真学习马克思列宁主义、毛泽东思想、邓小平理论、“三个代表”重要思想、科学发展观、习近平新时代中国特色社会主义思想，学习党的路线、方针、政策和决议，学习党的基本知识和党的历史，学习科学、文化、法律和业务知识，努力提高为人民服务的本领。

（二）增强“四个意识”、坚定“四个自信”、做到“两个维护”，贯彻执行党的基本路线和各项方针、政策，带头参加改革开放和社会主义现代化建设，带动群众为经济发展和社会进步艰苦奋斗，在生产、工作、学习和社会生活中起先锋模范作用。

（三）坚持党和人民的利益高于一切，个人利益服从党和人民的利益，吃苦在前，享受在后，克己奉公，多做贡献。

（四）自觉遵守党的纪律，首先是党的政治纪律和政治规矩，模范遵守国家的法律法规，严格保守党和国家的秘密，执行党的决定，服从组织分配，积极完成党的任务。

（五）维护党的团结和统一，对党忠诚老实，言行一致，坚决反对一切派别组织和小集团活动，反对阳奉阴违的两面派行为和一切阴谋诡计。

（六）切实开展批评和自我批评，勇于揭露和纠正违反党的原则的言行和工作中的缺点、错误，坚决同消极腐败现象作斗争。

（七）密切联系群众，向群众宣传党的主张，遇事同群众商量，及时向党反映群众的意见和要求，维护群众的正当利益。

（八）发扬社会主义新风尚，带头实践社会主义核心价值观和社会主义荣辱观，提倡共产主义道德，弘扬中华民族传统美德，为了保护国家和人民的利益，在一切困难和危险的时刻挺身而出，英勇斗争，不怕牺牲。

第四条　党员享有下列权利：

（一）参加党的有关会议，阅读党的有关文件，接受党的教育和培训。

（二）在党的会议上和党报党刊上，参加关于党的政策问题的讨论。

（三）对党的工作提出建议和倡议。

（四）在党的会议上有根据地批评党的任何组织和任何党员，向党负责地揭发、检举党的任何组织和任何党员违法乱纪的事实，要求处分违法乱纪的党员，要求罢免或撤换不称职的干部。

（五）行使表决权、选举权，有被选举权。

（六）在党组织讨论决定对党员的党纪处分或作出鉴定时，本人有权参加和进行申辩，其他党员可以为他作证和辩护。

（七）对党的决议和政策如有不同意见，在坚决执行的前提下，可以声明保留，并且可以把自己的意见向党的上级组织直至中央提出。

（八）向党的上级组织直至中央提出请求、申诉和控告，并要求有关组织给以负责的答复。

党的任何一级组织直至中央都无权剥夺党员的上述权利。

第五条 发展党员，必须把政治标准放在首位，经过党的支部，坚持个别吸收的原则。

申请入党的人，要填写入党志愿书，要有两名正式党员作介绍人，要经过支部大会通过和上级党组织批准，并且经过预备期的考察，才能成为正式党员。

介绍人要认真了解申请人的思想、品质、经历和工作表现，向他解释党的纲领和党的章程，说明党员的条件、义务和权利，并向党组织作出负责的报告。

党的支部委员会对申请入党的人，要注意征求党内外有关群众的意见，进行严格的审查，认为合格后再提交支部大会讨论。

上级党组织在批准申请人入党以前，要派人同他谈话，作进一步的了解，并帮助他提高对党的认识。

在特殊情况下，党的中央和省、自治区、直辖市委员会可以直接接收党员。

第六条 预备党员必须面向党旗进行入党宣誓。誓词如下：我志愿加入中国共产党，拥护党的纲领，遵守党的章程，履行党员义务，执行党的决定，严守党的纪律，保守党的秘密，对党忠诚，积极工作，为共产主义奋斗终身，随时准备为党和人民牺牲一切，永不叛党。

第七条 预备党员的预备期为一年。党组织对预备党员应当认真教育和考察。

预备党员的义务同正式党员一样。预备党员的权利，除了没有表决权、选举权和被选举权以外，也同正式党员一样。

预备党员预备期满，党的支部应当及时讨论他能否转为正式党员。认真履行党员义务，具备党员条件的，应当按期转为正式党员；需要继续考察和教育的，可以延长预备期，但不能超过一年；不履行党员义务，不具备党员条件的，应当取消预备党员资格。预备党员转为正式党员，或延长预备期，或取消预备党员资格，都应当经支部大会讨论通过和上级党组织批准。

预备党员的预备期，从支部大会通过他为预备党员之日算起。党员的党龄，从预备期满转为正式党员之日算起。

第八条 每个党员，不论职务高低，都必须编入党的一个支部、小组或其他特定组织，参加党的组织生活，接受党内外群众的监督。党员领导干部还必须参加党委、党组的民主生活会。不允许有任何不参加党的组织生活、不接受党内外群众监督的特殊党员。

第九条 党员有退党的自由。党员要求退党，应当经支部大会讨论后宣布除名，并报上级党组织备案。

党员缺乏革命意志，不履行党员义务，不符合党员条件，党的支部应当对他进行教育，要求他限期改正；经教育仍无转变的，应当劝他退党。劝党员退党，应当经支部大会讨论决定，并报上级党组织批准。如被劝告退党的党员坚持不退，应当提交支部大会讨论，决定把他除名，并报上级党组织批准。

党员如果没有正当理由，连续六个月不参加党的组织生活，或不交纳党费，或不做党所分配的工作，就被认为是自行脱党。支部大会应当决定把这样的党员除名，并报上级党组织批准。

第二章　党的组织制度

第十条　党是根据自己的纲领和章程，按照民主集中制组织起来的统一整体。党的民主集中制的基本原则是：

（一）党员个人服从党的组织，少数服从多数，下级组织服从上级组织，全党各个组织和全体党员服从党的全国代表大会和中央委员会。

（二）党的各级领导机关，除它们派出的代表机关和在非党组织中的党组外，都由选举产生。

（三）党的最高领导机关，是党的全国代表大会和它所产生的中央委员会。党的地方各级领导机关，是党的地方各级代表大会和它们所产生的委员会。党的各级委员会向同级的代表大会负责并报告工作。

（四）党的上级组织要经常听取下级组织和党员群众的意见，及时解决他们提出的问题。党的下级组织既要向上级组织请示和报告工作，又要独立负责地解决自己职责范围内的问题。上下级组织之间要互通情报、互相支持和互相监督。党的各级组织要按规定实行党务公开，使党员对党内事务有更多的了解和参与。

（五）党的各级委员会实行集体领导和个人分工负责相结合的制度。凡属重大问题都要按照集体领导、民主集中、个别酝酿、会议决定的原则，由党的委员会集体讨论，作出决定；委员会成员要根据集体的决定和分工，切实履行自己的职责。

（六）党禁止任何形式的个人崇拜。要保证党的领导人的活动处于党和人民的监督之下，同时维护一切代表党和人民利益的领导人的威信。

第十一条　党的各级代表大会的代表和委员会的产生，要体现选举人的意志。选举采用无记名投票的方式。候选人名单要由党组织和选举人充分酝酿讨论。可以直接采用候选人数多于应选人数的差额选举办法进行正式选举。也可以先采用差额选举办法进行预选，产生候选人名单，然后进行正式选举。选举人有了解候选人情况、要求改变候选人、不选任何一个候选人和另选他人的权利。任何组织和个人不得以任何方式强迫选举人选举或不选举某个人。

党的地方各级代表大会和基层代表大会的选举，如果发生违反党章的情况，上一级党的委员会在调查核实后，应作出选举无效和采取相应措施的决定，并报再上一级党的委员会审查批准，正式宣布执行。

党的各级代表大会代表实行任期制。

第十二条 党的中央和地方各级委员会在必要时召集代表会议，讨论和决定需要及时解决的重大问题。代表会议代表的名额和产生办法，由召集代表会议的委员会决定。

第十三条 凡是成立党的新组织，或是撤销党的原有组织，必须由上级党组织决定。

在党的地方各级代表大会和基层代表大会闭会期间，上级党的组织认为有必要时，可以调动或者指派下级党组织的负责人。

党的中央和地方各级委员会可以派出代表机关。

第十四条 党的中央和省、自治区、直辖市委员会实行巡视制度，在一届任期内，对所管理的地方、部门、企事业单位党组织实现巡视全覆盖。

中央有关部委和国家机关部门党组（党委）根据工作需要，开展巡视工作。

党的市（地、州、盟）和县（市、区、旗）委员会建立巡察制度。

第十五条 党的各级领导机关，对同下级组织有关的重要问题作出决定时，在通常情况下，要征求下级组织的意见。要保证下级组织能够正常行使他们的职权。凡属应由下级组织处理的问题，如无特殊情况，上级领导机关不要干预。

第十六条 有关全国性的重大政策问题，只有党中央有权作出决定，各部门、各地方的党组织可以向中央提出建议，但不得擅自作出决定和对外发表主张。

党的下级组织必须坚决执行上级组织的决定。下级组织如果认为上级组织的决定不符合本地区、本部门的实际情况，可以请求改变；如果上级组织坚持原决定，下级组织必须执行，并不得公开发表不同意见，但有权向再上一级组织报告。

党的各级组织的报刊和其他宣传工具，必须宣传党的路线、方针、政策和决议。

第十七条 党组织讨论决定问题，必须执行少数服从多数的原则。决定重要问题，要进行表决。对于少数人的不同意见，应当认真考虑。如对重要问题发生争论，双方人数接近，除了在紧急情况下必须按多数意见执行外，应当暂缓作出决定，进一步调查研究，交换意见，下次再表决；在特殊情况下，也可将争论情况向上级组织报告，请求裁决。

党员个人代表党组织发表重要主张，如果超出党组织已有决定的范围，必须提交所在的党组织讨论决定，或向上级党组织请示。任何党员不论职务高低，都不能个人决定重大问题；如遇紧急情况，必须由个人作出决定时，事后要迅速向党组织报告。不允许任何领导人实行个人专断和把个人凌驾于组织之上。

第十八条 党的中央、地方和基层组织，都必须重视党的建设，经常讨论和检查党的宣传工作、教育工作、组织工作、纪律检查工作、群众工作、统一战线工作等，注意研究党内外的思想政治状况。

第三章　党的中央组织

第十九条　党的全国代表大会每五年举行一次，由中央委员会召集。中央委员会认为有必要，或者有三分之一以上的省一级组织提出要求，全国代表大会可以提前举行；如无非常情况，不得延期举行。

全国代表大会代表的名额和选举办法，由中央委员会决定。

第二十条　党的全国代表大会的职权是：

（一）听取和审查中央委员会的报告；

（二）审查中央纪律检查委员会的报告；

（三）讨论并决定党的重大问题；

（四）修改党的章程；

（五）选举中央委员会；

（六）选举中央纪律检查委员会。

第二十一条　党的全国代表会议的职权是：讨论和决定重大问题；调整和增选中央委员会、中央纪律检查委员会的部分成员。调整和增选中央委员及候补中央委员的数额，不得超过党的全国代表大会选出的中央委员及候补中央委员各自总数的五分之一。

第二十二条　党的中央委员会每届任期五年。全国代表大会如提前或延期举行，它的任期相应地改变。中央委员会委员和候补委员必须有五年以上的党龄。中央委员会委员和候补委员的名额，由全国代表大会决定。中央委员会委员出缺，由中央委员会候补委员按照得票多少依次递补。

中央委员会全体会议由中央政治局召集，每年至少举行一次。中央政治局向中央委员会全体会议报告工作，接受监督。

在全国代表大会闭会期间，中央委员会执行全国代表大会的决议，领导党的全部工作，对外代表中国共产党。

第二十三条　党的中央政治局、中央政治局常务委员会和中央委员会总书记，由中央委员会全体会议选举。中央委员会总书记必须从中央政治局常务委员会委员中产生。

中央政治局和它的常务委员会在中央委员会全体会议闭会期间，行使中央委员会的职权。

中央书记处是中央政治局和它的常务委员会的办事机构；成员由中央政治局常务委员会提名，中央委员会全体会议通过。

中央委员会总书记负责召集中央政治局会议和中央政治局常务委员会会议，并主持中央书记处的工作。

党的中央军事委员会组成人员由中央委员会决定，中央军事委员会实行主席负责制。

每届中央委员会产生的中央领导机构和中央领导人，在下届全国代表大会开会期间，继续主持党的经常工作，直到下届中央委员会产生新的中央领导机构和中央领导人为止。

第二十四条 中国人民解放军的党组织，根据中央委员会的指示进行工作。中央军事委员会负责军队中党的工作和政治工作，对军队中党的组织体制和机构作出规定。

第四章 党的地方组织

第二十五条 党的省、自治区、直辖市的代表大会，设区的市和自治州的代表大会，县(旗)、自治县、不设区的市和市辖区的代表大会，每五年举行一次。

党的地方各级代表大会由同级党的委员会召集。在特殊情况下，经上一级委员会批准，可以提前或延期举行。

党的地方各级代表大会代表的名额和选举办法，由同级党的委员会决定，并报上一级党的委员会批准。

第二十六条 党的地方各级代表大会的职权是：

(一) 听取和审查同级委员会的报告；

(二) 审查同级纪律检查委员会的报告；

(三) 讨论本地区范围内的重大问题并作出决议；

(四) 选举同级党的委员会，选举同级党的纪律检查委员会。

第二十七条 党的省、自治区、直辖市、设区的市和自治州的委员会，每届任期五年。这些委员会的委员和候补委员必须有五年以上的党龄。

党的县(旗)、自治县、不设区的市和市辖区的委员会，每届任期五年。这些委员会的委员和候补委员必须有三年以上的党龄。

党的地方各级代表大会如提前或延期举行，由它选举的委员会的任期相应地改变。

党的地方各级委员会的委员和候补委员的名额，分别由上一级委员会决定。党的地方各级委员会委员出缺，由候补委员按照得票多少依次递补。

党的地方各级委员会全体会议，每年至少召开两次。

党的地方各级委员会在代表大会闭会期间，执行上级党组织的指示和同级党代表大会的决议，领导本地方的工作，定期向上级党的委员会报告工作。

第二十八条 党的地方各级委员会全体会议，选举常务委员会和书记、副书记，并报上级党的委员会批准。党的地方各级委员会的常务委员会，在委员会全体会议闭会期间，行使委员会职权；在下届代表大会开会期间，继续主持经常工作，直到新的常务委员会产生为止。

党的地方各级委员会的常务委员会定期向委员会全体会议报告工作，接受监督。

第二十九条 党的地区委员会和相当于地区委员会的组织，是党的省、自治区委员会在几个县、自治县、市范围内派出的代表机关。它根据省、自治区委员会的授权，领导本地区的工作。

第五章 党的基层组织

第三十条 企业、农村、机关、学校、医院、科研院所、街道社区、社会组织、人民解放军连队和其他基层单位，凡是有正式党员三人以上的，都应当成立党的基层组织。

党的基层组织，根据工作需要和党员人数，经上级党组织批准，分别设立党的基层委员会、总支部委员会、支部委员会。基层委员会由党员大会或代表大会选举产生，总支部委员会和支部委员会由党员大会选举产生，提出委员候选人要广泛征求党员和群众的意见。

第三十一条 党的基层委员会、总支部委员会、支部委员会每届任期三年至五年。基层委员会、总支部委员会、支部委员会的书记、副书记选举产生后，应报上级党组织批准。

第三十二条 党的基层组织是党在社会基层组织中的战斗堡垒，是党的全部工作和战斗力的基础。它的基本任务是：

（一）宣传和执行党的路线、方针、政策，宣传和执行党中央、上级组织和本组织的决议，充分发挥党员的先锋模范作用，积极创先争优，团结、组织党内外的干部和群众，努力完成本单位所担负的任务。

（二）组织党员认真学习马克思列宁主义、毛泽东思想、邓小平理论、“三个代表”重要思想、科学发展观、习近平新时代中国特色社会主义思想，推进“两学一做”学习教育、党史学习教育常态化制度化，学习党的路线、方针、政策和决议，学习党的基本知识，学习科学、文化、法律和业务知识。

（三）对党员进行教育、管理、监督和服务，提高党员素质，坚定理想信念，增强党性，严格党的组织生活，开展批评和自我批评，维护和执行党的纪律，监督党员切实履行义务，保障党员的权利不受侵犯。加强和改进流动党员管理。

（四）密切联系群众，经常了解群众对党员、党的工作的批评和意见，维护群众的正当权利和利益，做好群众的思想政治工作。

（五）充分发挥党员和群众的积极性创造性，发现、培养和推荐他们中间的优秀人才,鼓励和支持他们在改革开放和社会主义现代化建设中贡献自己的聪明才智。

(六)对要求入党的积极分子进行教育和培养,做好经常性的发展党员工作,重视在生产、工作第一线和青年中发展党员。

(七)监督党员干部和其他任何工作人员严格遵守国家法律法规,严格遵守国家的财政经济法规和人事制度,不得侵占国家、集体和群众的利益。

(八)教育党员和群众自觉抵制不良倾向,坚决同各种违纪违法行为作斗争。

第三十三条 街道、乡、镇党的基层委员会和村、社区党组织,统一领导本地区基层各类组织和各项工作,加强基层社会治理,支持和保证行政组织、经济组织和群众性自治组织充分行使职权。

国有企业党委(党组)发挥领导作用,把方向、管大局、保落实,依照规定讨论和决定企业重大事项。国有企业和集体企业中党的基层组织,围绕企业生产经营开展工作。保证监督党和国家的方针、政策在本企业的贯彻执行;支持股东会、董事会、监事会和经理(厂长)依法行使职权;全心全意依靠职工群众,支持职工代表大会开展工作;参与企业重大问题的决策;加强党组织的自身建设,领导思想政治工作、精神文明建设、统一战线工作和工会、共青团、妇女组织等群团组织。

非公有制经济组织中党的基层组织,贯彻党的方针政策,引导和监督企业遵守国家的法律法规,领导工会、共青团等群团组织,团结凝聚职工群众,维护各方的合法权益,促进企业健康发展。

社会组织中党的基层组织,宣传和执行党的路线、方针、政策,领导工会、共青团等群团组织,教育管理党员,引领服务群众,推动事业发展。

实行行政领导人负责制的事业单位中党的基层组织,发挥战斗堡垒作用。实行党委领导下的行政领导人负责制的事业单位中党的基层组织,对重大问题进行讨论和作出决定,同时保证行政领导人充分行使自己的职权。

各级党和国家机关中党的基层组织,协助行政负责人完成任务,改进工作,对包括行政负责人在内的每个党员进行教育、管理、监督,不领导本单位的业务工作。

第三十四条 党支部是党的基础组织,担负直接教育党员、管理党员、监督党员和组织群众、宣传群众、凝聚群众、服务群众的职责。

第六章 党的干部

第三十五条 党的干部是党的事业的骨干,是人民的公仆,要做到忠诚干净担当。党按照德才兼备、以德为先的原则选拔干部,坚持五湖四海、任人唯贤,坚持事业为上、公道正派,反对任人唯亲,努力实现干部队伍的革命化、年轻化、知识化、专业化。

党重视教育、培训、选拔、考核和监督干部,特别是培养、选拔优秀年轻干部。积极推进干部制度改革。

党重视培养、选拔女干部和少数民族干部。

第三十六条 党的各级领导干部必须信念坚定、为民服务、勤政务实、敢于担当、清正廉洁，模范地履行本章程第三条所规定的党员的各项义务，并且必须具备以下的基本条件：

（一）具有履行职责所需要的马克思列宁主义、毛泽东思想、邓小平理论、“三个代表”重要思想、科学发展观的水平，带头贯彻落实习近平新时代中国特色社会主义思想，努力用马克思主义的立场、观点、方法分析和解决实际问题，坚持讲学习、讲政治、讲正气，经得起各种风浪的考验。

（二）具有共产主义远大理想和中国特色社会主义坚定信念，坚决执行党的基本路线和各项方针、政策，立志改革开放，献身现代化事业，在社会主义建设中艰苦创业，树立正确政绩观，做出经得起实践、人民、历史检验的实绩。

（三）坚持解放思想，实事求是，与时俱进，开拓创新，认真调查研究，能够把党的方针、政策同本地区、本部门的实际相结合，卓有成效地开展工作，讲实话，办实事，求实效。

（四）有强烈的革命事业心和政治责任感，有实践经验，有胜任领导工作的组织能力、文化水平和专业知识。

（五）正确行使人民赋予的权力，坚持原则，依法办事，清正廉洁，勤政为民，以身作则，艰苦朴素，密切联系群众，坚持党的群众路线，自觉地接受党和群众的批评和监督，加强道德修养，讲党性、重品行、作表率，做到自重、自省、自警、自励，反对形式主义、官僚主义、享乐主义和奢靡之风，反对特权思想和特权现象，反对任何滥用职权、谋求私利的行为。

（六）坚持和维护党的民主集中制，有民主作风，有全局观念，善于团结同志，包括团结同自己有不同意见的同志一道工作。

第三十七条 党员干部要善于同党外干部合作共事，尊重他们，虚心学习他们的长处。

党的各级组织要善于发现和推荐有真才实学的党外干部担任领导工作，保证他们有职有权，充分发挥他们的作用。

第三十八条 党的各级领导干部，无论是由民主选举产生的，或是由领导机关任命的，他们的职务都不是终身的，都可以变动或解除。

年龄和健康状况不适宜于继续担任工作的干部，应当按照国家的规定退、离休。

第七章 党的纪律

第三十九条 党的纪律是党的各级组织和全体党员必须遵守的行为规则，是维护党的团结统一、完成党的任务的保证。党组织必须严格执行和维护党的纪律，共产党员必须自觉接受党的纪律的约束。

第四十条 党的纪律主要包括政治纪律、组织纪律、廉洁纪律、群众纪律、工作纪律、生活纪律。

坚持惩前毖后、治病救人，执纪必严、违纪必究，抓早抓小、防微杜渐，按照错误性质和情节轻重，给以批评教育、责令检查、诫勉直至纪律处分。运用监督执纪"四种形态"，让"红红脸、出出汗"成为常态，党纪处分、组织调整成为管党治党的重要手段，严重违纪、严重触犯刑律的党员必须开除党籍。

党内严格禁止用违反党章和国家法律的手段对待党员，严格禁止打击报复和诬告陷害。违反这些规定的组织或个人必须受到党的纪律和国家法律的追究。

第四十一条 对党员的纪律处分有五种：警告、严重警告、撤销党内职务、留党察看、开除党籍。

留党察看最长不超过两年。党员在留党察看期间没有表决权、选举权和被选举权。党员经过留党察看，确已改正错误的，应当恢复其党员的权利；坚持错误不改的，应当开除党籍。

开除党籍是党内的最高处分。各级党组织在决定或批准开除党员党籍的时候，应当全面研究有关的材料和意见，采取十分慎重的态度。

第四十二条 对党员的纪律处分，必须经过支部大会讨论决定，报党的基层委员会批准；如果涉及的问题比较重要或复杂，或给党员以开除党籍的处分，应分别不同情况，报县级或县级以上党的纪律检查委员会审查批准。在特殊情况下，县级和县级以上各级党的委员会和纪律检查委员会有权直接决定给党员以纪律处分。

对党的中央委员会委员、候补委员，给以警告、严重警告处分，由中央纪律检查委员会常务委员会审议后，报党中央批准。对地方各级党的委员会委员、候补委员，给以警告、严重警告处分，应由上一级纪律检查委员会批准，并报它的同级党的委员会备案。

对党的中央委员会和地方各级委员会的委员、候补委员，给以撤销党内职务、留党察看或开除党籍的处分，必须由本人所在的委员会全体会议三分之二以上的多数决定。在全体会议闭会期间，可以先由中央政治局和地方各级委员会常务委员会作出处理决定，待召开委员会全体会议时予以追认。对地方各级委员会委员和候补委员的上述处分，必须经过上级纪律检查委员会常务委员会审议，由这一级纪律检查委员会报同级党的委员会批准。

严重触犯刑律的中央委员会委员、候补委员，由中央政治局决定开除其党籍；严重触犯刑律的地方各级委员会委员、候补委员，由同级委员会常务委员会决定开除其党籍。

第四十三条 党组织对党员作出处分决定，应当实事求是地查清事实。处分决定所依据的事实材料和处分决定必须同本人见面，听取本人说明情况和申辩。如果本人对处分决定不服，可以提出申诉，有关党组织必须负责处理或者迅速转递，不得扣压。对于确属坚持错误意见和无理要求的人，要给以批评教育。

第四十四条 党组织如果在维护党的纪律方面失职，必须问责。

对于严重违犯党的纪律、本身又不能纠正的党组织，上一级党的委员会在查明核实后，应根据情节严重的程度，作出进行改组或予以解散的决定，并报再上一级党的委员会审查批准，正式宣布执行。

第八章 党的纪律检查机关

第四十五条 党的中央纪律检查委员会在党的中央委员会领导下进行工作。党的地方各级纪律检查委员会和基层纪律检查委员会在同级党的委员会和上级纪律检查委员会双重领导下进行工作。上级党的纪律检查委员会加强对下级纪律检查委员会的领导。

党的各级纪律检查委员会每届任期和同级党的委员会相同。

党的中央纪律检查委员会全体会议，选举常务委员会和书记、副书记，并报党的中央委员会批准。党的地方各级纪律检查委员会全体会议，选举常务委员会和书记、副书记，并由同级党的委员会通过，报上级党的委员会批准。党的基层委员会是设立纪律检查委员会，还是设立纪律检查委员，由它的上一级党组织根据具体情况决定。党的总支部委员会和支部委员会设纪律检查委员。

党的中央和地方纪律检查委员会向同级党和国家机关全面派驻党的纪律检查组，按照规定向有关国有企业、事业单位派驻党的纪律检查组。纪律检查组组长参加驻在单位党的领导组织的有关会议。他们的工作必须受到该单位党的领导组织的支持。

第四十六条 党的各级纪律检查委员会是党内监督专责机关，主要任务是：维护党的章程和其他党内法规，检查党的路线、方针、政策和决议的执行情况，协助党的委员会推进全面从严治党、加强党风建设和组织协调反腐败工作，推动完善党和国家监督体系。

党的各级纪律检查委员会的职责是监督、执纪、问责，要经常对党员进行遵守纪律的教育，作出关于维护党纪的决定；对党的组织和党员领导干部履行职责、行使权力进行监督，受理处置党员群众检举举报，开展谈话提醒、约谈函询；检查和处理党的组织和党员违反党的章程和其他党内法规的比较重要或复杂的案件，决定或取消对这些案件中的党员的处分；进行问责或提出责任追究的建议；受理党员的控告和申诉；保障党员的权利。

各级纪律检查委员会要把处理特别重要或复杂的案件中的问题和处理的结果，向同级党的委员会报告。党的地方各级纪律检查委员会和基层纪律检查委员会要同时向上级纪律检查委员会报告。

各级纪律检查委员会发现同级党的委员会委员有违犯党的纪律的行为，可以先进行初步核实，如果需要立案检查的，应当在向同级党的委员会报告的同时向上一级纪律检查委员会报告；涉及常务委员的，报告上一级纪律检查委员会，由上一级纪律检查委员会进行初步核实，需要审查的，由上一级纪律检查委员会报它的同级党的委员会批准。

第四十七条 上级纪律检查委员会有权检查下级纪律检查委员会的工作，并且有权批准和改变下级纪律检查委员会对于案件所作的决定。如果所要改变的该下级纪律检查委员会的决定，已经得到它的同级党的委员会的批准，这种改变必须经过它的上一级党的委员会批准。

党的地方各级纪律检查委员会和基层纪律检查委员会如果对同级党的委员会处理案件的决定有不同意见，可以请求上一级纪律检查委员会予以复查；如果发现同级党的委员会或它的成员有违犯党的纪律的情况，在同级党的委员会不给予解决或不给予正确解决的时候，有权向上级纪律检查委员会提出申诉，请求协助处理。

第九章 党 组

第四十八条 在中央和地方国家机关、人民团体、经济组织、文化组织和其他非党组织的领导机关中，可以成立党组。党组发挥领导作用。党组的任务，主要是负责贯彻执行党的路线、方针、政策；加强对本单位党的建设的领导，履行全面从严治党责任；讨论和决定本单位的重大问题；做好干部管理工作；讨论和决定基层党组织设置调整和发展党员、处分党员等重要事项；团结党外干部和群众，完成党和国家交给的任务；领导机关和直属单位党组织的工作。

第四十九条 党组的成员，由批准成立党组的党组织决定。党组设书记，必要时还可以设副书记。

党组必须服从批准它成立的党组织领导。

第五十条 在对下属单位实行集中统一领导的国家工作部门和有关单位的领导机关中，可以建立党委，党委的产生办法、职权和工作任务，由中央另行规定。

第十章 党和共产主义青年团的关系

第五十一条 中国共产主义青年团是中国共产党领导的先进青年的群团组织，是广大青年在实践中学习中国特色社会主义和共产主义的学校，是党的助手和后备军。共青团中央委员会受党中央委员会领导。共青团的地方各级组织受同级党的委员会领导,同时受共青团上级组织领导。

第五十二条 党的各级委员会要加强对共青团的领导,注意团的干部的选拔和培训。党要坚决支持共青团根据广大青年的特点和需要,生动活泼地、富于创造性地进行工作,充分发挥团的突击队作用和联系广大青年的桥梁作用。

团的县级和县级以下各级委员会书记,企业事业单位的团委员会书记,是党员的,可以列席同级党的委员会和常务委员会的会议。

第十一章 党徽党旗

第五十三条 中国共产党党徽为镰刀和锤头组成的图案。

第五十四条 中国共产党党旗为旗面缀有金黄色党徽图案的红旗。

第五十五条 中国共产党的党徽党旗是中国共产党的象征和标志。党的各级组织和每一个党员都要维护党徽党旗的尊严。要按照规定制作和使用党徽党旗。

附录3　主题教育练习题

一、单项选择题

1. 习近平新时代中国特色社会主义思想的精髓是(　　)。

A. 为社会作引领、为人民谋幸福、为世界作贡献

B. 为社会作引领、为人民谋幸福、为民族谋复兴

C. 为社会作引领、为民族谋复兴、为世界作贡献

D. 为人民谋幸福、为民族谋复兴、为世界作贡献

【参考答案】 D

【答案解析】 习近平新时代中国特色社会主义思想的精髓,就是为人民谋幸福、为民族谋复兴、为世界作贡献。这一思想精髓集中反映了当代中国共产党人的人民立场、民族抱负、世界责任。学习习近平新时代中国特色社会主义思想,要在领会基本内容的同时,深入理解和掌握贯穿其中的精髓要义。

2. 党和人民事业风雨无阻向前进的根本保证是(　　)。

A. 中国特色社会主义

B. "三个代表"思想

C. 新时代中国特色社会主义思想

D. 中国共产党领导

【参考答案】 D

【答案解析】 2022年12月6日,中共中央、全国人大常委会、国务院、全国政协、中央军委在人民大会堂隆重举行江泽民同志追悼大会。中共中央总书记、国家主席、中央军委主席习近平在追悼大会上致悼词时强调,马克思主义是我们立党立国、兴党兴国的根本指导思想。中国共产党领导是党和人民事业风雨无阻向前进的根本保证。中国特色社会主义道路是当代中国大踏步赶上时代、引领时代发展的康庄大道。人民是决定党和国家前途命运的根本力量。改革开放是决定当代中国前途命运的关键一招。

3. 2023年1月20日,习近平总书记在二〇二三年春节团拜会上发表重要讲话时强调,我们要坚持(　　)(　　),更好统筹国内国际两个大局,更好统筹疫情防控和经济社会发展,更好统筹发展和安全,全面深化改革开放,努力实现经济运行整体

好转，推动人民生活持续改善。

A. 稳字当头　稳中求进　　B. 脚踏实地　埋头苦干

C. 求真务实　注重实效　　D. 笃实好学　尊重实际

【参考答案】 A

【答案解析】 2023年1月20日，习近平总书记在二〇二三年春节团拜会上发表重要讲话时强调，我们要坚持稳字当头、稳中求进，更好统筹国内国际两个大局，更好统筹疫情防控和经济社会发展，更好统筹发展和安全，全面深化改革开放，努力实现经济运行整体好转，推动人民生活持续改善。

4. 经济全球化大致经历了三个阶段，主要包括（　　）。

① 殖民扩张和世界市场形成阶段

② 两个平行世界市场阶段

③ 经济全球化阶段

④ “逆全球化”阶段

A. ①②③　　B. ②③④　　C. ①③④　　D. ①②④

【参考答案】 A

【答案解析】 习近平总书记指出，经济全球化大致经历了三个阶段：一是殖民扩张和世界市场形成阶段，西方国家靠巧取豪夺、强权占领、殖民扩张，到第一次世界大战前基本完成了对世界的瓜分，世界各地区各民族都被卷入资本主义世界体系之中。二是两个平行世界市场阶段，第二次世界大战结束后，一批社会主义国家诞生，殖民地半殖民地国家纷纷独立，世界形成社会主义和资本主义两大阵营，在经济上则形成了两个平行的市场。三是经济全球化阶段，随着冷战结束，两大阵营对立局面不复存在，两个平行的市场随之不复存在，各国相互依存大幅加强，经济全球化快速发展演化。（摘自《习近平新时代中国特色社会主义思想学习问答》）

5. 高质量发展，就是能够很好满足人民日益增长的美好生活需要的发展，是体现新发展理念的发展，是（　　）成为第一动力、（　　）成为内生特点、（　　）成为普遍形态、（　　）成为必由之路、（　　）成为根本目的的发展。高质量发展，就是从“有没有”转向“好不好”。

A. 创新　绿色　协调　开放　共享

B. 创新　协调　绿色　共享　开放

C. 创新　协调　开放　共享　绿色

D. 创新　协调　绿色　开放　共享

【参考答案】 D

【答案解析】 高质量发展，就是能够很好满足人民日益增长的美好生活需要的发展，是体现新发展理念的发展，是创新成为第一动力、协调成为内生特点、绿色成为普遍形态、开放成为必由之路、共享成为根本目的的发展。从供给看，高质量发展应该实现产业体系比较完整，生产组织方式网络化、智能化，创新力、需求捕捉力、品牌影响力、核心竞争力强，产品和服务质量高。从需求看，高质量发展应该不断满足人民群众个性化、多样化、不断升级的需求，这种需求引领供给体系和结构的变化，供给变革又不断催生新的需求。从投入产出看，高质量发展应该不断提高劳动效率、资本效率、土地效率、资源效率、环境效率，不断提升科技步贡献率，不断提高全要素生产率。从分配看，高质量发展应该实现投资有回报、企业有利润、员工有收入、政府有税收，并且充分反映各自按市场评价的贡献。从宏观经济循环看，高质量发展应该实现生产、流通、分配、消费循环通畅，国民经济重大比例关系和空间布局比较合理，经济发展比较平稳，不出现大的起落。更明确地说，高质量发展，就是从"有没有"转向"好不好"。(摘自《习近平新时代中国特色社会主义思想学习问答》)

6. 2022 年 12 月 23 日至 24 日，中央农村工作会议在北京举行。中共中央总书记、国家主席、中央军委主席习近平出席会议并发表重要讲话强调，要抓住(　　)和种子两个要害。

A. 粮食安全　　B. 耕地　　C. 基本农田　　D. 科技兴农

【参考答案】 B

【答案解析】 2022 年 12 月 23 日至 24 日，中央农村工作会议在北京举行。中共中央总书记、国家主席、中央军委主席习近平出席会议并发表重要讲话强调，要抓住耕地和种子两个要害，坚决守住 18 亿亩耕地红线，逐步把永久基本农田全部建成高标准农田，把种业振兴行动切实抓出成效，把当家品种牢牢攥在自己手里。

7. 深入学习领会习近平新时代中国特色社会主义思想，要着力在(　　)上下功夫。

A. 全面系统　　B. 重点　　C. 要点　　D. 难点

【参考答案】 A

【答案解析】 深入学习领会习近平新时代中国特色社会主义思想，要突出整体性要求，全面理解其基本内容、基本观点。着力在全面系统上下功夫，深刻把握"十个明确"和"十四个坚持"在习近平新时代中国特色社会主义思想中的核心地位，深刻把握"十个明确"和"十四个坚持"是相互贯通、相辅相成，有机统一、不可分割的，必须联系地而不是孤立地、系统地而不是零散地、全面地而不是局部地去学习领会，真正理解掌握其内在逻辑和基本精神。

8. 供给侧管理和需求侧管理是调控(　　)经济的两个基本手段。需求侧管理，重在解决(　　)。供给侧管理，重在解决(　　)。

A. 宏观　总量性问题　结构性问题
B. 宏观　结构性问题　总量性问题
C. 微观　总量性问题　结构性问题
D. 微观　结构性问题　总量性问题

【参考答案】 A

【答案解析】 供给侧管理和需求侧管理是调控宏观经济的两个基本手段。需求侧管理,重在解决总量性问题,注重短期调控,主要是通过调节税收、财政支出、货币信贷等来刺激或抑制需求,进而推动经济增长。供给侧管理,重在解决结构性问题,注重激发经济增长动力,主要通过优化要素配置和调整生产结构来提高供给体系质量和效率,进而推动经济增长。(摘自《习近平新时代中国特色社会主义思想学习问答》)

9. 当前和今后一个时期,我国经济发展面临的问题,供给和需求两侧都有,但矛盾的主要方面在(　　),必须把推进(　　)作为经济发展的主线。

A. 需求侧　供给侧结构性改革
B. 供给侧　供给侧结构性改革
C. 需求侧　需求侧总量性改革
D. 供给侧　需求侧总量性改革

【参考答案】 B

【答案解析】 当前和今后一个时期,我国经济发展面临的问题,供给和需求两侧都有,但矛盾的主要方面在供给侧。比如,一些行业和产业产能严重过剩,同时大量关键装备、核心技术、高端产品还依赖进口;农业发展形势很好,但一些供给没有很好适应需求变化;等等。事实证明,我国不是需求不足,或没有需求,而是需求变了,供给的产品却没有变,质量、服务跟不上。有效供给能力不足,导致消费能力严重外流。解决这些结构性问题,必须把推进供给侧结构性改革作为经济发展的主线,这是新时代稳定经济增长、推动高质量发展的治本良方。(摘自《习近平新时代中国特色社会主义思想学习问答》)

10. 多措并举抓好习近平新时代中国特色社会主义思想学习教育,要大力加强党内集中教育和经常性教育,(　　)。

① 突出抓好领导干部这个“关键少数”
② 切实强化各类各级教育培训工作
③ 持续深化宣传研究阐释
④ 扎实开展基层理论宣讲

A. ①②③④　　B. ①②④　　C. ①③④　　D. ①②③

【参考答案】 A

【答案解析】 多措并举抓好习近平新时代中国特色社会主义思想学习教育，要大力加强党内集中教育和经常性教育，突出抓好领导干部这个“关键少数”，切实强化各类各级教育培训工作，持续深化宣传研究阐释，扎实开展基层理论宣讲。

11. 中国特色社会主义制度的本质属性是（　　）。

A. 中国共产党始终代表最广大人民根本利益

B. 坚持人民当家作主

C. 坚持公有制为主体

D. 坚持各民族一律平等

【参考答案】 A

【答案解析】 中国共产党始终代表最广大人民根本利益，是中国特色社会主义制度的本质属性，是我国国家制度和国家治理体系有效运行，充满活力的根本所在。

12. 发展是解决我国一切问题的基础和关键，发展必须是科学发展，必须坚定不移贯彻新发展理念。发展理念是指（　　）。

A. 创新、协调、绿色、开放、共享　　B. 创造、协调、生态、开放、共享

C. 创新、统筹、绿色、开放、共享　　D. 创造、统筹、生态、开放、共享

【参考答案】 A

【答案解析】 发展是解决我国一切问题的基础和关键，发展必须是科学发展，必须坚定不移贯彻创新、协调、绿色、开放、共享的发展理念。

13. 决定党的建设方向和效果的是（　　）。

A. 党的思想建设　　B. 党的政治建设

C. 党的作风建设　　D. 党的纪律建设

【参考答案】 B

【答案解析】 党的政治建设是党的根本性建设，决定党的建设方向和效果，事关统揽推进伟大斗争、伟大工程、伟大事业、伟大梦想。

14. 当前和今后一个时期，我国发展仍然处于的时期是（　　）。

A. 重要战略机遇期　　B. 重要战略攻坚期

C. 重大战略机遇期　　D. 重要战略转型期

【参考答案】 A

【答案解析】 党的十九届五中全会明确指出，我国发展仍然处于重要战略机遇期。

15. 党的十九大报告提出的“四个伟大”是指（　　）。

A. 伟大斗争、伟大建设、伟大成就、伟大理想

B. 伟大斗争、伟大工程、伟大事业、伟大梦想

C. 伟大战斗、伟大工程、伟大成就、伟大梦想

D. 伟大战斗、伟大建设、伟大事业、伟大理想

【参考答案】 B

【答案解析】 改革开放以来，在我们党的许多重要文献中把伟大事业同伟大工程联系起来。党的十八届六中全会将伟大斗争、伟大工程、伟大事业并提，突出了新的时代条件下我们党治国理政的重要战略支撑。党的十九大把伟大斗争、伟大工程、伟大事业、伟大梦想作为一个统一整体提出，这是我们党的一个重大理论创新，进一步明确了党在新时代治国理政总战略、引领全局的总蓝图、谋划工作的总坐标。

16. 综合分析国际国内形势和我国发展条件，从2020年到本世纪中叶可以分两个阶段来安排。第一个阶段，在全面建成小康社会的基础上，再奋斗15年，基本实现社会主义现代化。第二个阶段，在基本实现现代化的基础上，再奋斗15年，把我国建成富强民主文明和谐美丽的社会主义现代化强国。第一阶段是指（　　）。

A. 2020年到本世纪中叶　　B. 2035年到2045年

C. 2020年到2035年　　D. 2035年到本世纪中叶

【参考答案】 C

【答案解析】 习近平总书记指出，综合分析国际国内形势和我国发展条件，从2020年到本世纪中叶可以分两个阶段来安排。第一个阶段，从2020年到2035年，在全面建成小康社会的基础上，再奋斗15年，基本实现社会主义现代化。

17. 党的十九届六中全会通过的《中共中央关于党的百年奋斗重大成就和历史经验的决议》深刻总结了"两个确立"决定性意义。"两个确立"是指（　　）。

A. 党确立习近平总书记党中央的核心、全党的核心地位，确立党中央权威和集中统一领导

B. 党确立习近平同志党中央的核心地位，确立习近平同志全党的核心地位

C. 党确立习近平同志党中央的核心、全党的核心地位，确立习近平新时代中国特色社会主义思想的指导地位

D. 党确立习近平新时代中国特色社会主义思想的指导地位，确立习近平同志党中央的核心、全党的核心地位

【参考答案】 C

【答案解析】 《中共中央关于党的百年奋斗重大成就和历史经验的决议》指出，党确立习近平同志党中央的核心、全党的核心地位，确立习近平新时代中国特色社会主义思想的指导地位，反映了全党全军全国各族人民共同心愿，对新时代党和国

家事业发展、对推进中华民族伟大复兴历史进程具有决定性意义。

18. 中国特色社会主义进入新时代，我国社会主要矛盾已经转化为（　　）。

A. 人民日益增长的美好生活需要和高水平不平衡的发展之间的矛盾

B. 人民日益增长的幸福生活需要和不平衡不充分的发展之间的矛盾

C. 人民日益增长的幸福生活需要和不充分不平衡的发展之间的矛盾

D. 人民日益增长的美好生活需要和不平衡不充分的发展之间的矛盾

【参考答案】 D

【答案解析】 中国特色社会主义进入新时代，我国社会主要矛盾已经转化为人民日益增长的美好生活需要和不平衡不充分的发展之间的矛盾。

19. 指导党和人民实现中华民族伟大复兴的正确理论是（　　）。

A. 中国特色社会主义道路　　B. 中国特色社会主义理论体系

C. 中国特色社会主义制度　　D. 中国特色社会主义文化

【参考答案】 B

【答案解析】 中国特色社会主义理论体系是指导党和人民实现中华民族伟大复兴的正确理论。

20. 习近平总书记指出，一个国家、一个民族发展中更基本、更深沉、更持久的力量是（　　）。

A. 道路自信　　B. 理论自信　　C. 制度自信　　D. 文化自信

【参考答案】 D

【答案解析】 文化自信是一个国家、一个民族发展中更基本、更深沉、更持久的力量。

21. 我国经济正处在转变发展方式、优化经济结构、转换增长动力的攻关期，下列关于我国经济发展阶段的说法中，正确的是（　　）。

A. 已由高速增长阶段转向高质量发展阶段

B. 已由高速增长阶段转向中速增长阶段

C. 已由高质量发展阶段转向高速增长阶段

D. 已由中速增长阶段转向高速增长阶段

【参考答案】 A

【答案解析】 我国经济已由高速增长阶段转向高质量发展阶段，正处在转变发展方式、优化经济结构、转换增长动力的攻关期，建设现代化经济体系是跨越关口的迫切要求和我国发展的战略目标。

22. 我们党的最大政治优势是密切联系群众，党执政后的最大危险是（　　）。

A. 脱离群众　　B. 权力腐败　　C. 以权谋私　　D. 钱权交易

【参考答案】 A

【答案解析】 我们党的最大政治优势是密切联系群众，党执政后的最大危险是脱离群众。

23. 为建立新民主主义的新中国制定了正确路线方针政策，使全党在思想上政治上组织上达到空前统一和团结的党的会议是（　　）。

A. 党的七大　　B. 党的八大　　C. 党的六大　　D. 党的九大

【参考答案】 A

【答案解析】 《中共中央关于党的百年奋斗重大成就和历史经验的决议》指出，党的七大为建立新民主主义的新中国制定了正确路线方针政策，使全党在思想上政治上组织上达到空前统一和团结。

24. "两个一百年"奋斗目标的历史交汇期是指（　　）。

A. 从2020年到2035年　　B. 从党的十九大到党的二十大

C. 从党的二十大到党的二十一大　　D. 从2035年到本世纪中叶

【参考答案】 B

【答案解析】 从党的十九大到党的二十大的5年，正处在实现"两个一百年"奋斗目标的历史交汇期，第一个百年目标要实现，第二个百年奋斗目标要开篇。

25. 维护社会公平正义的最后一道防线是（　　）。

A. 公正司法　　B. 科学立法　　C. 严格执法　　D. 全守民法

【参考答案】 A

【答案解析】 公正司法是维护社会公平正义的最后一道防线。

26. 我们立党立国、兴党强国的根本指导思想是（　　）。

A. 毛泽东思想　　B. 邓小平理论

C. 马克思主义　　D. 中国特色社会主义

【参考答案】 C

【答案解析】 党的十九届六中全会《决议》指出，马克思主义是我们立党立国、兴党强国的根本指导思想。党之所以能够领导人民在一次次求索、一次次挫折、一次次开拓中完成中国其他各种政治力量不可能完成的艰巨任务，根本在于坚持解放思想、实事求是、与时俱进、求真务实，坚持把马克思主义基本原理同中国具体实际相结合、同中华优秀传统文化相结合，坚持实践是检验真理的唯一标准，坚持一切从实际出发，及时回答时代之问、人民之问，不断推进马克思主义中国化时代化。

27. "两个一百年"奋斗目标的第一个百年奋斗目标是（　　）。

A. 全面建设小康社会　　B. 全面建成社会主义现代化国家
C. 全面建成小康社会　　D. 全面实现共同富裕

【参考答案】 C

【答案解析】 全面建成小康社会,是"两个一百年"奋斗目标的第一个百年奋斗目标,全面建成小康社会不是终点,而是新起点,必须乘势而上开启全面建设社会主义现代化国家新征程,向第二个百年奋斗目标进军。

28. 最大的民生是(　　)。
A. 住房　　B. 教育　　C. 医疗　　D. 就业

【参考答案】 D

【答案解析】 党的十九大报告指出:"就业是最大的民生。要坚持就业优先战略和积极就业政策,实现更高质量和更充分就业。大规模开展职业技能培训,注重解决结构性就业矛盾,鼓励创业带动就业。提供全方位公共就业服务,促进高校毕业生等青年群体、农民工多渠道就业创业。"

29. 决定成立中央全面深化改革领导小组,构建全面深化改革领导机制是在(　　)。
A. 党的十八大　　B. 党的十九大
C. 党的十八届四中全会　　D. 党的十八届三中全会

【参考答案】 D

【答案解析】 党的十八届三中全会决定成立中央全面深化改革领导小组,构建全面深化改革领导机制。

30. 中国共产党人的初心和使命是(　　)。
A. 为中国人民谋幸福,为中华民族谋未来
B. 为中国人民谋生活,为中华民族谋复兴
C. 为中国人民谋幸福,为中华民族谋复兴
D. 为中国人民谋生活,为中华民族谋未来

【参考答案】 C

【答案解析】 中国共产党人的初心和使命,就是为中国人民谋幸福,为中华民族谋复兴。

31. 习近平总书记指出:"实现中国梦必须走中国道路,这就是中国特色社会主义道路。"这是历史的结论,也是现实的必然,因为中国特色社会主义道路是(　　)。
A. 实现中国梦的精神动力和智力支持
B. 实现中国梦的依靠力量

C. 实现中国梦的方向和根本途径

D. 实现中国梦的根本出发点和落脚点

【参考答案】 C

【答案解析】 实现中国梦必须坚持中国道路、弘扬中国精神、凝聚中国力量。中国道路,就是中国特色社会主义道路。中国特色社会主义道路是实现中国梦的根本途径,是实现国家富强、民族振兴、人民幸福的必由之路。因此,选项C正确。

32. 构成新时代坚持和发展中国特色社会主义基本方略的是(　　)。

A. “十四个坚持”　　B. “十四条构想”

C. “十四条规律”　　D. “十四条要求”

【参考答案】 A

【答案解析】 “十四个坚持”构成新时代坚持和发展中国特色社会主义基本方略。

33. 习近平新时代中国特色社会主义思想明确:统筹推进“五位一体”总体布局、协调推进“(　　)”战略布局,“十二五”规划胜利完成,“十三五”规划顺利实施,党和国家事业全面开创新局面。

A. 四个伟大　　B. 全面小康　　C. 四个全面　　D. 四个自信

【参考答案】 C

【答案解析】 习近平新时代中国特色社会主义思想指出,明确中国特色社会主义事业总体布局是“五位一体”、战略布局是“四个全面”,强调坚定道路自信、理论自信、制度自信、文化自信。

34. 在“十四五”战略布局中,明确提出协调推进全面建设社会主义现代化国家、(　　)、全面依法治国、全面从严治党的战略布局。

A. 全面发展民主　　B. 全面推动社会建设

C. 全面对外开放　　D. 全面深化改革

【参考答案】 D

【答案解析】 党的十九届五中全会指出,协调推进全面建设社会主义现代化国家、全面深化改革、全面依法治国、全面从严治党的战略布局。

35. 全面深化改革的总目标是完善和发展中国特色社会主义制度,推进国家治理体系和治理能力(　　)。

A. 科学化　　B. 信息化　　C. 现代化　　D. 先进性

【参考答案】 C

【答案解析】 党的十八届三中全会指出,全面深化改革的总目标是完善和发展中国特色社会主义制度,推进国家治理体系和治理能力现代化。

36. 习近平新时代中国特色社会主义思想,明确中国特色社会主义最本质的特征是(　　)。

A. 中国共产党领导　　B. 社会主义初级阶段

C. 民主协商制度　　D. 为人民服务

【参考答案】 A

【答案解析】 习近平新时代中国特色社会主义思想,明确中国特色社会主义最本质的特征是中国共产党领导,中国特色社会主义制度的最大优势是中国共产党领导,党是最高政治领导力量,提出新时代党的建设总要求,突出政治建设在党的建设中的重要地位。

37. 在庆祝中国共产党成立100周年大会上,习近平总书记指出:"中国共产党为什么能,中国特色社会主义为什么好,归根到底是因为(　　)。"

A. 党不断推进马克思主义中国化时代化并用以指导实践

B. 党坚持全心全意为人民服务

C. 马克思主义行

D. 有习近平新时代中国特色社会主义思想科学指引

【参考答案】 C

【答案解析】 略。

38. (　　)是发展的根本目的。

A. 经济快速发展　　B. 增进民生福祉

C. 实现"中国梦"　　D. 壮大综合国力

【参考答案】 B

【答案解析】 党的十九大报告强调,坚持在发展中保障和改善民生。增进民生福祉是发展的根本目的。必须多谋民生之利、多解民生之忧,在发展中补齐民生短板、促进社会公平正义,在幼有所育、学有所教、劳有所得、病有所医、老有所养、住有所居、弱有所扶上不断取得新进展,深入开展脱贫攻坚,保证全体人民在共建共享发展中有更多获得感,不断促进人的全面发展、全体人民共同富裕。

39. 加强党的建设的永恒课题和全体党员、干部的终身课题是(　　)。

A. "三严三实"　　B. "两学一做"

C. "三讲"　　D. "不忘初心、牢记使命"

【参考答案】 D

【答案解析】 党的十九届四中全会通过的《中共中央关于坚持和完善中国特色

社会主义制度 推进国家治理体系和治理能力现代化若干重大问题的决定》指出，把不忘初心、牢记使命作为加强党的建设的永恒课题和全体党员、干部的终身课题，形成长效机制，坚持不懈锤炼党员、干部忠诚干净担当的政治品格。

40. 中国特色社会主义的本质要求和重要保障是（　　）。

A. 全面从严治党　　B. 全面建成小康社会

C. 全面依法治国　　D. 全面深化改革

【参考答案】 C

【答案解析】 全面依法治国是中国特色社会主义的本质要求和重要保障。

41. 深入开展习近平新时代中国特色社会主义思想学习教育，要大力弘扬（　　）的优良学风。

A. 学以致用　　B. 调查研究　　C. 理论联系实际　　D. 深入思考

【参考答案】 C

【答案解析】 "为学之实，固在践履。"理论的价值在于指导实践，学习的目的全在于运用。深入开展习近平新时代中国特色社会主义思想学习教育，要大力弘扬理论联系实际的优良学风，教育引导广大党员干部把自己摆进去、把职责摆进去、把工作摆进去，真正做到学思用贯通、知信行统一。

42. 自觉用习近平新时代中国特色社会主义思想对照检视思想作风和精神状态，补钙壮骨、立根固本，要解决好世界观、人生观、价值观这个"（　　）"问题。

A. 高压线　　B. 总开关　　C. 指挥棒　　D. 压舱石

【参考答案】 B

【答案解析】 学习教育成效要体现在提高政治站位、坚定维护核心上。讲政治是学习贯彻的首要要求，政治上认识清醒，思想上才能领会到位，行动上才能贯彻到位。要旗帜鲜明讲政治，增强"四个意识"，坚定"四个自信"，坚决维护习近平总书记党中央的核心、全党的核心地位，坚决维护党中央权威和集中统一领导，始终在政治立场、政治方向、政治原则、政治道路上同以习近平同志为核心的党中央保持高度一致。自觉用习近平新时代中国特色社会主义思想对照检视思想作风和精神状态，补钙壮骨、立根固本，解决好世界观、人生观、价值观这个"总开关"问题，坚守共产党人的精神高地。加强党性修养和党性锤炼，不断提高政治觉悟和政治能力，把对党忠诚、为党分忧、为党尽职、为民造福作为根本政治担当，永葆共产党人政治本色。

43. 习近平新时代中国特色社会主义思想的核心要义是（　　）。

A. 坚持改革开放

B. 坚持四项基本原则

C. 坚持和发展中国特色社会主义

D. 坚持科学发展观

【参考答案】 C

【答案解析】 坚持和发展中国特色社会主义，是习近平新时代中国特色社会主义思想的核心要义。中国特色社会主义，是党和人民历尽千辛万苦、付出巨大代价取得的根本成就。坚持和发展中国特色社会主义，是改革开放以来党的全部理论和实践的主题。

44. 党在新时代的强军目标是建设一支听党指挥、(　　)的人民军队，把人民军队建设成为世界一流军队。

A. 能打胜仗、作风优良　　B. 能打胜仗、保障有力

C. 能打胜仗、纪律严明　　D. 装备精良、作风优良

【参考答案】 A

【答案解析】 明确党在新时代的强军目标是建设一支听党指挥、能打胜仗、作风优良的人民军队，把人民军队建设成为世界一流军队。

45. (　　)是支撑习近平新时代中国特色社会主义思想体系的四梁八柱，(　　)是实现"两个一百年"奋斗目标、实现中华民族伟大复兴中国梦的"路线图"和"方法论"。

A. "十个明确"　"四个自信"

B. "十个明确"　"十四个坚持"

C. "十四个坚持"　"十个明确"

D. "四个自信"　"十四个坚持"

【参考答案】 B

【答案解析】 "十个明确"是习近平新时代中国特色社会主义思想最为核心关键的组成部分，是支撑这一思想体系的四梁八柱。"十四个坚持"的基本方略，涵盖坚持党的领导和"五位一体"总体布局、"四个全面"战略布局，涵盖国防和军队建设、维护国家安全、对外战略，是对党的治国理政重大方针、原则的最新概括，是实现"两个一百年"奋斗目标、实现中华民族伟大复兴中国梦的"路线图"和"方法论"。

46. 明确坚持和发展中国特色社会主义，总任务是实现社会主义现代化和中华民族伟大复兴，在全面建成小康社会的基础上，分(　　)在 21 世纪中叶建成(　　)的社会主义现代化强国。

A. 两步走　富强民主文明和谐美丽

B. 三步走　富强民主文明和谐美丽

C. 两步走　富强民主文明和谐

D. 三步走　富强民主文明和谐

【参考答案】 A

【答案解析】 明确坚持和发展中国特色社会主义，总任务是实现社会主义现代化和中华民族伟大复兴，在全面建成小康社会的基础上，分两步走在21世纪中叶建成富强民主文明和谐美丽的社会主义现代化强国。

47. 习近平总书记曾说过："我的执政理念，概括起来说就是：（　　），担当起该担当的责任。"

A. 政贵有恒　　B. 凝聚共识

C. 为人民服务　　D. 一切从实际出发

【参考答案】 C

【答案解析】 坚持历史担当，必须先之劳之、率先垂范。习近平总书记曾说过："我的执政理念，概括起来说就是：为人民服务，担当起该担当的责任。"

48. 明确中国特色社会主义事业总体布局是（　　）、战略布局是（　　），强调坚定道路自信、理论自信、制度自信、文化自信。

A. "五位一体"　"四个自信"

B. "五位一体"　"四个全面"

C. "四个全面"　"五位一体"

D. "四个全面"　"四个自信"

【参考答案】 B

【答案解析】 明确中国特色社会主义事业总体布局是"五位一体"、战略布局是"四个全面"，强调坚定道路自信、理论自信、制度自信、文化自信。

49. 明确全面深化改革总目标是完善和发展中国特色社会主义制度、推进（　　）现代化。

A. 社会综合治理体系　　B. 治理能力

C. 国家治理体系　　D. 国家治理体系和治理能力

【参考答案】 D

【答案解析】 明确全面深化改革总目标是完善和发展中国特色社会主义制度、推进国家治理体系和治理能力现代化。

50. 明确全面推进依法治国总目标是建设中国特色社会主义（　　）、建设社会主义（　　）。

A. 法治体系　法治政府　　B. 法制体系　法治国家

C. 法制体系　法制国家　　D. 法治体系　法治国家

【参考答案】 D

【答案解析】 明确全面推进依法治国总目标是建设中国特色社会主义法治体系、建设社会主义法治国家。

二、多项选择题

1. 在庆祝中国共产党成立100周年大会上，习近平总书记首次概括了伟大建党精神。下列属于“伟大建党精神”内容的有（　　）。

A. 坚持真理、坚守理想　　B. 践行初心、担当使命

C. 不怕牺牲、英勇斗争　　D. 对党忠诚、不负人民

【参考答案】 ABCD

【答案解析】 在庆祝中国共产党成立100周年大会上，习近平总书记指出，“一百年前，中国共产党的先驱们创建了中国共产党，形成了坚持真理、坚守理想，践行初心、担当使命，不怕牺牲、英勇斗争，对党忠诚、不负人民的伟大建党精神，这是中国共产党的精神之源。”

2. 中国特色社会主义事业总体布局是“五位一体”，“五位一体”总体布局除了经济建设，还包括（　　）。

A. 政治建设　　B. 文化建设

C. 社会建设　　D. 生态文明建设

【参考答案】 ABCD

【答案解析】 中国特色社会主义事业总体布局是“五位一体”。“五位一体”总体布局是指经济建设、政治建设、文化建设、社会建设、生态文明建设五位一体总体布局。

3. “四个自信”包括（　　）。

A. 道路自信　　B. 理论自信　　C. 制度自信　　D. 文化自信

【参考答案】 ABCD

【答案解析】 “四个自信”：道路自信、理论自信、制度自信、文化自信。

4. 习近平总书记指出，经过长期努力，中国特色社会主义进入了新时代，这是我国发展新的历史方位。中国特色社会主义进入新时代，意味着中国特色社会主义道路、理论、制度、文化不断发展，拓展了发展中国家走向现代化的途径，给世界上那些既希望加快发展又希望保持自身独立性的国家和民族提供了全新选择，为解决人类问题贡献了中国智慧和中国方案。中国特色社会主义进入新时代意味着（　　）。

A. 近代以来久经磨难的中华民族迎来了从站起来、富起来到强起来的伟大飞跃

B. 中华民族迎来了实现中华民族伟大复兴的光明前景

C. 科学社会主义在21世纪的中国焕发出强大生机活力

D. 中华民族在世界上高高举起了中国特色社会主义伟大旗帜

【参考答案】 ABCD

【答案解析】 本题考查中国特色社会主义进入新时代的重大意义。中国特色社会主义进入了新时代，意味着近代以来久经磨难的中华民族迎来了从站起来、富起来到强起来的伟大飞跃，迎来了实现中华民族伟大复兴的光明前景；意味着科学社会主义在21世纪的中国焕发出强大生机活力，在世界上高高举起了中国特色社会主义伟大旗帜；意味着中国特色社会主义道路、理论、制度、文化不断发展，拓展了发展中国家走向现代化的途径，给世界上那些既希望加快发展又希望保持自身独立性的国家和民族提供了全新选择，为解决人类问题贡献了中国智慧和中国方案。因此，选项ABCD正确。

5. 党的十九届六中全会提出，一百年来，党领导人民进行伟大奋斗，积累了宝贵的历史经验，包括（　　）。

A. 坚持党的领导；坚持人民至上；坚持理论创新

B. 坚持独立自主；坚持中国道路

C. 坚持胸怀天下；坚持开拓创新

D. 坚持敢于斗争；坚持统一战线；坚持自我革命

【参考答案】 ABCD

【答案解析】《中共中央关于党的百年奋斗重大成就和历史经验的决议》指出，一百年来，党领导人民进行伟大奋斗，积累了宝贵的历史经验，这就是：坚持党的领导，坚持人民至上，坚持理论创新，坚持独立自主，坚持中国道路，坚持胸怀天下，坚持开拓创新，坚持敢于斗争，坚持统一战线，坚持自我革命。以上十个方面，是经过长期实践积累的宝贵经验，是党和人民共同创造的精神财富，必须倍加珍惜、长期坚持，并在新时代实践中不断丰富和发展。

6. 下列关于党章的描述，正确的有（　　）。

A. 全国人民的行为遵循

B. 党的根本大法

C. 全面从严治党的总依据和总遵循

D. 全体党员言行的总规矩和总遵循

【参考答案】 BCD

【答案解析】 党章是党的根本大法，是全面从严治党的总依据和总遵循，是全体党员言行的总规矩和总遵循。选项A表述错误。选项BCD为正确答案。

7.《中国共产党纪律处分条例》总则部分强调，坚决维护中共中央总书记、国家主席习近平党中央的核心、全党的核心地位，党组织和党员除了牢固树立政治意识，还必须牢固树立(　　)。

A. 法治意识　　B. 大局意识　　C. 核心意识　　D. 看齐意识

【参考答案】 BCD

【答案解析】 《中国共产党纪律处分条例》总则部分第三条指出：党章是最根本的党内法规，是管党治党的总规矩。党组织和党员必须牢固树立政治意识、大局意识、核心意识、看齐意识，自觉遵守党章，严格执行和维护党的纪律，自觉接受党的纪律约束，模范遵守国家法律法规。

8. 习近平新时代中国特色社会主义思想，明确了全面深化改革总目标是(　　)。

A. 坚持党对一切工作的领导

B. 开启全面建设社会主义现代化国家新征程

C. 完善和发展中国特色社会主义制度

D. 推进国家治理体系和治理能力现代化

【参考答案】 CD

【答案解析】 党的十八届三中全会审议通过的《中共中央关于全面深化改革若干重大问题的决定》提出，全面深化改革的总目标是完善和发展中国特色社会主义制度，推进国家治理体系和治理能力现代化。

9. 培育党内政治文化要弘扬的共产党人价值观有(　　)。

A. 忠诚老实　　B. 公道正派　　C. 实事求是　　D. 清正廉洁

【参考答案】 ABCD

【答案解析】 弘扬忠诚老实、公道正派、实事求是、清正廉洁等价值观，坚决防止和反对个人主义、分散主义、自由主义、本位主义、好人主义，坚决防止和反对宗派主义、圈子文化、码头文化，坚决反对搞两面派、做两面人。

10. 下列属于我们党面临的“四大考验”的有(　　)。

A. 执政考验　　B. 改革开放考验

C. 市场经济考验　　D. 外部环境考验

【参考答案】 ABCD

【答案解析】 党的十九大报告强调：“全党要清醒认识到，我们党面临的执政环境是复杂的，影响党的先进性、弱化党的纯洁性的因素也是复杂的，党内存在的思想不纯、组织不纯、作风不纯等突出问题尚未得到根本解决。要深刻认识党面临的执政考验、改革开放考验、市场经济考验、外部环境考验的长期性和复杂性，深刻认识党面临的精神懈怠危险、能力不足危险、脱离群众危险、消极腐败危险的尖锐性和严峻性，坚持问题导向，保持战略定力，推动全面从严治党向纵深发展。”

11. 全党全国各族人民要紧密团结在党中央周围，高举中国特色社会主义伟大旗帜，锐意进取，埋头苦干，为实现三大历史任务而奋斗，这三大历史任务是指（　　）。

A. 实现共产主义

B. 推进现代化建设

C. 完成祖国统一

D. 维护世界和平与促进共同发展

【参考答案】 BCD

【答案解析】 三大历史任务：推进现代化建设、完成祖国统一、维护世界和平与促进共同发展。

12. 习近平总书记在党史学习教育动员大会上指出，在全党开展集中性学习教育，党的创造力、凝聚力、战斗力显著提高，不断增强党的四种能力。下列选项中，属于这四种能力的有（　　）。

A. 自我净化　　B. 自我完善　　C. 自我发展　　D. 自我提高

【参考答案】 ABD

【答案解析】 “四种能力”是指党的自我净化、自我完善、自我革新、自我提高能力。

13. 改革开放以来我们取得一切成绩和进步的根本原因，归结起来就是（　　）。

A. 开辟了中国特色社会主义道路

B. 坚持了“一个中心、两个基本点”

C. 形成了中国特色社会主义理论体系

D. 确立了中国特色社会主义制度

【参考答案】 ACD

【答案解析】 《中国共产党章程》总纲指出，改革开放以来我们取得一切成绩和进步的根本原因，归结起来就是：开辟了中国特色社会主义道路，形成了中国特色社会主义理论体系，确立了中国特色社会主义制度，发展了中国特色社会主义文化。

14. 关于习近平新时代中国特色社会主义思想载入宪法，下列选项中，正确的有（　　）。

A. 体现党和国家事业发展的新成就新经验新要求

B. 习近平新时代中国特色社会主义思想是马克思主义中国化最新成果

C. 习近平新时代中国特色社会主义思想是当代中国马克思主义、21 世纪马克思主义

D. 是党和国家必须长期坚持的指导思想

【参考答案】 ABCD

【答案解析】 上述所有选项都是党的十九届二中全会公报内容。

15. 深化党和国家机构改革的首要任务是(   )。

A. 完善坚持党的全面领导的制度

B. 加强党对各领域各方面工作领导

C. 确保党的领导全覆盖

D. 确保党的领导更加坚强有力

【参考答案】 ABCD

【答案解析】 上述所有选项都是党的十九届三中全会公报内容。

16. 自党的十一届三中全会以来,关于我国社会主要矛盾的变化,下列选项中正确的有(   )。

A. 在社会主义改造基本完成以后,我国所要解决的主要矛盾是人民日益增长的物质文化需要同落后的社会生产之间的矛盾

B. 随着中国特色社会主义进入新时代,我国社会主要矛盾已经转化为人民日益增长的美好生活需要和不平衡不充分的发展之间的矛盾

C. 建设社会主义是一次伟大的长征,走过社会主义初级阶段至少需要上百年时间,在这个进程中,社会主要矛盾不是一成不变的

D. 我国社会主要矛盾的转化,反映了我国社会主义所处历史阶段发生了变化

【参考答案】 ABC

【答案解析】 我国社会主要矛盾的变化,没有改变我们对我国社会主义所在历史阶段的判断,我国仍处于并长期处于社会主义初级阶段的基本国情没有变,我国是世界最大发展中国家的国际地位没有变。

17. 下列选项中,属于五四运动以来我国发生的三大历史性事件的有(   )。

A. 建立中国共产党

B. 抗日战争胜利

C. 成立中华人民共和国

D. 推进改革开放和中国特色社会主义事业

【参考答案】 ACD

【答案解析】 习近平总书记在庆祝改革开放 40 周年大会上的讲话指出,建立中国共产党、成立中华人民共和国、推进改革开放和中国特色社会主义事业,是五四

运动以来我国发生的三大历史性事件，是近代以来实现中华民族伟大复兴的三大里程碑。

18. 改革开放取得成功的关键和根本原因包括（　　）。

A. 坚持党的领导　　B. 思想解放

C. 创新人才培养　　D. 全面从严治党

【参考答案】 AD

【答案解析】 2018年4月13日，习近平总书记在庆祝海南建省办经济特区30周年大会上指出，坚持党的领导，全面从严治党，是改革开放取得成功的关键和根本。改革开放的过程就是思想解放的过程。

19. 我国发展仍处于重要战略机遇期，但机遇和挑战都有新的发展变化。这种"新的发展变化"主要表现为（　　）。

A. 危和机并存、危中有机、危可转机

B. 机遇更具有战略性、可塑性

C. 挑战更具有复杂性、全局性

D. 挑战前所未有，应对好了，机遇也前所未有

【参考答案】 ABCD

【答案解析】 《习近平新时代中国特色社会主义思想学习问答》指出，我国发展仍处于重要战略机遇期，但机遇和挑战都有新的发展变化。习近平总书记强调，对于重要战略机遇期，我们的判断是危和机并存、危中有机、危可转机，机遇更具有战略性、可塑性，挑战更具有复杂性、全局性，挑战前所未有，应对好了，机遇也前所未有。

20. 加强社会保障体系建设。坚持房子是用来住的、不是用来炒的定位，加快建立（　　）。

A. 多主体供给的住房制度　　B. 多渠道保障的住房制度

C. 租购并举的住房制度　　D. 多部门监管的住房制度

【参考答案】 ABC

【答案解析】 坚持房子是用来住的、不是用来炒的定位，加快建立多主体供给、多渠道保障、租购并举的住房制度，让全体人民住有所居。

21. 在全国税务系统学习贯彻习近平新时代中国特色社会主义思想主题教育动员会上，王军局长强调，全国税务系统要做到（　　）。

A. 坚持政治导向驱动，把"笃学真信"贯穿始终

B. 坚持问题导向驱动，把"深查细研"贯穿始终

C. 坚持发展导向驱动,把“担当进取”贯穿始终

D. 坚持效果导向驱动,把“真改彻改”贯穿始终

E. 坚持共进导向驱动,把“联动互促”贯穿始终

【参考答案】 ABCDE

【答案解析】 在全国税务系统学习贯彻习近平新时代中国特色社会主义思想主题教育动员会上,王军局长强调,全国税务系统一要坚持政治导向驱动,把“笃学真信”贯穿始终。二要坚持问题导向驱动,把“深查细研”贯穿始终。三要坚持发展导向驱动,把“担当进取”贯穿始终。四要坚持效果导向驱动,把“真改彻改”贯穿始终。五要坚持共进导向驱动,把“联动互促”贯穿始终。

22. 学习贯彻习近平新时代中国特色社会主义思想主题教育工作会议 2023 年 4 月 3 日在北京召开。中共中央总记、国家主席、中央军委主席习近平出席会议并发表重要讲话。他指出,开展这次主题教育,根本任务坚持学思用贯通、知信行统一,把新时代中国特色会主义思想转化为坚定理想、锤炼党性和指导实践推动工作的强大力量,使全党始终保持统一的思想、坚定的意志、协调的行动、强大的战斗力,努力在以学铸魂、以学增智、以学正风、以学促干方面取得实实在在的成效。要做到(　　)。

A. 凝心铸魂筑牢根本　　B. 锤炼品格强化忠诚

C. 实干担当促进发展　　D. 践行宗旨为民造福

【参考答案】 ABCD

【答案解析】 根据学习贯彻习近平新时代中国特色社会主义思想主题教育工作会议精神,ABCD 正确。

三、判断题

1. 学习贯彻习近平新时代中国特色社会主义思想主题教育要牢牢把握“学思想、强党性、重实践、建新功”的总要求。（　　）

【参考答案】 ✓

【答案解析】 学习贯彻习近平新时代中国特色社会主义思想主题教育要牢牢把握“学思想、强党性、重实践、建新功”的总要求。

2. 中国特色社会主义,既坚持了科学社会主义基本原则,又根据时代条件赋予其鲜明的中国特色。中国特色社会主义是社会主义,不是别的什么主义。（　　）

【参考答案】 ✓

【答案解析】 习近平总书记强调,中国特色社会主义,既坚持了科学社会主义基本原则,又根据时代条件赋予其鲜明的中国特色。这就是说,中国特色社会主义是社会主义,不是别的什么主义。

3. 坚定不移跟党走，为党和人民奋斗，是共青团的初心使命。（　）

【参考答案】 √

【答案解析】 坚定不移跟党走，为党和人民奋斗，是共青团的初心使命。

4. 要坚持法治在我国现代化建设全局中的核心地位，把依法治国作为国家发展的战略支撑。（　）

【参考答案】 ×

【答案解析】 党的十九届五中全会提出，坚持创新在我国现代化建设全局中的核心地位，把科技自立自强作为国家发展的战略支撑。

5. 改革开放是决定当代中国命运的关键一招，也是决定实现"两个一百年"奋斗目标、实现中华民族伟大复兴的关键一招。（　）

【参考答案】 √

【答案解析】 改革开放是决定当代中国命运的关键一招，也是决定实现"两个一百年"奋斗目标、实现中华民族伟大复兴的关键一招。

6. 习近平新时代中国特色社会主义思想，科学回答了"新时代坚持和发展什么样的中国特色社会主义、怎样坚持和发展中国特色社会主义"的时代课题。（　）

【参考答案】 √

【答案解析】 习近平新时代中国特色社会主义思想，科学回答了"新时代坚持和发展什么样的中国特色社会主义、怎样坚持和发展中国特色社会主义"的时代课题。

7. 我国经济保持中高速增长，国内生产总值稳居世界第一。（　）

【参考答案】 ×

【答案解析】 国内生产总值稳居世界第二。

8. 习近平总书记指出，要提拔重用牢固树立"四个意识"和"四个自信"、坚决维护党中央权威、全面贯彻执行党的理论和路线方针政策、忠诚干净担当的干部。（　）

【参考答案】 √

【答案解析】 坚持正确选人用人导向，匡正选人用人风气，突出政治标准，提拔重用牢固树立"四个意识"和"四个自信"、坚决维护党中央权威、全面贯彻执行党的理论和路线方针政策、忠诚干净担当的干部，选优配强各级领导班子。

9. 党的一切工作必须以最广大人民根本利益为最高标准。（　）

【参考答案】 √

【答案解析】 党的一切工作必须以最广大人民根本利益为最高标准。我们要坚持把人民群众的小事当作自己的大事，从人民群众关心的事情做起，从让人民群众满意的事情做起，带领人民不断创造美好生活。

10. 当前和今后一个时期，我国经济发展面临的问题，供给和需求两侧都有，但矛盾的主要方面在需求侧。（ ）

【参考答案】 ×

【答案解析】 2016年1月，习近平总书记在重庆调研时强调，当前和今后一个时期，制约我国经济发展的因素，供给和需求两侧都有，但矛盾的主要方面在供给侧。要加大供给侧结构性改革力度，重点是促进产能过剩有效化解，促进产业优化重组，降低企业成本，发展战略性新兴产业和现代服务业，增加公共产品和服务供给，着力提高供给体系质量和效益，更好满足人民需要，推动我国社会生产力水平实现整体跃升，增强经济持续增长动力。

11. 全党必须牢记，为什么人的问题，是检验一个政党、一个政权性质的试金石。（ ）

【参考答案】 √

【答案解析】 全党必须牢记，为什么人的问题，是检验一个政党、一个政权性质的试金石。

12. 党的领导是社会主义民主政治的本质特征。（ ）

【参考答案】 ×

【答案解析】 人民当家作主是社会主义民主政治的本质特征。

13. 社会主义核心价值观中"自由、平等、公正、法治"是个人层面的价值取向。（ ）

【参考答案】 ×

【答案解析】 社会主义核心价值观中，"自由、平等、公正、法治"是社会层面的价值取向；"爱国、敬业、诚信、友善"是个人层面的价值准则。

14. 加强和改进国有经济管理，要立足新时代新征程国有经济肩负的使命任务和功能定位，从服务构建新发展格局、推动高质量发展、促进共同富裕、维护国家安全的战略高度出发。（ ）

【参考答案】 √

【答案解析】 根据习近平总书记在二十届中央全面深化改革委员会第一次会议上的重要讲话（2023年4月21日）：加强和改进国有经济管理，要立足新时代新征程国有经济肩负的使命任务和功能定位，从服务构建新发展格局、推动高质量发展、促进共同富裕、维护国家安全的战略高度出发。

15. 实现伟大梦想，必须建设伟大工程。这个伟大工程就是我们党正在深入推进的中国特色社会主义新的伟大工程。（ ）

【参考答案】 ×

【答案解析】 实现伟大梦想，必须建设伟大工程。这个伟大工程就是我们党的建设的新的伟大工程。

16. 实现“两个一百年”奋斗目标、实现中华民族伟大复兴的中国梦，不断提高人民生活水平，必须坚定不移把改革作为党执政兴国的第一要务。（ ）

【参考答案】 ×

【答案解析】 实现“两个一百年”奋斗目标、实现中华民族伟大复兴的中国梦，不断提高人民生活水平，必须坚定不移把发展作为党执政兴国的第一要务。

17. 转变政府职能，优化政府机构设置和职能配置，是深化党和国家机构改革的重要任务。（ ）

【参考答案】 √

【答案解析】 转变政府职能，优化政府机构设置和职能配置，是深化党和国家机构改革的重要任务。

18. 习近平总书记指出，全面深化改革总目标是完善和发展中国特色社会主义制度、推进国家治理体系和治理能力现代化。（ ）

【参考答案】 √

【答案解析】 习近平新时代中国特色社会主义思想，明确全面深化改革总目标是完善和发展中国特色社会主义制度、推进国家治理体系和治理能力现代化。

19. 必须坚持和完善我国社会主义基本经济制度和分配制度，毫不动摇巩固和发展公有制经济，毫不动摇鼓励、支持、引导非公有制经济发展，使市场在资源配置中起基础性作用，更好发挥政府作用。（ ）

【参考答案】 ×

【答案解析】 必须坚持和完善我国社会主义基本经济制度和分配制度，毫不动摇巩固和发展公有制经济，毫不动摇鼓励、支持、引导非公有制经济发展，使市场在资源配置中起决定性作用。

20. 勇于自我革命是中国共产党区别于其他政党的显著标志。（ ）

【参考答案】 √

【答案解析】 《中共中央关于党的百年奋斗重大成就和历史经验的决议》指出，勇于自我革命是中国共产党区别于其他政党的显著标志。